政党内閣制の展開と崩壊
一九二七～三六年

村井良太 著

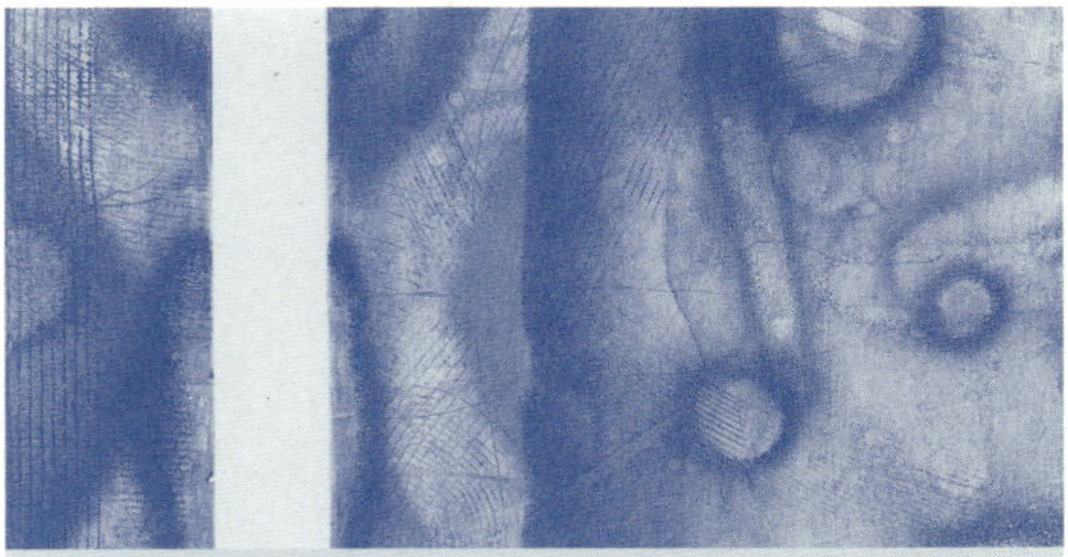

The Development and Breakdown of the Party Cabinet System, 1927-1936

有斐閣

はしがき

本書は、戦前日本にひとたび成立した政党内閣制がいかに展開し、結果として崩壊へと結び付いていったのか、その過程と原因を問い、同時にその現代的意義を考えるものである。

戦前日本では、政党政治に否定的であった明治立憲制の下で、一九二四（大正十三）年から三二（昭和七）年にかけて政党の党首が政権を担う政党内閣が相次いで成立し、二七年の立憲民政党結成後は、立憲政友会との二大政党間で政権交代が行われた。社会はこのような政権交代を「憲政の常道」と呼び、当然視した。それは単なる偶然や結果論ではなく、長い蓄積を背景に第一次世界大戦後の課題に応えて明治立憲制を再編する政治改革の帰結であり、政党間での政権交代によって明治立憲制を運用する政党内閣制の成立であった。一九二七年には、肯定するにせよ批判するにせよ、二大政党が男子普通選挙制の下で政権を競い合うことが、予想される将来において高い蓋然性を持つに至っていたのである。

しかし、私たちはことの結末を知っている。政党内閣の連続は一〇年と経たない一九三二年に途絶えた。国内では昭和恐慌と呼ばれる世界大恐慌下で要人暗殺が相次ぎ、陸海軍人が関与するに及んで日本政治は大きく動揺した。五・一五事件で政党内閣の連続が途絶えると、以後、敗戦に至るまで二度と再び政党内閣は成立しなかったのである。よく知られるように、このような国内政治上の変化は対外関係上の激変を伴った。前年一九三一年の満州事変を契機として、満州国の単独承認、国際連盟脱退、海軍軍縮体制からの離脱と、それまでのヴェルサイユ＝ワシントン体制と呼ばれた両大戦間期の国際協調路線に背を向けた日本は、以後、軍を有効に統制する術もないままに、いわば世界を敵とする戦争に突入していったのであった。こうして政党政治の時代は崩され、軍部の時代へと雪崩れ込んでいった。それはいかにして、なぜ起こったのか。

この問いに答えるため、第一に、本書は政党内閣制の消長を問題とする。すなわち、単に政党内閣の連続と途絶を問題にするのではなく、政党内閣が連続する蓋然性をめぐる政治過程を検討する。第二に、したがって、本書は考察を戦前日本の政党内閣の連続が途絶えた一九三二年の犬養毅内閣の崩壊で終えるのではなく、政党内閣が連続するという蓋然性がいつ失われたのかを問題とする。政党内閣制が成立し、男子普通選挙制と二大政党制によって補完された一九二七年の田中義一内閣成立から、三二年の斎藤実内閣成立による一時的中断を経て、しくみの復原可能性が失われる三六年の二・二六事件までを、本書は対象としている。そして第三に、政党内閣制の崩壊から逆算して歴史を検討するのではなく、まずは政党内閣制の成立に続く展開過程を論じ、それから崩壊を位置づけることに努める。筆者はすでに政党内閣制の成立過程を分析した（『政党内閣制の成立 一九一八〜二七年』有斐閣、二〇〇五年）。本書ではその視角も取り入れることで、成立から展開、そして崩壊へと一貫性のある説明を求めていく。

従来、「驕《おご》れる者久しからず」の古語ではないが、全盛下に失われたかに見える戦前日本政党政治の崩壊については、軍も悪かったが政党も悪かったと言われる。あまりにもあっけなく見える崩壊に、軍部支配に易々と道を譲り、それどころか自ら墓穴を掘った、自壊したと評判が悪い。したがって、戦後日本の政党政治を考える上では、もっぱら反面教師として理解されてきた。しかし、このような評価は妥当なものであろうか。確かに、戦前日本の政党政治には問題があった。田中義一内閣は居留民保護のために中国に相次いで出兵することで日中両軍の衝突を招き、浜口雄幸内閣は世界大恐慌下に金解禁を行い、国民生活を大きく傷つけた。これらの失政に加え、行動様式への批判として、二大政党間での対立は昂進し、政党政治家にかかわる疑獄事件は相次いで問題となり、さらに多数党が天皇機関説事件を支持したことは政党政治の自殺とも言われる。しかし、個々のアクター（行為主体）を理解するためには、彼らを規律していたルールや政治構造への理解がなくてはならない。また、自戒の意味で政党政治の問題点を問い続けることには意味があるが、彼ら自身の問題が政党内閣制を崩壊させるほどの問題であったのかどうかは問うてみる必要があるだろう。

結論を先取りして述べれば、政党内閣制に支えられた戦前日本の政党政治はなおも発展の途上にあり、崩壊に際してもあっけないかのような外観とは違って、政党内閣制を前提に、より改善された政党政治への復帰を模索した斎藤内閣、岡田啓介内閣の下で、時間をかけて失われていったのであった。政友会内閣と民政党内閣は共にヴェルサイユ＝ワシントン体制に親和的で国際協調と軍縮に日本の発展を求め、中国領土を併合したり分割したりしようとは考えていなかった。また、政党内閣間で政権交代することを前提に、総選挙を通して国民の必要性を吸い上げるシステムが機能しており、国民も不断の改善を求めつつこれを支持していた。軍縮と抑制的な対外政策を嫌う勢力は、この体制を破壊するしかない。未曾有の世界大恐慌の下で、彼らの強固な挑戦と、一歩一歩重ねられていく既成事実は、政治の均衡を後戻りできないほど大きく崩していった。その時、鍵となったのは首相選定上の不確実性であり、こうして明治以来の長い蓄積の上に立った第一次世界大戦後の政治改革は失われていったのであった。

両大戦間期の政党政治は戦後日本における民主政治の原風景をなした。一九四五年の敗戦から、すでに七〇年になろうかとしている。先に、両大戦間期の政党政治について私たちはことの結末を知っていると書いたが、日本におけるデモクラシーの行路にはまだ結末はない。そして、一九八九（平成元）年の冷戦終結と時期を同じくして顕在化した内外の新たな政治変動の中で、日本政治はなおも次なる安定を模索し続けているかのようである。現在進行している政権交代を前提とするデモクラシーへの再編には両大戦間期の課題と共通する面があり、そのような政党政治の下での政党間での競合と協力のあり方、内政と外交の関係、官僚制との役割分担、メディアの態度、政治変動時の留意点など、現在への示唆は少なくない。制度や条件、文脈の相違を理解し、なお共通する要素を考えることで、歴史は現在を相対化する視点を与えてくれる。その意味で本書には、単なる歴史事実の解明を超えた現代的意義があるだろう。

目　次

＊　引用文中の〔　〕は、引用者が補った文言であることを表す。
＊　年齢は数え年を用いた。
＊　史料の引用に際しては、原則として、送り仮名はそのままとし、漢字は新字体を用いた。また、適宜振り仮名を振った。
＊　本書は巻末に詳細な主要参考文献一覧をあげ、注では著者の姓と文献名をあげるにとどめた。

序論　政党内閣制成立後の日本政治

問題の所在

近代日本では、一九二四（大正十三）年から一九三二（昭和七）年まで、七代にわたって政党の党首を首班とする内閣が連続した。一八九〇（明治二十三）年に施行され、一九四七（昭和二十二）年に失効した大日本帝国憲法（以下、明治憲法）は、そもそも政党内閣を予定せず、それどころか政党内閣に否定的ですらあった。その中でこの時期は政党内閣期と呼ばれ、第二次世界大戦前の日本における政党政治の一つの到達点であるとみなされる。しかし他方で、連続していた政党内閣は一九三二年にひとたび途絶えると、一九四五年の敗戦に至るまで二度と成立しなかった。政党内閣の連続とともにその途絶が何を意味するのかが問われなければならない。

実務においてこの問いにまず直面したのは、戦後の日本占領を見越した米国の政策担当者たちであった。第一次世界大戦の終結から約二〇年で勃発した第二次世界大戦を前に、彼らは今度こそ望ましい世界を作り出す意欲に燃えていた。その中で、日本占領政策の原案作りはヒュー・ボートン（Hugh Borton）などの知日派によって担われ、そこでの一つの焦点は、どこまで介入すれば日本が望ましい民主国家となりうるのか、改革の前提となる戦前日本の政治的伝統への理解にあった。(1) 彼らは、いくつかの条件さえ整えば日本は充分に民主的に再建できると考えた。そして、日本の敗戦が必至の情勢となると、無意味な破壊を避けるため、駐日大使を務めたジョセフ・グルー（Joseph Clark Grew）国務次官ら知日派は早期終戦に尽力し、ヘンリー・スティムソン（Henry Lewis Stimson）陸軍長官もかつて軍縮会議で協働した若槻礼次郎や幣原喜重郎、浜口雄幸の名をあげて、日本は「西洋世界の指導的政治家と同等にランクされうる進歩的指導者を生み出す能力を持っている」とこの動きを後押しした。(2) そのあかつきに出されたポツダム宣言には、日本における「民主的傾向」の「復活」と「強化」という文言が入った。戦後の民主化改革に際して立ち帰るべき政治的伝統の存在が示唆されたのであった。

他方、ポツダム宣言を受諾した日本でも、敗戦とともに米国の占領方針に牽引されて過去と向き合う必要に迫られた。昭和天皇は一九四六年の年頭にいわゆる「人間宣言」を発したが、その起草に際して、今後の国の進路の「進歩」性が「付焼刃」でないことを示すために、一八六八（慶應四）年に明治新政府の基本方針として出された五箇条の御誓文の挿入を求めた。(3) 五箇条の御誓文には「万機公論に決すべし」との一項があり、民主化改革の根を自国の歴史の中に求めたのであった。人間宣言発出当時の首相幣原喜重郎も、内閣発足時の首相談話で「民主主義政治の確立」を政権課題の第一に掲げ、「国民の総意を尊重する政治体制の基本理念」として五箇条の御誓文に言及した。(4) しかし、より興味深いことに、幣原首相はダグラス・マッカーサー（Douglas MacArthur）連合国最高司令官との初会談で自らが「内閣に列し居りたる」時期、すなわち一九二〇年代の政党内閣期の経験に言及し、デモクラシーを「一般大衆の意思を尊重し、之を反映する政治上の主義」と解するならば、「之は既に十数年前に萌芽を見せたることあるもの」であって、その実現を見るのは遠い将来のことではないと、「日本的「デモクラシー」」への自信をのぞかせたのであった。(5) 内外に求められた日本の再生に際して、米国の占領政策は日本の政治的伝統からの跳躍である以前に、戦前のある時期の政治様式への回帰と発展、すなわち失われた可能性としての過去の継樹として位置づけられたのであった。

こうして戦後への手掛かりともなった戦前日本の「民主的傾向」であるが、政党政治をどうつくるか、戦後日本再生への取り組みの中でそれは当面大きな反面教師であった。一九三一（昭和六）年から四五年の行為が裁かれた極東国際軍事裁判（東京裁判）が四八年に終わっても、占領が五二年に終わっても、日本社会は先の戦争への道を現実政治への教訓として意識し続けた。経済学者で日本社会党左派の理論的指導者であった向坂逸郎は、一九五九年、社会党の戦術が教条主義的ではないかという批判に対して、「あなた方のいうステップは一歩一歩行くものだから、とうとう今度の戦争になっちゃったでしょう」と反論した。(6) また、戦後知識人の一人鶴見俊輔は一九六三年の座談で、一九三一年から四五年までの歴史を「民主的なしかたでズルズル入っていった」と評価し、「ひじょうに自然に民主的に、あの種類の軍国主義、全体主義が起こったという問題」と向き合う必要性を説いた。(7)

一九四六年発表の「超国家主義の論理と心理」で軍国日本の指導者の主体性を問題にした政治学者丸山眞男は、晩年、一九四〇年の近衛新体制への流れについて、「とにかく政党政治の腐敗という現実は決定的なのです。汚職が続出でしょう。政党政治は、もう、どうにもならないのだな。その腐敗に対する怒りを軍が非常にうまく組織したわけでしょう。腐敗に対して青年将校は本当に怒っていたし」と語った。(8) さらに、「ブルジョア議会主義に対する理論的な批判ももちろんあります」と付言し、当時の問題の本質について「いったい議会が国民の代表と言えるのかということなのです」と述べた。それは一九三二年当時十七歳であった、同時代人の一人としての実感でもあったと言えるだろう。

こうして現在の日本を造形し、敗戦後の再出発に際して重要な意味を持った明治憲法下における政党内閣の連続と途絶は、いかにして、そして、なぜ起こったのであろうか。

先行研究の検討

政党内閣の連続が途絶えた一九三二年の五・一五事件から二〇一四（平成二十六）年ですでに八十余年、敗戦を経て一九五二（昭和二十七）年の独立回復からも早六十余年が経つ。その間、戦前日本における政党内閣の連続と途絶はその後の戦争との関係で幾度となく問われてきた。地道な関連資料の収集公刊作業が続けられ、近年では一九八九年の昭和天皇崩御後に昭和天皇の独白録や長く側近くに仕えた牧野伸顕の日記など関連資料の公開が相次ぎ、研究は長足の進歩を遂げている。ここでは大きく五つに整理する。

第一の説明は、そもそも政党内閣期の途絶に重大な意義を認めず、一九二〇年代と一九三〇年代の日本政治を連続的に理解するものである。この立場にはまず、政党内閣制の不成立説がある。最後の元老として首相選定を担った西園寺公望の意思について、必要に応じた選定として、岡義武や升味準之輔はその後の非政党内閣期との本質的な差異を認めていない(9)。このような見方は政治体制理解にも適用可能で、一九二五（大正十四）年に男子普通選挙制度導入と同時に政党内閣下で治安維持法が成立したことを重視すれば、その後の戦時体制期に直結しないまでも連続的な性質が指摘される(10)。他方、その裏返しとも言えるのが、一九三〇年代を通して政党の政治的影響力に基本的な衰退はないとするゴードン・バーガー（Gordon M. Berger）の議論である(11)。さらに近年では、坂野潤治が政党内閣期とその後の一九三六（昭和十一）年の二・二六事件までの政治の連続的側面を指摘し、さらに、社会民主主義政党の伸張を重視して政党内閣期の途絶を超えた「民主化」を論じ、一九三七年の日中戦争勃発を画期とする(12)。

第二の説明は、政党内閣期の途絶を重視した上で、変化の原因を主体（アクター）に求める説明である。一つには、軍、右翼、新官僚など政党政治に対する反対勢力の伸張に注目する。伊藤隆の「革新派」論は一つの典型であるが、しかし、この説明の問題は、例えば陸軍における青年将校、中堅幕僚、出先など彼らの内部分裂は著しく、また必ずしも強力でなく、結局のところ優位を確立しなかった点にある(13)。そこで、主体からのもう一つの説明は、崩壊の理由を体制派、中でも政党それ自体に求める政党自滅説である。粟屋憲太郎が昭和戦前期の政党を総括して「蹉跌と自壊の戦前政党の歩み」と述べたように、政党が国民からの信頼を失った、民主主義の腐敗による没落というテーゼは古典的ですらあり、政党自身が政党内閣制のルールを蔑《ないがし》ろにしていたとも指摘される(14)。なお、従来、政党勢力では立憲政友会の検討が先行してきたが、近年では改進党、立憲同志会、憲政会、立憲民政党という第二保守党系や、社会大衆党など社会民主主義政党への考察も進んでいる(15)。さらに、主体による説明は主要アクターの内部対立を重視する方向で進展し、いわゆる宮中グループ内部の差異についても考察が進んでいる(16)。

第三の説明は、制度や条件からの構造的な説明である。明治憲法制定者には多数党による横暴や混乱への憂慮があり、明治憲法には政党政治に対するさまざまな制約があった。各種の大権、枢密院や貴族院の牽制力、帷幄《いあく》上奏権など政軍関係上の諸制度、非憲法機関である元老の首相選定上の役割などである。この点を重視すれば、変化はいわば「法的に運命づけられていた」とも評価できよう。(17) しかし、制度には設計と運用の両面があり、時期的な変化がある。三谷太一郎は、「習俗的規律」としての「政党内閣制」の成立と崩壊を説明する上で、政党内閣に否定的な明治立憲制の中で政党内閣制が必然性をもって成立していく構造的特徴と、貴族院に対する衆議院の優位の確立など「政党内閣期の現実的諸条件」に注目した。(18)

第四の説明は、社会との関係性に原因を求めるものである。まず、政党政治の伸張と衰退を、地方利益の媒介者としての政党の機能性に求める見方がある。(19) いわば政党と社会との紐帯である利益政治が機能している時には体制の安定性が確保され、それが失われることによって体制も失われたとの理解が示された。さらに、より文化論的な視点として二つの日本の対抗関係で説明された。すなわち、エリートと大衆の理解（密教と顕教）、都市と地方、西洋と東洋の文化的対立における後者による前者の席巻であり、政治過程は社会対立の反射として描かれたのであった。(20)

そして最後に、第五の説明として、崩壊の原因を直面した課題の大きさなど外的要因、すなわち状況に求める説明がある。酒井哲哉が恐慌と対外危機を重視したように、必ずしも政党勢力が崩壊する要因を宿していたのでもなく、反対派が優位であったわけでもなく、政党政治を必然的に崩壊に導く制度があったためでもなく、状況の厳しさが比較的安定性の高かった体制を崩壊に導いたとされる。(21)

以上はそれぞれに独立した説明であるだけではなく、いくつかの組み合わせや重複がある。例えば、政党自滅説と敵対勢力の問題を合わせると、政党の腐敗に対する怒りを軍が非常に上手く組織したという先の丸山の説明となり、その背景に制度的要素としての統帥権の独立や文化論的な世論の「軍国主義」的性向を読み込むことも可能である。

先行研究の問題点として、ここでは三つの点を指摘しておきたい。第一に、崩壊を論じるに際して、何が崩壊したのかが必ずしも自明ではない。酒井哲哉は一九二〇年代に確立した「大正デモクラシー体制」、すなわち「内にあっては政党内閣制、外にあってはワシントン体制を奉ずる政治体制」の崩壊を論じた(22)。また三谷太一郎は、同時期の政治秩序を、日露戦争と第一次世界大戦の二重の「戦後デモクラシー」を受けた「体制化されたデモクラシー」と捉え、国内的な複数政党制とともに、国際政治経済体制としてのワシントン体制を重視した(23)。いずれも内政と外交を一体的に捉えるところに特徴があるが、内政上の政党政治や政党内閣制がいかなるルールを持ち、いかなる要素が崩壊したのかについて必ずしも具体的な考察が加えられていない。何があったのかを論じなければ、何が崩壊したのかは論じられない。

第二の問題点は、検討の対象とすべき時期である。これは政治的変化の把握における時期区分の問題に通じている。始期については、酒井哲哉が指摘したように一九二〇年代研究と一九三〇年代研究が必ずしも整合的でなく、さらに「昭和史」という視角が両者を分断している(24)。一九二六（大正十五）年十二月二十五日に大正天皇が崩御すると元号は昭和に改められたが、以後を「動乱の昭和史」と位置づけることで、大正の終わりと昭和の初めが連続的な政治変動の渦中にあることが意識しにくくなっている。崩壊局面を独立して論じることで、前提となる何が崩壊したのか、また体制成立時の不安定性などが充分に考察されないままに検討が進められるのである。次に終期としては、一九三一（昭和六）年の満州事変、三二年の五・一五事件、三六年の二・二六事件、三七年の事実上の日中戦争開戦がそれぞれ画期として注目されてきた。一般的であるのは政党内閣の連続が途絶える五・一五事件を画期とする理解で、丸山眞男は同事件を「日本の政党政治の短い歴史に終止符をう」ったと評価し、増田知子も同様で、また伊藤之雄は「立憲君主制」の崩壊をこの時点に求めた(25)。近年の成果である小林道彦、茶谷誠一、筒井清忠、小山俊樹もここを分析の区切りとする(26)。対して、刈田徹は「実質的な政治の変化」を重視して一九三一年の十月事件に注目した(27)。他方、粟屋憲太郎、高橋進・宮崎隆次、北岡伸一らは一九三六年の二・二六事件を画期とし、坂野潤治、酒井哲哉は三七年の日中戦争勃発を区切りとした(28)。終期の問題は政党内閣期に続く非政党内閣をどのように評価するかという問題ともかかわってくるが、何が崩壊したと考えるかによって崩壊の時期は異なってくる(29)。

そして第三の問題点が、政党内閣の連続と途絶を理解する鍵を握る最後の元老西園寺公望の理解をめぐる問題である。西園寺の政治指導は、一九二四（大正十三）年から一九三二（昭和七）年の政党内閣期とその後では明らかに異なるように見える。これをどのように理解すればよいのだろうか。従来の西園寺理解には二つの特徴があった。第一の特徴は、西園寺を両大戦間期の民主主義的な政治体制の唯一といってもよい突出した安定要因とみなすことである。そこでは升味が「人格化されたルール」と評したように、権力争いに明け暮れる無自覚な政党や反民主主義勢力の間に立って政党政治の実践者として機能するイメージがある。[30] このことはまた、西園寺の権力を自明視する姿勢と結び付いており、西園寺を理解する第二の特徴として、実際に起こったことは基本的に西園寺の意思や判断の結果だと理解され、時期による権力の揺らぎは二義的な意味しか与えられてこなかった。岡と升味は、西園寺の政党内閣制への効果を肯定しつつも意思については否定的な解釈で一貫する「連続説」であった。[31] 北岡も基本的にこのような通説的な理解を踏襲している。[32] これに対して、伊藤之雄、永井和は西園寺の意思をある時点において肯定的に捉える、いわば「断絶説」に立つ。伊藤は一九二五（大正十四）年の第二次加藤高明内閣選定時について、「西園寺が平常時において官僚系内閣出現の可能性を本気で考えていたとは思われない」と指摘し、永井は、西園寺が「人格化されたルール」を適用することを可能とした制度面に注目して、「政党政治期」は「一人元老制」と「元老・内大臣協議方式」の時代と規定した。[33]

しかし、「連続説」と「断絶説」はそれぞれに困難を抱えている。「断絶説」では、政党内閣期の西園寺の意思を強調するほど、なぜ八年間で異なる意思決定に至ったかが問題となる。他方、西園寺が政党内閣期にもつねに非政党内閣を念頭に置いていたと考える「連続説」のポイントの一つは、政治秘書松本剛吉の日誌などによって、同時代的には政党内閣制に熱心に見えた西園寺も、ごく近いコミュニティの中では政党内閣制に否定的であったことを明らかにした点にあったが、その後に公開された宮中官僚木戸幸一の談話記録では、五・一五事件後に非政党内閣が成立したことについて、西園寺がかわいそうだと政治秘書の原田熊雄が泣くくだりがある。[34] このことは、ごく近くから見ても、西園寺が政党内閣期の政治指導に並々ならぬ熱意を込めていたことをうかがわせるのである。また、行動が異なる二つの時期の西園寺を意思や判断によっていずれかに重点を置く従来の理解は、結論の相違にもかかわらず、実証的には相互の解釈を排除できないのではないだろうか。「昭和史」として論じれば、西園寺は出発点として唯一残された元老であり突出した権力者であるかに見えるが、第一次世界大戦後の文脈では必ずしもそうではなかった(35)。筆者は先に一九一八年から一九二七（昭和二）年の首相選定を結果のみならず方式と論理にも注目することで西園寺の意思とともに権力を問題としたところ、西園寺の権力は他の指導者や政党、国民との関係で相対的なものであった(36)。このような視点は、政党内閣制の崩壊過程分析でも有意義であろう。

本研究の視角

一九二〇年代の政党内閣の連続について筆者は先に考察を行い、それが単なる結果的な連続ではなく、政党内閣制の成立であったことを論じた。そこで本書では、近代日本においてひとたび成立した政党内閣制がどのように展開し、崩壊に至ったのか、その過程と原因を明らかにする。

本研究の視角について、以下の三点を述べておきたい。第一に、本研究では政党内閣制の成立過程を分析した視角を踏襲する。政党内閣の連続を内在的に理解するために首相選定に注目し、政党党首が選ばれ続けたという首相選定の結果のみならず、どのように選ばれたか、またどのような理由から選ばれたかという首相選定上の論理と方式と結果の三つの観点から見る。本書でも、「政党内閣制」を、議会を基礎とする政党の党首が首相となり、政党による組織的な政権担当以外の内閣が除外される政権交代システムと定義し、考察の対象となる主体として、首相選定者と政党勢力の取り組みを中心に、政党外の諸勢力、そして彼らをとりまく世論・評論という四層に及ぶ動態の連関を検討する(37)。そして、これら四層の相互作用を論じる上で、「政権をめぐる競合」と「政治システムをめぐる競合」とを区別する。これによって、政党内閣制の成立から崩壊までを、首相選定の政治外交史という一つの分析視角によって過程論的に考察することができる。それは先の研究から引き続く本研究の大きな特色となるだろう。

その上で本研究の第二の視角として、政党内閣制の展開過程における新たな特徴に目を向ける。それは民主政治の定着と深化の問題である。従来、わずか八年間の政党内閣期ということもあって、政党政治の崩壊原因を成立原因の裏返しとして理解する左右対称的なイメージが強かった。(38) しかし、ひとたび成立した制度の定着をめざす過程では、成立過程とは異なる問題に直面する。明治立憲制は多元的諸機関の権力分立と相互の抑制均衡を期待する立憲主義的制度であったが、多元的諸機関が多元的なままであって良いわけではなく、何らかの形で統合されなければならない。若き日の西園寺が一八八五(明治十八)年の内閣制度創設を「吾邦政府が実権と責任とを有するの第一歩」と高く評価したように、立憲君主制の下、統合の場として期待を集めたのは憲法に明記されていない内閣であった。(39) このように多元的な明治憲法の運用において内閣中心の責任政治が構築されていく一方で政党が内閣への参入の度合いを高めていくと、統合主体としての政党を危惧する勢力は、軍部大臣現役武官制の導入や軍令の制定のように自律的な領域を確保するとともに、元老集団の多元性を背景に、時に臨んで非政党内閣を成立させることで組織の必要を満たしてきた。しかし、元老が一人となり、政党内閣制の成立によって政党が内閣を将来にわたって独占することが予想される中で、政党内閣による多元的諸機関の恒常的統合という新たな統治のあり方が現実味を帯びてきた。政党内閣制の成立が求めるこのような新たな政治のあり方を、ここでは「政党中心政治」と呼び、帝国議会とりわけ衆議院を基礎としてその信任如何によって進退を決する政党内閣が多元的な明治憲法諸機関を統合して行う政治、と定義する。(40) 首相選定上の政党内閣制成立に続く課題は政党内閣による国政統合であり、政党中心政治の確立によって、先に西園寺が内閣制度創設をその第一歩と表現した実権と責任とを有する政府、すなわち明治立憲制を総合的に運用し議会を通して国民に責任を負う政府の実現にあった。

こうした政党中心政治の確立過程はまさに政党を中心とする政治が根づいていく過程であり、政党間での政権交代という政党内閣制を実質化していくものであるが、同時に、三つの波及効果を持ち、政党内閣制を揺るがしかねない問題をはらんでいた。第一に、政党中心政治の進展は政党内閣制という一つの制度の強化を意味するだけではなく、必然的にその自律化という問題をはらむ。政党内閣制の成立には政友会の取り組みを土台とする憲政会の改革構想を受け止めた西園寺の政治指導とその国家構想が寄与していたが、ひとたび成立した制度は自らをも変容させつつ独自に展開していく。したがって、たとえ制度の創設に寄与し、首相選定になお大きな影響力を持つといっても、西園寺がいつまでも個人の能力で管理できるようなものではない。第二に、政党中心政治の進展にともない政党に対する期待と批判がますます強まるという効果がある。政党が統治の主体として確かな位置づけを得たことは、統治主体として政治に大きな責任を負うことを意味する。したがって、政治結果について厳しい評価にさらされることはもとより、体質についても弱者であった時以上に厳しい目が注がれるのである。そして第三の効果は、政党中心政治の進展にともなって、明治立憲制における割拠的な諸機関の中での位置づけや役割が再編されていく効果である。政党が政治の中心に位置する中で、それぞれの機関は政党政治といかなる補完関係を持つのかを自問し、それは憲法秩序の再編を意味する。こうした急激な再編は、その善し悪しを別にして行き過ぎや多くの齟齬《そご》を生む。これら政党内閣制下での政党中心政治の進展にともなう三つの波及効果は、その時々の政治情勢に相乗効果を与えていく。それは大きな可能性とともに危険性を秘めた時期なのである。

こうして政党内閣制の成立に引き続く政党中心政治化過程は、政治的な機会構造を変化させ、アクターの選択に影響を与える。日本政治は一九二七（昭和二）年には二大政党が男子普通選挙制によって政権を争うという新たな特徴を獲得していた。それは、男子普通選挙制、政党内閣制、二大政党制から成る一九二七年の政治システムと呼ぶことができる。[41] 政党の自滅を論じるのであればまず政党が置かれていた戦略環境への理解が必要である。誰が首相に選ばれるかという首相選定上の変化は、彼らの戦略的行動の土台を形づくるであろう。また、政党内閣制の成立を促した諸勢力の行く末にも注目したい。

以上を受けて、本研究の第三の視角として、考察の対象とする時期を、政党内閣制が成立し、目前に迫る男子普通選挙制の全面実施と二大政党制の成立によって補完された一九二七年から、ひとたび「憲政の常道」と呼ばれた政党間での政権交代様式が一九三二年の中断を経て、再び回復されることが期待されながらその可能性が失われていく一九三六年までとする。これによって、政党内閣制の展開、中断、復原力の喪失すなわち崩壊という一連の流れを、第一次世界大戦後の成立過程と接続する形で理解することができよう。本書で検討する一九二七年から三六年は近代日本にとって一つの転換期であった。日本は一九二〇年代の国際協調と政党政治に特徴づけられた政治外交路線を放棄し、混迷の時代へと突入していく。「大正デモクラシー」と呼ばれた政党政治の時代は、なぜ覆され、軍部の時代と言われる新たな相貌の中に雪崩れ込んでいったのだろうか。

ここで本書の仮説を先に述べるならば、政党内閣制の成立によって政治構造が変化し、二大政党を軸に社会全体を巻き込んだ明治立憲制のさらなる再編（政治的民主化）過程が進行した。それゆえにますます強化されつつあり、かつ両大戦間期の国際軍縮体制に適合的で日中間の問題にも穏健な解決を求めていた政党内閣に対して、利害対立を先鋭化させた陸海軍は、国内で昭和恐慌と呼ばれる世界大恐慌下の危機的状況を背景に、比較的独立性が高かった従前の制度配置と内部の暴力を機会として強固な挑戦を試みた。そして、首相選定上の選択と変化が不確実性を高めたことで諸アクターに誤った行動の誘因を与え、一九三六年の二・二六事件によって最終的に政党内閣制が崩壊したというものである。その中で、西園寺の意思は実権と責任を有する政府を求める点で一貫して政党内閣制支持であったが、権力は相対的で、意思や判断は必ずしも実現しなかった。要するに、国内的な政治変革期のそもそもの脆弱性が世界大恐慌による内外状況の未曾有の深刻化に耐えられなかったのであり、政党内閣制が成立していたにもかかわらず、もしくは政党内閣制の成立が不充分であったから崩壊したのではなく、政党内閣制が強固に成立していたからこそ、その展開過程における状況の変化の中で強固で執拗な挑戦を受け、崩壊させられたのである。

構　成

最後に、本書の構成と時期区分について記しておきたい。先に本書の視角について述べたように、本書の分析は、政党内閣制の成立過程と密接不可分な関係にある。そこでここでは、本書の構成を概観する上でその前史についても少し詳しく整理しておきたい。

一八八九（明治二十二）年に発布された明治憲法はそもそも議院内閣制を採用しておらず、党首を中心に政党が内閣を担うべき法制上の理由はなかった。あるとすれば、予算案と法律案を審議する議会に基礎を置かなければ施政が遂行できないという実際上の理由であり、財政規模が年々拡大する中では前年度予算執行権も政治史上に実質的な意味を持たなかった。そのような制度状況下で、政党の地位向上は諸政治勢力間の均衡と動揺をふまえた政党指導者の質と技能に多くを依存し、事実において進んだ(42)。この点で伊藤博文、西園寺公望、原敬へと続く立憲政友会への評価は高い。しかしより長期的には、立憲政治の要は議会政治であり議会政治においては政党政治が必至である、という立憲思想の展開に注目する必要がある。このような考え方は英国を模範として憲法制定過程ですでに議論されていたが、日本の現状に合わないと否定されていた。しかし、一九一二（大正元）年から一三年の第一次憲政擁護運動の過程で、衆議院多数派による内閣が望ましいという「憲政常道」論がささやかながらも唱えられ始め、第一次世界大戦を通して発達した「デモクラシー」観念によって補強されるに至った。ここに初めての本格的政党内閣と呼ばれた原敬内閣が成立し、しかも当時としては長期政権を担うことで政党の統治能力を実証した。そこには充分ではないが不可能ではない制度を思想で補完して人が利用するという三者関係があった。

明治憲法において首相指名は天皇の大権であったが、天皇が自ら望ましい候補者を選ぶのではなく、複数の元老が協議して後継首相候補を選ぶことが慣行となっていた。原内閣の成立も例外ではなく、元老たちの判断によった。しかし、第一次世界大戦後には、このような従来の首相選定方式は、機能性、正統性、制度的安定性という三つの点で行き詰まりを見せていた。元老が協議して選んだ首相候補が就任を拒む例もあれば、組閣に失敗し、また組閣しても短命に終わることがあった。このことは同方式の機能性を疑わせるに充分であった。他方、正統性という点では、憲法外の存在である元老が政治に深く関与すること自体に批判があり、彼らが属個人的に首相を決定していくことは同時代の「デモクラシー」思潮に背馳すると見られた。そしてそれ以上に直接的な問題は、このままでは従来の選定方式が維持できないという制度的安定性の問題であった。元老はそれぞれ明治維新期に活躍し、明治国家の建設に顕著な功績があるなど属個人的な資格であり、死によって一人ずつ失われていった。すでに残された元老も少なく、皆高齢であった。したがって日本政治は、遠くない時期に、安定的で実効性に優れなおかつ正統性の高い首相選定方式を新たに確立する必要に迫られていたのであった。一九二二年の加藤友三郎首相選定時には内大臣の元老松方正義が摂政の許可を得て枢密院議長の清浦奎吾と首相経験者の山本権兵衛を選定に加えたが、翌年、元老西園寺はこの方式を否定してひとまず元老間での協議に戻した。

このような状況下に生起したのが一九二四年の第二次憲政擁護運動であった。清浦が貴族院議員を網羅する形で組閣すると、「護憲三派」を自称する政友会、憲政会、革新倶楽部が政府反対の声をあげた。この運動は「護憲」を名乗りながらも、政友会が貴族院改革を、憲政会が男子普通選挙制の実現を、そして革新倶楽部がより広範な改革をそれぞれ主張していたように、三党間でも求める改革像が異なり、そもそも清浦内閣の成立が憲法違反でもないことから単なる倒閣運動とも見られた。しかし、三派は一致して「政党内閣制の確立」を掲げ、首相選定が従来のように属個人的に行われるのではなく、議会主義的なルールに基づいて行われることを求めた点に運動の意義はあった。それは首相選定上の不確実性への批判でもあった。そして同時代の政治学者吉野作造も述べたように、合憲か違憲かとの判断とは異なる、立憲的か非立憲的かとの対立軸が国民の理解の上で意味があり、新聞は概して運動に好意的であった。こうして第十五回総選挙の結果を受けて、高橋是清内閣以来の政党内閣である加藤高明三派連立内閣を誕生させる原動力となったのである。

にもかかわらず、この時、実質的に首相選定を担った元老西園寺公望にとって、加藤内閣選定は不本意な緊急避難でしかなく、その後も政党内閣を続けるといった長期的な展望は見られない。西園寺は退任する首相による後継首相候補者の指名を排し、元老が相次いで亡くなる中、内大臣を新たに選定者に加えた。また、以後の非政党内閣成立の可能性にも言及し、加藤内閣の成立は必ずしも政党内閣期の始点としての不可逆的な意味を与えられていたわけではなかったのである。さらに、その後単独内閣を組織しながら議会会期中に急死した加藤の後を受けた憲政会の第一次若槻礼次郎内閣下では、男子普通選挙制に基づく初の総選挙をいかなる内閣が執行すべきかという論点にからんで再び非政党内閣論が盛んに論じられ、元老とともに首相選定を担う牧野伸顕内大臣ら宮中官僚もこのような議論に同調的であると見られていた。

しかし、第一次若槻内閣崩壊後、西園寺は政権を再び政党内閣間で移動させ、政友会の総裁田中義一に組閣の大命は降下した。この時、与野党間で政権交代が行われたという事実はもとより重要であるが、それ以上に西園寺や牧野内大臣ら首相選定者の中で政党間での政権交代が将来的な政権交代像として語られ、単に当面の必要性による政党内閣成立ではなかったことに注目する必要がある。西園寺は加藤首相の手腕と何より幣原喜重郎外相への高い評価によって憲政会の統治能力に対する積年の不安を払拭し、政友会と合わせて複数の統治政党を得たことで、そもそもの志向であった政党政治実現に尽力することになった。そして牧野内大臣も元老西園寺に従い、ここに政党内閣制は成立したのであった。

こうして明治憲法下において、憲法政治を議会政治と捉え政党内閣間での政権交代を「憲政常道」と考える立憲思想を背景に、第一次世界大戦後に政治体制の政党化を推し進めた原敬政友会、政治体制の政党内閣制化を推し進めた加藤高明憲政会、その事績を受けて日本政治の脱個人化、元老以後の政治像を求めた元老西園寺公望という三者の取り組みによって政党内閣制は成立した。このような経路をたどってひとたび日本政治史上に成立した政党内閣制は、いかに展開したのか。そして政党内閣制の成立は諸アクターにどのような影響を与え、またアクター間の相互作用は政党内閣制の定着にどのような意味を持ったのか。政党内閣制成立後の日本政治を問う本書は五章から成る。

第1章と第2章では、田中義一内閣期と浜口雄幸内閣期を対象に政党内閣制の展開過程を検討する。一九二七（昭和二）年の立憲民政党誕生によって、「憲政常道」は与野党間での政権交代として意味内容を明確化させ、先に一九二七年の政治システムと呼んだように、男子普通選挙制に立脚した二大政党による政党内閣制によって日本政治が運営されることが一般に信じられるようになった。両内閣期は、政党内閣制の成立を経て、政党政治のさらなる展開として政党中心政治が模索される一方、多元的な明治憲法諸機関を政党政治下に再編していく過程での摩擦に苦しむことになる。次の第二次若槻内閣下に内外危機が昂進していくことから、この時期についても従来まず崩壊ありきの観点から概してその後の崩壊への一里塚として政党政治の混乱と失敗が強調されてきた。しかし、両政党内閣は当時充分に強力であり、政党政治を中心とするさらなる改革と生活問題への対応が意識され、一九二七年の政治システムがいわば日常的に機能していた時期であった。

第1章「田中政友会内閣と二大政党伯仲下の男子普選議会――政党中心政治の模索と試金石としての中国問題（一九二七～二九年）」では、初めての男子普通選挙制に基づく総選挙が実施され、政党政治がますます国民に眼を向けて自律化していく一方、そのような政党中心政治の模索の中で、中国政策は政党内閣制にとってはもとより、陸軍、昭和天皇、宮中官僚、貴族院、枢密院など周辺勢力にとって新たな政治システムへの適応の試金石となった。次に、第2章「浜口民政党内閣と世界大恐慌下のロンドン海軍軍縮条約――政党中心政治の復原力と統治能力（一九二九～三一年）」では、引き続く政党中心政治の模索を描くと同時に、国際軍縮をめぐる海軍との関係が焦点となる。

ところが、未だ揺籃期にあった一九二七年の政治システムは早々に試練の時を迎えた。米国発の世界大恐慌は日本でも深刻な経済危機（昭和恐慌）を引き起こし、対外危機、思想危機、そして暗殺とクーデタの政治危機へと発展していった。その中で、一九三一年初頭の第五九議会は、一方で一九二〇年代の自由主義的改革の最後の舞台となり、他方で陸軍のクーデタが秘かに計画されるなど両大戦間期の平時と危機との分水嶺となる。

第3章「一九三二年憲政危機と政党内閣制の中断――内外非常時下の「常道」からの逸脱（一九三一～三二年）」は、危機に直面して政党内閣制の中断に至る過程を検討する。経済危機への対応に追われる中で、第二次若槻内閣の成立と時を同じくして陸軍統制の問題が顕在化し、満州事変の勃発によって対外危機を引き起こした。この時、「協力内閣」論によって「憲政常道」論が再び分化しつつもまずは政党内閣制の枠内で解決が図られ、単純な与野党間での政権交代によって犬養毅内閣が成立した。しかし、上海事変が引き起こされ、政党指導者に対するテロが相次ぐ中、五・一五事件後には将来の政党内閣制再開を念頭に約八年ぶりの非政党内閣が成立した。

第4章と第5章では、政党内閣制中断後の「挙国一致」内閣と呼ばれた非政党内閣下で、政党内閣への復帰が模索されながら次第に政治的復原力が失われ、政党内閣制が崩壊していく過程を検討する。斎藤実内閣と岡田啓介内閣はともに海軍出身首相の下、危機の緩和と政党中心政治の弊害の改善によって政党内閣制の再開を図る非常時暫定政権として成立したが、この間に政党の権力のみならず政党内閣主義が大きく傷つき、首相選定は方向性を失っていく。ここでは、深刻な危機に直面する中での西園寺と宮中官僚の間での政治指導の齟齬《そご》と非常時暫定政権下での多数党のジレンマに注目する。

第4章「斎藤内閣と政友会——非常時暫定内閣という賭とその再現（一九三二〜三四年）」では、斎藤内閣を扱う。満州国承認、国際連盟脱退と国内宥和の優先によって従来の政治外交路線が大きく傷つけられたが、当初一定の危機沈静効果が認められた。しかし、塘沽《タンクー》停戦協定による満州事変の終結も政党内閣制の再開には結び付かず、逆に政権の暫定性が次第に失われていく中で非常時暫定政権の再現を見る。第5章「一九三六年憲政危機と政党内閣制の崩壊——第二暫定内閣の失敗と「常道」の喪失（一九三四〜三六年）」では、第二暫定政権としての岡田内閣を扱う。予想外の岡田内閣成立は多数党政友会を決定的に野党化させ、日本政治は復帰すべき「常道」からさらに遠ざかるのみならず、「常道」という意識それ自体が攻撃され、変質し、失われていく。その中で同内閣に残された最後の暫定性の契機は一九三六年の総選挙であったが、その直後に起こった二・二六事件によって政党内閣制の持っていた復原力は当面失われることになる。

最後に結論では、ひとたび成立した政党内閣制が、なぜ、いかにして展開し、崩壊していったのかを論じて、本書の議論を総括する。政党内閣制の展開と崩壊は、いかなる意味を持っていたのか。また、現在に何を示唆しているのだろうか。現代的意義にもふれたい。

(1) 五百旗頭『米国の日本占領政策』上、二五六—七一頁。
(2) 五百旗頭『米国の日本占領政策』下、一七一頁。
(3) 平川『平和の海と戦いの海』二七五頁。
(4) 五百旗頭『占領期』一六八頁。
(5) 同上、一七四—七五頁。
(6) 猪木『民主的社会主義』二二〇頁。
(7) 鶴見『民主主義とは何だろうか』二〇八—〇九頁。
(8) 丸山『丸山眞男回顧談』上、二六六—六八頁。一九八八年から九四年にかけての聞き取り。丸山は、政党政治の崩壊過程を、「第一段階が、憲政の常道と言われた二大政党の対立でしょう。二大政党の対立が、五・一五の犬養に対するテロで破られて、斎藤実内閣ができる。これはまだ重臣によって支持されている。というのは、なんとかしてファッショ化を食い止めようという意図です。現実には、斎藤実が首班になったということは、すでに政党内閣の終焉なのです。斎藤内閣以後はずっと政党内閣ではない。もうそこでは政党内閣に復するというのは出てくる余地がないのです。にもかかわらず、政党は利益配分にあずかるという意図から、ずっとくっついているという事態が続くわけです」と分析し、新体制への道を「あの腐敗の政党内閣が再現するという余地はない。さりとて官僚内閣ではどうにもしょうがないということで、そういう窮地に浮上したのが近衛を中心とする新体制構想。主観的意図としては、これで軍部を抑えようということだった」と述べた。

(9) 岡『近代日本の政治家』、升味『日本政党史論』五。また、有馬『帝国の昭和』、増田『天皇制と国家』も参照。先行研究の整理については、村井『政党内閣制の成立 一九一八〜二七年』三―八頁。

(10) 松尾「政党政治の発展」、松尾「政友会と民政党」。また、雨宮『占領と改革』v頁も参照。

(11) バーガーは「戦前戦中期に政党政治家たちの影響力が激しい攻撃にさらされたのは事実であるが、それにもかかわらず彼らは一九四〇年と四一年の重大事態を乗り切り、太平洋戦争中にはかえってその影響力を増大させることが出来た」と総括した（バーガー『大政翼賛会』iii頁）。

(12) 坂野『近代日本の国家構想』、坂野『日本政治「失敗」の研究』、坂野『昭和史の決定的瞬間』。

(13) 伊藤『昭和初期政治史研究』、伊藤『大正期「革新」派の成立』。

(14) 粟屋『昭和の政党』四二九頁。北岡伸一は「憲政常道は野党の議論」で「憲政常道論で首尾一貫した政治家などいない」と述べる（北岡『政党から軍部へ』二三―二四頁、北岡『日本政治史』一六七―六八頁も参照）。中でもロンドン海軍軍縮条約に対する政友会の行動には自殺行為との批判が強い（李『軍部の昭和史』上、四一頁）。また、「非選出勢力」と「選出勢力」の相互作用を論じる宮崎「戦前日本の政治発展と連合政治」と高橋・宮崎「政党政治の定着と崩壊」も参照。

(15) 第二保守党系については、小宮『条約改正と国内政治』、五百旗頭『大隈重信と政党政治』、村井『政党内閣制の成立 一九一八〜二七年』、奈良岡『加藤高明と政党政治』、社会民主主義政党については、坂野『日本政治「失敗」の研究』を参照。

(16) 北岡『政党から軍部へ』一〇頁。宮中にかかわる近年の研究として、安田『天皇の政治史』、ビックス『昭和天皇』、永井『青年君主昭和天皇と元老西園寺』、伊藤『昭和天皇と立憲君主制の崩壊』、茶谷『昭和戦前期の宮中勢力と政治』、古川『昭和天皇』、伊藤『昭和天皇伝』、加藤『昭和天皇と戦争の世紀』、松田「内大臣の側近化と牧野伸顕」などを参照。

(17) 三沢・二宮「帝国議会と政党」六頁。伊藤「政党政治の衰退と統帥権」、ラムザイヤー＝ローゼンブルース『日本政治と合理的選択』も制度による説明を重視する。このような制度決定論に対して、筒井『昭和十年代の陸軍と政治』は陸軍の政治介入における「軍部大臣現役武官制」の効果を否定している。

(18) 三谷「政党内閣期の条件」。三谷は、他に、政党内閣を理論的に正当化する美濃部達吉の憲法解釈の通説化、枢密院の中立化、官僚の政党化、そしてワシントン体制下の国際的緊張緩和とそれに伴う軍部の政治的比重の減退を条件にあげた。また、興味深い近年の成果として、竹中治堅は「民主化途上体制」という概念を用い、完全に民主化が進んだ民主体制とは区別されるが、競争的寡頭体制や権威主義体制の民主化が相当程度進捗した政治体制に固有の問題として分析し（竹中『戦前日本における民主化の挫折』）、清水唯一朗は、明治立憲制と政党内閣型統治構造とのズレが、陸軍の構造外性という点で影響したという見通しを示した（清水『政党と官僚の近代』）。

(19) 有泉『明治政治史の基礎過程』、有泉「日本近代政治史における地方と中央」、宮崎「大正デモクラシー期の農村と政党」。このような説明を加藤陽子は「調整システム論」と整理する（加藤『戦争の論理』二六―二七頁）。

(20) 密教と顕教という概念は久野収による（久野・鶴見『現代日本の思

想』一三二頁。

(21) 酒井「一九三〇年代の日本政治」を参照。なお近年の研究整理として、鳥海ほか編『日本近現代史研究事典』、成田『近現代日本史と歴史学』がある。

(22) 酒井『大正デモクラシー体制の崩壊』八頁。

(23) 三谷『大正デモクラシー論』一―四三頁。さらに、黒沢文貴は、一九二五年に形成された「国内においては政党政治と普通選挙法＝治安維持法の体制として、また対外的にはワシントン体制（日英米協調）と日中ソ提携との組み合わせによる東アジア国際秩序の安定体制」としての「一九二五年体制」を論じ（黒沢『大戦間期の日本陸軍』三八七頁）、雨宮昭一は「内における憲政常道体制、外におけるワシントン体制」と述べる（雨宮『近代日本の戦争指導』二二五頁）。なお、坂野「政党政治の崩壊」は一九三三年から三五年にかけても「政党政治復活の若干の可能性」があったとするが「大正デモクラシー的政党内閣」とは分けて論じられている（同、三五五頁）。

(24) 酒井『大正デモクラシー体制の崩壊』三頁。

(25) 丸山『現代政治の思想と行動』七一頁。増田『天皇制と国家』は、五・一五事件を「政党内閣制の崩壊」、二・二六事件を「立憲君主制の崩壊」と位置づける。伊藤『昭和天皇と立憲君主制の崩壊』。

(26) 小林『政党内閣の崩壊と満州事変』、茶谷『昭和戦前期の宮中勢力と政治』、筒井『昭和戦前期の政党政治』、小山『憲政常道と政党政治』。

(27) 刈田『昭和初期政治・外交史研究』三八八頁注（1）。

(28) 粟屋『昭和の政党』は五・一五事件を「政党内閣崩壊」、二・二六事件までを「政党政治の凋落」と描く。高橋・宮崎「政党政治の定着と崩壊」は「陸軍皇道派将校によるクーデター（二・二六）事件と、それに続く陸軍主流派（統制派）の発言力増大は、政党政治の復活を不可能にした」と述べる（二五三頁）。北岡『政党から軍部へ』は加藤高明内閣から浜口雄幸内閣までを「政党政治の日本」、満州事変から二・二六事件までを「『非常時』の日本」、以後を「戦時の日本」と整理する。また須崎慎一は一九三六年を「軍部とファシズム運動が、依存・利用しあう軍ファシズム運動の時代」の終わりと重視した（『日本ファシズムとその時代』五六頁）。坂野『日本政治「失敗」の研究』、坂野「政党政治の崩壊」も参照。酒井『大正デモクラシー体制の崩壊』一四頁注（5）。

(29) 松浦正孝は「政党内閣崩壊後」の政治局面を「高橋路線」という概念で分析しているが、政党内閣の崩壊を強調する一方で、二・二六事件までは「政党出身閣僚」である高橋是清が活躍し、単なる政党の凋落ではなかったことを指摘し、「政党内閣が崩壊したからといって、日本では直ちに軍部や官僚がそれに代わり得たわけではない。それは、短いながらも政党内閣制の遺産があったためであろう」と述べている（松浦『財界の政治経済史』一二七―五四頁）。

(30) 升味『日本政党史論』五、一三頁。

(31) この場合、天皇統治の永続化や政局の安定、穏健な外交など、状況判断によって便宜上政党内閣を支持したと理解される。岡『近代日本の政治家』、升味『日本政党史論』五、升味『昭和天皇とその時代』八七頁。粟屋『昭和の政党』、岩井『西園寺公望』、土川「政党内閣と元老西園寺公望」も同様の解釈に立つ。

(32) 北岡『政党から軍部へ』二五―二六頁。北岡『日本政治史』一六八頁。

(33) 伊藤『大正デモクラシーと政党政治』二一二―一三頁注（16）。永井『青年君主昭和天皇と元老西園寺』二三〇頁。伊藤『元老西園寺公望』も参照。他に村井『政党内閣制の成立 一九一八～二七年』。また、小山『憲政常道と政党政治』は「憲政の常道」論と政界支配層の「輿論」の二本立てと理解しつつ斎藤内閣成立を「一時的中断」の容認と述べる（三三四―三八頁）。

(34)『木戸幸一政治談話録音速記録』一（国立国会図書館憲政資料室蔵）六〇頁。

(35) 西園寺一人が聡明であるかのように論じられる構造について、季武嘉也、有馬学が批判的に考察している（季武「西園寺公望と二つの護憲運動」。有馬『帝国の昭和』三二―三六頁）。

(36) 村井『政党内閣制の成立 一九一八〜二七年』。

(37) 同上、八―九頁。奈良岡聰智は「主要な二つの政党が交互に政権を担当する体制」を意味する「二大政党制」という概念でその形成過程を分析した（奈良岡『加藤高明と政党政治』一四頁）。同概念は「前後の時代とは明らかに異なる個性」を表現する上で有意義である（奈良岡「立憲民政党の創立」三七八頁注9）が、ここではそのような時代の「個性」が形成され、失われていく過程を仔細に検討したいとの問題関心から、より限定的な分析概念として「政党内閣制」を用い、政党システムとしての二大政党制や、選挙システムとしての男子普通選挙制、さらには対外的なワシントン体制との関係などいくつもの要素を積み重ねていく。したがって本書で「二大政党制」という用語は特に断りのない限りもっぱら政党システム上の意味で用いている。

(38) 典型的な例として、三谷「政党内閣期の条件」。

(39) 明治十九年一月十五日付伊藤博文宛西園寺公望書簡、伊藤博文関係文書研究会編『伊藤博文関係文書』五、四八―四九頁。

(40) ここで言う「政党中心政治」とは一般には「政党政治」や「議会政治」とほぼ同義であり、同時代的には民政党が「議会中心政治」を掲げた。しかし、「議会中心」という場合にも下院の優位が想定されており、推進者、批判者双方にとって焦点は衆議院に基礎を置く政党による支配にあったことから、内容をより明確にする意味でこの言葉を用いる。村井『政党内閣制の成立 一九一八〜二七年』一七頁注（27）も参照。それは法律上（de jure）ではなく事実上（de facto）の議会制民主主義体制であった。

(41) 本稿で論じる一九二七年の政治システム（男子普通選挙制・政党内閣制・二大政党制）が規定する政治体制も対外路線上の特徴をもっており、ワシントン体制に適合的であったに止まらず、ワシントン体制への準拠がこのような国内体制を生み出したという直接的な関係があった（村井『政党内閣制の成立 一九一八〜二七年』を参照）。しかし他方でこのような外交路線は、原敬の対米関係重視政策以来、加藤友三郎内閣も含めて一九二〇年代に共通する外交路線であり、政党内閣制に代表される国内政治体制の特徴に止まらない。そこでここではこのような国内政治体制がワシントン体制を含めたより上位の政治体制像に統合されうることを確認した上で、国内政治上のメカニズムを中心に論じていく。

(42) 北岡は、当時の政党政治が分権的な明治憲法下で何ら法的根拠を持つものではなく、「国家諸機関の自制と信頼」によって初めて可能なものであったと述べる（北岡『官僚制としての日本陸軍』一五八頁）。

第1章　田中政友会内閣と二大政党伯仲下の男子普選議会
——政党中心政治の模索と試金石としての中国問題（一九二七〜二九年）

一九二七（昭和二）年三月二十日、朝から降り続く雪の中、東京芝増上寺で憲政功労者大追悼会と銘打つ大きな法要が催された。憲政が布かれて四〇年、「普通選挙」の実現を前に、板垣退助、大隈重信、馬場辰猪、中江篤介、田中正造、星亨ほか、憲法政治の創始に努力した先覚三百余名の霊を慰めるもので、憲政会総裁の若槻礼次郎首相、田中義一政友会総裁、床次竹二郎政友本党総裁に加え、徳川家達貴族院議長、粕谷義三衆議院議長らが発起人総代に名を連ねた。(1) その一カ月後の四月二十日には、田中を首相とする再びの政友会内閣が成立し、与野党間での政権交代が果たされた。この時の首相選定では「憲政の常道」が初めて首相選定者内でも準拠すべき意識を持って議論され、結果においても政党政治を肯定する国民の期待を裏切らないものであった。政党内閣制の成立である。

田中内閣成立から間もない五月四日、大阪毎日新聞主幹の高石真五郎は「憲政の常道」と題する講演を行った。(2) 高石は「憲政の常道と云ふ言葉は唯今非常に流行致しまして政界に於ては或党は他党に対して憲政の常道に反して居ると称し、又他の党は敵党に対して憲政の常道に反して居ると云ふ」と現状を語り、少なくとも「良い徴候」であると評価した。高石は「立憲政治と云ふものは議会を中心とする政治である。是は世界共通の定義であつて間違ひなき所である」と普遍主義的な立場から「憲政常道」を論じ、「議会の多数が内閣の死命を制するやうになつた。即ち憲政の常道が水の流れる如く今日は自然に行はれねばならなくなった。試に今回の政変を見ますると政友会内閣の立つた事を憲政の常道であると申して居ります」と述べた。さらに天皇による組閣の大命降下に際して諮問を受け、実質的な首相選定者である元老西園寺公望についても、「判断をする只一つの規矩となるべきものは憲政の常道に則ると云ふ以外には何物もない」と考えているようだと論じた。政治史学者の吉野作造もまた、この時期、「所謂大権内閣対政党内閣の馬鹿々々しき論争も今は昔の笑ひ草となり、表面の形式を何と繕つても、今日最早政党を背景とすることなくして内閣に立ち得る機会は絶対になくなつたと謂てもいゝ」と現状を理解し、「善いにも悪いにも、政党は今日以後始めて実質的に政策決定の全責任を負ふ地位に立たされた」と評価した。(3)

六月一日には憲政会と政友本党が合同し、立憲民政党が誕生した。これによって、一九二四（大正十三）年に政友会が分裂し、一九二五年に革新倶楽部が政友会に合流して以来、三党制の混乱下に憂慮を深めてきた日本政治は、安定政治、明朗政治への期待を背負って政友会と民政党による二大政党制へと収斂した。そして秋には早速、地方選挙にも拡張された男子普通選挙制に基づく初めての全国的な地方選挙が戦われたのであった。

こうして一九二七（昭和二）年には、政党党首が首相に選ばれることが高い蓋然性をもって期待される政党内閣制に加えて、男子普通選挙制、二大政党制によって特徴づけられる、政党内閣による国政統合に向けた新しい日本政治の枠組みが始動していた。それは日本の立憲政治の中に長い時間をかけて育まれてきた、事実による民主政治であった。(4)民政党の初代総裁浜口雄幸は、田中内閣が初めての通常議会を迎えようとする十一月二十二日、大阪中之島公会堂で開かれた民政党関西大会の席上、政党内閣制の成立を讃え、次のように演説した。(5)

憲政布かれて殆んど四十年、従来政機の転換は概ね世人の意表に出で、国民をして政党内閣制の確立果して何れの日に在るやを嘆ぜしめたのである。然るに最近に到り二大政党対立の勢成り、政党内閣交立の原則も略々確定し、国民は茲に始めて公明なる政治の実現を期待し、憲政有終の美を翹望するに至つたのである。

本章では、政党内閣制成立後の日本政治の展開を、田中義一政友会内閣期を対象に考察する。それは明治立憲制のさらなる民主的統合をめざす政党中心政治確立への動きであった。田中内閣では男子普通選挙制に基づく初めての総選挙が予定されており、二大政党の角逐はもとより社会民主主義政党の進出にも注目が集まった。政党内閣制、男子普通選挙制、二大政党制から成る一九二七年の政治システムの下で、与野党はいかなる役割意識を持ち国政を指導したのか。また、国民を基盤とする強力な二大政党制の誕生を受けて、貴族院や枢密院、陸海軍、天皇・宮中官僚など政党外の諸機関、諸勢力はどのように対応したのであろうか。中でも、田中内閣が前政権からの政策転換を強調し、政党内閣の試金石ともなった中国問題と、内閣を崩壊に導いた昭和天皇・宮中官僚の動向に注目したい。

一九〇一（明治三十四）年に生まれた昭和天皇は、一九二一（大正十）年の摂政就任後、二六年に践祚し、田中内閣下の一九二八（昭和三）年十一月十日、京都紫宸殿において即位の大典が挙行された。その昭和天皇が、後年「若気の至り」「苦い経験」と回想したのが、田中内閣総辞職の一件であった。(6) 政党内閣として男子普通選挙制に基づく初めての総選挙を実施した田中内閣は、天皇の直接の不信任表明によって倒れた初の、そして最後の内閣となった。昭和天皇は一九四六年に聴取された回想、いわゆる『独白録』で、「私は田中に対し、それでは前と話が違ふではないか、辞表を出してはどうかと強い語気で云つた」と述べ、「田中に対しては、辞表を出さぬかといつたのは、「ベトー」を行つたのではなく、忠告をしたのであるけれ共、この時以来、閣議決定に対し、意見は云ふが、「ベトー」は云はぬ事にした」とその後の行動への影響を語った。(7)「ベトー」とは拒否権のことである。昭和天皇は、独白の結論部分で、「開戦の際東条内閣の決定を私が裁可したのは立憲政治下に於る立憲君主として已むを得ぬ事である。若し已が好む所は裁可し、好まざる所は裁可しないとすれば、之は専制君主と何等異る所はない」と自らの行動を正当化している。(8) 昭和天皇の言う「立憲君主」とは、敗戦によって時局が大きく転換した後での、自らと皇室を守るための説明としての意味しか持たないのであろうか。このような決定的事例を論じるには、逆説的にも日常的な政治への関与の構造や、さらにはこの時期が政治構造の全般的変革期にあたっていたことに留意する必要がある。

浜口は、先の演説に続けて、「政党内閣制運用の始に於て、若し政府当局の態度と施設宜しきを得ず、其の誠意と能力とを疑はるるに至つたならば、議会政治の信用を失墜し、国民は失望の結果如何なる事態を発生するに至るやも測り難いのである。実に今日は我国民の能力が果して政党内閣制の運用に堪ゆるや否やの試験を受けつゝある最も大切なる場合であつて、政治家の責任極めて重大なりと謂はなければならぬ」と述べたのであった[9]。

一　初の男子普通総選挙と二大政党伯仲

田中内閣の成立――政党内閣としての純度高く

一九二七年四月二十日、第一次若槻礼次郎内閣に代わって田中義一内閣が成立した[10]。内閣成立を伝える政友会の党報『政友』は、「正しい明るい而して力ある政治の実現」と銘打ち、「内治も外交も総て革新されよう」と意欲を示した[11]。首相に指名された田中義一は、陸軍内で山県有朋、桂太郎、寺内正毅という長州閥の嫡流を継ぐ人物で、一八六四（元治元）年、長州萩藩士の下に生まれた。陸軍士官学校から陸軍大学校に進み、日清戦争に出征、その後ロシア帝国に留学し、日露戦争では満州軍参謀を務めた。日露戦争後の一九一〇（明治四十三）年に退役軍人を対象に「良兵良民」を旨として設立された帝国在郷軍人会の組織化と育成に尽力し、一九一五（大正四）年の欧米視察後は全国の青年団統一にも努めた。かつては軍務局長として二個師団増設問題で第二次西園寺内閣の倒壊を招いたが、原内閣で陸相になると政友会との良好な関係を軸に陸軍の組織利益と統制を図り、シベリアからの撤兵に尽くしたことで陸軍以外からの期待も集めた[12]。その後、第二次山本権兵衛内閣でも陸相を務めた彼が軍人政治家から政党政治家へと転身し、伊藤博文から続く立憲政友会の第五代総裁となったのは、「護憲三派内閣」と呼ばれた第一次加藤高明内閣が行財政整理、男子普通選挙制導入、貴族院改革等にめどをつけた第五〇議会後の一九二五年四月十三日であった。小川平吉が「憲政の常態に復する至当とすべし」と述べたように、政党内閣制の確立をめざす一時的な大連立が当初の目的を果たし、政党間での競争が再開される中での新たな指導者として迎えられたのであった。[13] 一ヵ月後の五月十四日には、犬養毅が率いた革新倶楽部、中正会と合同し、政友会は第二党となった。

田中内閣の組閣で注目すべきは次の三点である。第一に、閣僚のほとんどを政友会からとり、政党内閣としての純度が高かった。田中は政友会以外からも広く人材を集めるのではないかという事前の観測もあったが、大命降下後、田中は山本条太郎幹事長と相談の上で高橋是清前総裁、犬養毅、岡崎邦輔の党三長老と協議し、「司法省丼陸海軍を除き総て政友会員を以て組織すること」を決めた。[14] 職業外交官の起用が多い外相は首相自ら兼任し、選挙を指揮し内政の要となる内相には鈴木喜三郎が就いた。鈴木は一八六七（慶応三）年、現在の神奈川県に生まれ、平沼騏一郎のもと司法官として驥足《きそく》を伸ばし、司法次官、検事総長を経て一九二四（大正十三）年の清浦奎吾内閣で法相を務めた。鈴木は元来「政党が大嫌ひ」で「政友入りを勧められても必ず拒絶」していたが、原の兇変に政界入りを決意し、田中の政友会入りにかかわって逆に「政党によつて雄志を伸ばさうとするに至」ったという。[15] 一九二五年四月に分裂後の政友会に入党し、大政友会の復活をめざして貴族院議員の水野錬太郎や義弟の鳩山一郎らと連繋した。

その鳩山は田中内閣で書記官長に就いた。鳩山一郎は一八八三（明治十六）年、東京に生まれた。父和夫は明治初年に米国に留学した法律家で、立憲改進党結成に参加、代議士として衆議院議長も務め、後に政友会に転じた。一郎はその長男で、東京市会議員を経て、一九一三（大正二）年一月、大正政変の最中に原と岡崎の紹介で政友会に入党し、一九一六年に最年少の三十三歳で代議士となった。[16] 一九二四年の政友会分裂では政友本党に進んだが、政友本党が憲政会との関係を深めると脱党して同交会を結成し、一九二六年二月には政友会に復帰した。鳩山について西園寺は、政友本党脱党前の一九二五年八月に「横田のやうになれば宜からうが、之も未だ分らぬ」と未知数ながらも早世した横田千之助に擬し、十一月には「親爺を能く知り居りし関係と鈴木喜三郎より是非会ひ呉れと頼まれたる故」に面会するなど期待をかけたが、政友会復帰後の翌一九二六年九月に幹事長として朴烈怪写真問題で政府攻撃に努める鳩山を「長のない所が彼の嵌り役」、また、「鳩山の云ふ所は筋の通つたことではあるが、夫れは弁護士流の話で政治家ではない」と評した。[17] 他に、田中内閣には法制局長官に前田米蔵が就き、鳩山とともに政友会の次代の担い手が登場した。

第二の注目点は、政党外との関係である。組閣に際して、田中は枢密院副議長である平沼騏一郎の入閣を検討したが、平沼は法相に弁護士の原嘉道を推薦し、鈴木の重用を求めた(18)。平沼は、関東大震災後に国民精神作興詔書が出され、さらに摂政狙撃事件である虎ノ門事件が起こる中で、一九二四年五月、司法関係者、軍人、高級官僚を含み、「国体ノ清華ヲ顕揚」する国家主義の立場から社会の啓蒙に努める国本社の設立に中心的役割を果たしていた。平沼は田中内閣を支持しており、内相に鈴木、法相に原を起用したことに満足した。保守的勢力からも期待された田中内閣に対して、次の浜口内閣が社会民主主義政党を含む進歩的勢力の期待を集めたことを考えれば、二大政党は社会と政治の媒介者としてともに役割を果たしていたと言えよう(19)。なお、法相を党外から起用したことは単なる平沼への配慮ではない。先の第一次若槻内閣では憲政会の重鎮である江木翼が法相を務め、その党派性が問題となっていた。組閣後に発表された田中首相の声明でも、「司法権の尊厳を維持する」と内政課題の一つにあげられていた(20)。他方、貴族院に基盤を持つ有力議員は当初入閣しておらず、帝国議会における下院中心という政権の政治姿勢が顕著に表れていた(21)。

軍部大臣については、田中は陸相に宇垣一成前陸相の留任を希望したが果たせず、初入閣となる白川義則陸軍大将を起用した。また、海相は財部彪に代わって岡田啓介海軍大将が初入閣した。陸海軍ともに第一次世界大戦後は政治的守勢にあった(22)。日本は大戦を通じて国際的な存在感を高めた一方、対華二十一カ条要求やシベリアへの大量出兵によって軍国主義国家を意味する「東洋のドイツ」と批判されていた。そこで原首相は対米協調を求めて一九二二年のワシントン会議への参加を決め、高橋内閣下で開かれた同会議では全権を務めた加藤友三郎海相の英断で主力艦の海軍軍縮が合意された。加藤は財政上の理由から日米戦争を不可能であると考え、英米日の五対五対三の比率を受け入れた。また、原首相が文官として海軍大臣事務管理に就き、第四五議会では陸海軍大臣任用の官制改正に関する建議案が成立する中で陸海軍内部においても軍部大臣文官制が検討され、加藤海相は軍部大臣文官制への準備を説くほどであった(23)。同じく第四五議会では陸軍軍縮を求める決議案も成立しており、軍縮の流れは陸軍にも及んだ。一九二二年の山梨軍縮、一九二五年の宇垣軍縮と、陸軍の強く意識する総力戦に対応しつつ、軍備の再編整理が進められた。田中の政治家への転身を受けて陸軍の中心的指導者へと成長していた宇垣は、軍部大臣文官論を警戒しつつも、「一、政治方面を顧慮すること少なくして動もすれば専門的方面からのみ問題を取扱ふの恐れがある。二、政党的背景地盤を有せないから其業務の円滑なる遂行に支障を生じ易い」という二点について、軍首脳が注意すべきであると考えていた。(24) 宇垣は、政党政治を否定するのではなく、その中で陸軍の自律性と利益をいかに守るかを重視した。また、宇垣は、同時代的な感想として、「政党政治の世の中では国民は宰相を選択し宰相は国民を指導すると云ふ様な形になる。勿論宰相の任命は大権に属すれども其大権の発動は国民多数を代表する政党の中の人物に対して行はるるを常とする」と記した。(25)

そして、第三に注目すべきが、政策の実行における政党政治の論理である。田中首相は、党と政府との関係を緊密にするために開かれた閣僚と政友会幹部との懇談会で、「党と政府が十分な連絡をとり、党の政策断行に躊躇せぬところに我党内閣の強味がある」と挨拶、政友会が在野時代に主張した政策の実行を心がけた。(26) このような政党内閣としての本分を重視する姿勢は田中内閣に一貫しており、閣議で承認された四月二十二日の声明書でも、「去ル四月十六日政友会総裁トシテ同党ノ大会ニ於テ私ガ発表致シマシタ内外両政ニ亙ル声明ハ移シテ以テ新内閣ノ方針ヲ大体ニ尽シテ居ルモノト思惟サレタイ」と言葉を始めた。(27) また、政友会は、党と内閣との関係を重視して、月例の閣僚党幹部懇談会と政務官幹部懇談会を継続的に開催した。

田中内閣がまず取り組むべき政策課題は、中国問題と経済問題であった。田中に組閣の大命を降下した際に、昭和天皇はこの二つの問題に特に言及したようである。(28) 眼前の危機である金融恐慌の沈静化には、党の長老で首相経験者の高橋を蔵相に据え、早々に臨時議会を招集して対策にあたった。六月二日にはめどがつき、蔵相は同じく政友会の三土忠造に交代した。そして、田中内閣が何より重視したのは中国政策であった。それは軍服を脱いで政党総裁となった田中にとっても、政友会にとっても、政党政治の試金石とも言える政策課題であった。幣原外交の不干渉政策を「無策」と批判していた政友会内閣は、五月二十八日、居留民現地保護のため、中国山東地域に兵を送る山東出兵を実施したが、北伐が中止されたことから八月三十日には撤兵を声明し、九月八日に首尾よく撤兵した。(29) その間、六月二十七日には東方会議を開いて政策の調整を行った。また、山本条太郎政友会幹事長を中国政策の要となる南満州鉄道株式会社の社長にすえた。この満鉄社長人事について七月十九日の政友会政務官会議は、「山本幹事長党籍を離脱し若しくは代議士を辞任して満鉄社長に就任したといふ説があるが、政党内閣の下においては斯の如き必要を認めない、苟《いや》しくも政友会の主張した満蒙政策を実行する者が、政友会の代議士たることは何等不条理なことはない」と決議し、首相に進言した。(30) このように政党政治の論理が強調された内閣で政策的に対抗すべきは野党民政党であり、民政党の緊縮的な財政政策に対して政友会は産業立国論による産業振興策を対峙させ、民政党の進歩的性質に対しては治安維持に熱心な姿勢を見せた。(31) また、田中総裁以後の政友会の政策を考える上で、先の革新倶楽部との合同の影響は無視できない。産業立国論は革新倶楽部の犬養の政策を取り入れたという。また、星島二郎が婦人参政権運動に理解があったように、新たな課題への政友会の適応を先導した。

しかし、このような施策を展開するには、少数党政権であるという政権基盤の問題をまず解決しなければならない。憲政会と政友本党はすでに新党倶楽部として五月四日から九日に開かれた第五三臨時議会に臨み、与党の反対にもかかわらず、枢密院弾劾決議案を可決していた。高橋蔵相による金融危機への速やかな対処が可能であったのは、前首相の若槻憲政会総裁が重要な問題であると協力したためであった。議会後の六月一日に立憲民政党が誕生し、衆議院は野党多数のまま二大政党化した。

こうして早晩予想される国政選挙に先立って、男子普通選挙制が地方選挙にまで拡張された初の全国的な府県会議員選挙が、九月二十一日から十月十八日にかけて実施された。(32) 政友会は「普選」準備のために遊説員講習会をたびたび開催し、主義政策の徹底を図ってきた。結果、一府二八県で過半数を占めるなど、政友会が優勢を占めた。(33) 政友会はこのたびの府県会議員選挙を「たゝかひ勝てり」と総括し、「今回の府県議選は、来春行はるべき衆議院議員総選挙の前衛戦である。前衛戦に勝つた政友会が総選挙戦に大勝すべきことは最早や何人も疑はない」と述べた。(34) また、九月九日の滋賀県での衆議院議員補欠選挙でも政友会候補が民政党候補を破った。

田中はこの結果に自信を抱いた。田中は、民政党との差とともに、中立議員の減少に注目し、「今回の選挙に依り現在の我政界は二大政党の分野に在る事一見明白であります。而して立憲政治の妙用を発揮する為めには、政党内閣制に依らざる可からず、又其政党の分野は大体に於て二大政党の対立ならざるべからずとの我党従来の主張が茲に実現せられたるは誠に喜ばしき次第であります」と、二大政党制を基礎とする政党内閣制を祝福した。(35) 田中は政党否認論にも言及して、数百年来の経験を持つ英国の政党政治に対して日本の政党が創立以来まだ半世紀を経ていないことを指摘し、現状を単純に比較するのではなく今後の成長を期待すべきことを訴えた。田中は、今後の世界での競争が「軍事のみの競争」ではなく「全国民の智力と体力と道徳心との総合による其の競争」となり、それによって国家の盛衰が決定すると考えていた。この智力、体力、道徳心を伸張し、組織し、統制するものが政治であり、そこに政党の意義があった。「如何にして我が国の政治の進歩を図るべきかと云ふに、輿論政治の時代に入りては、何と云つても政党の発達に俟たざるを得ない」のであって、「吾々は実力あり訓練ある二大政党の朝野に対在する事を国家の為めに希はざるを得ない」と、フランスやイタリア、ドイツの小党分立の弊害を例示して二大政党制の意義を強調した。

このように、政策転換をともなう二大政党間での政権交代の意義を重視した田中政友会内閣であったが、継承される重要政策もあった。それが第一次世界大戦後のヴェルサイユ＝ワシントン体制であり、国際的な軍縮体制への参画であった。一九二七（昭和二）年六月にクーリッジ（John Calvin Coolidge）米国大統領の提唱により、ジュネーヴ海軍軍縮会議が開かれた。これは先の第一次若槻内閣が招請に応じ、海軍長老であった斎藤実朝鮮総督を全権に選んでいたが、半月もしないうちに政変が起こり、田中内閣が引き継いだ。辞表捧呈の日、若槻首相は斎藤総督と随員を招き、概要、「今次米国の提案を以て内政干渉と見る向きもあり、併しながらその標榜する所、帝国が伝統的政策とする世界の平和に寄与し人類の福祉を増進するにある限り帝国としては提案者の腹の内を揣摩することなく虚心坦懐真面目に公正なる軍備制限の実現に向い協同努力せんとするものなり」と政府の方針を述べ、随員に対しても軍事費の節約、軍事競争の終息、そして国防の安固に努力を求めた。(36) 随員の一人佐藤市郎海軍中佐は、まず軍事費の節約を説く挨拶に「冠履顚倒」と慷慨した。

ジュネーヴ海軍軍縮会議は、第一次世界大戦後の国際軍縮の流れの中にあり、先に原政友会内閣が招請に応じ、続く高橋政友会内閣の下で一九二一（大正十）年に開催されたワシントン会議を受けていた。一九二五年十二月に、国際連盟は海軍のみならず陸軍・空軍問題も取り扱う軍縮準備委員会を設立し、非加盟国である米国も参加したが、実効性への疑義もあって、先行して海軍軍縮のさらなる進展が模索された。この時、米国は特に英国との対等比率（パリティ）に執着し、主力艦について定められた五対五対三というワシントン軍縮条約比率をすべての補助艦に及ぼそうとしたのに対して、英国は帝国の長大な海上通商路保護のために必要な補助艦の絶対量を求めていた。対して日本は、現有量の観点から補助艦艇におけるワシントン比率の改善をめざしていた。日本全権は比率の改善をめざしつつも三国間の合意を模索したが、ついに英米間に妥協はならず会議は失敗し、両国の関係がいっそう悪化する中で、ジュネーヴ軍縮会議は八月四日に散会した。

国際軍縮の進展のみならず、第一次世界大戦後、太平洋での人の結び付きはいっそう進んだ。一九二五年に第一回が開かれた太平洋問題調査会が、一九二七（昭和二）年七月に再びハワイのホノルルで開かれた。十月には、米国の金融家トーマス・ラモント（Thomas William Lamont）が日本を訪れ、昭和天皇にも謁見した(37)。ラモントの日本での人物リストには、浜口雄幸などの名前もあり、反対党の指導者と記されていた(38)。このことは、ラモントにとって日本と米国はワシントン会議という大戦後の同じ枠組みに立つだけでなく、基本的に同じ政治構造下にあったことを示すと言えよう。ラモントは「日本の昨日、今日、明日」と題する一九二四（大正十三）年の講演で、日本の「護憲三派」をイギリスの党派にたとえた(39)。そして、その首班であった加藤高明首相は、二五年六月、米国人ジャーナリストのインタビューで貿易・金融による国家間の紐帯を論じ、さらに、「太平洋におけるアメリカの軍艦、太平洋におけるイギリスの軍艦、太平洋における日本の軍艦、これらは太平洋における文明と平和の象徴であると考えている」と答えていた(40)。一九二三年の関東大震災で示された米国の友情も束の間、翌二四年の排日移民法成立は日本社会を深く傷つけたが、日本政府は冷静な対応を心がけ、米国政府もまた日本を注視した。一九二七（昭和二）年十月四日、ラモントは日本の銀行家クラブで第一次世界大戦後の

ヨーロッパ再建に果たすべき日米共同の責任を論じ、二八年一月五日、帰国後の夕食会でも次のように述べた。(41)

日本の政治情勢は今日特別に興味深いものです。男子普通選挙はまさに効力を発し、有権者の数は四倍以上となります。アメリカやイギリスの視点から見ればデモクラシーは不完全かも知れませんが、選挙権の大幅な拡張があり、一般にもっとも保守的な人達でさえ、この拡張を平静と確信によって受けとめています。自由な心証の証拠は至るところにあります。しかし、私は共産主義の徴候を何も見出しませんでした。

ラモントはさらに、日本の対外政策について、「政府」(the Government)と「野党」(the Opposition)双方にいる多くの指導的な政治家たちとの対話から、「米国への友情と中国との和解」という二つの原則があるように思われたと述べた。「現在では、大衆や報道は中国との和解に向いており、その政策を支持しないたった一人の政治家にも会わなかった。田中首相のいわゆる「積極政策」の下でさえ、中国にとって助けとなる建設的な政策について他の列強との協調の試み以外の何ものでもないように思われた」のであった。そして、このような変化の原因として、日本の物質的な向上とともに、ワシントン軍縮会議の意義を強調した。同席していた松平恒雄駐米大使も一場のスピーチを行って誼《よしみ》を交換した。

男子普通選挙制下初の総選挙——第一六回総選挙と二大政党伯仲

ラモントと松平駐米大使がエールを交換した一月は、日本では政治の季節の始まりであった。明治憲法は第四二条前段で「帝国議会ハ三箇月ヲ以テ会期トス」と定めており、十二月末頃に召集され、議会を成立させた上で年末休会に入り、一月二十日頃に再開されて実質的な審議が始まり、三月末頃に閉会することがつねであった。各政党もこの政治暦によって、一月中旬に党大会や院外団の大会を開き、通常議会に向けて意思の統一を図り、志気を高めるのであった。

一九二八年一月二十一日、第五四通常議会の再開冒頭、民政党は田中内閣不信任決議案を日程変更して上程する動議を出し、野党が多数を占める衆議院本会議で可決された。田中内閣は議事日程の変更に同意せず、不信任案が上程される前に速やかに衆議院を解散した。(42)解散に際して、政府のみ施政方針演説を行い、その直後に解散することで野党議員の政府

弾劾演説を許さなかったことは、憲法学者の美濃部達吉から、「立憲政治の精神を蹂躪するの甚しきもの」と批判された。(43)

第一次世界大戦後三度目となる第一六回衆議院議員総選挙は、三つの点で初めての総選挙であった。国政選挙における初めての男子普通選挙、二大政党化、そして昭和改元後初の総選挙であった。最初の男子普通総選挙をめぐっては、非政党内閣が中立的に実施すべきという運動が宮中官僚の共感を得ながら展開されたことを思えば、このたびの総選挙が政党内閣によって実施されたこと自体が大きな意味を持っていた。(44)民政党は、「普通選挙の実現に依つて旧式政治は今や脱殻たらんとして居る。而して新時代政治への序幕は之が運用の妙諦を得ることに依て打開される」と、新選挙の意義を訴えた。(45)

投票日は二月二十日と決められた。選挙運動は二大政党の間で苛烈を極めた。婦人参政権の実現に向けて各政党を訪れた婦人運動家の市川房枝によれば、民政党の玄関をあがると「政府のスパイ排斥のため無断で階上に上るべからず」との大きな張り紙が目についたという。(46)宇垣前陸相も、選挙の状況を「地盤、評判、鞄の三バンを標語信条として不相変奔走し居れり」と冷ややかに書き記した。しかし、冷ややかな観察眼をもってしても二大政党の持つ求心力の高さは特筆すべきものであり、「既成政党に厭き足らざるは一般を蔽ふ所の空気」でありながら、「当選第一主義に制せられて」候補者は不満足であっても二大政党の何れかに籍を置き、中立候補が減少する傾向にあることに注目した。宇垣は「既成政党」を「腐敗爛熟に近き利権渉猟株式会社的の者」と批判し、「之れが浄化改造の運動は国家の堅実なる発展を求むる主要なる道である」と記すが、他方で「立憲政治を完成するには議会を完美ならしむるには今日の趨勢にありては政党を完全ならしむることが肝要である」と、時代の変化と政党の意義を理解していた。この二律背反的な心情が「党利党略を本位として政治を行はんとする政党を味方とする政府は藩閥政府よりも官僚政府よりも有害である。何となれば彼等は多数民意の支持と云ふ美名の下に隠れて横暴を行ふから、一部少数なる閥族官僚を背景とするものよりも世間を欺瞞すべき便宜を有して居るから、始末が悪るい」という感想となる。(47)多数民意の支持を背景にしていることが、政党内閣を藩閥政府よりも官僚政府よりも強力にしていると考えたのであった。

ところが、投票日前日の二月十九日、選挙を主管する鈴木内相自身が政党政治の論理に反するかのような声明を発表し、問題化した。鈴木は、「我憲法上内閣の組織は畏くも大権発動に職由して政党員数の多寡を以て直に内閣が生れると云ふが如き他外国の例と照比するを許されない」と述べ、民政党の「議会中心政治を徹底せしめんことを要望す」という政綱を批判して「議会中心政治など言ふ思想は民主々義の潮流に棹さした英米流のものであつて、我国体とは相容れない」と断じた。この声明が鈴木内相自身の思想を反映していることは言うまでもない。しかし、同時に二大政党状況下で民政党を批判し、政友会への投票を呼び掛ける声明であった。鈴木は声明の前段で前年の府県会議員選挙の結果をひいて「政友会と民政党との間には大なる開きがあるべき筈であり政友会は大多数を制して然るべき」とし、「政局は茲に安定して国家は愈々隆昌に赴くであらう」と述べていた。要するに、この声明は趣旨としては議会政治の論理に立って政友会の多数を追求する声明であったがゆえに矛盾に満ち、後に中立派のとりまとめに大きな障害となった。(48)政党政治の弊害に憤り、政党の改善を唱える宇垣にして、「実に低能的にして政界の実相に通ぜざる三百代言的の駄弁に過ぎざるもの」「何に血迷ふたのか理解し兼ぬる程度」と辛辣な感想しか与えなかった。(49)

他方、この初めての男子普通総選挙に社会変革の期待を込めた者もあった。先の市川もその一人であった。(50)一九二〇年から四年間の米国滞在を経て婦人労働問題専門家から婦人運動家となった市川は、婦選獲得同盟の活動として、党派を超えて婦人参政権に協力的な候補の応援に努めた。しかし、この運動に対して、吉野作造から「驚入つた暴挙」との批判の手紙を受け取った。(51)吉野が言うには、「今日の政界に在て何を助け何を抑るべきかは実に切迫の大問題」であって、「仮りに私が貴方様方の地位に在るなら既成政党の人は例外なく御助けしません。日本の政治の正しき発達の為にもですが、婦選の目的を達する為にも然する事が適当と考へるから」であった。吉野は一九二四年五月からの政治史講義で、政権交代の必然性を「生活の不断の進展と制度の固定性との撞着」に求め、「政権の争闘の現象はむしろ永久の眼より見れば政権の安低《ママ》をうる」と、政権争いそのものを肯定しつつ、「問題は争奪にあらずして争奪の形式にあり」と講じていた。(52)その吉野は新たな政治の担い手として社会民主主義政党に期待し、吉野も尽力して一九二六年十二月五日に結成された社会民衆党の中央執行委員長安部磯雄は、このたび一九人の候補者を立てて総選挙に臨んでいた[53]。市川も、一九二七年一月に発刊された婦選獲得同盟の機関誌『婦選』第一号で、「無産政党の話」と題して、「昨年の暮から今年の秋へかけては農民労働党、労働農民党、日本農民党、社会民衆党、日本労農党という五つの新しい政党が出来ました。よく似た名称で一寸覚えられない程ですが、それだけに、この五つは共通の点が多く、総称して無産政党と呼ばれています」、そして「前からある憲政会、政友会、政友本党等はこの新政党に対して既成政党乃至は金持政党として区別されるようになりました」と解説した。「無産」と「金持」の横にはそれぞれ「プロレタリア」と「ブルジョワ」と読み仮名が振られている[54]。「無産政党」と「既成政党」の呼称は一般的に広く用いられていく。また市川は選挙の改善にも熱心で田沢義鋪の選挙粛正同盟会を模範としたが、田沢は、「我々の結論は既成政党の破壊でなくて、その革新であり改善である」と述べていた[55]。このように政権交代を担うべき二大政党を中心に、労働者や農民の利益を代表する「無産政党」の伸張と政党の改善が必然性をもって議論されており、また、当時「無産政党」と呼ばれた社会民主主義政党が男子普通選挙制度の導入を機に相次いで結党されたことは、政党制が社会に対して全体として代表する範囲を広げ、普遍性を獲得する意味を持った[56]。

総選挙の結果は、政友会二一七、民政党二一六、実業同志会四、革新党三に加えて、新たに社会民衆党四、日本労農党一、労働農民党二議席となった。選挙結果の注目点は第一に、社会民主主義政党の議会進出であり、社会民衆党からは安部、西尾末広、鈴木文治、亀井貫一郎が当選した。それ以上に総選挙が無産政党の宣伝に大々的に使われた。総選挙後の三月十五日には、治安維持法違反容疑での共産主義者の全国一斉検挙が行われた。にもかかわらず第二に、政友会と民政党の二大政党が無産政党など他政党に対して圧倒的勝利を収めた[57]。そして第三に、二大政党の議席差が一議席という僅差に終わり、議席数では政友会が上回ったが、総得票は民政党が上回った。鈴木内相の声明は民政党攻撃としては充分に有効ではなかったと言えよう。

二大政党化を印象づける選挙結果はしかし、いずれの政党も議会で過半数を占めない、いわゆる未決定の議会を生み出し、解散総選挙によっても政権は安定しなかった。再解散論がにわかに現実味を帯びるとともに、四月二十三日開会の特別議会に向けて、「平常ならば誰も見向きもせぬ様な微力の中立や其他の少者の争奪戦が開始」された。(58) 四月八日、政友会は衆議院に三議席しか持たない実業同志会との間に政策協定を成立させた。(59) 宇垣はこの模様を、「数は力なりとの信条に基きて万事は却て置き一人か二人の頭数を多くせんとて天下の大政党が焦り居るのは、傍の見る目には如何にも笑止千万也」と冷評した。(60) また、『東京日日新聞』は社説で、キャスティングボートを握る「少数の専制」に警鐘を鳴らした。(61) 二大政党化がかえって少数党に左右される事態を招いたことについて、元老の西園寺は、政権が多数の獲得に苦しむフランスやドイツの事例を想起しつつも、「小党の分立にて或る一人の専横に委するより遙に上々なる」と二大政党主義を評価した。(62) しかし、このような選挙結果は深刻な事態を引き起こすことになる。

議会再解散論と昭和天皇・宮中官僚——鈴木内相不信任決議案問題

一九二八年四月六日、西園寺は崩していた体調が戻ると、すぐさま牧野内大臣と面会した。牧野はこの日の会話を、「再解散云々も全然同感なるが、御言葉の結果が内閣の辞職となりては考へものなり云々の注意なるが、此点は我々も心配したるところなるが、此手段を取らずして防止するを得ば固より最上なれば、可然考慮を依頼する意味を述べ置きたれば、相当熟思手段せらるならんと思惟す」と日記に記した。(63) これは、再解散が奏請された場合の裁可の問題であった。憲法学者の美濃部達吉は、天皇大権事項である解散について「三つの重要なる制限」を論じていた。第一に、「政治上の重要なる問題に付き衆議院と政府との間、貴族院と政府との間又は衆議院と貴族院との間に意見の衝突（必ずしも既に議決の有つた場合に限らず、その議決の通過すべき勢の明白な場合をも含む）ある場合に限らねばならぬ」。第二に、「政府はその解散の原因となつた問題を明にし、何に付いて国民の判断に訴ふるのであるかを、国民に向つて発表せねばならぬ」。第三に、「同一の原因に基いて衆議院を解散することは唯一回に止まらねばならぬ」という制限であった。しかし、これは「政治上の制限」であり、「法律上の理論」としては「解散の必要ありや否やの認定は一に之を政府の自由裁量」に任かせており、制限に違反した場合でも必ずしも憲法違反ではなく「解散は如何なる場合でも之を命じ得べきもの」であった。(64) 再解散の理由が再び議会の不信任であれば第三の制限に抵触する。西園寺は、いかなる状況であれ、天皇の「御言葉」の結果が内閣の辞職となっては考えものであると注意したのに対して、牧野内大臣は、「此手段を取らずして防止するを得ば固より最上」と答えたのであった。

第一次世界大戦後、山県有朋、松方正義没後の宮中を指導したのは、元老の西園寺であり、一九二一（大正十）年から三五（昭和十）年まで宮内大臣、内大臣を務めた牧野であった。大戦後の大方針として、大正天皇は一九二〇（大正九）年の「平和克復の大詔」で、時世の進運にともなって「万国の公是」に従い、「連盟平和の実」をあげるよう求めていた(65)。皇太子、後の昭和天皇は翌二一年に欧州諸国を巡遊し、英国王ジョージ五世（George V）から立憲君主としての薫陶を受けるとともに、大戦の戦跡に「悲惨の極み」と吐露し、平和を誓った(66)。

こうして昭和初頭には国際的視野を持った宮中が形作られていたが、では、宮中は大戦後の国内秩序の変動にどう向き合うべきか。西園寺は一九二六年十一月十五日、三党鼎立下で政治が混乱した第一次若槻内閣期に、牧野内大臣ら宮中官僚に助言を与えていた。西園寺は、河井弥八侍従次長を通して「此頃ノ憂国者ニハ余程偽物多シ。大問題ニモアラヌモノヲ捉ヘテ妄リニ皇室ノ尊厳ヲ語リ、皇室ヲカサニ着テ政府ノ倒壊ヲ策スルモノスラアリ。而カモ彼等ハ時局ヲ収拾スルノ実力ヲ有セズ。決シテ彼等ニ誤ラルル勿レ」と述べ、「国粋論者」は「固陋甚シク却テ有害」であり、「我国ノ文明ハ決シテ左様ノモノニ非ザルナリ。外国ノ思想文物ノ消化応用ノ跡ヲ見ルベシ」と注意した。また、北一輝を目してか、先には極端な社会主義を唱え、翻って皇室中心主義を説く「金銀両建」とも言うべき者に注意を促した。他方、政治家の汚職事件については、「元来政治家ノ清節ナルモノハ甚疑ハシ」と突き放した上で、かえって「党派的画策」や「司法官ノ倒閣運動」を疑った。西園寺が最も怖れたのは、「摂政殿下ニ対シテ英断ヲ下サセ給フコトヲ仰グ」ことであった。もし万一、「御一断」を下すことがあれば、「実ニ殿下ヲ政争ノ渦中ニ入ラシメ奉ルコト」になる。西園寺は摂政が親しく政務を指揮する上で、「各種官職」にある者が「如何ニシテ其全知全能ヲ竭セシムベキカ」を考えるべきで、努めて「臣下ノ人物材能等」を知るよう願った。また、宮中府中の疎隔は「山県公ノ官僚思想」のためで、摂政が「政務世事」に通暁するよう

「国務大臣、内大臣、宮内大臣等」が努め、かつてのように両者の打ち合わせがつねに完全に行われることを求めた。したがって、「側近者」には、「今少シク世ノ事情ニ通ジ、所謂垢抜ケシタルコト」を希望した(67)。

一九二八（昭和三）年四月二十三日、先の総選挙を受けて第五五特別議会が開会された。男子普通選挙制に基づく最初の議会である。議席は、政友会が二二一、民政党が二一四、無産党議員団が八、明政会が七、実業同志会が三、革新党が二、無所属が九であった(68)。過半数は二三二である。この日、再解散について田中首相が内奏していた。珍田捨己侍従長を通じて牧野内大臣が知らされたところでは、「今日の形勢にては無産党、民政党協力して不信認〔任〕案を提出する事となるべく、其時の事情如何によりては三日間の停会を命じたく、然る上後の事を決定」したいので事前の内奏に及んだものであった(69)。議会内では、四月二十四日から翌日にかけて、民政党が不信任案の通過に向けて活発に多数派工作を行っていた。民政党は、「政府は議会の大勢を制すること能はず、依然として其政策を実行することの出来ない地位に置かれて居る」ことを理由に、国民の審判が示されたとして、政府の退陣を求めていた(70)。民政党は野党連盟の形成に努め、まずは内相弾劾決議案の提出にこぎつけた。

四月二十五日、牧野内大臣は昭和天皇に政局の近況を言上し、「停会後解散に推移の場合に於ける心付」を伝えた。昭和天皇は、あるいは枢密院に諮詢《しじゅん》してはどうかということにまで言及した(71)。そして、四月二十八日、昭和天皇は、「内閣側より解散等の申出ある場合には、一応保留の上、下問すべし」と牧野に伝えた。この日、衆議院には、選挙干渉を批評する鈴木内相弾劾の決議案が上程された(72)。これを受けて田中内閣は三十日まで三日間の停会とした。この局面での対応策は四つあった。第一に政友会の多数派工作成功による不信任決議案の否決、第二に再解散による与野党全面対決、第三に鈴木内相辞任による局面転換、そして第四に内閣総辞職である。政友会は不信任案を否決するため反対派の切り崩しに躍起となり、民政党からは脱党者も出た。また、河井侍従次長が「野党代議士の節操及身体保護の為、館詰めなるもの行はる。真に奇怪事なり」と記したように(73)、民政党は政府による懐柔を恐れて所属議員を宿所に缶詰にするという前代未聞の防衛策に出た。

さらに、停会直後に院内で開かれた政友会代議士会の席上では、森恪外務政務次官が「二十七日の市内某新聞夕刊に西園寺公が再解散不可論を持つて居るとの事を同公秘書原田氏の談として掲載してある」ことを問題視して、原田熊雄に真偽を確認したところ事実無根であったと報告するなど、状況の切迫によって再解散をめぐる緊張は高まっていた[74]。

翌四月二十九日は天長節、すなわち天皇誕生日であった。牧野は、外相主催の祝宴に臨席していたが、水野錬太郎文相から、「尚二票の不足あり、此上の画策を施すとすればきたなき事をしなければなりませぬ」と聞いた。牧野は「如何にも我が歴史上極はめて重要の時機なれば慎重に考慮せられ度」希望を伝えたが、深刻な行き詰まり状況がうかがえた。こうして、未だ帰趨が不明である中で、四月三十日、牧野は昭和天皇に「万一の場合に於ける解散の理由を明にし其当否を極むる事の必要なる」ことを言上した。五月一日、解散ではなく再び停会が内奏され、詔書が降りた。首相の代理として参内した岡田海相は、「今日までの状況にては未だ不信任案否決の成算を得ず、此際更に反省を促がすと共に味方を得んが為め」という理由をあげて、第二次停会を求めた。しかし、内情としては、もはや内閣は追い詰められていた。岡田は河井侍従次長に、「閣議にては一部改造も解散も何れも不可能にて、結局は総辞職の外なしとの結論に到達したるも、今一応停会を断行して最後の切り崩しを試むる事となりし」とその窮状を語った[75]。

政友会には先に高橋内閣が改造を期して結局倒壊に至った苦い経験があった。田中首相は、原元首相にならって「一蓮托生」を唱えており、したがって閣僚は主として解散を主張していた[76]。鈴木内相もまた、新聞記者に、「苟も今日此の場合第一党を擁する政府が何等政策上行詰りを来さないに拘らず自ら総退却を為すが如きは断じて採らない所であり然も斯の如きは立憲政治の常道に悖るものである」と「立憲政治の常道」の観点から反論し、「故に若し反対各派にして依然反省する所なく飽迄も当初の方針を固執する場合は政府は茲に已むを得ず最後の手段として既定方針通り一路邁進あるのみである」と再解散をにおわせた[77]。しかし、政友会内では解散も総辞職も許される状況ではなかった。原田熊雄の情報によれば、「政友会の半数以上は解散に反対」であり、閣内でも小川平吉鉄相などは「鈴木一人の引責にて始末を付け度」と考えているようであった[78]。再停会が発表されると、党内の混乱はついに抑えられなくなった。「政友会の関東組、九州組、中国組抔各団体非常に沸騰し、到底解散の道行なるべく、事茲に至るは皆鈴木一人の為めなりとて、閣僚、幹部へ党員等押し寄せ来り、此儘にては取り鎮め方困難の形勢に直面し」、ついに鈴木内相は自ら辞意を伝えざるをえなくなったのであった。(79)

五月二日、宮中に鈴木内相の辞意を伝えに来た田中首相は、鈴木の心事を推しはかり、「停会の意味は結局は改造、解散共に不可能とすれば、総辞職に落着すべきに思ひ倒り、自から進んで任意に辞意を申出でたるものにして、自分の意中を汲取りたる結果なり」と得意げに述べたという。(80) こうして鈴木内相の辞任は、国会対策上の自発的行為との位置づけが党内では与えられ、閣僚辞任後に党の役職に横滑りをすることはなかったものの、田中総裁の意思によって重要会議に参加することが決められた。(81) こうして政党内閣の危機でありながら、政党総裁である首相が全く事態を打開できず、結局、党内の直接行動によって解決した。これによって内相不信任案をめぐる危機はひとまず去り、議会も見込みがついたようすであった。にもかかわらず、田中首相は、牧野に対して「尤も反対党が依然無産党と語合ひ不信認案を押し通す時は、其成行如何に依つては断然解散の覚悟なり」と付け加えた。(82) 牧野は、「無産党の加勢が解散の理由となるや否や」は理解に苦しんだが、聞き流した。牧野のもとには、中橋徳五郎商相の発言として、政局を打開するためにソ連との国交断絶に至るような決定的材料を手に入れるため密かに人をハルピンに急行させたが間に合うかどうかがわからない、という不穏な情報も入っていた。「政情の不安愈々甚しと云ふ可し」と憂慮は深まるばかりであった。(83)

相次ぐ内閣の危機と衆議院――明政会とキャスティングボート

最初の内閣危機を内相の「自発的辞意」によって何とかしのいだ田中内閣は、すぐさま次なる危機の渦中にあった。それは、総括不信任の問題、久原房之助入閣問題、そして、済南事件の発生であった。

内閣にとって鈴木内相辞任後の第一の危機は、会期切れをにらみながら展開した総括的不信任案問題であった。五月三日、鈴木内相が辞任し、翌四日に選挙干渉弾劾決議案が修正可決されたことによって鈴木内相不信任問題は決着した。残されたのは、二大政党が伯仲する中での田中内閣そのものに対する衆議院の信任問題であった。予算案のような重要法案の否決も議会の内閣不信任を意味するが、民政党は内閣不信任決議案の通過を図った。浜口総裁は提案理由として、第一に政務と事務を混同する人事行政の失態、第二に総選挙に対する計画的な干渉、第三に議会解散後なお政策実行に必要な多数を得ていないこと、そして第四に山東出兵をめぐる対中国政策の失敗をあげた(84)。

人事行政については、ある程度まで政友会の持つ政党政治の論理が背景にあったようで、書記官長であった鳩山は、昭和天皇に拝謁した田中首相が「これからの日本は政党内閣ということでいくんだが、それには、政友会と民政党とが交互に政権を握るようにするのが一番よい。その場合内閣の代る度毎に、知事が更迭することは国家のために決してよくないことだから、それが出来ないような法律を作って貰いたい」と言うので、「そんなことをしたら、これからは、あなたの命令をきく知事はなくなつてしまいます。しかも法律を作るとなると、知事だけという訳には参りません。役人全部について、そういう風にしなければならなくなりますが、そういうことをしたら、役人が威張つて、政治家は、天下をとつても、自分の政治は実行できなくなつてしまいます。それでは政党内閣は名ばかりで、政治が無くなるのと同じことですから、私には、そんな無茶な法律は作れません」と反対したと回顧している(85)。

この時、重要な意味を持ったのが、わずか七名の小会派明政会であった。明政会は、一九二八年四月十六日に院内代議士会として結成された小会派であり、将来的な自由主義政党としての発展をめざしていた。結成に向けて用意された声明書骨子には、「既成政党中の進歩分子と無産党中の漸進主義者との大同団結を目標」とある(86)。このように彼らはつねに二大政党とともに無産政党との関係を意識しつつ、さらなる「政界の分解作用」に期待していた(87)。中心人物の一人である鶴見祐輔は、「政友会が往年の自由党の精神に還つて自由主義政治を実施するか、又は民政党が百尺竿頭一歩を進めて自由党となるか、又は社会民衆党が無産党と称する階級闘争的社会思想を捨てゝ単純なる進歩党となるならば、私達は嘉んで之の孰れにでも合流したいと思つてゐる」と三者をあげつつ「自由主義政党の必要」を説いていた(88)。

他方で鶴見は、二大政党伯仲にともなう混乱を奇貨とする非政党内閣論については、「吾人は現在の既成政党に満足するものにあらずと雖、二大政党が既に国民多数の信任投票を受けたる以上は、政局の担当者は此二者の外あるべからず。二大政党が議院内の過半数議員を有せざる偶然の事情に籍口し、中間内閣の成立を企図するが如きは立憲の大義に反し政治の公明を毀くるものなり。吾人は斯の如き運動を排撃す」と記した。(89) その上で、「私達は二大政党の対立を以て、憲政の常道であるとは思はない。国により時代によつては、小党分立の方が却てよく複雑なる社会生活を反映すると思ふ。又日本のごとく、多数党が反対党の公平なる批評と監督とに寛容でなくして、理不尽に数を頼んで横暴を働く傾向のある場合に於ては、小党の存立は一党の専恣を制撃するの価値がある」と論じた。(90)

このように政党内閣制を支持しつつ二大政党制を否定する明政会は、両党の間で独自の役割と行動を模索した。無産党との関係については、社会民衆党との関係を重視し、衆議院議長候補には同党の安部磯雄を推した。この時、会内では、「安部氏自身は可なるも、社会民衆党が左翼無産党に引摺らるゝ傾向ある今日、議長の有する権限を左翼が利用せんとする時、弊害を生ずる憂なきや」、また、「我等が社会民衆党を右に引摺ることが、日本の無産運動を緩和する」などの議論が交わされた。(91) 他方で鶴見は革新党を結成していた尾崎行雄との連携を重視しており、四月十八日には会見して、自由党の創立についても説明している。(92) そして、四月二十一日には民政党から決議案が提示され、やりとりが進められた。(93) 明政会は、民政党、無産党、革新党とともに野党連盟を組んで政治・経済・思想の国難決議案を提出するなど政友会内閣と対峙し、先に見たようについに鈴木内相を辞職に追い込んだ。

こうした野党側の動きを受けて、五月五日に参内した田中首相は、拝謁後、牧野内大臣ら宮中官僚に「反対党は予算に対し不信任の心底を以て通過を妨害し、明政会も之に加担する態度を表明し、委員長の採決に依り僅に一票の多数を以て可決はしたるも、此形勢にて本会議に臨む時は予算の運命測知す可からず」と情勢を述べた上で、「此度の予算は出兵費、共産党取締費等頗る重要のものなれば、否決する如き事あらば断然たる処置に及ぶべし。又無産党と結託して総括的不信任案提出の場合は、其成行を見て名義も出来る事なれば、是又同様の処置に出づる決心なり」と、予算案否決の場合と内閣不信任案のなりゆきによっては解散する意思を伝えた。(94) 昭和天皇は、予算案否決の際の解散を認めつつも、内閣不信任案による再解散については裁可しない考えであった。牧野内大臣は昭和天皇から呼ばれ、「田中より聞取りたる事ならんが出兵費等の予算否決の場合には解散したしとの申出なり、予算は国政進行の上に必要なれば許し置けり、不信任の方は同一のも〔の〕を再びするのであるから、予算の場合とは違ふと思ふ」という話を聞いた。牧野は「誠に御尤《ごもっとも》の御思召」と答えた(95)。

このような初めての男子普選後の二大政党伯仲議会で活躍したのが、革新党に所属していた尾崎行雄であった。尾崎は、そもそも鈴木内相問題について、「政府は代へたくない。内務大臣丈け処決さするか又は謝罪させればよい」と考えていた(96)。また、明政会の鶴見は、内心、「賛否何れに決するも面白からず」と考えており、会期も一日を残すのみであるので「議事引延ばし其外出来る丈け種々掛け引に工夫を凝らし、決を取らず勝敗の結果を見ずして閉会する事に折角苦心中」であった(97)。尾崎、鶴見の斡旋の結果予算案は通過し、内閣不信任案は審議未了のまま翌六日、ついに会期切れとなった。明政会では内相辞任後さらに内閣不信任案を可決させる意思はなかったが、他方で民政党との「友党関係を持続したい」というジレンマがあり、民政党総務床次竹二郎との相談で、不信任案に賛成しなかった理由の公表も見送られた(98)。その結果、明政会は態度曖昧なまま同案を審議未了に追い込んで内閣を延命する結果となり、政友会内閣打倒を旗印に民政党と歩調を合わせていた無産政党から、尾崎とともに強い批判を受けた(99)。牧野内大臣は、議会を振り返って「多少の出来事はありたる様なるも大勢は動かず、最早野党側も成算見込少く解散風も利目あり〔中略〕野党側は寧ろ総括不信任を企てず、単に内相問題に局限したる方賢明なりしならん。乍去現内閣の醜体を全く看過する事も普通人情にては難事なり。此二週間は実に不安の思ひにて経過せり」と記した(100)。解散が回避されたことに安堵しつつも、内閣については、「醜体」と、厳しい評価を下したのであった。

鈴木内相辞職後のもう一つの内閣の危機は、久原房之助入閣問題であった(101)。久原は、久原鉱業株式会社を起こした実業家で一九二八年の総選挙で初当選した。久原はかつて英国商人との汽船購入をめぐる契約不履行問題で敗訴していた。田中は内閣改造の機会に久原を入閣させようと、それも田中兼任の外相や鈴木が辞職した内相などの主要閣僚にと考えた。

これには閣内からの反対もあり、水野文相の辞任を引き起こした。この件について昭和天皇は強い懸念を抱き、その意を体して牧野内大臣が動いた。牧野が期待したのは元老である西園寺の指導力であり、西園寺に田中首相の説得を依頼した。西園寺は「首相より申出あるとき此方に適当の候補者なき場合に反対する事も困難なり」などと、首相の指導力に委ねる意見を述べていたが、この問題でとにかく田中に注意を与えた。牧野は、西園寺がいかに注意したのかもわからずまたその効果も測りかねたが、「兎に角斯くまで公爵の心入れせられたる」ことを重視した[102]。ところが、西園寺を訪問した田中首相の車中談話記事は宮中官僚の強い反感を買った。自由な閣僚選任に元老のお墨付きを得たかのような発言で、河井は「立憲政治に与かるの資格を疑ふべし」と感想を記した[103]。

昭和天皇は深く憂慮し、牧野内大臣に幾度となくその思いを伝えた。牧野は、「其後の成行に顧み首相より内奏の場合には——其内奏の内容如何に依る事なるも——大体に於ては御聞容れ被為在之外あるまじく」と、影響を考えて首相の内奏についてはおおむね裁可するように助言した[104]。昭和天皇の希望は、「内奏ありたる場合、其為人如何に付御下問を試み度」というものであった。それは、「元来人格者を退け、より劣等の人物を用ゆる事の不条理なる」と考えてのことであると牧野は推察した。牧野は、「其結果まで聖慮被遊るゝことの必要」を重ねて訴え、反対した。田中は西園寺の忠告を容れて望月圭介を内相に据え、五月二十三日、久原は逓相として入閣した。

ところが、久原入閣に反対して辞任を求めていた水野文相に、天皇の御言葉を求めて辞意を撤回させようとしたとして、いわゆる水野文相優諚《ゆうじょう》問題が起こる。六月二日には、貴族院各派が同問題で政府への問責を表明していた。すると田中首相は、天皇に首相の進退伺を出すという挙に出た。宮中官僚の間では、その憲法上の問題が検討された[105]。清水澄宮内省御用掛は、専門家として、法律上の解釈としては「却下か握りつぶしの外なし」という見解であった。それはこの場合、首相以外に輔弼者がいないためであり、本来、「首相は自分にて責任上何れにか決すべきものにして、夫れを陛下に伺ふべきものにあらず」という理由からである。対して、憲法学者でもあった一木喜徳郎宮内大臣は、「首相の進退伺は穏当ならざるも法規上絶対に不可能」とは断定できないという意見であった。いずれにせよ困難な問題であった。結局、田中首相に辞意がないことは明らかであって、「至尊の此際の御応待にて彼れの心ならざる引責を促す事となりては、甚だ宜しからず」という判断から、却下することに決めた。このことは早速、新聞に漏れ、宮中官僚にとっては不本意なことに、牧野内大臣の責任問題までが論じられた。民政党の永井柳太郎は河井侍従次長を訪れ、首相の進退伺いが「内大臣の輔弼」によって却下されたことは「内大臣の輔弼宜しきを得ず、其責重し」と批判した。(106)

そして、鈴木内相辞職後の内閣第三の危機は、第五五議会閉会間際の五月三日に発生した済南事件であった。中国での蔣介石率いる国民革命軍の北伐再開を受けて、四月十九日、田中内閣は第二次山東出兵を決定していたが、済南での日中両軍の衝突となり、九日には第三次山東出兵に至った。この件について、牧野内大臣は、事態を憂慮する山本権兵衛元首相から、福田彦助派遣軍司令官は増兵の必要なしと伝えてきていたという情報を受けており、「此説果して間違なしとすれば内閣は軍隊を政策用に供すと云ふも弁解出来ざるべし」と記した。(107)軍が政争に利用されているという見方は、陸軍内部にもあった。五月八日、軍事参議官会議に出席した宇垣は、「内政の行詰りをボカス為に事を外に構へて国民の意向を外に転じ又は外務外交の行詰りを軍部に肩代りして責任転嫁失体掩蔽を為さんとするが如き不純なる動機より今次の増兵が行はれたるにあらざるか」と質問し、さらに、重大な増兵問題を議会の閉会を待って行ったかのような政府の態度に、「誠に不誠意、不真面目極まると認めらるる政府指導の下に国軍を動かし、果して其軍が国民の共鳴支持を完全に受け得るや」とシベリア出兵の例を出して質した。(108)

男子普通選挙制下での初の総選挙であり、二大政党化後初の総選挙でもあった第一六回総選挙は、過半数政党の存在しない未決定の議会を生み出した。この場合に内閣は速やかに退陣すべきであろうか。それとも第一党となったことが国民の信任を意味するのであろうか。美濃部は解散の理義を論じたが、それは内閣が判断し、国民から評価されるべきものであった。他方で、昭和天皇が理義に合わない再解散に裁可を与えようとは考えず、枢密院への諮詢にまで言及したことは注目される。枢密院という点では、先の三月十五日の共産党一斉検挙を受けて第五五特別議会に治安維持法改正案が出されたが、衆議院で審議未了廃案となり、枢密院の審議する緊急勅令によって成立した。(109)民政党は、党機関誌『民政』で、緊急勅令の多用が議会政治を脅かし、「全く議会有るも無きに等しきに至る」ことを懸念し、「枢密院は憲政の本義に照し全く有害無益である」と枢密院の姿勢を批判した(110)。このたび、田中内閣は命脈を保ちえたが、問題は残されたのであった。そして、二大政党の伯仲状況は明政会など少数党に活躍の余地を与えたが、彼らもまた無産政党の進出を意識しながら二大政党間で埋没する危機に直面していた。鶴見は次の総選挙で「既成政党反対の立場を固守して大敗を賭すべきか、又は、新自由主義を現実的政治勢力と化する為めに、忍んで比較的近似する政党と提携すべきか」を悩んでいた(111)。

二　張作霖爆殺事件と第五六議会

田中政友会内閣と張作霖爆殺事件――野党民政党と外交問題

一九二八（昭和三）年五月三日の済南事件に続いて六月四日には張作霖爆殺事件が起こり、田中内閣は同事件をめぐる政治過程の中、昭和天皇の不信任表明によって総辞職に追い込まれた。軍の出先による陰謀が中央政治を動かした同事件は、成立した政党内閣制が直面した初めての試練であった。同事件については従来より多くの研究があり、宮中関連史料の相次ぐ公刊によって、天皇の個人的役割や宮中の動向、元老との差異など天皇周辺の動向も明らかにされてきている(112)。しかし、なおも二つの問題が残されている。一つは、政治システムとしての政党内閣制が成立し、政党中心政治の確立に向けたさらなる憲政再編期における事件であったことの意味が充分に考慮されないこと、もう一つは天皇や元老、宮中官僚と内閣の関係が注目されるあまり、衆議院における野党や、貴族院、枢密院といった立憲制の中での総合的な位置づけへの関心が低いことである。ここでは昭和天皇や元老、宮中官僚の動向を、政党政治を基軸として成立後まもない新たな政治システムの中に位置づけつつ、他の諸アクターの動向と併せて考察することで、天皇による内閣弾劾の意義をあらためて論じたい。

済南事件の処理が未だ終わらない六月四日、国民革命軍の接近を受けて北京から奉天に引き上げようとする張作霖は、満鉄付属地内で起こった列車爆発によって死亡した。当時「満州某重大事件」と呼ばれた同事件は、河本大作関東軍高級参謀によって計画実行されたものであり、張作霖に依拠した対満蒙政策という田中内閣の外交構想を破壊するものであった。[113] 事件後の論点は、真相を明らかにし、首謀者を軍法会議にかけて厳正に処分するか、それとも日本軍による謀略であることを公表せず、警備責任を問う行政処分で済ませるかであった。危機管理の当事者である田中首相は当初厳正処分の方針であり、元老西園寺は田中首相から犯人が「どうも日本の軍人らしい」という報告を受けると、「ぜひ思ひきつてやれ。しかももし調べた結果事実日本の軍人であるといふことが判つたら、その瞬間に処罰しろ」と、田中首相の指導力に期待し、内閣による厳正な対処を求めた。[114] 西園寺は厳正な処分に四つの効果を期待していた。第一に、日本と日本陸軍に対する国際的な信用を維持する。第二に、将来的に軍紀を確立することができる。第三に、その結果、厳正な処分は、長期的には日中関係にも良い影響を与えることが期待できる。そして第四に、「田中総理が軍部出身であるために軍部を抑へることができた、一面には政友会のやうな力強い政党であればこそ思ひきつてかういふことができた、といふので、政党としても、また田中自身としても、立派に国軍の綱紀を維持せしめたといふことが非常にいゝ影響を与へるのではないか」と、国内政治上の意義をあげた。西園寺は、毎年十二月末に召集される議会までに始末がつけられることを期待していた。

このような厳正処分方針には牧野内大臣をはじめとする宮中官僚、伊東巳代治枢密顧問官、山本条太郎満鉄社長、岡田啓介海相などが賛同していたのに対して、小川鉄相や森外務政務次官、白川陸相や鈴木荘六参謀総長など、陸軍のみならず政友会内にも強い反対があった。[115] 小川は十二月十二日に西園寺を訪れ、二時間にわたって事件の真相を公表しないよう説得を行った。しかし西園寺は、「たとへ支那に於て多少の紛擾を見るも、世界各国は勿論支那も亦遂に我が公明正大の態度を賞賛するに至るべし、元来我が出先陸軍には此の如き不都合なる行為少なからず、為に国家の威信を失墜し且つ全局の不利を招きたること少なからず、今日軍人たる田中が総理大臣たるこそ幸いなれ、断乎決行すべきなり」と述べて、翌日あらためて小川に大義上も政略上も意見を変える必要を認めないという書簡を送った。[116] 田中首相は十二月二十四日、事件に日本軍人が関与しているようであること、真相が明らかになった後には厳正な処分を行うことを昭和天皇に上奏した(117)。

にもかかわらず、最終的には警備責任に基づく行政処分にとどめることになった。牧野内大臣は、「満州問題に付ては、首相は最初断然たる態度にて軍部の弊害一掃の決心にて起ちたるも、中途各種の故障に逢ひ、終に陸軍部内の問題として始末し、警備丈けの責任を徐々と明にする事に帰着したるが如し」という情報を得ていた(118)。また有田八郎外務省亜細亜局長は、政友会の影響を重視して、「総理は概してリベラルなる意見を懐けるが、政党の意見に引かれて心ならず今日議会に於けるが如き態度を探るの已むなきは気の毒なり」と述べ、これを聞いた岡部長景内大臣秘書官長は、「左もありなん。国家なき政党は困ったものなり」という感想を記した(119)。

こうして政友会内閣が外交上の重大問題に直面していた時、野党民政党は何をしていたのか。民政党は特に田中内閣の中国政策を批判したが、そこには「政府は治安維持法を題目として解散の機会を捕へ、以つて反対党を逆賊扱ひとして民心を煽揚すべきにより、民政党は之に乗ぜられぬやう警戒し、他の題目を以て戦ふべし。夫は現政府の対支政策の失敗を攻撃する外なし」という事情もあった(120)。ここでは、さらに三つの点に注目して見ていきたい。第一に、田中首相による「外交及思想問題調査会」の提案である。八月三日、田中首相は浜口民政党総裁を訪れ、かつて寺内正毅内閣下に設置された臨時外交調査委員会のような「朝野協同一致研究善処ノ為」の調査会への参加を求めた(121)。民政党は、翌四日、臨時幹部会を開いて早速対策を協議した。中村啓次郎が、「二大政党主義の確立せる現下の政界において、内閣は独力を以て万機に対し天皇輔弼の責任をとるべきであつて他に責任を分つが如きは許されぬ」と反対し、若槻も「全然同感」と述べて参加に反対した(122)。もし、この調査会が、田中首相の事件処理を助け軍紀の維持に役立つものであったなら、民政党は参加すべきであったろうか。しかし、すでに政党内閣制が成立する中でこのような機関は責任政治を阻害するものと考えられた。

加えて、これが提議されたのは、幹部の一人、床次竹二郎の脱党によって民政党が混乱していた最中のことであった。

第二に注目するのが、この床次脱党問題である。床次は八月一日、突如脱党し、新党樹立を声明した[123]。声明は脱党理由の筆頭に中国政策をあげ、思想問題、財政緊縮、金輸出解禁と合わせた「四大政策」の解決実施には、「現に在る如き勢力相若ける二大政党の対抗に因る政界の不安定を以てしては到底望むべからず」と述べて、「二大政党対立して交互に政権をとるは固より政党政治の理想なりと雖も実際に当つてその必ずしも然る能はざるは現に我が政界の実情の示す処の如し〔中略〕真に基礎強固なる政党政治を行はんと欲せば宜しく現行選挙制度を改正して小選挙区制に還元する」必要があると説いた[124]。床次は同夜、明政会の鶴見に入党勧告の面会を申し込み、三日の会見では、「政局が行詰り居るが、これを解散しても、民政党は充分の絶対多数を得るの見込なく、従て政局安定せず。然るに目下支那の事情急迫せるに、田中外交は失敗して回復の途なく、さらばとて幣原外交にては、あまりに消極的にして国運展開の途なし。茲に於てか、田中外交と幣原外交との外に、別に新局面を開くべき新機軸を要す」と動機を説明し、民政党内で幣原外交を修正しない理由を問われると、「浜口が幣原を相談相手として外交を決する今日、幣原外交の名は民政党に附随すべく、然らば、これを存外修正するも、充分に局面を展開し得ず」と答えた[125]。しかし、鶴見は、「宇垣一成氏にして此際、吾等と共に立つの決心を表明せば、余はその方針にて明政会を全国的に拡張し、床次氏の新党と宇垣を背影とする明政会の提携を以て、漸次政界の強力なる新政党を形成せん」と第三の極として宇垣に注目しており、新党には参加しなかった[126]。

党幹部の脱党に民政党の浜口総裁は、「此突発事政界ニ可ナリノ sensation ヲ起セリ」と衝撃を受けたが、説得の効果もあって党内からの参加者は、同じ鹿児島県出身代議士以外ではごく少数にとどまった[127]。小橋一太、松田源治ら政友本党出身党員は相次いで党報『民政』上に声明を載せ、床次の脱党を批判するとともに留党の意思を示した[128]。民政党の政務調査会長を務めていた小川郷太郎は、「第三党組織は試験済みである、本党時代に苦き経験を積んで居る、民政党の結成は実に二大政党対立の信念に基いたものである、今第三党に赴く事は此の政党政治の根本を誤るものである」と批判した[129]。このことは、二大政党制が現実において強固であったことを裏づけるものであった。先に鶴見の期待を受けた宇垣もまた、「公党を支配する公人の態度としては公正を欠き、其新党樹立の声明は美文麗句の羅列丈けにして第三党樹立の必要なる意義を現はして居らぬ」と、第三党結成をめざしながら「二大政党対立主義を変更すべき」論理が提起されていないと批判した。[130]

このように二大政党制の強さを見せ付ける結果ともなった床次脱党問題であったが、議会対策上に拡げた波紋は大きかった。すなわち、議会における民政党の勢力を削ぎ、内閣への対抗力を弱めたのである。大川周明は、「床次氏の脱党なかりせば、田中内閣は来るべき議会を以て終るべきものであつた」と観察した。[131] 第五六通常議会の議席状況は、与党政友会が二二二、民政党が一七二、明政会、実業同志会、革新党、無所属議員団など、民政党以外の野党が結成した院内団体である第一控室会が三五、民政党からの脱党者による新団体、新党倶楽部が二七、無所属が二であった。[132] 与野党で言えば未だ伯仲状態とはいえ、先の総選挙直後には一議席であった二大政党間の差が、このたびの議会召集時には五〇議席に拡大していたのであった。

そして第三に、不戦条約問題に注目したい。[133] 政党は外交問題をどう扱うことが求められるのか。田中内閣は先に第二次西園寺、原、高橋と三代の政友会内閣で外相を務めた内田康哉枢密顧問官をフランスでの不戦条約会議に全権として送り、八月二十七日、戦争放棄に関する条約に調印した。しかし、紛争解決の手段としての戦争放棄を「人民の名に於て」厳粛に宣言するという第一条の「人民の名に於て」という語句が問題となり、民政党が攻撃したことはよく知られている。機関誌『民政』の十月号には、「不戦条約の憲法違反――赦す可らざる現内閣の一大失態」という一文があげられ、総務中村啓次郎の「不戦条約締結に対する田中内閣の責任を問ふ」という論説が掲載された。[134] 中村は冒頭、「我等は不戦条約そのものに苦情はない」と条約内容への支持を明確にした上で、「然し現内閣の責任を見逃す能はざるは、本条約に明記せる国家意思の表現に就いてゞある」と、「人民の名に於て」を問題とした。[135] この行動は一見して従来の憲政会・民政党の国際協調外交の精神に反し、さらに枢密院の田中内閣攻撃を助ける意味を持った。それは党内でいかなる位置づけを与えられていたのだろうか。

浜口総裁や貴族院議員の幣原喜重郎前外相の演説では、この問題には全くふれられていない。また、浜口の日記では、十二月十九日に、議会での討論質問者の分担について協議されているが、外交については「特ニ対支外交ヲ中心トシテ」と記され、また、一月二十三日の項には「中村啓次郎氏ノ不戦条約質問アリ」とのみ記され、関心は中国問題に集中していた。[136]中村の不戦条約批判を幹部が容認した背景に、床次脱党問題の影響が考えられる。不戦条約が調印された翌八月二十八日の総務会では、「新党の参加勧誘運動の対策」が協議されていた。[137]話題は中国問題に移り、俵孫一総務から、田中内閣の中国政策について「信を内外に失し何等の権威なく、我党としては最早や従来の態度より一歩を躍進して積極的に倒閣運動の急先鋒たるべきである」と、倒閣運動を積極化することを提案した。この提案を支持し、「徹底的に倒閣運動に邁進せねばならぬ」と応じたのが中村であった。[138]この日の総務会で不戦条約のことは、記録上、いっさい、会話に上っていない。中国政策に起因する倒閣運動の名目に不戦条約の文言を選ぶとすれば、まさに外交を党争に利用するものとも言えよう。

では、なぜ浜口ら党幹部はこのような動きを容認したのだろうか。一つは、中村の動きを個人の動きと見ていたためであったと考えられる。若槻は、「党議とする場合は、みなの意見をまとめなくてはならんが、そうでない場合は、政治上の問題については、党員がめいめい意見を述べることは、なんら差し支えないのである」と後に別の問題で回顧している。[139]浜口ら党首脳の発言に不戦条約問題がいっさい出てこないのはこのためであろう。

また、浜口が、「外交問題の取扱」について無関心であったわけでもない。浜口は、九月十日の臨時議員総会の演説で、「最近同志と会見の際我が党はやゝもすれば外交を政争の具に供せんとする傾きがあるが、これはよくないといふことであつた。これに対し私は「我々は殊更に外交を政争の具に供したことはないと確信してゐる」といふにあつた、これは既往将来に亘り然るべきことで此の点は外交のみならず総ての政策に於いても変りのあるべきものでない」と述べ、さらに次のように党員に注意を喚起した。[140]

苟しくも天下の公党として政策を政争の具に供するが如きケチな考へは自分は持たない、殊に外交に付いては慎重の注意を払ひ、交渉中の案件に付いては此れが国家に不利益と思へば、我々は断じて意見を発表せず、意見を発表することが国家の為め必要と考へれば遠慮なく断乎として声明もする。仮令敵党と雖も其の政府の処置が国家の為め適当なりとせば、賛成して国論の一致を図ることも実行して居るのである。

ここで例にあげられたのはすべて中国問題であって不戦条約についてはいっさいふれられず、中国問題については党として特に声明が出された。浜口は演説の最後に、党の将来の方針を示して、「我が党は自力本願で何処までも進み度い他力本願は断じて排斥せねばならぬ」と訴えた。(141)

ところが、九月十八日には党の総務会で不戦条約問題が申し合わされた。申し合わせの第一項では、「吾人は不戦条約の内容には満腔の賛意を表するものにしてこれに対して毫も疑義を挟むものに非ず」と重ねて党の不戦条約そのものへの賛成を表し、第二項で、「たゞ人民の名において厳粛に宣言すと称する一句は明白に国家意思宣言の主体を人民とするものにして帝国憲法の精神にもとり、大権を無視するものなり」と位置づけた。(142)二十五日の幹部会では、「大々的倒閣運動」を起こすことに意見が一致し、それを受けて翌二十六日、政務調査会の席で中村は不戦条約問題の説明をした。(143)民政党は沈静化したかに見えた床次脱党問題の余波で再び党内の問題を抱えており、九月初旬には相次いで党員を除名し、浜口は「各幹部党員総動員ヲ以テ党内動揺防止結束ニ当ルコト、セリ」と記した。(144)

それでもなお、一九二九年一月二十日に開かれた党大会の宣言、および浜口総裁の演説は不戦条約問題にはいっさいふれず、中国外交の失敗と財政経済問題を理由に田中内閣の退陣を求めた。(145)浜口は田中内閣に対する不信任を、中国政策の破綻、金解禁に逆行する膨張政策としての財政政策、そして「政策を超越せる根本問題」への批判という三つの理由から説明した。(146)最後の点について浜口は、「凡そ議会の言論、特に政党内閣制の下に於ける議会の言論は、純然たる政策問題を以て相争ふべきもの」であって、「政策以外の何物を以ても政府と争ふことを希望しない」が、「政策を超越したる根本の問題に付て政府の責任を問ふの已むを得ざるに至つたことを国家の為悲しむ」と述べて、地方官や植民地官僚の党派的任用といった人事行政の失敗、初の男子普通総選挙における選挙干渉、優諚問題、そして選挙後の特別議会で「金権」をもって政界の腐敗堕落を招いたと批判した。(147)

衆議院での攻防

こうして迎えた第五六議会は一九二八年十二月二十四日に召集され、二十八日から例年通り年末休会に入り、翌一月二十二日から三月二十五日まで開かれた(148)。民政党を脱党した床次新党は三〇人から成る新党倶楽部として、またその後の脱党組は憲政一新会として議会に臨んだ。一月二十二日、通常議会の再開に際し、田中首相は浜口、床次両党首に対して、「外交ノ某重大事件（総理ハ爆破事件ト云ヘリ）ニ付政府ハ慎重ニ考慮調査中ナルヲ以テ議会ニ於テ質問ナキヲ望ム」と申し入れた(149)。浜口は外交問題について党外協力者である幣原前外相と密接に連携しており、前日、「外交上某重大事件」の衆議院での質問についてすでに打ち合わせていた(150)。浜口の田中首相に対する答えは、「質問ヲ見合スコトハ引受ケ難シ、各自ノ判断ニ依テ質問スルト否トヲ決シテ之ヲ行フノ外ナシ」という拒絶であった(151)。一月二十五日、休会あけの議会で、民政党代議士中野正剛は政府への質問演説を行った。事件の公表を迫るものであったが、もっぱら警備区域に関する監督責任を問うものであり、田中内閣の引責辞任を目的としていた。浜口は、「中野氏ノ質問ハ満洲某重大事件ニ関シ成功ヲ収メタリト」と日記に記した(152)。さらに一月三十一日には同じく山道襄一による関連質問があり、疑惑一掃の決議案が上程されたが、採決の結果二二〇対一九八で否決された(153)。

そして二月五日、民政党は内閣不信任案を提出して一つの山場を迎えた。不信任案の提出時期は二日の代議士会で院内総務に一任されており、若槻顧問の「予算討議前上程論」も参照されて、この日に決定されたようである。ところがその間には議場内での喧噪を受けて「議長不公平ノ声」が高まり、議長不信任案を先に提出すべきだと七日の代議士会は興奮のるつぼに陥った。浜口は「幹部之ヲ統制スル能ハス」と日記に記したが、翌日、幹部一任に何とか「円満」結着した。この不信任案では、「新党クラブ、明政会、無産党等ヘ同意ヲ求ム。無産党ハ快諾セシモ其他ハ回答ヲ保留協議ノ上確答ヲ約ス」と浜口が記したように、前議会に続いて小会派との共同行動がめざされた。小会派は自由投票としたが、明政会代議士は同調した(154)。こうして内閣不信任案が六四票差で多数によって否決されたのは十日のことであった。

その後予算案の討議が進むが、第五六議会はもう一波乱あった。三月八日、選挙区制を中選挙区制から小選挙区制に戻す選挙区制改正案が、政友会と床次の新党倶楽部から共同提出されたのである。[155]九日、提案理由を説明するために登壇した床次は、議場の大混乱によって立ち往生した。浜口は「気ノ毒」と感じながらも、騒動の原因は「与党カ新党ト通謀シ会期切迫ノ此際突如トシテ本案ヲ提出、一気ニ両院ノ通過ヲ謀ラントスル陰謀ニ対シ国民ノ輿論大ニ激昂セシ反映」であって「当然ノ帰結」と理解した。[156]したがって、十一日の三時間以上にわたる斎藤隆夫の演説も「民政党ノ合法的議事引延バシ策図ニ当ツテ本案翌日ニ持越シ」、また翌日も「民政党ノ策戦成功」と記したが、二十日には再び大混乱となった。浜口は、「政府与党ノ横暴」に混乱の原因を求める見方を変えない一方、「議会ノ信用ト議員ノ品位トノ為頗ル遺憾」であり、「何等カノ方法ニ依リ円満ニ議事ノ進行ヲ遂ケタシトノ希望ヲ昨日来熱心ニ抱キシ所」となっていた。こうして、清瀬一郎衆議院副議長を中心に、混乱の責任をとって辞職した元田肇議長に代わった川原茂補新議長が調停にあたり、議事進行への協定がまとまった。小選挙区制案は審議未了となり、浜口は「漸ク議会ノ信用ト我党ノ名誉ヲ維持スルヲ得タルハ甚タ本懐トスル所ナリ」と安堵した。[157]

多数を占める第一党と、少数にとどまるも激しくせめぎ合う第二党との間で、先に新党運動への参加を見送った明政会は脱会者を出し、また、第一党と第二党の議席差が開き、床次新党が政府寄りの姿勢をとる中で、第五六議会では目立った活動は見られなかった。鶴見は、議会再開後の一月二十八日に床次を訪れ、「反政府ノ意味ニテ」「小会派連盟ノ申込」をしたが、[158]すでに見た通り三月五日には床次の新党倶楽部は政府を支持し、八日には政友会、新党倶楽部の両派から小選挙区制案が提出されたのであった。他方、鶴見が強く意識していた無産政党諸派は、去る十月二十日には平野力三を書記長とする日本大衆党が結成され、一月十七日には水谷長三郎らによって労農大衆党が結成された。日本大衆党は、第五六議会の対策方針として「田中反動内閣に対する闘争」として「田中内閣の打倒に主眼を置くこと」を決め、「議員統制委員会」をおいて院内の代議士二名を統制するとともに、院内行動の基準を「闘争と暴露」におき、「全ての院内行動は院外の大衆運動と相呼応しその尖端たるべきこと」が方針化された。[159]社会民衆党も「田中内閣の反動」性を批判して「倒閣」をめざし、「多数の横暴には如何ともすることは出来なかつた」としながらも、「野党の連合により、政府の多くの重要法案が葬られたのは痛快であつた」と総括した[160]。

こうして第五六議会は幾度となく議事が停止される事態となったが、三月五日に治安維持法改正緊急勅令の事後承諾案が衆議院で可決されると、同夜、無産政党系の代議士山本宣治が刺殺されるという事件まで起きた[161]。衆議院議長の指揮監督を受けて院内警察権を行使する守衛長は、議員暗殺に「事態此ノ如キ折柄ナレバ院内警備ハ益々厳重ナルヲ要ス」と緊張感を高め、十九日には「朝野両党ノ作戦衝突スコト明カ」と警戒を強めたが、小選挙区制法案提出によって議場が混乱した二十日には、一日で四件の不祥事件が報告された[162]。他方、尾崎行雄ほか三名は三月二十一日に、不戦条約について、「人民ノ名ニ於テ」の文言が憲法上問題があるため、適当の措置を講じた上で速やかに批准奏請の手続をとることを求める決議案を提出し、二十五日に否決された[163]。西園寺の政治秘書である原田熊雄が衆議院書記官長から聞き込んだところでは、同決議案に対して、「幣原氏の注意で民政党は気乗りせず」と記されている[164]。

貴族院の役割期待と枢密院

馬場恒吾は、一九二八年三月に、日本政治の現状を、法律的な形式論はどうであろうとも事実において「大部分衆議院を中心として行はれ」、かつ「衆議院の政治が政党に依つて決定される事も亦明白なる事実」と分析した。清浦内閣退陣後は「日本にも政党内閣制が確立したかの如く見え」、「護憲運動の時に唱へられた憲政常道論が勝を制して、政権は相対立する二大政党間に、交代に授受されると云ふ不文律が認められた形勢にある。それ故に政党が政界の主演者になつて、政党の首領にあらざれば内閣総理大臣となる事が出来ず、従つて政権を握る機会を与へられざるものであるとの結論に達した形勢になつた」と説明した[165]。さらに馬場は十二月には、社会民衆党の叢書「民衆政治講座」の一冊『議会制度改革論』を著し、西園寺が、「今日になつて、内閣は政党の間に相互に授受されるべきものであつて、其間に元老の容喙する必要はないと云ふ意見になつた事は、何んと云つても政治の進歩を願ふ者から云へば、喜ぶべき事である」と新たな現状を肯定しつつ、残された問題として、「憲政常道論とは対立する二大政党が交互に政権を授受すると云ふ事で尽きるか否かである。それは元老の手に依つて、政権を飛んでもない所に持つて往かれるよりはましである。しかし憲政常道論の本質的な趣旨は、唯政権が二大政党の間を往来すると云ふ事ではなく、選挙に依つて具体的に表示せられる所の、国民の意志に依つて政権が動くと云ふ事である」といっそうの発展を求めた(166)。馬場が意向を忖度《そんたく》した西園寺は、同時期、「自分で云ふと可笑しいが、自分は若い時から猶今日迄、日本を世界並みの国にし度いと云ふことを念頭に始終置いてやつて来た。皆も何か理想を以て話し合つた方がよい」と述べていた(167)。

こうした社会的理解の下で、民政党は結党時に「国民の総意を帝国議会に反映し、天皇統治の下議会中心政治を徹底せしむべし」という綱領を掲げ、また、民政党と協力して田中内閣に対峙した社会民衆党は民衆政治講座を相次いで発刊するなど、新しい政治システムに適応し、社会への訴えを強めていた。そして、一九〇〇年以来の伝統を有する与党政友会も、すでに野党時代の一九二七年三月末には、「既成政党」への批判を意識しながら、時代の進運に順応する政党更正の目玉として総裁公選制度を検討し、従来の前任総裁による推薦指名方式から、「立憲的」な党員大会による公選制度へと組織改革を行った(168)。一九四〇年に至る政友会の歴史の中で事実として対立候補が立って選挙されることはなかったが、元老型の組織思想からデモクラシー型の組織思想への転換と言えよう。

さらに、新しい政治的現実への適応は衆議院に止まらなかった。田中内閣への批判が蓄積しながら衆議院内での数による解決が困難な中、期待は貴族院に集まった。宇垣は、「政党政治の脱線を防ぐ為には一種のブレーキが必要である。しかし幾らブレーキが必要でも、夫れは断じて一党一派に偏する如きブレーキであってはならぬ。貴族院の改革は此心持を以て取扱はれねばならぬ」と、政党政治の調整を与野党間での対峙を超えた貴族院の行動に期待した(169)。後藤新平もまた、「貴族院ガ自己ノ責任ヲ重ンジ衆議院ノ院議ナルモノヲ尊重スヘキハ勿論ナリト雖モ其ノ院議ニシテ必スシモ国民ノ総意ヲ代表スルモノト認メ得ザルトキハ其ノ匡正ノ道ヲ講スルコトハ貴族院当然ノ責務ナリ」と、政党政治を矯正する役割を貴族院に求めた(170)。それは貴族院にとって、「政権の平衡を保ち、政党の偏張を制し、横議の傾勢を撙へ、憲法の鞏固を扶け、上下調和の機関となり、国福民慶を永久に維持する」という本分の新しい時代における再定義であった(171)。

第一次世界大戦が貴族院に内省を迫り、第二次憲政擁護運動が二院化を促したように、二大政党化によっても新たな動きが起こった[172]。公正会をはじめとして、貴族院諸会派における拘束主義を撤廃し、議員各自の意思を尊重し、会派を一種のクラブ化しようとする動きであった[173]。他方、一九二七年十月には、既存会派をそのままにした、同志のクラブとして昭和倶楽部が結成された。これは最大会派研究会に対する批判でもあった。そして、研究会内が政友会系の幹部派と民政党系の非幹部派とに分かれていたのに対して、昭和倶楽部内もまた、民政党系の幹部派と政友会系の非幹部派とに分かれていた[174]。研究会筆頭常務として加藤高明内閣とも連携した近衛文麿は、一九二六年十一月に会の相談役となっていたが、一年後の一九二七年十一月十二日に脱会し、公侯爵議員を中心に火曜会を結成して、友人の伯爵議員木戸幸一も所属した。この動きは貴族院改革運動の一環で、近衛は「以前私の父などの時代は、まだ時の政府が民意に立脚した政府でなく、いわゆる藩閥政府、官僚内閣であったから、これに対して国民的政府を樹立するため戦いを挑むのはよかったが、今日では大体民意の上に置かれた政府だから、貴族院がこれに楯をつくのはよろしくない」と、新聞紙上に新たな貴族院のあり方を語った[175]。

その近衛を中心に、一九二九年二月二十一日、貴族院における内閣不信任案とも言うべき「内閣総理大臣ノ措置ニ関スル決議案」が提出され、二十二日、一七二対一四九で可決された。これは、「水野前文部大臣ノ進退ニ関シ田中内閣総理大臣ノ執リタル措置ハ軽卒不謹慎ノ甚シキモノニシテ職責上欠クル所アルヲ遺憾トス」という内容であった[176]。浜口はこのいわゆる首相問責決議案を「優諚問題ニ干スル決議案」と呼び、採決の結果を日記に書き付けた[177]。また、この議会では、両税委譲、自作農、肥料管理、などの重要法案が貴族院でのきなみ審議未了、廃案となった。ここに貴族院の政党化、すなわち二大政党との連結を見出すことができる[178]。しかし、それは原内閣期のような党派単位での政界縦断化ではなく、個人単位であった。問責決議案に対して研究会は意思統一ができず、自由問題となった。政友会と研究会が特別な協調関係を築こうとした一九二〇年代初頭とは異なり、貴族院主体の内閣は望むべくもない。問題によって、政友会に近い議員、民政党に近い議員、中立的な議員が、個々別々に行動するのであった。こうして貴族院における政党化の傾向は、衆議院に対して貴族院が二院化した中での傾向性に止まり、政党内閣制に挑戦しうるものではなかった。

貴族院の役割について浜口は、「普通の場合即ち衆議院にて十分審議をつくした場合、殊に国民の負担に関する法案に対しては貴族院はこれを通過せしむる事が当然である」が、「今回の衆議院は偽造された不自然の多数をもつて、専恣横暴を極めて通過せしめた」ので、「貴族院が国家のためこれを阻止する事は当然の態度で、これ二院制度存立の意義よりして妥当なる処置である」と肯定した。そして「優詔（ママ）問題決議案の通過」を「全く内閣の致命傷」で「政府は直にその進退を決すべきであつた」と論じた[179]。対して政友会は、貴族院の行動を強く批判した。島田俊雄幹事長は、「今回の如く貴族院の一部少数人が政党化し政党の手先となつて倒閣運動に参与したることは、両院制度の趣旨に鑑み実に遺憾の極である」と述べ、院外団は貴族院の徹底的改革を求める決議を可決した[180]。田中首相もまた遺憾の意を表明し、「将来に向って、深き考慮を要する処」と改革を示唆した[181]。このような貴族院改革への熱意は、先の高橋総裁下に生まれた政友会の新しい伝統であった。山口義一もまた、「今日貴族院なるものは、国民の意志を代表すべき筋合のものでないと云ふことは、茲に改めて言ふ程のことではない」と述べた上で、「衆議院を通過した重要の政策、殊に財政権を貴族院が侵害した」ことを批判して貴族院改革を主張し、最後に民政党に共闘を呼び掛けた[182]。「政友会内閣の辞める次には誰が内閣を取るかと云ふと民政党内閣が出来る、其の時に貴族院が今のやうな態度を執つたならば決して国務の円満なる進行を見ることが出来ないと思ふ。其を考へるなれば現在の如き貴族院は民政党にとつても敵である」からである。

こうして貴族院の攻勢を受けても、衆議院で多数を占めている以上、田中内閣は政権維持という点で強力であった。一九二九年三月、吉野作造はこのような田中内閣の強さについて、山県と西園寺の元老としての政治指導の相違に注目して批判した[183]。すなわち、田中内閣は山県の在世中であれば、たとえ田中が山県の寵児であったとしても退陣させられていただろう。対して、西園寺は「政界進歩の大勢を妨ぐる者として、主義として元老の容喙《ようかい》を斥くべし」と考え、「御下問に対しては固より所信を傾けて奉公の誠をいたすではあらうが、其事なきに進んで政界の批判をすると云ふことは極力避けて居らるるやう」である。このような西園寺の態度は「我が政界の進歩を促がす一素因を成すもの」でありながら、「之をいゝ事にして、悪内閣の平然として世にはびこる」と田中内閣の延命を苦々しく論じたのであった。既述の通り、張作霖爆殺事件に対して、当初、厳格な処理方針を示していた田中首相は、閣内および党内の反対によって方針を変化させていた。政党政治による局面の転換という点では、浜口民政党は床次脱党騒動のために対抗力を失っていた。衆議院は政友会の多数によって内閣を支持していた。衆議院が期待できない中、貴族院では事実上の不信任案が可決されたが、田中内閣はこれを無視しえた。

そこで残された関門は枢密院であった。枢密院は衆議院、貴族院につぐ第三の公議機関であり、「第三院」とも言われる。[184]重要な国務と皇室の大事について天皇から諮詢を受け、審議する。田中内閣は六月十日、すでに調印した不戦条約の批准を奏請し、枢密院に諮詢されたが、「枢府空気強硬ナリトノ風評」が強かった。[185]それは先の「人民の名に於いて」という文言が、帝国憲法違反、さらには国体違反ではないかと問題視されたためであった。これを受けて田中内閣は、諮詢に際して「其ノ各自ノ人民ノ名ニ於テ」という字句が「帝国憲法ノ条章ヨリ観テ」日本に限り適用のないものと解釈する宣言案をつけた。

これを捉えて、民政党は再び不戦条約問題で内閣攻撃を始めた。六月十九日、浜口は、江木顧問、俵幹事長を呼び、政府が自らの非を認める形で議案を枢密院に諮詢した以上、政府の責任を追及することに決め、総務会で声明を出すことにした。[186]この日、浜口はまず永井柳太郎総務に幣原外相の意見を求めさせ、夕方より党総務、幹事長を招いて歓談した。[187]二十日には、浜口欠席のまま本部で臨時幹部会が開かれ、態度声明することになった。[188]翌日には永井が浜口に声明書原案を伝え、二十二日の幹部会で態度を声明した。しかし、この時も浜口は出席していない。六月二十二日、民政党は、「吾人は不戦条約の趣旨そのものに対しては、満腔の賛意を表する。然しながら政府自ら認めて以つて憲法の条章に抵触すとあるが如き条約に調印し、輔弼の責任を怠りたる重大なる失態と、帝国議会を蔑視しその言責を蹂躙して顧みざりし暴状に対しては、飽くまでも之を追及して、其の引責辞職を要求する」と声明した。[189]六月二十六日、枢密院本会議で宣言書付きの不戦条約案が承認された。また同日、満州某重大事件に関する民政党の声明書が新聞に発表され、翌二十七日には民政

党在京代議士会において、「内閣問責方法」が協議された。(190)

不戦条約が枢密院に諮詢される以前の五月七日、全権として条約に調印した内田枢密顧問官は旧知の西園寺を訪れた。内田は三代の政友会内閣に加えて、政友会が支えた加藤友三郎内閣でも外相に留任し、パリ講和会議、ワシントン会議を指揮した。一九二五年三月の枢密院入りは「枢府ハ殊ニ外交問題ニ関係重ク」という一木喜徳郎枢密院副議長の求めによるものであった。(191)内田は不戦条約調印後、欧米を回って相互理解に努め、田中首相は一九二九年一月の枢密院本会議で特に言及して「我対支態度ニ対スル誤解ヲ除キ、列国殊ニ英米トノ協調ヲ図ルニ効果大ナルモノアリタリ」と賞賛した。(192)その内田が政府の指示で調印した不戦条約第一条の文言について、憲法違反であるとか国体に反するといった批判を受け、田中内閣自身が枢密院での批准のために妥協を模索する中で、西園寺は、「例ノ文句ガ果シテ反対者ノ云フ如クナルヤ、如何ニ考フルモ国体ヤ憲法ニ違反スルトハ思ハレズ、又デモクラシー云々ノ説ニハ自分等ハ巴里会議ノ折ノ責任者ニシテ、現ニ其考ニテ会議ヲ取運ヒ来レリ」と述べた。(193)また西園寺が、内閣が替わってもこの問題の始末は困難であろうと述べたのに対して、内田は「民政党ガ局ニ当ルトスレハ行掛上一層困難ヲ感スベク、本問題ノ解決ハ矢張リ現内閣デ処分スルコト最モ便利ニシテ且当然ノ責務ナリ」と応じた。内田は批判を「政党ノ関係」と理解しており、新聞記者からは「民政党幹部間ニ於テ本問題研究セラレタルトキ、浜口ハ之ニ深入スルコトハ避ケタルニ依リ、党トシテハ公然此ノ問題ニ関係セズ、中村啓次郎一派ノ為スガ儘ニ任セアル」と聞いていた。(194)枢密院で宣言書付きの不戦条約案が承認されると内田は枢密顧問官を辞した。もとより内田は「人民ノ名ニ於テ」の文言が国体に背き、帝国憲法に違反するとは考えていなかった。また、文言に法律的な拘束力はなくあってもなくてもよいが、「世界大戦ノ戦禍ガ如何ニ悲惨ニシテ、万一将来之ヲ繰返スカ如キコトアリトセバ、大戦後ニ於ケル諸種化学的発明ノ結果、其ノ悲惨ノ程度ハ到底想像ダモ許サヾルモノアルコトヲ慮レ」た不戦条約の趣旨に鑑みて、「国民ノ責任ヲ喚起」する意味で「甚タ意義深長」な文言であると考えていた。(195)

こうして、枢密院での審議は民政党の批判を再燃させたが、田中内閣を退陣に追い込むことはなかった。政党内閣制の下、男子普通選挙制を前提に二大政党制が展開した一九二七年の政治システムにおいて、衆議院における多数党政権は充分に強靭であったのである。では田中内閣が言われるように「悪内閣」であるとすれば、それは世に憚り続けるのであろうか。ここに昭和天皇が局面打開のアクターとして登場することになる。

三　昭和天皇の行動と論理——政党中心政治時代の立憲君主

天皇による弾劾に向けて

昭和天皇による田中内閣の弾劾には三つの背景があった。第一に、昭和天皇が田中内閣の施政、中でも中国政策の展開に憂慮を深めており、牧野内大臣ら宮中官僚も憂慮を共有していた。昭和天皇は、一九二九（昭和四）二月二十八日、「総理より時々の言上に付兎角違変多き」こと、そして済南事件の解決についての心配を牧野に伝え、牧野は「昨年以来一貫したる御軫念にて、実に恐懼」と記した(196)。牧野も、張作霖爆殺事件の処理について「非常に憂慮」していた(197)。牧野は西園寺に相談したが、「矢張同情を有して見て頂く様願はざるべからず」、また、「総理始め国務大臣が奏上するを窮窟がらず御相談する位の心地にて願はざるべからず」と答える西園寺との間には明らかに温度差があった(198)。憂慮する昭和天皇、牧野ら宮中官僚に対して、西園寺は、同情、すなわち田中内閣への寛容の姿勢を求めたのであった。

第二に、田中内閣に対する評価が、昭和天皇と宮中官僚の間で否定的であったことであった。三月三十一日、牧野は、識者中に首相に対する深い不信感があり、このまま田中内閣が続けば取り返しのつかないことになるのではないかという話を聞いて、「此事情は蓋し各方面に行渡り居るものと視て誤まりなかるべし。心痛に堪へず」と記した(199)。四月三日には、当初の方針を変えて陸軍部内での処理を伝える首相に、牧野は、「当時の事は忘れたる如き態度なり。今更乍ら呆然自失と云ふの外なし」と書いた。そしてついには、「心得に於て総理の資格全然欠如し居るのみならず、恐れながら上を軽じ奉るもの」と、「総理の無資格」を非難した。

そして第三に、天皇の果たすべき役割像であった。宮中官僚は、貴族院による先の首相問責決議案可決に注目していた。

二月二十三日、牧野内大臣は、「昨日の貴族院の決議にては、政府は常識あらば引退するが本当なるべし」と述べていた。[200]しかし、田中内閣は辞めなかった。第五六通常議会が閉会し、主要法案はほとんど審議未了で廃案となった。岡部長景内大臣秘書官長は、「政府の大失敗は被ふことは出来まい。これからどうするか興味ある問題となって残された」と書いた。[201]ところが、田中首相は、後日、審議未了が多かったことについて、「議会の会期延長をせざりしは重要法案は延長しても通過の見込なかりし為奏請せざりし次第にて、案其物に元々無理がありたるによる」と言上し、岡部は「驚嘆唖然」とした。[202]田中はやはり辞めなかった。そして、宮中官僚の中で、天皇の役割が論じられるようになる。三月三十一日、岡部は、関屋貞三郎宮内次官との会話で、「内大臣府の職能惹ては天皇と政治の問題」を提起したが、関屋からは「時には天皇より政治の向ふ所につき御沙汰ありても然るべしと考ふる旨」の応答があり、「至極同感」であった。[203]また、六月十九日には、河井侍従次長が岡部を訪れ、「満洲重大事件といひ、不戦条約といひ政府の態度は不当不誠実は甚しきものあり。又枢府も大権私議の嫌著しきものあるを以て聖上陛下は此際適当なる機会を捕へ厳然たる御態度を取らるること然るべきやに思考すとて、興奮の情」で語った。[204]天皇の「厳然たる御態度」による政局転換への気運が、こうして醸成されていった。なお、一月二十二日、珍田捨巳侍従長の死去に伴って鈴木貫太郎が後任侍従長に、また二月十四日、岡部が内大臣秘書官長にそれぞれ任命されていた。

一九二九年四月十六日、田中内閣は昨年の三月十五日に続いて再び共産主義者の全国一斉検挙を実施した。また、中国政策では、三月二十八日に済南事件解決に関する文書に調印し、五月に撤兵を済ませ、六月三日には国民政府を承認した。[205]他方、同時期、田中の出身母体であった陸軍内では、将校中の二葉会と木曜会が合併して、一夕会が結成された。[206]五月十九日のことで、陸軍士官学校一四期から二五期までの四〇人ほどから成り、中心的存在には一六期の永田鉄山大佐、岡村寧次大佐、小畑敏四郎大佐をはじめ、河本大作大佐、板垣征四郎大佐、東条英機大佐、石原莞爾中佐、鈴木貞一少佐、武藤章少佐などがいた。彼らは荒木貞夫中将、真崎甚三郎中将、林銑十郎中将を盛り立てて陸軍人事を刷新し、満蒙問題解決に重点を置くことを申し合わせた。

そしてこの間にも、昭和天皇と宮中官僚は田中首相の弾劾へと一歩一歩踏み出していた。五月六日、牧野内大臣は西園寺を訪れ、天皇の意向について話し合った。牧野は張作霖爆殺事件について、陸相もしくは首相が、本件を行政処分にし、「一般には事実なしとして発表致度趣意を以て奏聞の場合」に、「責任を取るか云々の御反問を以て首相へ御答へ」になりたいという昭和天皇の意向を鈴木侍従長から聞いていた(207)。鈴木侍従長は、張作霖爆殺事件の後始末について相談に来ていた田中首相に、「此問題はうっかり上奏すると飛んだことになるぞ」と警告を与えた(208)。天皇の意思が明確である以上、牧野はあらかじめ対策の必要を感じ、西園寺を訪れたのであった。

牧野の見るところ、「公爵も事の重大なるを十分諒得せられたる」ようすであった(209)。西園寺は、「果して右様の事実実現して御下問を拝する場合に於ては、御差止めを御願ひする理由は無之様思考す」という意向を述べた。そして続けて言うところには、「但し為めに政変等の起る事も予想せらるゝところ、此れは政治上有り勝ちの事にして左程心配の事にあらざるべきも、大元帥陛下と軍隊の関係上、内閣引責後本件を如何に処置すべきや、此点は実に重大事柄なるを以て聖徳に累の及ばざる様善後の処置を予じめ考慮し置くべき必要あるべし」と気づいた点を述べた。牧野は、「此れは尤もの事にして是非研究なし置く事大切なるは同感なり。但し現当局者には種々行掛りの結果行詰まりの姿に陥りたるところ、当局者に変動ある場合には、後継者は全く白紙にて本件に臨む分けなれば、心配の点に付ても仕易き事情の下に処理する事と相成べく、何れにしても政変ありとすれば後継内閣の引受けとなる次第なるべく考へたるに付、此意味は内話し置けり。西公も此点は認められたるが如く感ぜり」。これはすべて牧野の見た西園寺であった。西園寺は、昭和天皇と牧野内大臣の行動を支持し、さらに注意点を示しただけであるかに思われた。この日の午後、西園寺は早速、田中首相と会見し、牧野に書簡を送った(210)。

五月九日、牧野は再び西園寺を訪れた。この日、牧野は、張作霖爆殺事件に関して田中首相と面会していた。田中は、「陸軍部内が事件に関係したる事実存在せず」警備責任に止めるという陸相の報告に、先の上奏と異なる内容になることに注意したと述べたが、牧野は、「自分の事は圏外にある如き態度を以て頻りに陸相に注意する事は、異様の感なき能はず」と先に厳正処分方針を上奏し、事件を機に陸軍の積弊をも糺す意欲を見せていた田中の他人事のような態度に不快感を覚えた。しかし、西園寺との打ち合わせでは、「兎に角暫く成行を視る事に」なった。(211) 十四日、牧野は鈴木侍従長に対して、「事件の処置振りは暫く別問題として、前後の内奏相容れざる事ありては聖明を蔽ふ事となり、最高輔弼者として特に其責任を免がれず、実に容易ならざる場面に瀕しつゝあるが如し、側近に居るものゝ看過するに忍びざるところなり」と述べ、「聖慮のあるところ御尤も」という牧野の意見を昭和天皇に伝えることを依頼した。(212)

昭和天皇、宮中官僚が天皇による弾劾へと進む中で、西園寺との温度差は宮中官僚の中ですでに意識されていたようである。五月十四日、岡部内大臣秘書官長が河井侍従次長から聞いたところによると、「最近、内大臣、侍従長の間に総理に適当なる注意を与へる様西園寺公に話しては如何との相談ありたるが、西公もよき智慧なしとて匙《さじ》を投げられたそうだといふことを聞込めり」と言って、この問題について憤慨していたという。(213)

西園寺は、田中首相の説得に当たっていた。五月二十六日に、牧野が西園寺の政治秘書原田熊雄から聞いたところによると、西園寺は訪れた田中首相に、「国務大臣より上奏したる内容に付前後矛盾する如き事ありては、容易ならざる事体を引起すべきに付、注意ありて然るべき」意味を話した。(214) 田中は、「本件に付ては殆んど閣僚の全部が陸軍とグルになり非認の態度を取り居りて困却し居る」口ぶりであったという。この時、問題は二つになっていた。張作霖爆殺事件の処理と、田中の上奏が前後で矛盾し、「聖明を蔽ふ」という理由による、天皇による内閣弾劾の危険性である。

後者に対する有力な一案が内閣の責任による公表であった。それは、「今日となりては首相側、陸軍側の間、折合の出来る適当なる発表案を見出す事不可能の状体」という現状認識に立って、「窮余の余り、已に陸相（?）より大体御聞済みの事なれば、此度愈々発表を決行する場合に於ては改めて御裁可を申請するの形式を取らず、単に上聞する丈けの事に止めて公表すべし」というものであった。つまり、裁可を得れば昭和天皇が事件のもみ消しに加担したことになってしまうのに対して、単に上聞に達するだけであれば事件もみ消しの責任は内閣に止まり、昭和天皇にまで及ばないというものである。牧野内大臣はこの案に対して、「実に容易ならざる心懸けにして輔弼の重任にあるものゝ真意とは首肯する事能はず。軽輩の事務官級の小役人の提議ならんか」と、怒りを露《あらわ》に書いた。

そして六月二十五日、田中首相から、翌二十六日に枢密院会議に不戦条約通過の見込みが立ったことから、明後日の二十七日、張作霖爆殺事件の処分を奏聞するという内報があった。「事体極はめて重大なる」と考えた牧野内大臣は、鈴木侍従長、一木宮相と協議した。そして重ねて協議するため、たびたび経緯を知らせていた西園寺を訪ねた。それは、「首相の言上果して予想の如く、聖明を蔽ひ奉る内容なるに於ては、兼て御思召通りの御言葉を被仰るゝも止むを得ざるべく、従而其影響等も覚悟せざる可からず、又其内容予測に相違する場合は御保留、御下問等の事も拝察し得る次第なる」ためであった[215]。覚悟しなければならない影響とは、内閣の総辞職であろう。要するに、首相の報告が前後矛盾し、「聖明を蔽ひ奉る内容」であった場合には、昭和天皇が鈴木侍従長に伝えていたように、直接の不信任発言をすることもやむをえず、その影響として内閣総辞職も覚悟しなければならず、その場合、西園寺は後継首相を奏薦しなければならない。また、田中首相の報告内容が予想外であった場合には、新たな展開に対処するために西園寺に下問があるかもしれない。したがって、決行を前提として、西園寺に事前の確認に来たのであった。

ところが西園寺は、「御言葉の点に付明治天皇御時代より未だ嘗て其例なく、総理大臣の進退に直接関係すべし」と反対した。決行を前提に善後措置の相談に来ていた牧野が、「余りの意外に呆然自失の思をなし、驚愕を禁ずる能はず」という感想を抱いたのは当然であった。もとより「事柄は此上もなく重大なるを以て、判断を誤まる如きは重責上許す可からざる事なるを以て、出来〔る〕丈け此辺も丁重に考慮を重ね、今日政局の大勢に顧み実に止むを得ずと決心し、先般予じめ公爵に内談し其参同を得たりと確信し、宮相、侍従長等へも内々洩らし来たるに、今全く反対の態度に接したる次第にて困窮の場面に臨みたり」。牧野も引き下がるわけにはいかない。先の会見で牧野が諒解したこと、すなわち西園寺の支持について述べ、再考を求めた。西園寺は、「頗る気の毒がられ、自分が臆病なり抔との言葉」をもらすばかりであった。牧野は、すでに昭和天皇にも話しており、「窮地にある」ことも伝えて再考を求めたが、西園寺はあくまでも同意を与えなかった。牧野はすでに同意を得ていたと考えていた西園寺を相手に、再び説得を行わなければならなかった。

牧野は西園寺の議論を「一理ある」と述べ、「国家、皇室の万全を念としたるに出であるは寸毫疑ふ余地なき」と考えていた[216]。しかし、牧野の立場は、「今日の政局は実際行詰まり居りて識者は殆んど異口同音に此上の現状維持を許さず。然かも満州問題に付ては聖明を蔽ひ奉る事実歴々として、世人其証跡を実見するに於ては、只事にては到底収まるべくもあらず。殊に党弊深甚の現状にては国民は唯々至尊の御聡明に信頼し奉る一事を以て僅かに意を強くする有様なるに、其聖明を最高の輔弼者が傷つくる如き状体とならば、静平隠忍の識者と雖ども無為に看過する事能はざるべく、此辺に想到する時は明治御時代とは時勢の変遷同日の論にあらず、先例等の有無を詮索する場合にあらず、愈々の時機に聖慮の顕はるゝ事あるも止むを得ざる事と思考する次第なり。又今日の状勢にては為めに累を皇室に及ぼす如き心配は起らざるのみならず、健全なる国論は難有く感佩するを信ずるなり」というものであった。すなわち、牧野の立場とは、第一に、田中内閣は識者一般が現状維持を許さない状況にある。第二に、張作霖爆殺事件については、「聖明を蔽」うことたびたびであり、世間に知られたら大変なことになる。第三に、「党弊深甚の現状」では、国民はわずかに天皇への信頼を頼りにしているにもかかわらず、天皇の権威を首相自らが傷つけるに至っては普段おとなしい識者も許さない。したがって、第四に、明治時代と比べられるものではなく、前例も必要ではない。第五に、いよいよの時には、天皇による不信任表明もやむをえない。そして、第六に、以上の事情から、今日の場合には、皇室に累を及ぼすどころか、「健全な国論」に感謝されるはずである。したがって、西園寺の議論はあたらないというものであった。注目したいのは、第三の理由である。これは政党内閣制を前提にしてこその議論である。「党弊深甚」であるにもかかわらず、政権は政党間で移動する。したがって、天皇に「党弊」を矯正する役割が期待されるのである。つまりそこには、「至尊の御聡明」に意を強くして、「党弊」のある政党内閣制を受け容れているのであるから、「聖明」を傷つけるわけにはいかないという論理がある。西園寺は牧野の議論に納得せず、ついに合意を見なかった。牧野は、この日の会談について、「三十余年の交際なるが今日の如き不調を演じたるは未曾有の事なり」と書き記した[217]。

この夜、求めに応じて一木宮相が西園寺を訪れた。一木は法学者として西園寺の質問に答え、「日本今日の政状にては差支えなし」と返事をした(218)。より詳しく述べると、「陛下が政府の信任を問はるるは常時に於ては好ましからざるは勿論なるが、政府が非立憲なる態度を採る今日の如き異常時には之れ又已むを得ざるべし」と答えたという(219)。西園寺はなおも反対であったが、「余程意気込は緩和せられ居り、此上とも話し合の余地ある様に」見受けられた(220)。

六月二十六日、田中首相は、翌日奏上予定の内容を牧野内大臣に伝えた。それは、「昨冬首相より非常の決心を以て根本的に（事実軍人が計画実行したる出来事なるに顧み）軍紀を糺し、内外に対し帝国軍隊の名誉を回復致すべき旨を親しく言上したる行掛りには一言も触るゝ事なく」、陸軍部内のこととして、ただ警備責任による行政処分とするという趣旨であった(221)。牧野は念のため、「陛下の御許諾を願ふ積りか」と質問したところ、「左にあらず、単に上聞に達するまでなり」と明解に答えた。この内容は西園寺にも伝えられた。

牧野ら宮中官僚と西園寺の受け止め方は大きく異なっていた。「総べてが見得過ぎたる弥縫《びほう》、作り事なる」というのが、宮中官僚一同の所感であった(222)。そして、「昨二十五日侍従長が拝謁したる折、本件の取扱ひ振りに付ては余程御不満の御気色、御言葉を伺ひたる由、彼是綜合観察するに、円満に落着する事は最早絶望ならんと思考せり」と、天皇による弾劾を確信した。対する西園寺は、首相の言上内容を聞いて「非常に安堵」し、「二十七日首相言上の事に付何等行掛りなく新たなる成行として考慮し得べし」と大いに喜んだ(223)。鈴木侍従長の話では、西園寺は「それはよかった」と安心したようすで、「陛下の御行動により内閣を左右することとなるは恐懼に堪へず、一木宮相の意見も尤もなる為昨夜は眠られず心配したるが、政府が其責任に於て処置することとならば、これ以上のことはなし」と述べたという(224)。しかし、西園寺の喜びは束の間であった。翌一九二九年六月二十七日、昭和天皇による弾劾が決行されたからである。

天皇による倒閣の波紋

田中首相は天皇の叱責を受けて、当初、先に書面で報告していた白川陸相の説明が悪かったのかと考えた。そこで白川陸相は、二十七日の夜、鈴木侍従長を訪れて事情を確かめた。鈴木は、「夫れは田中総理の誤解なり、陸軍の問題にあらず、本件に関する田中の前後に於ける態度の豹変、其れに付是迄一回も止むを得ざる事情を上聞したる事さへなく、突如陸軍の事として申上げたる事、〔中略〕其外類似の事例重さなり来り、陛下には固より寛容に御看過被遊たるも、満州問題は重大なる事件にて前後の事情余まり顕著なる杜撰さに叡慮の一端も洩れたる事」と述べ、さらに首相に誤解があるようであれば誤解を解くように求めた。(225) 白川は驚いて、このことを翌二十八日の閣議前に首相に伝え、田中首相は辞意を固めた。

田中は閣議の席で前日の状況を説明した。小川鉄相は、閣議後、「君主に過ちある時はどこ迄も其過を正すに非ずんば宰相の責任を尽くしたるものといふ可らず」と自重を求めた。(226) 田中は午後再度参内し、鈴木侍従長から「昨日の上奏は前の上奏と矛盾せり、それのみならず他にも矛盾の事少なからず」という昭和天皇の意向をあらためて確認した。田中首相は直接、昭和天皇に弁明したいと訴えた。しかし鈴木侍従長は、「陛下は御説明は聴し召されずとの思召なり」と拒否した。事ここに至り、田中は「最早御信任の欠乏なり、又何をか云はん、予は謹んで辞職すべきのみ」と述べて退出した。

他方、白川陸相が奏上した処理方針は裁可を得た。陸相は昭和天皇の頷きによって裁可を信じたが、首相への叱責を考慮して、「更に御裁可の有無を明にするまで処分を延期すべき旨」を鈴木侍従長に伝えていた。鈴木侍従長から後に電話で裁可が伝えられ、張作霖爆殺事件の処理は警備責任を問う行政処分で終わった。これを聞いて小川もまた、「もはや致方なし、総辞職の外なし」と覚悟を決めた。張作霖爆殺事件の処分に関する不信任ではなく、田中首相個人に対する不信任であることがはっきりしたからである。小川は、「種々なる陰謀の宮中に行はれたるならん」と理解した。後日、原田熊雄の情報によれば、同様に政友会の森幹事長も、「今回の政変が宮中の陰謀により、陛下が満州重大事件につき此上聞く必要なしと宣せられしは、内大臣侍従長等の輔弼其宜を得ざる為にて、これは憲政上の重大事件にて側近は断然改革せざるべからず。適当の時機に臨まば轟然天下に呼号すべし」と憤っていたという。(227) このことは、田中が天皇の御手打にあったとか勅勘を蒙ったなどと世間に流布し、政客の一部に非常なる興奮を与えることになった。(228)

退出後、田中首相が西園寺を訪れて辞意を伝えると、西園寺は、「然らば最早致方もなし、予は今日陸相が参内せば明日は御召あるべしと予期し、自動車の用意など命じておきたるに、誠に残念なり」と述べた[229]。西園寺は、天皇による首相弾劾を宮中の陰謀と抗議する小川に、「陛下には御聡明に亘らせらるゝ丈けに特に心配に堪へざる所なり〔中略〕あの時に思ひ切つて遣つて仕舞へばよかつたに」と述べた[230]。さらに互いに秘密を約した上で、「牧野の言によれば、満州事件は政府独断にて責任を以て発表するとのことにて安心せしが、上奏して事を起せり」と昨日からの暗転を述べ、次のように嘆息した。

陰謀者流も困るが、正直にて馬鹿の奴には尚困る云々。世の中に議会中心主義を標榜する者あるが、其の反対に今回は君権神聖論を主張するものあり。曰く、田中内閣の如く議会には金銭の力に依て多数を制し、悪政を連続して底止するなくんば、国家の前途は寒心に堪へざるなり、宜しく之を倒すべしと。焉んぞ知らん、悪政なりと断ずるは何を以て標準とするや、何人が之を決定するや、危険なることなり。然れども彼等は予の説の如きには耳を仮さゞるなり。予は力足らざりしなり。

他方、宮中官僚に緊張感はなかった。六月二十九日、田中首相が総辞職の意思を固めたことを聞くと、「内大臣は辞表捧呈の予告とは前代未聞のことにてヅウヅウしさ驚の外なしと嘆じ、侍従長は、陛下には首相は人を馬鹿にすると仰せれしことありと云ひ、内大臣は、何とか辞職さす方法はなきやとの御沙汰を拝したることありとて笑ひ話され、兎に角愈々決意したることを確かめて一同に喜色ありたり」というようすであった[231]。また、宮中の陰謀説が噂されていることについて、岡部は、「田中内閣が自滅したるもの」と軽く考えていた。後に「陛下の御手打云々の噂」を岡部から聞いた牧野は「驚き入り」、さらに誰も知るはずのない天皇と国務大臣との対話が世に広まることに憂慮した[232]。

七月九日、岡部は西園寺を訪れた。西園寺は田中について、「大分考へ違をしたことや、同内閣が人事外交其他各般の政治に無理の多かったこと」を嘆いた[233]。しかし、内閣更迭に話が及ぶと、「御下問に奉答して自分より間接に総理に勧告する途もありたるに、過日の行方はまづかりしが此様なことは度々ありては大変にて、今度のことは侍従長が御言葉を其儘総理に内話したる訳にて総理が之れを閣僚に漏らすとは心外のことなるが、内府、侍従長等の人物はあれ位のものなるべし」と「可なり酷評」した。そして「尤も君側には懸引のなき正直の人間が必要なるは申す迄もなけれど、裏面をも洞察し得る眼識を有せざれば誤まらるる虞あり。斯かる資格ある適任者を物色するは至難の業なり」と述べた。その後、外国の話が出て、西園寺は、「仏国等では政治家が世評を気にすること甚しく、一旦悪評を被らんか十年は除去し難きゆへ政府等は進退頗る清白にて政治を深刻ならしめず。又英国の如きは其運用最も宜しきを得居るは羨望に堪えず。日本もどうかそうゆふ風に行きたいものであると切に希望して居られた」という。(234)

昭和天皇からの前日の叱責を受けて田中首相が辞意を閣僚に伝えた六月二十八日は、実は特別な日であった。それはヴェルサイユ講和条約締結十周年の記念日であり、この日、西園寺は関係者を住友別邸に招待した。十日前に内田元外相が吉田茂外務次官から聞いたところでは、そもそも外務省はこの日に西園寺を招待することを考えていたが、逆に、西園寺から一同を招待したいということで準備したものであった。(235) 参会者からは以後は外務省主催として毎年記念日を祝うことが提起され、牧野内大臣をはじめ出席者は皆賛同した。(236) また、この日、田中内閣は海軍軍備制限に関する政府の方針を閣議決定した。先のジュネーヴ海軍軍縮会議での英米対立の雰囲気を一変させたのが不戦条約の調印であり、両国での政権交代であった。一九二九年六月にイギリスでマクドナルド（James Ramsay MacDonald）労働党政権が誕生し、三月に成立したアメリカのフーヴァー（Herbert Clark Hoover）政権との間で予備交渉が開始されていた。このたびの閣議決定は、軍備を縮小し、国民の負担を軽減し、世界平和に寄与するという目的を達成するために列国と協調するという方針に加えて、世界最大海軍に対して少なくとも七割程度の兵力が必要であるという目安を定めた。しかし、昭和天皇の叱責に総辞職を選んだ田中内閣は、新たな海軍軍縮会議を新政権に託すことになった。

四　浜口内閣という選択

浜口への大命降下――平穏な首相選定

田中内閣は、一九二九（昭和四）年七月二日総辞職した。これを受けて昭和天皇は牧野内大臣に「今後の事」について下問した。牧野内大臣は「西園寺の意見を御参考被遊度」いと元老への下問を進言し、天皇の意向を受けて侍従長が使者に発った。当時西園寺は東京におり、参内後、内大臣、宮内大臣、侍従長と直接意見交換した。その場で西園寺と牧野内大臣は、反対党民政党の総裁浜口雄幸を後継首相に奏薦することで「意見全然一致」し、これを受けて西園寺が直に奉答した。(237) 次に昭和天皇は牧野内大臣を呼び、「西園寺の意見聞きたるが牧野の考へはどうか」と内大臣にも下問した。「元老・内大臣協議」方式に基づく下問である。牧野もまた「得失は免れざる事なるも此際は濱口を御召しの外あるまじく」と答えた。両者の奏薦を受けて、大命は浜口に降下され、即日、組閣を完成させた。

浜口内閣が田中内閣の総辞職当日に組閣まで完了していることは、西園寺が東京に居て直接参内したとはいえ、選定の早さ、組閣の早さ、ともに出色であった。このことは、政党側にとっても、そして選定者にとっても後継首相が明らかであり、下問後に選定する必要がなかったことの証である。たとえ少数党といえども、与野党間での政権交代の蓋然性は高かった。民政党の斎藤隆夫は、六月二十九日に「田中内閣辞職決定、党内歓喜〔中略〕数日中に浜口内閣成立せん」と記した。(238) また、六月三十日、牧野内大臣の下には薩派の安楽兼道を通して、「此際時局を収むるには山本伯に若くはなし」と宇垣前陸相から山本権兵衛に期待する伝言が寄せられたが、牧野は宇垣と浜口の間にすでに了解があるように伝え聞いていたので「多分第一の理想として山本伯を目指したるものなるべし。有力なる組閣案たるを失はずと雖ども今日の場合に於ては尚躊躇せざるを得ず」と取り合わず、「今回の政変に付ては比較的平穏なるが、世論も其帰着点に付ては大勢上已に期待するところあるが如し」と記した。(239) 宇垣は後に「政党全盛、二大政党交互政権把握の時代に於ては多くの政策は甲設乙壊と申す様な争を演じ、夫れは外交政策の上まで及ぼして来て居た」と回顧し、田中内閣後をにらみ後藤新平を説いて中国問題解決のための「挙国一致の強力内閣」の組織を企てたが、ならなかったと述べている。(240)

このたびの選定では、政党間で政権交代することが望ましいと考えられ、西園寺の選定は期待通りであった。元老と内大臣の間で、元老・内大臣協議方式による意思疎通は図られたが、その際に実質的な選定が行われたわけではない。最後の元老である西園寺の考えから、後継首相の選定と奏薦という機能は分離する傾向を増していた。奏薦という機能は、元老と内大臣によって行われている。その一方で、選定機能は政党間での政権交代という原則に委ねられていたのである（図1、次頁）。今回の政変後、枢密院議長倉富勇三郎は、「西園寺公ハ今後元老ヲ設ケズ政機ノ移転ハ自然ニ行ハルル様ノ考ナル様ニ聞キ居ル」と語っていた。[241] また、政友会の小川は、「政変の性質上後継内閣の必ずしも民政党たるべきの理なしと論じて中間内閣を策するものあり」と非政党内閣論を意識しつつも、「政権授受の基準は公が多年苦心せし所にして一歩も之を誤るの虞なきことは、予の近日来口を極はめて外間に保証せし通り」と、西園寺の意向としてそれがありえないことを公言していた。[242] 民政党を脱党した床次は、政友会に協力しつつも入党には躊躇していた。それは、「現内閣もはや午後の内閣なり、之に入るは考へものなり、むしろ今後政友系（自身を含む）を以て交互政権を執るの方法を講ずるを可とす」と、田中内閣に次いで政権に立ち、政友会系の二政党による政権交代を夢みていたからであった。[243] しかし、浜口への大命降下を受けて、床次は政友会に復党する。西園寺もまたこれを喜んだ。[244]

馬場恒吾はこのたびの政変を評する中で、元老西園寺について、かつては政友会贔屓《びいき》だとか内閣奏請の道を誤るといった批判を受け、清浦内閣推薦時には「天下の怨府」ともなったが、近来は、聡明な世界的立場に立って日本の地位を進めることと「最後の御奉公として、立憲政治の完全な発達を期」すことを希望し、非難がその跡を絶ったと述べた。そして、「元老そのもの丶存在が憲政上の変態」で「憲法にない機関が内閣組織者を推薦することは、少くとも憲法政治の過渡期に於てのみ許さる丶制度である。政党が発達して、政権の授受が政党間に円滑に行はれるやうになれば、元老は不必要である」ことを西園寺は知っており、清浦内閣の後、「何れも政党内閣を推薦され、政権の授受は誰れの眼にも不自然でなく、政党相互の間に行はれる習慣が作られた」。西園寺が「元老後継者」を作らない事実に、馬場は、「自分の役目が此世の中に不用になつて行くのを見て、それが彼れの本望であると云ふであらう」と意中を察した。[245]

昭和天皇と二つの立憲君主像——全権委任型と政党政治補完型

こうして浜口への大命降下で一つの政治過程が幕を下ろした。この間の昭和天皇と宮中官僚の積極的な動きには、一貫

図1　過渡期の首相選定方式——元老・内大臣協議方式

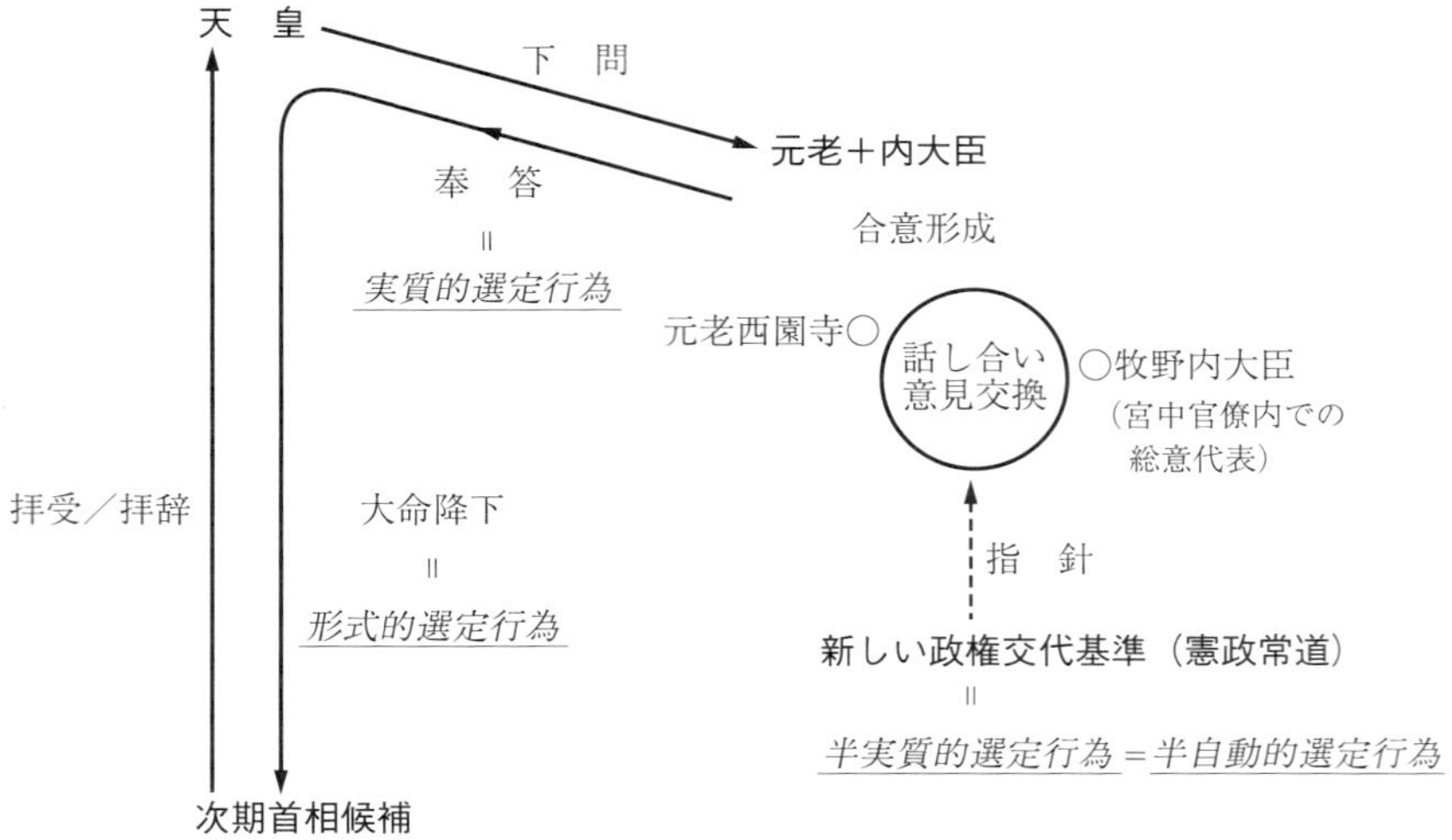

（出典）　村井『政党内閣制の成立　一九一八～二七年』283頁，図2。

して四つの特徴があった。第一に、世論の動向を大変注視していたことである。[246] 天皇の行動を憂慮する西園寺に対して、牧野は逆に昭和天皇の行動が社会から高く評価されるであろうと考えていた。第二に、非常に論理的であった点である。一木が最終的に西園寺を説得しえていたことに表れているように、これは憲法問題であった。第三に、大変自制的かつ慎重であり、自らの行動を最後の切り札として認識していたことである。他の憲法機関や元老によって解決が望める場合にはそれを優先させ、中でも元老に期待していた。そして第四に、あくまでも政党政治の弊害を矯正し、補完するものであった。政党内閣制が成立して以来、昭和天皇と宮中官僚は、政党政治を受け容れ、その上で補完的役割を担おうとしていた。田中内閣を倒しても、次に自らの希望する内閣を選ぶわけではない。宮中官僚は政党を党派性の観点から認識し、概して低い評価を与えていた。関屋宮内次官は、政党加入の憶測記事が出た丸山鶴吉に対して、「政党に行く人は外に沢山ある。君や田沢君のような人は絶対に政党人になって貰つてわ困る。青年団の指導や、建国祭の推進など君等を失つたら誰れにでもわ出来ない仕事だから断じて厳正中立を守つて貰わなければならん、これが国家の為めと信ずるから歎願に来たのだ」と説得を行ったという[247]。ここでは政党が「私」であり、公益性が低いと見られている。しかし、宮中官僚が政党内閣制に否定的であったわけではなく、その改良を求めていたことは銘記されなければならない。田中内閣の不信任案が佳境を迎えていた一九二八年五月二日、河井侍従次長は、藤村義朗貴族院議員から、「中間内閣説」として四人の首相候補者をあげられたが、「政党基礎論を述べ、之が改造の急務を力説」した。[248] あくまでも政党を基礎としつつ、その弊害を除去することに留意していたのである。

昭和天皇は、第二次世界大戦後、「わが国では、私の祖父明治天皇が立憲政府を樹立され、私は明治天皇のご遺志に従って、立憲君主として行動してきています」と述べている。[249] 立憲君主としての行動に大きな影響を与えたのは、皇太子時代のヨーロッパ訪問であった。中でもイギリスの王室を訪問したことが強く印象に残り、次のように述べている。[250]

イギリスのキング・ジョージ五世が、ご親切に私に話をした。その題目は、いわゆるイギリスの立憲政治の在り方というものについてであった、その伺ったことが、その時以来、ずっと私の頭にあり、常に立憲君主制の君主はどうなくちゃならないかを始終考えていたのであります。

立憲君主制の君主はいかにあるべきか。ジョージ五世は、一九一六年十二月の憲政危機に際して自ら政局打開のイニシアチブをとった。[251] 昭和天皇の訪欧は一九二〇年のことである。また、ジョージ五世は一九二三年にも再び首相選定を主導している。したがって、ジョージ五世が昭和天皇に伝えた立憲君主像とは、「君臨すれども統治せず」を言葉通りに実践するものではなかったと考えられる。[252] また、昭和天皇は、ジョージ五世から教えを受ける前に、ケンブリッジ大学で、「英国王室とその国民との関係」について講義を受け、「英国の如く国民の権利が確保されて居る立憲王国では王の権利が制限されて居る」こと、「国王の意思が個人的に見てどうあらうとも、夫れが公けの意思として発言した場合は、直ちに国民全体の意思を代表する事となる」こと、そしてそのような場合、「国王の公明意思は、議会の世論に依って裏書されなければならない」ことなど、議会中心主義の下での立憲君主のあり方や、「英国の国王は時には内外の政策を適当に調節緩和するに与って力がある」という役割と意義について、学ぶ機会を得ていた。[253]

伊藤博文の『憲法義解』でもしばしば引用されたイギリスの著名な憲法学者ダイシー（Albert Venn Dicey）は、「国王は君臨すれども統治せず」という格言について、それに基づいて行動してきたか、行動するふりをした国王は一人もいないと述べている。[254] つまり、イギリスの立憲君主は議会政治を基礎としつつ、それが行き詰まりを見せると、調停者としての積極的な役割を果たすのである。一木宮相が西園寺に説明したように、平時において、天皇が首相に対して不信任を伝えることは望ましくない。しかし、「非立憲」な内閣の場合や、「異常時」においてはやむをえないと考えられたのである。そして、このような天皇・宮中の役割は、一部から期待されてもいた。宇垣は、初の男子普通総選挙の選挙運動中、政党の政治的横暴や不正を制裁し抑制するのは「誰だ至尊と貴族院の存するのみ」と書き記した。[255]

なお、張作霖爆殺事件をめぐっては西園寺が「豹変」したという評価がある。[256] 当初西園寺は厳罰主義をとっており、その点で処理方針が大きく変化したことはまぎれもない事実である。しかしこの問題は、一九二〇年代を通して西園寺が取り組んできた政治指導全体の中で位置づけられなければならない。西園寺は、問題の解決を一貫して首相および内閣に求めていた。したがって、首相が内閣内の圧力によって処理方針を変更し、行政処分で済ませるという方針を決定した以上、内閣を否定して厳罰主義を貫徹することは考えにくい。西園寺は、山県有朋のように自ら選んでおきながら施政に口を差し挟む元老への否定的評価から、元老以後の国家像を主導してきた。[257] 元老のような存在は極力無力化し、責任ある内閣に任せることが重要であると考えていた。この姿勢は西園寺が先に若槻内閣下で河井侍従次長を通じて宮中官僚に伝え、田中内閣総辞職をめぐって牧野と最後まで折り合わなかったように、天皇・宮中の政治的役割について一貫して否定的であったことにも通じている。したがって、昭和天皇が立憲君主であったのか否かを論じる前に、イギリスをモデルとする立憲君主像、すなわち政党政治に適合的な立憲君主像が、当時、二種類あったことが重要である。それは、西園寺が理想とする、「君臨すれども統治せず」という格言を文句通り実行する全権委任型の立憲君主像と、昭和天皇・宮中官僚が希望し、実際にイギリスで行われていた政党政治を補完する立憲君主像であった。

その西園寺にとってこのたびの事例は、少なからず二律背反的な事例であったと言えるだろう。望ましい外交像を貫けば望ましい政治像が貫けず、政治像を優先した結果、外交像を毀損したからである。新たに首相となった浜口は、七月十二日、幣原外相、宇垣陸相と話し合い、張作霖爆殺事件の真相を発表しないことを決定した。幣原は、これを公表すると、中国に対して少なくとも謝罪、賠償、そして危険な守備隊の撤退要求に応じなければならなくなり、ただでさえ利権回収、旅順・大連回収の声が盛んである中で、ゆゆしき結果を来すと考えたためであった[258]。西園寺は、七月十五日、枢密顧問官を辞した内田に、「自分等ガ巴里条約ヲ結ビタルモ、全ク民意ニ立脚シテナシタルコトニシテ、コレガ悪イトナレバ、自分等ノ為シタルコトモ非ナリシナリ」と同情を寄せ、「非常手段」を用いてでも枢密院を改革すべきであるという意見でも一致した[259]。同月二十四日、不戦条約の批准書が寄託され、米国首都ワシントンのホワイトハウスにおいて盛大な宣布式が行われたことを浜口は日記に記した[260]。西園寺の口添えもあって、内田は浜口内閣で貴族院議員に勅撰された。

田中内閣は政党内閣としての強い意気込みを持ち、また、同内閣下での二大政党化は強力政治による政局安定化を期待させたが、男子普通選挙制に基づく初めての総選挙で与党は第一党を占めるも二大政党伯仲し、政党中心政治の確立はおろか、野党、少数党、貴族院、枢密院、そして宮中までを巻き込んで政治は混迷した。そして張作霖爆殺事件は日中関係はもとより政軍関係にも重い課題を残した。政党内閣制の下で内閣を継いだ浜口内閣で、その復原力が試される。

（1）憲政功労者大追悼会『憲政功労者大追悼会誌』。

（2）高石『憲政の常道』。村井「近代日本における多数主義と「憲政常道」ルール」も参照。

（3）吉野作造「政党首領の今昔」吉野『吉野作造選集』四、二二一、二二九頁。政党首領の性質は、「従来は元老と気脈を通じて居ると云ふ事実の上に党員を服せしめ得たのだけれども、今度は党員を服せしめ得るから元老の推挙にもあづかり得るのだという風に変つた」と論じた（同、二二七頁）。また、吉野は先に西園寺が首相選定を自動化しようとしているとの理解を発表していた（「西園寺公の元老無用論」吉野『吉野作造選集』四、一七四―八一頁）。村井『政党内閣制の成立　一九一八～二七年』二五〇―五一頁。吉野が参照した記事は、『大阪朝日新聞』一九二六年八月一日付「政党内閣が確立すれば元老は不必要」と見られる。

（4）政党内閣制の主張は一八八一年の大隈重信による憲法奏議書にすでにあり、また、二大政党化は長らく政党内閣制成立の一条件であると考えられてきた。そして、納税資格を撤廃した「普通選挙」制は一九〇二年に衆議院に法案が初提出され、一九一一年に初めて同院を通過、第二次憲政擁護運動を経て一九二五年に実現した。

（5）『民政』一巻七号（一九二七年）二頁。立憲民政党の結成について、奈良岡「立憲民政党の創立」を参照。

（6）寺崎＝ミラー編『昭和天皇独白録』二七、一一二頁。昭和天皇について、三谷『近代日本の戦争と政治』、原『昭和天皇』、古川『昭和天皇』、伊藤『昭和天皇伝』、加藤『昭和天皇と戦争の世紀』、高橋『人間昭和天皇』、村井「昭和天皇」等を参照。

(7)　寺崎＝ミラー編『昭和天皇独白録』二七、三〇頁。

(8)　同上、一五九頁。「独白録」は、史料の発見当初から、作成の目的をめぐって論争となった（同、二一七―五六頁）が、すでにこの聴き取りが東京裁判対策であったことが明らかにされており、ＧＨＱに手渡され、ボナー・フェラーズ（Bonner F. Fellers）の手許に残されていた英語版「独白録」の冒頭には、「一九四五年八月一五日に、すなわち日本本土が侵攻を受ける前に、戦争を終わらせる力が天皇にあったのであれば、そもそもなぜ天皇は戦争開始の許可を下したのか、という疑問が生じる。この疑問を解明するには、一九二七年にさかのぼり、軍国主義者たちと天皇がどのような関係にあったのか、天皇自身に回想してもらうことが必要である」と記されている（東野『昭和天皇二つの「独白録」』一九七頁）。

(9)　『民政』一巻七号、二頁。

(10)　田中内閣期の政党政治に関する研究としては、升味『日本政党史論』五、伊藤『大正デモクラシーと政党政治』、伊藤『昭和天皇と立憲君主制の崩壊』、服部『幣原喜重郎と二十世紀の日本』、小林『政党内閣の崩壊と満州事変』、雨宮「田中（義）内閣」、中園「政党内閣期に於ける昭和天皇及び側近の政治的行動と役割」等を参照。田中内閣の閣僚は以下の通り。総理・田中義一（貴族院・勅選・無所属／政友会）。外務・田中兼任。内務・鈴木喜三郎（貴族院・勅選・研究会／政友会）、後、田中兼任を経て、望月圭介。大蔵・高橋是清（衆議院・当選一回・政友会）、後、三土忠造。陸軍・白川義則。海軍・岡田啓介。司法・原嘉道。文部・三土忠造（衆議院・当選六回・政友会）、後、水野錬太郎（貴族院・勅選・交友倶楽部）、後、勝田主計（貴族院・勅選・研究会）。農務・山本悌二郎（衆議院・当選七回・政友会）。商工・中橋徳五郎（衆議院落選中・当選五回・政友会）。逓信・望月圭介（衆議院・当選八回・政友会）、後、久原房之助（衆議院・当選一回・政友会）。鉄道・小川平吉（衆議院・当選八回・政友会）。拓務・田中兼任。書記官長・鳩山一郎（衆議院・当選四回・政友会）。法制局長官・前田米蔵（衆議院・当選三回・政友会）。日本近現代史辞典編纂委員会編『日本近現代史辞典』を参照。

(11)　『政友』三二五号（一九二七年）一頁。

(12)　北岡『日本陸軍と大陸政策』、三谷『日本政党政治の形成』、纐纈『田中義一』。帝国在郷軍人会では、高級理事、副会長を務めた。

(13)　村井『政党内閣制の成立　一九一八～二七年』二二四頁。

(14)　同上、二七四頁。松本『大正デモクラシー期の政治』五六九頁。以下、『松本日誌』と略す。升味準之輔は、党籍所有者、衆議院議員、高級官僚歴を持たない衆議院議員の比率を合計して「政党内閣度」を提唱しているが、田中政友会内閣は、政党内閣期の七つの内閣の中で、犬養政友会内閣に続いて二番目に高い。升味『日本政党史論』五、二四四頁。この指標は、衆議院議員で官僚出身でないものほど、政党員として純度が高いとみなす問題があるが、政友会内閣に共通する特徴をよく示している。なお、学士官僚と政党との関係について、清水『政党と官僚の近代』を参照。

(15)　鈴木喜三郎先生伝記編纂会編『鈴木喜三郎』一九七、二一七―一九頁。同書には平沼騏一郎が序文を寄せ、自らが政党を外から矯正しようとしたのに対して、鈴木が「進んで党界に入り」内部から匡救しようとしたことを、「政治の本体を確立せんとする窮極の志は、全く其の揆を一にせり」と評価している（二頁）。

(16)　伊藤隆「解説」鳩山一郎・薫『鳩山一郎・薫日記』下、六三五―七九一頁。小宮「鳩山一郎と政党政治」。

(17)『松本日誌』四三三、四五五、五二〇頁。

(18)同上、五四七、五六八頁。

(19)保守的勢力の田中内閣支持について、伊藤『昭和初期政治史研究』二二五頁を参照。

(20)『政友』三二五号、七頁。

(21)政治学者の蠟山政道は、「田中内閣は軍部大臣及び在野法曹の長老原嘉道を法相とした以外、悉く党員を以て純然たる政党内閣を組織し、かなり手際のよいところを示した」と高い評価を与えた（蠟山『政治史』四五四頁）。また、今津「第一次若槻内閣下の研究会」を参照。

(22)戸部良一は陸軍に対する政党、社会、総力戦という三つの挑戦を論じた（『逆説の軍隊』第三章）。他に両大戦間期の陸海軍について麻田『両大戦間の日米関係』、黒沢『大戦間期の日本陸軍』、小林『政党内閣の崩壊と満州事変』、北岡『官僚制としての日本陸軍』等を参照。宇垣一成に関する主要な研究として、渡邊『宇垣一成』、堀編『宇垣一成とその時代』、関『大正外交』、戸部「宇垣一成のアメリカ認識」、戸部「第一次大戦と日本における総力戦の受容」等を参照。

(23)軍部大臣文官制について、森「軍部大臣文官制の再検討」を参照。

(24)宇垣『宇垣一成日記』一、六五三頁。以下、『宇垣日記』と略す。

(25)同上、六一三頁。

(26)『政友』三一六号（一九二七年）三四頁。坂野『近代日本の外交と政治』を参照。

(27)ＪＡＣＡＲ（アジア歴史資料センター）Ref. B02031319500（第二五～三一画像目）、帝国内閣関係雑件第一巻（外務省外交史料館）。加藤高明内閣以来の行政調査会と新たに田中内閣で設置された行政制度審議会でも政党の国政指導が強く打ち出されていた（牧原『行政改革と調整のシステム』一三八－六六頁）。

(28)河井『昭和初期の天皇と宮中』六、二三一頁。以下、『河井日記』と略す。

(29)田中内閣の中国政策については、ニッシュ『日本の外交政策 1869-1942』、馬場『満州事変への道』、服部『東アジア国際環境の変動と日本外交 1918-1931』、服部『幣原喜重郎と二十世紀の日本』、佐藤『近代日本の外交と軍事』、佐藤『昭和初期対中国政策の研究』、小林『政党内閣の崩壊と満州事変』等を参照。

(30)『政友』三二〇号（一九二七年）二八頁。

(31)産業政策については、土川「政党内閣と産業政策　一九二五－三二年」を参照。

(32)長延連兵庫県知事は、同選挙に対する「在留外国人ノ感想」を収集し、九月三十日に鈴木内相と田中外相に報告した。一般在留外国人の関心は高く、なかでもソ連の「労農総領事館」は非常の注意を払っていると記され、「無産者ガ政治ノ実権ヲ握ルニ至ルベキハ近キ将来」と無産政党伸張の趨勢と棄権者の多さが注目を集め、政治教育の必要性が指摘された。在留外国人五名の談話を摘記するに過ぎないが、調査者も含めた関心の所在がうかがえる。ＪＡＣＡＲ（アジア歴史資料センター）Ref. B02031320100（第二七三～二七七画像目）、帝国内閣関係雑件第一巻（外務省外交史料館）。

(33)政友会の党報によると、定員一四八八人に対して、政友会七九三人、民政党五五六人、中立一一一人、無産系（農労）二八人であった（『政友』三二三号（一九二七年）三一－三三頁）。

(34)『政友』三二二号（一九二七年）一頁。

(35)田中義一「わが党努力の効果」『政友』三二三号、一－五頁。

(36)佐藤『父、佐藤市郎が書き遺した軍縮会議秘録』三一頁。全権にはさらに石井菊次郎駐仏大使、随員には佐分利貞男、佐藤尚武、白鳥敏夫、賀屋興宣、小林躋造、堀悌吉、豊田貞次郎、丸山鶴吉、そして佐藤らが選ばれた。ジュネーヴ海軍軍縮会議について、麻田『両大戦間の日米関係』一六八—七六頁を参照。

(37) Thomas W. Lamont Papers (Baker Library, Harvard University), Box 189, Folder 6, Japan Trip—General, August—September, 1927。ラモントについて、三谷『ウォール・ストリートと極東』、佐藤『昭和初期対中国政策の研究』二〇五頁を参照。

(38) Lamont Papers, op. cit., Box 189, Folder 15, 17, Japan Trip—General, October, 1927. 礼状には若槻、浜口、田中の名前がある。

(39) Ibid., Box 150, Folder 11.

(40) 村井『政党内閣制の成立 一九一八～二七年』二三二頁を参照。なお、ノルウェー・ノーベル賞委員会の史料に依れば、一九二六年の加藤首相と幣原外相、二七年の若槻首相と幣原外相は、ともに米国人を巻き込むかたちで渋沢栄一をノーベル平和賞候補として推薦しており、渋沢の推薦活動では「日米関係が太平洋地域、さらに世界の平和に重要な意味をもつことを強調し、アジアから平和賞受賞者を出す意義についても触れて」いたという（吉武「ノーベル平和賞と日本」一九〇—九一頁）。

(41) Lamont Papers, op. cit., Box 150, Folder 7-8.

(42) 衆議院・参議院編『議会制度百年史 帝国議会史』下、一八三頁。

(43) 美濃部『現代憲政評論』二四二頁。

(44) 村井『政党内閣制の成立 一九一八～二七年』二五〇—六一頁。

(45) 『民政』二巻二号、四頁。

(46) 市川『市川房枝集』一、三七四頁。

(47) 『宇垣日記』一、六四三—四六頁。

(48) 『民政』二巻三号（一九二八年）三五—三六頁。声明全文が転載されている。鈴木はまた、この選挙を「憲政史上の画時代的」と位置づけ、「棄権は立憲国民として一大罪悪である」と投票を呼びかけていた。総選挙予測については、山岡文書研究会「山岡万之助関係文書・紹介と解説」山岡文書研究会編『山岡万之助関係文書目録』を参照。また、『東京日日新聞』（一九二八年二月二十四日付）で、鈴木が「わが輩は地盤関係から見て選挙日の前から政友会の幹部に向つて候補者の数を整理しないと結局損をするぞと口を酸つぱくして警告しておいたのに、そのまゝずるずると選挙に臨んだものだから予言通り五名負けたよ、これは政友会の本部が支部の要求を抑へるだけの威力が無いからだ」と語ったと報じられているのは興味深い。この声明を、粟屋憲太郎は「最初の普選にあたって議会中心政治を否認するものであり、政党政治の自己否定」と評価し（粟屋『昭和の政党』三八頁）、伊藤隆は「政友会の〝復古〟主義的傾向」の端的な表明と評したのに対して（伊藤『昭和初期政治史研究』二二四頁）、小山俊樹は「選挙敗北後の総辞職を回避するための予防線」としての戦略的意味を指摘した（小山『憲政常道と政党政治』二四六頁）。

(49) 『宇垣日記』一、六四八頁。

(50) 市川房枝について、山崎「戦前期における市川房枝の政治観」、菅原『市川房枝と婦人参政権獲得運動』、また、村井「一九二〇年代の政治改革、その逆コースと市川房枝」等を参照。

(51) 一九二八年二月十日付市川房枝宛吉野作造書簡（吉野『吉野作造選集』別巻、五七—五八頁）。

(52) 吉野作造講義録研究会「吉野作造講義録（五・完）」一二八、一三三頁。

(53) 松本『吉野作造』二八五—三〇四頁。大日方「安部磯雄と無産政党」。すでに前年一九二七年秋の府県会議員選挙で公認候補三〇人、応援候補八人を立て、六人の当選者を出していた。

(54) 市川房枝「無産政党の話」市川『市川房枝集』一、三四二頁。

(55) 田澤『政治教育講話』九八頁。

(56) 三谷『大正デモクラシー論』三二頁。

(57) 選挙結果は、川人『日本の政党政治 1890-1937』、遠山・安達『近代日本政治史必携』を参照した。酒井哲哉はこの選挙結果を政友会と民政党が第一次大戦後の大衆民主化状況に適応した新たな政策体系を打ち出し、その国民統合力を拡大していったことの象徴的事例と述べている（酒井『大正デモクラシー体制の崩壊』一〇頁）。

(58) 宇垣一成の観察。『宇垣日記』一、六四八頁。四月二日には「与党側では野党の提出すべき不信任案に無産派が賛同したる場合には之れを口実とし理由として再解散を試みんとするの企図あり、との噂が盛に数日来流布されて居る」と記している（同、六五一頁）。

(59) 実業同志会の武藤山治は、四月五日印刷の同会調査部編『国家に貢献するのは少数党か多数党か』の序で、世間一般に二大政党対峙を期待する傾向が強いことを批判し、「政治は角力や野球と違つて二大政党が争つて何れかゞ勝てば良いのでない、勝つた結果国民の利益民福が幾分でも生れ出て来るものでなければならぬ」と述べ、「善政」実現のために、二大政党を「監視」し「指導」する少数党の意義を強調した（一頁）。実業同志会ならびに「政実協定」については、山谷「実業同志会についての一考察」、滝口「実業同志会と大坂財界」、市原「実業同志会の結党」、江口「実業同志会の成立」、武藤『武藤山治全集』四・五等を参照。なお、政友会と実業同志会の協定内容については、『政友』三二九号（一九二八年）二九―三〇頁。

(60) 『宇垣日記』一、六四九頁。

(61) 『東京日日新聞』一九二八年三月二十一日付。

(62) 原田『西園寺公と政局』別巻、三四〇頁。以下、『原田日記』と略す。また、原田編『陶庵公清話』一一一―一二頁、立命館大学西園寺公望伝編纂委員会編『西園寺公望伝』四、一三六頁を参照。以下、『西園寺伝』と略す。原田の記録では、元老が大政党の対立を高唱しながらこのような事態を予想しなかったのは「頗る迂遠」であるという「攻撃的」論説とされているが、国立国会図書館蔵『東京日日新聞（マイクロ資料）』（一九二八年三月二十一日付三面〈F〉）社説は元老を攻撃するものではなく、「国民」の一義的な責任を問い、「代議士は、かれ等の選出したものであり、従つて上記の如き変態の第一原因は、かれ等自身をおいて、他にあるべくもないからである。デモクラシィは、その水源より高く上るを得ないといふ語の意義を、われ等はこの際すこぶる痛切に感得するの不幸を悲しむものである」と述べている。版の相違であろうが主張が逆を向いていることになる。

(63) 牧野『牧野伸顕日記』二九九頁。以下、『牧野日記』と略す。

(64) 美濃部『逐条憲法精義 全』一九一―九八頁。

(65) ディキンソン『大正天皇』、北岡『政党から軍部へ』を参照。

(66) 波多野『裕仁皇太子ヨーロッパ外遊記』一六〇頁。

(67) 『河井日記』六、二三三―三四頁。村井『政党内閣制の成立 一九一八～二七年』二五七―六〇頁も参照。この時、西園寺は「政権は必ず多数党に行くにきまつてゐるから、怪しげな中間内閣の、累を皇室に及ぼすが如き憂ひも一掃されるわけだ」と述べて解散総選挙による事態の打開を望んでいたが、若槻首相は妥協の道を選んだ（原田編『陶庵公清話』一〇一―〇二頁）。

(68) 遠山・安達『近代日本政治史必携』一二五頁。

(69) 『牧野日記』三〇二頁。また『河井日記』二、六四頁。

(70) 浜口雄幸「政局安定の途と我党の態度」『民政』二巻四号（一九二八年）四頁。

(71) 『牧野日記』三〇二―〇三頁。

(72) 鈴木の党派的な選挙管理について、安倍『昭和動乱の真相』三四―三五頁を参照。

(73) 『河井日記』二、七〇頁。当時の政党が置かれていた状況に関する包括的整理として、粟屋『昭和の政党』を参照。

(74) 『政友』三二九号、四三頁。森は「元老の心事を忖度するが如き事は切に慎まねばなりません」と述べている。内容的には先の四月六日の西園寺・牧野会談の線上にある。なお、再度停会された五月一日の『時事新報』夕刊記事では、「再度の解散に対し元老、牧野内府、一木宮相方面より間接的に田中首相並に昵懇者に好意の勧告があつたと云はれて居る」と報じられている（『時事新報』一九二八年五月二日付夕刊）。「それは固より時局重大の折柄なれば解散を止めて総辞職せよと云ふが如き積極的勧告は為し得る筋でないけれど議会解散して幾月も経ざるに重ねて解散を奏請断行する如きは近時の世情とかく物情騒然たるものある。その上に更に政争益々苛烈となり再解散ともなれば中央地方の事象は益々危激に陥るを保し難いとの意味の忠告」と見られた。この時期の宮中の積極的な動きは、『河井日記』に詳しい。また、粟屋「解説 田中内閣と天皇・宮中」を参照。

他方、『読売新聞』（一九二八年二月二十九日付）記事は、再解散に対する「貴族院の意見」を「少くも臨時議会は曲りなりにも通して次の通常議会迄に於ける各政党の離合集散の結果を熟視して、然る後適宜の措置をとるのであればそれは別の問題であるが、臨時議会に於て再解散を為すと云ふのは政府の為にもとらぬ所であると同時に憲政発達の為めに喜ばしき現象と云ふ事は出来ぬ」と報じ、「枢府側の意向」を「憲法論よりすれば再解散論は不可能ではない、殊に英国流では二大政党が勢力伯仲して与論の帰趨が明確でない場合には再度解散を断行して与論の帰趨をハッキリ確かむる場合もある」が、「実際的に見て不可能であるばかりでなく、結果から見ても決して得策ではない、故に不信任案が若し通過する様な事があれば速く総辞職を決行するがよい」と報じている。また、『読売新聞』（一九二八年三月五日付）によれば、貴族院研究会領袖の青木信光は「新聞には田中首相が僕の帰京を待つて諒解を求むるといふような事が書いてあるが私としては何も関係がない、勿論そんな約束はない、今日の貴族院は衆議院に影響を及ぼすような時代でもあるまい」と述べ、さらに「再解散説は憲法上は出来ない事はないが政府にとつて上策のやり方と思はれない」と語った。

「普選」時代にあって新聞の影響は大きい。政友会党報には、民政党と比較して政友会の新聞政策は遅れており、党が言論を尊重し合理的な態度を心がけるとともに、記事材料を機敏に提供するなど技術的改善を説く論説が掲載されている（水島彦一郎「吾党の新聞政策」『政友』三三〇号、一九二八年、二三―二五頁）。

(75)　『牧野日記』三〇三―〇五頁。

(76)　『原田日記』別巻、四〇、四二頁。

(77)　『時事新報』一九二八年四月二十九日付。

(78)　『牧野日記』三〇二、三〇五頁。

(79)　『牧野日記』三〇五頁。

(80)　同上、三〇五―〇六頁。この顚末を河井侍従次長は、「昨日午後、政友会代議士会に於て内相引責内閣改造論勃発し、党の分裂を来すの虞ありしを以て、内相は之を忍ぶ能はず首相に辞意を漏せり。首相は内相の自発的辞意を諒とせりと云ふ」と記録した（『河井日記』二、七〇頁）。

(81)　奥『昭和戦前期立憲政友会の研究』第一章を参照。

(82)　『牧野日記』三〇五―〇六頁。

(83)　同上。

(84)　「第五十五議会報告書」『民政』臨時号（一九二八年）四〇―四一頁。

(85)　鳩山『鳩山一郎回顧録』一三五頁。

(86)　「新党設立に関するメモ」『鶴見祐輔関係文書』一〇六、国立国会図書館憲政資料室蔵。以下、『鶴見文書』と略す。このメモには政策の骨子も列記されている。例えば外交に関連して、「世界自由主義国との協調」「自由主義に基づく東亜連盟の提唱」「国際平和主義の促進」「人種平等と国際共助主義の貫徹」などがあげられている。明政会について、前山「第三党・明政会の政治技術（昭和三年）」を、この時期の中道政党運動について、三谷『大正デモクラシー論』三〇頁を参照。

(87) 前掲「新党設立に関するメモ」。鶴見は、一九二七年に、彼の信ずる自由主義の思想が、「或る人々からは、時代後れの旧思想と思はれてゐる。それ程社会主義の思想が全世界に波及してゐる」と書いている(鶴見『中道を歩む心』四頁)。

(88) 「自由主義政党の必要(一九二八年四月中旬起稿)」『鶴見文書』一一五。もとより、そうでないところに鶴見らの「新しき自由主義政治運動」の意義がある。

(89) 「草稿 中間内閣を排撃す」『鶴見文書』一一〇。明政会名での声明書草稿。この時期、中国問題を旗印にした中間内閣が選挙を管理するという中間内閣論が噂されており、政友会の関与も囁かれていた(『原田日記』別巻、三五頁)。『東京日日新聞』(一九二八年三月十四日付)は「奇怪なる中間内閣説」と題する社説でこのような議論を牽制している。なお鶴見は、二大政党制との関係について、一九二六年十二月の時点では、「今日の日本は、過渡期として、暫らく小党分立でゆくであらうし、又小党分立は必ずしも日本の憂ではない。〔中略〕さうして、日本が普通選挙を三四回挙行して――今後は総選挙が頻繁になると私は思ふ――やがて更に、婦人参政権までいつて、本当の立憲的訓練を経て、健全なる民間の輿論が出来て後に、二大政党時代が来ると思ふ」と述べていた(鶴見『中道を歩む心』二九一―九二頁)。

(90) 前掲「自由主義政党の必要」。なお、論題は当初の「第三党の必要」から「自由主義政党の必要」へと修正されている。

(91) 「四月十六日協議事項記録」『鶴見文書』一〇八。この日の議論では、明政会の位置づけをうかがわせるものとして、椎尾弁匡は、「不信案に就ては我らが賛成すれば、民政党内閣となる。而して民政党が我らの要求を充実する如き態度を取れば可、〔中略〕それでなくては賛成できぬ」と発言し、藤原米蔵は、「徒に政変を起すが能にあらず、さりとて政友会内閣を信任せず。先この政策を実行するといふ約束を民政党が公約するなら政友会を倒す。若し民政党が賛成せぬとあらば、不信任案に反対し、二党一束として攻撃し、今日の不安の政状を続けて、既成政党の分解作用を起さしむべし」と述べている。

(92) 「十八日協議会記録」『鶴見文書』一一一。先の十六日の協議会でも鶴見は尾崎との相談を提起していた(前掲「四月十六日協議事項記録」)。

(93) 「明政会代議士会メモ」『鶴見文書』一一二。

(94) 『牧野日記』三〇八―〇九頁。

(95) 同上、三〇九頁。牧野が田中首相から聞いた話では予算案の否決と不信任案とを同一に扱うようであったので、取り返しのつかない間違いが起こらないよう、念のため、裁可が予算問題に限られることがあらためて首相に伝えられた。意思疎通の基盤となる信頼に乏しいと言えよう。

(96) 『原田日記』別巻、四〇頁。

(97) 『牧野日記』三〇八頁。

(98) 「五月五日代議士会」『鶴見文書』一二二。不信任案が提出され否決されれば、衆議院が政友会内閣を信任したことになる。それも明政会にとって望ましくはなかった。

(99) 赤松克麿による「社会民衆党史」では「明政会、尾崎行雄一派の裏切り」と記述されている(河野ほか『日本無産政党史』三五七頁)。なお第五五議会について、芳井「対中国政策の転換と議会」を参照。

(100) 『牧野日記』三一〇頁。

(101) この問題について、粟屋「解説 田中内閣と天皇・宮中」を参照。

(102) 『牧野日記』三一〇頁。山本権兵衛元首相もまた、「元老先輩の唯一の継続者」である西園寺の役割に期待した(同、三一二頁)。牧野と山本について、小宮「山本権兵衛(準)元老擁立運動と薩派」を参照。

(103) 『河井日記』二、八一頁。『読売新聞』(一九二八年五月十四日付)に依れば、西園寺が「貴下の統率される内閣だから貴下の思ふ存分におやりになるが良かろうと考へる」と語ったという。

(104)『牧野日記』三二六頁。

(105) 同上、三一八頁。

(106)『河井日記』二、九四頁。対して河井は、「内大臣補弼の性質、憲政運用の本義及両者の関係」について私見を述べた。

(107)『牧野日記』三二二頁。

(108)『宇垣日記』一、六五九頁。

(109) 中澤『治安維持法』八〇—一二六頁。

(110)『民政』二巻七号（一九二八年）二一—三頁。

(111)「メモ　政治的に歩むべき道」『鶴見文書』一三一。鶴見は「二大政党対策」として、「現実の政治としては、茲に、政友会と、民政党との二大政党ありて、日本の政界を支配しつゝあり。無産党のごとく、全然既成政党の外に超然たる理論的立場を取るか、又は、既成政党中の一を援助して自己に最も近き政策を遂行せしむるの策に出づるか。茲に、第一に思考すべきは、国民の政治的判断乃至輿論は、頗る簡単明瞭なる線を描きて進む、といふことなり。国民は個々の政策の可否に興味を抱かずして、政治家の態度——ポーズ——に注目す。故に巧にポーズする政治家が、常に国民の指導者たり。今日の日本国民多数の余に期待するところは、単純に今日の政友会内閣に反対せんことなり。然るに政友会内閣に反対することは、民政党に賛成することとなり。故に、今日の余としては、個々の政策の是否よりも全体として反政友のポーズを為すの外なく、その為めに民政援助の形式となるも已むを得ず」と記した。

(112) 張作霖爆殺事件について、関「満州事変前史」二八七—三二七頁、大江『張作霖爆殺』、永井「昭和天皇は統帥権の運用を誤ったか」、佐藤『近代日本の外交と軍事』、粟屋『十五年戦争期の政治と社会』、永井『青年君主昭和天皇と元老西園寺』、伊藤『昭和天皇と立憲君主制の崩壊』、中園「政党内閣期に於ける昭和天皇及び側近の政治的行動と役割」、秦「張作霖爆殺事件の再考察」、古川「昭和天皇首相叱責事件の再検討」、村井「昭和天皇と政党内閣制」等を参照。

(113) 首謀者の河本は、四月に磯谷廉介にあてて「満州の現状は支那側益々横暴、実情に直面すると黙過し難きもの多し。而して其原因は日本軍閥が余りに彼等を増長せしめた慊なきにあらず、満蒙問題の解決は理屈では迚も出来ぬ、少し位の恩恵を施す術策も駄目なり　武力の外道なし」と書き送り、上司を「つまらぬ奴共」、「政府は内争に余力なくつまらぬ経済的独得手段をやれとの仰せ」と憤懣をぶつけていた（小林『「支那通」一軍人の光と影』四六—五〇頁）。

(114)『原田日記』一、三—四頁。

(115) 松本剛吉の情報では、公表賛成が田中首相、西園寺、伊東巳代治枢密顧問官、山本満鉄社長、岡田海相、反対が小川鉄相、山本農相、白川陸相、鈴木参謀総長であった（『松本日誌』六〇七頁）。秦「張作霖爆殺事件の再考察」一四〇頁を参照。

(116) 小川平吉文書研究会編『小川平吉関係文書』一、六二九、六三九頁。以下、「小川文書」と略す。

(117) 関「満州事変前史」三二一頁。

(118)『牧野日記』三六四頁。

(119) 岡部『岡部長景日記』四二頁。以下、『岡部日記』と略す。

(120) 七月十日に床次竹二郎が鶴見祐輔に語ったこと。「床次竹二郎氏と会見の要領並に政局の推移」『鶴見文書』一五一。

(121) 浜口『濱口雄幸日記・随感録』五八頁。以下、『浜口日記』と略す。

(122)『民政』二巻九号（一九二八年）九一頁。若槻はかつての臨時外交調査委員会に時の憲政会総裁加藤高明が参加しなかったことについて責任政治の観点から賛意を表したと後に回想し、その理由について「外交問題は政治の重要な部面であって、それについて各党がみな責任を負うような委員会を作って、そこへ反対党の加藤を縛りつけておいて、文句をいわせないようにし、外のことでは反対党を叩きつけるという仕組みは、見え透いた計略」と述べている（若槻『明治・大正・昭和政界秘史』二二四頁、以下、『若槻回顧録』と略す）。

(123) 床次新党問題については、升味『日本政党史論』五、に詳しい。

(124) 『読売新聞』一九二八年八月二日付。

(125) 「床次竹二郎氏と会見顛末」『鶴見文書』一五三。床次は「小選挙区制の処のみ、貴兄の意見と異るが、これは必しも直ちに実行せんといふにあらず」と付言したという。

(126) 「床次氏新党樹立前後」『鶴見文書』一五五。七月二十四日に鶴見は宇垣に献策のため訪れた（「メモ　宇垣一成氏に建策」『鶴見文書』一九四）。鶴見は、「私達はまだ若いのであるから、少しも急ぐことはない」と「選挙の廓清浄化」を重視し、選挙権の拡張と選挙区の拡大、小党分立を求めるとともに、「今日の日本の政界に於て重要なることは、一つ一つの政策といふことよりも、その凡ての政策の根底を為し、此等の政策に有機的体系を与へる政治理論の存在といふことであると思ふ。今日無産党の人々が、世人から多くの期待を持たれてゐるのは、個々の政策の所有よりも、根本なる政治理論の把握にあると思ふ」と論じた（「床次氏の新党樹立と私達の立場」『鶴見文書』一五六）。

(127) 『浜口日記』五八頁。

(128) 『民政』二巻九号、八―一二頁。山本達雄が即時留党を宣言したことも影響した（『民政』二巻八号、一九二八年、一一八頁）。

(129) 小川郷太郎「政治の公明の裏を行くもの」『民政』二巻九号、一一頁。

(130) 『宇垣日記』一、六七三頁。他方で、この新党運動が、「所謂第三党ではなくつてそれは第二党と成るもので行く行くは第一党となる可き新政党である」という意気込みを持っていたことは興味深い（長島『政界秘話』二一八―一九頁）。将来の政権党を念頭に置いていたのであった。

(131) 「床次氏の第三党樹立」大川周明関係文書刊行会編『大川周明関係文書』二一四頁。

(132) 遠山・安達『近代日本政治史必携』一二五頁。

(133) 不戦条約について、鹿島平和研究所編『海軍軍縮交渉・不戦条約』、柳原編『不戦条約』を参照、また近年の整理として加藤『満州事変から日中戦争へ』がある。

(134) 『民政』二巻一〇号（一九二八年）四―五頁。

(135) 中村啓次郎「不戦条約締結に対する田中内閣の責任を問ふ」同上、一一頁。

(136) 『浜口日記』一一一、一二九頁。

(137) 『民政』二巻一〇号、七八―七九頁。

(138) 同上。

(139) 『若槻回顧録』二三八頁。民政党の前身で若槻も総裁を務めた憲政会の総裁演説は、単に総裁個人の声明ではなく、党の総意を表明するものであった（村井『政党内閣制の成立　一九一八～二七年』第一章）。

(140) 『民政』二巻一〇号、九〇―九二頁。

(141) 同上。浜口は、浮き足立つ党内に、「多少の脱党者を出したとは言ひ、巨然たる天下の第二党である、二大政党樹立の大勢には何等の変化を見ず、従つて政機の異動する時帰着する処は明確である」と結束を求めた。

(142) 同。

(143) 『民政』二巻一一号（一九二八年）七五―七七頁。

(144) 『浜口日記』七三頁。

(145) 「第五十六議会に臨む我党の態度」浜口「暗黒政治打開の一戦」『民政』三巻二号（一九二九年）二―九頁。宣言は、江木翼、町田忠治、小川郷太郎、小橋一太、中野正剛によって起草された（同、九一頁）。

(146) 浜口「田中内閣不信任の理論的根拠」『民政』三巻三号（一九二九

年）四一一七頁。
(147) 同上、一三一一四頁。
(148) 第五六議会について、衆議院・参議院編『議会制度百年史　帝国議会史』下、二〇九一三三頁。芳井「対中国政策の転換と議会」、川人『日本の政党政治 1890-1937』を参照。
(149) 『浜口日記』一二八一二九頁。
(150) 同上、一二八頁。服部『幣原喜重郎と二十世紀の日本』を参照。
(151) 『浜口日記』一二九頁。
(152) 同上、一三〇頁。
(153) 同、一三三頁。「某重大事件ノ調査ノ結果発表ニ関スル件」衆議院・参議院編『議会制度百年史　帝国議会史』下、二三二頁。
(154) 『浜口日記』一三四一三六頁。
(155) 詳しい経過について、前田「床次の小選挙区制法案と議事妨害」、村瀬「第五六議会における小選挙区制案の周辺」を参照。
(156) 『浜口日記』一四九一五四頁。
(157) 同上。
(158) 同、一三二頁。
(159) 河野ほか『日本無産政党史』一三八一四三頁。
(160) 同上、三九一頁。議会閉会後に出版された小冊子の巻頭「第五十六議会と社会民衆党」には、「政友会は、偽造の多数を擁して横暴を極めたので、社会民衆党代議士の活動も、結果に於いて微力であつたのは止むを得ないところであろう。然し乍ら、民衆政治の黎明を目指して、真しぐらに進む冲天の意気は、やがて余り遠くない将来に報ひられるに相違ない。既成政党にとつては無視することの出来ぬ恐怖的勢力であり、勤労大衆にとつては真に信頼に足るべき「党」であるとの印象は、第五十六議会を通じて、社会民衆党の与へたるところのものである」と述べた（日本民衆新聞社出版部編『民衆政治を目指して』）。
(161) 浜口は事件の詳細を日記に記し、告別式には秘書を代理参列させた（『浜口日記』一四七一四八頁）。山本宣治の暗殺事件については、田宮「山本宣治暗殺事件」を参照。山本は、労働農民党から当選直後の一九二八年三月に、「ブルジョア二大政党たる政友民政が政権をタラヒ廻しをする手品の舞台たるに過ぎない」と議会政治の無力を強調し、八名の無産党議員がこの後に「二倍」「三倍」になったとしても、労働農民党の掲げる政策を実現するのは「真に強力なる労働者農民大衆の議会外に於ける大衆行動である」と結論づけていた（佐々木「山本宣治の議会闘争」五一頁）。
(162) 『警務課昭和三年度日誌』衆議院事務局警務部蔵。本史料は、科学研究費補助金・基盤研究（B）平成一八～二〇年度「議会制民主主義における立法・行政関係の歴史的・比較政治学的研究」（研究代表者・増山幹高慶應義塾大学教授）の一環として行われた増山・奈良岡聰智・村井の共同調査による。史料の利用に際しては衆議院事務局のご高配を得た。関係各位に謝意を表したい。渡邊『守衛長の見た帝国議会』一二五一三三頁。あるべき「議院警察」像など、詳しくは村井「政党内閣制の展開（二）」を、帝国議会期の衆議院事務局については、衆議院・参議院編『議会制度百年史　資料編』三七九一四〇一頁を参照。
(163) 衆議院・参議院編『議会制度百年史　帝国議会史』下、二三二頁。
(164) 『原田日記』別巻、七三頁。
(165) 馬場「現代の政治問題」三七二一七三頁。
(166) 馬場『議会制度改革論』七九頁。馬場について、御厨『馬場恒吾の面目』を参照。また、一九二九年一月、東京朝日新聞編集局長の緒方竹虎は、「朝日常識講座」の一冊『議会の話』で英国を「立憲政治の祖国」であると位置づけた上で、「いはゆるイギリス流の政権の授受も、今日となつては何等我が国におけるそれと変りはない」と述べた。すなわち、「総選挙の結果、一つの政党が下院の過半数を占むれば、その政党の首領が国王に召されて内閣組織の大命を拝すること」が同じであり、強いて違いをあげるならば、「我が国においては、総理大臣の奏請に関し法律上輔弼の責に任ずる内大臣の外に、元老なるものがあり、多くの場合、元老が主として総理大臣を推薦する慣習であるに対し、イギリスにおいては、政党の分野が判然してゐるだけに、直に最多数党の首領に大命を下さるゝの相違がある位に過ぎない」と述べた（緒方『議会の話』二八、三三頁）。

(167) 『原田日記』別巻、七六頁。一九二九年三月二十日。

(168) 『大阪朝日新聞』一九二七年三月二十九日付。小宮『自由民主党の誕生』を参照。

(169) 『宇垣日記』一、六七二頁。宇垣一成は、床次新党問題以後、「民政党には今日にては之を監視し抑制するの力も資格も乏しゐから、茲に貴族院存在の意義も生じ其の活動を必要とする。是非此使命に適応せしむべく努めねばならぬ」と貴族院に期待した（同、六八七頁）。

(170) 「貴族院ノ倫理化諸問」水沢市立後藤新平記念館編『後藤新平文書』二四―一―一。マイクロフィルムR六四。

(171) 伊藤『憲法義解』六八頁。

(172) 伊藤『昭和初期政治史研究』二六三―六五頁。また、政党内閣期の貴族院について、今津「第一次若槻内閣下の研究会」、内藤『貴族院』、ならびに村井『政党内閣制の成立　一九一八〜二七年』を参照。

(173) 川辺『大乗乃政治家水野直』二六八頁。

(174) 伊藤『昭和初期政治史研究』二六四―六五頁。

(175) 矢部『近衛文麿』一三五頁。

(176) 衆議院・参議院編『議会制度百年史　帝国議会史』下、二三三二頁。

(177) 『浜口日記』一四二頁。

(178) 伊藤『昭和初期政治史研究』二六八頁。

(179) 浜口雄幸「国民的判決の前に自決せよ」『民政』三巻四号（一九二九年）七頁。

(180) 島田俊雄「議会の成績と我々の覚悟」『政友』三四一号（一九二九年）八、五三頁。

(181) 田中義一「我党内閣の真使命」『政友』三四二号（一九二九年）三頁。

(182) 山口義一「貴族院の改革について」同上、七一―七頁。改革には「組織を改造するのと権限を縮小するの」があり、山口は英国の上院改革の例をあげて「機会のある毎に一歩を進めて行つて、結局目的達成の所まで行かなければならぬ」と述べた。

(183) 吉野『現代政局の展望』一〇六頁。

(184) 枢密院について、三谷「大正期の枢密院」、由井編『枢密院の研究』を参照。

(185) 『浜口日記』一九一頁。

(186) 『民政』三巻七号（一九二九年）九一頁。

(187) 『浜口日記』一九三頁。浜口は、三月二十九日には「仏国上院不戦条約ヲ批准、コレニテ未批准国日本ノミトナル」と注目し（同、一五八頁）、四月十五日には、幣原と「秘密会見」を行って不戦条約問題について協議していた（同、一六六頁）。

(188) 同上、一九四頁。

(189) 『民政』三巻七号、三頁。二十四日には張作霖爆殺事件をめぐって党の声明が準備されているが、この時も浜口は出席していない（『浜口日記』一九五頁）。

(190) 『浜口日記』一九七頁。

(191) 小林ほか編『内田康哉関係資料集成』一、九六頁。以下、『内田資料』と略す。

(192) 同上、一四七頁。

(193) 同、三二二―二四頁。五月十六日に吉田次官が届けた文書では、

「民主々義ノ思想ヲ背景トシタルモノト認メラルル条約」として国際連盟規約が扱われている。

(194) 同、三二六、三三〇頁。
(195) 同、三三八頁。
(196) 『牧野日記』三四三頁。
(197) 『岡部日記』一〇九頁。
(198) 同上、六一－六二頁。
(199) 『牧野日記』三五一－五二頁。
(200) 『岡部日記』五二頁。
(201) 同上、七二頁。
(202) 同、八〇頁。
(203) 同、七七頁。
(204) 同、一三七頁。
(205) 「田中協調外交」の側面と政党間対立の影響について、小林『政党内閣の崩壊と満州事変』六一－一〇九頁。
(206) 秦『軍ファシズム運動史』、筒井『二・二六事件とその時代』、北岡『政党から軍部』を参照。
(207) 『牧野日記』三五九頁。
(208) 『岡部日記』一〇九頁。
(209) 『牧野日記』三五九頁。
(210) 五月六日付牧野伸顕宛西園寺公望書簡。『西園寺伝』別巻一、二五三頁。
(211) 『牧野日記』三六〇－六一頁。
(212) 同上、三六三頁。
(213) 『岡部日記』一一四－一五頁。
(214) 『牧野日記』三六六頁。
(215) 同上、三七四頁。
(216) 同、三七五頁。
(217) 同。牧野は、支持を確信していた西園寺の反対にあって、「以上の行違は了解に苦しむ」としながらも、「察するに先回本件を談合したる時は未だ今日程事体切迫し居らず、抽象的に聞かれたる結果、深く心底に徹し居らざる為めかとも推量するの外なし」と書いている（同、三七四－七五頁）。しかし、西園寺の言動について、一九一〇年代末から三〇年代初頭まで子細におっていくと、五月六日に、根本的なところで両者がわかり合えていなかったことが、意見の一致を見たと考えていた牧野の書いた日記からもわかる。西園寺は、天皇からの不信任表明について、差し止めをお願いする理由はないと述べた。総論賛成である。その上で、政変についてはよいとして、天皇と軍隊との関係について、いかに措置すべきかを問題にした（同、三五九頁）。各論での反対である。牧野は前段を同意、後段を実行に際しての具体的な注意と受けとめた。牧野はこの点について、内閣が交代すれば問題が解決すると考えていた。それでも会話がうまくまとまらなかったようで、二人が合意したのは、「何れにしても」政変があれば後継首相について考えなければならないという一点であった（同）。西園寺も「此点」は認めたようだった（同）。牧野にとっては、前段の天皇への行動に支持を得たことで目的は達していた。後段はささいなことであったろう。しかし、西園寺の会話のスタイルとして、最初に相手の考えに総論で賛成しておいて、各論で結局不可能であるという反対の仕方をすることがある。その場合、西園寺は、総論で反対である。例を二つあげる。
　一つは、一九二七年三月初めに貴族院の青木信光が西園寺と会見した時である。西園寺は、一九二六年十一月に河井侍従次長を通じてはっきりと非政党内閣論を否定し、その後も政党内閣を選定し続けた。しかし、青木との会話では、西園寺は、将来の内閣について、「必ずしも政党の首領に限らず、時の事情に依り中間内閣と雖も已むを得ず」と述べた

(『松本日誌』五六一頁)。青木がこれを聞いて、「中間内閣の顔触」について名前をあげていくと、西園寺は、「即座に山本、斎藤、上原、清浦、伊東の不可なること」を言い、他の候補者についても次々と否定し、田健治郎については、「そんな事は其時にならねば分らぬ、之は止めようではないか」と会話を終わらせている(同、五六一―六二頁)。候補者がいないことを理由に「中間内閣」論を否定しているのである。もう一つは後の宇垣との会話である。宇垣は、一九三二年十一月十八日、「挙国内閣の成立は時節柄望まし」いという意見について、西園寺の賛成を得たと考えたが、西園寺はしかしながら「手段に就て名案がない」と述べた(『宇垣日記』二、八一八頁)。詳しくは第3章で述べるが、西園寺は、犬養内閣成立時に、かつての薩長の例まで出して連立内閣に反対している。つまり、西園寺が総論で賛成した後に間髪入れずに各論で反対した場合、それは総論についても反対なのである。もとより先に河井侍従次長を通じて宮中に意向を伝えた時のように、重要な局面においては明確な意思表示をする。この場合、牧野が推察したように、未だ事態が切迫しているとは考えなかったのだろう。牧野も、青木も、宇垣も、みな西園寺の支持を得たと考えて気持ちよく帰っていった。

(218) 『牧野日記』三七五頁。

(219) 『岡部日記』一四一頁。

(220) 『牧野日記』三七五―七六頁。

(221) 同上、三七六頁。

(222) 同、三七六―七七頁。

(223) 同、三七七頁。

(224) 『岡部日記』一四一頁。西園寺の一木への評価は高い。後年、倉富辞職後の枢密院議長に一木を推薦するに際して、「最も憲法に明るい」と述べている(『原田日記』三、二九四頁)。

(225) 『牧野日記』三七七―七八頁。

(226) 『小川文書』一、六三三―三四頁。

(227) 『岡部日記』一四四頁。

(228) 『小川文書』一、六三八頁。

(229) 同上、六三三頁。

(230) 同、六三三―三四頁。また、小川は、「我が帝国憲法の英国と異れるを指摘し、我が邦政治家の多くは之れを混同して、内閣は必ず衆議院の勢力のみに依て起仆するが如く思惟するものあり、従て今回の如く至尊に対する関係に於て辞職するを以て奇異とするものあり、之は可なり多くの人々の有する謬見なり、此点に付ては、今回の如く議会に多数を有すると否とに拘はらず、至尊に対する責任観より辞職することは当然の事なり」と述べた(同、六三六頁)。

(231) 『岡部日記』一四三頁。

(232) 『小川文書』一、六三八頁。内田は七月一日には小泉策太郎から「不戦条約問題ニテ御不興」と内情を聞いている。小泉は、「斯クナリテハ憲政モナンニモアツタモノニアラズ」と慨嘆した(『内田資料』一、三五九頁)。

(233) 『岡部日記』一四五―四六頁。

(234) 同上。なお、フランスの政党政治について、西園寺は、「フランスでは政党の争いが激しく、近頃は小党分裂で度々内閣が変るが、政党の仲間よりは学者の力の方が重んぜられるから、其の力が自然に政治を抑えて、党争の弊を緩和する」と述べている(西園寺『西園寺公望自伝』七四頁)。

(235) 『内田資料』一、三四八頁。

(236) 『牧野日記』三七八頁。

(237) 同上、三七九頁。

(238) 斎藤『斎藤隆夫日記』上、六二三頁。

(239) 『牧野日記』三七八―七九頁。

(240)『宇垣日記』二、一一〇五頁。二・二六事件から半年が過ぎた一九三六年十月の回想。
(241)「倉富勇三郎日記」一九二九年七月二十日条『倉富勇三郎関係文書』国立国会図書館憲政資料室蔵。
(242)『小川文書』一、六三六頁。
(243)同上、二六〇頁。
(244)同、六三六頁。
(245)馬場『現代人物評論』二五八―六五頁。
(246)この点について、古川「昭和天皇首相叱責事件の再検討」を参照。
(247)丸山『七十年ところどころ』一三二頁。
(248)『河井日記』二、七〇―七一頁。
(249)高橋・鈴木編『陛下、お尋ね申し上げます』八七頁。一九七一年十一月十六日、外国人記者の質問に対して。
(250)同上、一七〇頁。一九七九年八月二十九日、やはり記者会見の席で。「その具体的な話というのはですね、イギリスの皇室の習慣として、話すことはできないから、ここでは話さずにおきます」と、具体的内容については話していない。また、昭和天皇は、一九四五年九月二十五日に行われた外国人記者とのインタビューで日本の将来について聞かれ、「英国のような立憲君主国がよいと思う」と答えている（同、六頁）。
(251)君塚『イギリス二大政党制への道』一八七頁。
(252)伊藤之雄は、ジョージ五世の役割が政治上の調停役であったこと、田中内閣倒閣にまで至った昭和天皇との相違、そしてこのようなイギリス王室の政治関与が徳富蘇峰によってすでに日本に伝えられていたことを指摘している（伊藤『昭和天皇と立憲君主制の崩壊』五二二―二四頁）。
(253)波多野『裕仁皇太子ヨーロッパ外遊記』一二四―二五頁。なお議会制的君主制論について、川田『浜口雄幸』を参照。
(254)ダイシー『憲法序説』四三二頁。伊藤正己・田島裕「訳者解題」同、五〇五頁を参照。また、ダイシーは、国王の個人的行動を規律する規範ないし慣習はまったく漠然たるもので、未確定であると述べている（同、四三三頁）。なおダイシーが「国王は君臨すれども統治せず」という有名な格言の生みの親として紹介しているティア（Louis Adolphe Thiers）は、フランスの政治家であり、著名な歴史家でもあった（同、四四二頁）。また、ハロルド・ラスキは、イギリスにおける国王と内閣との関係を、「内閣に関係する国王の権限は、一つの現実問題だということである。〔中略〕いかなる状況のもとであれ、国王の影響力は決して無視できないということである。国王の影響力は、弱い総理大臣の場合は危険となり、内閣の地位が安泰でない場合は重要となり、与野党の力関係が議院でやっと均衡を得ている場合は幅広く及ぶことになる」と述べている（ラスキ『イギリスの議会政治』二三九―四〇頁）。
(255)『宇垣日記』一、六四四頁。
(256)升味『昭和天皇とその時代』一一二頁。
(257)村井『政党内閣制の成立　一九一八～二七年』を参照。
(258)『浜口日記』二〇四頁。『内田資料』一、三六六頁。
(259)『内田資料』一、三六七頁。
(260)『浜口日記』二一〇頁。日本時間で二十五日午前四時頃。

第2章　浜口民政党内閣と世界大恐慌下のロンドン海軍軍縮条約

——政党中心政治の復原力と統治能力（一九二九〜三一年）

首相に指名された立憲民政党の総裁浜口雄幸は、一九二九（昭和四）年秋から折々の雑感を『随感録』として書き記した。その中で浜口は、「加藤内閣の成立以来、我が国の憲政は茲に始めて其の軌道の上に運転するに至り、十五年一月加藤首相職に斃《たお》れ、若槻氏代つて憲政会内閣の首班となり、若槻内閣倒れて田中男の政友会内閣組織せられ、田中内閣倒れて、余が率ゆる民政党内閣の成立を見るに至つた」と記して、「実に最近に於ける我国憲政進歩の顕著なる事跡」と讃えた。(1) 浜口は「急激にこの顕著なる進歩を見た」理由を三つあげた。第一に、「苦節十年」たゆまず屈せず憲政のために尽力した憲政会であり、特に故加藤高明の「偉大なる精神的努力」を評価した。第二に、言論機関を通じて代表されるように国民の政治的自覚が発達し、「政党内閣制の確立に対する澎湃たる輿論の欲求が頗《すこぶ》る熾烈であつた結果」であった。そして第三に、「残存せる元老政治家等の透徹せる進歩的識見の結果である」と西園寺公望の政治指導をあげた。そして浜口は、「余は「苦節十年」の結果が今日に於ける政党内閣制の確立に多大の貢献を為したることを想ふの時、加藤伯と其の苦節を共にしたる憲政会の一員として、心中多少の感慨なきを得ない」と心中を吐露したのであった。

牧野伸顕内大臣が選定に際して世論もすでに期待するところがあるようだと観察していたように、浜口内閣の成立によって政党内閣制は再確認され、一段と強化された。しかし、田中内閣の二年半は、決して順風満帆に時を重ね、政党中心政治への確かな道を歩んだと言える時期ではなかった。中国外交の行き詰まりはもとより、政党政治自身への憂慮や不信感を昂進させ、混乱のうちに総辞職したのであった。したがって、政権交代の結果成立した浜口内閣には、個々の政策課題はもとより、政党政治の信頼回復という大きな仕事があった。浜口は、「今日は我国民の能力が果して政党内閣制の運用に堪ゆるや否やの試験を受けつゝある最も大切なる場合」と記した。(2) それは国民の試験時代であり、浜口の持論であった「強く正しく明るき政治」の挑戦であった。(3) こうして浜口内閣において政党内閣制を基礎とする政党中心政治は、確立への努力とともにその復原力と統治能力が試されたのである。

一　浜口内閣の成立——政党中心政治の復原力

民政党内閣の発足と政治的復原力

一九二九（昭和四）年七月二日、浜口は午後一時に組閣の大命を受けると、六時には閣僚名簿を捧呈し、九時には一同で親任式に臨んだ。(4) 即日中の内閣成立に富田幸次郎民政党幹事長は、「世界に立憲の制度を採用せる国多しと雖も、斯くの如く迅速なる多く其の類例を見ざる所にして独り我党の誇りとする所なるのみならず、汎く政党内閣制の為に気を吐くに足ものである」と意義を強調し、閣僚名簿を確認した昭和天皇は、「良い顔触れなり」と特に牧野内大臣を呼んで満足を示した。(5)

浜口内閣の組閣の特色について、先の田中内閣と比較して三点指摘しておきたい。第一に、政党内閣の組成の問題であり、政党内閣としての純度を高めることよりも、党内外での均衡に配慮しつつ全体として首相の指導力による能力主義を追求した。浜口は大命を受けると、まず山本達雄、若槻礼次郎両顧問を訪れ、組閣の腹案に同意を得た。(6) 首相の浜口が原敬以来の代議士首相であった一方で、幣原喜重郎外相、井上準之助蔵相、渡辺千冬法相、江木翼鉄相が貴族院議員であった。政党にあって予算と人事の配分は最も敏感な問題であるが、外相、内相、蔵相という主要三閣僚のうち、外相は幣原、蔵相は井上と党外人士をあてた。それぞれ中国外交の転換と、金本位制への復帰という重要な政策課題を前にしての判断であった。中でも井上の蔵相就任は「本来政党内閣と自称するものが、党外より他人を迎へて、之れに重要なる地位を与ふるが如き、辻褄の合はぬ話」と論評されたように、党内はもとより言論界にも波紋を広げたが、井上は直後の九日に浜口と江木の紹介で入党し、民政党の中心的な指導者の一人へと成長していく(7)。他方、政党員については、憲政会以来の総裁派を中心にしつつも、非総裁派、さらに、政友本党出身でありながら床次脱党に従わなかった者をバランス良く配置した。閣僚で満たされなかった政党員の就官熱は政務官の任用などで緩和されたが、浜口自身が「政務官ノ任用ニ洩レタル猟官連ノ醜運動旺盛、真ニ唾棄スヘシ」と書き記したように、このような猟官運動には批判的であった(8)。政党内閣制運用の試験時代という思いは、人事に活かされたと言えよう。

第二に、政党外との関係である。田中内閣が当初党員以外で貴族院議員を閣僚に採らなかったことを考えれば、貴族院研究会に所属する渡辺千冬を法相として入閣させたことは、均衡への配慮とともに司法というつねに問題になる分野への配置として注目される。次に軍部大臣については先の憲政会内閣、すなわち加藤高明内閣、第一次若槻礼次郎内閣で陸相と海相を務めた宇垣一成と財部彪がそれぞれ再任された。宇垣軍政の基本方針は、第一次世界大戦後の総力戦時代に対応する軍備の近代化を政党との友好関係の中で推し進め、対外関係については、対英米協調の中でこれを推進するというものであった(9)。宇垣は「浜口氏の進む道は消極たるを免かれぬけれども真面目である、真剣味を比較的帯びて居る。是非成功せしめ度ものである」と考えていた(10)。

政党内閣制が成立し、政党中心政治が形づくられていくと、政党システムのあり方が国政のあり方を大きく規定することになった。二大政党制は、国民の多様な利害や意見を大きく二つに集約する機能を持っている。田中政友会が当初保守派の期待を集めたのに対して、浜口民政党は進歩派の期待を集めた(11)。そして浜口内閣には政党政治の弊害を問題視する者の参加も求められた。警視総監となった丸山鶴吉は、内閣成立の翌日、就任を求める安達謙蔵に、「私は警察には多少の経験を持つていますが、警察が政治に利用されたり、政党が警察に干渉したりすることが、これまでの通弊であると痛感して居ります」と政党政治の弊害を説き、「私には所謂政治警察は断じて出来ませんので、折角ですが御期待には添わないと思う」と応えたところ、「この政治警察を絶対に廃めたいためであるのです」と説得されたという。[12]丸山は、初めての男子普通総選挙を前に床次竹二郎と浜口から入党を勧められていたが、やはり「既成政党の腐敗堕落」を批判し、その意思がないことを伝えた。浜口は、選挙革正運動を展開する田沢義鋪の名前もあげて、「君や田沢君などが、熱心に政党攻撃をしている気持は僕にはよく了解出来る。私が大蔵次官から政界入をした時も、高い舞台から飛降るような心持であつた。確かに既成政党には弊害が多い。然し外部からこれを攻撃するだけでは、蚊の音ほども、こたえるものではない。政党を改革するには、真剣な人がその中心に飛込んで来て改革を断行せねば実績は到底挙らない。泥田の中で、泥まみれになつている人を見つけたら、自分も泥田にはいつて行つて、相手の泥を落さなければ駄目だ。遠くから穢ない穢ないといつたつて始まらないことなのだ」と重ねて説得したという。[13]浜口は党員にも、「我国に政党内閣制が確立せられたのは僅に最近の事であるに拘らず、国民は政党の美点を認識する前に、先づ政党の欠点を見せつけられた感がある。〔中略〕若し国民が政党政治を信ぜぬことになれば、憲政は再び逆転せざるを得ないのである。今日の如き社会状態の下に於て又今日の如き思想混乱の下に於て憲政の逆転を繰返すことあらんか、其結果は真に恐るべきものがあるであらう。〔中略〕此時に当つて政党の品位を昂め政党政治の信用を恢復して以て憲政有終の美を済すは、実に我党の重大なる責任である」と説いた。[14]

第三に、政策でも田中政友会内閣からの復原を企図していた。浜口は七月九日、閣議で声明書を決定し、政府が実行する当面の政策を、十大政策として発表した。[15]それは、「現内閣施政ノ方針ハ立憲民政党ガ累次発表シタル綱領政策等ヲ総合シタルモノナリ」と冒頭に述べられたように、民政党が野党時代に訴えていた政策を総合して、緊急の課題を設定したものであった。第一に「立憲政治ノ根本要件」としての政治の公明、第二に「国体観念ノ涵養」「国民精神ノ作興」と「経済政策ノ確立」を通した民心の一新、第三に綱紀の粛正、第四に中国外交の刷新、第五に軍備縮小の完成、第六に財政の整理緊縮、第七に国債総額の逓減、第八に金解禁の断行、第九に社会政策の確立、そして第十にその他の政策であった。軍備縮小の完成については「単に軍備の制限に止まらず、更に進で其の実質的縮小を期する」と述べ、財政緊縮政策では「陸海軍の経費に関しても国防に支障を来さざる範囲に於て大に整理節約の途を講ずる所あらんとす」と決意を示した。その他、教育問題や中央地方税制の整理、農漁山村経済の改善など諸々の政策があげられた。

中でも政府が重視していたのが、第一次世界大戦中に離脱した金本位制に復帰する金解禁と、そのための財政緊縮政策であった。大戦後、アメリカ、イギリス、フランスと主要国が相次いで金本位制に復帰する中で日本は遅れており、海外取引の安定によって景気回復が期待された。また、関東大震災で円の価値が下落する中で新平価での解禁論も社会にはあったが、政府は金本位制離脱時の旧平価での解禁をめざした。七月十一日、新閣僚を招いた宮中午餐会の席上、安達内相は、「政府の施政方針十ヶ条は一般に好評なるが緊縮策につきては大に徹底せしむるの要あり、其積りにて演説もなしたり」と報告した。この政策はまた痛みをともなうものであり、井上蔵相は「有識階級には必要充分諒解せられ居れども、中以下の階級の者、殊に田舎にては鉄道を敷く、道路を開く、港湾河川等の工事をなす等いふことが一番耳に入り易きゆへ、緊縮政策を徹底せしむるには最善を為さざるべからず」と決意を語った。浜口首相は「都合のつく限り、なる丈やるがよい」と主管大臣を激励し、昭和天皇は「一々御うなづき遊ばされ傾聴あらせられた」という(16)。

七月二十九日、政府は帝国議会が協賛した当初予算を約五パーセント減じた緊縮実行予算を発表した。この措置に対して、政友会は「帝国議会の協賛権を無視し、憲法の精神を蹂躙する不当の処置である」と憲政論によって批判し、あわせて田中総裁は「立憲政治ハ国民ト共ニスル政治デナケレバナリマセヌ、帝国議会ノ開設モ普通選挙ノ実施モ皆此ノ基調ニ出テタルモノデアリマス」「今ヤ朝野両党ハ其主張スル所ノ政策政綱ヲ国民ノ前ニ闡明シ以テ其ノ是非ト取捨トヲ国民ノ自由批判ニ委スルノ時デアリマス、此ノ意味ニ於テ吾党ハ現内閣諸公ガ自重加餐国務ニ精進セラレンコトヲ望ムト共ニ陛下ノ在野党トシテ国民ト共ニ大所ニ立チテ暫ク現内閣ノ行フ所ヲ静観セントスルモノデアリマス」と、政権監視の意欲を見せた(17)。

浜口内閣はさらに十月十五日、財政緊縮政策の一環として今度は官吏減俸を閣議決定し、翌十六日には参内して昭和天皇に報告した。しかし、浜口自身が「各新聞紙上、官吏減俸ニ対スル批評満載頗ル不評」と記すほどで、中でも司法部内の不平は大きく、さらには撤回の議論が新聞紙上を賑わす始末であった(18)。昭和天皇は高まる内閣の危機を憂慮して、鈴木貫太郎侍従長に「減俸案は撤回する訳には行かずや、然し他に重要案件の処理すべきものあるゆへ辞職してもらっては困る」と述べ、昭和天皇に報告済みであることが政策変更を阻害しているのではないかという懸念についても、「内奏の行掛りより今更再考を難ずる様の事ありては不本意なり、其等の気兼には及ばず」と配慮を示した(19)。牧野内大臣ら宮中官僚は昭和天皇の意向が直接伝えられることは穏当でないと考え、海軍出身の鈴木侍従長から財部海相を通じて伝えることにした。また、昭和天皇は主管する井上蔵相にも、「政変抔来す如きは好ましからず、井上も忍耐するを希望す」と重ねて思いやりを示した(20)。浜口首相は発表直後には減俸案の緩和を考えていたが、十九日夜、井上蔵相と善後策を相談し、さらに突然訪れた財部海相、幣原外相とも密議して撤回を決意した。結果、二十二日の閣議で官吏減俸案を撤回し、安心した牧野内大臣は「暗雲去り日光を望むの思ひせり」と記した(21)。

そして、経済政策とともに浜口内閣の中心課題であったのが外交政策であった。そこには先の田中内閣から継承する政策と、復原力を働かせるべき政策との両面があった。前者が海軍軍縮会議への参加であり、後者が中国外交の転換であった。先に官吏減俸案撤回に際して昭和天皇は重要案件の存在に言及したが、官吏減俸案が決定された十五日の閣議では同じくイギリスから届いた軍縮会議招請状への受諾回答案が可決され、十六日には回答案と全権人事があわせて報告されていた(22)。浜口は、山梨勝之進海軍次官の三時間にわたる説明を受け、幣原外相、財部海相と相談した上で民政党の長老若槻礼次郎元首相を首席全権に選び、また、ワシントン会議時の原敬と同様、全権委員の一人として会議に参加する財部海相不在中の臨時海軍大臣事務管理を首相自ら兼任した。他方、中国外交では、駐華公使に任じた佐分利貞男が怪死を遂げ、後任に選んだ小幡酉吉は、すでに一九一八年から二三年に駐華公使を務めていたにもかかわらず、それ以前の二十一ヵ条要求時に駐華公使館の一等書記官であったことからアグレマン（相手国の同意）を拒否された(23)。当然に批判が強まる前途多難の第二次幣原外交の船出であった。そして、いずれの政策でも衆議院での多数という強い政権基盤が求められた。

政友会の復原力――田中から犬養へ

与野党間で政権交代を行い、「憲政常道」と呼ばれた首相選定のあり方は、日本国憲法が定める指名手続きとは異なり、政権発足時に帝国議会の両院はもとより衆議院の多数派による積極的な支持すら必要としない。(24)このことが先に見た実行予算問題という憲政論争を引き起こす一因であった。そこで早期解散をめぐる議論が起こった。吉野作造は、「浜口首相の直接の形式的推薦者は西園寺公だが、世間でも能く云ふ如く、西園寺公は所謂憲政の常道に従て第二党の総裁を奏薦したるに過ぎぬのだから、謂はば公は常道に遵ふの名に於て国民の意図を代弁したものに外ならぬ」と評価した上で、しかし「立憲国の常例として国民の意志は必ず議会に於て表示せらるる」ので、「所謂憲政の大道はあの場合、第二党首領の奏薦に始まり、やがて新に出来た内閣の信任が更めて議会の討議に上り其の形式上の信認を得るを以て完了せらると謂はねばならない」と、新内閣成立とともに一時「臨時議会召集論」が盛んであった理由を説明した。(25)このような組閣早々の「臨時議会召集論は「憲政運用の定石」であるが、吉野はこれに無条件に従う必要はないと言う。野党が過半数を占める中で「臨時議会召集論は取りも直さず解散論」であり、「早く臨時議会を開けと云ふのは、議会の少数党を以てして政権運用の衝に当ると云ふ不自然の状態を一刻も早く取り去つてしまひ度いからである」が、「政界の自然的状態に復するを期待する」ためには、二つの前提要件が満たされなければならない。それは、「一は民意が総選挙の結果の上に正しく現はれることで、他は其結果に基いて政権がなだらかに移動する」ことであった。吉野は「後者は我国に於ても略ぼ確実に守らるるとして、第一の点の頗る覚束なきは天下公知の事実」と、政党内閣制を確信する一方で、選挙の公正を必ずしも信頼できないことを理由に、「解散の時機を政府の選択にまかす」ことを支持した。その背景には、先の田中内閣を「民意を離れ」た多数党であったと評価したように、民政党内閣を支持し、政友会の復活を喜ばない吉野の政治的立場があることはもとより、もし政友会が勝利した場合に田中が政友会総裁のままであれば、一年足らずの間に「道徳的に躓いた」田中を再指名するかという問題があった[26]。

他方、政友会もまた党内で復原力を発揮していた[27]。浜口内閣成立直後、床次竹二郎率いる新党倶楽部が政友会に合同した。さらに、九月二十九日、内閣退陣後も総裁に止まり、「意気軒昂、捲土重来ノ姿勢[28]」で再度の政権担当に意欲的であった田中総裁が狭心症で急死し、党の改善に関心のある新総裁が誕生した。牧野内大臣は突然の訃報に驚きつつも、「一種の特長は備へたるも政治家の素要〔養〕に至りては全く欠如し、将来再び政権を執るの日到来せずやとの懸念は蓋し心あるもの皆気遣ひたるところなりし。天の解決か」と日記に記した[29]。つまり、吉野が論じたように、昭和天皇から直接辞職に追い込まれた田中前首相でさえ、第一野党の総裁である限り再び首相に指名せざるをえないと考えられていたのであり、この時期の首相選定は、首相選定者の一人である牧野にしても人為を超えたものとして理解されていたのであった。

十月十二日、政友会は後継総裁に元革新倶楽部の犬養毅を選んだ。犬養は一八五五（安政二）年、岡山藩士のもとに生まれ、慶應義塾で学んだ。西南戦争の従軍記者として名を上げ、明治十四年政変では大隈重信とともに下野した。第一回総選挙以来、これまで一六回連続当選、第一次憲政擁護運動に際しては「閥族打破」「憲政擁護」を唱えて、尾崎行雄とともに「憲政の神様」と愛された。しかし、立憲同志会結成後はつねに第三極に甘んじ、過渡期を理由に非政党内閣の第二次山本権兵衛内閣に入閣するなど、少数党を率いて出処進退に批判も受けた[30]。その後、第二次憲政擁護運動に参加し、第一次加藤内閣では入閣したが、政友会との合同を機に青年教育を理由に盟友古島一雄とともに政界からの引退を決意した。しかし、地元の説得で再び議員に選ばれ、以後、政友会内で閑居していたのであった。

このたびの総裁選出は動議によって選挙を省略し、党の長老高橋是清の指名によって行われた。もとより元総裁である高橋の指名は手続き以上の意味は持たない。犬養が総裁に選ばれたのは、党内に鈴木喜三郎を中心とする新興勢力と、床次を支持する政友会古参議員との間に対立があったからだと言われている。しかし、ひとたび総裁に選ばれれば自ずから独自色を発揮する。犬養は、訪れた西園寺の秘書原田熊雄に三つの所信を述べた[31]。一つは、野党の姿勢について、反対党はつねに反対のみしているがこれでは駄目であって、案件は冷静に賛成のものは片づけていく。第二に選挙費用の問題で、田中前総裁は濫費して議員を商品のように扱ったが、これは国民を腐らせる行為であり、選挙法を改正して金の掛からないようにしたい。そして第三に事務官と政務官の区別を厳格にするというものであった。民政党もまた、このような政友会の「清党運動」を、「吾人は日本政党の為めに之を喜び、また我国立憲政治の為めに祝福する」とエールを送った。(32)

犬養は政友会の方針として「五化主義」を唱えた。(33)第一が「政沢普遍化」、第二が産業合理化、第三が政務簡易化、第四が国防経済化、第五が政界清浄化であった。第一の「政沢普遍化」とは造語であるが、政治の恩恵が下層民無産者に及ぶという意味で、「社会政策の徹底」をめざした。第二の産業合理化は、田中以来の産業立国化の具体化であった。第三の政務の簡易化は行政組織の根本的改革であり、地方分権も含まれる。第四の国防経済化は、軍事上の見地と経済上の見地を参酌して合理的な軍備をめざすものであった。第五の政界清浄化は綱紀粛正で、「自他倶に反省し倶に革正して士風を向上し国の品位を高めたい」と主張した。政友会は十月三十日に政策を党議決定し、その中には、「軍制を整理し国防の経済化を図り行政組織及運用を改革し官業及国有財産の整理を実行す」という一項が入っていた。国防経済化の内容は「国防整理の目標は、国家自衛を確保し、且つ努めて国防施設と経済力との調和を図るに在り。而して之を達成する根本要件として、陸海軍の対立的観念を打破し両者を調節して真の国防統制を確立することを要す。国防整理の具体的項目は海軍については軍縮会議の推移を待つて決するを妥当とし、其の陸軍に関するもの大体左の如し。一、平時兵員の整理。一、在営期間の短縮。一、青年訓練の充実。一、特科隊の整理。一、要塞、用地、戦用貯蔵品の整理及官衙、学校、工廠の改廃。一、防空施設及兵器の改良」と説明された。(34)犬養は「今日の難局に際しては政党は特に公明正大なる精神を以て実着なる政務調査に精励し、政党自ら公表せる政策に束縛せられねばならぬ。斯くして始めて議院政治の機能は全うし得るのである」と述べて、政務調査の重要性と政党が政策によって行動することを説いた。(35)犬養は、元老であると同時に政友会元総裁の西園寺を訪れて、「党弊を打破し刷新を目的として微力を尽し、以て老後の奉公と致度、就ては党員は減ずるも計りがたきに付此点は承引ありたし」と抱負を語り、西園寺は「夫れは誠に結構の決心なり」と激励した。(36)

こうして二大政党において党弊打破の必要性が認識として共有されながら、与野党間での政権交代は二大政党間の軋轢《あつれき》を拡大していた。八月下旬には政友会のかかわる売勲事件が、九月に小川平吉前鉄相が起訴された鉄道事件が追及され、十一月には朝鮮疑獄事件で朝鮮総督山梨半造が逮捕された。また、同月、私鉄疑獄事件で今度は民政党の小橋一太文相が辞任した。こうして民政党と政友会は互いの疑獄事件を暴き合う体となり、鉄道事件の被告は警視庁の警部から「兎に角君等は政党の犠牲に供された」と何度も言われたという[37]。来るべき議会では当然に解散が予想された。党外で民政党結成に尽力した内務官僚出身の貴族院議員伊沢多喜男は、衆議院解散の意見書を浜口に出し、他の機会には「無産党の主張中には、採るべからざるものは無論あるけれども、又採るべき政策も相当にある」と政策的対応を求めた[38]。また、十二月十三日には安達内相が衆議院議員選挙革正審議会を設置した。選挙への信頼を回復するために議論が重ねられ、連座制など一九三〇（昭和五）年十二月に成案が得られる[39]。

二度目の男子普通総選挙（第一七回衆議院議員選挙）――世界大恐慌の始まりと金解禁

ところが総選挙を前に、浜口内閣を予想外の事態が襲った。官吏減俸案を撤回した二日後の十月二十四日、米国ウォール街ニューヨーク株式市場が大暴落を来したのであった。この日は、「暗黒の木曜日」と呼ばれ、二十八、二十九日と市場は再び大きく値を下げ、以後一九三三年に至る世界大恐慌の引き金となった。日本経済は大戦中の急拡大から一転し、一九二〇年の反動恐慌、一九二三年の震災恐慌で打撃を受けていたが、一九二七年の金融恐慌に始まる昭和恐慌は世界大恐慌によってますます深刻化した[40]。十一月十三日、ニューヨークでのさらなる株価大暴落と日本への波及を報じる記事に、浜口首相は、金解禁の実行を目前にして「心痛ニ耐ヘス」と日記に記した[41]。他方、新聞では金解禁に向けて強気の報道が続いており、十一月三日には「米国経済界の前途は悲観するに足らぬ」というラモントの所見が報じられ、十一月十九日の『大阪毎日新聞』は「金解禁特別号」を組み、「時は遂に来た（中略）公私経済を正道に引戻す根本策、目ざすは国家永遠の繁栄」と説いた[42]。当時、大蔵省に入省したばかりの福田赳夫は、大臣官房文書課に配属され、「大量のパンフレット配布」による「ＰＲ作戦」を展開した。その結果、「旧平価解禁を口にせざれば売国奴のような雰囲気が津々浦々に浸透し」、「宣伝の威力を思い知った」という。[43] ウォール街での株価大暴落もこの時点では逆に通貨の内外差を適度に調整してくれるとすら考えられていた。浜口内閣は一九三〇年一月十一日、金解禁を実施した。

それから十日後の一月二十一日、第五七通常議会の再開によって解散が見込まれた同日朝に、吉田茂外務次官は岳父である牧野内大臣を訪れ、政友会森恪からの伝言を伝えた。森によれば政友会は不信任案を出さずむしろ「盲従」し、「軍備の如き、金解禁後二、三月頃は最も経済界不況に成り行くべし、其際総選挙を行ふ時は多大の出費を要し、不況を一層深刻に導くべし」と重大な局面で解散を避けたいと考えていた。[44] しかし、十九日に浜口首相、幣原外相、井上蔵相が参内した際にすでに議会演説案とともに解散の決心が奏上されており、二十日には牧野と西園寺との間で総選挙を前提とした話が交わされた。牧野は「解散の理由としては少数党なりとのことは余りいはぬがよく、国民の信任を問ふといふ様な大体の理由を選ぶれば可ならん」と考えていた。[45] 三大臣による施政方針演説が済み、犬養政友会総裁による質問演説が行われると直後に内閣は衆議院を解散し、二度目の男子普通総選挙となる第一七回衆議院議員選挙の実施を二月二十日と定めた。政友会の機関誌『政友』は、表紙に、「景気か不景気か」「犬養か濱口か」と大書して、この総選挙が首相を選ぶ選挙であることを訴えた。[46]

総選挙の結果は、四六六議席中、民政党二七三、政友会一七四、革新党三、社会民衆党二、労働農民党一、日本大衆党二、国民同志会六、無所属五であった。[47] 得票、議席とも二大政党に集中し、その上で民政党が過半数を超える圧倒的勝利を収めた。社会民衆党からは片山哲と西尾末広が当選し、安部磯雄は次点で落選した。浜口首相は、政友会との間に大差がついたことについて「政局はこゝに全く安定を得たりと云ふべき」と喜んだ。[48] このたびの選挙で浜口が注目したのは、「国民が二大政党の対立を是認し、主義政策の明瞭ならざる中立議員の選出に興味を持たなかつた」ことと、「中選挙区制の下に於ても一の政党が他の政党に対して、断然たる圧倒的勝利を獲得する事が実現されたこと」であった。[49] 二度目となる男子普通総選挙は、浜口民政党内閣に明白な信任を与えた。また、選挙への貴族院の反応として、近衛文麿は民政党内閣が多数を占めたことを「国民多数の支持を受けた結果」と受け止め、「貴族院としては、衆議院各派の勢力関係で民意の所在が判明しない時はともかく、既に今度のように民意も判明し、内閣の政綱政策が国民多数の共鳴を得たことを承認し得る場合には、その内閣をしてできるだけ国民の要望する政策を遂行せしめるようにしなければならぬ」と述べた。(50)

社会民主主義政党の成長に期待を寄せていた吉野作造は、一九二九年十二月に社会民衆党の叢書で『近代政治の根本問題』を書き、「あらゆる問題を通じて、専門の人々が考案し工夫したる最善の方策なり最高の意見なりが、常に実現し得るためには、如何なる政治上の仕組が必要であるか」を問うた。(51)その答えは「現代文明諸国」中にさまざまな形式で存在しているが、吉野の答えは「最も普遍的にして且つ不可欠のもの」である「多数決の制度と代議制」であった。(52)「多数決の制度」とは、「政権争奪の地盤を民衆の良心の上に持ち来り、その判断に基いて多数を捷ち獲た政党が、政府の地位につき実際政治の衝にある」制度で、十九世紀に至ってヨーロッパで実現し、明治期に「輸入」した日本でも「最近に漸やく政権の争奪といふことが民衆の間に公然と安心して行はれるやうになつた」。(53)他方で代議制は、「民衆中よりその先達として或は先覚者として選んだところの少数の政治家といふ群団に、一切の政治的事務を託する」制度であり、多数決制度が政治上「妙用」されるための必然的方策と位置づけられている。ところが「世上には代議制度を非難するの声が相当に強い。代議制度では、民衆の要望が完全に現はれないと言ふのだ。又、甚しきは、代議制度なるものが、専制的寡人政治から自由なる大衆政治に移る一時の過渡的政治形式に過ぎないと説くものもある」と述べる。(54)吉野は「現在の代議制度が、美事な成果を収めてゐないことは事実である」と認めながらも、「可能なる唯一の制度は矢張り代議制度」であると説き、「民衆自身の裁量即ち所謂大衆政治」の出現は事実上不可能で、実現しても実質は「専制的寡人政治の復起」であり、現在の代議制度への不満を理由に制度自体を否定するのは原因の取り違えであると批判した。

このような選挙に立脚した公然の政権争奪という政治上の仕組みは、社会運動にも足場を与えていた。先の総選挙で婦人参政権に賛成する議員を当選させようと二大政党の候補も応援して、吉野から時局理解に乏しいと批判された市川房枝ら婦選獲得同盟は、このたびの総選挙では個別候補の応援ではなく、政治教育の一環である選挙革正運動に力を注いだ。やはり市川らも「既成政党」を見限ったのだろうかというと、そうではなく、逆に確信によるものであった。婦選獲得同盟内での議論を記すノートには、「前回の総選挙の結果により、各已成政党の問題とするところまで行った。この上は与論のプッシュと婦人の自覚に待てばいゝ。此度の選挙では、我々は応援等の選挙運動を行はず、婦人の政治教育と選挙廓清のために全国の婦人の総動員を行ひ、来るべき第五十九議会に於て少くも婦人公民権が一挙に両院を通過せんことを期するものである」と記されている。[55] 市川はまた、「総選挙は、政党にとつては収獲時であり、政権に近づく登竜門である。うまく代議士の頭数を揃へて第一党になりおほせば、政権は必ず近い中にころがつて来る」と、政党内閣制の下で総選挙の結果が政権と結び付くことを当然視しており、個別の支持議員の調達に努力しなくとも、二大政党が政権を競い合うという政治システムの下で、婦人三権と呼ばれた婦人参政権（国政選挙への参加）、婦人公民権（地方選挙への参加）、婦人結社権（政党加入）のうち実現が最も早いと考えられていた婦人公民権はまず獲得できると考えていたのであった。[56]

二　ロンドン海軍軍縮条約をめぐる政治過程——政党中心政治の統治能力

ロンドン海軍軍縮会議——民主的平和への追走

総選挙で過半数を獲得し、政策実行の後ろ楯を得た浜口内閣が金解禁に続いて本格的に取り組んだのが、一九三〇（昭和五）年一月二十一日開会のロンドン海軍軍縮会議であった。同会議と条約をめぐる問題についてはすでに多くの研究がある。[57] ここでは、政党中心政治を模索する展開期の政党内閣制がこの問題とどのように向き合い、統治能力を試されたのかという観点から、少し丁寧に跡付けておきたい。

主力艦の制限で合意したワシントン会議に続いて、補助艦の制限をめざしながら英米関係を悪化させて終わったジュネーヴ会議であったが、その後、両国での政権交代と不戦条約調印で雰囲気が好転し、両国の間で予備交渉が行われた。そして、イギリスが従来の海上覇権を放棄し、英米の対等比率を認めたことに加え、不戦条約を海軍軍縮交渉の出発点とすること、交渉は政治家が行い、海軍軍人は専門的忠告を行うに止めることなどの会議での一般方針で合意し、さらに仮妥協案に到達したことで、第一次世界大戦後三度目の主要国海軍軍縮会議となるロンドン会議開催の運びとなった(58)。同会議には田中内閣がすでに参加方針を閣議決定しており、また、浜口内閣も政権発足時に「軍備縮小」を掲げ、政権発足早々の一九二九年七月二十四日には不戦条約の批准書寄託を終えていた。井上財政と幣原外交を二枚看板とする政権にとって、来る軍縮会議の成功は必要不可欠の政策課題であった。

日英米仏伊の五カ国が参加したロンドン海軍軍縮会議のイギリス首席全権は議長でもあるマクドナルド首相、アメリカはスティムソン国務長官であった。浜口内閣が首席全権に若槻を選んだのは、英米の全権と対抗しうる総理級の大物文官を求めてのことであり、他に財部彪海相とともに、松平恒雄駐英大使、永井松三駐ベルギー大使が全権委員に選ばれ、海軍から安保清種が顧問、左近司政三が首席随員に加えられた。首席全権に若槻を選びえたことは、当時の日本に、交渉は政治家が行うという英米の設定した民主的平和の枠組みに追走できる条件が整っていたことを示す一方、内田信也前海軍政務次官の名をあげて米国同様全権を超党派で構成してはというさらに一歩進んだ山梨勝之進海軍次官の意見には、民政党幹部で法制局長官の川崎卓吉が「日本の政治は内閣の生命を賭するような重大な国際問題に、反対党から委員を選出するところまで育っていない」と否定した結果でもあった(59)。

会議に臨む基本方針として、海軍は、補助艦の総括的対米七割、一万トン級の大型巡洋艦対米七割、潜水艦の現有量（七万八〇〇〇トン）維持を三大原則として掲げた。中でも加藤寛治軍令部長と末次信正次長の姿勢は強硬であり、対米七割を、攻撃には不充分で防衛には充分な国防上の最小限度と強調した。七割の有無は日本の大陸政策における自律性にかかわると考えられており、海軍軍縮問題、中でも補助艦の比率に特化したロンドン会議であっても中国問題と深く結び付いていた(60)。それは、先に加藤高明が述べた日英米三大海軍による太平洋秩序の維持をめざす海洋国家論にはなく、大陸政策への米国の介入を排除するという大陸国家論であった。対米作戦上七割の兵力が必要であるという七割論は海軍内一般の通念であったが、絶対的な根拠はなく、ワシントン会議では海相であった加藤友三郎首席全権の日米戦争不可能論に支えられて六割で合意した(61)。加藤寛治と末次はワシントン会議の首席随員と随員を務め、ともに条約に反対しながら加藤友三郎に抑えられた経緯があった。加藤友三郎は、財政問題に起因する日米戦争不可能論とともに、「国防ハ軍人ノ専有物ニ在ラス」という認識を持ち、「文官大臣制度ハ早晩出現スヘシ之ニ応スル準備ヲ為シ置クヘシ　英国流ニ近キモノニスヘシ」と指示していた。(62) 加藤寛治には六割という「劣勢比率」を押し付けられたとワシントン会議に対する遺恨があり、文官大臣論にも強く反対していた。また海軍は、ワシントン会議の教訓からこのたびは世論対策も強化した。

海軍の強硬な姿勢に内閣は三大原則を受け容れ、十一月二十六日、全権宛訓令を閣議決定した。総括的対米七割が全権宛訓令に入るのは初めてのことであり、先のワシントン会議、ジュネーヴ会議とは異なっていた。しかし、会議の決裂を賭しても三大原則を維持すべきかどうかについては関係者間に距離があった。西園寺は、「寧ろ日本が先に立つて六割でもいゝからこの会議の協定を成功に導くやうに、国際平和の促進に誠意を以て努力するといふことを列国に認めさせて、即ち日本がリードしてこの会議を成功に導かせるといふことが、将来の日本の国際的地位をますます高める所以であつて、七割でなければどうしてもならぬといふ風なことを、先に立つて謳つて行くといふのは、実にその意を得ない」と海軍側の態度を憂慮していた。それは、現在、英米と共に「采配の柄をもつことができる立場」にある日本が、「七割を強調するために」その立場を捨てて、「采配の先にぶら下つてゐるやうな」フランスやイタリアと同じ側につくことは「国家の将来のため」に非常な「不得策」と考えるからであり、若槻首席全権も「なにも七割でなくても、六割五分でも六割七分でも協定し得る範囲で」と考えていた。(63)

全権団は十一月三十日に日本を発ち、海路、米国を経由して英国に向かった。出発に際して若槻は、「世界の平和を確立し、国民の負担を軽減し、軍備縮小の実現を期することは、帝国政府の伝統的政策である」と会議への意気込みを語った。(64) 米国で若槻はホワイトハウスにフーヴァー大統領を訪ね、親しく話す機会には軍備縮小の必要性と「和衷協同の互譲的精神」の重要性を語り合った。また、上院の議場を見学した際には起立して敬意を表する出席議員一同を見て、「厳粛なる議場心理を通り越して、故国の議場を思ふ一種の親しさが、胸にこみあげて来た」という。(65) さらにアーリントン墓地で無名戦士の墓に献花し、ニューヨークでプラザホテルに投宿した若槻は、ロンドンに発つ十二月二十日、ラモントも出席する午餐会で金解禁への米国財界の好意的援助を謝し、「彼の「ケロッグ、ブリアン」不戦条約は、実に吾人が恒久平和の殿堂を建設すべき、堅固なる精神的基礎をなすものなり」と不戦条約を引いて会議への決意を述べるとともに、「余は金本位制に復帰せることに依り、日本が世界の経済的復興、並に恢復に一の貢献をなしたりと考ふるものなるが、此の時に当り、世界の平和と人類の福祉とを増進すべき、会議に参加することとなれるは、余の欣幸とする所なり」と挨拶を結んだ(66)。

若槻は幣原外相流の正直な外交の実践を心掛け、アメリカでも補助艦の総括的対米七割を柱とする三大原則をすでに披瀝していたが、日本の三大原則は予備交渉の段階から困難に直面した。会議は難航し、中でも日本の対米七割要求をめぐる日米間の交渉と、英仏間の交渉が停滞した。日本側全権団中海軍側では、フランスと提携することで英米からさらなる譲歩を引き出そうとする考えがあったが、若槻は日米の直接交渉を重視し、耳を貸さなかった。

アメリカから一九三〇年二月五日に手交された試案は総括的対米六割強、大型巡洋艦六割、潜水艦四万トンでおおむねワシントン比率に忠実であった。しかし、アメリカにも文官と軍人のせめぎ合いがある中で大型巡洋艦を当初の二一隻から一八隻に引き下げていた。対して日本は三大原則に基づく七割案で応酬した。若槻は二月二十日、幣原外相に極秘電報を送り、会議決裂の可能性を危惧し、その場合には対米七割以上の造艦をしない旨を声明して引き上げる覚悟を伝える一方、協定不成立が日本の国際的立場に与える影響を憂慮し、政府の決断を求めた。その後も松平全権とリード（David Aiken Reed）米全権の間で非公式に交渉は続けられたが、展開は緩慢であった。

若槻は三月四日の首席全権会議後、マクドナルドに会議の成功を切望する衷心を告げ、七日には先に風邪で欠席していたスティムソンにも同様の熱意を伝えた。スティムソンとの交渉でさらに七割に固執しようとする若槻を諫《いさ》めたのは通訳を務めた斎藤博外交部長であったという(67)。その後、八日には総括的七割に踏み込んだリード修正案、十二日にはスティムソンから最終妥協案が示され、十三日にはさらに若干の修正を経て仮妥協案が成立した。この協定は、大型巡洋艦が対米六割、潜水艦が五万二七〇〇トンでパリティ、そして総括的対米比率は六割九分七厘五毛であり、加えて米国は大型巡洋艦の着工を遅らせることで一九三六年末の条約期限前に開かれる次期会議までは対米七割が維持されることになった。すでにスティムソンは英米二カ国の協定を急ぐ決心をしてマクドナルドの同意を得ており、両国からの圧力は増していた。若槻はこれ以上日本に有利になる見込みはないという印象を得た。

三月十四日、若槻は財部など四全権による話し合いのもと、政府への最後的な請訓を送った。請訓案には特に海軍側の安保顧問、左近司首席随員の意向も組み入れられたため経過報告のような曖昧さを残したものとなったが、アメリカが事実上の総括的七割を認めたこと、大型巡洋艦について希望通りではないが次期会議までは七割以上の勢力が保持できること、そして潜水艦について総量は低減されたが日米の均整案となっていることを評価し、「本委員等ノ見ル所ニ依レバ新ナル事態ノ発生セザル限リ彼ヲシテ之以上ノ譲歩ヲ為サシムルコトハ難キモノ」と認め、「日本ノ態度ニ依リテ今回会議ノ破綻ヲ見ルガ如キ場合ニ立到ラバ諸般ノ関係上我方ニ重大ナル影響ヲ及ホスコトトナルベキニ付深キ考察ヲナサザルベカラズ」と注意を喚起した(68)。そして、この正式請訓電報とともに、松平全権から幣原外相に極秘電報が打たれ、これを最後の請訓とする若槻の決意が伝えられた。

こうしてボールは再び国内過程に投げ返された。海相事務管理を兼摂していた浜口首相はこれを受けて山梨海軍次官に部内調整を命じた。松平・リード非公式会談の経過を充分に知らされていなかった海軍側にとって仮妥協案は「寝耳に水」であり、米国提案と受け止めた。したがって海軍は海軍省、軍令部ともに交渉でもう一押しすることを求めたが、その上でいよいよ会議決裂が掛かった時にどうするか、海軍省は丸呑みもやむをえないと考え、軍令部は決裂を求めた。三月十七日には加藤軍令部長、末次次長、前海相の岡田啓介軍事参議官などが集まって会談が行われた。しかし、もう一押し論は若槻全権、浜口政権のとるところとならない。そこで海軍省が受け容れもやむをえないと考えるのに対して、軍令部の反対は強硬であった。この時点で問題であったのは、この軍備では国防に欠陥があくという国防欠陥論であった。末次次長は三月十七日に紀律違反を犯して請訓案を新聞記者に漏洩し、「米国の最後的提案」は「外観ばかりを譲り、肝心の内容は、自説を固執する」もので「海軍として」とうてい承認できないという「海軍当局の言明」を個人で新聞に掲載した。(69) このような軍令部の強硬姿勢を後押ししていたのが、伏見宮博恭王と東郷平八郎元帥という海軍二大長老の反対であった。対して、海軍省側のまとめ役は山梨次官、堀悌吉軍務局長に加え、宮中や政府から期待を集めた岡田前海相であり、さらに鈴木貫太郎侍従長が積極的に仲介を試みた。岡田は「出来るだけはげしい衝突を避けながら、ふんわりまとめてやろう」と考え、前任の軍令部長であった鈴木も調印を適当と考えていた。(70)

三月二十五日には再び若槻全権から督促の電報が届いた。三月二十七日に昭和天皇に拝謁した浜口首相は、「世界ノ平和ノ為メ早ク纏メル様努力セヨ」という励ましを受けた。(71) 浜口は「聖旨ヲ体シテ努力スヘキ旨」を答え、鈴木侍従長とも懇談し、決意を固めていった。対して加藤軍令部長は、三月三十一日に反対上奏を決意した。しかし鈴木は、軍令部長と政府の上奏が異なる場合、天皇がいずれかの立場に立たされることを心配して政府上奏前の上奏を中止するよう勧告し、加藤は受け容れた。そして四月一日、岡田参議官、加藤軍令部長、山梨次官は一同浜口首相を訪れた。席上、浜口は、決裂の決心がないと再交渉はできないと海軍側に理解を求め、岡田は海軍を代表する形で回訓案の閣議提出を認める発言をした。対して加藤は、「用兵作戦上カラハ米国案ニテハ困リマス……用兵作戦ノ上カラハ……」と述べたに止まり、(72) 浜口はこれを回訓案賛成を前提とする代表意見の一部とみなした。閣議では、回訓案の決定とともに不足の補充に努めることを了承した。

加藤軍令部長はこの日再び上奏を願い出ていたが、鈴木侍従長の説得でさらに翌日に延期された。鈴木による連日の延期要請には奈良武次侍従武官長も「大に不穏当」と感じていたが、鈴木の「非常に熱心強硬に希望せらるゝ故」にその意見を容れたものであった。四月二日に帷幄上奏を行った加藤が語ったのは米国案への批判と慎重審議を求める内容であり、宮中官僚が心配したような昭和天皇に選択を強いる内容ではなかった。(73) 同日、浜口首相は、「軍縮問題ニ干スル廟議一決訓電発送ニ付、本日ハ恰モ大風一過ノ観アリ」と肩の荷を下ろし、宇垣陸相の病気を官邸に見舞った。(74) 四月十三日に宮中で行われた高松宮宣仁親王の渡欧歓送午餐会の席上、昭和天皇はティリー（John Anthony Cecil Tilley）英国大使に「目下倫敦《ロンドン》ニ開催中ノ海軍々縮会議カ特ニ日英米三国ノ協調ニヨリ満足ナル結果ヲ期待シ得ル事態ニ至リタルハ此上モナク悦ハシク存シ居レリ」と述べ、さらに「今後益々列国特ニ日英米ノ協力ニヨリ世界平和ノ増進セラレンコトヲ希望ス」と語り掛けて、外務省関係者を驚かせた(75)。四月二十日、政府は条約調印に対する訓令案を全権に打電し、これを受けて一九三〇年四月二十二日、全権は「各国全権ト共ニ倫敦軍縮条約ニ調印ヲ了」した(76)。

ロンドン海軍軍縮条約の批准過程と二大政党――第五八議会、軍事参議官会議、枢密院

こうして全権委員によって調印された条約は、それぞれの国において憲法上条約締結権を持つものによって確認され、同意されなければならない。大日本帝国憲法は第一三条で「天皇ハ戦ヲ宣シ和ヲ講シ及諸般ノ条約ヲ締結ス」と定め、条約締結権は天皇にあったが、批准に際して条約は枢密院に諮詢《しじゅん》された。そこで次なる政治的山場は枢密院審議となる。そしてその前には、帝国議会と海軍軍事参議官会議が控えていた。

条約調印の翌四月二十三日、第一七回総選挙を受けた第五八特別議会の開院式があり、五月十三日の閉会まで追加予算案と関連法案が審議された。これが政府の第一のハードルであった。与党民政党は過半数を越える二六九議席を占め、第二党政友会の一七二議席を大きく引き離していた。四月二十五日、浜口首相と幣原外相は、午前中は貴族院で、午後は衆議院でそれぞれ演説を行い、浜口首相はロンドン条約の調印を「内ハ国民ノ負担ヲ軽減スルト共ニ、外ハ関係各国間ノ親交ヲ増進シ、世界平和ノ確保ニ貢献スルコトヲ得ル」に至ったと評価し、幣原外相は「造艦競争程有害無益」なものはないと述べて、協定期間内の海軍休日を言祝《ことほ》いだ(77)。ウォール街での先の株式市場大暴落を契機に大恐慌が始まり、また日本では金解禁後も結果として不況は深刻化の一途をたどっていて、政府にとってますます軍縮の必要性は高まっていた。対する政友会は「国防の経済化」を旗印に軍縮に肯定的であったため、批判は全権団の妥協による国防欠陥論と手続き問題、すなわち統帥権問題に向けられた。犬養総裁と鳩山一郎は条約調印をめぐる手続きを問題にし、統帥権干犯の事実を確認した。憲法第一一条は「天皇ハ陸海軍ヲ統帥ス」と統帥大権を定め、第一二条は「天皇ハ陸海軍ノ編制及常備兵額ヲ定ム」と編制大権を規定している。統帥大権と編制大権は、原則として前者を参謀本部と軍令部を中心とする統帥機関が担い、後者を陸相と海相を含む内閣が輔弼する。しかし両者の区別には曖昧な部分があり、内閣が軍令部と充分な了解なく条約に調印したとすれば統帥権の干犯ではないかと批判したのであった。犬養は、「凡そ現時に在て軍備の縮小を目的とする条約の成立に反対するが如き者は一人もなからう。況んや軍備の経済化は吾党多年の主張である」と前置きした上で、真に国際平和と国民負担軽減の実をあげたか否かを問うた。(78) 同じく外交問題が政党間で争点化した不戦条約問題との共通性を述べれば、第一に、争点化の目的はあくまでも政府の総辞職という純粋な国内問題であって、民政党は不戦条約を、政友会は軍縮会議をそれぞれ支持していた。第二に、政府の総辞職を求める理由は他にあり、田中内閣には中国問題が、浜口内閣には深刻な不況があった。そこで第三に、実質的な問題でなかったが故になおさら憲法問題として論じられた。政友会の行動は衆議院での与党絶対多数を前に、海軍内における条約反対派や、枢密院の動向をにらみながらのものとなった。そして首相になることが目される総裁からの批判が比較的抑制的であったのに対して、党員の批判は強硬であった。政友

憲法学者の美濃部達吉は、四月二十一日の『帝大新聞』で統帥権干犯論を批判し、政治学者の吉野作造も、『中央公論』誌上で帷幄上奏制度の根本的な再吟味を求めた。(79) 吉野は、「殊に軍事を以て天皇の特権なるかに観じ、之を政党政治家の蹂躙に附するは国体の尊厳に関すなどとの説に至つては、かの天皇中心主義を楯として議会中心主義を排撃せんとするの僻論と同じく、昭代の白昼に横行を許すべき議論ではない」と強く批判し、これを機に「政府輔弼の範囲は広くして亘らざるなき」という原則の確立を求めた。そして、そのためには「軍部大臣文官任用制の採用」「帷幄上奏制の廃止」「軍令の廃止」という三つの現行制度の改革が必要であり、制度改革が面倒であれば少なくとも軍令と帷幄上奏の限定化に努めるべきことを説いた。新聞世論もまた政府を支持し、政友会に批判的であった。

また、このような専門家の見解に対して街頭の世論もあろう。軍縮そのものを「英米支配の強化、日本の弱体化」と見る右翼団体は当初から会議に警戒的であり、条約の締結を強く批判した。また、海軍軍縮国民同志会などの反対運動には海軍退役将校らも参加し、三月二十五日の同会声明案にはすでに国防欠陥論とともに統帥権干犯論を見ることができる。(80) 黒龍会の葛生修吉は、「吾々ハ時ノ政府カ民政党テモ政友会テモ何等関係ハ無イカ政党内閣ナル為ニ兎角今回ノ如キ軍事

ニ関スル最高権威者ノ言ヲ無視スルト言フ様ナ実際問題カ起ルノテ困ル」と述べていた。(81)しかし、五月十九日に帰朝した財部全権が東京駅で国民の大歓迎を受けたように、反対運動への会衆の反応は鈍く、浸透しない。六月十七日に神戸に入港した若槻も「官民合同」の大歓迎を受け、神戸埠頭から、「同胞諸君」からの同情と激励、「特に小学校に在学せられる程度の少年諸君」から受け取った一千通以上と見られる手紙に、ラジオを通じて深厚な謝意を表した。また、翌十八日には東京駅頭でも「数万人の歓呼の声」に迎えられた。(82)

第二のハードルは、政府内、中でも海軍内部の意思統一であった。先の幣原外相の演説は海軍関係者を刺激していた。統帥権問題についても海軍省と軍令部で理解が異なり、政府は回訓案決定時と同様、極力海軍の自律性を尊重し、陸軍も問題への関与を共通する範囲に止めた。当初、絶対国防力の観点から条約を批判していた加藤軍令部長も、統帥権問題を重視するようになる。五月三日、加藤は訪れた原田熊雄に政府の回訓決定を「所謂統帥大権を無視したと同様」と批判し、「もう政党内閣なんかというものは、とても救うべからざるもので、やっぱり賢臣内閣にかぎる。さうして天皇御親政で行くよりしやうがない」と述べた。(83)また七日には、岡田にも「統帥大権の問題は重大事なり〔中略〕政府の誤りを正さざるべからず」と強硬な姿勢を示し、「その問題は、大臣さえ統帥権を尊重し、これを擁護する精神なれば、軍部大臣、武官たる間は心配なかるべし」という忠告にも、「今の内閣は左傾なり」と述べて注意されている。(84)こうして軍令部側の国防欠陥論は統帥権干犯論に転化し、さらに加藤は海軍部内が「大変なことになって」いて「我々では抑えられぬ」と、重大事件の生起を示唆した。このような海軍内の状況もあって政府は議会での不答弁主義を貫いた。海軍の専門家の意見も踏まえて決定したと述べるに止まり、憲法解釈に踏み込むことは極力避けたのである。

帰朝後の財部海相は五月二十五日に参内し、昭和天皇に内奏したところ、「御苦労であった。なお条約の批准のできるように努力せよ」と力強く励まされた。(85)幣原外相の戦後の回想では、財部は条約の調印には躊躇したが、いったん条約に調印してしまうと「態度が非常にハッキリして来て、この案で行くんだという決心」となり、財部が帰途、京城で意見交換したであろう元海相で先のジュネーヴ海軍軍縮会議首席全権の斎藤実朝鮮総督からは、「わけのわからない説にあまり耳を貸し過ぎて、この重大な問題を打ち壊すことのないように、そういう暴論は全然無視して邁進してくれ」というような激励の手紙を受け取ったという。(86)

その後も五月二十九日の非公式軍事参議官会議など、海軍内は国防欠陥論とともに統帥権問題でも紛糾を重ねた。そして、六月十日には、条約の取りまとめに尽力してきた山梨次官と、反対して問題を起こした末次次長とが同時に更迭され、あわせて加藤軍令部長も別件で拝謁した機会を捉えて「ほとんど政府弾劾の意味」の辞表を提出した。(87)先にも機密漏洩をあえてした末次次長は四月五日にも貴族院内の政務調査機関昭和倶楽部の会合で反対意見を述べて、浜口首相は「軍紀の厳なるべき軍部の、しかも最高幹部において官紀を乱るが如きことあるは小事にあらず、巡洋艦二隻よりはこの方が重大問題にあらずや」と激怒した。(88)加藤の辞職がこの時期になったのは、斎藤とは異なり条約を「ふんわりまとめてやろう」と考えていた岡田が、「事務管理である人に重大なる人事をなさしむるは悪例を残す、辞職は大臣帰朝後にせられたし」と周旋したためであった。(89)更迭直前の末次は、六月五日の海軍軍事学の進講で再び軍令部の主張を展開して問題になった。昭和天皇は加藤軍令部長の辞表を「話の筋合が違ふ」と財部海相に一任し、後任に谷口尚真海軍大将の奏薦を受けると、谷口の意見が「条約上の兵力量にて国防に任ずるを得」という穏当なものであることを確認し、奈良侍従武官長には特に東郷元帥との相談を指示して「極力説て同意せしめ来れ」と述べた。(90)こうして意思確認された谷口に加えて、ジュネーヴ海軍軍縮会議の首席随員であった小林躋造が次官に選ばれ、末次の後任にはアメリカに長く駐在した永野修身が就いた。

また、統帥権問題は海軍にとって内閣との関係に止まらず、海軍省と軍令部との問題でもあった。六月二日、海軍省と軍令部は、「兵力量の決定には海軍大臣、軍令部長と意見の一致を要する旨の」兵力量処理における覚書を取りまとめ、二十三日には允裁を受けた。(91)これは従来の海軍省による一元的な海軍統治の伝統を変更し、この問題について海軍省と軍令部を並立させるものであった。そして、七月二十一日から二十三日にかけていよいよ懸案であった軍事参議官会議が開催され、三日に及んだものの、「兵力ノ欠陥」を明記しつつも補充計画を併記した、全体として条約を肯定した奉答文が可決覆奏された。谷口軍令部長から首相閲覧許可が奏上され、首相も奉答文を肯定するとともに財政を「緩急按配」して補充に努力することを約した。軍事参議官会議を前に特に説得に訪れた財部海相を相手に、東郷元帥の側近小笠原長生は「自分は政党のために死のうとは思いません。陛下のためにこそ死ぬ覚悟でいます」と聞く耳を持たず、財部は「今日、軍縮は国民の望みでありますのに」と嘆息するしかなかった。[92] 政党政治と競合的な諸機関にとって、この時期に抱えていた大きなジレンマは、いかなる態度をとろうとも否応なく政党政治にからめとられていくことにあった。妥協案に反対であった伏見宮博恭王も三月二十九日の段階で、「往年の二個師団の如きはなすべからず」と一九一二年に政党と正面衝突した陸軍の轍を踏むべきでないと考えており、四月八日には、岡田も財部海相の即時辞職を求める博恭王に、「財部辞すれば現内閣は崩れ政変起こるべく、海軍は政党の一方より永く怨まるべし、これ海軍のために謀るに良策ならず」と諭していた。[93] 六月十九日、政変を策する政友会の鈴木喜三郎は山本悌二郎と岡田を訪れたが、倒閣の糸口がつかめないと、一九二七年に第一次若槻内閣が枢密院によって倒され政友会内閣が成立したことを指してであろう、枢密顧問官伊東巳代治の名前をあげて「伊東はこの前枢密院が下手人となったが、今度は海軍だと言っていたがいかんなあ」と感想を洩らした。[94]

財部海相からの「先づ一段落」との報告を西園寺に伝えた原田が、条約によって国防を削られることを不満に思う者も多いようだと話すと、西園寺は、「それは非常な間違」であると述べた。「パリの講和会議後の新機軸であつた平和の促進とか、人類の幸福とかいふ精神に立脚してゐる今日、攻撃的の設備をしようといふ国は何所にもな」く、さらに、それは「新機軸であるやうだけれども立派な歴史のある事柄」で、十八世紀フランスの啓蒙思想家ルソー（Jean-Jacques Rousseau）などが唱えてきた「人間は猛獣でないのであるからお互に嚙み合ふやうなことはやめて、人類の幸福のために世界の平和を保持しようぢやないか」という精神が講和会議後に新機軸として現れて来たものである。「軍縮も不戦条約もさういふ過去の立派な歴史をもつた条約であるから、条約によつてその国の軍備を脅威したり減らしてどうしようといふ精神でなくて、寧ろ平和愛好の精神から来た人類幸福のために企図されたものであると考へなければならないことだと少くとも自分は思ふ」と語った。[95] しかし、ロンドン海軍軍縮条約をめぐる海軍内の対立は、後に条約締結に尽力した条約派と反対した艦隊派の軋轢によって海軍内を混乱させ、日本政治に深刻な影響を与えていく。

そして第三にして、最後のハードルが枢密院であった。七月二十四日、ロンドン条約は枢密院に諮詢された。かねてより民政党に快からぬ枢密院は下審査を引き延ばした挙げ句の八月十八日、審査委員長に伊東巳代治、委員に金子堅太郎等を決定し、枢密顧問官唯一の外交専門家で先のジュネーヴ海軍軍縮会議全権の石井菊次郎を外した[96]。枢密院は、軍事参議官会議の奉答文の提出と、加藤前軍令部長の審査会出席を政府に要求していく。対して政府は、奉答文の提出を拒み、前軍令部長の出席を拒否した。この時、西園寺は「どこまでも政府は筋道を辿つて行つてもらひたい。〔中略〕もし万一枢密院が不条理なことで政府に対抗して来た場合に、総理はその職権を以て、政府の都合により議長副議長を罷免し、新しい議長副議長を以て御諮詢に答へさせてもいゝ」と考えており、原田に学者の意見を参考にすることと、宇垣陸相に事情を通じておくことを求めた[97]。浜口は、九月四日、枢密院の「今後の出様次第にて若し憲法に抵触するが如き正当なる条理の立つ理由あらば、政府は断乎たる態度を取り、枢密院正副議長及伊東委員長等を免官する様な処分に出ざることとなるやも計り難く、前軍令部長等も軍機漏洩の廉にて免官処分に処する必要あるべく、一種のクーデターなるも此際已むを得ず」と枢密院改革について西園寺に諒解を求め、「全然同意見にて、将来のことは深憂に堪へず、条理立つならば此際断固たる処置を採り禍根を一掃されんことを希望す」という返事を得た[98]。翌日、西園寺の指示で岡部内大臣秘書官長から報告を受けた牧野内大臣は、政府の強硬姿勢に驚きつつ、さっそく昭和天皇に経過を報告した。

浜口は九月十五日の委員会で、「今日社会の不安は極度に達してゐるのであります。内政上これが一日も早く片付くことが最も必要であります。何となれば枢密院に御諮詢になつてゐるこの案件の是非によつて政変が起る、政変によつて政府が変れば再び金の輸出禁止をやるといふやうな噂も立つてゐて、全く憂ふべき現状であります」と批准を急ぐ理由を説明した[99]。こうして政府と枢密院の審議委員会が全面対決の様相を呈する中、政友会は枢密院での審議にあわせて十六日に臨時党大会を開いた。西園寺はこの場で犬養が「ロンドン条約廃棄然るべし」という意味の発言をしたことについて、「一体犬養総裁はどうしてあんな演説をしたんだらう」と首相となるべき者の強硬論をいぶかった。原田は、条約廃棄を主張する平沼騏一郎枢密院副議長が政友会の鈴木喜三郎を指導して演説中に挿入させたのだろう、と分析した[100]。他方、浜口首相は閣議で「臨機応変ノ措置」について一任を取り付け、党にも自重を求めた(101)。しかし、翌十七日、世論の支持と政府の断固たる姿勢を背景に、枢密院審査委員会は一転条約の批准を支持する審査報告方針を承認した。これを惜しんだ政友会の山本悌二郎は、二十三日、加藤寛治に「軍部にして若し竟に政府の圧迫、新聞の宣伝に降服して腰を折るが如きあらば万事休矣なり」と書き送った(102)。そもそも民政党は先に第一次若槻内閣総辞職の経緯から第五三議会で枢密院弾劾の決議案を可決させており、田中内閣下で枢密院が治安維持法改正の緊急勅令案を可決した際には、党機関誌『民政』の社説で、緊急勅令の多用が議会政治を脅かし「全く議会有るも無きに等しきに至る」ことを懸念して、「枢密院は憲政の本義に照し全く有害無益であると云はねばならぬ」と批判していた(103)。このたび、浜口はいざという場合の枢密院改革を決意しており、また、枢密院内でも時勢に応じた改革論があった(104)。しかし、計画は実行されぬまま、十月一日、ロンドン海軍軍縮条約は枢密院本会議で可決され、二日に批准された。これを受けて翌三日、財部海相は辞任、後任には安保清種が就任した。

しかし、そこにはもう一つ、顕在化しなかった第四のハードルが隠然としてあった。それは陸軍であった。そもそもワシントン条約による海軍軍縮実施に続いて山梨軍縮、宇垣軍縮が行われたように、海軍軍縮と陸軍軍縮は並走するものであって、二大政党ともにこの点で違いはなかった。このことは陸軍内部では強く意識されており、田中前首相の文書には政友会から民政党への政権交代を受けてまとめられたと考えられる調査書が残されている(105)。軍縮論への陸軍内部の反響として、現役軍人、中でも高級武官に「政党カ党利党略ノ為メ常ニ軍備ヲ犠牲ニ供セントスル軽率ナル新聞ノ論調ハ著シキ現象ニシテ之カ軍人ノ士気並ニ国民ノ国防観念ニ及ホス影響尠カラス」と漏らす者がおり、「最近政党カ民衆ニ阿諛迎合セントシテ軍縮ヲ其ノ政策ニ入レツ、アル」ことに注意を向け、軍部大臣が内閣の更迭ごとに交代することは「国軍ニ政党的色彩ヲ植付クルモノ」と批判していた。また、「外交国防方針ノ如キモノカ政変ト共ニ根本的ニ変革セラル、コトハ国家ノ為メ誠ニ寒心ニ堪ヘサル」と二大政党制に立脚した政党内閣制の機能に否定的で、彼らにとって政党内閣の政策は「一党一派ノ人気策」に過ぎず、「陛下ノ軍隊」をあたかも「一党一派ノ軍隊」のように「勝手ニ」編制の改変や経費の節減を議論していることを「不謹慎ノ至リ」と憤慨していた。それは、日本が「世界三大強国ノ一」になれたのは「只万邦無比ノ軍隊」の存在によるもので「貿易産業文化等何一ツ卓越セルトコロナキ日本カ更ニ其ノ軍備ヲ縮小シ他国ト同等及夫レ以下ニ為ス時ハ遂ニ二等三等国ニ低下スヘシ」という思いからで、陸軍の組織利益と国益、陸軍の将来と日本の将来とを一体化していた。[106] また、条約調印の訓令案が全権に打電された一九三〇年四月二十日、上原勇作元帥は、「ロシアの百乃至百二十万之兵も支那の兵も、財政上、今日はどうもならぬから、ほちょけと云ふ?」と憤懣を日記に記した。[107]

このような陸軍組織を抑えていたのが宇垣陸相であった。条約の批准をめぐって政府と海軍の関係が緊張する中で、宇垣陸相は問題に深く立ち入ることなく一貫して政府を支え、陸軍を統制した。先に浜口首相が見舞った宇垣の病勢が悪化しても、六月十六日、次官の阿部信行を陸相臨時代理の班列大臣とする新例を開いて、十二月十日まで宇垣の復帰を待った。また、金谷範三参謀総長も、ロンドン海軍軍縮条約に反対する流言蜚語が盛んに飛び交う中でも、「責任ある軍令部長に信頼して」谷口軍令部長が立案する条約に適合した新国防計画に応じた陸軍の国防計画を樹立する意向を伝え、明確な支持を明らかにしていた。[108] 他方、条約が軍事参議官会議を切り抜け、枢密院に諮詢されるとすぐさま陸軍に対する国際軍縮会議の可能性が話題となった。すなわち、七月二十七日朝、奈良侍従武官長は昭和天皇に呼ばれ、「昨日陸軍々制調査のことを聞きしが実は此後国際軍縮会議の開催あり、陸軍も縮小を余儀なくさるゝ恐れあるを以て、此際の縮小は此ことを顧慮し置く様陸軍大臣代理に注意を与へよ」と指示された。[109] そこでさっそく阿部陸相臨時代理に伝え、宇垣陸相との間に限って含み置くよう付言した。宇垣は、政府への対決姿勢を強めていた枢密院の改革についても内閣と判断を共有しており、「此転換の為に折角の政府の目論見は一頓挫を来したるの観あるも将来機会を捕へ機会を作りて枢府の改革を実現せしめねば止まぬ底の用意が必要である」と記した。[110]

一九二〇年代の政軍関係は、このように陸海軍ともに国民の支持を背景とする政党内閣制と連携する軍政指導者の支配によって、ひとたび安定していた。であればこそ、軍は不満でも時々の政党内閣と協調しながら最低限の組織要求実現に努め、同時に国防思想の普及によって国民を味方につけようと世論工作に力を入れたのであった。条約の批准書は米国経由で英国に送られ、十月二十七日、批准書寄託式が行われた。この日、浜口は日本初の国際ラジオ放送に臨み、フーヴァー米大統領、マクドナルド英首相とともに条約の成立を喜んだ。浜口は「ロンドン海軍条約は人類の文明に一新紀元を画したるもの」で、世界が「冒険時代」から「安定時代」に到達した時代の大勢に順応して「国際的平和親善の確立に向つて大なる一歩を進めた」と説いた。(111)残された問題は補充費と減税額の問題であった。政友会の山本悌二郎は、あらためて加藤寛治に書簡を送り、「海軍が強く原案を固執すれば政変を来す恐あり、後継内閣が果して海軍に有利なるや測り難きが故、多少の細工をしてもと云ふ意見が軍部側に可なり流行の由」と海軍の内情を忖度《そんたく》して慨嘆し、「ヘタな陰謀がましき事をせずとも、政友内閣の下には財政計画の建直しと同時に海軍補充計画も軍部側の満足出来る程度に実行する確信あることだけは御承知置可被下候」と焚き付けた。(112)しかし、十一月十一日の閣議で予算案が決定された。

西園寺は、ロンドン海軍軍縮条約をめぐる政治過程をふり返りながら、「なんとかして国民と軍部との間が離れないやうにしないと困る」と述べた。「元来からいへば、年来の海軍などのいはゆる筋の立たない横暴に対しては、立憲政治の今日でもある以上、立憲政治家を以て任ずる連中が、反対党といはず、立憲政治に反する行為に対しては共同して軍部に当るといふのでなければならないのに、一方の政党が軍部を利用するといふやうなことでは実に危険極まる話であつて、まことに寒心に堪へない」と嘆いた。(113)政友会の態度を憂慮した西園寺であったが、内閣には充分満足していた。十一月十日、西園寺は、原田に、「非常に思ひきつた緊縮だつたけれども、まあ金解禁も出来たし、ロンドン条約も出来、予算も減税も補充計画もこれで無事に済んで、非常によかつた。西園寺はまことに国家のために喜んでゐる。総理大臣も非常な御苦労であつたらう。どうか宜しく言つてくれ」と頼んだ。(114)西園寺はあくまでも首相を中心とした内閣による責任政治を重視し、七月にも、財部海相辞任論に理解を示した牧野内大臣に「一体海軍大臣として誰が財部を奏請したのであるか。苟くも責任ある総理大臣が閣員として財部を奏請した以上、第三者がかれこれ言ふべき筋合のものでない」と釘を刺した。(115)他方、浜口首相は十一月十三日、訪れた原田に、「まあ今度は行政、財政の根本的改革をやる。とにかく正直に徹底的にやらなければ駄目だから、その決心である。また軍制改革も、陸軍大臣には頗る御迷惑だらうけれども、思ひきりやつてもらはなければならぬ」と話していた。[116] 海軍軍縮の次は陸軍軍縮の番であった。

一九三〇年十一月三日、ニューヨークを訪れた貴族院議長徳川家達を招いて夕食会が催された。ラモントは、その場のスピーチ原稿とおぼしきメモによると、日本での滞在にふれて日本の対外政策が米国への友情と中国との和解に基礎づけられていると思うという先の演説の趣旨を繰り返し、田中前政権期のジュネーヴでの日本の協力を評価した。そして渋澤栄一の名前をあげて、「最近、日本の大御所である渋澤伯爵は、日本が軍国であるという言葉にはかつては何らかの根拠があったかも知れないが、もはや真実ではないと表明した。私はこの声明を一〇〇パーセント信じている」と言葉を結んだ。[117] ロンドン海軍軍縮条約寄託式の翌々日、十月二十九日には、中国の正式呼称を従来の「支那」から「中華民国」に変更することが閣議決定された。

三　浜口首相の遭難と小康――宮中第二の創造時代

浜口首相遭難――社会経済不安と政治的弱者の反動

社会民衆党の安部磯雄は、一九三〇（昭和五）年十月十五日に刊行した『次の時代』の中で日露戦争終結以来の二五年を回顧し、次の二五年を構想した。二五年とは、親から子、子から孫へと引き継がれていく英語の「ヂェネレーション」から採られている。一九〇一年に日本最初の社会主義政党社会民主党の結成にかかわり、宣言文の起草に加わった安部は、学究の人であるとともに、いわゆる「明治社会主義者」の象徴でもあった。その彼が、一九二六年、社会民衆党の初代中央執行委員長になるとともに早稲田大学を辞し、一九三〇年には六十六歳にして総選挙に出馬、初当選を果たした。安部は、現在を「自由、平等、博愛の三綱領をその生命」とする「デモクラシー」が、政治的には達成された時代と見て、次の二五年間をその「政治的デモクラシー」に続く経済界のデモクラシー、すなわち「産業的デモクラシー」である「社会主義」の出現すべき時代と考えていた。[118] 同時期、教育における新たな取り組みも始まっており、公民教育が一九三〇年には実業学校で、三一年に中学校と師範学校で、三二年に高等女学校で、三五年に青年学校で必須科目としてそれぞれ設置された[119]。こういった公民教育では、輿論や政党の意義についても説明されており、立憲政治の新たな展開を支えるべきものであった。

しかし、安部が経済界のデモクラシーを強調する必然として、ロンドン海軍軍縮条約が批准に至る間にも、米国に始まった世界大恐慌は日本社会に深刻な影響を及ぼしていき、先の第五八議会では、貴族院でも経済問題による国民生活と世相への深刻な影響を背景に「中小産業者並失業者ノ救済ニ関スル建議案」が審議された。竹越与三郎は、「貴族院ハ世間デハ政治的ノ遊戯ヲスル「グラウンド」デアルト云フヤウナコトヲ言フ人モアリマス、サウ云フ時ニ於テ国民ノ生活ニ今アリアリト触レル所ノ此重大ノ問題ヲ討論スルト云フコトハ、貴族院ヲシテ存在ノ意味アラシメルモノデアルト思フ」と賛成演説を行った[120]。また、八月二日には、陸軍東京警備司令部で、「現下ノ社会不安ト治安用兵上ノ考察」と題する文書が作成され、内外の軍、師団に配布された[121]。それは都市の失業問題や農村の疲弊問題について、「失業騒擾」「農村騒擾」の可能性を認め、対処を考察するものであった。東京では一九二九年十二月に東京市が市電事業の合理化をめざし、東京交通労働組合などがストライキに突入していた[122]。ところが深刻な不況は経費節減への政府の決意を強化する。その東京警備司令部自体が軍縮圧力の進展にともなって、一九三一年五月には陸軍部内で廃止が検討され、時の南次郎陸相と金谷参謀総長の間で一度は合意されるほどであった[123]。

海軍が民政党内閣の補充計画に同意し、陸軍が沈黙を維持しえたように、最終的に陸海軍は陸海軍省を中心に政党内閣に適応していた。しかし、そうであればこそ、このような政党中心政治による力強い政権運営は、世界大恐慌下の深刻な経済状況による社会的軋轢の昂進とも重なって、周辺部からの反動を招いた。ロンドン海軍軍縮会議の衝撃は海軍退役軍人や民間右翼団体を刺激するのみならず、より深く少数者による直接行動への導火線となり、さらにそれらは陸海軍現役組織内部に浸透し、それぞれの組織統治上の問題となっていく。第一に指摘すべきは、海軍青年将校運動への影響であった。霞ヶ浦航空隊に所属していた藤井斉海軍中尉は大川周明、満川亀太郎、安岡正篤、西田税の薫陶を受け、一九二八年三月にはすでに王師会という海軍内の秘密結社を組織していた。王師会の宣言は、海軍の現状を「国家の軍隊は資本家政党に左右せられ軍閥軍国主義の叫びの前に辟易し世界の現状とその将来とを洞察せず、日本の対世界的使命を理解することなし」と述べていた。[124] さらに北一輝、権藤成卿に感化され、井上日召に傾倒した藤井は、ロンドン海軍軍縮問題に強く刺激され、一九三〇年五月八日には同志に宛てて「議会中心の民主々義者が明かに名乗りを上げて来た」と書き送り、「浜口は軍令部、参謀本部を廃し、帷幄上奏権を取り上げ、軍部大臣を文官となし、斯くて兵馬の大権を内閣即ち政党の下に置換へて、大元帥を廃せんとする計画なり。今や政権は天皇の手を離れて最後の兵権迄奪はんとす」と憤慨した。[125] それは、天皇の任命大権はすでに政党内閣制によって失われ、大元帥としての兵権すらも政党内閣によって回収される政党中心政治への怒りであった。藤井はまた、同じ書簡で「軍部対政党の溝深刻化しつゝあり」とも述べている。

第二に、陸軍でも、条約が枢密院で可決された十月二日、参謀本部ロシア班長の橋本欣五郎中佐を中心に国家改造を目的とする桜会が結成された。橋本は陸軍士官学校、陸軍大学校を卒業すると参謀本部第二部のロシア班などに勤務し、一九二七年九月からトルコ大使館付武官を務めて、一九三〇年一月に参謀本部に戻ったばかりであった。橋本はトルコでムスタファ・ケマル（Mustafa Kemal）に強く共鳴し、「しきりにケマルを賞めたたえていた」という。[126] ケマルはオスマントルコ帝国の軍人で、第一次世界大戦で戦功を上げ、敗戦後には祖国解放戦争を戦い、トルコ共和国宣言後には初代大統領に就いていた。橋本が執筆したと推定される桜会の趣意書は「明治維新以来隆々として発展し来りし国勢は今や衰頽に向はん」としているという現状認識に立って「為政者」の責任を問い、さらに、「今やこの頽廃し竭せる政党者流の毒刃が軍部に向ひ指向せられつゝあるは之れを「ロンドン」条約問題に就て観るも明かなる事実」でありながら、「混濁の世相に麻痺せられたる軍部は此の腐敗政治に対してすら奮起するの勇気と決断とを欠き辛うじて老耄《ろうもう》既に過去の人物に属すべき者に依りて構成せられある枢密院に依りて自己の主張せざるべからざる処を代弁せられたるが如き不甲斐なき現象を呈せり」と軍首脳を批判する点で、王師会の姿勢に通じる。[127] その上で趣意書は、「過般海軍に指向せられし政党者流の毒刃が近く陸軍々縮問題として現はれ来るべきは明か」と陸軍軍縮問題に向けた中堅層の結束を求め、一八八二（明治十五）

年一月に発布された軍人勅諭の「世論に惑わず政治に拘らず」という一節に関連して、「吾人固より軍人にして直接国政に参画すべき性質に非ずと雖一片皎々たる報公の至誠は折に触れ時に臨みて其精神を現はし為政者の革正、国勢の伸張に資するを得べし」と説いた。

そして第三に、同じく十月、後備役の陸軍大佐小林順一郎は「国危し――憂うべき日米戦争はロンドン条約に依て著しく促進された」と題する論文で、後に社会通念とまでなる「一九三五、六年の危機」説を最初に提起したとされる。[128]それはロンドン海軍軍縮条約が一九三五（昭和十）年に再び軍縮会議を予定し、また、ワシントン海軍軍縮条約と同様、一九三六年末が有効期限であったことから両年を危機の年と位置づけるものであった。現役を退いた陸軍将校が海軍軍備を問題にしたのは、桜会趣意書と同様、国際協調を重視する政府主導型の海軍軍縮が陸軍軍縮にも及ぶ危険を憂慮し、さらに、対米海軍力の劣勢化が米国の日本に対する満蒙放棄要求となって日米戦争を誘発すると考えたためであった。しかし、当初意図したほども普及しなかったという。また、宣伝ということでは、右翼の反発から、条約の批准に際して新聞がキャッスル（William Richards Castle, Jr.）駐日米国大使に買収されたのではという陰謀論が、右翼ジャーナリズムによって喧伝された。[129]

このような中で、一九三〇年十一月十四日、浜口首相は、岡山県での陸軍特別大演習陪観のため午前九時発の燕号に乗り込もうとするところを、東京駅プラットホーム上において「一青年」佐郷屋留雄によって拳銃で狙撃され、下腹部に重傷を負った。[130]この事件は、「憲法政治」にとって二重の悲劇であった。一つは、佐郷屋が政府を批判する政友会院外団主催の演説会を聞き、配られるパンフレットなどを読んで「内閣更迭スヘシトノ念」を抱くようになったことであり、そして何より、「若シ浜口内閣倒壊セハ積極政策ヲ標榜スル政友会内閣之ニ代ルヘシト思惟シ〔中略〕浜口内閣ヲ倒壊スルノ手段トシテ時ノ内閣総理大臣浜口雄幸ヲ殺害センコトヲ決意シ」たことであった。[131]佐郷屋は緊縮政策をとる浜口民政党内閣の次に、積極政策をとる政友会内閣が出現することを期待して凶行に及んだのであった。この時期、政党間での政権交代というルールは、佐郷屋という一テロリストにも認識されていた。政党内閣制の定着ぶりを逆に強く意識させる犯行理由である。昭和天皇は、「憲法政治妨害的行為と御軫念の御様子」であった[132]。また、政友会は同日午前中に島田俊雄総務を見舞わせるとともに、「反対党首領として特に敬意を表する為め」両三日の遊説日程を取り消し、演説を中止することにした[133]。

この事件は大きな波紋を広げていった。何より年末からの通常議会が近づいていた。西園寺は事件の報に接し、非常に驚いたようすであった。西園寺は原田に、一九二一年に同じく東京駅で狙撃された原敬首相遭難後の模様を引き合いに出しながら、「世間をして、総理が倒れたために政変が起るといふ風な感じを絶対に起させないやう」に注意を求めた[134]。そして、「党の中でごたごた勢力争ひとかなんとかいふ風なことの起らないやうに、この機会にできるだけ党を纏めて行くといふことが必要である。これらの点について相当に注意をしておくやうに。しかしたゞそれが差出がましい干渉になつてはいけない。念のために言つておくといふ気持で伝へてもらひたい」と伝言を頼んだ。また西園寺は、江木翼と浜口に、「将来の為人物を物識〔色カ〕してきずのないものを取つて置くこと」と伝えさせた[135]。

浜口内閣は臨時首相を置き、幣原外相が選ばれた。浜口の病状について西園寺には楽観的な見通しが伝えられていた。西園寺は、「総理は間に合ふかも知れぬ。また必ずこれは恢復するだらう。急な場合にとにかく幣原を決めたことは大変よかつた」と喜んでいた[136]。また、西園寺は、江木に期待し、「表に出る機会が当然遠からずあるのであるから」と、このたびは調整役としての尽力を求めた。西園寺がもう一人気にしていたのは宇垣であった。「やはり宇垣は政府でも充分大事にしておかないと……。もしあれが辞めたりして外に出れば、後が面倒だぞ」と述べ、「西園寺もこの場合陸軍大臣は政府の動静について充分尽力されることと大いに期待してゐるといふ位のことを言つておいてくれ」と伝言を頼んだ。他方、牧野内大臣のもとには悲観的な見通しが伝えられていた。牧野は万一の場合を考慮して西園寺に書簡を送り、あらかじめ総辞職に際しての準備を依頼した[137]。十一月二十三日、原田が牧野に伝えた西園寺の意向とは、「万一浜口総理が再び立てない場合に、宇垣大将が一時民政党の総裁となり、内閣総理大臣となることが、或る程度まで必要ではないか」という話であった[138]。こうして幣原首相臨時代理体制で年末の通常議会を迎えることになった。

宮中第二の創造時代——首相選定をめぐる西園寺の宮中指導

西園寺の政治秘書として元老、宮中、政治家の間をしばしば行き来した原田熊雄は、ロンドン海軍軍縮会議を機に口述を始め、膨大な記録を後に残した。原田は一八八八（明治二十一）年、東京に生まれた。祖父一道が陸軍少将として男爵を授けられた時、父豊吉はすでになく、原田は十二歳にして突如華族を嗣ぐべき者となった。幼少時の原田は「内気でシャイ」であったが、母照子が金子堅太郎など「えらい人」にも会わせ友人たちを自宅に招く中で矯正に努めた。[139] 原田が学習院中等科に編入すると、同窓には木戸孝允の孫で一八八九年に侯爵家に生まれた木戸幸一がおり、一つ下には筆頭華族出身で貴族院議長を務めながら早世した公爵近衛篤麿の長男として一八九一年に生まれた近衛文麿がいた。三人の結び付きは京都帝国大学法科大学政治学科を経て生涯に及ぶ。二十三歳で男爵となった原田は京都でもよく食事会を催し、この饗応の徳は原田生涯の財産となった。西園寺は原田の祖父、父ともに旧知の間柄で、原田には「卒業したら、ともかくも、ひと巡り外国を見て来ることだね」と助言し、原田は宮内省嘱託として約一年半、主にイギリスに滞在した。帰国後半年で第二次憲政擁護運動が起こると、加藤内閣で首相秘書官になった。西園寺は「大層いゝ修行の機会」で「憲政会の人たちと馴染の薄い自分としても、原田がさういふ位置にゐてくれることは、洵に好都合だ」と賛同したという。その後、原田は引き続き務めていた若槻内閣の首相秘書官を辞し、一九二六（大正十五）年七月より住友合資会社の嘱託として西園寺の秘書を務めるようになった。西園寺は原田にできるだけ早い機会に貴族院議員となることと東京に腰を据えて働くことを注意していたという。[140]

西園寺の情報係を務めるようになってから口述記録を残し始めるまでの原田については牧野や岡部長景の日記が詳しく、十五銀行問題や田中首相の議会対策などに登場する。[141] また、一九二七（昭和二）年十一月と十二月分については自身の日記らしい日記が残されている。にもかかわらず原田は、この時期まだ口述記録を残していない。原田が口述を始めるのは一九三〇年三月六日のことであった。懐中日記のメモを見ながら、近衛の紹介による速記者近衛秀麿夫人泰子を相手に、極秘に口述を重ねた。最初に第二篇「海軍会議と西園寺公」となるロンドン海軍軍縮会議について口述し始め、約一カ月後に二度、第一篇「満洲某重大事件と西園寺公」となる二年前の張作霖爆殺事件を回想し、再び第二篇の口述を続けた。第二篇については個々の口述期日が必ずしも明らかでないが、内容はロンドン海軍軍縮条約の公布に至る一九三〇年末まで記録されている。すでに見てきたように、政党内閣制の成立と時を同じくして活発化していた宮中の活動は同時に強い批判も招いていた。原田の口述記録は、当時の天皇・元老・宮中官僚らに対する「嘘」や「悪しざま」な批判、宣伝が政界に波紋を起し、軍部内にもいろいろな問題を起こすようになったので、「真相」を書き残す目的でまずは作成されたのであった。(142)

他方、一九三〇年十月二十八日には商工省に勤めていた木戸が近衛の推薦を受けて内大臣秘書官長に就任した。木戸はすでに侯爵を嗣ぎ、貴族院議員であった。この時期、西園寺は宮中官僚に宮中の自己改革を求めていた。浜口首相が狙撃された後の十二月三日、木戸が西園寺を訪れると、宮中のこと、宮内省のことについて、一時間半にわたって話をした。西園寺の意見は、「宮内省の制度等も国の発展に伴ひ拡大せられたるも、之が時代に合致する様に落付かしむるには相当の努力を要すべく、今や第二の創造時代と見る」という話で、「之に付ては、充分研究して社会の変遷に後れざる様考へる様に」と注意した。(143) 第一の創造時代とは、もとより宮内省創設期のことであろう。西園寺は、国の発展にともなって拡大された宮中官僚制度を、時代に合致するよう相当の努力を払うべきだという見通しを持っており、時代の進運に適《かな》った規模と活動の縮小を求めていたのであった。(144) 第二次世界大戦後、西園寺の孫公一は、興味深い回想を残している。「じいさんの場合、権威づけのために儀式を増やしたり、天皇を神様扱いすることは、明治維新後新しい政府の基礎が固まるまでは仕方がない、それは論理的にはおかしいが政治的には必要だった、というところまでは認めていた。でも、憲法が発布されて内閣が政治をやるようになってからは、儀式はできるだけ簡略にしたほうがいいし、天皇を神棚に上げないほうがいい、と考えたわけだ。〔中略〕じいさんの目標としては、天皇制をイギリスの王制のようにしたかったらしい。「君臨すれども統治せず」という立場を守っていれば、軍人に利用されることもないし、もっともっと大衆に近づくこともできると考えたのだ」(145)

このような宮中改革は、西園寺にとって一九三〇年に突然思い立ったものではなかった。一九二九年三月五日に木戸の前任者の岡部が外務省から宮内省入りする際にも、西園寺は、「急激には出来ぬが漸次時勢に応じた改革をしてくれ」と述べていた。(146) さらに原田によると、京都帝大卒業間近に西園寺から志望を聞かれたので、宮内省に出仕したいと答えると、西園寺は「今時の若い者が、宮内省を望むとは、可訝《をかし》なことを聞くものだ」と述べ、原田が宮内省の改革論をまくし立てると、「あなたにさういふお考へがおありなら、御紹介して、なんとか採つて頂くやうに計らひませう」と応じたという。(147) すでに他の話が進んでいたのでこの話は謝絶した。また、同じく原田の記録によると、西園寺は一九二八年九月二十八日の結婚を控えた秩父宮雍仁親王に、「元来、宮中には沢山の形式儀礼がございます。旧幕時代、畏多いことながら、朝廷の御威光のあまり振ひませんでした頃には、皇室の御威厳を維持あそばされるためにも、成可く数多い形式儀礼が必要だつたのでありますから、今日、西園寺が、さういふ諸先輩の苦心経営の跡を指して、決してかれこれ申すわけではございませんが、たゞ、その当時にあつては極めて必要だつたことも、皇威あまねき今日になつてみますと、既にその根本の主意を失ひ、徒に煩雑を来たすのみのものもあるやうに存ぜられます。さういふものは、やはり時勢につれて、次第に簡略にして参りませんと、今度は、却つて逆に、皇室の尊厳を傷つける結果となる虞もございませう」と、時勢に応じた宮中儀礼の簡素化を説いた。(148)

西園寺の行動は徹底していた。木戸に「第二の創造時代」と話して一週間ほどが過ぎた一九三〇年十二月十一日、牧野のもとに鈴木侍従長が西園寺の意向を伝えた。鈴木侍従長は西園寺の求めで訪問したが、用件は「将来御下問の場合、内大臣欠員なる時如何にすべきやとの懸案」についてであった。(149) この年の初め、一九三〇年一月二十日、牧野内大臣は西園寺を訪れて、枢密院議長の人選について相談していた。(150) 牧野にとってこの問題は、単に枢密院の問題ではなく、将来的な首相選定のあり方にかかわる問題であった。一九二六年十月に、西園寺は将来的な首相選定方式を天皇に上奏していた。その内容は、新たに元老をつくることなく、あくまでも内大臣が単独で奏薦の責任を負うこと、そして内大臣が参考として意見を求めたい場合には勅許を得て協議する、というものであった。西園寺は、内大臣以外の関与者についてわざわざ

図2　西園寺による元老以後の首相選定像――内大臣指名方式

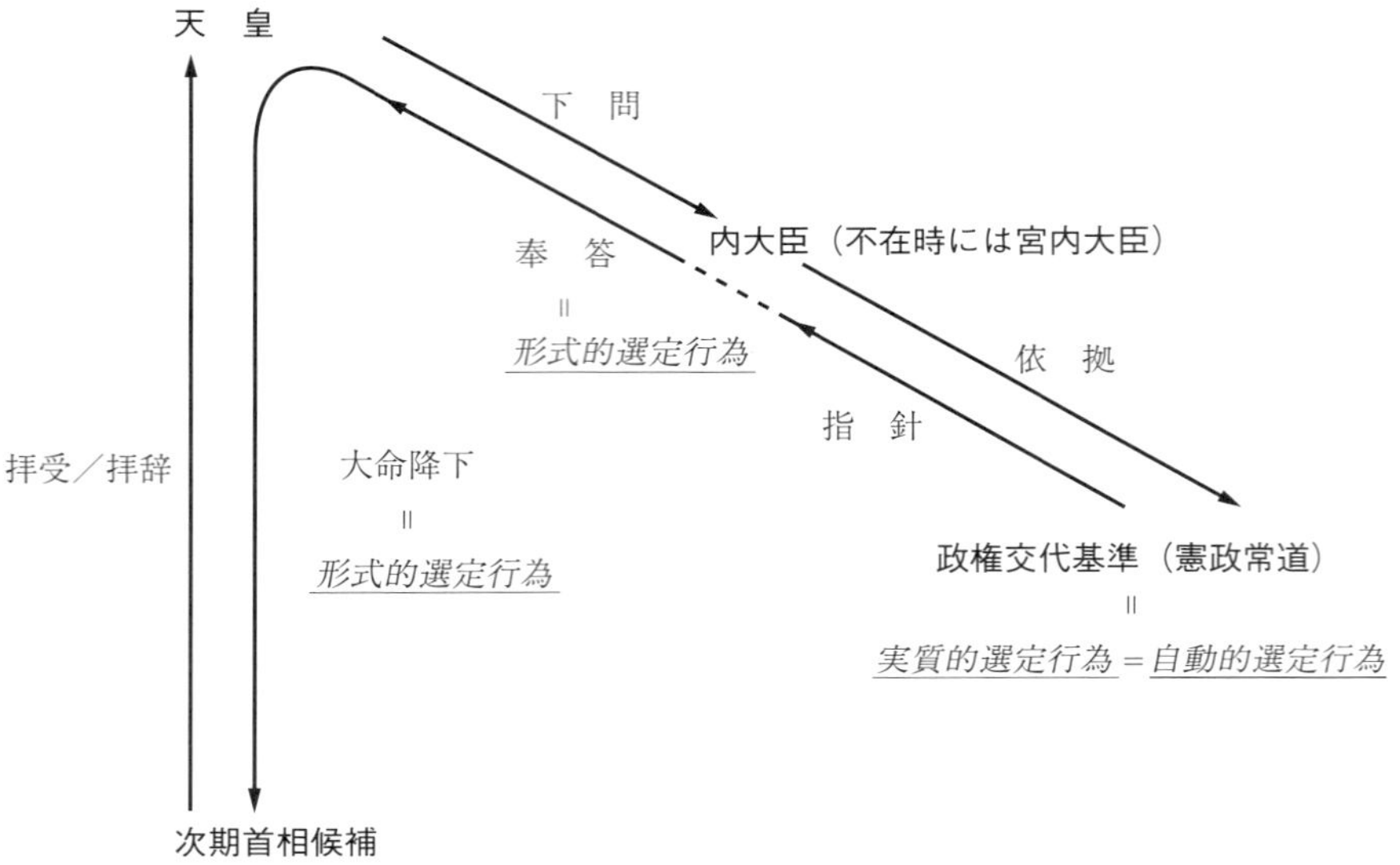

（注）　実質的な元老の再現とならないよう協議先はあらかじめ決められていないが，内大臣が参考のため相談，意見を求めたい場合に勅許を得て目的の人と協議することは排除されていない。

（出典）　村井『政党内閣制の成立　一九一八～二七年』300頁，図3。

「内大臣を経て御下問」と答え、元老のように直接天皇が下問することのないように注意した(151)。牧野はこの方式について「制度としては此外なかるべく」と納得していたが、「此際相談する人は適宜定むるとするも、陛下の諮問機関なる枢府議長の如きは是非協議して然るべき人」と考えていた。しかし、牧野にとって問題であったのは、枢密院議長という役職者に期待しながら、現職倉富勇三郎に対して「議長の貫目軽く」資格に乏しいとみなしていたことであった。そこで牧野は機会を見て枢密院議長を有力者に代えるとともに、顧問官を減員し、諮詢事項を国家の大問題に限るという枢密院改革を行いたい意向であった。この時は、将来的な話に止め、何ら結論的な話はしなかった。

ところが、三月末に西園寺は重病をした。この折に昭和天皇から、政変に際して内大臣がいない場合にはどうするべきであるか、西園寺の意見を聞いておきたいという下問があった(152)。このことについて、八月十三日に牧野が西園寺を訪れた際に話題となり、西園寺は、「夫れは極めて重大の事なれば十分考慮すべく、今秋出京の折相談の上奉答したし」と答えていた(153)。しかし、その機会はなかった。

そこで西園寺は、十二月初旬に鈴木侍従長を呼び、侍従長から天皇に奏上するように依頼したのであった。それは本来、直接奉答すべきであり、健康上の理由から引き延ばしてきたが、あまり遅くなるのも恐れ多いという理由からであった。その内容は、内大臣不在時に政変があった場合には、宮内大臣に下問すべきこと、そして内大臣の人選についても同様に宮内大臣に相談すべきであるというものであった（図2）。それは牧野が枢密院議長を政変に際して相談を受ける資格者と考えていたのに対して、あくまでも新たに元老とみなされるような存在をつくらないよう配慮されていた。さらに西園寺は、「尤も西園寺が元気に致し居る間は御思召しに依り御下問を拝する事あらば謹んで奉答仕る事は勿論の事なり」と付け加えた(154)。八月の段階では、西園寺は「相談の上奉答したし」と牧野に伝えていたが、今回の奉答は単独で行い、「奉答の次第」を内大臣と宮内大臣に伝えるように依頼した。首相選定の場合には、西園寺は、原田などを通じて牧野の意向を確認させていた。したがって、牧野と相談する手段がなかったわけではない。西園寺に相談する意思がなかったのである。

しかし、他方で西園寺は鈴木侍従長に、「特に希望ありし一条」として、世間にどうかすると現在の「君側の重立ちたる人々の排斥運動とも云ふべき事が行はれる」ことについて、内大臣、宮内大臣、侍従長が、「何卒動ぜず協力、御用を奉仕相成度切望致す旨」を伝えた。西園寺は、牧野らと必ずしも一致した国家観を持っていたわけではなく、田中内閣の総辞職に際しては行き違いから酷評もした。しかし、幅があるとはいえ共に立憲政治を支持し、第一次世界大戦後の国際政治観を共有する彼らに対して、外からの批判には現職者が一致協力して立ち向かい、同時に時勢に応じた漸進的な改革を求めたのであった。

四　第二次若槻内閣という選択――政党内閣制の定着と反省

第五九通常議会の両義性――結果的な分水嶺

第五九通常議会は一九三〇（昭和五）年十二月二十四日に召集された。各派の議席数は、与党民政党が二六五議席で第一党、以下、政友会の一七一、第一控室の一八、無所属の三となっていた。(155)民政党は約五八パーセントと議会の過半数を占めていた。その民政党にとって大問題は、当初回復が見込まれた浜口の傷が癒えず、あくまでも事務的な代理として議会前までを想定していた幣原首相臨時代理で議会に臨まなければならなくなっていたことであった。その背景には後継総裁問題があった。次期総裁候補について党内で意見が分かれ、新総裁を立てることができなかったのである。民政党代議士の斎藤隆夫は、十二月十三日の日記に、「此夜民政党少壮派二十余名会し間接に安達擁護の宣言決議を為す。党内に反感昂まる。予は安達氏に対し注意する所あり」と記した。(156)党内には安達謙蔵を支持する者と江木翼を支持する者との対抗関係があり、江木は、幣原首相臨時代理で議会に臨み、党が治まらなければ党員を持ってくる、その場合は若槻に限る、と考えていた。(157)閣僚はすべて幣原にまとまり、党も問題にしなかった。そこで一九三一年一月六日には、幣原で議会に臨むことになった。

世界大恐慌の影響が深刻化する中で開かれた第五九通常議会は、政党中心政治への志向性によって三つの両義的な問題を引き起こし、それは後から振り返って分水嶺であったと理解される議会となった。第一に、幣原首相臨時代理の失言問題による議場の混乱であり、その結果、浜口首相が予後を押して登院せざるをえなくなった。そもそも政友会は、政党員でない幣原が首相臨時代理として議会に臨むことを政党政治の破壊であると批判していた。(158)一月二十二日、政友会は幣原首相臨時代理の施政方針演説に先だって、「憲政運用に関する決議案」を提出し、その先議を求める緊急動議を提出した。動議の趣旨弁明に立った鳩山一郎総務によれば、同決議案は「今日政党内閣主義、政党ノ総裁ニ非ラザレバ総理大臣トナルコトヲ得ズトスル此内閣制度ハ、我ガ憲法上ノ習律トナッテ大正十三年ノ清浦内閣ヲ最後ト致シマシテ、我国ニハ寔ニ愉快ナル憲法上ノ習律ガ成立致シタノデス」という認識を示した上で、政党内閣において政党外の者が首相の代理を務めて議会に臨むことを「政党政治ノ上ニ一大逆転」を来すものと批判するものであった。[159] 与野党の対立が高まる中、一月十六日に貴族院副議長に就任していた近衛は、二月二日、議会の品位と信用を回復することの重要性を説いて、政府と野党と新聞に反省を求める談話を発表するほどであった。[160]

この動議を多数によって粛々と否決した民政党にとって予定外であったのは、予算委員会において、幣原首相臨時代理による失言問題が起きたことであった。二月三日、幣原は、先に公布されたロンドン海軍軍縮条約が国防を危うくするのではないかという質問に、天皇の批准を理由にあげて国防を危うくするものではないと答えた。このことが、責任を天皇に帰する発言だと大問題になったのである。[161] この日、終了を予定していた予算委員会は終了することができなかった。それどころか、翌日もまた翌日も議事を継続することができず、六日にはついに乱闘となった。政友会と民政党の院外団が衝突し、流血の惨事となったのであった。[162] 両党の妥協は十日にまとまり、失言を認めて発言を取り消し、さらに政友会議員の暴力行為に対する告訴を取り下げることになった。[163] こうして議会の正常化に一週間を要した。三月九日、浜口が首相に復帰し、幣原の首相臨時代理は解任された。この日、首相官邸を訪れ、ようすを聞いた斎藤隆夫は、「病後衰弱未だ回復せず、明日登院後の容態疑はし。政局危機に向ふの懸念あり」と危惧した。[164] 浜口は翌十日には、衆議院本会議、十一日には貴族院本会議に出席し、拍手で迎えられる中、健康が次第に回復したことから首相臨時代理を解き、執務に復帰したことを述べて挨拶した。衆議院では犬養政友会総裁が特に発言を求め、ますます健康が回復されることを祈る旨が述べられた。[165] どちらも衆議院議員であった。斎藤は、「衰弱甚しく、顔色蒼白殆んど生色なし」「衰弱見るに堪へず」と不安を募らせた。木戸内大臣秘書官長は、浜口を見て「顔色蒼白、真に痛しき《（ママ）》姿なり。斯くて迄も尚総理たらざるべからざる四囲の状勢、党人の心理こそは再考三思を要すべきところにはあらざるか」と感じた。[166]

そして再び昭和天皇と宮中官僚に期待は寄せられた。一九三一年二月十七日、尾崎行雄は牧野内大臣を訪ね、「治安法と皇室との関係に付頗る憂慮の次第を述べ、最早残念乍ら自分等が議会に於て努力するも効果なし、止むを得ず側近の方々に何とか御心配ありたし」と希望を伝えた[167]。尾崎は失言問題で二大政党間の仲介を試みていた[168]。尾崎はさらに「政党の腐敗に付極端なる嘆息談」をし、この点でも「何とか心配致し呉れ」と宮中の配慮を求めた。「我々は青年時代に薩長政府を悪み英国流の議会政治に如くものなしと思込、多年奮闘し来りたるが、事志と違ひ今日の現状に直面して慚愧に堪へず抔、薩長政府は国家を念頭に置き働きたるが、今日は議会抔に国家を思ふもの一人もなし」と述べる尾崎に牧野は、「老熟せる咢堂翁、往年の尾崎行雄にあらず。其衷情敬服に値ひす。人は無欲の域に達し、始めて純真なるを得るが如し」と記した[169]。

尾崎は立憲君主の役割について、「事実に於てはどの時代の歴史を見ても、英吉利の皇帝と云ふものは、ヴイクトリヤ女皇などでもグラッドストンまでも抑へたのですから余程働いて居ります。いざ国家の危急と云ふ場合には何時でも皇室が出て働いて居ります」と述べている[170]。そして、伊藤博文のように、プロイセンを手本とし、「キングレインスバットナツトガヴアンズといふ言葉」を手がかりに、「全く英吉利の皇室と云ふのは無力であると云ふやうなことを言ふ」憲政理解を、ほとんど全部間違っていたと回想した。つまり、もともとプロイセン流の立憲政治を支持していた伊藤は、イギリスの立憲君主を「君臨すれども統治せず」という原則によって理解していたのに対して、尾崎などイギリス流の立憲政治をめざしていたグループでは、国家の危急に際して宮中が問題解決に独自の役割を果たすことを当然視していたのである。こうした政党政治を補完する立憲君主像に対して、先に見たように伊藤の系譜を継ぐ西園寺は、逆に「君臨すれども統治せず」という原則をそのまま実行する全権委任型の立憲君主像こそ皇室にとって望ましいと考えていた。興味深いのは、前者の政党政治を補完する立憲君主像がそもそもプロイセン流の大権政治論と対峙してきたものでありながら、この時期西園寺の全権委任型の立憲君主像と比較すると、大権政治論の考え方により親和的であったことである。

憲法学者の美濃部達吉は、二月九日に執筆し、『中央公論』三月号に掲載された「議会制度の危機」で、「日本の近年の議会政治の実際を観察する者は、何人といへどもそれが満足すべき状態に在ると断言し得るものは無いであらう」と書いた。(171)美濃部はさらに、選挙おける投票の買収、選挙勝利のための地方官更迭、金銭を集める苦心、議会を厄介視するばかりの政党内閣、不戦条約の文言や首相臨時代理の党籍など国民生活にかかわりのない問題をさも重大事であるかのように論議する議事の状態など、悲観すべき材料を一々列挙した上で、一時の言い誤りを「他の過失に乗ぜんとする言ひ掛り」から「殴打乱闘、流血」に至った「所謂失言問題」を、「沙汰の限り」と評した。

しかし、議会制度の不信用は日本に特有のことではないと美濃部は言う。第一次世界大戦後においては世界のほとんどすべての立憲国で議会が漸次国民の信用を失いつつあり、議会の能力の欠乏、党議拘束による討論の低調、政党の資金難、暴力による議事妨害におよぶほどの党争の極端化、内閣の不安定など共通する原因が見られる。党争の極端化については、「議会制度の秩序は、多数党も少数党も、互に自制し、寛容し、権威を尊重することに依つてのみ保たれ得る。此の自制と寛容とを失へば、政党の争は遂に暴力の争となるの外は無い」と説いた。このまま手をこまねいていては共産党かファシズムか左右何れかの独裁政治によって脅かされ、ついに議会制度は滅びるのであろうか。美濃部は、議会政治を打破してイタリアのような独裁政治を樹立することが国家および国民のために歓迎すべきであるかという問いに、「私は強くこれを否定したいと思ふ」と答え、その理由として「議会政治に於いてのみ見ることを得べき長所」の存在を指摘し、反対党に対する寛容の態度、国の政治を公開して国民の批判を受けること、そして、政治の局に当るべき首脳者が間接に国民の輿望によって決められることの三点を挙げて、議会制度の信用回復に期待をかけた。

第二の両義的問題は、予算案と減税案は何とか通過し、衆議院での内閣不信任案は否決されたものの、労働組合法案や婦人公民権案など、議会に上程されていた重要法案がのきなみ成立しなかったことであった。二大政党が婦人参政権問題を競争的に採り上げたことに意を強くして、先の総選挙では選挙革正運動に努めた市川房枝ら婦選獲得同盟であったが、運動は予想通りますます盛り上がっていた。総選挙後の第五八議会では、与党民政党では有志議員が党幹部の了解を得て、また野党政友会は党議決定を経てそれぞれ婦人公民権案を衆議院に提出し、併合可決された。同案は貴族院で審議未了廃案になったが、第五九議会では一月二十四日に民政党内閣が婦人公民権の政府案を提出するに至った。法案が政府から提出されたことの意義は大きい。しかし他方で、男子普通選挙制導入に「独立の生計」が最後の関門となったように、ここでは家制度を反映した夫の同意条項が制限として付いていた。独身女性は問題ないが、既婚女性は市町村会議員などに当選した場合、夫の同意を得なければならない。安達内相は漸進論を説いて婦人運動家に理解を求め、二月十日に衆議院に上程し、同院を通過させた。しかし、婦選獲得同盟は貴族院で「可決、成立の見通しが強くなった」ことに逆に危機感を覚え、反対運動を行った(172)。そして、二十八日に貴族院で否決されると、市川らは「われら勝てり」という巻頭言を機関誌に掲げた(173)。戦後、市川は「どうせ政府がここまで来ていればこの問題は近いうちに解決するんだろうと。だからなまなかここで賛成して制限をつけたら今度改正するとき容易じゃない、一～二年おそくなってもそんな制限のつかないものを通す方がいいだろうと相談して反対しようということになったんです」と回顧している(174)。他方、同じく廃案となった労働組合法案も事情は似ていた。こちらは世界大恐慌によって後退した政府案に総同盟を含めてすべての労働団体が反対の態度を表明し、衆議院で可決されるも貴族院で審議未了廃案になったものであったが、総同盟や社会民衆党には成立への期待があり、西尾末広は松岡駒吉とともに安達内相に会見したところ、かえって労働団体が賛成すると資本家の反対を煽るということで表面反対の姿勢を採り、廃案後も衆議院通過を「実に大いなる進歩」と楽天的な総括をした(175)。

そして第三の両義的問題は、議会中に軍によるクーデタが計画されながら未遂に終わった三月事件であった。社会不安が昂じる中で情勢はすでに不穏であり、安達内相は一九三一年の最初の閣議で宇垣陸相に、「近時現役将校中に政治を云々するもの多く之が為めに結社さへ結成せられありと云ふ真相如何」と問うたという(176)。三月事件は未遂に終わり充分な処分も行われなかったために不明の点が残るが、満州問題処理の準備として国内改造を志向する桜会急進派の橋本欣五郎らと国家主義者の大川周明が組み、少なくとも陸軍上層の二宮治重参謀次長、建川美次参謀本部第二部長、小磯国昭軍務局長らが賛同した計画で、破壊によって政変を引き起こし、宇垣陸相を首相にすることをめざした(177)。橋本は、幣原首相臨時代理の失言問題に「むらむらと議会撲滅の信念」を固め、同時期、「ポーランドのピルスーツキ元帥の総理大臣は、あまりにもポーランドの議会が腐敗しているので、こんな女郎の腐ったような議会に同席するのを恥とすると宣言して、椅子を蹴って議会を出てしまった。そして国家革新にのり出したが、日本もここ一番、現陸相宇垣一成大将をして、堕落腐敗せる議会に同席するは男子の恥だと宣言せしめて、国家革新に乗りださせたらどうでしょうか」とも述べていたという。[178] トルコのケマルを理想視した橋本の国家改造像が左翼の共産革命論と同様二十世紀ヨーロッパ・モデルを色濃く反映していたことは興味深い。クーデタは第五九議会に労働法案が上程される三月二十日頃の実行を期し、第一に、大川が橋本を通じて陸軍上層と連絡をとりながら社会大衆党、全国大衆党、労農党の無産三派などから約一万人を動員してデモで議会を包囲し、決死隊が「政友民政両党の本部首相官邸を爆撃」することで騒乱を引き起こす。第二に、非常出動した陸軍が「議会を保護するとして之を包囲」して交通を遮断し、幣原首相臨時代理に総辞職を迫る。そして第三に、「予め準備せる所に従ひ策動」によって宇垣陸相への大命降下に至るというもので、資金は侯爵で貴族院議員の徳川義親が提供した。[179] 政府と軍、中でも議会に立脚した二大政党と陸軍が正面衝突する事態であった。

しかし、クーデタ計画は未然に中止された。そもそも計画がずさんで、どこまで宇垣が関与したかも疑わしい事件であった。宇垣自身の総括では、大川は二月十一日に同郷である小磯軍務局長の仲介で訪れ、民衆運動を起こして政党政治を非難する際に直接行動に及んでも軍隊で鎮圧しないでほしいと求めたので断ると、「政党内閣はもう到底駄目ですから、一つ中間内閣で独裁政治にして、閣下が総理になられたらどうですか」と述べた程度で全く心動かされなかったという。当時の宇垣の日記には、「昭和の維新」や政変の予感、その場合に政治に乗り出すかどうかといった散漫な記述があるが、注意は多く軍制改革問題に向いている。かえって貴族院で「神聖なるべき国防問題討議の日」に出席議員が少ないことに「最も真面目であるべき貴族院の諸公も近来何となく興味本位を以て政治を弄して居るのではないか」と記し、「政党的制裁波瀾の及ばざる安全地帯に栖籠りて政党的の行動や策謀を逞するの徒輩は貴族院より駆逐せねばならぬ」と「憲政の円満なる運用」の観点から問題視した。[180]

さらにクーデタの実行可能性は計画の巧拙以上に、現行秩序の安定性に左右される。橋本に計画を持ちかけられた小磯の第一声は、「世間は未だ橋本の云ふ如く議会に反感を有しておらず、東京を攪乱するも果して国民は吾人に賛成せず」

であったという。[181] また、先に一夕会の中心人物であった永田鉄山軍事課長が小磯軍務局長の指示で記した「陸相拝謁要領（宇垣内閣招来ノ為ノ）」「内閣更迭（正常ノ方法ニ依ル宇垣内閣成立ノ場合）」「合法的時局転回方策」の三文書から成るいわゆるクーデタ計画書についても、文面から直接非合法な手段は見出せない。[182] 同文書で注目されるのは、「原総理遭難」と「加藤総理薨去」の後を高橋、若槻が継いだことを先例に挙げて、首相が単独辞職する「雁首ノ交換ハ国家ノ為ニモ宇垣陸相ノ為ニモ不利ナルヲ以テ総理単独辞職ハ極力之ヲ阻止シ総辞職ニ導クヲ要スル」としながら、「万一陸相民政党内閣ノ首班ニ列」せられた場合の手続きを記していることである。これは首相だけを排除しても政党内閣制下では困難が増すばかりで、かえって民政党総裁として首相になれれば問題が解決するという点で反政党感情は見出せない。

この文書で奇異なのは内大臣が出てこないことである。騒乱勃発時に内大臣が不在であるとしても、内大臣抜きに首相選定にまで進むとしたら一九二六年十月に上奏され、新聞等を通じて世にも知られた既定の手続きを逸脱することになる。また、小磯に面会した大川は、「宇垣さんが自ら事態の拾収に任じたい旨、上奏すればいい」「元老は御召に応じ得ないやうに施策する」と述べている。[183] これもまた既存の首相選定方式への反抗である。永田についてはクーデタ計画の支持者として名前が挙げられるが、後に反対者に転じたとされ、また、計画書の作成を指示した小磯の回想では、永田は「非合法的処置には元々反対」と言いながら「困りましたな」としぶしぶ首尾一貫したものを作成したという。[184] 永田自身は一年後、近衛文麿や木戸幸一らに、「三月事件の輪郭は議会開会中に政変を起し、一方、宮中方面を抑へて上奏を敢行し、自己の意中の人物をして超然内閣を組織せしめ、国家社会主義的の政策を行はんと計画せしもの」と説明している。[185]

計画が急転直下中止に至ったのは、中止を命じた宇垣が何もせずとも民政党総裁に迎えられ、首相となる可能性が高まったためとも言われ、中止に憤慨した橋本や大川はこれを信じて宇垣の「変身」をなじり、「野心家」と憎んだ。このこと自体、先の永田の計画書と同様、いかに政党内閣制が彼らの頭の中を常識として支配していたかを物語る。同時期に、無産政党を巻き込み、民間に止まらず陸軍と海軍の現役組織を動かして「昭和維新」のための暴力革命を実現しようと奔走していた藤井海軍中尉の下にも、北一輝らが政友会内閣を立てようと努力中で「中間内閣の可能薄し」と伝えられ、宇垣内閣は根本的な変化に至る中間段階的な「ケレンスキー」内閣に擬せられていた。[186] 計画中止は、その上で、実際に労働者の動員を試したもののとても計画の規模に達する見込みがなく、計画のずさんさが事実として露見し、さらに、陸軍内部からの反対が起因していた。[187] すでに亀井貫一郎など無産派からの参加者にも離脱の動きがあり、賛成から転じたとも言われた永田をはじめ、人事局補任課長の岡村寧次大佐、山下奉文大佐、鈴木貞一中佐らが計画に反対した。

この時期、第一次世界大戦で明らかとなった新しい戦争形態としての総力戦と、新しい世界的な政治体制としてのデモクラシー、そして極度に厳しい財政状況の下で、陸軍は大川や橋本といった陸軍内外の一部の一旗組の誘惑に抗しきれないほど守勢にあったと言えよう。[188] 昭和天皇は二月二十日の陸軍軍事学の進講で、一九三二年に開催予定の国際連盟軍縮会議について経過を聞き、二十四日には議会での議論に関連して奈良侍従武官長に「統帥事項の取扱上余り無理に亘り不法に流れざる様将来注意を要する旨」の希望を告げ、翌二十五日にも奈良が「大権擁護云々」と答えたことについて「御不審なるが如き御下問」があった。そこで奈良は、「現時政治家が動もすれば統帥大権を弱めんとするが如き傾向あるに依り、之に対して統帥大権擁護の必要あるを申上げたる迄なり」と説明しなければならなかった。[189] 奈良は一九二〇年に東宮武官長となり、皇太子のヨーロッパ巡遊にも付き従い、一九三三年まで侍従武官長を務めた。第二次世界大戦後に書かれた回顧録草案では、皇太子時代の昭和天皇について、「理性に富ませらるゝ殿下は皇室の祖先が真に神であり、現在の天皇が現人神であるとは信ぜられざる如く、国体は国体として現状を維持すべきも、〔中略〕皇室は英国の皇室の程度にて、国家国民との関係は君臨すれども統治せずと云ふ程度を可とすとの御感想を洩らさるゝを拝したることあり、勿論第一次欧州大戦后此空気は世界に勃発し、日本にも余程瀰漫し、元老殊に山県、西園寺両元老の如きさへ余程かぶれ居り」と記されている。他方、「陸海軍人が常に軍拡を喜び軍縮を嫌ふは各国共共通当然の状態」で、ワシントン会議後から「漸次軍部内就中壮青年将校間に放漫不紀下克上の悪空気」が醸成されたが、「国民全体としては財政の緊縮経費負担の軽減のため軍縮を歓迎することは各国共通の事実」であって、「君主専制にあらざる限り軍人の希望を充し能はざるは民主政治の発達上是亦当然の事態」と言わなければならない。その中で「為政家の苦心」が察せられるが、「青壮年将校の間には第一次欧州大戦后のデモクラシー時代より政党の勢力強く国民一般に軍の縮少を唱へ軍人を軽蔑し、昭和五、六年頃英米指導の軍縮会議の決定に従ひ陸海軍共軍備縮少を断行したるに対し大に不満の空気を醸成し、延て上層部に反感を懐くに至り為に軍紀不振を招き所謂下克上の禍根を生じた」と総括した。[190]それは主観的には、体制化したデモクラシーの行き過ぎの問題であった。陸軍上層部も関与した三月事件は処分者もなく、この時にはいわゆる闇から闇に葬られる類の事件となった。

三月二十七日、こうして波乱の第五九通常議会は、経済危機下でますます存在感を高めていく議会政治に大きな反省を残して閉会した。

民政党総裁の交代と首相選定――民政党総裁若槻礼次郎という選択

四月四日の浜口首相の再入院によって、民政党内には新党首を推戴し延長内閣をめざすべきだ、という動きが強まった。浜口の早期回復が絶望的な中、首相を欠いて、内閣に中心がないようでは、行政、財政、税制の整理という難事業ができないという判断からであった。[191]その中心は井上蔵相であり、経済問題の解決を何より重視していた。八日にはひとたび政務官会議で浜口首相を中心に一致結束を申し合わせたが、十日には総辞職が閣議決定され、後任総裁の憶測も盛んであった。[192]後継総裁候補としては、当初、宇垣一成陸相が有力視されており、ついで考慮の対象となったのが山本達雄、若槻礼次郎ら党の長老たちであった。[193]また、安達内相も後継総裁に意欲的であると見られていた。[194]最終的に後継総裁に若槻を選んだのは浜口であった。浜口は、幣原と後継総裁について話した際に、安達については「後事を託する信頼なく」、宇垣については「最初は余程期待を懐きたるも其後共に事を為したる経験に徴し物足らぬ感を起し、今日となりては此人を推す自信を持たざる感想」を漏らした。[195]党員でないために筋違いと口の堅い幣原に強いてと意見を求め、「若槻が適任」という答えを得ると、浜口は「全く同様の考へ」と非常に喜び、諸般の事情から若槻以外に「適者なし」と考えていたので「実に満足」と安心したようであった。浜口は若槻を呼び、病床から後任を願った。若槻は政友本党から民政党に合流して党顧問を務めていた貴族院議員の山本達雄が適任であると考えていた。しかし山本は、いかに奮起を促し、「総裁の後任を引き受けること、場合によっては、総理大臣の大命を拝すること」を懇請しても、決して承諾しなかった。[196] これによって、若槻は四月十二日に幹部会で推薦を受け、十三日には憲政会以来再び総裁に選ばれた。[197]

他方、政友会では、四月十日に臨時の幹部会を開いて意見交換を行い、「我が党としてはあくまで政権争奪の嫌ひを避け正々堂々の陣を張ること」「民政党が何人を後継総裁と定むるにせよ責任継承の本義に則り到底政権維持を容すの余地なき事」「総辞職迫れるも我党としては元老献替に誤りなきを信じ敢に策動がましき事を排する事」という態度を決めた。[198]

このような、ともに元老の政党内閣主義を疑わない二大政党の動きと並行して、後継首相選定の準備が進んでいた。議会開会中の三月十日には、木戸内大臣秘書官長が意思疎通のために西園寺を訪ねた。西園寺は「現下の政局に就ては目下可なり微妙な形勢となり居るも、後任の問題（内閣の交迭《ママ》を前程《ママ》として）等は予め定め置くも中々其の通り実現は出来ず。其の時に臨み考ふるの外なし。只、目下の財政経済の状態に鑑み、今日、井上蔵相の実行せる方針をにはかに変更するは不可なりと思ふ」と民政党内閣を支持する発言をした。[199] 次に総辞職が目前となった四月十一日に、今度は西園寺が原田を牧野内大臣のもとに送り、政変の場合の後継首相について意見を求めた。牧野は名指しはしないものの「財政経済の点が何よりも考慮に置くべく、現内閣の実行しつゝある方針に最も近き政策を施行し得べき人選が適当なるべし」と答え、また辞表捧呈前後の事情はもとより参考にするべきであると意見を述べた。[200] 総辞職を前にして、西園寺と牧野の間で後継首相に関する認識はすでに一致していた。

四月十三日に浜口内閣は総辞職した。昭和天皇はまず牧野内大臣に下問し、牧野は元老に下問あるよう奉答した。この際、昭和天皇は財政上の心配を口にし、このことも下問を伝える使者を通して西園寺に伝えられることになった。鈴木侍従長は、牧野内大臣の意見を確かめた上で西園寺のもとに向かった。西園寺は伝えられた財政経済に対する昭和天皇の心配の意味を確認した上で、「然らば財政経済に関し御安心ある人を推挙すれば宜しかるべし〔中略〕浜口内閣総辞職の後継者としては若槻男爵こそ然るべし」と奉答した。[201] 若槻は二日前の四月十一日に男爵となっていた。

西園寺は、この時、三つの観点から若槻奏薦の理由を述べた。第一に、非政党内閣の可能性について、西園寺の手元にも多くの意見や情報が届いており、「中間内閣」を求めるものも相当数あったが、「中間内閣に就ては今日所謂政党内閣の成立せる時代に於てみだりに之を成立せしむるは却って政界を混乱に陥るるの虞あり。非常時に於て始めて実現せらるべきものと考ふ。尚、中間内閣の首斑《(ママ)》たるべき適当なる人物もなしと思ふ故、之は採らず」と否定した。この発言中の「非常時に於て」という部分から、西園寺が「中間内閣の可能性をいつも忘れてはいなかった」として、五・一五事件後に「中間内閣」にスムーズに移行したと説明される[202]。しかし、ここでの「非常時」というのはあくまでも仮定であって、西園寺はこの時「今日所謂政党内閣の成立せる時代」という認識を持っていたのである。第二に、政友会内閣の可能性について、政友会は田中総裁以来の不評判から未だ「人心を得たり」とも認められない。また、金輸出再禁止や平価切り下げといった政友会の財政政策は「今日の財界経済界の実情に鑑み、余程考慮を要すべき」ものであり、「今日の情勢は現内閣が推《(ママ)》行せる財政経済策により財界経済界安定の途を策する」のが良い[203]。第三に、民政党は「下院に多数を擁する以上は民心末去れりと断ずべからず[204]」。また「未だ其の政策は行詰れりと云ふにもあらず」、加えて浜口首相の辞職は病気が原因であるとはいえ、もともとは政治的意味を含む暗殺未遂事件であり、「之が原因となり総辞職を為すが如きは、暗殺を奨励するが如き結果ともなり、由々敷こと」である[205]。したがって、「今日の場合、民政党の総裁たる若槻男爵に組閣の大命降下あること最も可然」というものであった。

鈴木侍従長はその夜の内に復命し、牧野内大臣へも電話で「公爵より若槻男爵を適任者として奉答したる」と伝えた。翌四月十四日、昭和天皇は牧野内大臣に「西園寺よりの奉答に若槻男を指名し来りたるが如何」と下問し、牧野の「此際は財政経済上の関係が政治上最も大切と考慮致し同男が適当と存ず」という同意を受けて、若槻に組閣の大命を降した[206]。浜口内閣総辞職の翌日であった。

このたびの政変に際しては、昭和天皇の意向が西園寺に伝えられた。昭和天皇から首相選定に際しての具体的希望なり、意向なりが伝えられるのは初めてのことであった。天皇はあくまでも奏薦に基づいて大命を降下し、首相の選定は奏薦段階で行われる。したがって、天皇の意向が、逆に元老に伝えられるのである。しかし、西園寺が下問に即答したことは、後継首相選定上この天皇の意向が何ら影響を持たなかったことを示している。このたびの奉答では「若槻男爵」を適任とするという内容であったが、選定に際しては、「政党内閣」か「中間内閣」か、また、政友会内閣か民政党内閣かという検討がなされ、若槻がもっぱら民政党新総裁として選定されていることが重要である。これまでにも、原の後の高橋、加藤高明の後の若槻と、同一政党によって継続内閣を組織する例があったが、高橋内閣の場合は政友会内閣の継続というよりも「情意投合」路線の継続という要素があり、首相に選定されたことを受けて政友会の総裁となった。また、第一次若槻内閣の場合は議会中に首相が急死するという非常事態を受けてのものであり、後継総裁であったから選ばれたというよりは、議会での首相臨時代理であったから選ばれたと考えられる。それに対して、このたび、若槻は後継総裁として選ばれたのであった。政党の自律性が尊重されるようになったと言えよう。

田中、浜口両内閣の四年間は波乱に揺れた四年間であった。前者は昭和天皇によって倒され、後者はテロによって倒された。政党内閣制下での政党中心政治の模索がその出発点において混乱をともなったことは事実である。それは第一にルール再編の問題であった。複数政党間での競争は政治に復原力を与え、選挙を通じて選択を国民に選択を委ねる機能がある一方で、政党間での対抗が政権に直結する中で、いかに対抗すべきかは重要であった。中でも外交問題の扱いは、当事者が意識したにもかかわらず解決されなかった問題である。外務省内では、「政争がかくの如く苛烈になるに従つて、常に外交問題を政争の具に供されるために、日本の外交の立場が非常に悪くなる虞がある」という批判が聞かれるようになった。(207) また、地方官の更迭についても同様の問題をともなった。宇垣は、「日本人は日本の純良なる国民であり公民であると云ふことが第一であつて政党員たることは第二位に属することだ、との諒解が確かり出来て居らぬ。之れが政党が自治体に入り経済界を侵すに至るの主因である」と批判した。(208) 国益を増進すべき複数政党間での競争が逆に国益を損なうものとみなされたのであった。第二に、ルールの再編が進む中で、あらゆる問題が憲法問題として議論された。田中首相の行動は、「立憲的」でないと批判され、不戦条約の文言も実行予算も首相臨時代理の党籍すらも、いずれも憲法上の問題として騒がれた。その顕著な例は、ロンドン海軍軍縮条約の批准過程で国防欠陥論以上に統帥権干犯論が問題とされたことであった。

第三に、同じく憲法上の問題として重要な意味を持ったのが、立憲君主の役割像の再編であった。それは偶然にも昭和天皇の新政期と重なっていた。元老西園寺と昭和天皇および宮中官僚はいずれも政党内閣制を受け容れていたが、両者の間には天皇の果たすべき役割像について意見の相違があり、それは二つのイギリス・モデルに根ざしていた。西園寺は「君臨すれども統治せず」という格言通りの皇室像が望ましいと考えていたのに対して、昭和天皇と宮中官僚は実際のイギリス国王がそうであるように、政党政治が機能しない場合には調停者としての補完的な役割を果たすことを志向していた。そこでは憲法上許される範囲を見定めながら、世論の支持が得られるかどうかが重視され、帝国議会や枢密院、元老などの動向を注視して、あくまでも最後の手段として位置づけていた。しかし、このような昭和天皇や宮中官僚の行動は、政党政治を調整するどころか攪乱要因となった。そして最後に、このような過渡期の混乱を大きくしたのは、何より政策の成果があがらなかったことにあった。幣原外交を批判して中国外交の刷新を模索した田中外交は済南事件を引き起こし、張作霖爆殺事件に対しては軍の綱紀を維持できなかった。他方、慢性的な不況克服のために果断に金解禁を実施した浜口内閣は、その効果が現れる前に世界大恐慌によってさらなる不況を招いた。中国情勢や世界大恐慌など、いずれも累積してきた課題や外的要因のそもそもの厳しさは疑いようがない。しかし、このような失政は政党内閣の正統性を低下させるとともに、民政党による田中内閣の中国外交への危機感、政友会による浜口内閣下の不況への危機感によって、野党のとにかく現内閣を倒せばよいという姿勢を強化したのであった。

にもかかわらず、この時期の政治の基本的な潮流は政党内閣制に立脚した政党中心政治への移行過程にあった。二大政党は西園寺の政党内閣主義を疑わず、男子普通選挙制による有権者はもとより、女性や青年を含めた国民にもっぱら目を向け、その取り込みに励んだ。反対党に対しては政策的代案を提示し、政権につくと意識的にその政策を実行した。また、政友会が保守派の支持を集め、民政党が進歩派の支持を得ていたように、二大政党が社会の要求を糾合する役割を果たしており、婦人参政権問題に見られたように、二大政党が政権を競い合うというシステムの効能として、新たな政策課題も政策化への道を歩んでいた。政友会と民政党の間に経済政策、外交政策をめぐって看板政策の競合が見られたことは、地方議会をますます二大政党に系列化する効果を持ち、官僚機構の中でも内務官僚の二部交替制まで指摘されていた[209]。政党内閣制を前提に、二大政党制が政治と社会に浸透し、機能していたと言えよう。

また、政党政治に対する国民の支持を背景に、貴族院は衆議院に対する補完的役割を自明視し、枢密院も「第二の法制局の如く」と言われるように政治的地位を低下させていた[210]。そして、軍縮が進み、軍部大臣文官制の導入などシビリアン・コントロールの確立に向けた改革が目前視される困難な状況にあった軍においても、陸軍における田中義一や宇垣一成、海軍における財部彪や斎藤実、岡田啓介のように、政党内閣制を受け容れ、政党内閣との調和を図りながら軍政を展開していく軍指導者の協力が得られていた。最後の元老を決意した西園寺もまた、首相選定を通じて政党内閣制を支持するに止まらず、一貫して政党内閣による責任政治を模索した。若槻選定時に西園寺が「今日所謂政党内閣の成立せる時代」と語り、政党総裁として首相が選ばれたことは、先の永田の計画書の内容も含め、波瀾に揺れたかに見える四年間が、特に政権交代のあり方という点で政党内閣制が着実に浸透していった四年間であったと言えよう。

こうして、先に西園寺がパリ講和会議をその考えで取り運んだと述べた日本におけるデモクラシーは、一九三一年初頭には深刻な不況下ではあってもさらなる発展に向けた跳躍期を迎えており、漸進的進歩に止まらない急進化の様相をこそ呈していた。その中で外交官芦田均は、臨時代理大使を務める任地ベルギーで、浜口内閣退陣後の政変を「後には若槻内閣が出来そうであつて政友会の出る chance は無い。それが何となく失望、焦燥の念を与へる」と注視していた[211]。芦田の父鹿之助は自由民権運動にも加わった地方政治家で、政友会代議士を務めたこともあった。芦田自身、政友会からの総選挙出馬に向けて長らく準備してきた。前回総選挙直後の一九三〇年二月には「遂に次の選挙に打つて出る決心をした」と日記に記し、同年五月には政友会本部を訪れて森恪に「自分の決心」を話した[212]。一九二九年十月のニューヨーク株式市場大暴落に始まる経済危機は、第二次若槻内閣成立後も世界大で深刻化した。一九三一年三月にはアメリカで前年に続く銀行倒産の第二波が起こり、オーストリアでも最大の銀行で取り付け騒ぎが起きて破綻し、ヨーロッパ金融恐慌が引き起こされた。こうして世界大恐慌が猛威をふるう中で芦田は、四月二十六日には「日本の現レヂームも長くハ続くまい」というイタリア方面での噂に「それも確に一面の観察である」と思い、五月十一日には日本から届いた新聞を見て、「近頃ハ日本の共産化といふ事がさけ得ない事のように考へられる日もある。子供の為めにハ日本で教育を受ける事の可否を考へる事もある」と神経を昂ぶらせた。それでもなおというべきか、であればこそというべきか、七月三日に英国ウェストミンスター議院を訪れると、「自分の夢の最后の墓場は汝の面影である」と感激を露《あらわ》にした。[213] 立憲政治の中に育まれた日本での政党政治の発展は、すでに親から子へと引き継がれるほどの時間的蓄積を持ち、前途有為にして身分確かな外交官が政党政治家への転身を決意するだけの魅力と希望があったのである。

（1）浜口『濱口雄幸日記・随感録』四七八頁。以下、『浜口日記』と略す。

（2）浜口雄幸「現内閣の失政と我党の態度」『民政』一巻七号（一九二七年）二頁。また浜口は、「政党政治は、少く共我が国に於ては、今の所、大切なる試験時代である。試験時代には傍目をふつてはならない」と記した（『浜口日記』五四三頁）。浜口のリーダーシップについて、黒沢文貴「解題」『浜口日記』、波多野『浜口雄幸』、川田『浜口雄幸』、青木『若槻礼次郎・浜口雄幸』等を参照。

（3）浜口『浜口雄幸集 論述・講演篇』二〇三―二八頁。「明るく正しく強き政治」とも述べられている（『浜口日記』五四一頁）。

（4）河原宏は速やかな組閣の最大の理由を、「当時の国民世論の中に、明治憲法下においても議会政治を定着させ、対立する政党間に政権を交代する、いわゆる憲政の常道論が深く浸透していたことである」と指摘した（河原「浜口内閣」一七九頁）。浜口内閣の閣僚は以下の通り。総理・浜口雄幸（衆議院・当選五回・民政党）、後、幣原が臨時代理。外務・幣原喜重郎（貴族院・勅選・同和会）。内務・安達謙蔵（衆議院・当選一〇回・民政党）。大蔵・井上準之助（貴族院・勅選・無所属／民政党）。陸軍・宇垣一成。海軍・財部彪、後、安保清種。司法・渡辺千冬（貴族院・子爵・研究会）。文部・小橋一太（衆議院・当選三回・民政党）、後、田中隆三（衆議院・当選五回・民政党）。商工・俵孫一（衆議院・当選二回・民政党）。逓信・小泉又次郎（衆議院・当選七回・民政党）。鉄道・江木翼（貴族院・勅選・同成会／民政党）。拓務・松田源治（衆議院・当選七回・民政党）。班列・阿部信行。書記官長・鈴木富士弥（衆議院・当選四回・民政党）。法制局長官・川崎卓吉（貴族院・勅選・同和会）。日本近現代史辞典編纂委員会編『日本近現代史辞典』を参照。

（5）富田幸次郎「予期さるゝ総選挙に向て精進せよ」『民政』三巻八号（一九二九年）二〇―二一頁。牧野『牧野伸顕日記』三八〇頁。以下、

『牧野日記』と略す。

(6)『浜口日記』一九九頁。

(7) 井上準之助論叢編纂会編『井上準之助伝』四六八－七五頁。民政党への入党は浜口首相の依頼的な勧奨によるという。

(8)『浜口日記』二〇一頁。

(9) 北岡『政党から軍部へ』一六五頁。また、同、一五一－五八頁を参照。それは「協調的」もしくは「相互依存的」な政軍関係であった（黒沢『大戦間期の日本陸軍』三五九頁）。

(10) 宇垣『宇垣一成日記』一、七二四頁。以下、『宇垣日記』と略す。宇垣は、浜口内閣の戦略として早期に解散総選挙を行うべきであると考えていた。「今日の場合、不言実行、平素の党の主張を実現する」との説明にとどめ、後はできるだけ早期に総選挙を実施し、「敗るれば退き勝てば四年間内閣持続を前提として思ひ切りたる政策を遂行して国歩の大展開を策すべきである」と述べ、それは「党略」から見ても望ましいと考えていた（同、七二四－二五頁）。

(11) 坂野『近代日本の国家構想 1871-1936』二二二－三一頁。

(12) 丸山『七十年ところどころ』一四一頁。

(13) 同上、一二九－三一頁。丸山が田沢と考えた「中立政党の構想」を語ると、浜口は「それは政治の常道ではない」とむきになって批判したという（同、一三一頁）。

(14) 浜口雄幸「経済難局打開の使命」『民政』三巻一一号（一九二九年）六頁。また、浜口は、誤解を避けるためにと前置きをしてから、「余は必ずしも政党政治を以て政治の理想とするものではない。今日に於ては、政党政治は少くとも世界多数の文明国に於ける政治の形式であつて、他に代るべきより良き政治の形式を見出すことが出来ないから、此の形式を採用して居るのである。若し、他に我が国体と我が皇室と我が国民心理とにピッタリ合ふ所のより良き政治の形式が発見されたならば、夫は又別に大いに研究を要する問題であると思ふ。余の君国に尽すべき本領は、広き意味に於ける政治の実質（形式を含包す）であつて、必ずしも政治の形式のみに限つた訳ではない」と記した（『浜口日記』五四三頁）。

(15) JACAR（アジア歴史資料センター）Ref. B02031319700（第一五八～一六一画像目）、帝国内閣関係雑件第一巻（外務省外交史料館）。また、『民政』三巻八号（一九二九年）二－七頁にも掲載された。

(16) 岡部『岡部長景日記』一四七頁。以下、『岡部日記』と略す。

(17) 森恪「昭和四年度実行予算の正体」『政友』臨時増刊号（一九二九年）二頁。「田中政友会総裁ノ議会演説草稿」『田中義一関係文書』三六四、マイクロフィルム写真版、国立国会図書館憲政資料室蔵。以下、『田中文書』と略す。

(18)『浜口日記』二四二－四三頁。馬場恒吾は「日本の新聞も時々直接行動を試みることがある」と述べて、「濱口内閣成立の初めに於て、政府は官吏減俸案を出した。新聞は挙つて反対した。国民の輿論の名に依つて、新聞でも反対論を唱へ、政府とも直接に交渉した。然るに実際に於て、各新聞社に飛び込む投書の大多数は官吏減俸に賛成であつたのである。併し新聞を製作する当事者はそれを隠して、唯官吏減俸反対の投書のみを紙面に掲げた」と回顧した（馬場『議会政治論』二〇二頁）。河井弥八侍従次長は、官吏減俸に反対する司法官の「共同運動」を「苦々しき」と考え、「軍人若し此挙に出でんか、洵に大事となるべし」と憂慮して侍従長や宮内大臣と協議した（河井『昭和初期の天皇と宮中』三、一八一頁。以下、『河井日記』と略す）。

(19)『岡部日記』二一一頁。『牧野日記』三八八－九〇頁。

(20)『牧野日記』三九〇頁。

(21) 同上。また、浜口は撤回の閣議決定後に鈴木侍従長を官舎に訪ね、昭和天皇の意向と見られる「某事件」の処理を依頼した（『浜口日記』二四五頁）。

(22)　『浜口日記』二四二頁。
(23)　服部『幣原喜重郎と二十世紀の日本』一四一―四三頁。
(24)　この点について、村井「近代日本における多数主義と「憲政常道」ルール」で考察した。また、議会で多数から支持されるであろう指導者が指名され、議会で確認を求める方法は内閣の存続が議会の信任に依存する点で議院内閣制の一つのあり方である。岸本「オランダ型議院内閣制の起源」の議論を参照。
(25)　吉野『吉野作造選集』四、三〇〇―一四頁。
(26)　同上。吉野の政友会評価について、坂野『近代日本政治史』一三六頁を参照。
(27)　政友会は保守的体質の改善に努めようとしていたと評価されている（升味『日本政党史論』五、一八三頁）。
(28)　一九二九年七月六日に内田と面会した際の田中の様子（小林ほか編『内田康哉関係資料集成』一、三六二頁。以下、『内田資料』と略す）。田中は内田に政変を「誠ニ突発ノ事柄」と語った。その後、後述の司法事件が相次ぐ中で、死の直前の九月二十二日には、「田中は今日に到りては後任総裁其人を得ば自分は快よく引退する決心なり」との情報が西園寺の政治秘書である原田から牧野内大臣に伝えられていた（『牧野日記』三八五頁）。
(29)　『牧野日記』三八七頁。
(30)　後藤新平、伊東巳代治との結びつきは季武『大正期の政治構造』二二六―五二頁が詳しい。
(31)　原田『西園寺公と政局』別巻、八六頁。以下、『原田日記』と略す。
(32)　『民政』三巻一一号、六五頁。
(33)　犬養『景気か不景気か』一五―一八頁。
(34)　『政友』三五一号（一九三〇年）一四―一六頁。
(35)　犬養毅「今日の難局に処する吾党の所信」『政友』三六二号（一九三〇年）五頁。
(36)　『牧野日記』三九六頁。犬養はまた、外交においても復原力を期待される指導者であった。先の田中外交を帝国主義外交として強く批判した蔣介石政権は民政党内閣を平和勢力として期待を寄せたが、同時に犬養について深く信頼を寄せていた（家近『蔣介石の外交戦略と日中戦争』三三頁）。
(37)　大島「勲章・鉄道疑獄事件」三二〇頁。中でも、田中前内閣の天岡直嘉賞勲局総裁が御大典にともなう叙勲決定をめぐって賄賂をとった売勲事件は政党中心政治にとって深刻な意味があった。天岡は東京帝国大学法学部を卒業後官界に入り、桂太郎の女婿ともなっていたが、一九二四年五月に清浦奎吾内閣下で行われた総選挙に出馬して落選、二六年一月に依願免官となった。遊興を好む性格から大きな借金を抱え破産目前の身であったが、田中内閣が成立したことで政友会系官僚と目された彼の公職復帰の目処が立ったと示談が成立し、さらに政権交代によって事実公職に就くと負債返済のために収賄を強要したのであった。また、河井は、小川の鉄道事件について、浜口は慎重な取り扱いを考えていたが検事が主導したと理解している（『河井日記』三、一六五―六六頁）。昭和天皇はこの事件に、自らの徳の問題としても衝撃を受けた。
(38)　伊沢多喜男文書研究会編『伊沢多喜男関係文書』五二一、五五七頁。以下、『伊沢文書』と略す。
(39)　経緯について黒澤『内務省の政治史』二八―一二三頁を、明治憲法下での選挙管理の大きな流れについて村井「戦前から戦後への日本の選挙管理」を参照。
(40)　昭和恐慌について、橋本『大恐慌期の日本資本主義』、橋本・大杉『近代日本経済史』、武田『日本経済の事件簿』、金解禁政策について、中村『昭和恐慌と経済政策』、中村『昭和の恐慌』などを参照。
(41)　『浜口日記』二五五頁。

(42) 『中外商業新報』一九二九年十一月三日付、『大阪毎日新聞』一九二九年十一月十九日付。

(43) 岸ほか『私の履歴書 保守政権の担い手』二二七―二二八頁。

(44) 『牧野日記』三九六頁。先の田中政友会内閣からの外務次官であった吉田の行動は政友会人脈としてのそれだが、幣原外相は政権交代にともなう事務官の更迭に消極的で外相再任から一年以上本省人事にあまり手をつけなかった（服部『幣原喜重郎と二十世紀の日本』一四二頁）。

(45) 奈良『侍従武官長奈良武次日記・回顧録』三、一九六頁。以下、『奈良日記』と略す。『岡部日記』二七一頁。

(46) 『政友』三五二号（一九三〇年）表紙。

(47) 川人『日本の政党政治 1890-1937年』二六八頁。遠山・安達『近代日本政治史必携』二一一頁―一二頁も参照。

(48) 浜口雄幸「総選挙の結果と政策の遂行」『民政』四巻三号（一九三〇年）二頁。

(49) 同上、三頁。なお、無産党議員の当選が少なかったことについて、安達内相は、「彼徒が屢々分裂し、且つ言論を自由にした結果、国民は無産派の言論を十分に聞知し、その実行不可能なることを知つた事が原因の一であらう」と推測している（同、五頁）。

(50) 矢部『近衛文麿』一四二頁。

(51) 吉野『近代政治の根本問題』七頁。

(52) 同上、一七頁。

(53) 同、二四頁。吉野は、「一八四八の年の革命は一八三〇年に第一歩を踏出せし所の democracy の最終の勝利を意味するものにして、（中略）これより反動思想の勢力は著しく衰へ、所謂近代民本主義の政治がこれより漸く各国に流行することになれり」と日本の事例を世界史の中で位置づけた（吉野作造講義録研究会編『吉野作造講義録』四、一三一頁）。

(54) 吉野『近代政治の根本問題』五〇―五三頁。

(55) 「市川房枝関係日記類婦選活動日記 昭和四年」『婦人参政関係史資料』三四六〇―二、財団法人市川房枝記念会女性と政治センター蔵。前段はさらに加筆され、「昨選挙后議院に於ては公民権が可決されんとする処まで進み、今や政友民政二大政党迄も無産党と同様これを党の問題として扱ふまでにいたった」とも記されている。

(56) 『婦選』四巻二号（一九三〇年）、一九頁。市川の運動と政党内閣制との関係について、村井「一九二〇年代の政治改革、その逆コースと市川房枝」を参照。

(57) ロンドン海軍縮問題について、麻田『両大戦間の日米関係』、伊藤『昭和初期政治史研究』、伊藤『昭和天皇と立憲君主制の崩壊』、関『ロンドン海軍条約成立史』、服部『幣原喜重郎と二十世紀の日本』、渡邊『軍縮』、小林「海軍軍縮条約」を参照。

(58) 関『ロンドン海軍条約成立史』二一頁。

(59) 同上、一二九―一三〇頁。

(60) 麻田『両大戦間の日米関係』一七七頁。

(61) 七割という数字については、一九〇七年に策定された「帝国国防方針」で米国を仮想敵国とする海軍の作戦が来航する米艦隊を待ち伏せして撃ち、最後は日本近海での艦隊決戦により撃滅するもので、地の利を活かした上で七割の兵力が必要であると考えられたためであった。その提唱者は佐藤鉄太郎とも秋山真之とも言われる。同上、一五〇―五九頁。池田『日本の海軍』下、八二―八三頁。

(62) 日本国際政治学会編『太平洋戦争への道』別巻、三―七頁。

(63) 『原田日記』一、一八―一九頁。

(64) 若槻『欧州に使して』七頁。

(65) 同上、二七、三二頁。

(66) 同、三四―三七頁。

(67)　若槻『明治・大正・昭和政界秘史』三一六頁。以下、『若槻回顧録』と略す。
(68)　日本国際政治学会編『太平洋戦争への道』別巻、一二頁。
(69)　関『ロンドン海軍条約成立史』一七〇―七一頁。
(70)　岡田『岡田啓介回顧録』七一頁。以下、『岡田回顧録』と略す。
(71)　『浜口日記』三一八頁。『河井日記』四、四五頁も参照。皇太子時代の昭和天皇は、一九二一年の訪欧時に、ロンドンで「平和と正義の統治を永久に建設せんがために注げる数万同胞の血に酬ゆべきは、全然吾人生存者の義務」であると演説し、英国王ジョージ五世に勧められた戦跡視察では、現地で涙ながらの説明を受け、「戦争というものは実にひどいものだ」と思わず涙ぐんだという（波多野『裕仁皇太子ヨーロッパ外遊記』一一六、一五八頁）。他に近衛文麿も西園寺とフランスの戦跡を視る機会があったが、「今更ながら近代戦争の惨禍の余りに甚しき」に驚き、ドイツ兵の屍体を見て遅い帰りを待つ父や妻子もあろうにと言葉を失っていると、西園寺は「可哀想に」と「感慨深き一語」を残して静かにその場を立ち去ったという（近衛『戦後欧米見聞録』一五―一九頁）。
(72)　日本国際政治学会編『太平洋戦争への道』別巻、三七頁。
(73)　『奈良日記』三、二二七頁。奈良によれば、加藤の上奏は、「軍縮委員への回訓に不同意」の内容であったが、「米国提案に同意する時は国防の遂行不可能なり」という結論ではなく、ワシントン会議後の一九二三年に策定した国防に要する兵力及び国防方針の変更が必要であるというだけで、奈良が加藤に上奏理由を聞いたところでも、「唯御聴き置かれたき積り」であって、回訓前に上奏していたとしても事態は変わらなかっただろうと感じられた（同）。
(74)　『浜口日記』三二一頁。
(75)　服部『幣原喜重郎と二十世紀の日本』一五四頁。
(76)　『浜口日記』三三一頁。
(77)　『官報号外 昭和五年四月二十六日 貴族院議事速記録第二号』五―六頁、『官報号外 昭和五年四月二十六日 衆議院議事速記録第三号』一二―一三頁。国立国会図書館帝国議会会議録検索システム。以下、官報について同じ。
(78)　犬養毅「今日の難局に処する吾党の所信」『政友』三六二号、二頁。
(79)　吉野「統帥権の独立と帷幄上奏」同『吉野作造選集』四、三三六―五二頁。五月十八日執筆。
(80)　飯森「ロンドン海軍軍縮会議と反対運動再考」二一八頁。
(81)　JACAR（アジア歴史資料センター）Ref. B04122592500（第三六一画像目）、倫敦海軍会議一件／輿論並新聞論調本邦第二巻（外務省外交史料館）。
(82)　若槻『欧州に使して』一二〇―二四頁。「小学校在学の小国民に至るまで世界平和の維持増進といふが如き崇高なる事業を理解せらるると共に、帝国の国防について深き関心を有せらるる事」に感激したという。また若槻は、歓呼の声が「未だに耳朶に遺つてゐる」と記した。
(83)　『原田日記』一、四七頁。
(84)　『岡田回顧録』二八四―八五頁。
(85)　小林「海軍軍縮条約」一二六頁。
(86)　幣原『外交五十年』一三二頁。若槻首席全権も斎藤から祝電を受けた（『若槻回顧録』三二二―二三頁）。また、七割に固執する議論に疑問を呈するなど、会議中の斎藤の尽力について、伊藤『昭和初期政治史研究』、関『ロンドン海軍条約成立史』を参照。
(87)　『原田日記』一、八五頁。「軍縮条約成立に至る手続の非なると、其結果国防上に欠陥を生じたること」を痛烈に記載した辞表であったという（『河井日記』四、九二頁）。
(88)　『岡田回顧録』二七七頁。

(89) 同上、二七八頁。西園寺の秘書の原田によれば、「一番穏かに収まるやうにいろいろ努力してをられた」岡田は、加藤の帷幄上奏による辞表提出に「まことに残念である」と述べた（『原田日記』一、八六頁）。

(90) 『原田日記』一、八五頁、『河井日記』四、九三頁、『奈良日記』三、二三五頁。

(91) 『奈良日記』三、二三九頁。原田は、「これは今まで省部の間に慣例として当然行はれて来たものであつて、ことさらにかくの如く書立てるほどのものではないが、今度の問題が起つてから已むを得ずさういふことを覚書にしたのである」と記し、さっそく、新聞に漏洩された綱紀の紊乱を西園寺ともに問題視した（『原田日記』一、一〇一頁）。平松「海軍省優位体制の崩壊」を参照。

(92) 関『ロンドン海軍条約成立史』三四〇頁。

(93) 『岡田回顧録』二七一、二七六頁。

(94) 同上、三〇二頁。

(95) 『原田日記』一、八八頁。

(96) 関『ロンドン海軍条約成立史』三六五―四〇七頁。国際連盟での石井の活動について篠原『国際連盟』一七五―七七頁を参照。なお、石井には、不戦条約問題で田中首相が「不可思議極マル」態度と感じ、内田枢密顧問官が「近来同人ノ行動面白カラズ」と述べるなどの評価もあった（『内田資料』一、三六二、三六九頁）。

(97) 『原田日記』一、一四五―四七頁。美濃部は「御諮詢なしに御批准をされてもかまはない」という意見であった。

(98) 『岡部日記』四三三頁。西園寺は、「それが憲法上正しければ前例云々に屈託したり拘泥する必要を認めない」と政府を励ました（『原田日記』一、一五九頁）。

(99) 『原田日記』一、一六七頁。

(100) 同上、一七七頁。市川房枝は、政友会少壮派のある代議士から「犬養さんはほんとうに気の毒でしたよ。犬養さんは初めからロンドン条約は枢密院で可決されると信じてゐられた。又一度調印した以上は国際信義の上から批准すべきものとの信念も持つてゐられた、然し党の態度が決定すれば自分の意志に反しても党の意見を公表することも出来る人です」と聞いたという（『婦選』四巻九号、一九三〇年）。

(101) 『浜口日記』三九二―九三頁。

(102) 一九三〇年九月二十三日付加藤寛治宛山本悌二郎書簡。加藤『続・現代史資料5 海軍』六二〇頁。

(103) 『民政』二巻七号（一九二八年）二―三頁。

(104) 茶谷『昭和戦前期の宮中勢力と政治』五三―八九頁。

(105) 「軍備論ニ対スル反響ニ関スル件」『田中文書』三六三。一九二九年八月二十二日と記されている。

(106) 同上。軍縮において問題は先鋭化するが、予算獲得のためには常に帝国議会を説得しなければならない。先の第五六議会では防空予算を新たに通すために陸軍省の担当者は毎日「貴族院、衆議院の議員のところを講演して歩」き、さらに『国土防空に就て』と題するパンフレットを作成して配布するなど宣伝に努めた（土田『近代日本の「国民防空」体制』九三頁）。そのかいあってか防空予算は通ったが、参謀本部第二課長の小畑敏四郎大佐は、作戦と防衛とは一体であるにもかかわらず「作戦の予算を通さないで、防空だけの予算を通すのはけしからん」との不満を文書にして要路に回したという（同、九七頁）。

(107) 上原『上原勇作日記』四六〇頁。

(108) 『原田日記』一、一二六―二七頁。

(109) 『奈良日記』三、二四九頁。

(110) 『宇垣日記』一、七七一頁。先に帝国議会で浜口内閣が不答弁主義を採ったことは当時から批判があったが、軍政系指導者を軸に陸海軍組織を統制しようとする中で妥当な柔軟性であったと評価しておきたい

(関『ロンドン海軍条約成立史』二五五―五六頁、井上『政友会と民政党』九五頁も参照)。

(111)『浜口日記』五二五頁。

(112)一九三〇年十一月八日付加藤寛治宛山本悌二郎書簡。加藤『続・現代史資料5 海軍』六二一頁。また、「強く出れば政変を来すの恐ありなその説もあるべく、海軍か国民の怨府となるべしなぞのオドシ文句も」あろうが、「国防安危の前には政変何かあらんや」とも書き送っている(一九三〇年十一月九日付加藤寛治宛山本悌二郎書簡。同、六二二頁)。

(113)『原田日記』一、二一〇頁。軍務局長として条約批准に尽力した堀悌吉少将は一九四六年に往時の資料を用いて事実において統帥権干犯論が成り立たないことを論じ、さらに、「ロンドン軍縮会議ニツイテ政友会デ軍令部ノ帷幄上奏ノ優越ヲ是認シ責任内閣ノ国防ニ属スル責任ト権能トヲ否定セントスルガ如キハ苟モ政党政治ノ責任内閣ヲ主張スベキ立場ニ在ル政党トシテハ不可解ノ態度トイハネバナラナイ、シカモソレガ政党政治確立ノ為ニ軍閥ト戦ツテ来タ過去ヲ持ツ犬養老ト政友会ノ将来ヲ指導スベキ鳩山君ノ口ヨリ聞クニ至ツテハ其ノ奇怪ノ念ヲ二重ニシナケレバナラナイノデアル」という新聞社説を引いて、「大政党代表者ガ此ノ種ノ輿論ニ逆行シテ論拠ヲ事実ニ求ムルコトナク統帥権干犯論ノ如キヲ議会デ行ツタコト」を問題視した(日本国際政治学会編『太平洋戦争への道』別巻、七一頁)。政友会が議会で提起する前にすでに海軍退役将校の諸団体が反対運動を開始していたことを思えば、現役と退役、軍政と軍令という二重の意味での海軍組織内統治の失敗を政党に転化するものであるが、他方でこの問題の帰趨が紙一重であったこと、そして政党と議会が当時他を圧する影響力を持っていたことを示唆すると言えよう。鳩山は、当時、「議会制度以外果して他の制度がよく人類の自由正義を確保せしめて、共通善を全うせしめ得るや、甚だ覚束ない」と述べ、「政治の改革といふことは政党の改革と云ふことに帰着して来る」と指摘していた(鳩山一郎「政党への注文」『政友』三六二号、一二頁)。

(114)『原田日記』一、二一七頁。

(115)同上、一三一頁。

(116)同、二一九頁。

(117)Lamont Papers (Baker Library, Harvard University), 150-3, Japan—Iyesato Tokugawa Dinner, November 3, 1930. 同じ表現が、一九二六年十二月七日の日本協会での夕食会での挨拶原稿にもあり、should repeat を削って、recently declared を入れるなど推敲の跡がある。

(118)安部『次の時代』三五、五五頁。

(119)山崎「一九二〇年代における文部省の公民教育論」を参照。

(120)『官報号外 昭和五年五月十四日 貴族院議事速記録第十四号』一九二頁。

(121)土田『近代日本の「国民防空」体制』一三八頁。吉田「昭和恐慌前後の社会情勢と軍部」を参照。

(122)すでに大阪では一九二四年七月に市電のストライキに在郷軍人会が介入していた(藤井『在郷軍人会』一四六頁)。

(123)土田『近代日本の「国民国防」体制』一五三頁。北岡『官僚制としての日本陸軍』第三章参照。宮内省でも二年かけて事務刷新経費節約について検討され、一九三〇年十一月七日、一木宮内大臣は、「経済界ノ不況甚シク世相不安ナルノ今日、之ガ実行ニ付テハ実ニ深甚ナル注意ヲ要スルモノアリ」と説いた(『河井日記』六、二二五―二二六頁)。

(124)高橋編『現代史資料23 国家主義運動3』二五四頁。秦『軍ファシズム運動史』四九―五〇頁。「右翼思想犯罪事件の総合的研究」今井・高橋編『現代史資料4 国家主義運動1』四三―四五頁。

(125)「右翼思想犯罪事件の総合的研究」今井・高橋編『現代史資料4 国家主義運動1』五一―五三頁。一九三九年に司法省刑事局でまとめられた同研究は、ロンドン海軍軍縮問題を「軍部と政党との正面衝突」の始点と位置づけている。伊藤『昭和初期政治史研究』四二〇―三三頁も参照。

(126) 田々宮『橋本欣五郎一代』二七頁。

(127) 秦『軍ファシズム運動史』三〇五―〇六頁。

(128) 小林「一九三五～六年の危機」一、六―八頁。

(129) 一九三〇年十二月に発刊された雑誌『新聞と社会』などが執拗に報じたもので、伊藤『昭和初期政治史研究』四四〇―四二頁、佐藤「キャッスル事件をめぐる「怪情報」ネットワーク」一二〇頁を参照。

(130) 『浜口日記』四一九頁。

(131) 第一審判決理由より。松尾「浜口雄幸狙撃事件」三七九―八〇頁。

(132) 『牧野日記』四一七頁。

(133) 『政友』三六三号（一九三〇年）五一頁。

(134) 『原田日記』一、二二〇―二一頁。

(135) 『原田日記』別巻、一〇六頁。

(136) 『原田日記』一、二二五―二六頁。

(137) 『牧野日記』四一八頁。

(138) 『原田日記』一、二三二頁。

(139) 勝田『重臣たちの昭和史』上、一七―一八頁。原田の個人史については、女婿勝田龍夫の同書が詳しい。また、村井「原田熊雄文書」も参照。

(140) 原田編『陶庵公清話』一六一―六五頁。

(141) 『原田日記』別巻、三三三―三九頁。

(142) 一九四〇年十月に口述資料を預ける目的で原田が高松宮に趣旨を説明したもの（『原田日記』八、三七一頁）。

(143) 木戸『木戸幸一日記』上、四九頁。以下、『木戸日記』と略す。

(144) 木戸は内大臣府に移る前の九月三十日に牧野内大臣と面会したが、「内大臣府と云ふところは仕事は殆どなく極めて暇なのだが、それでもいいですか」と聞かれたにもかかわらずであった（木戸日記研究会編『木戸幸一関係文書』九八―九九頁）。

(145) 西園寺公一『西園寺公一回顧録「過ぎ去りし、昭和」』一八―一九頁。公一はまた、「幕末のイギリス公使にパークスという人がいるだろう。この人と木戸孝允が話した際、木戸が「日本人は皇室を神として敬い、この生き神の下で奉公するのだ」と自慢したらしい。するとパークスは、「人間を治めるのは人間であるべきだ」といった。じいさんは「自分もパークスの意見に賛成だ」といっていたな」と回想している。西園寺『貴族の退場』一三五―三六頁も参照。

(146) 『岡部日記』六一―六二頁。

(147) 原田編『陶庵公清話』一六〇頁。

(148) 同上、一―二頁。また、この日の帰りに西園寺は原田に、「殿下が、政争の醜さを憤慨、といふより、軽蔑されておいでだつた」ので、「いくつかの政党が分立してゐるといふことは、もともと争ふためでありまず。但し、利権や私情の争ひは断じて許さるべきでなく、常に君子の争ひでなければなりません（中略）殿下が、政争そのものを非難あそばされることは、御再考を煩したいと存じます」と申し上げたと語った（同、三―四頁）。

(149) 『牧野日記』四二二頁。永井『青年君主昭和天皇と元老西園寺』を参照。

(150) 『牧野日記』三九五頁。

(151) 『岡部日記』二七一―七二頁。

(152) 『河井日記』四、四八頁。『牧野日記』四〇二頁。

(153) 『牧野日記』四〇二頁。

(154) 同上、四二三頁。

(155) 遠山・安達『近代日本政治史必携』一二五頁。

(156) 斎藤『斎藤隆夫日記』上、六九二頁。以下、『斎藤日記』と略す。
(157) 『原田日記』別巻、一〇七頁。
(158) 同上、一〇九頁。森恪の発言。
(159) 『官報号外　昭和六年一月二十三日　衆議院議事速記録第三号』。
(160) 矢部『近衛文麿』一四七頁。
(161) 詳しくは、河原「浜口内閣」二一六頁。
(162) 『浜口日記』四三〇頁。
(163) 浜口の日記によると、妥協案の内容は、「一、幣原首相代理、失言ヲ認メテ之ヲ取消スコト（十二日ノ予算総会ニ於テ）、之ニヨリ円満ニ議事ヲ進行スルコト。二、右ト交換条件ニハアラザルモ所謂「立憲的武士道」ニ依リ告訴ヲ取下クルコト。三、議会浄化、暴力行為排除ノ為両党ヨリ委員ヲ設ケテ考慮セシムルコト（本項ハ世論ニ刺激セラレタル所多シ）。四、前項ノ為両党々首ノ会見ヲ行ヒ覚書ヲ発表スルコト（日時未定）」であった（同上、四三二頁）。
(164) 『斎藤日記』上、七〇六―〇七頁。
(165) 『官報号外　昭和六年三月十一日　衆議院議事速記録第二十五号』六六八頁。
(166) 『木戸日記』上、六六頁。
(167) 『牧野日記』四二九頁。
(168) 『浜口日記』四三〇頁。
(169) 『牧野日記』四二九―三〇頁。
(170) 尾崎「尾崎行雄氏談話速記」一七三―七五頁。
(171) 美濃部『議会政治の検討』三―一八頁。
(172) 児玉「解説」三一頁。この案は市町村のみに婦人公民権を限るものでもあった。また、夫の同意条項について松尾尊兊は、「内相の意を受けて貴族院の通過を容易にするための措置として加えられたものであろう」と推定している（松尾「解説　帝国議会における婦選法案の推移」二一頁）。
(173) 『婦選』五巻四号（一九三一年）、五頁。
(174) 「歴史評論」編集部編『近代日本女性史への証言』六〇頁。一九七八年の聞き書き。
(175) 安田『大正デモクラシー史論』一三一―四〇頁。
(176) 秦『軍ファシズム運動史』二九二頁。
(177) 刈田『昭和初期政治・外交史研究』九四―一一〇頁。三月事件について他に、秦『軍ファシズム運動史』、中野『橋本大佐の手記』、徳川『最後の殿様』、小林『政党内閣の崩壊と満州事変』、森『永田鉄山』を参照。
(178) 中野『橋本大佐の手記』四五頁。田々宮『橋本欣五郎一代』六一頁。一九二六年五月のクーデタから三五年五月に死去するまで権力を掌握し続けたヨーゼフ・ピウスツキは、政党政治に対する理解も共感もなく、「浄化」をスローガンとして、一九二八年三月の総選挙には自らの政権を支える新組織を作って臨んだが、後に歴史家から「気乗りのしない独裁者」「半独裁的な体制」と評価されるようにもっぱら外政と軍事に関心を寄せ、約九年間、国防大臣を占めた一方、首相には短く二度、しかも多分に形式的であったという（ポロンスキ『小独裁者たち』三〇―五九頁）。
(179) 秦『軍ファシズム運動史』二九二―九六頁。
(180) 『宇垣日記』一、七八三―九六頁。また宇垣は、戦後、三月事件について、「昭和六年一月に幣原の舌禍事件があって、議会と政党の堕落は輿論の認める所であった。その二月大川に会った時、彼が政党の堕落を悲憤慷慨していたので、私も同感であったから「何とかしなければならぬ」と言い合った。しかしそれ以上何か計画したということはない」と語ったという（矢部『近衛文麿』一四九頁）。宇垣の第二次軍政改革について、北岡『官僚制としての日本陸軍』、小林『政党内閣の崩壊と満州事変』、最近の研究として高杉「宇垣軍縮の再検討」を参照。
(181) 中野『橋本大佐の手記』五〇頁。
(182) 菅原『相沢中佐事件の真相』六〇―六四頁、小林『政党内閣の崩壊と満州事変』一五七―六九頁、森『永田鉄山』一四五―四八頁を参照。
(183) 小磯『葛山鴻爪』五〇一頁。小磯は二大政党のいずれの内閣でも「陸軍の装備改善作戦資料の充実」は当分困難であろうと考えていたので大川の意気込みは評価したが、方法において「児戯に類する」と感じたという（同、五〇二―〇三頁）。
(184) 同上、五〇九―一〇頁。
(185) 『木戸日記』上、一四七頁。
(186) 「故藤井海軍少佐の日記写（抄）」原ほか編『検察秘録五・一五事件』三、六五七、六六一頁。藤井は同志から「宇垣をかつぎ既成政党の打倒を断行、同時に宇垣を倒さん」という手紙を受け取っている（同、六五五頁）。また、先にロンドン条約をめぐってキャッスル駐日米国大使が買収工作を行ったという陰謀論について、「キャッスル三百万弗事件は着々と歩を進めつゝありと。之を以て民政の巨頭一網打尽せらるゝ日来らむ。政友をして之を為さしむべし、夷を以て夷を制す一の戦術也」と言及され（同、六五七頁）、また、藤井は、首相を一般投票にすることで「多数党政権把持の現状」を打破しようという北昤吉の「既成政党打破論」を読んで、「愚論なり。首相一般投票を為さしむる制度は誰が作るや、既成政党の連中の賛成なくんば出来ず。己を打破する制度を誰が制せんや、議会主義の亜流なり」とあらためて「革命」の不可避性を日記に記していた（同、六六三頁）。
(187) 刈田『昭和初期政治・外交史研究』一〇一―〇四頁。
(188) 戸部『逆説の軍隊』、黒沢『大戦間期の日本陸軍』を参照。
(189) 『奈良日記』三、三〇一―〇三頁。
(190) 『奈良日記』四、一二七―二九、一四二、二一六頁。また、奈良は、「殿下は成るべく民主々義を御考慮」と記したが、行幸時の行列への警戒を簡単にするようにという「御意見」であることから、ここでの「民主々義」への考慮とは政治システムの問題ではなく、国民に近い皇室という文化的なものであったと考えられる（同、一三九頁）。
(191) 『木戸日記』上、六九―七〇頁。
(192) 『斎藤日記』上、七一〇頁。
(193) 『牧野日記』四四〇頁。
(194) 斎藤は四月八日に安達と会って「氏は相変らず野心を包蔵す。己れを解せざるものか」と評し、若槻に決まっても、安達内相邸は「若槻氏の総裁拒絶を熱心に期待せり」というようすであった（『斎藤日記』上、七一〇頁）。
(195) 『牧野日記』四四一頁。幣原が牧野に伝えたこと。
(196) 『若槻回顧録』三二九―三一頁。
(197) 塚田『立憲民政党史』下、八四三―四八頁。
(198) 『政友』三六九号（一九三一年）四三頁。
(199) 『木戸日記』上、六五頁。
(200) 『牧野日記』四四二頁。
(201) 『木戸日記』上、七一―七二頁。この時、勅使である鈴木侍従長が西園寺に伝えたのは、第一に浜口内閣総辞職にともない後継内閣の組織に関する件、第二に財政経済逼迫に対する天皇の心配、第三に軍縮問題に関する考慮の三件であった。
(202) 升味『日本政党史論』五、一八頁。
(203) 『木戸日記』上、七二頁。
(204) 『河井日記』五、六〇頁。
(205) 『木戸日記』上、七二頁。
(206) 『牧野日記』四四三頁。
(207) 『原田日記』一、二三五頁。

(208)『宇垣日記』一、六七二頁。
(209) 粟屋『昭和の政党』二一七―二五頁。升味『日本政党史論』五、二八五頁。
(210)『岡部日記』二七二頁。伊藤隆は、枢密院や軍部の中での「いわゆる政党内閣制の確立にともなって政策決定面でのウェイトの低下」が起こることへの危惧を指摘している（伊藤『昭和初期政治史研究』四六二頁）。
(211) 芦田『芦田均日記　一九〇五―一九四五年』三、四五八頁。
(212) 同上、三六〇、三八〇頁。同、四八〇頁も参照。
(213) 同、四六一、四六四、四六八頁。

第3章　一九三二年憲政危機と政党内閣制の中断

——内外非常時下の「常道」からの逸脱（一九三一〜三二年）

一九三一（昭和六）年七月十三日、原田熊雄は、前年末のロンドン海軍軍縮条約公布でひと区切りをつけた口述記録を再開した。それは、「満洲某重大事件と西園寺公」「海軍会議と西園寺公」の続編として「陸軍軍縮と西園寺公」と題され、次の「昭和七年の二月にジェネヴァで開かれる陸軍軍縮会議に対する軍部の主張」で始められた(1)。

現下の国情では、到底これ以上に軍備を縮小することは許されない。即ちロシアの進出と支那の絶えざる動乱とに対して、満蒙の権益を擁護するためには、国防力を現状以下に縮小し得る余地がない。しかも一方、政党政治は到底我々の信頼し得るものでなく、他方、殊に満蒙の地は明治天皇の洪謨によつて開かれたものであり、我が帝国の生命線の第一線にあるものである。従つてこれが権益の擁護は、いかなる犠牲を拂つても完うしなければならない。以上の理由で、軍としてはあくまで軍縮の提議に反対するものである。

口述を中断していた間に原田は男爵議員として貴族院議員に補欠当選し、また先の記録を西園寺公望に送って、「後世絶好の史料」というお墨付きを得ていた(2)。一九三二年二月には国際連盟が主催し、陸海空の三軍に及ぶ軍備縮小を話し合うジュネーヴ一般軍縮会議の開催が予定されており、西園寺の評価に励まされてでもあろうか、先のロンドン海軍軍縮会議に続いて、会議に至る経過、交渉、調印、批准という一連の流れを同時代的に記録していこうという意図が見られる。

しかし、「陸軍軍縮と西園寺公」は前二篇と違って完結することはなかった。記録の口述は西園寺の死の三日前にあたる一九四〇年十一月二十一日まで続き、戦後に出版された『西園寺公と政局』全八巻中七巻分を占めた。それは、標題のように当初事件記録を意図して始められながら、危機が日常化する中で記録の性格が変質していったことをうかがわせる。

政党内閣制は政権交代による政治行政の調整作用、すなわち復原力を内在する政治システムであり、二大政党制にはその営みに安定性を与え統治能力を発揮する効果が期待されていたが、戦前日本では、一九三二年に犬養毅政友会内閣が倒れた後、敗戦まで二度と再び政党内閣は誕生しなかった。

一九三〇年代初頭に日本を襲った危機は複合的であり、かつ世界的であった。第一の危機は経済危機であった。一九二九年に米国ウォール街での株価大暴落に始まった世界大恐慌は、第一次世界大戦後の恒常的な経済不況からの回復に努めていた日本にも及び、金解禁にともなう緊縮財政政策も加わって、深刻な社会不安を引き起こした。第二の危機は対外的な軋轢《あつれき》の昂進であった。一九二九年、中国は中ソ共同経営となっていた東支鉄道の回収を強行し、逆にソ連側の軍事的勝利に終わる中ソ紛争を引き起こしていた。このことは一九二八年に再統一された中国の国権回収熱と、ひとたび革命で弱体化していたソ連が、同じく二八年から始まった第一次五カ年計画とともに軍事的存在感を再び増しつつあることを強く印象づけた。(3) このように東アジアの国際環境が大きく変動する中で、南満州東部内蒙古、いわゆる満蒙の地を中心に形成されてきた中国での日本の権益は動揺し、こうした構造的な困難を抱える対中外交が手詰まり状態となる中で、陸軍ではすでに満蒙問題の武力解決の可能性が論じられるようになっていた。国際法学者信夫淳平の息子で後に大正政治史研究に先鞭をつける信夫清三郎は、一九三一年四月頃、当時「二重外交」と呼ばれた「軍部と政党」の間の対外政策をめぐる深刻な対立を意識したという。(4) そして第三の危機は政治体制の動揺であった。男子普通選挙制の実現で衆議院の国民的基盤を強化し、三党制下の混乱を受けて二大政党化したことは明朗な強力政治への期待を高め、「憲政の常道」と当然視されたが、他方で相次ぐ疑獄事件や議会内での乱闘騒ぎは政党政治への懐疑を広げていた。しかし、これもまた日本だけの現象ではなく、ファシズムと共産主義という左右両翼からの挟撃を受ける世界的な議会政治批判と連動していた。英国の政治学者ハロルド・ラスキ（Harold J. Laski）が世界大恐慌下で先鋭化する社会対立と資本主義議会の構造的問題を論じ、後に『危機にたつ民主主義』にまとまる連続講義を米国で行ったのも同時期であった。(5)

このような中、日本で政党内閣の再現を阻んだ直接的な原因は軍の統制問題であった。政党と軍との対立をともなうこの時期の危機において、なぜ政権交代による調整作用は政党内閣制の外に求められたのか。政権をめぐる短期的判断と長期的判断がせめぎ合う中で、一九三二年の憲政危機が首相選定上の変化に結び付き、政党内閣制の中断に至る過程を考察する。

一　世界大恐慌下での政党内閣論の分化と軍紀問題

第二次若槻民政党内閣の成立――危機的財政下の民政党内閣と陸軍

一九三一（昭和六）年四月十四日、民政党総裁の若槻礼次郎に組閣の大命が降下し、夕刻、第二次若槻内閣が成立した。この日の朝、昭和天皇が若槻を宮中に呼ぶに先立って行われた行政法の進講では、「貴族院議員が政党総裁となるの可否、英国の先例」が話題となり、二十一日には、「議会浄化の方法として英国の例を引き説明」が行われた。(6)

第二次若槻内閣は、狙撃された傷がもとで退陣した浜口雄幸内閣の施政を引き継ぎ、陸軍大臣、商工大臣、拓務大臣以外の閣僚を留任させる小規模な変更に止めた。(7)「浜口内閣の政策を踏襲し、浜口の志を遂げしめること」に努めたという若槻内閣の政策上の両輪は、井上準之助蔵相、江木翼鉄相の主導する行財政改革と、幣原喜重郎外相による幣原外交であった。(8)中でも行財政整理については、違警罪即決例が改正されるなど人権擁護に向けた懸案解決が図られた一方、内閣成立から一月と経たない五月十一日にオーストリアの銀行クレディ・アンスタルトが倒産し、米国の大恐慌が世界大恐慌へと進展していく中で、何より直面する財政危機に対処する必要があった。(9)

若槻内閣はまず、浜口内閣が提起しながら反対運動によって撤回に追い込まれた官吏減俸に取り組み、五月十六日の閣議で翌月から月五〇円以上の給与について二割減俸を決定した。しかし、反対は判事など司法省、鉄道省、逓信省、外務省、商工省、農林省などへも広がり、官僚組織によるゼネストの様相を呈した。(10) そこで政府は二十六日に一〇〇円以上について一割減俸を正式に決定し、司法官には例外を認め、鉄道現業員についても一部妥協を図って実施に漕ぎ着けた。(11) 七月からは、府県市町村吏員や小学校教員にも減俸が及んだ。さらに内閣は、国際連盟の一般軍縮会議を翌年二月に控えて、軍にもいっそうの予算節減を求める決意であった。行財政整理の中で拓務省廃止と農林商工両省の合併が検討されていたが、井上蔵相は「自分としては省廃合問題を単なる財源問題として見たくない、これを断行するだけの決意と勇断とを重大視してゐる。この決意と勇断があってこそ陸海軍の軍事費の節減を軍部側にも当然に要求出来るのである」と述べた。(12)

与党民政党内ではより急進的な改革案が議論されていた。四月二十二日には党内に国政改革調査委員会が設置され、議会中心主義の徹底はもとより、司法省の存廃までが議題に上がった。(13) また、七月二十八日には、二十五名程度の代議士が集まり、国防問題懇談会が開かれ、陸海軍両省を併合して国防省とし、軍部大臣文官制の実現を期するという意見に多数一致し、具体的な運動方法について研究することが話し合われた。(14) 若槻首相は、このような党内での検討に、「現実と理想との間に限界のある事を忘れぬやうにされたい」と苦言を呈するほどであった。(15) 社会においても、たとえば女性運動家の市川房枝は、政治コラムで海軍軍縮に続く陸軍整理を取り上げ、「もっと軍備の縮小を主張すべきですね、国民が強くこれを主張しなければ実現しないでしょうね」と政府を励ました。(16) 対して帝国在郷軍人会は、軍縮に抵抗する陸軍当局の意向を受けて、一九三一年から国防思想普及運動を展開した。(17) 在郷軍人会には先の山梨軍縮、宇垣軍縮によって予備役・後備役に編入された退役軍人を含む点で、現役組織とは異なる特別な思い入れもあった。

民政党内閣にとって政軍関係の要は宇垣一成前陸相であり、宇垣の重要性は民政党幹部からも元老西園寺からも理解され特別な注意が払われてきた。しかし、第二次若槻内閣下ではひとたび安定していた政府と陸軍との関係が動揺していく。第一に、軍政指導者が交代した。このたびの首相交代でも若槻は宇垣の留任を強く希望したが、病気を理由に宇垣は固辞し、南次郎大将を推した。退任した宇垣は、四月二十六日に面会した西園寺から、「御国の前途宜しき方に向ひ居るとは思はれぬ」が「老軀且微力」でどうすることもできず、「切にあなた方の御努力によりて此傾向が匡救され改善さるることを祈りて止まぬ」と繰り返し尽力を求められ、また若槻首相の強い要請を受けて六月十七日、朝鮮総督に就任した。(18)こうして民政党内閣は宇垣との関係を維持し、南陸相も宇垣の「分身者代理者」という意味での推薦であったが、南は陸軍の組織利益により忠実で、宇垣軍政とは異なる南軍政を展開する。(19)第二に、厳しい財政状況が続く中で陸軍の組織利益と内閣の方向性を調和させていくことは限界に達しつつあった。西園寺は、「軍縮に対する陸軍最高部の一致的組織的遊説、兵力量の決定は単純なる統率権の行動として軍部のみにて決すべきこと」など政府と陸軍との間での紛糾が予想される事態を憂慮し、六月十三日、原田を通して鈴木侍従長ら宮中官僚にも注意を求めた。(20)原田は七月十一日にも木戸幸一内大臣秘書官長に、大蔵省案に対して「これ以上に縮小できない」という陸軍の硬化と、「背水の陣」を構える陸軍が「上奏等の手段」に訴えて政府との折衝を有利に運びかねない懸念を伝え、対応次第では宮中を巻き込む「政府と陸軍との大衝突」が危惧された。(21)そして第三に、陸軍内には政府の中国政策への不満が強く、軍縮問題での軋轢が外交問題に連動しかねなかった。一九三一年三月に参謀本部第二部で策定された「昭和六年度情勢判断」は「満州は処理せざるべからず、而して政府に於て軍の意見に従はざる場合は断然たる処置に出るの覚悟を要す」と謳い、「軍備拡張の必要あり」と記した。(22)このような強硬な情勢判断に対する宇垣陸相の抑制的な態度とは異なり、南新陸相は建川美次第二部長に「全然同意だ。一つやらうではないか」と述べたという。

これらは第四に、一民政党内閣に止まらず、第一次世界大戦後のヴェルサイユ＝ワシントン体制に適合的な政党政治への不満でもあった。建川は四月一日の師団長会議で国際情勢を報告し、軍備縮小が国際連盟規約第八条に基づき、明年の軍縮本会議で人員や兵器、軍事予算などの制限が議論され、徹底的な軍縮の実現は期待できないにせよ「輿論ノ趨向並連盟自体ノ存立的必要」から妥協が成立し、第二、第三の軍縮会議に向かうと予測した。そして、満蒙地域への速やかな積極的進出が有利であると分析した上で、「此重大ナル危機ニ直面シテ国民ノ大部ハ依然トシテ世界ハ平和主義万能ノ時代ナリトシ満蒙ノ情勢一日モ空フスルヲ許サ、ルヲ知ラスシテ、政党者流ハ徒ラニ党略本位ノ政争ニ没頭シ、学徒ハ新奇ヲ逐フテ思想ノ正純ヲ失ヒ、国民ハ偸安苟且ニ堕シ対外積極的行動ノ如キハ無用且無謀ノ挙トシ敢テ顧ミサル情態ニアリ」と批判して、「軍部」の決意統一と政府、国民に対する鞭撻指導を説いた。(23) 軍は政治から自立している立て前であったが、予算をめぐって必然的に政党内閣の影響を受け、「軍の首脳者間には、政党色はないといわれながら政党色が観測されたこと、したがって軍は政党の党略に命運の一部を委ねねばならぬ憾みがあるとして、反政党乃至反議会の軍人意識を大いに高め」たという。(24) この構造は海軍も同じで、一八八二（明治十五）年に発布された軍人勅諭が天皇への忠誠に由来する政治不関与を説きながら、陸海軍内では中堅層、青年将校を中心に内外体制への不満が強く、結社が相次ぐなど内部統制に問題を抱えていた。(25)

こうした中で、先に桜会を組織し、三月事件を起こした橋本欣五郎中佐が国内改造を先行させ、対外政策の転換に至る道筋を考えていたのに対して、関東軍参謀石原莞爾中佐は「満蒙問題ノ解決」を最優先し、戦勝熱をともなう対外発展を先行させることで、必要に応じて国内改造に転化することを考えていた。これは「内先外後」論に対する「外先内後」論と言われる。中国問題を原因とする日米持久戦争を経て「東西両文明ノ最終的選手タル日米ノ争覇戦」としての日米決戦争を将来に予想する石原は、五月二十二日に執筆した「満州問題私見」で、「満蒙ノ価値」を政治的には発展のための国防的地位の確保、朝鮮統治の安定、中国を指導する根拠地として、経済的には「刻下ノ急ヲ救ヒ大飛躍ノ素地ヲ造ル」に充分である点に求め、「日韓合併の要領」での領土化を説いた。(26) しかし、日本の現状は「戦争ニ当リ挙国一致ヲ望ミ難く、「先ツ国内ノ改造ヲ第一トスル」のは一見合理的であるようで、「挙国一致」で「内部改造」を行うことも至難であり、「政治的安定ハ相当年月ヲ要スル恐」れがある。そこで戦争計画を確立し「資本家」に勝利を信じさせられれば「現在政権ヲ駆リ積極的方針ヲ執ラシムル」ことは決して不可能ではない。その上で、戦時景気が過ぎ戦争長期化による経済困難に陥った場合でも「戒厳令下ニ於テ各種ノ改革ヲ行フ」ことができるので、「我国情ハ寧ロ速ニ国家ヲ駆リテ対外発展ニ突進セシメ途中状況ニヨリ国内ノ改革ヲ断行スルヲ適当」と説いた。軍部が団結し、戦争計画の大綱が立てられれば「謀略ニヨリ機会ヲ作製シ軍部主導トナリ国家ヲ強引スルコト必スシモ困難ニアラス」、好機が来れば「関東軍ノ主導的行動」

によって「回天ノ偉業」もできようという意気込みであった。石原は、六月四日に「陸軍省ガ軍縮ニ関シ対内的宣伝ニ苦慮シ居ル由、所謂内患外憂ノ時代ナリト」と聞き、「然シ自由主義全盛ノ数年前ト異ナリ今ヤ軍部ハ寧ロ攻勢ニ転ズベキ時也」と日記に記したように、この時点で戦勝熱による政党政治の操作性を比較的楽観視していたと見られる。(27) 対して藤井斉海軍中尉は、五月十八日の日記に「革命には雰囲気を要す。而してそは対支、露問題、満蒙問題、生活問題、陸軍々制改革、海軍々備制限問題にて近い中に轟々たる渦を巻こむその時なり。〔中略〕先づ雰囲気をつくるを急務とす。これ匕首、短銃をして砲弾へ導くためなり、軍隊を立たしむる為なり」と、「軍備会議の年」である一九三六年を念頭に長期的な環境作りに腐心していた。(28)

他方、野党政友会は、五月二十日に外交刷新を求めて臨時連合幹部会で政府の対中国、対ソ連外交を「退嬰自屈」と批判する声明書を発するなど、「中華民国人」の新国家建設努力に「深甚なる同情」を表しつつも、居留民の保護と「正当なる」権益の擁護を熱心に主張した。(29) しかし、政友会も国政全般の民主的統制と国防経済化の名の下に軍縮を志向していた点では、民政党と変わらなかった。二十一日には、政友会本部で国防経済化、国家権益擁護および外交経済化に関する特別委員会が開催され、前海軍政務次官の内田信也総務が、来るジュネーヴ一般軍縮会議での軍縮条約草案を説明した。内田は国際連盟成立以来の不断の努力を評価した上で、「どうしても此際世界軍縮事業に一歩を進めたい」と述べ、若槻がロンドン海軍軍縮会議で譲歩しすぎたのではないかという感想も吐露したが、全体としてはあくまで開催を控えた一般軍縮会議の好意的解説であった。(30) また六月十七日には、制度法規および行政機構の全般的改革に関する特別委員会が開催され、調査方針の第一には「政党政治の完備を期すること」が掲げられた。(31) 若宮貞夫顧問は「立憲政治の要諦は国民の利便幸福に基調を置く政党政治の完成であらなければならぬ」と説き、「我国では此頃漸く政党内閣制が行はれることゝなつた」にもかかわらず早くも「其弊に堪へぬとして、之を呪ふものがある様になつた」理由を「今日の行政機構の欠陥」に求め、「形は代議政治であつても一切の制度及機構は官僚主義即ち官賢民愚主義、干渉主義の下に建てられた」点を問題にした。(32) このような党の政策を周知しようと、七月二十日には政治講習会を開催し、遊説員教育に努めた。(33)

また、社会民衆党では、五月の中央委員会で「安部委員長は議会中心主義を唱へ赤松書記長は社会闘争を強調してゐるが此間指導精神上の問題はないか」という質問が出たように、二大政党とは異なり議会中心主義に迷いがあった。(34)浜口内閣下の総選挙で社会民衆党は敗北宣言を出し、すでに共産党は武装路線をとっていた。こうして世界大恐慌による生活環境の悪化が深刻化する中で、ラスキが英国政治に見出したと同様、選挙と議会を通じた社会主義化は可能かという問題が先鋭化していたと言えよう。安達謙蔵内相は民政党の夏期講習会で無産党対策を問われると、地域によっては政友会よりも無産党に対する選挙準備が必要であると述べて、「若しも我が民政党が無産大衆を引付けることが出来ぬならば、其時は我党は英国の自由党のやうに衰へる時である」と断言し、そうならないために社会保険、労働立法、小作立法、失業問題、衛生問題などをあげて、「各種国民大衆の生活安定に最も緊密なる関係を有する問題を、片端から捉へて以て民政党の旗印とする」ことが重要であると、遊説員を教育した。(35)

三月事件の発覚と政党内閣論の分化——英国における「挙国一致」内閣成立の波紋

このような中、八月四日、軍司令官及師団長会議で、南陸相が政府の軍制改革案と満蒙政策に批判的な訓示をしたと新聞紙上で問題になり、民政党内でも「憤慨するもの少からず」と報じられた。同訓示は、厳しい軍制改革案について、財政に配慮して軍備の「全局的改善」のために「局部的痛恨事」を忍ぶことを部下に求める趣旨であったが、他方で、改革案を陸軍の最小限度の要求であると政府を牽制し、「妄りに軍備の縮小を鼓吹し国家国軍に不利なる言論宣伝を敢てするもの所在少からず」と「謬論」の是正を求め、さらに、満蒙問題が「永続的現象」として「真に遺憾」な状況にある中で迎える「国際連盟軍縮本会議」について、「財政経済上不安を感じつつある国民の心理に投じて国内的に軍備縮小熱を煽動せんとするが如きもの」が少なくないことは「誠に遺憾」で、「国論の帰趨を中正ならしむることに配慮」し、また、一九三二年一月の軍人勅諭五十周年などを機会として「国民精神の作興国防思想の普及」に努めることを指示する内容であった。(36)陸軍は、各方面に対して、ソ連の五カ年計画や満蒙の重大性など、雑誌や書物に書かせたり、金を出したり、あらゆる方法を使って宣伝に努力していると見られていた。[37] 若槻首相はこの訓示を「甚だけしからん」と思いつつも、予算編成の直前でもあり、陸相の辞任を恐れて不問にした。[38] 次いで陸軍は、八月十七日に中村大尉事件を発表した。これは対ソ戦に備えて調査旅行をしていた参謀本部員中村震太郎が、六月二十七日に中国兵に殺害されたものであった。七月初旬には万宝山事件と呼ばれる満州での中国人農民と朝鮮人農民との衝突に端を発する暴動事件があり、併せて対外硬世論を盛り上げた。谷正之外務省亜細亜局長は、原田に、中村大尉事件について「陸軍では非常に拡大して、これを満蒙問題解決の道具に使はうとしてゐるといふ事実がある」と話した。[39]

さらに、ほぼ時を同じくして、三月事件の情報が伝わり始めた。原田は八月二日、陸軍少将東久邇宮稔彦王から、「宇垣朝鮮総督はクーデターを議会中にやらうとしたのぢやないか」という話を聞いた。[40] 若い陸軍士官が、「宇垣は野心家であります。議会中にクーデターをやる計画をしたさうです」と言ってきたが、詳しく内容は聞かなかったというのであった。原田は同席していた前内大臣秘書官長の岡部長景とともに「軍部が政党を攻撃するのは、政党の質の悪いことを攻撃するのは好いとしても、根本の制度を覆へす迄に攻撃することは軍部として考へなければならぬ」と問題視した。[41] 三日、西園寺に報告し、指示を受けて四日には牧野内大臣ら宮中官僚にも伝えた。原田は前に政友会の森恪から、「議会中に非常に危険なことがありかけた」という話だけ聞いていた。詳細を確かめようと、その夜、旧知の陸軍省整備局動員課長井上三郎大佐と連絡をとった。井上は桂太郎の三男で侯爵家を継ぎ、貴族院議員としてのつながりがあった。井上は鈴木貞一の名前をあげて、「自分の親友である軍務局の鈴木中佐が非常な努力をして、漸く事なきを得たのだ」と説明した。西園寺は五日に原田から報告を受けると、「うすうすさういふこともきかないではなかつたが、しかしそれほどとは思はなかつた。まるで寝耳に水みたやうなもので、甚だ重大なことである」と驚き、あらためて宮中官僚に注意した。[42] 牧野は早速十九日に御殿場の西園寺を訪れて意見交換し、「殊に本件は首相は立場上余まり有力ならざるべく、軍務当局を直接相手にする事必要なるべし」という西園寺の注意に、「固より其考へなりし」と日記に記した。[43]

原田はその間の八月七日、三月事件について海軍の岡田啓介軍事参議官に話して、「陸軍はみだりに硬派を中央に集め、政党否認の風潮を作らんとす、小磯・二宮一派種々画策し甚だ危険にして、公爵も大いに心配」しており、「場合によりては外部よりこれを打ち破らざるべからず」と述べ、岡田は「近時陸軍の人事配置はおもしろからざるも、外部より何事かなすは危険なり、陸軍のことは陸軍をしてなさしめざるべからず」と南陸相による統制を主張した。[44] また、新たに関東軍司令官に就いた本庄繁中将は、十八日、上原勇作元帥に「青年将校憤起」の件で書簡を送り、尉官級の「会同連盟」がごく小範囲に配布した小冊子で「イ、外交の軟弱殊に満蒙問題の不徹底を極度に非難し、ロ、二大政党の理なく斯るものは必要なしとて政党を譏り結局「ムツソリーニ」や「ケマルパシャ」を謳歌せるもの丶如く、ハ、減俸問題に触れ居るとのこと」、少、中佐級よりなる桜会の指導もあるようで、先の師団長会議での南陸相の話はこの件を相当に心配してのことであったと報告し、意気や元気はよいとしても、よく指導して「軍秩」に累を及ぼさないよう注意を喚起した。[45]

若槻首相は、八月二十一日、南陸相と会見し、威容を正して近時の軍部の言動が不穏当であること、三月事件についても確認して「軍紀の維持」にいっそうの考慮を求めたところ、南陸相は「元来民政党は非常に新聞の操縦がうまい。また何かにつけて陸軍無用論をやつたりして陸軍を圧迫するやうに、陸軍あたりでは考へてゐる。今日部内がかれこれ言ふのも、やはり新聞や政党が悪いからだ」と逆襲的な態度をとる有り様であった。[46] 若槻首相は相当の説明を行ったが、南陸相は陸軍内部では三月事件について「結局今日の政党が悪いから――政治がよくないから起るのであつて、これから先も同様な事柄が起らないとも限らない、と総理を脅しておいた」と述べているようであった。[47] 政党が世界大恐慌の中で軍縮への決意を固め、陸軍が満蒙情勢を理由に絶対反対を決意する中、両者の溝はますます深まっていった。市川房枝は、「この頃の軍部特に陸軍はとても強硬ですね、露骨にその主張を出しています。外務省の管轄に属する満州問題を師団長会議で訓示をしたり、来年の軍縮会議の代表の事でも文句をつけているようです」と政治評論でこの問題を取り上げ、「軍部にとっては、軍備の縮小は身を削られる、勢力をそがれる、生活をおびやかされるという訳ですから、反対するのでしょう。そうして軍備の必要を何かの機会にいいたいのでしょう〔中略〕軍部が今のような態度をとればとる程、国民一般の同情を失い、寧ろ反感を招いている訳です」と書いた。[48]

他方で、政党内閣も別のところで反省を求められていた。八月十九日の牧野内大臣の元老訪問のもう一つの主題が内務省人事であった。牧野は二十一日に軍紀維持について昭和天皇に報告し、天皇も希望する当局者への下問について検討が始められたが、同じく「事務官身分保証」の問題も話題となり、「主義として深く御軫念」であった[49]。牧野は二十五日には内務省出身の関屋貞三郎宮内次官から次田大三郎内務次官の警保局長兼任について選挙のための人事で「甚だ面白からずとの熱心なる主張」を受けた。いかにももっともな意見と応じた牧野であったが、他方で「事実は政党的意味を含み、其遣り方も露骨を極むと雖も、其事実に立入る事は大権としては本末を誤る嫌あり」と間接的に注意することにして、翌二十六日、若槻首相に「事務官身分保証に付深く聖慮を御煩し被遊居る事」を伝えた。

一九二七年の政治システムにおいて男子普通選挙制とともに政党内閣制を支える二大政党制は、単なる歴史的結果に止まらず、選挙で絶対多数を得た政党による安定的な政権運営を期待できる点で最も望ましい政党制であると考えられていた。しかし、三つの点で、このいわば黄金則が問われることになる。第一に、強力な政治を生み出すと考えられていた二大政党制が、逆に、弊害の根源とみなされて批判されるようになっていた。三月事件に関与する大川周明は、すでに田中内閣下の一九二八年九月に、「数年以前まで二大政党樹立が政治の理想のやうに言つて居た日本の政論界は、今や逆に之を以て政界腐敗の基とするに至つた。驚くべき変化である」と観察していた[50]。第二に、英国や米国においては望ましい制度であっても、日本には不適当なのではないかと批判された。宇垣は、一九三一年六月に、「広大無辺の領土を所有して満腹飽満しある国家に於ては、主として内政上の改善進歩を図ることによりて国民の幸福は向上増進し得るのである。従て二大政党の対立によりて善政の競争をなすと云ふことは頗る意義ある政治の形式である」が、「天恵に浴せざる貧弱且後進の国家としては国民の幸福の増進を国内以外に対外の発展にも大に求むるの必要がある。対外発展には挙国一致的の歩み方が必要である。夫れには二大政党の対立は必ずしも無条件に歓迎する訳には行かぬ」と記し、日本のように対外発展に活路を求めなければならない国には二大政党制は不向きではないかと考えていた[51]。

そして第三に、二大政党による政党内閣制の母国である英国でこの様式が一時棚上げされ、反響が日本にも伝わった。

八月二十四日、労働党内閣を率いていたマクドナルドは、経済危機を理由に、野党である保守党と自由党の協力を受けて「挙国一致」内閣を樹立した。[52] 翌二十五日の『大阪朝日新聞』は、早速、「愈よ三党提携――挙国内閣を組織　首班は依然マクドナルド氏」という大見出しをかかげて、英国の政変を報じた。[53] 浜口雄幸は首相退任後も病勢が改まらず、二十六日に六十二歳で亡くなったが、その日の朝も、家族に「英国の協力内閣は出来たか」と聞いたという。[54] 政友会の日報『政友特報』もまた、二十七日に「赤字問題に悩みぬいた英国には、遂に挙国一致内閣が出来た。労働、保守、自由三党の領袖連を網羅した連立内閣で、この財政難を切り抜けようといふのである。往年挙国一致で大戦に従事して以来の現象である」と報じた。[55] 英国と同様、日本も経済危機の最中にあり、英国の政治情勢が一つのモデルを与えることは当然であった。九月五日の『政友特報』は、「日本でも挙国一致内閣を組織して、赤字財政と対支外交との刷新解決を図れ、といふ主張が政界の一角に台頭したとの説がある」と、日本における「挙国一致」内閣論に警戒した。[56] 二大政党による政権交代というモデルはなお輝きを失ってしまったわけではないが、非常時の有力な政権構想として連立内閣論が浮上したのであった。このような政党内閣論の中での政権構想の分化は、政党内閣制を支持する政党内での混乱を招き、非常時を理由に従来型の政権交代を否定する点で、政党内閣論と非政党内閣論との垣根を低くする効果があった。

さらに、英国の「挙国一致」内閣成立には、国王ジョージ五世が調整者として重要かつ実質的な役割を果たしていた。[57] このことは日本でも報じられ、たとえば『大阪朝日新聞』は、「三党首代表者の御前会議　皇帝の演ぜられた政局善処の御役割」と題して、「今回の政変は普通の時と事情を異にするものがあるので皇帝の演ぜられた役割は可成り重大な意義を持つてゐる」と皇帝が「三党首領の御前会議」を斡旋して「挙国一致内閣」への道筋をつけたようすを詳報した。[58] 英国王室がこの時果たした役割について宮中官僚の間で議論された直接の形跡はないが、英国の例に関心が高かった彼らは当然に承知していたと考えられる。[59] 後に見るように、非常時を理由とする連立内閣論には天皇の果たすべき役割が期待されており、違和感なく議論されているからである。

しかし、宮中官僚の中でより多くの関心を集めていたのは、一つは枢密院の改造問題であった。七月三日、二上兵治枢密院書記官長が牧野内大臣を訪れ、平沼騏一郎枢密院副議長と話し合った枢密院改造案を伝えた。それは、「世の信用を恢復し、枢府本来の職分を完ふする」ために、一方で諮詢事項を国家の重大事に限り、他方で「準元老級の人々」を顧問とする案であった。具体的には清浦奎吾、山本権兵衛、山本達雄、高橋是清、斎藤実ら、いわゆる重臣を入れて枢密院の重要性を高めようというこの改造案を、牧野は「世論の批判の有効に働く結果と視るべく、悦ぶべき現象なり」と好意的に受け止めた。(60)しかし、原田は、「西園寺公年来の主張は、元来責任の保障のない府である枢密院の如きが、やたらに政治に干渉するやうなことは甚だよくない、のみならず、政治的に少しでも多く力を付けることは将来よくないから、といふ趣旨で、議長の人選なども十年来だんだん低下して来てゐる。時代の進むに随つて、さういふ立場にある者が権力を振ふことのできないやうに、――なるべく力を殺ぐやうにしたい、また貴族院の如きにもなるべく積極的な力を与へないやうに、といふ趣旨である」と述べて、西園寺が反対するであろうことを木戸に伝えた。(61)西園寺は八月十九日、牧野に「一体我々のやうな立場にある者が、政府に対してかれこれ言ふことは、かへつてその局にある者を困らせることにもなるから、なるべく控へ目に、黙つてゐる方がいゝ」と内閣の責任を強調した上で、「枢密院の問題でも、今日はかういふことがいゝと思つてしたことでも、或はそれがどういふ事情かで、かへつて悪い結果を持ち来たさないとも限らない」と諭した。(62)牧野は「まことにさうでございます」と言って、よくわかってくれたように西園寺には見えた。

そして、さらに大きな問題は社会情勢の悪化と軍の統制問題であった。九月初旬には、新聞記者が若槻首相に、「読者から、一体いつ戦争があるのか、と言つて、時期を問合せて来るものがありますが、どういふのでありませうか。いつ戦争があるのでありませうか」と口をそろえて聞いてきたという。(63)その中で、宮中官僚にとって軍紀の弛緩は憂慮に絶えなかった。九月八日、原田から先に若槻首相が南陸相に注意したことを聞いた牧野は、「陸相どこまで反省したるか真象は不明なるも、首相の改めての注〔忠〕告なれば或る程度の効果はあるべし」と期待を寄せた。(64)この日、牧野は昭和天皇に軍紀をめぐる御言葉についての検討結果を伝え、昭和天皇は奈良侍従武官長にも相談の上で陸海軍大臣に下問することにした。昭和天皇は、十日、安保海相に「近頃青年将校団結等の噂あり、軍紀の維持確実なりや」と下問して、「軍紀の維持厳粛」であるという返答を得た[65]。続いて十一日、「軍制改革と軍縮会議」について拝謁した南陸相に、昭和天皇は「陸軍の軍紀問題並に陸軍が首唱となり国策を引摺るが如き傾向なきや」など注意を行い、南は青年将校団や軍人軍属の政治演説を取り締まり、外交についても「陸軍にては、外交は外務当局の国策遂行に依るべきものと認むるを以て、将来注意すべし」と応答した[66]。牧野内大臣と若槻首相から注意を求められていた西園寺は十二日、訪れた南陸相に、孟子を引いて、民から喜び迎えられるような軍隊でなければならないと満州での日本軍の行状に注意を与え、「殊に満蒙の土地と雖も支那の領土である以上、事外交に関しては、すべて外務大臣に一任すべきものであつて、軍が先走つてとやかく言ふことは甚だけしからん話である」と取り締まりを求めたが、「暖簾に腕押し」のようであった[67]。原田が聞いたところでは、宮中官僚は陸軍大演習時にでも陸相と参謀総長を召して注意することを考えていたが、西園寺が即刻、しかも海相をあわせて注意するよう助言したのだという。翌十三日、西園寺は訪れた若槻に概要を話し、牧野にも「聖旨の如く前途特ニ監視必用と存候」と書き送った[68]。この日、若槻は人事についても相談していた。江木鉄相が病気で辞任する後任に原脩次郎拓相の兼任を図ったが、すぐには昭和天皇の裁可を得られなかった。それはかつて刑罰を受けた者ではないかという理由であったが、牧野は原がすでに大赦を受け拓相を務めていること、「この場合もし御裁可がなければ、内閣は総辞職をしなければなりません。時局頗る重大なる今日、政変は如何かと考へます」と裁可を求め、昭和天皇は裁可して若槻首相に「官紀の維持に十分注意すべき」ことを諭した[69]。

九月十五日、牧野は軍紀をめぐる昭和天皇の注意について、「時機も宜しく相当効果あるを期待せられ、難有事なりし」と満足していた[70]。他方、原田は十日に海軍の岡田啓介軍事参議官と昼食を共にし、陸軍軍紀問題について昭和天皇まで憂慮していること、若槻首相が「自分より強く言えば南は辞職すると言い出す恐れあり」と元老からの注意を求めたこと、そして西園寺が「海軍は陸軍に巻き込まるることなきや」と心配していることを告げ、「ご心配無用」という返事を得た[71]。そして、注意を受けた陸軍中央は、出先の関東軍の動静を懸念し、統制を徹底するよう急ぎ作戦を担当する参謀本部第一部長の建川少将を満州に特派した。しかし、軍紀の回復はおろか、外交問題は軍事問題へと変化していく。

二　危機の昂進と体制内での努力と模索――満州事変の勃発と犬養内閣という選択

満州事変と十月事件――内閣による対処

一九三一（昭和六）年九月十八日夜、奉天近郊の柳条湖で南満州鉄道株式会社の線路が中国軍によって爆破されたとして、関東軍は軍事行動を開始した。この柳条湖事件を発端とする満州事変は、先に最終戦争論を唱え、戦争を国内改造に優先する「外先内後」論を説いた石原莞爾関東軍参謀が立案し、板垣征四郎高級参謀と準備実行したものであった。(72)関東軍の中でも事件を自ら起こす計画を事前に知らされていたのは一部であり、本庄司令官は知らされないままに出兵を判断し、片倉衷など中堅幕僚も事件発生直後に石原らの策謀を察知したが、やり始めたことをやり遂げようと決意した。東京の参謀本部でも前日の退庁時までは何ら異変が起こりそうな兆しもなく、部員の多くは新聞記事に驚いて出勤した。関東軍は日露戦争の勝利によって得た租借地関東州の防備と南満州にある鉄道路線の保護を任務とする比較的小規模な軍隊で、すぐさま増援が問題となった。参謀本部は早速陸軍省と意思統一を図り、関東軍の行動を「全部至当」と認めて兵力増援を準備した。ところが、林銑十郎朝鮮軍司令官からすでに飛行部隊を満州に送り、さらに部隊の出動準備をしているという報告があったので、奉勅命令を受けるまで待機を命じ、南陸相は閣議に臨んだ。

若槻首相は十時から行われた閣議の前に南陸相に「真ニ軍ノ自衛ノ為ニ執リタル行動ナリヤ斯ク信シテ可ナリヤ」と念を押した。南は「固ヨリ然リ」と答えたが、閣議が始まると、幣原外相は外務省で得た「極メテ陸軍ニ関シ不利ナル」情報をもとに「ソレト無ク今回ノ事件ハ恰モ軍部カ何等カ計画的ニ惹起セシメタルモノト揣摩セル」ような議論を行い、朝鮮軍からの増兵の必要を提議する予定であった南陸相は「勇ヲ失」って主張できず、不拡大方針が閣議決定された。(73)牧野内大臣は「全く突発の事」と驚いたが、若槻首相から「事件の拡大せざる様極力努むる」ことにすでに閣議決定し訓令したことを聞いた。(74)西園寺は「この事件がすべて片付くまでは、辞職を御聴許になることはよくない」と宮中官僚に助言し、昭和天皇も内閣の不拡大方針を支持した[75]。

しかし、明確な閣議決定と元老・宮中の支持にもかかわらず、若槻内閣は事変の拡大を阻止できなかった。第一に、関東軍が確信犯として行動する中で、陸軍中央でも中堅層を中心に事件を満蒙問題解決の機会とする声が強かった。南陸相は閣議の不拡大方針に同意したことを陸相、参謀総長、教育総監による三長官会議で報告し、また、朝鮮軍飛行部隊の独断越境を「適当ナラス」と考えていた金谷範三参謀総長は、「速ニ事件ヲ処理シテ旧態ニ復スル」必要を説いていた。しかし、陸軍は満蒙問題解決に事件を利用することにし、他方、目標は「条約上ニ於ケル既得権益ノ完全ナル確保ニ存シ全満州ノ軍事的占領ニ及フモノニアラス」と限定されていた。こうした中で作戦課は閣議の承認がなく必要な措置がとれないことに焦慮し、課内では「陸軍大臣ハ最後ノ決意ヲ以テ閣議ニ提議シ其貫徹ヲ期ス」と記す文書「事変ニ伴フ善後処置」と共に、「対内善後策案」が作成された[76]。そこで示されているのは、「南満事件」の解決がどうなるかは「軍部威信ノ汚隆ハ勿論帝国永遠ノ興廃ヲ分ツ」もので、陸軍首脳の三長官が決意を固め中央部の意思統一をして陸軍全体に及ぼし、在郷軍人や海軍も巻き込んで「軍部ノ決意統一」を図る。その上で新聞首脳者の説得や買収その他手段を講じて「輿論指導」を行い、宮中や宮家にも説明して諒解を求める。そして対政府策として「政党首領並財閥巨頭ニ対シ事態ヲ闡明ニシ国家永遠ノ発展ノ為政党政派ヲ超越シ一時的利害ヲ観念セス万全ノ解決ヲ策センコトヲ慫慂」するとともに、政府、外務省、満鉄による不都合な情報の公表や発言を牽制し、さらに「右翼団体ヲ糾合シテ大「デモンストレーション」ヲ行ヒ政府ヲ脅威ス」る。それでも「政府ニシテ軍ノ要求ヲ満足セシメス軍ノ威信ヲ毀損スルトキハ陸軍大臣ハ断然総辞職ヲ提議シ率先辞職ス」。その時、「政府ニシテ予後備将官ヲ以テ陸軍大臣ニ充テ政権ヲ維持セントスルトキハ之レヲ妨遏ス」と制度上の脆弱性を警戒し、政府がなお事件を穏便に済ませ、さらには「軍部弾圧ノ具ニ供シ軍ノ威信ヲ内外ニ汚辱スル」ことがあれば、「最後策」として「国家永遠ノ為「クーデター」ヲ敢行ス」と記した。軍部の決意統一を求め、軽挙妄動を諌めつつ政党内閣との全面衝突を説く内容は、現状に強い不安と不満を覚えている中堅層一部の焦慮と政治観をうかがわせる。

第二に、後から顧みれば決定的な統制の機会が初動時に失われてしまった。九月二十一日に、関東軍は作戦範囲を広げて満鉄沿線を離れた吉林占領に及び、これを受けて林朝鮮軍司令官は、独断で朝鮮軍の越境を行った。朝鮮軍参謀の神田正種中佐は、敗戦後に満州事変勃発の原因を、「我等は政党政治に愛想をつかして居」り、ソ連の国防国家建設の進捗に対応できない「日本の政党政治のダラシなさ」に、「満洲事変に依つて政党政治を打破して、国防国家を樹立しようと云ふ考へが逐次起つて、濃厚になつて行つた」と回顧した。(77)朝鮮軍の独断越境は明白な統帥権の干犯であり、政府と陸軍の全面衝突の危機が高まった。しかし、二十二日、若槻首相は「居留民保護」を通じた朝鮮統治の安定化への配慮と陸相と参謀総長による陸軍出先の統制を信頼して、「出タモノハ仕方カナキニアラスヤ」と予算措置を講じた。これによって、独断越境した朝鮮軍が「明ニ且政務ト齟齬《そご》ナク」満州に行動できるようになり、また、陸軍では閣議で閣僚が賛否を述べず事実を認めたことを前例視して、「兵力ノ派遣ニ関シテハ閣議ニ於テ兎ヤ角論議セラルヘキ限リニアラスシテ唯其事実ヲ認メテ経費ノ支出ニ関シ議決スレハ可ナルモノ」と位置づけられた。(78)さらに経費支出を認めたことで内閣が軍の行動を容認したことになり、枢密院などでの批判に対して、反論の根拠となった。奈良侍従武官長は、「首相が出兵差支なしとする以上、内閣は追認したるものと解するを至当なりと思考す」と批判に応えている。(79)

第三に、若槻首相は南陸相や金谷参謀総長らの陸軍首脳に期待したが、彼らも関東軍の統制が充分にとれておらず、政軍関係のあり方についても意識の差があった。牧野内大臣は、井上蔵相から南陸相の意見が閣議で時々動揺し、また軍制改革でも大臣間折衝で決着したことが部下の抗議で覆されることを聞き、満州問題の今後についての「精神籠めての嘆談」に同情した。(80)さらに悪いことは重なるもので、朝鮮軍が独断越境した二十一日には、英国で金本位制が停止された。また同日、中国からの提訴を受けた国際連盟理事会は、三十日に日中に軍事行動の停止を求める決議を採択した。以後、日本政府は国際連盟の制裁発動を意識しつつ陸軍出先の統制回復を模索する。若槻首相は、二十五日には撤兵について軍と諒解ができたと安心していたが、二十八日には原田に西園寺への伝言を求める事態となった。すなわち、金谷参謀総長が若槻に「満州独立運動には全然軍部は干渉せず、又撤兵の事も可成早く実現する筈に付安心相成度」と述べた上で「今後統帥問題に付ては政府においては（ロンドン条約の例に鑑み）容喙せざる様希望」した。しかし、出兵は外交、財政などに重大な関係があるため、若槻は必ずあらかじめ内閣に申し出るよう説示したが、金谷が充分納得したかどうか疑問が残ったため、念のため西園寺に通じたのであった(81)。これを伝え聞いた牧野は、参謀総長から統帥問題として出兵を内奏した場合に、内閣と意見が異なると問題であるので、内奏前に充分に内閣と熟議することを求めた。現地では二十二日に関東軍で建川らの意見を入れて石原らの満蒙領有論が放棄され、中央出先一致での国民党政権主権下の親日政権樹立方針に転換された。ひとたび始まった軍事行動の後で、満州事変の解決には原状回復策、原状改善策、独立政権樹立策、独立国家樹立策、併合策という次第に拡大していく五つの態様があった。陸軍中央では既得権益擁護の観点から九カ国条約など国際関係を考慮して、一方で原状回復策から独立政権樹立策へと拡大しつつ、他方では石原らの併合策を引き戻したのであった。しかし、関東軍はさらに「既得権益の擁護から新満蒙の建設へ」と目標を広げて啓蒙活動を行うことにした(82)。また、満州事変が日本軍の謀略によって始まったことを公然とは知らされない中で石原の期待した戦争熱は次第に高まり、十月一日の『大阪朝日新聞』社説は、「満州に独立国の生れ出ることについては歓迎こそすれ反対すべき理由はない」と、さらに拡大した独立国家樹立策を唱導した(83)。そして十月八日、石原は政府の不拡大方針に明白に反する錦州爆撃を行った。若槻は国際連盟への影響を憂慮して、「実に陸軍は困つたことをする。これでは到底自分もやりきれない」と嘆いた(84)。

そして第四に、陸軍首脳による統制を期待する中で軍事行動が着々と既成事実化され、原状回復は現実味を失っていった。中国が日中直接交渉の前提として鉄道附属地への関東軍の撤兵を求めたのに対して、十月九日、政府は撤兵の前提として、日貨排斥の禁止など直接交渉による問題解決を求める閣議決定を行った(85)。それは幣原外交の変質であった。

十月十一日、牧野内大臣のもとには為替に関する憂慮すべき兆候や軍部の暴動についての噂が入っていた。南陸相が訪れ、「世間には青壮年の将校の陰謀を企図し、今にも勃発するやの流言」があるが、「実際に左様の事なし。勿論多数者の中には心得違いの者もあらんが、組織的に行動する抔の事先づ無い見込」と安心を求め、三長官で申し合わせ、手分けして部下の若い軍人を説得しつつあると述べた。ただ、国際連盟を軽んずる口調であったので、牧野は「媾和会議当時の事情、日本が之に参加せる事情及び列国との関係」を説明した。[86] 牧野は十四日、荒木貞夫教育総監部本部長にも面会し、「少壮軍人の思想激化せる由来」を聞いた。荒木は「数年来国防は軽視せられ軍人は侮辱を受け、軍縮軍革の脅威殺到、最近減俸の事あり、加之紀綱弛み政党政治及其政治家の堕落、殊に軍部の人事行政其当を得ず、適者適処にあらず、系閥に依り人を用ゆる結果、上官を敬まはず能く彼等を指導する先輩欠如し不平は高まる一方、社会主義の喧伝も加はり資本家の走駒〔狗〕と見做さるゝところの政党政治者流をのろひ、政党内閣は国家を亡ぼすものなり、此際是非別種の内閣を以て国家を救はざる可からずとの観念広く深く念頭に印せられ、彼等を適当に善導する事頗る困難なり」と述べ、また「軍事の如きも多くは独逸式に流れ、政治は英吉利風に学び、日本固有の精神を没却したる為め軍人に根本思想」がないことを「今日の一大欠点」に挙げた。牧野はまた、十五日に訪れた東京日日新聞編集主幹の岡実が満州問題、軍部の不統一、連盟問題を憂慮することに「新聞の記事とは正反対なり」という印象を受け、時代に共通する病根として「統制の乱れ」を憂慮した。牧野は「已に大勢を作るものにして尋常手段にては矯正困難なり。薄氷を踏むの思ひ禁ずる能はず」と記した。

内閣の方針が及ばないのは陸軍に止まらなかった。陸軍内では内田康哉総裁率いる満鉄が、外務省出先官憲とともに事変拡大の障害になるという見方もあったが、満鉄は関東軍に全面協力し、九月下旬には内田もできるかぎり軍を援助するようになった。先に不戦条約問題で枢密顧問官を辞め、貴族院議員に勅選されていた内田は、六月に病気辞職した民政党員仙石貢の後任として内閣から満鉄総裁に指名された。内田は打診を受ける一週間前に西園寺と満蒙問題について語り合っていたが、その時西園寺は「出来ルダケ現状引延策」を説いたという。[87] しかし、事変が起こり、内田は十月六日に関東軍司令部で本庄司令官と時局談をして板垣、石原、片倉ら参謀たちとも「快談」した。また、本庄は「宮中方面ノ空気」を気にしていて、内田が近日に西園寺と面談することを喜んだ。十三日、西園寺は内田の説明や予想すべてに「共鳴」し、特に満州以外の中国との関係を心配していたので「機ヲ見テ一撃論ヲ提案」したところ、「直ニ賛成セラレ、其ノ他ニ策ナカルヘシトノ達観説」を述べたのには内田も意外に思うほどであった。ところが、数日して西園寺が内田の説明に「大イニ失望セリ」と語ったという話を聞き、驚いて原田に釈明を求めると、西園寺は内田の「対連盟、対英米意見、現内閣及幣原擁護意見」について「流石ハ外交上ノ経験家ノ意見ナリ」と感心し、「御前会議又ハ重臣会議」の開催に否定的であった点も同感であったが、「対時局策ノ案外強硬ナルニハ尠ラス驚」いたという。[88] 若槻首相は内田にも協力を求めたが、内田は逆に関東軍参謀の期待を集める状況であった。

錦州爆撃の後、若槻首相は内閣と陸軍首脳による統制に奮闘しながらも次第に内閣外にも働き掛けを始めた。若槻は満州事変の経過報告のため、十月十二日、山本権兵衛と清浦奎吾を訪問し、翌十三日にも、犬養毅、高橋是清、山本達雄、徳川家達を訪問した。若槻はこの時の状況を、「このようなデリケートな問題を、議会で公言するのは好ましくない。そこで私は、国事に深い関心を持つ人々に、真相を明らかにし、もし政府が代わっても、新たに局に当たる人が、あらかじめ真相を知っておれば、それに越したことはない」と考えたと回想している。[89] 錦州爆撃は日本の国際連盟での立場をさらに悪化させた。十月十三日、理事会は中国の要求で予定を一日早めて開かれ、議長には不戦条約締結に中心的な役割を果たしたブリアン (Aristide Briand) 仏外相が就いた。[90] そして十五日、理事会は、理事会構成に関する規約違反であるという日本の反対にもかかわらず、手続き事項であると連盟に加盟していない米国のオブザーバーとしての出席を一三対一で決議した。

さらに、十月十七日早朝、クーデタを計画していたとして一二名の陸軍青年将校たちが憲兵隊によって保護検束された。十月事件である。事件の中心は橋本欣五郎大佐で、参謀本部からの参加者は九名に及んだ。「内先外後」を信条とする橋本は、三月事件が未発に終わり、満州事変の突発で対外行動が国内改造に先行したことを不本意に思っていたが、政府の不拡大方針と陸軍首脳部の「優柔不断なる態度」に危機感を懐き、在郷軍人の動員など輿論指導を行うとともにあらためてクーデタを計画した。[91] 計画内容は、第一に首相官邸の閣議を急襲して首相以下を斬撃し、警視庁を急襲占拠する。第二に陸軍省と参謀本部を包囲して支持を強要する。そして第三に、東郷平八郎元帥を参内させ、閑院宮載仁親王と西園寺に使者を送って荒木貞夫を首相兼陸相に据え、橋本を内相、建川を外相、大川を拓相などとする内閣の樹立をめざすなどであった。他に、各新聞社や中央放送局、郵便局などを占拠し、さらに、軍の手で政党首領、財界の巨頭、元老・内大臣・宮内大臣など君側の奸臣、特権階級などを逮捕監禁することも考えられていた。[92]後に永田鉄山は十月事件を「全く外国等にて行はれたるクーデターを模したるもの」と評した。[93]また、計画には橋本らが「地方志士」と呼ぶ民間人、海軍将校を巻き込み、八月二十六日にはすでに郷詩会と呼ばれる会合で陸軍、海軍、民間の国家改造主義者が一堂に会する機会を持っていた。また、関東軍の中とも連絡があり、関東軍が独立を望んでいるという情報に陸軍中央があわてて確認の電報を打ち、本庄司令官から反駁電報を受け取る始末ともなっている。[94]陸軍首脳部では計画の一端を察知し、最後は首相に擬せられていた荒木による説得の果てに保護検束となった。規模の大きさも逆に災いしてか、内部は多様で、料亭で豪遊し、地位を求めるかのような橋本らの素行に対する反感も呼んでいた。[95]十月事件については同日、安達内相から、陸軍省からの発表以外いっさいの記事を差し止める命令が出された。

内閣の努力と二つの代案——首相選定者の対処方針

十月二十四日、国際連盟理事会では日本の反対した期限付き撤兵勧告案が再び一三対一という投票結果となり、日本の孤立は明らかであった。昭和天皇はいよいよ憂慮を深め、「経済封鎖を受けたるときの覚悟、若し列国を対手として開戦したるときの覚悟、其準備等」について侍従武官長から陸海相に問わせることを牧野内大臣に相談した。[96]こうして若槻首相を中心に内閣が九ヵ国条約の範囲内での問題解決に奮闘しつつも充分に実効があがらない中、日本政治にとって第一の代案は与野党間での政権交代であった。これこそが二大政党制に立脚した政党内閣制の「常道」であり、最も単純な対処法であった。政友会は自らの政権担当による危機収拾を主張し、外交政策を中心に国論の統一を求め、単純な与野党対峙型の政党政治を疑問視する声に、「今日国論は統一されてゐる。元老重臣の斡旋を必要とせず、国論は自然に統一されて些しも紛淆を来してゐない」と反論した。[97]政友会の言う統一された国論とは、「満蒙の権益を確保し、累積せる対支諸懸案を解決せねばならぬ」こと、「国際連盟乃至は第三国にして、万一干渉がましき態度に出でゝ、自衛権の行使に容喙するやうなことがあるならば、我国は断乎これを拒絶し、国際正義の実現を図る」ことで、問題はそれを「実際に行ふだけの実力が、今の政府には無い」ことであった。[98] したがって、「仮りに元老重臣等が挙って内閣を支持し鞭撻して、遣らせようとした所で、内閣自体が無力なのだから仕方がない、(中略)そこで一日も速かにこの無為無能なる内閣を引退させ、新たに有力なる内閣をつくり、国民も元老重臣もこれを援助して、この難局に膺らせる外に途はない」と主張した。

対する第二の代案は、二大政党間での連立内閣、いわゆる「協力内閣」論であった。与党民政党は衆議院で多数を占め、満州事変勃発直後の九月二十一日から二十九日に実施された男子普選選挙制に基づく二度目の全国的な府県会議員選挙でも多数を占めた。[99] しかし、安達内相は十月二十七日頃に若槻首相を訪れ、「この議会は到底一党で行くことは困難だ。問題は頗る多いし、非常に空気も悪いから、この際英国流に犬養を首班にして、協力内閣でこの難関を押し切つたらどうか」と提案した。[100] 若槻も当初肯定的で「満州軍が政府の命令を軽視するのは、今の政府は、一党一派の民政党内閣であり、国民の一部の意見を代表しているにすぎない。国民の多数は、必ずしも現内閣と同じ意見だとはいえない」と考えるから で、「満州軍をして、政府の命令に服せしむるためには、民政党だけの内閣でなく、各政党の連合内閣を作れば、政府の命令は国民全体の意志を代表することとなり、政府の命令が徹底することとなる」と考えた。[101] 他方、政友会でも、犬養の息子健は大連立内閣の意義を認め、軍部によるクーデタへの懸念に「もしそんなことがあれば、陸軍の根本組織から変へてかゝらなければならないが、そうなると政友会一手ではできない。どうしても連立して行かなければ駄目だと思ふ」と述べていた。[102] こうして民政党の安達内相、富田幸次郎幹事長と政友会の久原房之助幹事長を中心に話が進められた。

内閣の不拡大方針を支持し、政府による問題解決を期待した宮中官僚も、事態の推移の中で次第に独自の関与を強めていった。牧野のもとには外務省や海軍からの情報は送致されていたが、陸軍からも直接情報が送られることになった。[103] 宮中官僚は内閣の尽力に期待しつつも、さらに三つの方向性を持って行動した。第一に、元老西園寺の政治力に期待した。[104] 西園寺は適宜首相を激励し、政治家などの話を聞いて、焦慮する昭和天皇を慰めた。十月二十七日、「余は憲政を擁護し死すも可なり」と述べていた西園寺は、「いかにしても自分にては、軍部を抑へ難し。閣議を開き、陸軍大臣が、それに同意したることにても、実行出来ぬとはいかにも腑甲斐なし、と吾ながら慚愧憤懣するも、いかがとも詮すべなし。いかがに致せばよろしきや」と述べる若槻首相に、「その苦衷は察するに余りあり、実は、自分といへども、何分老齢、如何とも致しやうなし」と深く同情し、励ました(105)。また、「挙国一致」を諄々と説く安達には、逆に「挙国一致がうまく行く見込みあるか、少なくとも往年の加藤高明内閣ぐらいには行くだろうか」と問うた(106)。先の「護憲三派」内閣の経験からまだ十年と経っていない。そして、十一月二日には参内し、昭和天皇に「明治天皇の欽定憲法の精神に瑕をつけないやうにすることと、それから国際条約の遵守といふことが、今日自分の陛下に尽す途であつて、国家をして誤らざらしめんとするならば、この二点を以て自分の重大な責任としなければならないと考へてをります」と述べ、昭和天皇はとても満足そうに「尤もだ」と答えた(107)。しかし、往年の山県有朋などとは異なり、元老による直接的な陸軍統制は期待できず、西園寺にその意思もなかった。第二に、御前会議や重臣会議のように、政党内閣を超える権威によって、事態の収拾を図ることが考えられた(108)。しかし、責任内閣との関係でこの手段はあくまでも補完的な役割しか期待できないものであった。牧野は、「御前会議の事は前々より数度問題に上りたる事なるが、其開催に付ては当局者より提議する事手続きとして必要なるが、若槻以来犬養も之を好まず」と記す(109)。木戸もまた、「責任内閣制の樹立せられたる今日、重臣会議の如きは屋上屋を架するの嫌あり」と重臣会議構想を疑問視した(110)。そこで第三に、内閣強化への期待があった。宮中が紐帯となり、政党間での対立を抑制し、英国のような連立内閣を打ち立てようとする試みに傾斜していった。十月二十三日、牧野は、河井侍従次長との間で、「大詔渙発の件、政党の挙国一致内閣組成の件」について話した(111)。宮中では、天皇が政党の両総裁を召して注意を与えるという案が検討されていった(112)。

原田は二十八日にも岡田啓介を訪れ、政友会内閣の可能性を伝えると岡田は「止むを得ざるべし、挙国一致内閣佳《ママ》なるもその機熟せず、一時政友会をして当たらしむるより策なし」と答えた(113)。さらに原田は、「陸軍の青年士官等は政党の腐敗を云々し、その内には敬聴《ママ》すべきこと多し、故に、清浄の者のみを集め約五十人の代議士を得べし、これらにて新政党を作り次第に浄化に向かうこととする方法を研究しおるも、その中心となる者に困りおる、もし五十人集め得れば、近衛を説けば彼も多少気あればどうにかなると思うが、この法も研究中なり」と話した。また岡田は十月事件と関連して、「海軍主脳部及び中堅どころは大丈夫なれば心配なし、また満州事件も数日の後には何とか落ち付くべく、心配無用なり」と述べた。

こうして楽観と悲観が揺れ動く中で、若槻内閣は金谷参謀総長とも連携してなおも奮闘を続けていた。関東軍の次なる攻勢は北満州への進出であり、黒竜江省の省都チチハルへの進撃を図っていた。関東軍が既得権益擁護に換えて新満蒙建設を掲げたように、北満州はソ連の勢力圏で、擁護すべき日本の権益がそもそも存在しない地域であったが、逆に将来のソ連との戦争を準備する上ではぜひとも制圧しておきたい地域であった。将来への準備が目前の危機を引き起こす中で、日ソ戦争を恐れる陸軍中央は、関東軍のハルピン進出を一時阻止し、さらに十一月四日に関東軍が黒竜江省軍と戦闘を開始すると、五日には関東軍司令官指揮下の部隊行動について参謀総長が一部決定命令する委任を受けるという「臨参委命」によって進撃を一時断念させた。(114) 十六日、牧野はチチハル出兵について南陸相から提議があり、他の閣僚がこぞって反対したことを電話で伝えられた。(115) ソ連との衝突はもとより、連盟や各国政府への説明に矛盾を来すことを恐れたためであった。しかし、南があらためて若槻首相等に速やかな撤退方針を説いたことで、関東軍は十九日にチチハルを占領した。牧野は痛心し、次第に危機管理の当事者である若槻首相に断固たる意思が感じられないことに不満を覚えていった。木戸からは、「首相の辞意ある事若くは甚しく無気力にして熱意無きこと等」が新聞記者の耳にも入り、政情を不安定化させていることを「甚だ痛心に堪へざる」という情報を得ていた。(116) 牧野は「今の総理の態度にあきたらないやうな風で、なにか強い内閣が欲しい」という気持ちがあるようであった。(117)

十一月十日、事態の推移を注視していた政友会は議員総会を開いて金輸出再禁止の即時断行を決議し、また、「満蒙ハ帝国ノ生命線」で、「自衛権ノ発動」である満州事変は居留民保護と既得権益擁護の保証を得るまで撤兵すべきでなく、国際連盟が「正当ノ認識ヲ欠キ、干渉圧迫ニ非違ヲ反省」しなければ脱退も辞さずと決議した。(118) 議員総会開催までには、「軍部ニ屈シテ強硬ヲ装フ幣原追随外交ヲ排撃シテ自主的外交ノ確立ヲ計ルコト」を主張し、倒閣運動に邁進しようという議論に立つ者と、「満州事変ノ落着セサル今日徒ラニ党大会ヲ開催シテ倒閣運動ニ進ムコトハ輿論ヲ裏切ルモノニシテ国民ノ信望ヲ得ル所以ニ非ス」と静観論を説く者とでせめぎ合っていたが、こうして政友会への政権交代は対外政策と経済政策の変化を予想させるものとなった。[119]

他方、牧野は十三日の大演習時に安達内相から連立内閣の意義と方法を聞き取った。安達の説明では、民政党は衆議院と県議会で多数を占めているが、内外危機を前に、「一党一派の能く当り得べき秋《とき》」ではなく、「所謂協力内閣を組織し、民政、政友共に平生の行掛りを捨て政争は此等懸案の片附くまで休止し、一致内閣を以て此国難に当るの他なし」。他方、「党派外の人を以て時局を収拾せしむる流説も行はるゝ如きも、今日は其人を得る事覚束なく、結局は両党歩み寄り共同事に当るを最も適当なりと思考す」と非政党内閣を否定した。そして、「台命降下の場合両党総裁を御召しにて宜しく協力して政局に当る可きを御下命あらば、種々の議論も消散して、必ず円満に進行するならんと確信す」と、両党の紐帯としての天皇の役割に期待した。[120] 斎藤隆夫法制局長官をはじめ閣内では、「軍部との干係、挙国一致内閣運動等の為め政界不安、内閣危機に向はんとす」と事態を危惧し、党出身閣僚の間で「閣僚一致して立憲的に進退せん」と話し合われていたが、二十一日、安達内相は、「政党の協力を基礎とする国民内閣を必要とする場合が生じたならば何時でもこれに応ずるに決して躊躇するものではない」という声明を発表し、政界に波瀾を起こした。[121] 声明は政治不安を増すばかりで、牧野は、翌二十二日、「協力内閣主張者」で一九三〇年の総選挙で外交官から政友会代議士に転身していた松岡洋右から、「政客多くは私心に籍られ国家本意に立脚するもの少く深憂に堪へず、此際暫らく静観の外なし」という嘆息談を聞き、二十三日にも町田忠治ら閣僚の現状維持方針を伝え聞いた。[122]

二十四日、昭和天皇も「政界動揺、人心不安（安達内相声明書発表より生じたる政情）の為め各方面に悪影響を与へる様なるが、西園寺若しくは内大臣より何とか落附く様に注意する手段なきや」と牧野内大臣に下問したように、宮中官僚はますます西園寺に期待した。[123] しかし、当の西園寺は尽力を惜しまなかったが、あくまでも内閣の責任による問題解決を求めており、元老のような政治における個人の役割が高まることを警戒していた。したがって西園寺は、一九三二年元旦に原田に語ったように、若槻が重臣たちを訪問した際に「や！これはしまつたな、といふ感じを強く持つた。あゝいふことをすれば、動きたくつてむずむずしてゐる老人達が喜んで動き出す、さうして重臣会議とか元老会議とか、或は御前会議とかいふ風な形をとつて、自分達で御奉公したい、といふ感じを起させる」と懸念した。問題は、重臣本人よりもそれを「取巻く周囲の者」や「利用しようとする輩」で、また、重臣たちについて「誰一人として時勢を諒解し、本当に今日の事情を理解してゐる者があらうとも思へ」ず、御前会議や重臣会議で何か結論が出たとしても効果がなければ「たゞ独り陛下の御徳を疵つけるのみであつて、寧ろさういふことのない方が安全である」。そして、「さういふ形をつくつた後の元老なり重臣なり、さういふ先例を残して慣行にしたい、或は慣行にしたといふことが、将来の政治を汚し、立憲政治の精神に反するやうな空気をつくることともなれば、一層戒めなければならない」と考えていた。(124)

それは天皇の役割にも通じており、西園寺は、「陛下からどうからといふ風なことになると、或は神聖なるべき天皇に責任が帰して、――即ち憲法の精神に瑕がつくことになるが、瑕のつかぬやうにしてなんとかならないものだらうか」と、天皇の政治関与に否定的であった。(125) したがって、英国の例のように、天皇の助言で連立内閣を実現する構想にも反対で、「或は、大隈、板垣の内閣の時のやうに、陛下が重臣を召して、二人に内閣を組織しろ、と言はれた例もある、といふ者もあるかもしらんけれども、今日の如く既に立派に憲法政治が完成してゐる場合、絶対にさういふことをすることはできない」と述べた。先に昭和天皇に明治天皇の欽定憲法の精神を強調したように、西園寺にとって元老など個人の役割を残すことや、天皇の斡旋による連立内閣は、すでに完成した憲法政治を逆行させ、明治憲法の精神を傷つける行為であった。

その西園寺について、「挙国一致」内閣の支持をめぐって動揺していたという説がある。(126) 十一月十八日、宇垣朝鮮総督は、西園寺に「挙国一致当三国難一問題」について意見を述べ、「両者の意見は大体に一致し」たという。(127) 西園寺の発言で両者が一致したのは、まず、「今日に於ては尚政党を無視したる政府の樹立は却て紛糾を増すの恐れあるによりて勉めて避けねばならぬ、止むを得ざれば超然内閣の出来る事あるも今日尚之を避け得ざる状況でもない」と非政党内閣に反対する考えである。その上で、「左りとて政党弊害の昂進も慨すべきである故に今後は漸を追ひ之を矯めて行かねばならぬ」

と政党改善を論じ、「挙国内閣の成立は時節柄望ましき事である」という判断を示した。しかし、西園寺の発言はここで終わらない。「手段に就て名案がない」と実現性の低さを指摘し、元老の周旋によって連立内閣論を組織する議論に対しても、「世間では余に介錯の労を執るべしと云ふものあるが夫れは常道でない、一歩を誤れば煩累を皇室に及ぼすの恐あるから差控て居る」と反対した。西園寺は「夫れは当然両党首の発動によりて起るべき筋合のものである」と、あくまでも政党政治家による時局収拾を強調し、「けれども両党首には夫れ丈けの勇気も手腕もない様である」と、結局のところ連立内閣の成立に否定的意見を述べているのである。ところが、宇垣は会話中に「両党首の気分を鼓舞すべく試み呉れまじき哉」という希望を読み取ったのであった。[128]

一度は連立内閣論に賛成した若槻首相も、幣原外相と井上蔵相の反対によって考え直した。それは、外交方針、財政方針の変更が予想され、中でも安達内相の連立内閣構想が英国の金輸出再禁止を受けて井上財政の転換をめざすものであったので、井上蔵相の反対は強かった。西園寺もこれを支持し、「とにかく将来何か事が起つたら、その時に考へるとして、まづこれで押切る、といふことで、見てゐるより已むを得まい」と内閣に委ねた。[129]日本政府は事態の打開を求めて十一月二十一日の連盟理事会で調査団の派遣を提案した。他方、金谷参謀総長を通して出先を抑えようとする内閣の努力には不幸も重なり、二十七日、スティムソン国務長官が幣原外相とフォーブス（William Cameron Forbes）駐日大使の会話内容を公表してしまい、陸軍首脳と内閣の統制力を傷つける事件もあった。[130]それでも牧野は三十日に、「仮令禍根は除かれずとするも外より手の附け様あるまじく」、西園寺も同じく「目下の処此儘にて進行の外なし」と政府の努力を見守ることになった。[131]

十二月に入っても牧野のもとには、年末からの通常議会に向けて「如何なる珍事」が起こるかもわからず、「昨年以上の乱脈は下院にても必らず演出すべく、其機に乗じ例の軍人の非立憲的策動行はるゝに至るべく」という憂慮の声が頻々として入っていた。[132]鈴木文治が伝えたところでは、参謀本部の重藤千秋大佐と影佐禎昭少佐が社会民衆党員を前に講演を行い、満州を理想郷として「資本家の跋扈」を許さず、「民衆の活動地帯」とする見込みを語り、「内地にては従来の政党は資本家の走駒にして腐敗を極め利己主義に駆られ、此儘にては国家前途深憂に堪へず、今後は是非国家社会主義様の新勢力を樹立し、破壊は自分達にて任ずべきも建設は諸君の力に依り度き」といった意見をほのめかしたという。堺利彦や吉野作造らは、「今は人気を収めたる如きも成行に依りては却て国民の怨府と一変する恐れもあり」と軍部の計画に軽々に賛同しないよう忠告したが、党員中には会合もして相当に了解がある者もあった。[133] 牧野は、「軍部の少壮将校の団結の始末こそ難事中の難事と思考、然して其関係は満州事件と密接なれば一層重大性を加ふ。又反面には満州事件を処理するに付ても内面軍人の現下の状体を考慮する必要ある所以にして、従つて対外態度の困難なるも此点にあり」と、対外危機と国内危機の連動に困却し、「軍部の不穏策動に付ては政党方面に於て意外に疎遠の様に感ぜられ、然かも今日政局の重大事件なるに付、相当政界の有力者に於て心得ある方必要」と高橋是清元首相に情報を通じたところ、高橋は驚いたようすであった。[134]

十二月十日、帝国在郷軍人会はジュネーヴ一般軍縮会議全権一行の送別会を靖国神社境内で大々的に挙行した。佐藤尚武駐ベルギー大使、松井石根陸軍中将、永野修身海軍中将の三全権に手交した覚書では、「陸軍軍備は甚だ不十分、兵力・装備を充実する自由を有す」「海軍軍備は、ワシントン会議、ロンドン会議で不合理な制限を強いられているので、将来安全な軍備を整備する主張を貫徹すること」などの原則の貫徹を求めた。[135] また、同日、国際連盟理事会は九月三十日以来の全会一致で連盟調査団を中国に派遣することを決議した。中国は調査団の派遣で日本軍の撤兵が遅れることを警戒し、調査対象が日本の提案で中国全域に及ぶことに不満であったが、英仏の説得を容れた。ところがその直後、「協力内閣」論をめぐる閣内不統一によって第二次若槻内閣は総辞職した。「協力内閣」を説く安達内相に、若槻首相と党出身閣僚は十一日午前三時まで討議したが折り合わず、自説の容れられない安達は内相官邸に戻って出ず、また井上蔵相が往訪して力説するも効果なく、さらに安達の辞表を求めたが拒絶され、四時過ぎ、ついに若槻首相が参内して閣僚全員の辞表を捧呈した。[136] 危機への対応を目的とする体制内でのもう一つの試みは、結果的に内閣の努力に水を指したのであった。

犬養内閣の選定と意義——西園寺のイニシアチブ

昭和天皇は従来通りまず内大臣に下問した。牧野内大臣は時局がきわめて重大であることを理由に、元老西園寺を呼んで直接下問することを進言し、要請を受けた西園寺も「この場合はできるだけ早い方がいゝ」と翌十二日の上京を決めた。大命再降下論もあったが、西園寺は次期首相に政友会総裁の犬養毅を考えていた。西園寺は、「自分は犬養を奏請したいと思ふが、側近の者達に反対の意見はなからうか、予めきゝたい」と、原田に宮中官僚の意向を確認させた。原田は「政友会の単独内閣」と思われると木戸に確認すると、「格別反対はないらしいが、たゞ重大な時局であるから、財政とか外交について内大臣もよほど心配してゐるやうである」と伝えられた。[137] さらに西園寺は、原田から井上蔵相に「犬養の単独内閣らしい」と伝えさせた。政友会は金輸出再禁止を党議決定しており、財政上の準備の必要性があるのではないかと考えたからであった。西園寺は上京の朝にも、原田に「どうも昨夜からいろいろ考へてみたが、結局犬養の単独より方法がないぢゃないか」と述べて、意見を求めた、原田は西園寺の側近くで経験する五度目の政変関与で初めて西園寺から意見を求められたと記している。原田が賛同すると、西園寺は「幣原も井上も大分くたびれたらうから、この際休んで、再び力を養つて出る方が、或は御奉公ができやしないか」と独り言のように述べた。これは将来の民政党内閣を念頭に置く発言である。

十二日、西園寺が参内すると、牧野内大臣、一木宮内大臣、鈴木侍従長との間で会談が行われ、まず首相の辞表の文面が問題となった。若槻首相の辞表には閣内不統一の文字はなく、「内務大臣独り其の見を異にし」と安達の態度に総辞職の責任を求めていた。[138] それは、首相が閣僚を罷免できない中で閣内不統一への最後の対抗策として大命再降下への期待を残すものであり、かつて第一次加藤高明連立内閣が閣内不統一で総辞職した際には、辞表下げ渡しによって単独内閣化していた。しかし、このたび、大命再降下は実質的な論議の対象にはならなかった。[139]

次に西園寺が犬養を推したのに対して、牧野も他に適当な候補者もなく同意したが、時局が困難を極めていることを理由に、組閣にあたり特に外相、蔵相の人選に注意すること、内閣の基礎が強固であることが望まれることから、「協力の精神」に基づいて組閣するよう西園寺から指導してほしいと述べた。これは牧野一人の考えではなかった。河井侍従次長は、「綱紀の振粛を本旨とし、急遽なる政策の変更なきを期する信望ある内閣の組織を見るを期し、西公自ら勅許を得て後継内閣首班候補者に此事を交渉し、政策に付ても強き関渉を要すとの意見を内大臣及侍従長に進言」したと日記に記した(140)。つまり、牧野内大臣をはじめ宮中官僚は、後継首相は政友会の犬養でやむをえないとしても、井上の財政政策、幣原の外交政策を大幅に変更することがないように、協力内閣、もしくは元老を通じて政策の調整を行いたいと考えていたのであった。

この提案に西園寺は同意しなかった。強いて主張はしないものの「やはり組合せがいゝやうな口吻を洩」らす牧野に対して、西園寺は、「薩長の内閣の時分を見ても、なかなか組合せといふことは難しい。もう君の前で言ふが、薩摩人は薩摩人、長州人は長州人で、お互に頗る根強く自分の主張を通さうとして喧嘩してみたり、実に面倒で困つたことがある。それで今日、その時分とはすべてが違ふけれでも、なほ且協力といふことは面白くない」と、薩摩出身の牧野相手に薩長間の対立の例まで出して連立内閣に反対した(141)。両者の齟齬は、一木が、牧野のために弁護しなければならないほどで、牧野は「小生之用語不十分なりしか合点行かざる応対なりしが、宮内大臣の補足もあり結局釈然同意にて」と記した(142)。しかし、それでもなお両者の意見は一致しなかった。ついに西園寺は、「とにかく三人とも、犬養を後継内閣の首班にすることについて、大した異論」もないと、「この際は犬養毅を以て、後継内閣の首班者にすることが適当と存じます」と奉答した(143)。このようなやりとりを木戸は、西園寺はこの際はやはり犬養に組閣させることに決めていたのに対して、牧野は時局に鑑みて、できれば「挙国一致」的な内閣にしたいという意向であったようだ、と評した(144)。

西園寺は奉答を済ませると、すぐにも東京を離れて興津に帰るつもりでいた。しかし、昭和天皇からごく内密の「御依頼」を受け、東京にとどまることになった(145)。昭和天皇から西園寺に伝えられたのは、「この際後継内閣の首班になる者に対しては、特に懇に西園寺から注意してもらひたい。即ち今日のやうな軍部の不統制、並に横暴、――要するに軍部が国政、外交に立入つて、かくの如きまでに押しを通すといふことは、国家のために頗る憂慮すべき事態である。自分は頗る深慮に堪へない。この自分の心配を心して、お前から充分犬養に含ましておいてくれ。その上で自分は犬養を呼ばう」という依頼であった。[146] 昭和天皇の意向を受けて、西園寺は大命降下前に犬養と会談した。西園寺の意見として犬養に伝えられたのは、次の四点であった。第一に政界の浄化を期すこと、第二に閣臣の選定には深く留意し、人格者をあてること、第三に強力なる内閣を組織すること、第四に外交方針の不変を必要とすることであった。第三の強力なる内閣ということに関して、連立内閣を組む意向の有無が問われたが、犬養は、かえって不統一の原因となり不利であると拒絶した。[147] また第四の外交方針については、政党外の人物を外相にあげることを明言した。会談後、犬養に大命が降下し、翌十三日犬養内閣が成立した。西園寺は十三日の朝十時過ぎには興津に向けて東京を発った。

このたびの首相選定は、四つの点で従来と異なっていた。第一に、ともに首相選定を担う元老と内大臣の間で意見が最後まで一致しなかった。西園寺は単独内閣を希望したのに対して、牧野内大臣と宮中官僚は連立内閣など何らかの形での作為を希望した。しかし、注意しなければならないのは、両者の相違が政策判断をめぐるものでもなければ、政党内閣制をめぐるものでもなかった点である。牧野内大臣は民政党内閣の内外政策が継承されることを期待し、西園寺も幣原外交と井上の経済政策を支持していた。また、ともに野党総裁である犬養を指名することに異論はなかった。それは政党内閣制の枠内でありながら、危機の中で政党内閣論が分化したことによって顕在化した相違であり、西園寺はより単純な政権交代を導いたのであった。[148] 第二に、西園寺が昭和天皇の希望で大命降下前に首相候補者と会談した点であった。第二次若槻内閣の選定でも宮中官僚を通じて昭和天皇の意見が伝えられたが、天皇の依頼が具体的な行動をともなったのはこのたびが初めてであった。加えて、先の西園寺と犬養との協議内容を見ると、昭和天皇の依頼は牧野ら宮中官僚の意向と強い共通性があることがわかる。元老協議方式の下では、高橋内閣総辞職後に松方正義が加藤高明と会ったように例があったが、政党間で政権交代が行われるようになってからは全く行われていなかった。

そして第三に、政党内閣論が分化したことで、元老が実際の判断を求められた。政党内閣制の成立によって、首相選定者は政党内閣か否かを判断する必要はなく、第一党の内閣が倒れたら基本的に第二党の総裁を奏薦すればよかった。ところがこのたびは、財政危機、対外危機、そして何より軍部の統制という国内危機が高まる中で、通常通り二大政党迭立型の政権交代を行うべきか、それとも非常時を理由に二大政党の連立内閣を周旋すべきなのか、判断が求められたのであった。さらに第四に、昭和天皇の依頼で西園寺が犬養と面談したように、危機において元老の役割が再び不可欠の存在として必要視されるようになった。昭和天皇と宮中官僚は、政党政治の補完者を自任しつつも抑制的な立憲君主像を背景として、つねに西園寺に期待してきた。しかし、このたび注目すべきは社会における元老への期待の再生であった。政権交代が政党間で自動的に行われれば元老は無用となるはずであり、そもそも政党内閣制への移行には元老の政治介入への批判があった。ジャーナリストの馬場恒吾は西園寺の犬養指名を、「彼は憲政常道に立脚したのである。二大政党が交代して政権を取るといふ原則を守ったのである」と評価しながら、「だが、この表面の政変の奥に、目を光らしてゐる財閥があつたことをば、西園寺公は見なかつたか、忘れたか、関らなかつた。今まで西園寺公を崇拝し切つてゐた政治家は、その頃いつたことがある。西園寺公が今度たれを推薦するかは、元老としての最後の試金石だ。日本を売る財閥を成功さすやうなことをするならば、元老といふものはあつてもなくても同じことだと」と記した[149]。ここでは逆に、元老独自の役割が期待され、「憲政常道」に基づく政党間での単純な政権交代に対して突き放したような評価が与えられているのである。

しかし、このたびの選定の最大の特徴は、そのような中で、西園寺が自らのイニシアチブを貫いたことであった。内大臣との協議は不調に終わったが、選定にさほどの時間がかかったわけではない。十一日に第二次若槻内閣が総辞職し、十二日に西園寺が上京して奏薦し、十三日には犬養内閣が成立した。また、結果についても、かつての薩長関係まで持ち出して単独内閣を主張し、犬養政友会内閣を奏薦した[150]。そして昭和天皇の依頼によって犬養と会談した際にも、単に意見を聞き置くのみで周旋と呼べる行動をとらず、結果にも影響を及ぼさなかった。西園寺は判断が求められる中で、田中内閣成立以来の政党内閣制に準拠した首相選定を行った。危機を前にともに首相選定を担う宮中官僚の異論を遮る形で行ったこのたびの首相選定は、西園寺にとって一つの判断であったと言えよう[151]。

政治学者の蠟山政道は、このたびの首相選定が「協力内閣」論、「挙国一致」内閣論が唱えられる中で、「憲政常道」論に基づく形で行われたことを「元来我国の憲政常道といつても最近の田中内閣及び浜口内閣の成立に際して、漸く成立した憲法上の慣行に過ぎない。従つて今回の政変がこの慣行の軌道によつて行はれたとするなら確にその慣行を一層強めることになつたといひ得よう。それは確に政党政治の上において注目すべき現象なのである」と評価し、「政党以外の政治的勢力たる軍部が、今日のやうな時局に政治の舞台に上つてくるのは当然であるが、その行動と政策は政党との連絡においてのみなされる限り、我々は憲政の常道をたどりつゝしかも時代の進展に適応して行き得るものである」と述べた(152)。また、民政党も党報『民政』の時評に「憲政常道の確立」と見出しをかかげ、「昭々たる政局推移」と犬養内閣成立を高く評価した。そして、「何人にも容易に了解せらるゝ所の反対党の単独内閣が成立した事」を以て、「議会政治の上に於ける鐵案たる憲政常道は厳として動かすべからざるを如実に示されたのである〔中略〕反対党たる政友会内閣の施政方針に就ては、大に異議を挟むも、吾人は唯、その内閣成立の形式に対しては、政党政治の為めに欣幸とせざるを得ない」と述べた(153)。

三　危機の継続と政権交代による克服への取り組み――犬養内閣と内外危機

犬養内閣の成立――問われる復原力と統治能力

一九三一（昭和六）年十二月十三日、犬養毅内閣は政友会単独内閣として成立した。第一の注目点は、少数党政権としての発足を選んだ政友会内閣としての純度の高さであった。衆議院に議席を持つ首相は、原敬、浜口雄幸に続いて三人目であった。また、当初外相を首相が兼任したことから、閣僚一三人中、陸海軍大臣以外の一一人すべてを政友会員が占めた(154)。政党内閣としての純度を重視する姿勢は、原内閣、高橋内閣、田中内閣に通じる政友会内閣の新しい特徴であり、第二次若槻内閣を崩壊させ、宮中官僚が期待していた「協力内閣」構想の明確な否定であった(155)。経済危機が深刻化する中、注目を集めていた蔵相には党長老の高橋是清を迎えた(156)。これは、政権交代にともなう経済政策の転換を意図してのものであった。他方、外相は、先の幣原外相の下、国際連盟理事会の日本代表として満州事変後の困難な交渉と説明に当たった専門外交官で、犬養の女婿でもあった芳沢謙吉に帰朝を待って引き継がれた。これは、政権交代によっても基本的な外交路線を継承しようする意思の表れであった。そして内閣書記官長には森恪が、法制局長官には島田俊雄がそれぞれ就いた。犬養内閣成立で政党内閣制の蓋然性は依然高く、斎藤隆夫は「次の我党内閣には必ず大臣と為るべし」と、民政党内閣の再現を疑わなかった。(157) このような単独内閣としての犬養内閣の成立を『報知新聞』は、大隈・板垣の連立内閣、加藤三派連立内閣の例をあげて、「共にその当時の時局において、相当の目的を以て出現した協力内閣であつたが、それ等の内閣は常に党派的牽制に悩まされ、党略的に容易に破壊された事実の教訓を残して居り、いはゆる内閣不統一はその宿命的条件であることを知らねばならぬ」と連立内閣の不安定性に注目して、「もしこの事について元老の配慮ありたりとすれば、我等はそれを受け入れなかつた犬養新首相の見識を是認するに躊躇しない」と評価した。(158) 他方、牧野内大臣は大命降下の日に、田中内閣以来の未決懸案として、政務官と事務官の区別を明らかにして事務官の身分保障の制度を立てることを犬養に求めた。(159)

第二の注目点は、軍部大臣であった。犬養首相は外相の起用に配慮があったように、対外政策では政権交代によっても政策を継承することを考え、南陸相の留任を希望していた。しかし、民政党内閣が「協力内閣」論で混乱する中、十二月十四日に開かれた陸軍三長官及軍事参議官会議は、後任の陸相について、「⑴民政党ヲ主躰トスル内閣ノ場合及協力内閣ニハ南陸相ハ留任ス　⑵政友会ヲ主躰トスル単独内閣ノ場合ニハ南陸相ハ留任セス　荒木中将或ハ阿部中将ヲ推ス」と申し合わせた。(160) したがって、犬養の南陸相留任要請に対しても「其単独内閣ナルコトヲ知ルヤ之ヲ拒絶シⅠ阿部中将或ハⅡ荒木」を推したのであった。南陸相留任を拒絶された犬養首相は、二つの選択肢の中から荒木を陸相に採った。第一希望が実現したわけではないにせよ、政党内閣の首相が陸軍組織の中から陸相を選べたということは、政党中心政治のさらなる進展であろうか。鈴木貞一の説明は異なる。この時、陸軍中堅層は荒木に期待をかけていたが、三長官会議で候補者を絞ると荒木は漏れてしまうかもしれないので、三候補を提示して犬養に選ばせることで荒木陸相実現を画策したのだという。[161]荒木はそもそも政友会とのつながりが深く、さらに犬養を動かすにあたっては森を用いた。したがって鈴木は、陸軍中堅層が陸軍首脳部に意思を押し付けるために政党は利用されたと説明する。この時はそうであったのだろうが、これは事実として政党政治への適応である。宇垣は、西園寺の意思の読み違いであろう、「協力内閣」が出現すると考えていた。[162]また、政変と前後して、十二月二十三日、先に満州事変統制の要であり、十月事件で参謀本部から多く検束者を出したことでひとたび辞意を示しつつも慰留されていた金谷参謀総長が辞任し、後任には閑院宮載仁親王が就いた。一八九八（明治三十一）年以来の宮様総長で、参謀次長には荒木の友人の真崎甚三郎を充てた。先に「系閥」を批判した荒木であったが、宇垣元陸相に連なる人脈を排除することでかえって露骨な派閥人事となり、後にいわゆる皇道派人事として問題視されるようになる。

犬養内閣の課題は直面する経済危機と対外危機の克服、そして少数党内閣として発足したことによる政権基盤の強化にあった。すなわち、まず第一の課題は、浜口民政党内閣の金解禁政策を改め、国際金本位制度から離脱することで不況克服をめざすことであった。高橋蔵相は内閣成立直後の初閣議で金輸出再禁止を決めた。高橋は一八五四（嘉永七）年に江戸で生まれ、英語を元手に苦労と波瀾の前半生を経て銀行家として成長し、松方正義蔵相の金本位制度確立を支え、日露戦争時の外債募集など財政家として頭角を表した。貴族院議員に勅選され、男爵ともなった高橋は、第一次憲政擁護運動後の第一次山本権兵衛内閣で蔵相を務め、同時に内閣の方針で政友会に入党した。同内閣では政党の圧力と国民の批判で軍部大臣の資格が緩和されたが、高橋は「東洋の平和は兵力と外交とのみにては出来得べきものに非ざる」と、外国資本導入による国力増進を主張し、第一次世界大戦後には日本が「軍国主義」であるという誤解をなくすために参謀本部廃止論を唱えた。[163]一九二一年に原が暗殺されると、西園寺から「政友会員らしからぬ」という理由で後継首相に指名され、伊藤、西園寺、原に続く第四代の政友会総裁となった。首相としてワシントン会議を担った高橋は、一九二四（大正十三）年の第二次憲政擁護運動に政友会を率いて参加し、爵位を譲って総選挙に出馬した。代議士高橋は第一次加藤高明内閣に革新倶楽部を率いた犬養とともに入閣し、男子普通選挙制の導入や貴族院改革に尽力して、第五〇議会で改革にめどが立つと総裁を田中に譲り、閣僚も辞した。その後は金融恐慌下に成立した田中内閣で再び蔵相を務め、リリーフ・エースとしての役割を果たすと約一ヵ月半で三土忠造に交代した。このたびもまた危機下の再任であり、産業立国を旗印に手早く対策を講じていった。

第二の課題は、満州事変を解決し、平和を回復することであった。外相、陸相の選考に表れていたように、金融政策とは異なり、対外政策で政策の継承を心掛けたことは、中国政策で幣原外交からの転換を演出した田中内閣との大きな相違であった。中国革命派と長い交友のある犬養首相兼外相は、早速、萱野長知を個人密使として中国国民政府との秘密交渉を開始した。[164] 成果には至らなかったが、十二月三十一日に昭和天皇に拝謁した犬養は、中国の言い分も少しは通すべきという御言葉に「御尤」と応じ、治外法権も認めるつもりであると答えた。これに対して昭和天皇は、「局に当れば在野時分とは自から改まり幣原と別に代〔変〕はる事なし」と満足した。[165] 昭和天皇からこのやりとりを伝えられた牧野は、一月四日に犬養首相と意見交換を行い、田中政権期の反省をふまえた注意を与えて、そのようすを翌日昭和天皇に報告した。[166]

対外政策上の問題は国内での陸軍統制の問題でもあった。この日は軍人勅諭が発布されてからちょうど五〇年目にあたり、昭和天皇は、軍人がその職分に励みいよいよ節操を固くすることを求める勅語を陸海軍大臣に降した。[167] にもかかわらず、満州では政府の不拡大方針をあくまで無視し続けた関東軍による軍事行動がなおも続いており、一月七日、米国のスティムソン国務長官は九ヵ国条約や不戦条約に反する軍事力による現状変更を承認しないとする、スティムソン・ドクトリンを発した。しかし、犬養首相は対外関係を破綻させない範囲での事態収拾を模索しており、「米国の通牒に付ては説明すれば日本の態度は了解可致」と楽観していたという。[168]

与野党間での政権交代にともなう満鉄総裁人事も注目を集めていた。陸軍、中でも関東軍は内田総裁の留任を強く望んだ。十二月二十五日には、南前陸相から内田に「自分ハ満蒙ト政党者流トノ絶縁ヲ兼テ必然ト思ヒ居レルガ、平時ハ甚ダ難シキヲ、今回ハ国民ノ後援ヲ軍ハ負ヒ居ルニ付キ、絶好ノ機会」という伝言があり、また「某中佐」は内田に「閣下ノ進退ハ軍カ政党ト闘争開始ノ第一着手ナリ」と述べた。[169] 二月二十五日、本庄司令官も「現今ノ兵ハ昔ト異ナリ知識進ミ居リ、政党ヲ嫌忌ス、軍ハ満鉄ノ協力ヲ絶対ニ必要トス、現任者ニ勝ルモノナシ、政党者ニ掻廻サルコトヲ怖ル」と現状維持を支持した。しかし、四月に副総裁の更迭が閣議決定されると内田は激怒し、「抑々新国家ノ成立ハ軍部ト閣下ト協力ノ結果ナリ」と述べる板垣関東軍参謀に、「昨年事変勃発マデハ予モ軍部ノ行動ニ対シ意見アリタルモ、事変後ハ全テノ行懸リヲ水ニ流シ、軍ヲ絶対的ニ支持スルヲ以テ唯一ノ国策ト信ジ、満鉄ヲアケテ微力ヲ尽サシメタリ」と説き、「内閣ノ起伏位ハ顧ミルニ足ラス、寧ロ今日ノ急務ハ政党ノ横暴ニ一撃ヲ加フルベキ要アル〔中略〕予ハ政友会関係深ク、憲政有終ノ美ヲ唱フル政党主義ナリシモ、今日ノ状態ヨリスレバ考ヘモノナリ」と政党を批判した。[170]

　そして犬養内閣の第三の課題が危機に対処すべき政権基盤の問題であり、少数与党で臨む第六〇議会であった。十二月十八日には地方官の大移動を行い、総選挙に備えた。ところが、年末休会中の一月八日、朝鮮独立運動家の李奉昌が昭和天皇暗殺の目的で陸軍観兵式の帰途に手榴弾を投げて未遂に終わる桜田門事件が起こった。犬養内閣は即日責任をとって辞表を出した。昭和天皇は、かつて摂政時代の一九二三年十二月に帝国議会開院式に向かうところを狙撃された虎ノ門事件を経験していた。その時、昭和天皇は第二次山本権兵衛内閣の留任を希望したが、結局、閣議は総辞職を決した。昭和天皇はこのたびも内閣の留任を望み、元老の意見を求めた。牧野内大臣ら宮中官僚は昭和天皇の希望を支持し、さらに内閣が再び総辞職を選ぶことがないよう、「内外非常の時なれば留任を望む」という一言を添えることを併せて元老に諮った。西園寺も「斯様の出来事に付政変を見るは将来の悪例を残す恐れあり、依て引責は宜からずと思ふ」と、不敬事件による政変を望まなかった。[171]しかし、他方で西園寺は、昭和天皇から留任希望に加えて優諚を与える必要を認めなかったが、使者の鈴木侍従長から「東京の状況、殊に陸相抔の強固なる引責論ある」ことを聞き、同意した。こうして昭和天皇、元老、宮中官僚がそろって留任を支持し、内外非常時の打開を内閣に求めた。一月十日、昭和天皇から犬養首相に留任するよう伝えられ、辞表は下げ渡された。犬養はあらためて閣僚と相談し、留任を決めた。[172]しかし、虎ノ門事件時に閣議であらためて内閣を総辞職に追い込んだのは他ならぬ犬養であった。当時逓相の犬養は、内閣が漸次政友会寄りとなっていくことに危機感を抱き、閣内から強引に総辞職に導いたのであった。犬養にとっての問題は、不敬を理由にかつて倒閣を果たした張本人であったという点にあり、このことは「臣節問題」として無意味に政治問題化した。また、関係者の処分をめぐっても優諚を求めるかどうかが宮中官僚の中で議論されたが、犬養は希望せず、内閣で責任を引き受けた。木戸幸一内大臣秘書官長は、犬養の態度を「立憲的行為を標語とせる総理としては誠に尤ものことなり」と評価し、「近来、側近方面に於て、御聖徳を顕揚せむとする余りこせこせとしたる小細工に流れむとするの傾向あるは喜ばしきことにあらず」と感想を日記に記した。(173)

議会の休会明けを前に、満州情勢はさらに動いていた。一月十一日、宮中官僚に対して板垣大佐関東軍参謀が「兵賊討伐の状況、新国家建設の事情」を説明したが、清朝最後の皇帝であった宣統帝溥儀を大総統に戴き、国防は日本の軍隊に任せるという計画に、木戸は「かなり吾々の頭と隔り」があると驚いた。(174) また、板垣が上京に際して本庄司令官から受けた指示には、事変を契機として「満州問題ノ国家本位化」を進め、「政党干与シ党利党略ニ利用セラレサルコト最モ緊要」とあった。(175) 陸軍中央は犬養内閣成立直後の前年十二月二十三日、「省部協定第一案」によって当面、国民党政府主権下の親日政権樹立で進むと出先を抑えつつも、独立国家への誘導を図ることを申し合わせていたが、年を越えて一月六日には陸・海・外務三省協定案として「支那問題処理方針要綱」が出され、関東軍による独立国家建設工作が追認された。(176) 一月十四日に、犬養が兼摂していた外相には芳沢謙吉が就いた。板垣の帰京は国内政情も刺激し、一月十五日、牧野内大臣のもとには再び鈴木文治から、一部軍人に不穏な動きがあり、国家主義者の大川周明、北一輝、満川亀太郎などに、社会民衆党の赤松克麿も加わって、「密謀挙行」について談合しており、実行の時期は二月十日頃という情報が伝わっていた。(177)

一月十七日、西園寺は原田に「一体宇垣はどうするんだ」と問い掛けた。(178) 犬養内閣期の西園寺については、五・一五事件を前にすでに政党内閣制に見切りをつけていたのではないかという議論があり、この時の会話はその論拠の一つにあげられる。西園寺は「この内閣が倒れたら、井上もいゝだらうが、宇垣と民政党の協力でやらせたらどうか。陸軍では、宇垣は駄目だ、といふけれども、今から宇垣の宣伝をしておいて、思ひきつて宇垣にやらしてみようか。もう陸軍も出先にはてこずつてゐるらしいし、今度一つ宇垣にやらしてみようと思ふが、どうだらうか」と述べた。これに対して原田は、

「井上さんはいゝと思ふけれども、陸軍でどうでせうか」と答えたところ、「それは大したことはないと思ふ。井上もまだまだと言つてゐる内に、いよいよといふ時に駄目になつても困るけれども、ちよつとでも締直しを宇垣にやらせようと思ふ」と述べた。この会話が、軍の統制を目的に宇垣首班の非政党内閣を示唆したというのである。(179)

しかし、三つの理由から、この時期この発言をもって西園寺が政党内閣制に見切りをつけていたと言うことはできない。第一に、原田はこの後に「自分の思ふのには、民政党と協力でなくて、宇垣に大命が降下するかもしれない」という感想を記している。(180)西園寺が「宇垣と民政党の協力」と述べたのに対して原田は、「民政党と協力でなくて」と断りを入れた。したがって、西園寺が述べていた宇垣内閣論は民政党との協力を前提とするものであり、宇垣内閣に民政党が協力するという意味ではないことになる。そうでなければ、原田がわざわざ民政党と協力的でない宇垣への大命降下に言及する必要はない。つまり西園寺は、民政党総裁として井上よりも宇垣を先にという話をしていたと考えられる。第二に、西園寺はこの直前に政党内閣による政治を前提とする発言をしていた。西園寺は政権党の交代にともなって植民地総督が交代することを、「甚だ面白くない現象」と見ていた。それは一般論ではなく、「政党否認論者に対して、非常に好都合な攻撃の武器を供給する」からで、「もう少し判つてくれなければ困る」と、感受性の低い政党勢力に苦言を呈したのである。(181)そして第三に、一月十七日という時期が重要で、当の宇垣が任地の朝鮮から東京に来ており、帰路についた翌日であった。宇垣は在京中、多方面から朝鮮総督を辞任して民政党に入党し、将来の「素地」をつくるよう勧告されながら、入党には踏みきれずに帰っていった。(182)したがって、西園寺の発言は民政党内での宇垣総裁論を背景として、「一体宇垣はどうするんだ」とは民政党への入党を問う言葉であったと考えられる。つまり、西園寺は、井上ではなく宇垣を総裁とする民政党への大命降下を念頭に発言し、原田は、宇垣が民政党総裁でなくても大命降下があるのではないかと考えたのであった。

三度目の男子普通総選挙（第一八回衆議院議員選挙）――上海事変と相次ぐテロ

牧野内大臣は一月十八日に犬養の盟友である古島一雄の来邸を求め、先に鈴木文治から聞き込んだ一部軍人の不穏な動きについて首相に伝言を依頼した。また、ノルウェー公使主催の晩餐会で英国大使から同様の動きについて荒木陸相も後援者ではないかと質問を受け、牧野は「若年の将校輩に政党政治の弊害を多年見せつけられ憤慨の余まり不謹慎の言論を口にするものもあるべし、然し荒木大臣が其援助者なりと云ふ如きは全く反対にて、若しも多少にても不穏の挙動其部下にありとすれば其取締りに熱心〔に〕当る事は寸毫疑を容れるところなく」と反論した[183]。外国使臣にまでこのような情報が伝わっていることは日本の対外的信用を傷つけることであり、「余程注意を要すべし」と憂慮した。この日、上海では日本人僧侶が中国人によって襲撃され、一人が死亡する事件が起こった。上海では先年の万宝山事件以来、対日ボイコット運動が盛んであり、満州事変の勃発は火に油を注ぎ、桜田門事件では未遂を惜しむような報道まであった。そのような中での事件で、上海駐在公使館付陸軍武官補佐官田中隆吉少佐は敗戦後に自らの陰謀であったと告白する。

少数党内閣を率いる犬養首相は、休会明けの二十一日、首相、外相、蔵相による施政方針演説の後、直ちに衆議院を解散した[184]。芳沢外相は解散前の外交演説で、「満州ニオケル治安ノ維持」が日本にとって「絶対ニ必要」である一方、「領土的企図」を有するものではなく、「既存ノ諸条約ハ申スニ及バス、門戸開放、機会均等ノ主義ヲ尊重スルコトモ勿論」であり、「満州事変ハ日本ノ正当防衛ニ基クモノ」で「又排日運動ハ支那側ノ謬見ニ基ヅク」という基本的立場を確認した上でなお中国との「通常関係ノ恢復」を悲観しないと述べた[185]。また、来る国際連盟一般軍縮会議について「恒久的世界平和ノ確立ニ寄与スルニ至ラムコトヲ切望スル」と述べ、最後に「開国進取ハ維新以来渝ラザル日本国民ノ精神デアリマシテ、知識ヲ世界ニ求ムルコトハ明治大帝ノ御誓文ニ基イテ、日本国民ノ大方針ト致ス所デアリマス、随テ飽マデ我権益ヲ擁護致シマスト同時ニ、広ク世界各国ト相協力致シマシテ文明ノ恵沢ニ浴センコトハ帝国外交ノ理想トスル所デアリマス」と強調した。政友会は党の機関誌『政友』に同演説を全文掲載し、最後の部分には「恒久的世界平和に寄与」と小見出しをつけた[186]。施政方針演説や留任に関する質問への答弁は、前日犬養健と木戸、原田の間で打ち合わせられており、二十六日には、木戸、原田が近衛邸で犬養健に「軍部策動」の話をして「選挙に没頭する時節柄、特に留意する様希望」した[187]。

三度目の男子普通総選挙となる第一八回総選挙の投票日は、二月二十日と決められた。鈴木喜三郎法相は一九二〇年に勅撰された貴族院議員の議席を辞し、総選挙に出馬した。報道では、党内での将来を顧慮し、後任総裁をめざす上で衆議院に議席を置く必要があるという理由からで、挨拶状では現下の国難打開のためには「多年不肖等の主張し来れる我政友会の十大政綱を実現し、内に経済界の不安を一掃して、産業の振興を計り、外に国交を刷新して満蒙問題の根本的解決を遂げ、以て国民生活を安定し、国威の発揚に努むるの外な」く、「政党政治の本流に投じて一層我党政策の達成の為めに微力を致し、以て君国に報じ度、爰に貴族院議員を拝辞し、改めて立候補致し候次第に御座候」と説明した[188]。原は平民宰相と呼ばれ、高橋は貴族院から衆議院に転じた。犬養もまた衆議院議員であった。鈴木の総選挙出馬は、総裁をめざす上で代議士であることが政友会の新たな組織文化にとって重要な意味を持つことを示している。

また、長らく代議士を志してきた芦田均も、外交官を辞めて政友会から出馬した。芦田は根っからの政友会派であったが、英国での挙国一致内閣成立には「他人の事と思へない」と注目し、満州事変勃発をベルギーで知ると、「これは明白に陸海軍のやつた計画的の仕事に相違ない。困つた事件を起したものだ」と憤慨した[189]。その後の展開は芦田にとって不本意なもので、十月十三日には「今日から理事会が開けて日本ハイジメられて居るのだらう。東京でハ外務省が陸軍と俗論に引摺られて手も足も出ない。困つた事だ。哀れなる日本よ」と嘆き、翌日には「日本でハ National cabinet を作るといふ策動もあると新聞にある。とても出来ない仕事だらう。政党政治ハ外交の力を弱くする。それを痛切に感ずる」と記した。そして十七日には「日本の政府も輿論と軍部に引づられて、Chauvinists になつて来た。危い」と排外的態度を憂えた[190]。他方、英国では二十七日に総選挙が行われ、芦田も注視する中、挙国一致内閣が国民の信任を得た。年が明けて一九三二年、解散確実という連絡を受けて帰国し、二月五日には鳩山一郎文相邸を訪れて、「大臣自ら応援に来てやる」との激励に「元気」が昂ぶった。

芦田と入れ替わるように、二月二日にはジュネーヴで国際連盟一般軍縮会議が開催され、日本からは松平恒雄首席全権、松井石根全権らが出席した[191]。他方、上海では一月二十八日夜半、日本の海軍陸戦隊と中国軍との間で戦闘が勃発し、上海事変となった。海軍は、安保清種海相、谷口軍令部長の指導により満州事変に際して政府の不拡大方針を支持し、また谷口は陸海軍青年将校の結託に警戒的で、加藤寛治、末次信正は反感を強めてきていた(192)。ところが上海事変では、左近司政三海軍次官は畑俊六陸軍中将に「陸軍は満州にて大に働きあれば今度は南にて海軍の番なり」と述べて、畑は「やゝ当方より仕かけたる傾なしとせず」という印象を受けた(193)。しかし、上海事変の進展は芳しくなく、漸次拡大して陸軍の派兵が要請され、二月二日の閣議で決定されることになった。牧野内大臣は憂慮を深め、犬養首相に「折角満洲問題の解決は予想外の好調に進み、英米等の理解ある態度により有終の美を挙げんとせるに、今国際的に最も複雑なる関係を有する上海に於て事を起したるは頗る不得策」と、なるべく事態を拡大せず各国と協調することを求めたところ、犬養も「全然同感」と出兵は慎重に行うと応じた。閣内でも高橋蔵相は、海外での信用の急速な減退によって資金調達ができなくなることを懸念し、「此儘にては軍費は三ヶ月も続かざるべく、引て国内の情勢は真に戦りつすべきものあるべし」と陸軍の出動に強く反対していた(194)。米国モルガン商会のラモントは正金銀行ニューヨーク支店長を呼び、米国での世論硬化、また、フーヴァー大統領から「日本官憲ノ公約ハ次カラ次ヘト軍事行動ニ依ツテ裏切ラレ、最早信頼ノ基準ヲ失ヒタリ」という電話があったと注意を喚起した(195)。芳沢外相は戦局が拡大しない前提で賛成し、鳩山文相も芳沢の意見に賛成した。西園寺は芳沢から報告を受けると「已むを得ぬでしょう」と述べ、「私も死にたくなりました」と述懐したという(196)。また閣議同日、大角岑生海相の下で谷口軍令部総長が退任し、陸軍の宮様参謀総長に対抗して伏見宮博恭王が海軍軍令部総長に就いた(197)。参謀本部の後塵を拝してきた海軍の統帥部長に皇族が就くのは初めてであった。

国内ではさらに西園寺を落胆させる事件が起こった。二月九日、民政党選挙委員長を務めていた井上前蔵相が、選挙運動中に駒込小学校で拳銃で撃たれて死去した。犯人は「農村を救うため」と語る二十二歳の小沼正であった(198)。選挙応援で東京を離れていた斎藤隆夫は支部から一報を受け、さらに新聞記者から井上の逝去を聞かされると、「我党の一大事なり」と驚嘆した(199)。井上はいずれ党の総裁となることが見込まれ、このたび、選挙委員長の激職で果たせなかったが、「将来の総理大臣」を期待する声に応えて総選挙出馬を決心していたとも言われる(200)。西園寺は電話で事件を伝えた原田に、「数日の間、だれにも面会したくない」と述べた[201]。木戸もまた、「真に痛嘆に堪へず。我国の将来に最も期待を有する大政治家を失ふ。井上家の不幸たるのみならず、又国家の不幸なり」と記した[202]。ラモントは、上海事変の勃発に米国人の理解は得られないと強い懸念を覚えていたが、そこに井上暗殺の報を受けたのであった。二月十二日の葬儀当日、『報知新聞』は社説で「未来の宰相はかくの如くにして逝いた」と悼み、「この悲惨事を最後として、日本の政界にかくの如き凶変の絶滅せんことを国民と共に切に切に希はざるを得ない」と結んだ[203]。ひどく落胆した西園寺だったが、それでもなお、二月十八日、「政府も軍に引きずられてゐるんで困つたことだが、まあ、しかし困つたとか、心配だとか言つたところで、要するに過渡期の一時の現象だらうから、かういふ時にうんと働く気になれば、働き甲斐があるだけ寧ろ面白いぢやないか。政治家ともあらう者が、やたらに、やあ国難だとか、困つたとか言ふことは、頗る責任を解しない話であつて、真に国難だ、非常の場合だ、と思つても、もう少し落付いた態度で、やらなければならん筈だ」と述べて、現在を過渡期の困難と位置づけた[204]。

総選挙の結果は政友会が三〇一議席、民政党が一四六議席、社会民衆党が三議席、他が一六議席で、与党政友会の圧勝であった[205]。二大政党は前回選挙と同じく四六六議席中四四七議席で約九六%を占めた。この結果は、田中内閣下で二大政党が伯仲し、政治の混乱を招いたことと比べれば、政府への明確な支持であった。貴族院から転じた鈴木、外交官から転じた芦田は、ともに無事初当選を果たした。他方、民政党は井上亡き後、選挙委員長には町田忠治が就いたが一敗地に塗れた。政友会の三土忠造は選挙結果を「政友会自身さへ蓋を開けて見て驚いた」と記し、その要因を「不景気と好景気、軟弱外交と強硬外交」の二争点に求めた。また、このたびの選挙結果で、「国民の判断力が理論よりは実質に根拠を置くやうになつた」こと、従来、「選挙の神様」という言葉が多用されたが、「選挙といふものが神様などゝいふ専門家のやる仕事でなく、人気の趨勢によつて決定されること」がわかると述べた[206]。市川房枝は、機関誌『婦選』の巻頭言で「政友会の政策の中例へば対外硬の如きは、私共の賛成し得ざる所であるが、然しこれも多数を獲た政友会が、その政策として行ふならば、代議政治の下に於ては、已むを得ない事である。然し巷間噂さるゝが如く政府は単なるロボットにて悉く×部の意見に引づられ盲従するのであれば私共はどこまでも承認し得ない」と、政友会の奮起に期待した[207]。市川は代議政治を支持するだけでなく、政友会にも星島二郎や鳩山、犬養といった運動への理解者があり、政友会内閣に否定的ではなかった。そして市川は、政治解説記事で、軍部に引き摺られて「今では議会で多数を持っていたって何の力にもなりません」と現状を分析し、政党の自覚と輿論の議会政治への支持を「肝要」と説いた。そして「議会否認の運動」の出所を「軍部殊に陸軍の佐官階級」と、民間なかでも「所謂右傾反動団体」に求めた。特に前者については、十月事件についてと見られる「××××××事件というのは軍部だったんですね」「それは日本人ではまだ知らない人がありますが、外国では盛んに新聞に書いています」と書いた[208]。ところが、同号は市川の同欄によって「反軍反戦宣伝ノ記事掲載」を理由に発禁処分を受けた[209]。政党の腐敗なるものが公々然と学理的にも批判されるのに対して、満州某重大事件も満州事変も十月事件も、軍人が故意に引き起こしたものであったことは噂以上には国民に知らされないのであった。

　二月二十三日、西園寺は訪れた近衛文麿に、元老としてのいっさいの優遇栄爵を拝辞したいと述べた。近衛の推測する西園寺の考えは、「昨今の政界の動向は漸次公が予て考へて居られ所期せらるるところと相反する情勢に進みつつあり、仮りに政変等の場合に於て、後継組閣者に軍人を御推選申上ぐるが如きことは到底自分の忍びざるところにして、今にして慎重考慮の上決意するにあらずんば、恥を後世に残すに至らん、よって此際元老たるの優遇栄爵等を拝辞したく、尚、慎重の上にも慎重に考慮を廻し居る」中で、近衛にも意見を求めたという[210]。この「元老の一身上の重大なる決意」を近衛から電話で聞いた木戸は、戦後その中身を「之は元老が従来其方針として堅持して居られた政党内閣・二大政党による憲政の発展と云ふことが漸次崩壊し、之に取って替って軍部の独裁・日支の全面戦争と云ふ様な傾向が強く現はれて来たので深く失望せられ、老齢の故を以て元老を辞退したしとの意を近衛公に洩されたのであった」と解説した[211]。同日、上海にはさらに二個師団が増兵された。このような相次ぐ逆流に、西園寺は自らの政治指導を断念したのだろうか。

　ここでも三つの理由から、近衛への発言が、西園寺が五・一五事件を前にすでに政党内閣制を放棄していたという意味を含まないことを指摘しなければならない。第一に、この後も政党への期待をつないでいた。床次竹二郎鉄相の「鉄道国有計画」に対して、「実によくない。きつとまた、党利党略のために政党が……、どうのかうのと言はれるぞ」と心配した。[212] 第二に、行動が変化していない。翌二十五日には、政友会内の森を中心とする「挙国一致」内閣論を警戒して情報を集めている。[213] また、先に芳沢外相に「死にたくなりました」と述べた際にも、芳沢に軍部統制の知恵を授けており、その内容も首相の指導力を重視する従来のものと変わらない。[214] そして第三に、最も重要なのが元老辞退の意向を近衛にしか直接話していないことである。政党内閣制を断念し、元老辞退を真剣に考えていたとするならば、重大な問題についてつねづねそうしてきたように、西園寺は牧野内大臣ら宮中官僚に指示を与えるなど具体的な行動に出るはずである。このことは、これが会話の中での一時的な感想の域を出ないことを示唆している。西園寺は近衛の政治家としての成長に期待を寄せていたが、両者の考え方には隔たりがあった。近衛は、「挙国一致」の内閣で一国一党で進む上で荒木陸相を首班に擬し、側近攻撃をかわすために皇族を内大臣に据えてその下で内大臣御用掛として平沼などを入れるという話をしていた。[215] このような解決策は、西園寺が最も望まないものであった。

三月一日、近衛と木戸は井上三郎大佐、鈴木貞一中佐と昼食をとり、陸軍の内情を質した。鈴木は三月事件の説明以来、井上を通して近衛、木戸、原田という青年貴族政治家サークルと親しむようになった。鈴木は、軍の建て直しは進みつつあるが、「今後の政治を今日の既成政党にまかせて晏如たり得るやと云ふに然らず。軍部としても政界の浄化革新を希望し、之に就ては相当の注文もあり、一部にては是が対策を研究しつつあり。之が目的達成の為めには、試験済ならざる新人物を起用し、超然内閣を組織せしむるも一策」と説明した。木戸は明治維新の際に五箇条の御誓文を出したように、「或時期に今後国の赴くべき途につき其の大綱を宣せらるるも一案にあらずや」と提起した。[216]

この日、満州国建国宣言が発表された。犬養首相は芳沢外相とともに、中国の主権と齟齬しない独立政権によって満州事変を解決しようと尽力していた。したがって、一月二十八日に南前陸相が進講で満州における新国家建設状況を述べたのに対して、二月二日には反対意見を上奏し、二月十五日の枢密院会議でも石井菊次郎顧問官の質問に答えて、「満蒙の新独立国家は国家として承認を与へずと明に言明」した。[217] また、同日には上原元帥に書簡を送って、軍の統制紀律の改善に尽力を求めるとともに、「満蒙事変」については九カ国条約と正面衝突する独立国家の形式を避けて「形式ハ政権の分立」に止め、「成るへく早く此事変を終熄し、此機会を以て支那との関係を改善したき理想」を伝えた。[218] 犬養首相は建国宣言後の三月十二日にも昭和天皇に、「満州国承認は容易に行はざる件」を上奏した。[219] 他方、三月三日、日本軍は上海でようやく中国軍を退けた。民政党幹部江木翼は、二月二十四日病床から町田忠治に、「国家の事、満州の事も上海の事も実に不容易事、国家は何処迄引づられ行くにや、財政、経済は如何に成行くらむ、憂心忡々、夜亦睡られざるもの有之候。折角国、党御指導重ね重ね呉々も御願申候」と書き送った。[220] 江木は前年九月、鉄相辞任時に西園寺から「国家の生命は頗る永いのでありますから、充分静養されて、再び国のために御尽力を俟つ」という言葉を受けたが、満州事変から一年となる九月十八日に六十歳で病没する。[221]

さらに危機は国内で連鎖した。三月五日、今度は三井合名会社理事長団琢磨が射殺された。犯人は、「政党と結託して政界を腐敗させ、さらに日本経済を左右し、日本全国を不景気のどん底に陥し入れた」と語る二十二歳の菱沼五郎であった。井上と団の暗殺に用いられていた拳銃に共通点があるなど捜査が進み、いずれも井上日召を指導者とする一連の暗殺事件と判明した。血盟団事件と呼ばれ、「現在の政治経済機構の中枢を為す政党財閥特権階級の巨頭」の連続暗殺を謀った彼らの対象には他に西園寺、牧野、犬養、若槻、床次、鈴木、幣原などがあり、鈴木を演説会場で待ち受け、西園寺の坐漁荘周辺を視察し、さらに犬養を狙って首相官邸、政友会本部、犬養邸周辺を暗殺者が徘徊していた。[222] 殺された団は前夜、経済四団体主催の懇談会で来日中のリットン（2nd Earl of Lytton）調査団一行をもてなしたばかりであり、木戸は、「最近、国際連盟の支那調査員に対し接待に頗る努められ、国家の為め大に努力せられたるに」と団の死を強く惜しみ、「井上氏の死と云ひ、近来、我国の世相は寒心に堪ざるものあり。為政者の反省を求むること切なり」と政党内閣に責任を帰した。[223] 三月九日に木戸は自邸に永田鉄山陸軍省軍事課長を招き、近衛ら青年貴族政治家たちとともに陸軍の内情を聞いた。[224] 永田は、近来軍部が政治方面に関心を持つに至った理由を、「㈠軍縮問題に伴ひ軍に対する世間の人気の悪くなり兎もすれば軽ぜらるること、㈡ロンドン会議の際に於ける所謂統帥権の問題、㈢減俸問題、㈣陸軍に於ける人事行政の不手際」に求めた。そして三月事件、十月事件について説明し、その後の軍部の思想については、大川らと接触する者、北一輝、西田税の思想に心酔する者、純真に統帥権問題などに憤慨する者に整理し、現在では「軍が外部と提携して事を策するを非とするもの」が多数で「急に盲動するが如き形勢はなきも、既成政党に対する反感は相当深刻なれば、建設的の計画に就きてもよりより同志の間にて研究しつつあり」と述べた。永田の言うように、三月二十日に行われた海軍の革新派青年将校と陸軍の革新派青年将校による会合では、陸軍側が荒木陸相の閣議を通した改革に期待し、荒木の慰撫抑制もあったとして自重したい旨を述べたという[225]。政権交代の一つの効果と言えよう。

西園寺は、三月十四日に参内し、「今日の時局は、その結論に達するまでには、まだなかなかの距離があるので、謂はばその道程に立つてゐるので、この間各種の困難があるかもしれませんが、かくの如きを難事とせず、できるだけよりよき結論に到達するやうに、無論我々始めすべてが努力しなければならない時でございます。で、今日の状態において憂慮すべきこともございますが、決して悲観する状態ではないと考へます。自分等も随分紆余曲折に遭つて今日に至つたのでございますが、とにかく大局から見て、あまり余計な御心配のないやう、落付いてをられることが最も必要だと存じます」と昭和天皇を励ました[226]。また原田には、「どうもこの頃の時勢には、先へ先へと、いろいろな計画を謳つてしまひたがる一種の空気があるが、大変拙劣なやり方だ」と語った。

しかし、木戸の周囲では刻々と政党政治への不信感が増していった。十七日には、前日、中橋内相が病気辞職するに際して犬養首相が当面兼任する理由を「右傾左傾の取締の方針を決定する迄自分が兼任致したし」と内奏し、「それなれば大変よろしい」と昭和天皇の許しを受けたのが実は久原の横やりによるものであったと、「真に苦々敷きは政党者流の言動なり」と記した。四月三日には、木戸が出席していた会合で、「今日の時局は三百余名を有する政友会を以てしても安定せしむること能はず」、万一政変の場合には世間でも名の上がっていた平沼騏一郎に対して斎藤実が適任であると会話され、翌四日に参加した近衛や原田らとの朝食会でも、「結局、齋藤〔實〕子の下に挙国一致の内閣では」ということになった。さらに五日には原田から斎藤、平沼よりも、「若手の新人」ということで近衛文麿はどうかという話があり、結論においては賛成だが、成算がないと組閣も難しいと木戸は応じた。七日には、貴族院議員の大塚惟精から若槻が先に総辞職へと急いだのが民政党の分裂を避けるためという「真相」を告げられ、「如何にも党略本位なるところ、又しても低調なるに幻滅を感ぜざるを得ないものがある」と記した(227)。

また、満鉄総裁人事について犬養首相が先の満鉄社長で政友会員の山本条太郎の再任を希望しており、一方では「政党色の濃きもの」が候補になれば昭和天皇の下問が危惧され、他方、軍部は内田の留任を希望して相当強腰であると見られていた。木戸は原田、近衛とともに鈴木貞一中佐と意見交換を行い、鈴木は「軍部は満蒙事変以来、殖民地満州の首脳部は交迭せしめずと云ふ方針の下に軍部の統制に努め来れるものにして、〔中略〕之を今日政党の都合により破られ、之を黙認せしめらるるに於ては、荒木陸相を中心とする一派は軍の内部に対し違約の責を免れず、威信は失墜し、今後軍の統制等につき責任を果すは思もよらざることとなるべく、一面、反荒木派の台頭を見る等、結局、再び十月事件前の有様を出現するの虞あり」と強く牽制した。そして十四日には、満鉄総裁人事の引き金となった先の副総裁人事の裁可が充分な説明もなく処理されていたことについて、「陛下も此件については人事に関する予ての御持論にてもあり、政党政治は駄目だと云ふ意味の御言葉も洩た」と伝え聞き、木戸は「誠に遺憾に堪へない」と日記に記した(228)。

四月十七日、鈴木中佐は、原田の紹介で西園寺を訪れ、軍に関する情報を「聖上ニ言上スル気持チ」で報告した(229)。報告の主眼は「今日ノ大患ハ、政権者、否政権階級ト兵権者即チ軍ノ首脳者トノ分離的傾向ニ存スル」点にあった。さらに鈴木は「機会主義的政略家」である「田中系」に対して、「純軍人派」である「上原系」を肯定し、「軍人ノ本分ヲ弁ヘ政治ニ対シ国防上ノ必要ニ立脚シテノ監視的態度ヲ持スルコトカ純武人系ノ思想ナリ」と述べた。「田中系」と同義の「宇垣系」について、したがって「一般純情的青年将校」が服さないとも述べた。三月事件の後であれば、鈴木の図式は政治的将校団に対するプロフェッショナルな軍人像としてわかりやすかったであろう。西園寺は「純軍人系ノ人々カ永陸軍ニ勢力ヲ得ル如クスルコト必要ナルヘシ」と述べた。その上で西園寺は、鈴木が明治維新時代を「大ニ清キモノ、様」に語る誤りを「収賄ノ如キモ今日ト差異ナキ」と正し、現在の方がよほど良いと述べた。鈴木は、「今日ノ日本ハ世界ノ何レノ国ヨリモ良キ国ナリ」と同意し、「更ニヨリヨカラシメントスルコトト最近年ニ於ケル為政者ノ不真目《ママ》ヲ改メントスル」と、現状の変革を主張する立場としては苦しい応答をした。鈴木は最後に「尤モ軍ハ必然的ニ国政ニ当ラサルヘカラサル場合ノ用意ハ整ヘリ」と述べたと自ら記録し、会見の所感として西園寺に陸軍に対する知識が欠けていることを指摘し、「陸軍ノ政治ニ対スル立場ハヨク了解シアリ。故ニ今後ハ陸軍ト協力シ得ルモノヲ首相ト為スヘシ」と記した。

鈴木中佐は、二十一日、木戸、原田、井上と会い、時局を論じた。その場では特に農村の救済が急務とされ、二十三日には「極東の新情勢に対する判断」「帝国対外国策」「昭和維新実行策」などの腹案を木戸に渡し、木戸は「研究を約」した。五月二日、西園寺は訪れた木戸に、世相を観察する細心の注意を説きながらも、「我国の前途を非常に悲観するものあるも、自分は決して此儘崩壊するが如きことなきを信ず」と述べて、重臣会議論や側近強化論などに一々反駁し、現状変更に否定的であった(230)。三月二十四日に開始された上海事変の停戦交渉は、四月二十九日の天長節祝賀会で朝鮮独立党員により爆弾が投擲されるという上海爆弾事件に見舞われ、白川義則上海派遣軍司令官が死亡し、野村吉三郎第三艦隊司令長官や重光葵公使らも重軽傷と困難をともなったが、五月五日、停戦協定が結ばれた。

他方、政党は批判に対して復原力を働かせる努力をしていた。少数に転落した民政党は、五月十日、幹部会で「議会の威信確立に関する宣言」を決議し、発表した(231)。宣言は、「立憲制度は議会によりて運用せられ議会は民意代表の中枢機関にして国政の大本」であると議会を立憲政治の中心に位置づけ、議員の無責任な行動によって、「議会の威信地に堕ち延いて憲政の基礎を危うくするに至る」ことを自戒した。さらに、近時の議会否認の風潮に対しては、「欧州一二の国家において変態政治の出現を見るも、これ特殊の事情に制せられたる一時の現象」であって、「我国は憲政実施以来四十有余年、その運用に於て未だ完からざるものありといへども、吾人は努めてこれを改善すべく、これを破壊せんとするが如き軽挙盲動は、国家の為め深くこれを戒めざるべからず」と議会の威信確立のために自ら改善に努める決意を明らかにした(232)。また犬養内閣は、三月十五日に革新倶楽部以来の犬養の盟友である古島一雄を、五月十日には東京帝国大学法学部教授の美濃部達吉を、それぞれ貴族院議員に勅撰した。彼らも議会政治の干城となるであろう。

西園寺は、五月十二日、野村が四月二十一日に西園寺に書き送った意見書を牧野に送った(233)。野村は、上海事変がいずれ片づく見通しであること、たとえ停戦ができずとも漸次撤兵が可能であって大きな問題ではないという判断を示す一方で、日中間の根本問題はやはり「満蒙問題」であり、「北満ノmilitary adventureハ我国ヲシテ独乙以上ノ窮地ニ陥ラシメ、或ハ世界対手ノ大戦トナル危険ヲ多分ニ持ツモノト憂慮セザルヲ得ズ。斯ル大冒険ハ之ヲ簡単ニ陸軍ノミノ統帥問題トシテ閑過スルヲ得ズ。宜シク内閣諸公ニ於テ統制スベキ大問題ナリト思考ス」と訴えた。またリットン調査団にドイツから参加していたシュネー（Albert Hermann Heinrich Schnee）博士は、日本の「ミリタリズム」が戦前のドイツ以上に熾烈であり、「戦前ノ独乙ト雖モ陸軍省ハ完全ニ内閣ノ統制ノ下ニアリタリ」と述べたと伝えられていた。五・一五事件を前に西園寺が政党内閣制をあきらめていた事実はなく、政党勢力も与野党ともに政党内閣制下で直面する課題と向き合いつつ、国際社会はもとより中国とも調和できる形での問題の解決と信頼の回復に努めており、国民は総選挙で政権に絶対多数を与えた。そもそも政党政治に弊害がありながら立憲政治下で不可欠の効能があることは、学理上も理解されていた。政治学者で帝国学士院推薦の貴族院議員小野塚喜平次は、一九二八年に講述出版された『政治学』で「所謂政党内閣制は政党によつて運転される議会が内閣を製造する制度」と説明し、「立憲治下に於て国家機関及び国民の政党に対して採るべき政策は敵視することにあらずして改良にある」と述べた。さらに小野塚は、政党内閣制が善良な効果を発揮する主要な条件として、「元首の超然」、政治教育や忍耐の気風が普及することによる「人民の発達」、そして、枢密院のような政党以外の大きな政治上の原動力がなく、両極端でない二大政党に政治的人材を多く含み、「二大政党の内閣更迭問題として争ふ事は重大な問題に限ると云ふ慣習」が樹立されるなどの「政党の発達」を求めた(234)。それは成熟した政党中心政治の要請であった。その意味では、三月事件の露見過程によって鈴木貞一陸軍中佐と結び付く形で活性化した近衛、木戸、原田ら青年貴族政治家の政党不信の昂進も本質的には受動的なものであって、何事も起こらなければ何事にも結び付かない性質のものであった。この体制に深刻な動揺を与えたのは、海軍青年将校らが起こした五月十五日の暴力行為であった。

四　斎藤内閣という選択——五・一五事件と非常時における「常道」からの一時的逸脱

五・一五事件とその波紋——政友会と陸軍

一九三二（昭和七）年五月十五日夕刻、牧野は内大臣官邸の奥座敷でパンク音には少し強い「異様の音響」を聞いた。(235) 当初気にもとめずにいたが、同時刻に首相官邸では犬養首相が撃たれており、次第に容易ならざる事態が判明する。いずれも制服着用の古賀清志海軍中尉、中村義雄海軍中尉、三上卓海軍中尉ら海軍青年将校と陸軍士官候補生ら一八名、さらに別働隊として橘孝三郎を塾長とする愛郷塾生らが「農民決死隊」を組んで参加した、五・一五事件であった。(236) 海軍青年将校の国家改造運動は藤井大尉を指導者として十月事件に参加する予定であったが、未遂に終わり、その時、民間の井上日召と結び付きを強めた。藤井ら海軍青年将校グループと井上らは政財界指導者の暗殺を計画したが、上海事変の勃発によって藤井らが出征し、残された井上グループが決行したのが血盟団事件であった。血盟団事件は、井上準之助、団琢磨の暗殺で井上日召の逮捕に至り、他方、藤井が上海事変で戦死したため、今度は残された古賀らが実行に至ったものであった。襲撃先は、第一に首相官邸、第二に内大臣官邸、第三に政友会本部、第四に三菱銀行で、さらに警視庁を襲い、愛郷塾からの参加者は変電所を襲って東京の暗黒化をめざした。しかし、第二目標以下は手榴弾の投擲など損害は軽微であり、被害は首相暗殺以外では首相官邸警備巡査一名が死亡、一名が負傷、内大臣官邸警備巡査一名、警視庁書記一名がそれぞれ負傷するに止まった。他に、陸軍青年将校の参加を妨げたとして西田税に重傷を負わせ、軍関係者は実行後、東京憲兵隊本部に自首した。

首相の死は政変を引き起こす。三月事件時の永田の計画書に明らかなように、慣例では政友会の後継総裁が次期首相に選ばれるはずであった。政友会はこれまでの「憲政常道」による首相奏薦の経緯から「大命降下ヲ確信」し、後継総裁の速やかな選定に入った。(237) 翌十六日、善後策を検討するために、幹部会、議員総会、さらに閣僚と党幹部の連合協議会が相次いで開かれた。当初、後継総裁候補をめぐっては、高橋、鈴木、床次の三者間で党内に意見の相違があった。しかし、岡崎邦輔、望月小太郎両顧問が「時局重大の際、国民の輿望を担ひ絶対多数を得た政友会が内部不統一のため充分に国政を担当し得ざるが如きことあらば誠に遺憾である」と説得に当たり、鈴木の総裁推戴を決定した(238)。そして十七日、閣僚幹部連合協議会、幹部会、議員総会を開いて鈴木を後継総裁に推薦することを決定し、二十日、鈴木は臨時大会で正式に新総裁に選ばれた(239)。鈴木は「憲政常道」に則った大命降下を期待し、さらに「若シ大命降下セバ断ジテ政友会単独内閣ヲ以テ邁進スベシ協力内閣連立内閣ハ国難打開ニ無効果ナリ況ヤ非立憲ノ超然内閣ノ如キハ断ジテ排撃スベキナリ。強キ内閣ハ強キ政党ヲ背景トスル政策ノ強行ナリ」と述べた(240)。他方、二大政党間での連立を模索する動きも見られ、十七日の時点で、政友会の森が民政党の若槻、永井柳太郎、三木武吉に面会し、後継内閣問題について会談したところ、「大体協力内閣成立の見込みなるが如し」という情報が近衛から木戸に伝えられたが、鈴木は、森を通して伝えられた民政党からの協力申し込みに「民政党を脱して入党せらるるならば応ずべし」という散々な答えを返した(241)。このため、若槻ら民政党首脳も態度を決めかねているが、永井、町田は入閣するかもしれないという情報が近衛から西園寺に伝えられた。

事件直後、主要新聞は一方で軍人による暴挙を批判しつつ、他方で「政党の堕落、議会の腐敗」を批判するものが多く、たとえば『大阪朝日新聞』は、軍人勅諭五十年にも触れて「今回の大暴行が政治上の目的をもって軍服を着けたるものによりて行われたことを国礎のうえから最も憂慮する」と述べ、「無分別、思慮不足」を責めたが、他方で「感受性の強き青年子弟をして直接行動の暴挙に出でしめる原因は、その大半を政党政治家が負わねばならぬ」と「政党の猛省」を促した(242)。このような喧嘩両成敗的な議論が一般的である中で、政友会系の地方紙『福岡日日新聞』の菊竹淳は「今回の事件は、白昼公然として首相官邸に押し入り、しかも陸海軍将校等隊をくんで兇行に及びたりといえば、暗殺というよりも一種の虐殺であり、虐殺というよりも革命の予備運動として、これを行ったものとみなければならぬ」と筆鋒鋭く軍を批判し、「立憲代議政体」を擁護したところ、十八日には社屋に対して軍用機による威嚇飛行が行われたという(243)。

元老の動向にも注目が集まり、十七日の『東京朝日新聞』は、西園寺が上京後当分滞在し政局の安定に務めること、また、「場合によっては山本伯、牧野内府、倉富枢相等の重臣と非公式に会同しこの重大時局に処すべき善後策につき意見を徴し最後の結論を見ださんとしてゐるやうである、したがって四囲の情勢が憲政の常道のみに則ることを許さぬ事情があれば西園寺公としてもこの点を考慮するだらうが公は合理的にしかも実情に適応した時局収拾の途を取り慎重事に当らんとしてゐるから公の御下問に対する奉答までには相当の時間を要し二十日頃となる模様に見られてゐる」と報じた。(244)対して同日の『読売新聞』は、「宮中における重臣会議」を経て奉答すると予想し、西園寺がだれを後継首相に指名するか予断を許さないとしながらも、「前例の存する所を尊重し且つ一般輿論の存する所に鑑み、後任政友会総裁を奏薦するに至るべきは今や確実なるものと信ぜられる」として、「大命降下は十八九日、前例通り鈴木新総裁へ、園公は奉答の為明日中に上京」という見出しを掲げた。(245)

このように先行きに不透明さは残るものの、「憲政常道」論に則り、鈴木がめざした単純な延長内閣論は輿論の基本的な理解を得ており、最も蓋然性の高い選択肢であった。政治学者の吉野作造は、十六日には「次の総裁は鈴木か床次かいづれにしても後継内閣が同じく政友会によつて組織せらるべきは疑ない」と考えており、翌十七日には、「軍部では政党内閣に反対らしく此際協力内閣であるべきだとの放送をくりかへして居ると思はれる　併し之は物にはなるまい」と観察していた。(246)また、二十日の『大阪朝日新聞』社説は、「いまのところ、後継内閣は政友会単独で組織せられる情勢にあることは、わが憲政発達のコースが、極めて健全であることの証左であると見てよい。〔中略〕政友会単独の後継内閣を以て、憲政の常道なりといふ所以は、内閣が政党より政党へ移ることは、国民政治の確立を期する上の踏石であると信ずるからである」と述べた。(247)さらに輿論の動向として、「政界並軍部ノ一部ニ於テ政党内閣ノ出現ヲ阻止シ軍部ヲ背景トスルファッショ的内閣ノ出現ヲ企図セル者アリテ其ノ首脳者ニハ或ハ平沼男ヲ或ハ山本伯、清浦伯斎藤子ヲ推サントスル暗中飛躍アルモ純然タル超然内閣ハ問題トナラズ殊ニ今回ノ不祥事件ニヨリファッショ的傾向ニ対シテ世人ノ指弾ハ相当ニ強烈ナルモノアリ仍テ後継内閣組織ノ大命ハ政友会ニ降下スト観察スル者益々多キヲ加ヘタリ」と報告されていた。もとより、政友会単独内閣論には反対もあり、貴族院や枢密院では、「単一政党主義ヲ排シテ各方面ノ人材ヲ網羅セル一大強力内閣出現シ同時ニ軍部ノ勢力ヲ牽制シ一大決心ノ下ニ国難打開ニ当ルベキ希望強ク行ハレ又協力内閣論モ台頭シ」始めていた。[248]

軍の動向について、事件当日の号外ですでに「陸海軍の将校風のもの」が事件を起こしたことが警視庁発表によって詳報され、大野緑一郎警視総監の「この事件は非常に重大なものでこれを国民に知らせぬとは却つて誤伝を生む因となるので一旦禁止した記事の掲載を解禁してもつて一般大衆に事件の真相を詳しく知らしむるがよいとの内務大臣の見解においてこれを断行した」という談話があわせて掲載された。[249] 内相は鈴木である。また、河井弥八侍従次長は「事件発表に付、警保局は軍部の要求を容れざりし」という情報を得ている。[250] 紙面では、犬養首相の顔写真やデスマスク、エピソード、死傷警官の顔写真略歴とともに、十五日深夜の政友会総務会で「明治大帝の大御心たる憲法は不磨の大典である、我々はこの大御心に随ひ飽くまでも立憲政治を擁護せねばならぬ、今日の国難の打開は政党政治より外に道がない」という意味の宣言発出を決めたこと、民政党内でも「立憲政治は専ら議会を中心として移動すべきものでそれ以外の脅迫、暴行等によつて授受さるべきものではないから」浜口首相の場合と同じく「後継内閣は政友会が当然」と見られていること、そして十六日の民政党両院議員懇談会で若槻総裁が「惟ふに我国立憲制敷かれて四十有余年になるがこの立憲制は所謂専制政治より解放するために行はれたもので我が立憲政治制政党内閣制は、実にこの明治維新の解放運動の表はれである」と、立憲政治擁護の立場を明確にしたことが報じられている。[251]

十八日、近衛が鳩山から聞いた話では、政友会の中島知久平が井上幾太郎陸軍大将に面会したところ、井上は「荒木氏等の余りに政治に深入りせるを憤慨し、彼等に陸軍を任せ置くときは到底統制はとれず、軍は遂に崩壊するに至るべしとなし、自分にてもよし、又、白川大将にても誰でもよき故入閣し、入閣したる上は陸軍省の中堅処を徹底的に交迭して立直をなすの要あり」と話し、鈴木内閣でも必ずしも「陸軍大臣を得られざる為の組閣難」はないだろうという印象を得ていた。[252] また、小川平吉が荒木陸相と二時間会談したところ、「たとへ政友内閣成立するもピストル騒ぎは断じてなし」という荒木の見通しで、「但だ自己の意見として此際は民政と共同を望むのみ」という話であった。[253] 陸軍には、事件を痛手ととらえる者もあった。後に情報官として活躍する鈴木庫三は、五月十六日の日記に「全国民が軍部に信頼を深くして来て居る時、又政党も軍部の正しき態度を恐れて邪悪を慎む様になつて来た時に、単慮な軍人からかゝる行為があつた事は誠に残念である」と記した。(254)また、荒木陸相のブレーンであった小畑敏四郎少将の依頼で西田とともに陸軍将校の参加を抑えることに努力した山口一太郎大尉は、「軍の威勢まことに不振の時点に突発した満洲事変。それはまだ八ヶ月しか経過しておらず、外からは列国の非難を浴び、国論また軍部を攻撃していた当時である。後年の軍部横暴時代とは全く事情がちがい、軍の首脳部は戦々競々として、ひたすら事なかれと祈って居た極わめて情けない頃の話」であり、当時、「右翼民間人の口から、陸軍青年将校の思想動向や行動計画めいたものが、内務省に知れ、それがやがては国会における軍部攻撃の好材料になることは火を見るよりも明か」であったので警視庁の捜査が及ぶことを警戒していたと、後に回顧する状況であった。(255)その上で、牟田口廉也が後に真崎甚三郎に「五・一五ノ際ハ之ヲ通ジテ一般ヲ覚醒セント期セリ」と当時の陸軍の基本姿勢を語ったように、軍の中では「コノ際特ニ時局ヲ重大視シ到底一党一派ノ力ヲ以テシテハ此ノ難局ヲ打開スルコトハ不可能ト見テ超党派的ノ内閣組織論ガ強硬ニ主張」された。(256)

五月十六日の朝、原田は鈴木貞一陸軍中佐に電話をかけて、「1．事件拡大ノ患アリヤ、2．善後処置如何、3．後継内閣ヲ如何ニスヘキヤ」を問うたところ、鈴木は「続発ノ絶無ヲ期シ得サルモ目下ノ処拡大ノ患」はなく、後継内閣については「政党本位ナラサルヲ要ス」と答えた。(257)木戸は井上三郎から「今後の時局収拾につき後継内閣の組織等に就ては充分の決心と熟慮を要すべく、所謂憲政の常道論により単純に政党をして組閣せしむるが如きことにては軍部は収まらざるべしと思はる」という意見を得た。また夜には原田邸で近衛、原田、木戸が夕食をともにし、近衛は「此際再び政党内閣の樹立を見るが如きことにては、遂に荒木陸相と雖も部内を統制するは困難なりと思はる」という小畑の意見を紹介した。(258)

十七日午前、原田は再び鈴木貞一中佐に電話して、「西公ハ鈴木内相ヲ首班トシテ挙国一致的内閣ヲ作ルコトヲ考アルカ如キモ未定」と報告した。この日、「軍部ハ政党内閣ヲ否認シアリ、平沼内閣ヲ望ム」など諸説が入り乱れていたが、鈴木貞一は荒木陸相に陸軍は政府の形式を論ずべきではなく、「現代日本ノ要求スルト信スル政策問題ヲ示シ之ヲ実行スルモノトハ何レトモ協力ストノ立テ前ヲ持スル」べきであると説き、同意を得た。[259] しかし、近衛、井上、木戸とともに原田邸の昼食会に参加した鈴木は「結果に就ては徒労に終らしめざるべく努むる」という姿勢から政党内閣に絶対反対の姿勢を示した。さらに木戸は、午後、原田、近衛とともに四月に少将となり参謀本部第二部長となったばかりの永田鉄山に会った。永田は「自分は陸軍の中にては最も軟論を有するものなり」と牽制した上で、「若し政党による単独内閣の組織せられむとするが如き場合には、陸軍大臣に就任するものは恐らく無かるべく、結局、組閣難に陥るべし」と述べ、逆に、「政党員にして入閣するものは党籍を離脱することは困難なりや」と質問したほどであった。[260] 永田が記した三月事件の計画書に鑑みれば、後継総裁以外の内閣が慣行への挑戦であることは理解した上での発言である。

十八日には午前、午後と原田から鈴木中佐に電話があった。原田によれば近衛も興津に行って西園寺を説得しているが、「未タ全然超然内閣ト為スコトニ同意セス」、平沼には相当の難色があるということであった。鈴木はもはや前日の朝までとは人が変わったかのように、「政党内閣ト為スハ直チニ不祥事ヲ続発セシムルノ危険大ナル」と強く牽制した。[261] 同日午前、陸相官邸では閑院宮参謀総長の代理として真崎甚三郎参謀次長、荒木陸相、武藤信義教育総監が出席して三長官会議が開かれ、荒木陸相から「後継内閣に関する政界各方面の情報並に之れに対する中堅将校の意嚮」が詳細に説明され、これを基礎として「軍部」の態度を協議した結果、「今回の不祥事事件に鑑みれば軍部としては挙国一致の非常時内閣の出現を待望すべきも然し今日の如き政争の苛烈なる情勢に於ては所謂挙国一致内閣も決して強力内閣と称するを得ず寧ろ総理大臣の統制下に絶対服従する閣僚を以って組織する政党単独内閣が事実上強力内閣と云ふべきを以て予想さるゝ鈴木内閣が軍部の希望を容認するならば敢へて援助を惜しまず」ということで意見が一致した。[262] その上で「軍部」が希望する四条件を提示し、その承認を得て後任陸相は入閣することに申し合わせた。四条件とは、「一、新内閣が実質上政党政治の浄化を行ふこと、而して之に関する具体的意思表示として閣僚の銓衡に際し国民の指弾を受くる人物は如何なる犠牲を払つても排斥すること、一、倫敦海軍条約の苦験に鑑み統帥権の干犯を絶対せざること、今後の満洲対策に関しては統帥権問題が起るべきを以つて特に留意すること、一、健全なる国民思想の涵養に全力を傾注すること、一、社会施設に関しては極力軍部と協調を図ること」であった。鈴木中佐は翌十九日に荒木陸相と懇談し、荒木が必ずしも留任を否定していないと確信すると、陸相から「万一ノ場合ニ応スル政策ヲ政友会総裁ニ提示」した。(263) この日は元老西園寺の上京日であった。

西園寺の上京と斎藤実という選択――宮中官僚のイニシアチブ

五月十六日、自らも襲撃を受けた牧野内大臣は、「時局如何にも重大なる」ことから興津にいた西園寺の上京について昭和天皇の意向を確認し、昭和天皇は鈴木侍従長を使者に立てた。西園寺は「此度は前途憂慮に堪へざる政情に鑑み慎重考慮の上奉答致度」と返事をした。これまでは政変が起こるとできるだけ早く事態を収拾するために、勅使に即答するか、すぐにも上京してきた。西園寺は、かつての元老会議がだらだらと結論に時間をかけたことを問題視していた。ところがこのたびは、「慎重考慮」と述べてすぐに上京しようとはしなかった。十七日、西園寺から十九日に上京するという確答を得た牧野は、「老公も今回は時局の容易ならざるを看取せられたるもの丶如し。稍々安心なり」と書き記した。(264)

宮中官僚の中で牧野を支えて事態収拾を主導したのは、木戸幸一内大臣秘書官長であった。木戸は五・一五事件で配布された文書について、「政党並に側近は腐敗し居るを以て、現状を打破し、堅固なる組織をなすの要ありとの意味のもの」と記した。(265) そして十六日、木戸は早速次の五項目から成る「時局収拾大綱」を牧野に進言し、大体の賛成を得た。(266)

> 一、本事件の如き妄動に等しき直接行動により国家の大本を揺せ之に引きづらるるが如きは厳に避くるを要す。一、明治大帝の御治定相成たる欽定憲法並に五条の御誓文の精神に背かざることを期し、之を目標として総てを案画すること。一、此際議会に基礎を有する政党の奮起を促し、之を基礎とする挙国一致内閣の成立を策すること。一、内閣の首班には斎藤子爵の如き立場の公平なる人格者を選ぶこと。一、而して詔書の渙発を奏請し、之により今後我国の赴くべき途を宣示すること。

注目すべきは、一方で、直接行動によって「国家の大本」を揺るがすことなく、明治憲法や五箇条の御誓文といった従来の立憲制をあくまでも維持していくことを主張しながら、他方では、政党を基礎とする「挙国一致内閣の成立を策」し、「内閣の首班には斎藤子爵の如き立場の公平なる人格者を選ぶ」ことを望ましいと考えるなど、政党内閣制に立脚するここ数年の政治慣行と異なる解決策を提示した点であった(267)。十七日に内大臣や宮内大臣、侍従長と会見した原田には、宮中官僚はおおむね「この際、やはり協力内閣がいゝ」という気持ちに感じられた(268)。また、木戸の大綱は実現手段として、まず、元老西園寺の上京を促すこと、大綱の方針に基づいて荒木陸相、大角海相と懇談して軍部の十分な了解を得ること、そして、政友会と民政党の両党総裁と内大臣が会見し、奮起を促すことが考えられていた。十八日、木戸は「此際は人材を網羅したる挙国一致の内閣を組織せしむることが必要なるべく、それが為には元老も今度は重臣連と会見せられ、充分其意見を徴せられたし。出来得れば宮中に於て重臣会議開催の運ともならば最も可なりと思ふ」と書いた(269)。

西園寺は十九日午後に上京した。途中、沼津駅で同車した秦真次憲兵司令官が「今回の事件の由つて来たつた所以」を図で説明し、「遂に国府津までその話でもちきり」であった(270)。駿河台の邸宅に入ると早速、鈴木侍従長が訪れ、昭和天皇の「御希望」が伝えられた。西園寺のまとめによれば、「一、首相ハ人格ノ立派ナル者。一、現在ノ政治ノ弊ヲ改善シ陸海軍ノ軍紀ヲ振粛スルニハ最モ首相ノ人格ニ依頼ス。協力内閣ト単独内閣ナドハ問フ処ニアラズ。フアシヨニ近キ者ハ絶対ニ不可ナリ。憲法ハ擁護セザルヘカラス然ラザレバ明治天皇ニ相済マズ。二、外交。三、事務官ト政務官ノ区別ヲ明カニシ官紀振粛ヲ実行スベシ」というものであった(271)。これを西園寺から聞いた原田は、「外交」について、「外交は国際平和を基礎とし、国際関係の円滑に努むること」と書き記している。西園寺は昭和天皇の「御希望」を「御尤もな思召」と受け止めた(272)。この昭和天皇の希望は特別に西園寺を拘束するものではないが、首相の人格を選定の条件にあげていること、「協力内閣」という言葉があえて使われていることなど、これまでの「憲政常道」論に基づく単純な選定からは逸脱する方向性を持っており、牧野など宮中官僚の意向に近かった。他方で、「事務官と政務官の区別」の問題が論じられていることから、政党内閣制を前提とした議論であることもうかがえる。政党内閣でなければこの問題は発生しないからである(273)。

また西園寺は、鈴木に、普段通り拝謁前に内大臣、宮内大臣、侍従長に面談したいと述べたが、鈴木は、「政界重臣者の意見を聴かれんことを望む」という内大臣の希望を伝え、あわせて自身の希望として「元帥の意見」も聴くように求めたところ、両三日後に参内すること、「政界重要人物及元帥」に面会すること、そして翌日、高橋臨時首相、倉富枢密院議長、牧野内大臣の順番で面会することになった。(274)牧野は前日、すでに近衛文麿に依頼して「今日は非常の場合なれば奉答に付ては努めて慎重の手続を取られ度、其手段として元帥、重臣等の意見も徴せられ度」と西園寺に伝言していた。(275)

木戸は同夜、原田、鈴木貞一、井上三郎と会ったが、原田の見通しでは、「目下西公ノ心境ハ超然七分、政党三分ノ状態」であった。さらに原田が「愈々平沼ト定ムルカナ？」と述べ、木戸が「過早ニ諦ムル勿レ、今少シクネバレヨ」と応じたのを見て、鈴木は「彼等ノ間ニ平沼以外ノ首班ニヨル超然内閣ヲ考アルカ如シ」と察した。陸軍の中では、小畑少将は荒木陸相に留任すべきでないと述べ、永田少将も荒木陸相に「政党内閣ナルニ於テハ荒木、真崎ハ入閣スヘカラス、超然ナル場合ニハ真崎ヲ入閣セシムヘシ」と説いていた。(276)要するに、陸軍は中堅層を中心に木戸、原田、近衛との結び付きを奇貨として三者には政党内閣排撃を強調しながら、他方では首脳を中心に政友会内閣成立時の準備をしていたのであった。

木戸は、同夜の日記に「今回の陸海軍将校の行動は必しも盲動的と見るを妥当とせず、之は窮状に困める農村の子弟に(ママ)直接接触せることにより感化せられ、既成政党の堕落、財閥の横暴等に憤慨したるものと解すべく、即ち之全く一の社会問題と解すべきを至当とす」と記した。木戸は、宮中官僚となる前は商工官僚であり、「社会問題」としての理解には素地があった。そして解決方法としては、「此際政党も軍部も共に相協力して当るを最も当然とすべきも、軍部の政党否認は感情的に迄進展せること故、両者の提携は困難なりと思はる。然らば此の際暫く両者を引退かしめ、爰に第三者たる公平なる有力者を出馬せしめ、此事態を預りて前後処置に任せしむるも亦一策にして、之が最も実行的なりと思考す。即ち此第三者をして政党の建直し監視に当らしむると共に、軍部は此者を信頼し、専ら国軍の統制建直に当ること之なり」と、事件を単なる集団テロ事件としてではなく、政党自体にも問題があると喧嘩両成敗の認識に基づいて、政党内閣ではなく、政党を基礎とする「第三者」内閣の成立を主張したのであった。(277)

二十日、牧野内大臣は西園寺を訪れて会談した。この席で牧野は、あらためて「元総理」の若槻礼次郎、清浦奎吾、山本権兵衛、さらに東郷平八郎、上原勇作の「両元帥」とも会談するよう求め、西園寺はそれだけの人と一度に会ったのでは意見もまとまらず、相談にもならないだろうということで個別に会うことにした[278]。「一度にあつたのでは」という西園寺の発言から、内大臣からは重臣会議のようなものが提示された可能性が高い。西園寺はこの日、予定通り、午前中に、元首相の高橋臨時首相、そしてかねてから会見を希望しながら延び延びになっていたという倉富枢密院議長と面会しており、牧野は彼らも含めた会議を求めたのに対して、西園寺がまだ面会していない重臣、元帥に対して個別に意見聴取することを求めたと考えられる[279]。内大臣府に帰った牧野は、西園寺との間にだいたいの意見の一致を見たとして、「非常に御機嫌がよかった」という[280]。この日、原田は鈴木貞一に「老公ノ意中ハ不明ナリ、唯々鈴木ニ行カサルコト丈ケハ確実ナリ」と伝えている[281]。

二十一日、西園寺は、朝十時には若槻前首相と、午後二時には清浦元首相と、午後三時半には上原元帥と、それぞれ会談した。また、山本元首相には人を遣って意見を求めた[282]。この日、木戸と原田は森岡二朗警保局長から、「軍部横暴の声は随所にあり、今回の行動を非難」し、「後継内閣に就ては政党内閣を可とするの論相当強し」という地方情勢報告を受け、森岡は「後継内閣が政党を基礎とせざる場合には、所謂護憲運動の台頭は免れざるべく、帝都焼打等の行はれむか、新内閣は戒厳令を布くの不得止に至るべく、若し如斯事態ともならば、一種の内乱状態となり、収拾は頗る困難となる故に、後継内閣奏請については政党方面と充分此の点の諒解を得る様相当手段を講ずるの要あるものと思ふ。要すれば甚だ申訳なき儀なるも、詔書の渙発を奏請するも一策なり」とまで述べたが、西園寺の判断に影響を与えた直接的な跡はない[283]。

翌二十二日朝、東郷元帥が西園寺を訪れて意見を述べた。東郷は平沼を第一候補として、やむをえなければ斎藤でもと述べたという[284]。その中で、西園寺が「一番話の筋は判ってゐた」と評した若槻は、「私は政党員であるからむろん政党内閣論者ではあるが、軍隊の紀律が弛緩し、この度のような不祥事件を生ずるに至った時においては、必ずしも政党内閣を主張すべきではない。意思の強固な、軍の衆望を負う者を推薦せられるが至当であろう」と述べた[285]。他方、その間、西園寺は荒木陸相と大角海相を呼び、軍の経緯や事件について報告を受けた。そして最後に西園寺は、再び牧野内大臣の来訪を受け、最後の意見調整を行った。ここでも牧野は西園寺と意見の一致を見たようで、「非常に御機嫌」であった。西園寺は参内後、内大臣室で内大臣、宮内大臣、侍従長と会談した後、昭和天皇に奉答し、結果、斎藤実に大命が下った。木戸は「爰に一週間に亙る政変も一段落を告ぐるに至った。今回、斎藤子に大命の降下したるは恰も余の当初より考へて居ったことと全く合致せるもので、愉快を禁ずるを得なかった」と述べた。これまで二大政党下での政権交代では大命を受けると、間をおかずに組閣を完了していたが、このたび斎藤は、大命降下を予想せず準備もないこと、また「種々複雑なる事情」もあると数日の猶予を願い出た(286)。三日後の二十五日、西園寺は自宅を訪れた旧知の小山完吾に、「今度は随分骨が折れた。世間には色々の説あらんも、非難など顧慮するを得ず。さきに犬養を推薦したる節は、自分としては、あれよりほかに仕方なきものと考へ、今日においても、なほ同様の意見なるが、今度は随分考へたる末、斎藤と決したる次第なり」と述べた(287)。二十六日、斎藤は組閣を果たし、木戸は「爰に挙国一致の内閣は成立するに至った」と書き記した(288)。

馬場恒吾は斎藤内閣成立を「昼間の幽霊」と呼び、吉野は「事実の上に超然内閣の再現を見べしとは誰しも予期せざるところであつた」と、「著しい変調」にあらためて驚いた(289)。歌人であり評論家としても活躍した与謝野晶子も、鈴木首班の「政友会単一内閣」を予想していたために、「政党から政党へ政権を移動する謂ゆる憲政の常道が中断せられて、我国に最初の試みである挙国内閣が実現した」ことに、「どうも此の挙国内閣が必然の趨勢で出現したとは考へられない。〔中略〕政党政治は行詰つてゐたが、今一段最後の行詰りを待つて、それに代る挙国内閣が止むに止まれぬ天下の要望に由つて結成せらるべきではなかつたか」と早過ぎる挙国内閣の実力を不安視した(290)。

このたびの選定が、非政党総裁を奏薦することで、これまでの政党内閣主義に基づく首相選定を結果と論理の両面で逸脱するものであることは明らかである。しかし、逸脱は結果と論理だけではない。方法的にもこれまでの慣行を逸脱するものであった。まず注目すべきは、西園寺が首相指名を急がなかったことである。下問から上京に三日、さらに奉答に三日かけている。すぐ上京しなかったことについては、事件直後には状況がわからず、また政友会の後継総裁選出を待っていたのではないかという同時代的な推測もあった(291)。しかし、十六日に「此度は前途憂慮に堪へざる政情に鑑み慎重考慮の上奉答致度」と述べた言葉そのまま、五・一五事件発生と同時に従来通りの機械的な首相選定はひとまず断念し、その上でなお政党内閣を選ぶかどうか「慎重考慮」していたのであった。そして、より重要な方法上の逸脱は、西園寺が奏薦に先立ち、枢密院議長の倉富、首相経験者の高橋、若槻、清浦、山本、そして両元帥の東郷と上原と会談し、または使者を送って意見を聴取したことである。これは牧野を中心とする宮中官僚の要請を受けたものである。陸相と海相には西園寺が重臣と面会していく最中に会っており、荒木陸相は「政党内閣では困る」と選定にかかわる発言をしているが、首相選定上の相談相手ではなかったと考えられる。ここで重要なのは牧野と西園寺の意識の差であり、牧野が従来の元老・内大臣協議方式に重臣を加えることを求めたのに対して、西園寺はあくまでも受動的に応じたのであった[292]。

では、こうした元老・内大臣・重臣協議方式が宮中官僚のイニシアチブによるものであったのに対して、選定結果はどうだろうか。斎藤という選定が政党内閣制を逸脱するものであることは疑いない。しかし他方で、西園寺が若槻の意見を評価したように、政党内閣制を前提としつつも非常時においては、平沼騏一郎のような反政党的な候補者名があがる中での次善の選択であり、選定結果のみを見るならば西園寺の主体的判断と考えられなくもない。第一次西園寺内閣で斎藤が海相を努めたように両者の親交は深く、朝鮮総督やジュネーヴ海軍軍縮会議の首席全権を務めた斎藤の国際政治観は西園寺に近い[293]。しかし、一九三三年四月に近衛が斎藤首相の「推挙者牧野内大臣」と語り、三四年七月には原田が、「斎藤首相ハ実ニ立派ニ動キタリ。西公モ見付ケモノヲシタルコトヲ述ヘラレタリ」と語ったように、選定結果も牧野を中心とする宮中官僚のイニシアチブによるものであった[294]。牧野ら宮中官僚は、非常時において、従来通りの政党間での単純な政権交代は望ましくなく、このたびは、眼前の危機に対処しうる個人を選ぶべきであると考えていた。選定方式についても、重臣が宮中で一堂に会する重臣会議は果たせなかったが、元老が単純に奏薦するのではなく、非常時を理由に重臣たちと会談し、意見を集めるべきであると考えていた。そして、次期首相に相応しい個人として斎藤実を想定していた。これらはいずれも実現した。斎藤内閣成立後、いわゆる政界内幕記事では、牧野内大臣が西園寺に、「この際は是非とも挙国一致内閣によつて時局の安定を計ることが最善の策と思ひます実は犬養内閣成立の時に協力内閣としておいたなら、今日の如き事態にはならなかつたかも知れません」と説いたという[295]。

西園寺が宮中官僚にイニシアチブを採らせたのは、眼前の状況認識の厳しさを前提に、最善でないにせよ彼らの提示した解決策が許容範囲であったからと考えることができる。[296]「憲政常道」に則った単純な首相選定は阻まれたが、この時点では政党内閣制が崩壊したわけではなく、当事者間には「常道」復帰を念頭に置いた非常時暫定政権という意識があった。[297]近衛は後に、「軍部が政治的発言権を、非合法的であると否とを問わず獲得しようとする状況下にあって、公〔西園寺〕の主義はあくまで政党内閣の成立を希望していたが、一方当時の政党は軍の連中の憤激を買い、又国民の信頼も薄らいでおり、もし国民に信頼のない政党にやらせたならば、軍との摩擦はますます激成されるであろう。他面もし軍に責任を採らせるとすれば、これ亦如何なる過激な方面に走らぬとも限らず、結局中間的な内閣が最も妥当であるとのことになった」と記した。[298] 西園寺は二大政党を育成していくという考えは捨てておらず、木戸は後年、当時の西園寺について問われると、「西園寺さんはだから政党……〔ママ〕」と答え、次のように語った。[299]

西園寺さんに対してはまことにお気の毒で、それは原田なんかはもう涙を流して泣いているんですよ、元老がお気の毒で。これはまぁ少し病的でもあったけどね。私の事務所へ来ていろんな話しているうちに、ボロボロ泣いてね、声出して泣くんだ。「西園寺さんが気の毒だ」って。「それは僕もわかるけれども、なにも泣くほどのこともないじゃないか」と言ったわけなんだけど、非常にそんなふうでしたよ。ほんとうにお気の毒だったなぁ。

このたびの解決策をまとめたのは木戸であったが、宮中官僚内に大きな意見の相違はなかった。田中義一首相の弾劾に顕著に表れたように、西園寺が政党政治下での全権委任型の宮中像を適当であると考えたのに対して、昭和天皇と牧野伸顕率いる宮中官僚は政党政治を補完する宮中像を自任していた。河井弥八侍従次長も事件発生と同時に情報収集に奔走し、伊沢多喜男から電話で伝えられた「積弊を匡正するの意強く中正剛健」な組閣意見に共鳴し、斎藤への大命降下に「驟雨一過の思あり。重荷を下ろしたる心地す」と記した。[300] 他方、木戸は農本団体の参加を理由に五・一五事件を「一の社会問題」と見たが、これは首謀者の狙い通りであったようである。古賀清志は戦後、陸軍、海軍、民間の三者が一体となって立ち上がることが大義名分を付すことであり、「とくに、苦しんでいる農民が止むに止まれず蜂起した、という態勢にすることが必要だった。この行動が国民に与える影響が、それで大きくちがってくる。愛郷塾の人たちを仲間に加えたのは、私が無理に引っ張り込んだ、といってもいいと思う」と語った[301]。軍の中には政府の国際協調的な軍縮政策と穏健な大陸政策に強い不満があり、政策的不満は政党内閣制という体制への不満と結び付いていた。そこに起こった世界大恐慌は、中でも予算をめぐる政府と軍の対立を先鋭化させ、社会の疲弊は政治への不満を高めた。満州事変後も犬養内閣で示された政党内閣制の軌道は、しかし五・一五事件を受けて一時的に逸れた。その上で、こうした力学と構造の中で最終的に飛び出し、政党内閣制を中断させた非常時暫定政権は、よくその任に当たりうるであろうか。政党内閣制の中断はもとより大事件であったが、次に問われるべきはその再開への道程である。

五月十五日、殺された犬養首相は、客間に青年将校を招き入れて説得を試みた。「話せばわかる」と「問答無用」のやりとりは、言論に生きた犬養を象徴するとも言われる。盟友古島一雄は、犬養が「理想の無い政治家を侮ったが、出来る見込のない政策は決して党の政綱に掲げ」ず、「憲政を運用するものは政党以外に方法がないとすれば、その政党を改善するが急務で、且つそれが自家の責任であると痛感しておった」と回想した[302]。「野人木堂」こと犬養の政治的生涯は、一八九〇（明治二十三）年の第一回帝国議会以来連続当選一九回、一九一二（大正元）年の第一次憲政擁護運動で「憲政の神様」と喝采を浴びた華やかさとは裏腹に、その実、行路難であった。立憲国民党の多数は立憲同志会に合流し、その後は多数党の狭間で少数党を率い、第二次山本権兵衛内閣への入閣など政治的進退には疑問の声も上がった。そして引退を決めた晩年になって多数党を率い、首相になった。その政治的生涯を、彼は一人の政党政治家として生き、そして死したのであった。

（1）　原田『西園寺公と政局』二、三頁。以下、『原田日記』と略す。

（2）　女婿の勝田龍夫は、貴族院議員となったことで「議会の様子にも詳しくなった」と記す（勝田『重臣たちの昭和史』上、九〇頁）。一九三一年五月二十五日付原田熊雄宛西園寺公望書簡。『原田日記』一、中扉写真。

（3）　服部『東アジア国際環境の変動と日本外交 1918-1931』二五五―六

三頁。

(4) 信夫「いま考えていること」一三四頁。信夫淳平については、酒井『近代日本の国際秩序論』八九―一一七頁を参照。

(5) ラスキ『危機にたつ民主主義』序言。

(6) 奈良『侍従武官長奈良武次日記・回顧録』三、三一五、三一七頁。以下、『奈良日記』と略す。

(7) 第二次若槻内閣の閣僚は以下の通り。総理・若槻礼次郎（貴族院・勅選・同和会／民政党）。外務・幣原喜重郎（貴族院・勅選・同和会）。内務・安達謙蔵（衆議院・当選一一回・民政党）。大蔵・井上準之助（貴族院・勅選・同成会／民政党）。陸軍・南次郎。海軍・安保清種。司法・渡辺千冬（貴族院・子爵・研究会）。文部・田中隆三（衆議院・当選六回・民政党）。農林・町田忠治（衆議院・当選六回・民政党）。商工・桜内幸雄（衆議院・当選四回・民政党）。逓信・小泉又次郎（衆議院・当選八回・民政党）。鉄道・江木翼（貴族院・勅選・同成会／民政党）、後、原。拓務・原脩次郎（衆議院・当選六回・民政党）、後、若槻兼任。書記官長・川崎卓吉（貴族院・勅選・同和会）。法制局長官・武内作平（衆議院・当選八回・民政党）、後、斎藤隆夫（衆議院・当選六回・民政党）。日本近現代史辞典編集委員会編『日本近現代史辞典』を参照。

(8) 若槻『明治・大正・昭和政界秘史』三三四頁、以下、『若槻回顧録』と略す。

(9) 中澤「日露戦後の警察と政党政治」五二頁。それは「日露戦後経営において、政党が非国家的利益の媒介者たるのみならず、人権擁護、憲法遵守といった「デモクラシー」の担い手たる側面を有していたことを示唆している」（同、五一頁）。大恐慌については、ホール＝ファーグソン『大恐慌』を参照。

(10) 内務省社会局労働部は、官吏減俸問題を社会運動調査の立場から調査し、七月には極秘資料「官吏減俸問題に関する調査」をまとめた（内務省社会局編『官吏減俸問題に関する調査』）。減俸は宮中官僚にも及び、一木喜徳郎宮内大臣は、一九三一年五月三十日、「社会ノ状況ハ経済界ノ不振ニ基因シ公私ノ財政共ニ著シキ困難ニ遭遇シ失業ノ民市井ニ多ク、加之思想界ノ混乱ハ幾多ノ懐疑詭激ノ徒ヲ群起セシメツツアリテ、世相ノ不安実ニ甚シ」い中、「宮内ノ官吏タルモノ深ク時勢ノ重大ナルヲ察シ〔中略〕一般国民ト苦境ヲ共ニセン」と訓示した（河井『昭和初期の天皇と宮中』六、二二七頁。以下、『河井日記』と略す）。

(11) 若槻首相は二十日に談話を発表し、国庫歳入の著しい減少に直面して、経費の大節減によってしか国民負担の加重を避けることができないと説き、官吏に一般国民生活の苦悩に対して犠牲の分担を求めた（『民政』五巻六号、一九三一年、二―三頁）。

(12) 『大阪朝日新聞』一九三一年八月二十四日付。戸部『逆説の軍隊』二九六―九七頁も参照。

(13) 『民政』五巻六号、一三〇―三五頁、『民政』五巻七号（一九三一年）一二〇―二一頁。

(14) 『民政』五巻九号（一九三一年）一三五頁。

(15) 『民政』五巻七号、一一八頁。

(16) 市川『市川房枝集』二、一八七頁。

(17) 戸部「帝国在郷軍人会と政治」、藤井『在郷軍人会』、藤原・功刀編『資料日本現代史8 満州事変と国民動員』を参照。

(18) 宇垣『宇垣一成日記』一、七九一頁。以下、『宇垣日記』と略す。

(19) 同上、七九〇頁。黒沢『大戦間期の日本陸軍』三七五頁。南軍政について、北岡『官僚制としての日本陸軍』一六一―二六五頁。このような軍政指導者による陸海軍組織統制について、小林・黒沢編『日本政治史のなかの陸海軍』を参照。

(20) 『河井日記』五、一〇三頁。

(21) 木戸『木戸幸一日記』上、八八頁。以下、『木戸日記』と略す。『原田日記』二、七頁。『河井日記』五、一二二頁。黒沢『大戦間期の日本陸軍』三七〇頁、伊藤『大正デモクラシー期の法と社会』三〇二頁注(51)も参照。

(22) 黒沢『大戦間期の日本陸軍』三七〇―七一頁。木戸内大臣秘書官長も、原田から満州での陸軍の「容易ならざる事実」を聞き、「いつもながら対支対満政策の不統一には困ったもの」という感想を記した（『木戸日記』上、八五頁）。

(23) 上原勇作関係文書研究会編『上原勇作関係文書』六四六―五七頁。以下、『上原文書』と略す。同講演は、英国情勢を、「二大政党主義」が破壊された「政治的変態」下でますます党争が募ることで、「国運ノ前途真ニ惧ルヘキ情勢」にあり、「世界的不況」で産業も振るわず、「左翼政派中英国ノ現状ヲ打破スルニハ独裁執政ノ外ナシト提唱スル者アリ」と分析している（同、六五五頁）。

(24) 河辺『河辺虎四郎回想録』三四―三五頁。

(25) 戸部『逆説の軍隊』六八―七一頁。軍人勅諭の作成に関わった井上毅は「軍人たる者、専ら国を愛し、君に忠なるの義ありて、党を結び政を議するの権あることなし」と論じ、福地源一郎は「政治は如何なる党与の手に出るとも、其政府は我天皇陛下の政府にて、其政治は天皇陛下の委ねさせ給う宰執に出るの政治ならんには、軍人は其政府の命令に服従し」と解説した（同、七一頁）。

(26) 石原莞爾「軍事上ヨリ見タル日米戦争」「満蒙問題私見」石原『石原莞爾資料国防論策編』四八―四九、七五―八一頁。対外戦争は「有識失業者ヲ救ヒ不況ヲ打開スル」ことが期待され、また、実行に際しては「皇族殿下ノ御力ヲ仰ギ奉ルニアラサレハ至難ナリ」とも記されている。酒井哲哉は、このような対外危機を、「政治体制の外側からいわば人工的に調達された対外危機」と評した（酒井『大正デモクラシー体制の崩壊』一二頁）。

(27) 石原『石原莞爾資料国防論策篇』二一頁。

(28) 「故藤井海軍少佐の日記写（抄）」原ほか編『検察秘録五・一五事件』三、六八〇頁。

(29) 『政友』三七〇号（一九三一年）三三―三五頁。

(30) 「本邦政党関係雑件／政友会関係」JACAR（アジア歴史資料センター）Ref. B02031440100（第九二、九三画像目）外務省外交資料館。内田信也「明年の軍縮会議と条約草案に就て」『政友』三七〇号、五一―七〇頁。連盟理事会での日本代表芳沢謙吉大使の「条約草案が現在に於て期待し得る最上のものであり軍縮は漸進的である可く今回の会議は其第一歩に過ぎない其成功の為めには充分の準備を要するが日本は華府及び倫敦の両会議に於けるが如く全幅の協力を吝まぬ」という意見も紹介された。

(31) 『政友』三七〇号、四八頁。

(32) 若宮貞夫「行政整理の目標」『政友』三七一号（一九三一年）八頁。

(33) 『政友』三七一号、三五頁。

(34) 大日方「安部磯雄と無産政党」二一二頁。

(35) 安達謙蔵「内務行政一般」立憲民政党本部編『民政党政策講演集』三一九―二一頁。

(36) 『原田日記』二、一六―一七頁。小林・島田編『現代史資料7　満州事変』一四九―五〇頁。陸軍省徴募課は八月二十七日に帝国在郷軍人会総務理事に、南陸相の講演要旨、その新聞記事とともに「国防思想普及講演等ノ為注意スヘキ事項」という文書を秘密保持を求めて送った。JACAR（アジア歴史資料センター）Ref. C01003959000（第四七六―四八八画像目）、「陸軍大臣口演等送付の件」『昭和八年「密大日記」第二冊』防衛省防衛研究所蔵。そこでは、軍制改革、国際軍縮本会議の開催などに刺激されて国防問題への関心が高まりつつある中、「陸軍としては此機に乗し予て企図しある国防思想の普及を拡充し国民をして陸軍の立場を正解せしむることは最も策の得たるもの」で「特に此方面に対する各位の積極的御活動を切望する」と述べ、機密漏洩とともに、「直接現政府の政策外交を論難して軍人が政治に干与せり」という非難を受けないよう注意を求めた。また、小磯軍務局長は八月二十日、各師団参謀長宛てに、「宣伝」という言葉は誤解を招くので「国防思想普及」の語を用い、在郷軍人を使用する場合でも建議など「単ニ有志トシテ政党政派ヲ超越シテ熱誠此等ノ挙ニ出ツルハ固ヨリ歓迎スル所」であるが軍人会の名前で行うことは政治運動と見られかねないので絶対に避けるよう指示している。

(37)『原田日記』二、一二―一三頁。

(38) 同上、一八頁。また、杉山元陸軍次官は、八月五日の次官会議で、訓示演説中満蒙問題に言及したことについて、「他意あるにあらずして若槻首相が民政党総裁として秋田市に於ける民政党東北大会の演説要旨を述べたまで」と釈明したと報じられている（『読売新聞』一九三一年八月六日付）。

(39) 同上、四一頁。陸軍省は中村大尉事件について満蒙問題の全般的な解決に資するよう外務省に強硬な解決を求め、その背景には「在野党タル政友会ハ党従来ノ主張上之ヲ反対シ得ザル立場ニ在リ、貴院及右翼方面ノ団体ハ大部分之ヲ支持スル」という判断があったという（藤村「クーデターとしての満州事変」九〇頁）。

(40)『原田日記』二、一九頁。

(41)『原田熊雄文書』一〇―五、国立国会図書館憲政資料室蔵。村井「原田熊雄文書」一一三―一一四頁を参照。

(42)『原田日記』二、二二―二四頁。

(43) 牧野『牧野伸顕日記』四六六頁。以下、『牧野日記』と略す。原田の記録にはこのような内容はない（『原田日記』二、三九頁）。

(44) 岡田『岡田啓介回顧録』三四一―四二頁。以下、『岡田回顧録』と略す。岡田は時局救済には首相が陸相を「完全に握」ることが大切であると考えていた（同、三四三頁）。

(45)『上原文書』四五二―五三頁。

(46)『原田日記』二、三七頁。『牧野日記』四七〇頁も参照。南は、五月十五日に江木鉄相から「輿論」を理由に軍事費の節減を求められると、「輿論必シモ正シカラス。或ハ此ノ如キ輿論ノ作為者アルニアラズヤト疑フ」と反論した（「南日記」北岡『官僚制としての日本陸軍』一七七、一七九頁）。

(47)『原田日記』二、四二頁。

(48) 市川『市川房枝集』二、二二八―二二九頁。

(49)『牧野日記』四六五―六七頁。

(50) 大川周明関係文書刊行会編『大川周明関係文書』二一七頁。

(51)『宇垣日記』一、七九五―九六頁。

(52) 君塚『イギリス二大政党制への道』一九六―九七頁。

(53)『大阪朝日新聞』一九三一年八月二十五日付。

(54) 北田『父浜口雄幸』二九九頁。

(55)『政友特報』一六四九号（一九三一年）一一〇頁。

(56)『政友特報』一七〇一号（一九三一年）一五五―五六頁。

(57) 君塚『ジョージ五世』一六八―七四頁。

(58)『大阪朝日新聞』一九三一年八月二十五日付夕刊。

(59)『木戸日記』上、六三頁。『河井日記』五、一四五頁。

(60)『牧野日記』四五七―五八頁。

(61)『原田日記』二、二八―二九頁。

(62) 同上、三九頁。また、西園寺は、木戸に対して、「国家憲政の将来にわざわいを残す」可能性を指摘した（『木戸日記』上、九四頁）。

(63)『原田日記』二、四六頁。

(64)『牧野日記』四七〇頁。
(65)『奈良日記』三、三五四頁。
(66) 同上。『河井日記』五、一五三頁。『原田日記』二、五二一五三頁。
(67)『原田日記』二、五二一五六頁。孟子『孟子』五五一五九頁。この話の全体像は、孟子の仕えた斉国の王が燕国に勝利した後、燕国の民が喜ぶなら占領し、民が喜ばなければやめるべきだという孟子の助言を踏まえて占領を行ったが、これに刺激された周辺諸国が協同で武力干渉を行う気配を見せ、孟子は、燕国の民を弾圧し、無用の反感をかき立てる占領政策を改め、民の望む君主を立てて軍隊を撤収することで「天下之兵」の攻撃を止めることができると助言した。それでもなおこの一件で秦国とともに強国であった斉国の覇権は揺らぎ、孟子も斉王によって王道政治を実現する夢破れて斉国を立ち去ることになった。
(68)『原田日記』二、五六頁。立命館大学西園寺公望伝編纂委員会編『西園寺公望伝』別巻一、二四九頁。以下、『西園寺伝』と略す。
(69)『原田日記』二、五六一五七頁。『河井日記』五、一五三頁。昭和天皇は大赦について「道徳上の問題は残る」と述べている(『原田日記』二、五七頁)。
(70)『牧野日記』四七三頁。
(71)『岡田回顧録』三四三一四四頁。さらに原田が「政友会の天下となりたるとき大蔵大臣、外務大臣が心配なり」と述べると、岡田は蔵相に池田成彬の名を挙げ、芳沢外相説にも「悪からず」と答えた。そして「山本条太郎君大臣とならば、宮中方面甚だ困らん、むしろ山本君に大臣を断念せしめ、満鉄辺に収まらしむるようせざるべからず」とシーメンス事件で同じく特赦を受けた山本について心配する原田に、「大臣を断念せしむるは危険なり、むしろ宮中方面を軟らか〈く〉する方無事なるべし」と注意した。次期政権に犬養政友会内閣が想定されていること、田中内閣で海相を務めた岡田を政友会人脈と見てかのような立ち入ったやりとりになっていること、そして政党中心政治における蔵相と外相の相対的独立性を共に重視しつつ、政府・宮中関係のあり方について意見の相違は興味深い(同)。
(72) 満州事変について、臼井『満州国と国際連盟』、緒方『満州事変』、小林『政党内閣の崩壊と満州事変』、日本国際政治学会編『太平洋戦争への道』二、山室『キメラ』、小池『満州事変と対中国政策』、波多野・蒲島「満州事変収拾の政治過程」、波多野「満州事変と「宮中」勢力」、茶谷「一九三〇年代初頭における輔弼体制再編の動向」等を、また、満州事変期の枢密院の動向については、滝口「満州事変期の平沼騏一郎」を参照。
(73) 日本国際政治学会編『太平洋戦争への道』別巻、一一三一一五頁。
(74)『牧野日記』四七四頁。牧野は事件の原因について「種々の取沙汰あり」と記した(同)。
(75)『原田日記』二、六九頁。
(76) 日本国際政治学会編『太平洋戦争への道』別巻、一一六頁。「対内善後策案」の原文は、JACAR(アジア歴史史料センター)C12120032900。藤村「クーデターとしての満州事変」九七一一〇一頁、刈田『昭和初期政治・外交史研究』四五一一五六頁を参照。三〇部作製された同文書は第二課で起案されながら実行を第四課に任せる記載があり、作戦課員の武藤少佐の印が押されている。
(77) 林『満洲事件日誌』一八七一八八頁。
(78) 日本国際政治学会編『太平洋戦争への道』別巻、一二三一二四頁。小林『政党内閣の崩壊と満州事変』一八三頁、伊藤『昭和天皇と立憲君主制の崩壊』二九一一三〇二頁も参照。
(79)『奈良日記』三、三六四頁。
(80)『牧野日記』四七四頁。
(81) 同上、四七五一七六頁。

(82) 山室『キメラ』六八頁。片倉『片倉衷氏談話速記録』上、二二二頁。
(83) 朝日新聞「検証・昭和報道」取材班『新聞と「昭和」』上、一一六頁。
(84) 『原田日記』二、九一頁。
(85) 服部『東アジア国際環境の変動と日本外交 1918-1931』二七八－八五頁。
(86) 『牧野日記』四七七－七八頁。
(87) 小林ほか編『内田康哉関係資料集成』一、一七五頁。以下、『内田資料』と略す。
(88) 同上、一八一－八五頁。いわゆる内田の「豹変」について、森靖夫は、満州皇族との関係を指摘する（森「満州事変と内田康哉」六七〇頁）。
(89) 『読売新聞』一九三一年十月十三日付、十四日付。『若槻回顧録』三三七－三八頁。若槻は「国民の代表に話をし、上院に話し、国家の重臣にも話して、全責任は私が取るけれども、国が今直面している事態は容易ならぬものであるといふことを日本を背負つてゐる人に知つて置いて貰ふ必要があつた」とも回顧した（若槻「男爵若槻礼次郎談話速記」四二四－二六頁）。
(90) 満州事変後の国際連盟との関係について、臼井『満州国と国際連盟』、篠原『国際連盟』、外務省百年史編纂委員会編『外務省の百年』上を参照。
(91) 中野『橋本大佐の手記』一四三－四四頁。
(92) 刈田『昭和初期政治・外交史研究』二二一－二七頁。田々宮『橋本欣五郎一代』一七九頁。中野『橋本大佐の手記』一五一頁。他に、永田鉄山のグループでも十月事件前後に国家改造計画の試案を作成し、暴力革命方式を採り、議会は停止しないが権限を制限し、また、政党の存在は否定しないが多数党が政権を握るという憲政常道論を否認するなどの内容があったという（秦『軍ファシズム運動史』八九頁）。
(93) 『木戸日記』上、一四八頁。一九三二年三月九日。
(94) 本庄『本庄日記』三一頁。
(95) 事件に関わった青年将校末松太平は「若し実行されていたら、スケールにおいては、二・二六事件も遠く及ばぬ陸海、民間合同の大クーデターが実現するはずだった」と回想する。（末松『私の昭和史』上、一九頁）。
(96) 『奈良日記』三、三七三頁。
(97) 『政友特報』一七三三号（一九三一年）三二九－三〇頁。英国の「挙国一致」内閣成立を伝える八月二十七日の特報も、「連立内閣の妥協案はこの議会に提出せられ、その協賛を経た上で実施さるゝ段取りとなるのであるが、これが済みさへすれば連立内閣は当然解体され、各党本来の立場に還へること勿論である」と述べて、「挙国一致」内閣が当面の課題を片づけたら速やかに「本来の立場」にかえり、次期政権が、実質的な問題解決に当たるとの見通しを強調した（『政友特報』一六四九号、一一〇頁）。
(98) 『政友特報』一七三三号、三三〇頁。
(99) 社会民衆党は七〇人の候補者を立候補させたが三名の当選に止まった（大日方「安部磯雄と無産政党」二二〇頁）。
(100) 『原田日記』二、一三九頁。
(101) 『若槻回顧録』三四一－四二頁。十月二十九日に内田満鉄総裁と会談した若槻首相は「軍部統御ノ難」を語り、力が足りないことを語って助力を求めた（『内田資料』一、一八五頁）。
(102) 『原田日記』二、九七頁。
(103) 『奈良日記』三、三六九頁。それは参謀本部から見ると、「事変発生以来宮中重臣等ノ事変ニ対スル認識不充分ニシテ其挙措或ハ軍部ノ決意ヲ遂行スルニ不利ナル影響ヲ及ホス事ナキヤ」との懸念からの説得工作

の一環であった（日本国際政治学会編『太平洋戦争への道』別巻、一四四頁）

(104)『原田日記』二、八八―八九頁。

(105)『岡田回顧録』三五六頁。小山『小山完吾日記』一四六―四七頁。以下、『小山日記』と略す。『若槻回顧録』三三八頁。

(106) 安達『安達謙蔵自叙伝』二六五頁、以下、『安達自叙伝』と略す。

(107)『原田日記』二、一一五―一六頁。

(108) 同上、九六頁。

(109)『牧野日記』五三四頁。

(110)『木戸日記』上、一〇八頁。

(111)『河井日記』五、一八二頁。

(112)『原田日記』二、五九、六五頁。

(113)『岡田回顧録』三五六―五七頁。

(114) 小林『政党内閣の崩壊と満州事変』一七三―二三一頁。関東軍の急進論を陸軍中央が抑制するに際して、一九一八年のドイツ革命や一九二四年の第二次護憲運動の記憶から、政党勢力の反転攻勢によって政党政治の前に決定的な敗北を喫するのではないかという恐れを懐いていたという指摘は重要である（同、一九四、二〇五頁）。また、小林・島田編『現代史資料７ 満州事変』四三六―五〇頁を参照。

(115)『牧野日記』四八二頁。

(116) 昭和六年十一月十三日付 牧野伸顕宛木戸幸一書簡『牧野伸顕関係文書』書簡の部一九二―二、国立国会図書館憲政資料室蔵。また、安達からも、「首相自身も到底此難局に堪へず辞退の外なしと度々心情を打明かされたり」と聞いていた（『牧野日記』四八一頁）。

(117)『原田日記』二、一一四頁。

(118)『政友』三七五号（一九三一年）三九―四〇頁。久原幹事長を中心に準備されていた金輸出再禁止声明に対して、高橋亀吉ら新平価解禁論に立つエコノミストは森格に依頼して主張を織り込んだという（高橋『私の実践経済学』はいかにして生まれたか』一二九頁）。

(119)「本邦政党関係雑件／政友会関係」ＪＡＣＡＲ（アジア歴史資料センター）Ref. B02031440100（第一二八―三〇画像目）外務省外交資料館。

(120)『牧野日記』四八一頁。その場合、若槻は首相辞職とともに党総裁も引退する意向であることを付言している。『原田日記』二、一三八頁も参照。安達は後に、この頃「我々同志にとっては、十年の苦節全く酬いられ、得意の絶頂ともいうべき時」を迎えていたが、「陸軍軍人の思想なかんずく佐官級以下の青年将校の思想の激変」と、世界経済の流れとして、突如発表された「英国の金輸出再禁止」によって、「政治的思想の一大変化」を来したと説明した。青年将校の思想の激変の理由については、「外部の刺激としては世界列強間に起こった軍縮会議の圧迫があり、又満洲における既得権の擁護、それに対する支那側の反抗、殊に満洲に於ける支那当局（張作霖）の反抗は最も熾烈であるに拘らず、我が外交当局の措置頗る消極軟弱なりとの不満が、陸軍内部に澎湃たるものあり、又これを内にしては、政党間の競争軋轢次第に劣化し、低下して泥仕合を演ずるに憤慨し、民間には北一輝、西田某等ありて之を煽動するという風で、最早事の理非曲直よりも、何とかして此の鬱屈せる現状を打破せんとする空気が、国内に瀰漫して来た」と回顧した（『安達自叙伝』二六二―六四頁）。なお、木戸は連立工作を、本来、首相の責任で行うことと考えており、後年、「軍部を向こうに回して政治家というものが最後の努力をするという意味の、もっと気迫のある総理が号令をかけたら、私は必ずしも政友会が乗ってこないことでもなし、それが反映すれば軍だってばかじゃないんだから考えると思った、国民に訴えれば」と述べた（『木戸幸一政治談話録音速記録』一、国立国会図書館憲政資料室蔵、三八―三九頁。以下、『木戸談話録』と略す）。木戸は、十一月十三日付の近衛宛書翰草稿に、「首相の辞意あること、若くは甚しく無気力にして熱意なき」ことなどが仲間にも知られ、しばしば口にもされることを「痛心に堪へざる」と記した（木戸日記研究会編『木戸幸一関係文書』六四〇頁。以下、『木戸文書』と略す）。

(121) 斎藤『斎藤隆夫日記』上、七三四頁。以下、『斎藤日記』と略す。『大阪朝日新聞』一九三一年十一月十一日付。

(122) 『牧野日記』四八五頁。

(123) 同上、四八六頁。

(124) 『原田日記』二、一六九―七〇頁。これは元老政治など個人が高い影響力を持つ政治体制の構造的な問題で、一九一四年九月、第二次大隈重信内閣の誕生に寄与した元老井上馨が内閣の施政を指導するために他の諸元老や政界有力者を繋いだ私設秘書望月小太郎について、原敬は「井上の耄せるに乗じて都筑、望小太等小策を弄し、遂に国家を誤るに至るは歎ずべき次第なり」と述べていた（原『原敬日記』四、四三頁、以下、『原敬日記』と略す）。

(125) 『原田日記』二、一三〇頁。

(126) 升味『日本政党史論』六、三四頁。

(127) 『宇垣日記』二、八一七―一八頁。

(128) 宇垣は、翌十九日に若槻首相を訪れ、安達の協力内閣論に「主義としては賛成」でありながら意思を翻し、他方で積極的に打破する勇気も持たないという印象を受けた。次に宇垣は、二十日、犬養政友会総裁とも意見交換を行った。犬養は単独政権を期待してか、「日本の政党は政権争奪を目的として出来たものなれば英国政党の如く急に集散は出来ぬ」と連立内閣に否定的であった。宇垣は挙国一致内閣の周旋に努めたが時期尚早と結論し、西園寺にもあらためて報告した（同上、八一八―二一頁）。また宇垣は、二十四日、牧野に、朝鮮情勢報告とともに、「最近軍人の陰謀甚だ児戯に類する事」を冷評し、充分取り締まるよう陸相に忠告したこと、十月事件での将校の処分が「取扱ひ緩に過ぎた」と考えていること、そして三月事件では「大川周明の接近して種々要望ありたる際、一々之を退けたる事」を語った（『牧野日記』四八六頁）。

(129) 『若槻回顧録』三四二頁。『原田日記』二、一四五頁。坂野『近代日本の政治と外交』二二一―四一頁。

(130) 坂野『近代日本の外交と政治』一八五―二一一頁。服部『幣原喜重郎と二十世紀の日本』一六五―六九頁。

(131) 『牧野日記』四八七頁。

(132) 同上、四八九頁。

(133) 同上、四八九―九〇頁。先に十一月二十二日の社会民衆党中央委員会では、赤松克磨書記長が満蒙問題について声明した。升味準之輔は「帝国主義と社会主義の裂け目に落ちた」と述べ、「既成政党の右翼に進出してきた」と評価した（升味『日本政党史論』六、三八六頁）。また、一九三二年一月には、「日本の国体を尊重するの精神を一層明確にすること」との新運動方針書を可決した（赤松『日本社会運動史』三二七―二八頁）。

(134) 『牧野日記』四九〇―九一頁。

(135) 藤井『在郷軍人会』二一八―一九頁。

(136) 『牧野日記』四九一―九二頁。『木戸日記』上、一一九頁。

(137) 『原田日記』二、一五六―五八頁。十一日の朝には、牧野は原田を通して西園寺の上京を求めており、昭和天皇も鈴木侍従長に「新聞によると、急に政変でも起りさうであるから、老体で気の毒であるが西園寺にぜひ上京の用意をするやうに」と原田に言付けるよう沙汰した（同、一五五頁）。西園寺は原田に「今度の問題は、まあ安達と久原の陰謀みたやうなものであるから面白くないが、さういふ点からいへば、或は安達の辞職だけを勅許されてあとはお下げになるといふことで、所謂再降下といふことも考へられなくはないけれども、どうもやはりこの場合犬養を奏請するのがよくはないかと思ふ」と述べ、意見を求めた（同、一五四頁）。

(138)『牧野日記』四九二頁。若槻は辞表捧呈後に総辞職理由を発表し、報道された（『読売新聞』一九三一年十二月十二日付）。なお、同紙は、西園寺が「牧野内府、一木宮相、鈴木侍従長等非公式重臣会議を開き〔中略〕政界の実情に関する詳細なる報告を受けこれを基礎として時局の収拾を協議しその一致したる意見を基礎として」奉答する見込みであると報じている。

(139)『牧野日記』四九二―九三頁。

(140)『河井日記』五、二一四―一五頁。河井はまた、犬養を選ぶしかない中で、「単独なりや連立なりやは元老自ら意見を付して懇談すべく、綱紀を正し閣員の選任を慎み、外交政策に急激の変化を来さざらしめ、経済匡救にも急変なきを期せしむることを、主として元老自ら折衝するの外」なく、西園寺の離京を延期するように一木宮内大臣に意見した（同、二一五頁）。

(141)『原田日記』二、一五九頁。

(142)『牧野日記』四九二頁。

(143)『原田日記』二、一五九頁。

(144)『木戸日記』上、一一八―二〇頁。

(145)『原田日記』二、一六〇頁。

(146)同上。古島一雄の回想に依れば、「牧野が僕に電話をかけて、西園寺が明日来るから、駿河台の邸へ行って犬養の考え方を話してくれといって来た。僕は西園寺を知らない。そうするうちに西園寺が犬養邸を訪うことになったという話があったから僕はやめた」という（古島『一老政治家の回想』二三八頁）。牧野の当初の認識では翌日に西園寺が訪問する予定が、当日には訪問したことになる。

(147)『河井日記』五、二一五―一六頁。この点について河井は、犬養「氏は連立内閣を欲せざりし外は悉く公の意見に同意す」と記している。この時、犬養は、「西園寺から、お前が組閣するとしたら、連立で行くか単独で行くかと訊かれたから、連立は大隈以来しばしば試みて失敗しているから、こりこりだ。若し自分に大命降下したら勿論単独でやると返事をした。単独で出来なかったらと重ねて訊くから、そこで俺は、わたしは単独が生命だ、と答え」、また周囲に政権が素通りしたらどうするかと問われると「辞めるよ」「総裁を、そして党員に謝罪するよ」と述べたという（『安達自叙伝』二七三頁）。

(148)西園寺は、「幣原外交に就ては、定石で間違ひなきものとして余も今日迄支持し来りしも、如何に正しき事でも国論が挙て非なり悪なりとするに至りては生きた外交をする上には考へ直さねばならぬ事である」と述べた（『宇垣日記』二、八一八頁）。なお、西園寺は井上の財政政策も支持していたが、現在の研究では、「より多くの通貨切下げが大恐慌からの回復を早めた」という教訓が「一九三二年の大幅な通貨切下げ」という日本の経験からも支持され、「日本は基本的に大恐慌を回避した」と評価されている（テミン『大恐慌の教訓』ii頁）。

(149)馬場「政局を動かす人々」『原田日記』二、一六四―六七頁所載。このような議論に対して原田は、若槻内閣を延長させると、官僚の一部や軍に政友会まで合流して「側近攻撃、宮中に対する非難中傷」が起こり、「今日の場合、頗る憂慮すべき結果」を引き起こしかねず、「財界や外交も重大ではあるけれども、遺憾ながら、この際宮中のことのためには、何物をも犠牲に供さなければならない国情である」と西園寺が考えたためであると反駁するが、これはあくまでも原田の解釈である（同、一六八―六九頁）。西園寺は先に「財界の問題は頗る重大」であるが「他の重大な点を考へると、多少の犠牲は忍ばなければならん」と述べたが、同時に、天皇が政治的役割を果たすことについて、「憲法の精神に瑕がつくことになる」「今日の如く既に立派に憲法政治が完成してゐる場合、絶対にさういふことをすることはできない」と述べている（同、一三〇頁）。原田が直接宮中を守ることに関心があったのに対して、西園寺は憲政を守ることで帝室の安泰を考えたのであって、いわゆる「重臣イデオロギー」とは異なる。「重臣イデオロギー」については、三谷『近代日本の戦争と政治』二六三―八〇頁、三谷『学問は現実にいかに関わるか』五三―八一頁を参照。

(150) 犬養内閣選定に際して、小山俊樹は西園寺が連立内閣に否定的ではなかったと解釈する（小山『憲政常道と政党政治』二五七―九三頁）。小山の議論は、坂野潤治が西園寺の単独内閣論と牧野の協力内閣論を両者の権限争いと理解した従来説に対して、政治家の自発性を求め、宮中の過度の政治介入の是非に起因すると指摘する点で説得的である。その上で、西園寺は単独内閣と連立内閣とに選好の差を持たなかっただろうか。「老獪で円熟した」と言われる西園寺（伊藤『元老西園寺公望』一三―一五頁）が特に「薩長の内閣の時分」に言及して牧野との差異を強調していることから、西園寺はこの時、基本的に単独内閣を望んでいたと考えられる。政治学者の小野塚喜平次は一九一五年に第一次世界大戦中の英国での連立内閣を分析する中で、「英国ニ於テハ事実上ノ連立内閣ハ已ニ久シキ過去ニ属シ、且其顚末ハ英国民ニ対シテ良好ナル印象ヲ残サザリキ」ため、戦後の総選挙で再び二大政党対立による政党内閣制に戻るであろうと指摘した（小野塚『欧州現代政治及学説論集』九一頁）。西園寺が連立内閣に否定的であったのも同様の古典的な理解からと考えられる。また、後の一九三七年二月に西園寺は、「一体日本人には合議体とかいふやうなことは、とても駄目だ。そこはやはりイギリス人あたりはよくやるが、フランス人や日本人には合議体といふやうなことは難しいやうに思ふ」と述べている（『原田日記』五、二六四頁）。これは直接的には政友会の合議制に関する発言であるが、閣内に雑多な勢力が入った場合に起こることへの西園寺の認識を示唆すると言えよう。

(151) 西園寺は犬養選定から約半月後の一九三二年元旦に、「連立内閣とか、やあ何だとか言ふが、若槻にきいても、若槻の心事は、連立で自分が首班になることはできない、犬養にしても、現に「単独内閣でなければいかん」と明かに言ってゐるではないか。責任ある総理大臣が反対であり、野党の総裁がやはり反対である、といふことが明かである以上、いかに安達や久原がもがいても、事が出来ないのが当然ではないか。（中略）で、今日やはり自分は、犬養の単独内閣を奏請したことは事情已むを得なかつたし、また当然なことだつたとも思つてゐる」と語り、西園寺があくまでも政党中心の責任政治を望み、このたびの選定を肯定的に見ていたことをうかがわせている（『原田日記』二、一六九―七一頁）。

(152) 蠟山『日本政治動向論』四七一―七五頁。『読売新聞』は、一九三一年十二月十二日付朝刊で、首相指名を前に牧野ら宮中官僚首脳との「非公式重臣会議」の開催を予想し、「犬養総裁説」を有力視しながらも、「重臣会議の結果を待つにあらざれば何人がその選に当るべきか容易に逆睹を許さゞるの状態」と報じていたが、翌日の朝刊では、「炳として輝く憲政常道」「協力内閣論雲散霧消」「園公の要望何等条件を含まず」「政友会の政策で邁進」と報じた。

(153) 『民政』六巻一号（一九三二年）四五頁。

(154) 犬養内閣の閣僚は以下の通りである。総理・犬養毅（衆議院・当選一七回・政友会）、後に高橋是清。外務・犬養兼任の後、芳沢謙吉。内務・中橋徳五郎（衆議院・当選六回・政友会）、後に犬養兼任、鈴木喜三郎（衆議院・当選一回・政友会）。大蔵・高橋是清（政友会）。陸軍・荒木貞夫。海軍・大角岑生。司法・鈴木喜三郎（貴族院・研究会）、後に川村竹治（貴族院・勅選・交友倶楽部）。文部・鳩山一郎（衆議院・当選六回・政友会）。農林・山本悌二郎（衆議院・当選九回・政友会）。商工・前田米蔵（衆議院・当選五回・政友会）。逓信・三土忠造（衆議院・当選八回・政友会）。鉄道・床次竹二郎（衆議院・当選七回・政友会）。拓務・秦豊助（衆議院・当選六回・政友会）。書記官長・森恪（衆議院・当選四回・政友会）。法制局長官・島田俊雄（衆議院・当選五回・政友会）。日本近現代史辞典編集委員会編『日本近現代史辞典』を参照。

(155) 犬養は大命降下後に久原房之助幹事長を招いて組閣を協議したが、すでに西園寺に単独内閣の決意を披瀝していた犬養は、「我党を主とした協力内閣」を「力説」する久原の説得に応じず、久原は深夜に入閣辞退と組閣後の幹事長辞任を声明した（『読売新聞』一九三一年十二月十三日付）。久原は翌年三月二十七日に幹事長を山口義一に交代している。

(156) 手塚「昭和恐慌と政友会」は、高橋と党との懸隔という理解を示しているが、単独大臣輔弼制と党の政策との関係は第四次伊藤博文内閣以来の問題である。

(157) 『斎藤日記』下、四頁。

(158) 『報知新聞』一九三一年十二月十二日付、十三日付。

(159) 『河井日記』五、二一七頁。

(160) 日本国際政治学会編『太平洋戦争への道』別巻、一六五頁。政変と陸相銓衡の連動について、坂野『近代日本の政治と外交』二三三頁。

(161) 鈴木『鈴木貞一氏談話速記録』上、三一八―一九頁。

(162) 『宇垣日記』二、八二一頁。

(163) 『原敬日記』三、三六八頁。戸部『逆説の軍隊』一五八―六〇頁。

(164) 小林『政党内閣の崩壊と満州事変』二三六―四一頁。

(165) 『牧野日記』四九五頁。

(166) 同上、四九六頁。

(167) 中尾編『昭和天皇発言記録集成』上、一七七頁。

(168) 『牧野日記』四九九頁。犬養内閣の満州事変対処の再評価として、小林『政党内閣の崩壊と満州事変』を参照。

(169) 『内田資料』一、一八八―八九頁。

(170) 同上、一九五―二〇〇頁。板垣もまた「暗ニ内閣ノ運命ヲモ賭セサルヘカラサル口吻」を漏らしたと内田は記した（同、二〇〇頁）。

(171) 『牧野日記』四九七―九九頁。

(172) 『河井日記』六、七頁。

(173) 『木戸日記』上、一二九頁。

(174) 同上。

(175) 日本国際政治学会編『太平洋戦争への道』別巻、一七一頁。

(176) 山室『キメラ』六九頁。

(177) 『牧野日記』五〇〇頁。

(178) 『原田日記』二、一八二―八三頁。

(179) 増田『天皇制と国家』一九二頁。

(180) 『原田日記』二、一八三頁。

(181) 同上、一七四―七八頁。

(182) 『宇垣日記』二、八二八頁。宇垣は、二月十四日の日記に、「安達去り井上逝き江木病めるの今日に於ては民政党内に余を迎へんとするの気運抬頭し其空気瀰漫しつつあるの報各処より来る。一月出京の節多方面より余の辞任入党以て素地を作成すべく勧告進言を受けたりしも、余は左様な人為的小細工を好まずとして排斥し置きたりしが、或は自然の気運が余を余儀なくするにあらざるやと最近思惟せらるるに至れり矣」と近い将来の入党をほのめかした。

(183) 『牧野日記』五〇〇―〇二頁。

(184) 「政府は少数党を基礎としては主義主張を実行し以て民心の安定を期する能はず茲に衆議院の解散を奏請し国民の信任を問ふものなり」という解散理由が発表され、また、久原幹事長は「今期議会が解散になつたといふことは憲政の常道として当然の帰結である」と声明し、生活、産業、減税、自主的外交を争点に挙げた（『読売新聞』一九三二年一月二十二日付）。また坂野『近代日本の国家構想 1871-1936』も参照。

(185)『官報号外 昭和七年一月二十二日 衆議院議事速記録第三号』一七―一八頁。国立国会図書館帝国議会会議録検索システム。また、日中関係について「相互ニ敬愛シ、不良ノ関係ハ之ヲ除外例ト致シ、原則トシテハ親善ナルベキ」であり、それが両国の利益であると説いた。

(186)『政友』三七七号（一九三二年）二六頁。

(187)『木戸日記』上、一三〇―三一頁。

(188)『読売新聞』一九三二年一月二十二日付。鈴木喜三郎先生伝記編纂会編『鈴木喜三郎』二八四頁。

(189)芦田『芦田均日記 一九〇五―一九四五』三、四七七、四八一頁。芦田は官吏減俸問題でも「内閣が倒れるかStrikeが起るか、免れ難い形勢にある」中、公平に見てある程度の減俸はやむを得ないと考えながら、「井上蔵相の利口そうなツラが癪に障るから一寸いゝ気味だといふ心持がする」と記した（同、四六六頁）。

(190)同上、四八六―九一、五一八頁。満州事変期の芦田の国際政治観について、矢嶋「芦田均の国際政治観」を参照。

(191)篠原『国際連盟』二二〇頁。

(192)小林『政党内閣の崩壊と満州事変』一九二―九三頁。

(193)畑『続・現代史資料4 陸軍畑俊六日記』四六頁。島田「満州事変の展開」一二六頁。

(194)『木戸日記』上、一三四―三六頁。

(195)『原田日記』二、二〇五頁。

(196)芳沢『外交六十年』一二二―二三頁。

(197)上海事変が海軍組織に与えた影響について、平松「海軍省優位体制の崩壊」を参照。

(198)雨宮「血盟団事件」四〇一頁。

(199)『斎藤日記』下、九頁。

(200)井上準之助論叢編纂会編『井上準之助伝』八六六―六七頁。

(201)勝田『重臣たちの昭和史』上、一六三―六四頁。『原田日記』別巻、一三四頁には、「当分面会せぬこと」と書き記されている。また、翌朝伝えたという木戸の日記にも、「出勤前、原田を訪ふ」という記事がある（『木戸日記』上、一三七頁）。

(202)『木戸日記』上、一三七頁。

(203)井上準之助論叢編纂会編『井上準之助伝』八八五頁。

(204)『原田日記』二、二一七頁。

(205)川人『日本の政党政治 1890-1937年』二六八頁。

(206)三土忠造「選挙後の雑感」三四頁。

(207)『婦選』六巻三号（一九三二年）四頁。

(208)市川『市川房枝集』二、三五五―五六頁。

(209)市川『野中の一本杉』七二頁。JACAR（アジア歴史資料センター）Ref. A04010450600、内務省警保局『出版警察報』四三号（一九三二年）三〇頁（国立公文書館蔵）。

(210)『木戸日記』上、一四三頁。

(211)『木戸文書』一〇一頁。

(212)『原田日記』二、二八〇―二八一頁。

(213)同上、二二六―二七頁。

(214)同、二〇七頁。

(215)『木戸日記』上、一四二―四三頁。『原田日記』二、二二六頁。

(216)『木戸日記』上、一四四―四五頁。

(217)『河井日記』六、一八、二二頁。『木戸日記』上、一三九頁。

(218)一九三二年二月十五日付上原勇作宛犬養毅書簡（犬養『新編 犬養木堂書簡集』一五九―六二頁）。

(219)『河井日記』六、四八頁。

(220)一九三二年二月二十四日付町田忠治宛江木翼書簡（町田忠治伝記研究会編『町田忠治――史料編』四九一―九二頁）。さらに三月三日には、

「昨日は大満州国なるもの生まれたるよし、何とか永く寿かしたきものに有之候。但し秦の始皇は万生を希ふて僅に二世に終はる、何とか斯くの如くなかれかし、唯千祈万禱する耳に有之候」と不安視した（一九三二年三月三日付町田忠治宛江木翼書簡、同、四九二頁）。

(221)『原田日記』二、四九―五〇頁。

(222) 雨宮「血盟団事件」四〇一頁。

(223) 臼井『満州国と国際連盟』四八頁。『木戸日記』上、一四六頁。

(224)『木戸日記』上、一四七―四八頁。

(225)『小山日記』一二頁。

(226)『原田日記』二、二四〇頁。なお、西園寺が五・一五事件を前に政党内閣制に見切りをつけていたという第三の可能性として、西園寺が三月頃、次期内閣に関する側近者の質問に、いつになく憂鬱な顔で、「軍部と諒解の出来るものでなければ時局に善処は困難だろう」という意味のことを答えたと言われている（山本「斎藤内閣の成立をめぐって」六二頁）。この記事は、『大阪毎日新聞』一九三二年五月二十日付朝刊の「政変を語る」という囲み記事で、「園公も確言した 軍部の諒解がなければ時局収拾は難しい」という見出しで、「坐漁荘主人は元来政党政治の産婆役を気取つてゐるものだ、その発達の期待に裏切られてゐることにはいさゝか自尊心を傷つけられてはゐるが、進んで今さら超然を、協調を高調するまでに心境の変化はなかつた、殊に対外関係において、園公は協調主義が帝国の行くべき道であるとの信念の所有者であつた、だが世相と政情とを手にとる如く知ることの出来る彼は昨年来つくづく考へさせられた、三月ごろのことであつた、最も親しい最も近いものが現下の政局が破綻の場合いかにすべきかを問うたところが公はいつになく憂鬱の顔を見せながら、軍部と諒解の出来るものでなければ時局に善処は困難だらうといつた意味のことを、はつきり答へたさうだ、公のこの意向なるものは政局に深入りしてゐる方面に相当知られてゐる、事実は果してその通りであつたかどうか知らぬが、そのころからしきりに新旧策士の暗躍が初まつた」というものである。なお斎藤への大命降下は二十二日であり、これは結果を知らない観測記事である。記事中の西園寺の「最も親しい最も近いもの」としてまず想像されるのは原田であるが、『原田日記』の中に、この時期、次期首相について非政党内閣が望ましいという西園寺の発言は残されていない。他の可能性として考えられるのは、「側近者」が原田以外の者であることであるが、原田の名は、西園寺との連絡係として昭和天皇も口にするほどであり、仮に西園寺が政党内閣制を放棄し、次期首相として軍部と諒解のとれる非政党内閣を真剣に考えていたとすれば、原田の耳に入らない筈はない。加えて、原田自身は、宮中官僚と問題意識を共有していたため、このような「挙国一致」内閣は望むところであり、記録に残さないとは考えにくい。この記事で思い出されるのは、先の宇垣後継内閣論であり、これまでの慣行に従えば犬養政友会内閣が崩壊すれば、次期内閣は民政党内閣の筈であったこととも整合的である。少なくとも、この記事から、西園寺が五・一五事件を前に政党内閣制を放棄していたと推断することはできない。

(227)『木戸日記』上、一五〇―五四頁。なお、近衛首相案について西園寺は、一案ではあるが、むしろ議長にして一二年後に内大臣とすることが望ましいと消極的な考えを原田に語った（同、一五四頁）。

(228) 同上、一五五―五六頁。

(229) 伊藤・佐々木「鈴木貞一日記――昭和八年」八九―九二頁。以下、「鈴木八年日記」と略す。

(230)『木戸日記』上、一五七―五九頁。彼らの五・一五事件直前の考えをうかがわせるものとして、五月八日に井上と鈴木は原田に、「誰も議会政治を根本から否認なんぞしはしない。議会政治、即ち政党政治の弊があまりに甚だしいから、どうすればこれを覚醒し、その弊を芟除して行くことができるかといふことが問題なので、今日の政党を悪いと批評する者を、たゞやたらに議会政治の否認論者であるかの如く取扱はれるのは、まことに心外の至りだ」と述べた（『原田日記』二、二八〇頁）。

(231)『斎藤日記』下、一九頁。『民政』六巻六号（一九三二年）二－三頁。

(232)『民政』六巻六号、二－三頁。翌日の政務調査会では、議会浄化の具体策が検討された（同、一〇九頁）。

(233)『西園寺伝』別巻一、二五〇－五二頁。

(234)小野塚『政治学』一一〇－二三頁。

(235)『牧野日記』五〇三頁。

(236)五・一五事件について、田中「五・一五事件」を参照。

(237)「昭和七年五月犬養内閣ノ総辞職ト斎藤内閣ノ成立」『斎藤実関係文書』一四〇－四、国立国会図書館憲政資料室蔵。

(238)『政友』三八一号（一九三二年）四－九頁。

(239)同上、一〇－一一頁。この時の総裁選出過程は、山本編『立憲政友会史』八、一－九頁に詳しい。

(240)「昭和七年五月犬養内閣ノ総辞職ト斎藤内閣ノ成立」。

(241)『木戸日記』上、一六六－六七頁。

(242)『大阪朝日新聞』一九三二年五月十六日付。

(243)木村編『六鼓菊竹淳』一八九－九三、五三三頁。木村『記者ありき』四一－四八頁。

(244)『東京朝日新聞』一九三二年五月十一日付。

(245)『読売新聞』一九三二年五月十七日付。『読売新聞』は先に犬養内閣選定時に、元老、内大臣、宮内大臣、侍従長の会談を「非公式重臣会議」と報じていたが、このたびの「宮中における重臣会議」は中身が示されていない。

(246)吉野『吉野作造選集』一五、三八六－八七頁。

(247)『大阪朝日新聞』一九三二年五月二十日付。さらに、「今日の政党政治に種々の弊害のあることは、万人の認むるところ」としながらも、「今日の政党が悪いからといつて、政党政治排撃論に賛成するわけにはゆかない。今日は非常時だから「強力」内閣でなければいけないといふ声がある。「強力」内閣といふ声はいかにも俗耳に入り易く、しかもかなりの魅力をもつてゐる。「強力」内閣、大いによろしい。しかし国民の基礎なくして、何の強力ぞ。政治の強さは、内閣諸公の個人の強さによるにあらず、その行はんとする政策を、国民が支持するかいなかにある。〔中略〕国民に基礎をおく「強力」内閣にして、初めて「強力」内閣といふに値するとせば、今日のところ、政友会内閣を措いて他に求むることができぬ。もしこの政友会内閣が国民の期待を裏切れば、これを替へる途は、国民の手に与へられてゐる」と述べた。そして最後に再び「吾人が今日、政友会内閣の出現を以て、憲政の常道なりといふ所以は、〔中略〕政党から政党への内閣の移動を以て、国民政治の確立の第一歩なりと信ずるが故である」と述べている。

(248)「昭和七年五月犬養内閣ノ総辞職ト斎藤内閣ノ成立」。

(249)『読売新聞』一九三二年五月十五日付号外。

(250)『河井日記』六、一〇一頁。警察と陸軍の関係について、中澤「一九三〇年代の警察と政軍関係」を参照。

(251)『読売新聞』一九三二年五月十六日付、十七日付。

(252)『木戸日記』上、一六六－六七頁。

(253)小川平吉文書研究会編『小川平吉関係文書』一、二九五頁。以下、『小川文書』と略す。

(254)佐藤『言論統制』二〇二頁。

(255)山口一太郎「五・一五事件」今井・高橋編『現代史資料4　国家主義運動1』付録月報、四頁。

(256)真崎『真崎甚三郎日記』二、二四七頁。「昭和七年五月犬養内閣ノ総辞職ト斎藤内閣ノ成立」。

(257)「鈴木八年日記」九三頁。この夜、森は「超然内閣タルヘク、万一要スレハ脱党スルモ可ナリ」と述べたというが、森について、小山『憲政常道と政党政治』を参照。

(258)『木戸日記』上、一六三頁。

(259)「鈴木八年日記」九三頁。

(260)『木戸日記』上、一六五―五六頁。永田は、五・一五事件とのかかわりでは、升味準之輔の指摘する通り、陸軍首脳（三長官会議）の意思に反して鈴木政友会総裁への大命降下を阻止すべく動いたと評価できる（升味『日本政党史論』六、一五九頁）。なお、入閣者の党籍離脱という点で、内閣制度発足を機に整理された官吏服務規律が官吏の不偏不党を求めていたことから、日本最初の政党内閣で一八九八年に成立した第一次大隈重信内閣が新例を開くまでは、官職に就く者は党籍を脱していた（清水『近代日本の官僚』二二四―二五頁）。

(261)「鈴木八年日記」九三頁。また、鈴木は、「今回の事件を直接刺戟したるは政党擁護の声明なりと思ふ。右の声明に就ては少壮将校の間に非常に憤慨せるものありたり」と語っている（『木戸日記』上、一六五頁）。

(262)『時事新報』一九三二年五月十九日付。

(263)「鈴木八年日記」九四頁。近衛が二十日夜遅くに荒木と会見し、二十一日に木戸に伝えたところでは、荒木は「後継内閣に就ては政策さへ陸軍の要望にかなへるものなれば敢て人を問はざるところなり、斎藤子にても差支なきも、軍部はもめるやも知れず」と述べたという（『木戸日記』上、一六九頁）。

(264)『牧野日記』五〇三―〇四頁。

(265)『木戸日記』上、一六二頁。

(266)同上、一六四―六五頁。

(267)同、一六五頁。なお、大綱にそって渙発されることを予定された詔書は、「憲法及五条の御誓文の時代の推移に応じたる新なる解釈」ともいうべきもので、「一面に於て軍部の規を越へたる近時の行動を戒めらるると共に、他面、政党政治による腐敗を戒め、且つ時代に適応せる政策の樹立を期せしめらるる」内容となると考えられていた。

(268)『原田日記』二、二八五頁。

(269)『木戸日記』上、一六六頁。

(270)『原田日記』二、二八七頁。当時一般には西園寺は鈴木政友会総裁を首班に指名するつもりで興津を出たが、秦憲兵司令官との会見の結果、方針が動揺したと解されたという（升味『日本政党史論』六、一六四頁）。河井侍従次長は二十一日に「秦（真次）憲兵司令官は東上の車中にて、西公に陸軍の五段構に付報告したりとのこと」、また、「在郷軍人は地方より続々上京すとは陸軍側の宣伝なるも真実なし等の噂」について情報を得た（『河井日記』六、一〇一頁）。憲兵司令部が事件直前と見られる時期に作成した「憲兵教育参考資料」では、第二次加藤高明内閣成立以来の政党内閣制の慣習がさらに進展し、「今ヤ政党中心主義政治ノ悪政ハ将ニ聖明ヲ蔽ヒ奉ラントシ　天皇親政ノ下ニ在ル我立憲政治ヲ破壊セントスルノ状況ニ在リ」と述べられていた（「立憲政治ト政党政治」北編『五・一五事件期憲兵司令部関係文書』一八二―八四頁）。

(271)「昭和七年西園寺公望覚書」『原田熊雄文書』一八、国立国会図書館憲政資料室蔵。『原田日記』二、扉写真。憲法擁護の項目に関連して、一九三三年に鈴木侍従長が本庄侍従武官長に語ったところでは、満州事変発生の一九三一年末から三二年春にかけての時期に、秩父宮雍仁親王は昭和天皇にしきりに「御親政の必要」と「要すれば憲法の停止も亦止むを得ず」と説いて激論になったが、昭和天皇は鈴木侍従長に「祖宗の威徳を傷つくるが如きことは自分の到底同意し得ざる処、親政と云ふも自分は憲法の命ずる処に拠り、現に大綱を把持して大政を総攬せり。之れ以上何を為すべき。又憲法の停止の如きは明治大帝の創制せられたる処のものを破壊するものにして、断じて不可なりと信ず」と語ったという（本庄『本庄日記』一六三頁）。

(272) 『原田日記』二、二八七―八八頁。

(273) 小山俊樹は、昭和天皇の希望が「平沼奏薦の否定」であるとともに「鈴木喜三郎内閣への拒否通告」であったと解釈する（小山『憲政常道と政党政治』三二二―二四頁）。ここでの要点は、この希望が後継首相を選ぶ上での希望なのか、後継内閣への希望を含むのかという点である。小山の立論は官紀振粛の項目を鈴木排除と読むが、西園寺が「外交」の上に「二」と数字を振っていることを鑑みると、その前までが次期首相に選ばれるべきものの資格であり、外交と官紀振粛は政権に求めるものと考えられる。木戸が原田から聞いた「元老への御注文」を「一、ファッショ的傾向を有せざるものなること。一、従来人格上兎角の問題あるが如き者ならざること。一、穏健なる思想を有するものなること。一、軍国主義的ならざること」と記して外交や官紀粛正に触れていないことも傍証となろう（『木戸日記』上、一六九頁）。

(274) 『河井日記』六、九九―一〇〇頁。

(275) 『牧野日記』五〇四頁。

(276) 「鈴木八年日記」九四頁。『木戸日記』上、一六七―六八頁。

(277) 『木戸日記』上、一六八頁。木戸は、後年、五・一五事件時の判断について、「本来なら政党の総裁であり総理である犬養が殺されたのだから、政友会をしてこれを担当させるのが当然だ」とまず考えたが、「政党の方面に一向盛り上がりがない、気迫がない」そしてまた、「政党の中で、警保局長辺りの報告など聞いてみても、やっぱり一種の派閥と言いますか、いろんな思惑が横行しておる。こんな状況で政友会に大命が降っても、再びどんな事件が起こるかわからんし、それに対処するだけの能力は今のところないというように思われたので、それならやはりいくらかここを静かにもっていく方法を考えると。それには超然内閣っていうか、中間内閣っていうか、むしろ人柄を見て、その人によってこれを収拾して時間を稼ぎ、そして同時に政党をしてもう少し反省させ、有力にする工夫をしたほうがいいんじゃないか」構想したと述べている（『木戸談話録』一、五六頁）。原田の手帳には、木戸の意見と思われる「陸軍に見かけは引きづられても実際に於てしめて、一方政党に反省させてやる」という記述がある（『原田日記』別巻、一三九頁）。

(278) 『原田日記』二、二八八―八九頁。

(279) 同上。なお、倉富は西園寺との面会時に、軍人の反対を背景に鈴木を首班とする政友会単独内閣、民政党との協力内閣をいずれも否定し、政党の協力を得る挙国一致内閣を主張する一方、同じく軍人の不満を背景に牧野内大臣を更迭し、閑院宮参謀総長、もしくは東郷平八郎元帥を内大臣とすることを訴えた（伊藤『昭和天皇と立憲君主制の崩壊』三九二―九四頁）。また、倉富は西園寺訪問後に、「重臣会議の事も話されたが召集の範囲など不明確なものだから言明の限りではないが開かれさうもないやうだつた」と記者に語った（『読売新聞』一九三二年五月二十一日付）。

(280) 『木戸日記』上、一六八頁。

(281) 「鈴木八年日記」九四頁。

(282) 『河井日記』六、一〇一―〇二頁。『原田日記』二、二八八―九二頁。

(283) 『木戸日記』上、一六九頁。

(284) 「鈴木八年日記」八三頁。東郷について、田中『東郷平八郎』、田中「昭和七年前後における東郷グループの活動」を参照。

(285) 『原田日記』二、二九三頁。『若槻回顧録』三四七頁。

(286) 『木戸日記』上、一七〇頁。

(287) 『小山日記』三一頁。

(288) 『木戸日記』上、一七〇頁。

(289) 馬場恒吾「斎藤内閣の素描」『民政』六巻六号（一九三二年）二一―二二頁。吉野作造「国民主義運動の近況」七八―八七頁。政友会内閣の出現を疑わなかった吉野も、二十一日には「軍部方面の政党内閣否認の要求つよく時局安全の見込つかず公の意思も定らず政局も頗る混沌として居る変な世の中だ」と見方を改めつつあった（吉野『吉野作造選集』一五、三八八頁）。三谷『大正デモクラシー論』三二九－八〇頁も参照。

(290) 与謝野『與謝野晶子評論著作集』二〇、二〇四－〇六頁。

(291) 升味『日本政党史論』六、一六三頁。

(292) 西園寺は約三ヵ月後の八月に牧野との会話で先の斎藤選定の例をあげ、「政変の場合には此前御注意もあり、三、四の人々に総（相）談したる端緒に随ひ、内大臣主裁して旨を奉じ談合の上奉答相成る様に今後は御運びの程を希望す云々の内話」をした（『牧野日記』五一四頁）。

(293) 一九一〇年代にはサロン的な雨声会での親交もあった（高橋『西園寺公望と明治の文人たち』を参照）。伊藤之雄は西園寺の斎藤奏薦を「穏健で国際関係への視野を持った海軍軍人の手で、陸軍の暴走を押さえ、日本が国際的に孤立する道を防ごうとしたからであった」と説明する（伊藤『元老西園寺公望』二七九頁）。

(294) 『小川文書』一、二八五頁。伊藤・佐々木「鈴木貞一日記――昭和九年」七九－八〇頁。

(295) 霞外生「政変より大命降下まで」『民政』六巻六号（一九三二年）五三頁。憶測記事であろうが、市川も「西園寺公は軍部やファッショは嫌いなのですね」と斎藤指名を評価する一方、「牧野さんの主張が強く老公を動かした今一つの原因として伝えられているのは犬養内閣成立の時、氏は協力内閣を主張したというのです。それを西園寺さんは政友会単独内閣を奏薦し、見事失敗をしたという訳になるので此度は牧野氏に有力なる発言権がある訳です」と解説した（市川『市川房枝集』二、三八三頁）。

(296) 近衛は上京前日の十八日に西園寺を訪れた際に、政党内閣か軍部内閣か何れかを選ぶべきと献言したという（矢部『近衛文麿』一六四頁）。

(297) 一例として、岡田啓介は「斎藤さんを後継内閣首班として奏薦された西園寺さんは、軍人があばれだして騒然となっている政界をまとめるのは、一政党ではむずかしいとお思いになって、ひとまず超然内閣に託したわけだろうが、わたしもふたたび政党政治にかえっていくのが、順当だと思っていた。あとでわたしが首相になったときもそう考えておった」と回想している（『岡田回顧録』九七－九八頁）。

(298) 矢部『近衛文麿』一六六頁。

(299) 『木戸談話録』一、五九－六〇頁。

(300) 『河井日記』六、九八－一〇三頁。矢部貞治が伊沢に聞いたところでは、五・一五事件後に若槻が貴族院の非政友系二十名ばかりと懇談した機会に、伊沢は「平常の場合なら犬養の後継総裁が組閣するのが常道だが、今は事情が許されぬ。そうすれば国を亡ぼす恐れがある」と若槻に内閣引き受けの覚悟を問い、若槻が意思がないと答えたので、「それなら中間内閣のほかない。そして海軍から持って来る以外手がない」と言って斎藤首班工作をしたという（矢部『近衛文麿』一六五頁）。また、河井は十九日には美濃部の時局収拾意見と、自ら東京帝大総長室を訪れて聴取した小野塚喜平次の時局収拾意見をいずれも内大臣、宮内大臣、侍従長に報告している。

(301) 古賀「初めて語る五・一五の真相」三一八頁。

(302) 古島『一老政治家の回想』二五八－六〇頁。

第4章　斎藤内閣と政友会
――非常時暫定内閣という賭とその再現（一九三二～三四年）

斎藤実内閣の成立で、一九二四（大正十三）年に成立した加藤高明内閣以来、約八年間続いた政党内閣の連続は途絶えた。もとより、日本の立憲政治史上、非政党内閣の後に政党内閣が成立したことは一度や二度ではなく、また、政党内閣が続くかと思われながら非政党内閣に転じたことも初めてではなかった。原敬内閣、高橋是清内閣と続いた政党内閣期は非政党内閣に「逆転」し、三代の「中間内閣」期を挟み第二次憲政擁護運動を経て再び政党内閣に「復した」と言われた。したがって、問題は一政党内閣の崩壊ではなく、政党内閣が成立し続ける蓋然性すなわち政党内閣制の中断にあった。「憲政の常道」と呼ばれ、当然に政党内閣が連続するという一九二〇年代の新たな政治慣行にとって、政党内閣の連続が途絶えたことはどのような意味を持ったのであろうか。

世界大恐慌と軍縮をめぐる陸海軍の統制問題に端を発した一九三〇年代初頭の危機は、第二次若槻礼次郎内閣、犬養毅内閣と、当初政党内閣制の下で解決がめざされたが、五・一五事件後の斎藤首相指名によって新たな段階に入った。それは政党内閣制を一時的に中断させる非常時暫定内閣によって危機を収拾し、政党内閣制の再開を期するものであった。斎藤内閣は、一方で陸軍統制に配慮して政党総裁でない海軍出身者を首相に戴き、他方で二大政党を支持基盤としたことで、

「挙国一致」内閣、もしくは政党内閣でもイタリア型のファッショ内閣でもない「中間内閣」と呼ばれる。斎藤内閣は確かに政党内閣ではなかったが、社会に政党の腐敗、堕落、無能を難じる声が上がる中で政党に否定的ではなく、二大政党から閣僚をとった。そして次に首相に指名された岡田啓介も海軍出身で、組閣時において同様の内閣をめざした。斎藤が「憲政の常道復帰に対する希望を持つてゐる」と新聞記者団に語り、斎藤内閣で海相を務めた岡田も「ふたたび政党政治にかえっていくのが、順当だと思っていた。あとでわたしが首相になったときもそう考えておった」と回顧したように、いずれも非常時における特別な要請によって成立したことを自覚し、常態と考えられた政党内閣への復帰を課題としたのであった。(1) そこには、非常時における政権の暫定性が意識されていた。

他方で両内閣は、「常道」復帰の条件として政党の更正を求めた点でも共通していた。斎藤は先の希望に続けて、「憲政常道復帰の近道としては政党が浄化されて国民の信用を増すやうにすること」と指摘した。しかし、何をもって政党は内閣を組織できるほど更正したと理解されるのだろうか。そして中断された政党内閣制が再開されるのはいつのことだろうか。非政党内閣が成立しながら政党内閣への復帰が既定路線と見られたこの時期、世界大恐慌の影響と満州国、そして統制に欠ける陸海軍を抱えたまま、「常道」への復帰か否か、日本における立憲政治のあり方をめぐって論争が行われ、同時に内外政策が大きく転換されていく。すなわち、対外的には満州国承認、国際連盟脱退、ワシントン・ロンドン両海軍軍縮条約廃棄があり、国内でも国体明徴問題によって従来の憲法解釈が覆され、二・二六事件という未曾有の叛乱事件を経験するのである。斎藤内閣成立によって連続が途絶えた政党内閣は、以後、結果として敗戦後まで二度と成立しない。したがって、従来、当該期は後の近衛新体制運動の前史として、さらには戦時体制の前史として多く分析されてきたが、どのような固有の政治構造を有していたのだろうか。斎藤、岡田と並び称される両内閣は、そもそも二つ続くべきものであったのだろうか。本章では、政党の行動にルールを与える首相選定に注目しながら、まずは斎藤内閣期の政治過程を扱う。

一　一九三二年危機の克服をめざして――非常時暫定内閣の初動と首相選定方式の再編

斎藤内閣の成立――八年ぶりの非政党内閣による危機緩和への努力

斎藤実は一九三二（昭和七）年五月二十二日に組閣の大命を受けると、政友会と民政党の総裁を訪問して閣僚提供を依頼し、中心閣僚である蔵相と内相を両党から採った。すなわち、政友会からは蔵相の高橋是清、文相の鳩山一郎が留任し、鉄相には三土忠造が逓相から横滑りした。他方、新たに民政党からは内相に山本達雄と拓相に永井柳太郎を迎えた。(2)二十六日に成立した内閣は、陸軍中堅層に一部議論のあった党派を排除した無党派型ではなく、二大政党いずれからも支持を受ける二大政党型の超党派連立内閣であった。この、内閣と政党との関係が第一の注目点である。首相選定における政党内閣主義は議会の操作性と裏表の関係にある。すなわち、本来、立憲君主制下では君主による首相指名は自由度が広く認められているが、予算議定権を持つ帝国議会には常設性と定期性、さらに選挙の定期性が法的に保障されていたため、議会内の多数を少なくとも一年に一度は確保できなければ施政が行えなかった。(3)そこで、政党の非政党内閣への妥協性が高いか、国民の意思が分裂していて、一党で多数を占める政党がなく事後的に多数派を糾合しうる状況であるか、それとも、政党内の規律が低く党の方針に反して政府支持に回る代議士の数が充分に確保できるか、また選挙における操作性が高いかなど、議会の操作性が首相指名の自由度を実質的に規定する。

日本政治史上、非政党内閣が選挙結果を左右できないことは一八九〇年代の初期議会期に実証済みであり、一九二四（大正十三）年の清浦内閣によって再確認された。(4)また、山県有朋の第三党構想など少数党がキャスティングボートを握る外からの政党操縦は、立憲政友会、立憲同志会の結成によって政界の分野が判然とし始めると常態的には期待できなくなった。そこで穏健な多数党と官僚内閣との妥協が模索されてきたが、それは政党政治が未だ完全には実現しない「過渡期」という認識があって初めて可能なことであった。先の加藤友三郎内閣期には未だ多数党が非政党内閣を支持する可能性があったが、それでも最初の本格的内閣と見られた原敬内閣以後は閣外協力に止まった。そして政党内閣制の確立を掲げた第二次憲政擁護運動によって非政党内閣に対する協力の可能性が失われると、元老の意図とは関係なく、憲法を停止しない限り非政党内閣が責任ある政治を行うことは不可能となっていた。そこでこのたびも政党の政権協力は非常時認識にかかっていた。

一九三二（昭和七）年二月の第一八回総選挙で三〇一議席を獲得した政友会にとって、斎藤内閣の成立は国民から明確な承認を得た自党内閣の行く手を阻むものであった。斎藤から入閣要請を受けると、内相官邸に政友会の長老が集まって会議が開かれた。小川平吉元鉄相は「理義と実際の利害」から「憲政常道論」を繰り返し唱え、「若し今日不徹底の意味を以て党員を入閣せしめば、将来戦ふにも戦はれず援くるにも援けられず進退両難に陥るべく、而して遂に一度は解散をも覚悟して決裂するの時機之到来せずとも限らず、それよりも今日常道を踏み野に在て静観するに若かず」と入閣に反対した。岡崎邦輔元農相と望月圭介元内相も小川の議論を支持したが、政治的には「解散と某方面の思惑等を顧慮して」入閣を主張した。鈴木喜三郎新総裁も入閣に反対であったというが、党内では高橋が入閣を承諾するようすもあり、政友会主流派は入閣して次期政権の円満授受を求めることにした(5)。他方、先に「協力内閣」を唱導した久原房之助は党内の要職を外れ、いわば単独内閣派が連立内閣下の政友会を指導した(6)。政友会の一年生議員であった芦田均によれば、五・一五事件直後の政友会には、「犬養総裁の屍を政友会本部へ担ぎ込んで、こゝを本拠として憲政擁護の運動を起す」という倒閣派と、「現下の事態において、かやうな方向に動くならば、流血の惨を一層大にする危険があるから暫らく隠忍して暴風の一過するのを待て」と反対する自重派があった(7)。芦田自身は後者で、事件後の時評で斎藤を英国で国民内閣を率いたマクドナルド首相に擬し、内閣の成立は「大体輿論を満足させたように思ふ」「現在の興奮した国民の神経を鎮静し、政治の運用を常軌の法則に帰すだけでも挙国一致内閣の成立は充分に理由づけられる」と評価した(8)。さらに、斎藤内閣への閣内協力を容認した自重派にも、静観派と政党の自力更生派の二つの立場があった。ジャーナリスト出身の民政党代議士斯波貞吉が六月二十二日に発行した冊子『斎藤内閣』は内閣の「挙国一致」性を強調するものであったが、鳩山文相は「静観」と揮毫を寄せた。(9)政党内閣が誕生しなかった理由があくまでも暴力による社会不安であれば、政党の改善は問題ではない。対して、鳩山派の一人とはいえ芦田は非政党・連立内閣下での自力更正派であった。芦田は七月二十三日に森恪元幹事長を訪問し、「何も出来ない内閣なら叩き潰せ」「然し人民を率ゐる丈けの準備をしなければバ」「ソンな熟柿主義はダメだ」といふような問答」をしたという。(10)それは倒閣派と自力更正派との対話であったと言えよう。

他方、若槻礼次郎民政党総裁は、斎藤への大命降下に「平常時の政党人としては政党内閣の出現を望むのはいうまでもないことであるが、今日の如き非常の際は協力内閣の出現もやむを得ない」と述べたと報じられた。(11)民政党では協力内閣運動によって民政党内閣を倒壊に導いた安達謙蔵の復党が問題となっていたが、若槻総裁、町田総務が反対して、七月一日、安達らは国策研究倶楽部を結成した。こうして連立内閣を支えた民政党主流派も単独内閣派であった。

第二の注目点が陸海軍大臣の選任であった。陸海軍には「政界浄化の空気」が漲《みなぎ》っていたが、「斎藤子に大命降下の報一たび伝わるや軍部方面は陸海軍とも「政党内閣でない」点で一応満足の意を表し暫くその成行を静観するの空気」となったと報じられた。(12)海相には大角岑生に代わって元海相の岡田啓介が再任した。岡田再任を政治評論家の馬場恒吾は、「田中義一の政友会内閣の海軍大臣として最近の政情に通じて居るのみならず、政友会の中に多くの友人を有つに至った」と政友会との関係で説明した。(13)岡田は一八六八（慶応四）年に福井で生まれ、海軍兵学校卒業後日清戦争で東郷平八郎指揮の浪速に乗船し、海軍大学校卒業後日露戦争で日本海海戦に参加した。ワシントン海軍軍縮条約をまとめた軍政指導者加藤友三郎に見出され、原首相が海相事務管理をした時に病気の海軍次官の代理をしたことが政友会との縁となった。そして、田中政友会内閣で海相を務めると張作霖爆殺事件に際して田中首相の事件公表方針に賛成し、退任後には軍事参事官となっていた。岡田は入閣に際して、斎藤から「今度は何とかして軍の経費を削り、疲弊した農村に廻さなくてはならない。なかなかむづかしいことではあるが、自分は是非ともやりたい」と言われたので、「私も大いに賛成だ」と応じたという。(14)他方、荒木貞夫陸相が留任したことは、海相の交代が五・一五事件の責任によると考えられたこととの対比で少なからぬ社会的批判を受け、また陸軍内部でも後任陸相に予定されていた林銑十郎との疎隔のもととなる。(15)

そして第三に注目されるのは貴族院との関係で、党人である山本内相のほか、中島久万吉商相、南弘逓相、後藤文夫農相、そして外相に予定した内田康哉が貴族院議員であったように、斎藤内閣は政民連立内閣であると同時に貴衆両院政権でもあった。[16] なお、元貴族院書記官長でもある河井弥八侍従次長は貴族院議員伊沢多喜男の入閣に期待し、山本も望んでいたが、鳩山の強い反対で結局伊沢の希望した後藤が入閣したという。河井は斎藤内閣の安定を図るために詔勅と首相の指導力に期待する鈴木貫太郎侍従長に対して、「両党の内閣支持を確実にし、緊急国務の遂行なりとも支障なからしめたく、之が方法としては元老、内府の積極的斡旋を要す」と元老と内大臣の積極的な関与を求め、一木喜徳郎宮内大臣にも、「綱紀を振粛し、党弊を芟除《さんじょ》し、人心を安定せしむる為、元老の配慮を乞ひたし」と伝えた。[17] 書記官長柴田善三郎とも同郷で親しかった河井の動きは目立ったようで、宮中内でも政治運動をすると注意を受けたが、そもそも政党政治を補完する立憲君主像の行き着く先であったとも言えよう。河井は九月に帝室会計審査局長官に異動する。

斎藤内閣を内側から支えたのは岡田海相をはじめ、斎藤首相個人との関係で地縁、海軍、朝鮮総督人脈であったが、政党内閣制下では不自然な斎藤内閣にとって二大政党、中でも多数党政友会との関係は重要であり、政友会の高橋蔵相、民政党の山本内相に依存しつつも、岡田や荒木も含め政友会と連なる人脈が要所を占めていた。内田には政友会内閣での外相経験があり、国際連盟脱退の立役者となる松岡洋右は所属議員、そして警視総監には政友会の落選議員であった藤沼庄平が選ばれた。[18] 斎藤の指名が政党内閣制の再開を前提とする喧嘩両成敗の選択であったにもかかわらず、総じて言えば政党内閣、中でも政友会内閣の延長内閣として発足したのであった。

斎藤指名の社会的反響として、『大阪朝日新聞』は「此の非常の際、非常内閣の出現を已むを得ずと信ず、而して挙国一致的強力内閣の首班とするには斎藤子をもつて適当と思惟する」と評価し、「政党内閣ではないが政党を基礎としてそのうへに非常時内閣を建てんとするもの」であって、「わが政党政治を倫理化させるといふ意味」で是認されると主張した。[19] このような大新聞の姿勢を雑誌『新聞と社会』は「新聞浄化も第一」と痛烈に批判した。すなわち、「政、民両党から閣僚を出してゐる、といふので政党を無視せず、議会政治を尊重してゐる、といふのが、憲政の守本尊を以て任じてゐる新聞の斎藤内閣是認の弁である」と皮肉り、「政党政治、政党内閣を確立したのは、俺達の力だ、と天晴れ輿論の一手専売かのごとき顔をしてゐた新聞である。〔中略〕かつては、元老の政治への容喙を排撃し、元老は憲政の逆賊であるとまで、元老撲滅論をやつてゐたところの新聞も、政治家も、元老西園寺公に対する昔日の排撃をケロリと忘れて、元老様々といつた風の吹き廻はし」と書いた。[20] 議会政治支持者の中で元老への期待が逆に高まっているようすをよく捉えていると言えよう。

馬場恒吾もまた、「昼間の幽霊」のような内閣の成立にも護憲運動が起こらない理由を、「汎べての挙国一致内閣はファッショ内閣であるといふ定義からすれば、斎藤内閣も又その一種と云へる。だが、日本に於いてのファッショは政党打破を標榜する。斎藤内閣は政友会、民政党の支持を受けて成立する。だからそれは政党を打破しない。従つて議会政治をも打破しない。これで議会政治は当分助かつたのである」と述べた。[21] 他方、「挙国内閣」成立を時期尚早と感じた与謝野晶子も、内閣の短命を予想した上で「その短期を十分に善用して、目前の国情を幾分なりとも安定に導くと共に、政界の宿弊を出来るだけ清掃し、さうして来るべき政党政治の再生を堅実に基礎づけて欲しい」と期待した。[22] 婦人参政権獲得運動に尽力していた市川房枝も、斎藤内閣を「形からいえば、挙国一致内閣、協力内閣といえようが本質からいえば、純然たる超然内閣である」と位置づけながら「尤も、最悪の場合を予想してゐた私達としては、斎藤氏が其の首班として選ばれたることに、幾分の安心を見出したのは事実である。その安心とは、氏が議会否認論者ではない事である」と評価した。その上で、市川は、「私共は国民として、同時に婦人として、現在に於いては、尚代議政治を以て適当だと考えるものである。従って、此の度は周囲の状況から超然内閣の出現を余儀なくせしめたにしろ、出来るだけ早く、憲政の常道が確立されんことを望んでいる」と述べ、さらに、「勿論、私共は現在の政党政治に満足するものではない。これが革正浄化の必要を痛切に感ずる」と国民の総意をそのまま議会に反映するために婦人参政権を含む選挙法の大改正を主張した。[23] 政党内閣制を前提に一度軍と政党を退けた元老と宮中の判断は、社会で支持を集めたのである。

その中で、直前まで政友会内閣成立を疑わなかった吉野作造の見通しは逆に厳しかった。吉野はこのたびの首相選定について、「『内閣の銓衡の方針』そのものには格別の変化があったのではない」と内大臣や重臣との相談の影響は評価せず、従来も「政局安定の能力の有無」、具体的には「枢密院や貴族院へも適当に渡りをつけ下院の大勢を制することが出来よう」という基準によって首相が指名されたのであって、西園寺は「政党独自の力で政局を疎通し得ずと認めた場合には平然として党外の重臣を後継内閣の首班に奏薦した」と論じた。その吉野が「異常な変調」と注目したのは、軍部の意思が与えた影響の大きさであった。与謝野の言う早過ぎる「挙国内閣」誕生の理由を吉野は、「政党内閣では、頭から政党政治の否認排撃を標榜して居る軍部の諒解を得られぬから」と見た。政界浄化を論じる新聞や、社会問題と捉えた木戸内大臣秘書官長とは異なり、軍の要求は「政党財閥の排撃」という「一般的題目」にはなく、「支那問題の解決に関する軍部の方針を無条件に承認せしめんこと」であって、斎藤内閣退陣後にもし「下院に多数を擁するといふ常道論にかへり彼等の希望通り政友会総裁が奏薦されたとしても、恐らくは軍部大臣を得るに苦しんで流産に終るだらう。そこで已むなく再び超然内閣となる」と論じた。[24]

軍に第一の原因を求める理解は、新任の駐日米国大使ジョセフ・グルーの観察に通じていた。グルーは、現下の情勢を「軍部が明瞭に政府を動かしていて、軍部の賛成がなければ何事も出来」ず、また世論は「甚だしく反抗的」で「現在の日本の新聞は軍部的な意見を発表している」と見ていた。[25]六月六日、東京に着いたグルーは、早速斎藤首相に面会し、七十三歳の首相を「何といっても立派な人」で、「困難に直面している内閣を、彼自身の名声によって、恐らくは一時的にであろうが、切盛りするために、難局に立った」と好意的に記した。また、十四日には昭和天皇に信任状を捧呈し、牧野伸顕内大臣とも面会した。[26]二十一日に日米協会で挨拶したグルーは、世界のすべての国々が経済不況の影響を受ける中、「われわれは同じ舟に乗っているようなもの」で、「合衆国が日本に対して、本当に深い関心を持ち、日本がこの不況時代をうまく切りぬけることを望んでいる」と述べた。さらに「パリの講和会議で西園寺公爵、牧野伯爵その他、この歴史的会議へ、日本から派遣された代表各位が、個人的に私に贈られた芳名帳」を家宝と呼び、「今後如何なる絵画が描かれるにせよ、この一般的背景は有力で、しかも実行に適した画布となる」と期待を込めた。[27]

グルーが大使館員から聞くところでは、ある警視庁職員は平穏無事な表面の底に「民衆間の大不満」があり、「陸軍の少壮士官」は手に余る上に、閣僚の多くは「旧態依然たる政治屋で、彼ら自身とその政党のためにのみ」働き、「全官公吏の俸給をへらして、政府のために金を浮かせること」をしきりに説きながら同時に「全く不用の位置に友人達をつけている」と政務次官制度を批判し、「まだまだこれ以上の暗殺があるものと考える。民衆が今のような気持でいる以上、暗殺を予防することは非常にむずかしい」と語った。(28) このような深刻な社会不安の中、グルーは、日本での仕事を進める上であらためて牧野に面会を求めた。七月十三日に訪れると、牧野は「今や実際に万事の推進力になっているのは青年層だ」と語り、さらに明治維新以来の日本の歴史を説いて「注意深く国策を統御してきた元老たちの多くは故人となり、現在は青年層が彼らの間から政治家を出すまでの、一種の中間期ともいうべきものであるが、早晩青年層の時代がくる」と述べた。牧野はまた、将来については「楽観論者である」とも言い、グルーが「彼の話は私が振子の揺れについて、ロンドンで松平大使と話し合ったものと、そっくりだった」と記したように、松平恒雄駐英大使と同様いずれ復原力が働くと考えていた。(29) グルーは牧野に満州国承認がなるべく後回しになるよう慎重な考慮を求め、米国の満州問題への関与があくまでも「平和的条約の尊重の意思」からであることを告げたところ、牧野からもこれらの条約の効果を重大視していると聞いて満足した。(30) グルーは牧野に「本当に偉大な紳士」という印象を受けたが、他方で、「彼は天皇に親しいのだが、悲しむべし、この軍の優越時代にあつては、大した勢力を持つていない」と観察した。(31)

斎藤首相は、六月三日の第六二臨時議会施政方針演説で、各方面の協力を求めて「時局匡救ヲ目的トスル所謂挙国一致内閣」を組織したと述べた。(32) この臨時議会はそもそも五月二十三日から一四日間の予定ですでに召集されながら、五・一五事件で延期されたものであり、満州事変と恐慌対策への追加予算案と、関連する諸法律案の成立を目的としていた。斎藤内閣における危機克服に向けた第一の課題は、満州事変の処理にともなう対外関係にあった。斎藤首相は満州における「新国家」の「健実ナル発達」を同地域の「治安及繁栄ノ回復増進」のみならず「東洋平和ノ確保」のためにも有意義と述べ、さらに兼任外相として、新国家の存在を「現実ノ事実トシテ」無視できないと述べる一方、「紊リニ燥急ナル態度ヲ以テ臨ム」ことには強く反対して堅実な問題解決を説いた。[33] これに対して質問に立った政友会の松岡洋右は「軟弱外交ノ結果」満州事変が勃発したと暗に民政党外交を批判し、パナマ独立時の米国の例を引いて満州国の即時もしくは早期の承認を求めた。松岡は、満蒙の地を内外人安住の地とすること、日本の権益擁護、満蒙の治安維持という点で東方会議を開いた田中外交を「満蒙積極政策」として政友会の基本政策と位置づける一方で、満州国承認を遅らせた犬養外交については「私一個」として甚だ遺憾と切り捨て、「挙国一致内閣」での速やかな正式承認を求めた。斎藤自身、先の犬養とは異なって、首相就任以前から満州事変処理や満州経営についてある程度積極的な考えを持っており、[34]「出来得ル限リ速ニ承認シタイ考ヲ持ッテ居リマス」と答えた。この流れの中で臨時議会最終日の六月十四日、満場一致で満州国即時承認決議案が可決された。報道によれば、政友会から有志代議士会の決議によって共同提案を求められた民政党は総務会を開き、積極的であった川崎克に対して、若槻総裁、町田忠治、川崎卓吉両総務が外交関係を考えて自重論を説いたが、結局、政友会案を承認して共同提案となった。[35] 国際関係の調和を重視し、伊藤、西園寺、原、高橋と続く政友会の外交伝統は、一九二七年の政治システムの作用によって憲政会・民政党外交に対峙する形で「自主外交」の装いを強めつつも、田中、犬養と継承されてきた。しかし、「挙国一致」内閣の成立を機として一歩跳躍を見たと言えよう。また、少数党の民政党も多数党政友会主導の「挙国一致」内閣下で従来の外交姿勢を強く打ち出すことは困難な状況であった。満州事変を関東軍による謀略とは知らされない国民の支持を背景に、「挙国一致」内閣の成立によって示された首相選定者による「挙国一致」の公認は、「挙国一致」内閣の主観的意図とは異なり、政友会内の対外硬派を励まし、政友会内と民政党の慎重派に自重を促す結果となった。また、決議は院の意思を示すものであるので少数派にも全会一致に向けた同調圧力がかかり、社会民主主義勢力の中においても多数党に連動して対外硬派を励ます結果となる。議会後の七月六日には満鉄総裁であった内田康哉が外相に就任し、十二日の閣議で「満州国の承認は随時自主的に処理する」という政府方針が決定され、公表された。

他方、在満居留民と共に満州国の発展に最も強い関心を抱いていたのは陸軍であり、真崎甚三郎参謀次長は七月十五日に満州視察の御前講話を行い、「満州問題は軍部が仕出来《ママ》かしたる事なれば部外者の関与すべきに非ず、暫く其為すところ視ん」という態度が見られた(36)。このことは、その実、不安の表れでもあったようで、翌十六日、本庄繁関東軍司令官は磯谷廉介補任課長に内地での「満州悲観論」について問い合わせていた(37)。すなわち、「此頃内地ニテ満州悲観論多ク、夫レカ政友会方面ニアリ」と見て、「党本位ノ術策ニアラサル乎」と解釈した。このような「悲観論ノ噂、荒木、真崎等ニモ伝ヘラレ、漸次軍部ニ対スル反感ノ徴候ニモアラスヤト被存国家ノ為メ遺憾至極ニ有之」と情報を求めた。また本庄は、石原莞爾についても、「石原ノ思想大部新ラシク、勿論過般来ノ内地ニ於ケル「テロ」ノ如キハ全然反対シアルモ一国一党主義ノ理想ハ熱心ナルモノアリ、協和会ノ如キモ夫レナリ」と書き記した。満州では七月二十五日に満州国協和会が発足したが、八月に久留米の第一二師団参謀に転補された片倉衷は、「軍人の思想には、議会は腐っているという頭がありますから、当時からみれば。そんなものをまねされちゃ困るということ」であったと後に回顧した(38)。大佐になった石原も満州国の政治のあり方について、「議会ニヨル自由主義政治ノ満洲ニ適セサルハ論ナシ」であり、満州国協和会による「所謂一党独裁ノ国家」が適切であるという考えから、満州国が「日本国家ノ政治的支配ニ依ラスシテ日本人ノ指導スル」独立国家となることを求めた(39)。八月八日には、軍事参議官武藤信義が関東軍司令官兼特命全権大使兼関東長官に任命された。

政党内閣期の政軍関係を主として憲政会・民政党との協働によって支えた宇垣一成朝鮮総督も満州国の早期承認に積極的であった。宇垣は、「満洲の新国家は偶然の機会が機運を作りて独立せしめたる、運命的に更正したる国家」で、「自己の力の発揮によりて成立したるものでない」ことが発育上に格段の注意を要する鍵であり、満州国から日本に正式に「国防及治安の維持」を依頼させることで出兵の名分を正すためにも「独立国家としての速なる承認」を支持した(40)。他方で、宇垣は現下の陸軍首脳に批判的で、「軍事国防以外の農村問題や人事問題に軍部が表立ちて容喙し而かも夫れを吹聴する如きは宜しくない。斯くせねば部内が治まらぬとの辞を振廻して脅かして居る連中もある。自ら治め得ねば引退すべきであるのを棚に上げて、過度に事実を誇大に放送して世間を脅嚇し戦慄せしむるは不埒千万である」と考えていた(41)。また政党についても、政友会の斎藤内閣容認や民政党の内紛を批判し、第六二臨時議会閉会翌日の六月十五日にはさしあたって必要な施策として、外交の刷新、農村救済、軍部の統制、重要産業の統制、宮中枢府の改革、官吏俸給の還元と能率増進などとともに「既成政党の打破と改善、要すれば新党樹立」を上げ、七月三十日には「両党共に自己清算、政党浄化を為して後に、政権来を待つべきである」と書いた。(42) 南次郎前陸相は七月の日記月末欄に、宇垣の立場として「内地ノ形勢ハ民政党入党不可ナルニ加フル新党組織モ面白カラス暫ク大勢観望」と記した。(43) 宇垣もまた、政党内閣制の再開を前提に軍と政党の喧嘩両成敗を地でいく軍人政治家であった。

第二に、斎藤内閣は危機克服のために内政課題に取り組み、何より世界大恐慌の影響からの一日も早い回復をめざした。留任した高橋蔵相は低為替政策、輸入関税引き上げ、公債の日銀引き受けなどを行い、貿易が伸びる一方で経済摩擦が激化し、英連邦諸国が結んだオタワ協定を契機に世界経済のブロック化が進んでいった。また、五・一五事件への愛郷塾の参加に象徴された農村救済問題も重視した。政友会と民政党も先の臨時議会でこの問題を取り上げ、衆議院の決議によって再度臨時議会が開かれる初めての例となった。そして、こうした深刻な経済状況は、「新聞紙が日本のどこかで急進分子が逮捕されたことを書かない週はないといってもいいくらい」とグルーが観察したように、引き続く思想不安や治安への継続的な取り組みを求めており、従来の左翼対策に加えて右翼対策にも注意が払われるようになった。(44) 議会後、衆議院に絶対多数を占める政友会の山口義一幹事長はあらためて静観派の立場から次のように政府への支持を述べた。(45)

我々は政党内閣主義を信ずるものである。従つて多数党を基礎とする単一内閣が最も強力なる内閣であると信ずる。政党が分れて対立してゐるのは主義政策を異にするからである。同時に歴史も異り感情も異つてゐる。かゝる二つの政党が寄合ひ所帯をなした時に、之が渾然融和し、力強き政治を行ひ得ると考へるのは素人の考へである。〔中略〕然るに今は挙国一致内閣でなければならぬといふ輿論が強く、非常時はこれでなければ切り抜けることが出来ないといふのが国論であるかに見える。我々はその誤れることを信ずるけれども、今は暫らく輿論に従つて斎藤内閣を助けてゐるのである。しかし助ける以上は虚心坦懐誠意を以つて之を助け、現内閣をして国難打開の使命を果させてやりたいと考へてゐる。

そして第三に、危機克服への取り組みは政治のしくみに及び、政党の反省と議会の振粛が社会で求められる中、斎藤内閣は政官関係の再編と選挙の改善に取り組んだ。先に貴族院では、自由民権運動から改進党、立憲同志会、憲政会と進み、一九二七年に勅選された加藤政之助が質問に立って、「我国ノ政体ガ皇室中心ノ立憲代議政体デアルト云フコトハ、我国ノ憲法ノ命ズル所デアリマス、此政体ヲ運用スルガ為ニハ、私ハ政党内閣ト云フモノガ極メテ必要デアル」と考えてきたが、このたび、「政党内閣ノ軌道ヲ外シテ、斎藤子爵ガ挙国一致内閣ト云フカ、協力内閣ト云フカ、ソレヲ組織セラレタ」原因の一つには「我ガ国民ノ一部ニ於テ、政党内閣ニ伴フ所ノ弊害続出之ヲ呪詛シ、嫌悪スル」空気が盛んになってきたこともあると、「党弊ノ矯正」を課題に掲げる政府を督励した(46)。衆議院では、議会の信用回復をめざす犬養内閣以来の議会振粛論について、七月十五日、秋田清衆議院議長の提唱で超党派的な協議に基づく議会振粛要綱が発表された。そして政と官のあるべき関係を考え直すために七月二十七日には文官分限令改正の審議が枢密院で始まった(47)。政府は衆議院議員選挙法の改正にも取り組み、八月四日、斎藤首相は法制審議会総会で「近時国民思想ノ動揺ニ伴ヒ或ハ立憲政治ノ将来ニ対スル疑惧ノ念ヲ生シ国民中往々ニシテ議会制度ニ対シ冷淡ナラムトスル傾向ヲ見ルニ至リマシタルコトハ洵ニ遺憾」で「立憲政治ノ革新ヲ図ラムトスルニ当ツテハ、先ヅ選挙ノ自由公正ヲ確立スルコトガ必要デアリ、選挙界多年ノ積弊ヲ芟除スルコトガ最モ必要デアル」と挨拶し、「選挙ヲシテ最モ完全ナル民意ノ発現方法タラシメ、議会ヲシテ真ニ全国民代議ノ機関タル機能ヲ完フセシメ得ル方策」を求めた(48)。

このような政府の動きに乗って、市川房枝らが社会民衆党の安部磯雄に第六二議会への提出を依頼した婦選案は、新たに「近時ノ政治的情勢ハ議会政治ノ確立ヲ急務トシ議会浄化ノ必要ヲ痛感セシメテ止マス婦人ノ政治参与ハ実ニ是等問題ノ解決ニ大ナル効果ヲ挙クヘキ」と議会浄化への効果から説明された(49)。他方、市川が運動の機関誌に連載していた政治コラムでは、将来の見通しについて、斎藤の次は山本か平沼かという議論が紹介された。これは婦選獲得同盟時局研究会での佐々弘雄の講演内容をふまえたものと見られる(50)。議会を「ブルジョア支配」の政治装置と理解し政党内閣制による「プロレタリア」階級の抑圧を見て取る佐々は、「ファッショ的傾向」への警戒はあっても危機下の議会政治に対してはむしろ冷笑的で、その破壊の上に訪れるはずの「プロレタリア党」による「ソヴィエト制度」に期待した。[51] 満州事変以来、赤松克麿ら現役軍人と親しみ国家社会主義をめざす勢力の活発化と内部の路線対立を深刻化させていた社会民衆党は、ひとたび復原力を発揮し、逆に彼らを排除する形で全国労農大衆党との合同を進め、七月二十四日、社会大衆党を結成した。合同の斡旋に務め、顧問になった吉野作造は、軍を批判し、「日本のデモクラシーの道筋ができたことはうれしいことだ」と語ったという。[52]

元老・宮中官僚と非常時暫定内閣――首相選定方式再考

斎藤選定直後の五月二十五日、西園寺は大戦後を振り返って「近年軍縮の気運熾んとなり、ひたすらに経費節約をはかりて、やや軍人を抑圧し過ぎたるきらひなきにあらず。〔中略〕社会組織の構成上、すでに軍人の存在ある以上、軍人の心理省察もまた大切の事項なるに、やや等閑に附し過ぎたる憾みなきにあらず」と述べた。[53] 西園寺は日本外交の先行きを憂慮していた。七月八日には元政友会代議士小泉策太郎に昔語りをして、「時の流れを見る、時の勢ひを見る」、そして「時流に逆らひもしなければ時流に従ひもしない」と述べつつ、内田の外相就任に関連して「外交と謂へば即ち欧米諸国を相手にして、若くは列国と協調しての仕事であるから、団扇とすれば、煽らるゝ方でなく、煽る方の柄を持たなければならない」と英米との提携を主張し、「ともかくもこの方針に基き、やゝ目的を遂げるに近づいた――と、これ迄は思つたが」と絶句して、「東洋の盟主よりは世界の盟主を心がけた方がよからうと思ふ」と言葉を継いだ。[54] 一九三二年二月二日に六四カ国が参加して開かれたジュネーヴでの国際連盟一般軍縮会議は七月二十三日にひとたび休会された。[55]

牧野内大臣は八月十二日に御殿場の西園寺を訪れて宮中問題について懇談し、斎藤首相の健康状態について「何時変調を呈出するも難計」と政変時の考慮を求めた。[56] 斎藤首相は八月初めに軽い脳溢血を起こし、木造バラックの議事堂で盛夏に開催される八月の臨時議会を無事に乗り切ることができるかどうかが心配されたのであった。[57] 牧野が「或は思切つたる人選に出づる外なきやも保証しが〔た〕き意味を申出」でたところ、西園寺も「同感の様」であったと牧野は記した。[58]

ところが西園寺は、「今後内閣更迭の場合の御下問は単に元老のみに対するのみとせず、重臣を集められ、内大臣の許にて協議奉答することとし度く、元老の御優遇も高齢病弱なれば御辞退し度し」と、以後、首相選定を内大臣と重臣の協議によって行い、自らは元老を辞退して首相選定の任を離れたいという意向を示した。(59) 西園寺はさらに先の斎藤選定の例をあげ、「政変の場合には此前御注意もあり、三、四の人々に総〔相〕談したる端緒に随ひ、内大臣主裁して旨を奉じ談合の上奉答相成る様に今後は御運びの程を希望す云々の内話」をした。牧野は、「其場合元老を除外する事の不可能なることを述べたが、西園寺から多少の反論があって結論に至らず、「召集せらるべき人選に付ては十分研究を要すべし」ということに落ち着いた。(60) 先の選定では、牧野の希望で首相経験者や陸海軍元帥などと意見交換を行った。これからはその例にならって内大臣が重臣と相談して後継首相の選定を行うように西園寺は告げたのであった。さらに余談として西園寺は、「内田に付ては自分も推薦の責任あるが、今後の国際関係に付ては頗る心配なり」と述べた。西園寺が政党内閣の連続が途切れた途端に首相選定上の変更を求めたことは、それ以前の首相選定上の連続が単なる結果的な連続ではなかったことをうかがわせる。その上で、注目すべきは西園寺の要請が、政変を予感する具体的な会話の中で行われたことである。牧野の述べた「思切つたる人選」とはどのような人選であったのか。牧野は三日前に政界の黒幕とも言われる杉山茂丸と三時間半の長談義をして、「今日の政局救済は軍人を以て当らしむる事唯一の良策なりと云ふに帰す」と結論を記していた。

八月二十五日、原田を通して西園寺から近いうちの来邸を求められた木戸内大臣秘書官長は、二十七日に行くことにして、その前日に面談した牧野から首相選定をめぐる西園寺の意向を聞いた。木戸は西園寺に面会したところ、「御前会議等は宜しからざるも、内閣交迭の場合には重臣協議奉答するの方法を講ずるも一案なりと思ふ」という話で元老辞退にはふれず、木戸が内大臣府に侍輔などを設けておく案は第二の枢密院となると反対したところ、西園寺も「その通りなり」と同意した。さらに西園寺は、斎藤選定時を回顧して、「自分は元帥と会見したるは軍部の意向情況を聴く積りにて政治上の話をする積りではなかった」が、「東郷〔平八郎〕元帥の態度は妙」であり、「どうも変だと思ったが、前夜、加藤寛治大将等と会って居るそうで、どうも此辺の入知恵ではないかと思った」と問題点を指摘した(61)。

こうして西園寺の発議を受けて、今後の内閣更迭手続きが宮中で検討された。九月二日に作成された草案では、内大臣は手続きに関与するだけで下問は元老に行われ、その上で、元老を助ける協議者としての重臣の範囲について、「内大臣ノ奏請ニヨリ其ノ都度適宜之ヲ決定ス」と一九三〇年の上奏の線で記されていたが、同月十六日の案では、「重臣ノ範囲ヲ如何ニ決定スベキカハ慎重考慮ヲ要スルモ差当リ枢密院議長、元帥、内閣総理大臣タル前官ノ礼遇ヲ賜リタル者、貴族院議長、衆議院議長等ヲ考フルコトヲ得ベク、具体的ニハ其ノ都度、内大臣ノ奏請ニヨリ之ヲ決定スルコト」と具体性が増していた。重臣の範囲における前例との差異は、枢密院議長と貴衆両院議長の参加であったが、同案はさらに修正を受け、決定案では「備考」によって、重臣の範囲を枢密院議長と総理大臣前官礼遇者に限定し、「特ニ必要アリト認ムルトキハ、内大臣ノ奏請ニ依リ特別ノ決定ヲ為スコトアルベシ」と記された(62)。これで前例以上の者は枢密院議長だけとなった。また、十月二十一日の皇室令制の進講では、「後継内閣御下問を拝すべき人々を内大臣奏薦すること」が話題となった(63)。

その間、八月二十三日には、首相の体調が秘かに危惧される中で、議会の要求に政府が応えて第六三臨時議会が開かれた。そして早速、政友会と政府とのさや当てが始まった。鳩山文相は二十四日の日記に「政府希望ハ通ラズ」と記した(64)。二十七日朝、斎藤首相は鈴木、若槻両総裁を訪問した(65)。この日、鳩山は「海軍大臣ニ重大協議　其ノ日鈴木ニ報告」と記した(66)。これは円満辞職の密約と言われるもので、翌二十八日には、鳩山は森に岡田海相との話を告げた。斎藤首相は二十九日に岡田と面談し、九月一日夜に岡田が斎藤を訪れて鈴木総裁と面談した顛末を語った。斎藤は「主トシテ将来ノ形勢ニ依リ決定スベキ問題ニシテ今ヨリ予定出来サルコトニ談ジ居ケリ」と言う(67)。

他方、政友会の中でも自力更生派の芦田は八月三十日に質問演説の初陣を飾った。内田外相は二十五日に政府として断固満州国承認を進める決意を説く、いわゆる「焦土」外交演説を行っていた。芦田は決意に終始する外相に、満州国の成立を前提としつつも老練な外交力の回復を求め、斎藤首相には事変勃発以来の出先先行を諫《いさ》めて文官と武官の一致を促した。芦田は準備のため外務省などを廻るとともに、七月二十二日に荒木陸相を訪れて内政、外交にわたる「管見」を聞き、

「内政方面ハ穏健なるも、外交はChauvinismeで危険なり」という印象を受けた。八月二十五日に党幹部からであろう、「陸相への質問はやめよとある。不平ながら此文は止めにした」と内容に配慮した演説であったが、政友会議員や友人である民政党の中島弥団次らから拍手を受け、鳩山からも大いに誉められたと伝え聞いた。(68) このたびの臨時議会は、政友会の強硬姿勢によって、政府は会期を三度延長し、九月四日に閉会した。この間、原田は、後藤文夫農相から「立憲政治のためには、或る場合鳩山あたりと手を携へて現在の政友会総裁を中心に内閣を作り、所謂軍閥に対抗してもなんとかして行かなければならない」と聞き、岡田海相も「今回の議会で、斎藤総理も政党の力なしには議会を切抜けることはなかなか難しいといふことをどうも痛感したらしい」と語った。(69) 他方で政友会も困難を抱えていて、議会後、鳩山は原田に「十二月には、どうしてもこの内閣に、円満辞職といふ形で辞めてもらはなければ、どうもなかなか政友会の内が収まるまい。海軍大臣は大体においてさういふ点を諒解してゐるだらうし」と話し、さらに「総理が暗黙の中に「今度の議会さへ済めば、あとは政友会に引渡すのだから……」といふやうな意思表示でもすれば」と政権の円満授受への期待を語った。「なにしろ三百も擁してゐる政党」では季節外れの非政党内閣を相手に党内の統制が困難なためであった。(70)

二度の臨時議会後、満州国承認は時間の問題となっていた。九月八日には、本庄前関東軍司令官が軍事参議官として東京に戻り、昭和天皇に、「満州国政府」の成立について「民本主義を以て王道政治を行ふべき」経緯を説明し、「実質的に善政の効果を庶幾し得べし」との見込みを述べて、将兵の尽力とともに「我国民国歩艱難の際挙国一致克く軍の行動を支持後援したる結果」と報告した。(71) そして、九月十五日に満州国新京において武藤関東軍司令官と鄭孝満州国国務総理の間で調印され、即日発効した日満議定書は、満州国を住民の意思に基づいて自由に成立した独立国家として正式に承認し、日本の従来の権益を維持すること、共同防衛のため日本軍を満州国内に駐屯することを定めた。また、併せて満州国が日本に国防と治安維持を委託し、その経費を満州国が全額負担するという、従前の満州国政府と関東軍とのやりとりが確認された。(72) 満州国承認の報にグルーは、「保守的政治家は、無に近い力しか持っていず、軍備はどんどん進行している」と危機感を強めていた。(73) 対して宇垣は、自らの「政党進出も止むを得ず」と記し、「政党と軍部を統制して其跋扈増長を抑制することは差迫りたる急務であるを思はしむる」と意欲的であった[74]。また九月二十一日には、枢密院で文官分限令が改正され、文官分限委員会官制案が可決された。十月十九日に斎藤首相は原田に「自分が大命を拝した当時は、泥田の中に足を踏み入れてゐたやうなものだつたけれども、だんだんすべての空気がまづまづ緩和されて来たやうに思ふ。で、やはり大体においてすべて時の問題だと自分は感じてゐる。連盟の問題もやはり或る程度までは時の解決に俟つよりほかあるまい」と語った[75]。

木戸は、十月十八日、原田から西園寺が最近「原田に維新以来の日本の方針――英米との提携――世界の日本が目標――日本の変態の建直等」について詳しく話しているようすを聞いて、「苦々しき今日の世相を見、老公の心中を御察しすれば、何となくしんみりさせられるものがあった[76]」。また牧野は、木戸を通じて西園寺に先の新たな首相選定方式案を説明していたが、二十三日、西園寺はだいたい納得したようではあるもののなおも「元老辞退の意思を達せん」と希望しており、近衛、原田、木戸に熟議を求めたと報告を受けた[77]。

このように元老と宮中官僚の間で将来の首相選定方式が再検討される中、他方で満州国承認は確かに政治的緊張の緩和に資したと見られた。グルーは十月七日に「このごろ日本の自由主義分子が、裏面で、さかんに活躍しているので、やがてその声が聞こえるようになるだろうという意味のことが、さかんに伝えられる」と記した[78]。十八日夜もグルーは同席した牧野から「穏健思想の「底流」が現存する」と聞かされ、二人は「ヴェルサイユ平和条約の諸結果」についても語り合った。グルーが注目したのは、荒木陸相を抑えうる人物として宇垣朝鮮総督が斎藤の後継者になるかもしれないという記事であった[79]。宇垣は十一月十五日に上京し、十七日に面会した高橋蔵相は「軍部現幹部の脱線的言動を統制して行かざる限りは外交も経済も軌道に上らず、行当りバッタリ其日暮しで行くより他に道なし」と嘆息した[80]。荒木陸相の下では、「二年間非常時政策を続行」し、その間に対ソ戦を考究し、「軍備―国防の充実を図る」という国策が検討されていた[81]。宇垣は、「挙国一致」を唱導する陸海軍部内での内訌を嘆かわしく思い、荒木、真崎など「軍部の現在中心」に大変批判的で、二十日には南に、「政友ニ政権来レハ此ノ機ニ民政ニ入ル。自分ハ政友□ニ来ルモノト思フ」と述べた[82]。

こうして軍への懸念と政党の攻勢が取り沙汰される中で、いよいよ年末からの通常議会が迫ってきた。第六四議会は、閣内に政党員を含むとはいえ、一九二四（大正十三）年一月に清浦奎吾内閣下で解散された第四八議会以来八年ぶりの非政党内閣が迎える通常議会であった。政友会の政党内閣制に対する士気は高く、一九三二（昭和七）年十一月二十八日、岩手県支部総会で、本部特派員の秋田清は「憲政ヲ常道ニ復シ政党政治ノ復建再興ヲナス」と、「憲政常道」への復帰を故原総裁の墓前に誓った。(83)しかし、戦略面では憲政常道と自力更正をめぐるジレンマがあり、見通しは錯綜としていた。木戸は十一月十日に原田から、岡田海相と鈴木総裁の会見によって、「斎藤内閣に円満辞職をなさしめたる上、鈴木を首班とする挙国一致内閣を作らむとする画策」が起こっている一方で、政府内では高橋蔵相、山本内相を中心に、床次、若槻を無任所大臣として入閣させて内閣の強化を図ろうとする動きもあると聞かされていた。(84)

このような中で、十二月十三日、高橋は、通常議会を前に鈴木総裁と会った。鈴木は高橋に、斎藤首相から協力と引き替えに予算案通過後の辞職を言明させ、西園寺に裏書きさせることを求めた。それは先の臨時議会中に岡田海相と森恪の事務所で秘かに会い、臨時議会後の辞職を求めたところ、岡田が「本議会の予算編成後に辞める、但しその予算は政友会が踏襲してくれなければ困る」と応えたからであった。しかし、鈴木は結局高橋を信頼して党を抑制することにした。高橋はこの話を原田にして、「元来、自分はなによりもまづ憲政の常道に復させることを念願」していて臨時議会後の辞職を考えたが、斎藤首相に「実に容易ならぬ時局で、外交はさておき、内政だけでも、或はファッショと言ひ、或はコンミュニズムと言ひ、実に多事である。〔中略〕万が一我が国でファッショが起れば忽ち内乱に陥る虞がある。元来、超党派政治によつて怪しい雲を取除いたならば、後に再び憲政に復帰させなければならぬ。この内閣は無論ファッショへ行くべきではなく、結局常道に復させる義務がある」と述べたところ、斎藤から「結局自分も常道に復させたい考へだから、ぜひ一緒にやつてくれ」と慰留されたのだと語った。(85)

ところが、先に鳩山の連絡を受けて党と政府の仲立ちをした森は十二月十一日に五十一歳で急逝した。(86)鳩山は十七日、緒方竹虎東京朝日新聞編集局長主催の「政党政治何処へ」と題する座談会に参加し、「政党政治の将来についてどういふ時機に政党内閣が復活するだらうかといふに今の総理大臣も大蔵大臣も二人とも早く憲政の常道に戻したいといふ考へを持つて居るらしいから憲政の常道に復帰して政党内閣の出来るのは余り遅くないだらうと僕はさういふ風に思つて居りますが、後藤君はどういふ風に考へるかね」と述べ、後藤農相は「矢張りさういふ風に考へられて居るだらうね」と会話を引き取った。鳩山はさらに、五・一五事件後の政権交代について、「政党内閣の今までのやり来りに対して不満を持つて居る人間が多かつた――多かつたかどうか知らないけれども有力な階級においてさういふ風に思つて居た人があつた。それで変態の内閣が出来た、それを政党が承認したといふやうな行きがかりになつて居る、あの五月十五日の政変の時に敢然立つて争つて居れば別ですけれども一度降伏したんですね」と解説した。[87] ここで鳩山は「有力な階級」という言葉を用いている。十二月二十三日には、政友会の議員総会で山口幹事長が反政府、憲政常道への復帰を訴え、一月十九日には、議会再開前に例年通り催された政友会院外団大会で、「憲政ノ常道ニ鑑ミ速カニ政党内閣ノ復帰ヲ期ス」と決議された。[88] なお、前日の二十二日、国策研究倶楽部は革新党と合同して、安達謙蔵を総裁とする国民同盟が結党された。

他方、西園寺は、十一月十九日、通常議会を前に斎藤首相と面会した。西園寺は予算について、「時局柄、厖大な予算になつたが、次の時代の国民に非常な負担を背負はせるやうなことはあるまいか。その点をよほど注意してもらはないと、将来のために憂ふべき結果を生ずるやうなことがあると困るから」と憂慮を伝え、さらに、「元来自分は解散論者であるけれども、在郷軍人あたりの様子をよく研究した上でないと、解散を機として彼等が策動するやうなことがあると厄介だが」と注意を与えた。[89] そして十二月十五日には木戸を興津坐漁荘に呼んだ。九月二日以来、宮中で検討されてきた新たな首相選定手続き案が牧野を通じて西園寺に届けられており、説明を求めたのであった。西園寺はいつになくしんみりした話しぶりで「元老と云ふことも自分の在世中に廃したいものだ」と語り、木戸は「本案によれば、元老百年の後には自働《ママ》的に廃止せられ、重臣会議のみが残ることになる」と説明した。また、同案では内大臣が勅命によって協議に参加することになっていたが、西園寺は「内大臣のみに奉答せしめては如何」とあくまでも内大臣中心の選定を求めた。しかし、木戸は、その場合に内大臣の地位が重要になりすぎること、そして「今日の時勢は特に元老を必要と考へます、御迷

図3　1933年1月内閣更迭の手続き——元老指名（内大臣・重臣協議）方式

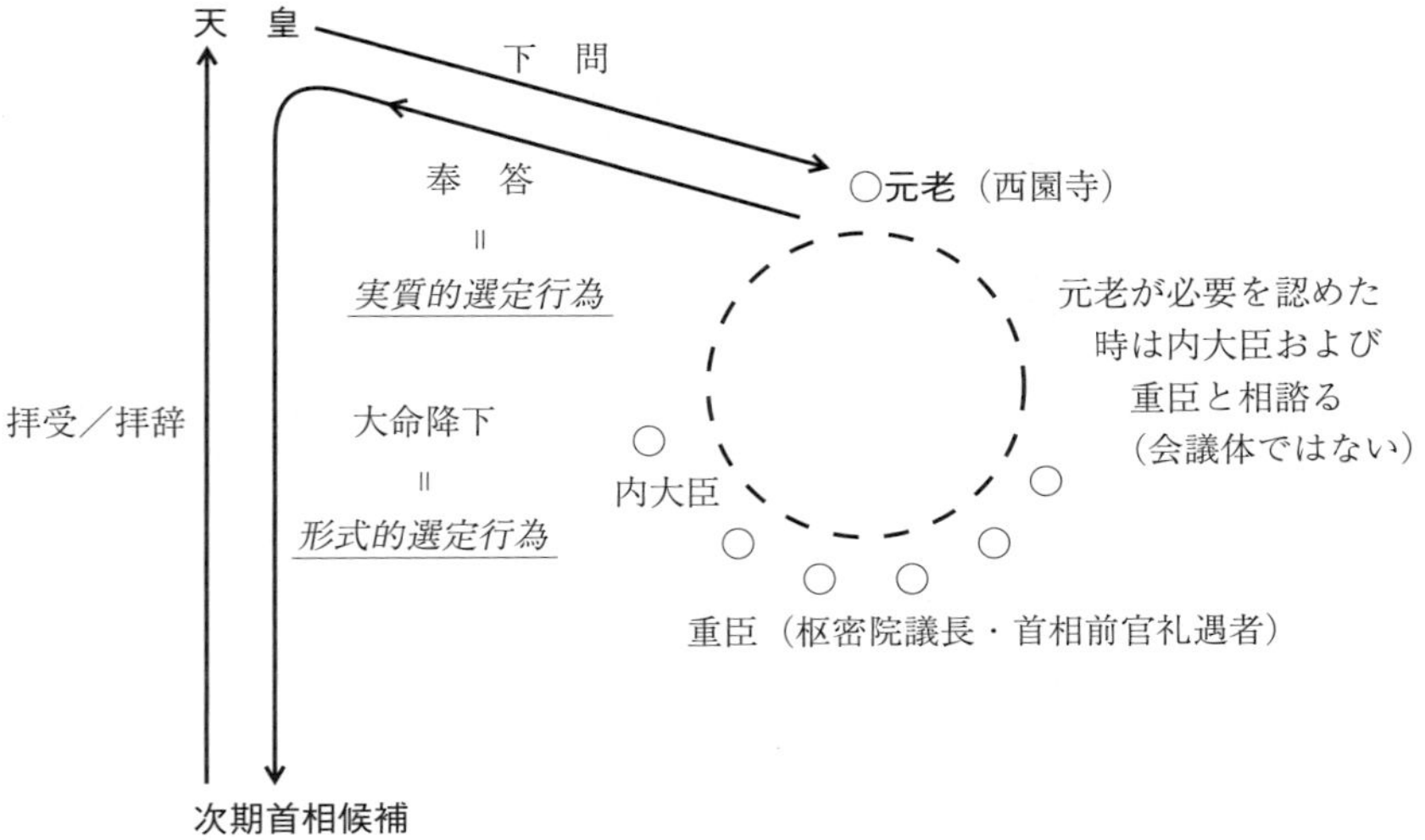

（注）　第一草案で「時勢ノ推移ト内外ノ情勢ニ鑑ミ」と位置づけられていたが，決定案では「当分ノ内」と変更。内大臣が攻撃対象となる中での正規の手続化に際して内大臣の地位が後退しているが，実質的には元老・内大臣協議方式に重臣を加える可能性を明記したもの。重臣の範囲は枢密院議長，内閣総理大臣たる前官の礼遇を賜った者と，特に必要と思われる時には内大臣の奏請によって特別に追加されうる。

惑ながら軍人の主動的言動の多い今日、而して政治家の極めて低調なる態度を見るとき、政治は真に元老の双肩にかゝれる様に思ひます」と言葉を返し、西園寺はそれだから苦痛に堪えないと述べた[90]。

年を越えて翌一九三三年一月七日、木戸は、近衛、原田とともに再び西園寺を訪れ、一時間以上将来の首相選定方式について議論した。その結果、西園寺は木戸の説得をひとまず受け容れた。西園寺は意向とは異なり、以後も元老として奏薦の任にあたらざるをえなかった。選定からの退任を断念した西園寺は、前文で「爾今」とあったものを「当分ノ内」に改め、さらに「元老其ノ必要ヲ認メタルトキハ」と、必ずしも重臣と協議する必要がない形に決着させた[91]。それは一九二〇年代の政権交代様式への回帰可能性に含みを持たせたものであった。そして重臣の範囲については、「備考」の但し書きによって必要とあれば加えられるとして最終的に枢密院議長と首相前官礼遇者に限り、また重臣の参加について、会議体であるかのような疑いを残さないよう文言が工夫された（図3[92]）。

こうして、将来予想される元老以後の首相選定として、内大臣を中心に重臣との協議を想定する選定方式が案出された。新たな元老を生まないことに配慮しつつも、元老級の人物の意見を求めて後継首相を決めようというのである。個人が個々の判断で決めるとなれば政権交代をめぐるルールも意味を低下させる。これはかつて加藤友三郎首相選定の際に、松方正義内大臣と当時宮内大臣であった牧野によって、枢密院議長である清浦奎吾と首相経験者の山本権兵衛が選定に加えられたのと同じ方式であり、西園寺が好ましくないと退け続けてきた方式であった(93)。「憲政常道」と呼ばれた政党政治に立脚した単純な奏薦が不可能となった後で、すぐに方式上の変更が加えられたことは、逆に、これまであくまでも内大臣が下問に対して単独で奏薦することとして、その諮問先をあらかじめ決定しない態度をとってきたことが、「憲政常道」という首相選定上の原則に立脚したものであったことを示している。とはいえ一九二二（大正十一）年の首相選定から約十年が経ち、一九二四年の第二次憲政擁護運動を経て政党間で政権交代を行う憲法慣行が重ねられてきた。重臣が選定に関与するにしても、この蓄積を無視することは困難であろう。西園寺が最後に手を入れたことによる選定方式の暫定性とともに、この段階では事態はまだ決定的ではなかったと言えよう。

二　危機のさらなる昂進と多数党政友会のジレンマ——政権における暫定性の後退

対外危機の続発と第六四通常議会——熱河問題と国際連盟脱退

吉野作造は年の瀬に一九三二（昭和七）年を回顧し、五・一五事件後の非政党内閣の成立を、「議会の多数党が政界の中心王座を占むべしとするの原則の敗滅とみるべきか、そんな原則は実は我国に於てまだ確立して居なかつたのだと〔み〕るべきか、又は確立しては居たのだが一時非常の場合に際して暫くその適用を停止したに過ぎずとみるべきか」、いずれにせよ「今日、政党は単に下院に多数を得たといふ事だけでは政界の中心に坐するを許されずといふ新形勢を展開しつゝある」と分析し、当時の国民感情について、「政友会の鼻先がへし折られたとき、折角の憲政常道の再び歪められたことを残念だとする考が政界一部の玄人筋の間にはあつた。けれども国民の多数は何といふことなしに政友会の没落を痛快に感じたやうである」と指摘した。その上で吉野は、次の政変を機に日本政治が「いよいよファッショで行くか西に行くか又はあきらめて政党内閣主義の復活を許すか」という岐路に立たされると予想した。それは「我が日本は東に行くか西に行くか」というほどの重大な岐路であった(94)。すなわち、そもそもの変調の原因が軍にあると考える吉野の観察では、世間は政友会への低い評価からすぐにという熱意は感じられないものの「政党内閣主義の再興による所謂憲政常道の復帰を欣び迎へ」ようとしている一方で、「外交軍事の方面に相当の安定を見せぬ以上政党内閣主義への復帰はまだ望まれぬかも分らない」(95)。となると政友会が倒閣に成功しても結果生じるのは「政党内閣でなくて軍部的色彩をつよめた超然内閣」であり、他方、「超然内閣」が選挙で支持を集めることも清浦内閣以来おぼつかなく「既成政党の勝利」はほぼ明らかであるので、「超然内閣主義と政党内閣主義とは最早到底両立し得」ないのであった(96)。

先にリットン調査団の報告書提出を待たずに行われた満州国の承認は、国内宥和を図る一方で、国際的には満州国をめぐる日本の不退転の決意を示し、問題の限定化による新たな均衡を模索するものであった。正念場と予想されたのはジュネーヴで開かれる国際連盟総会であり、日本の首席代表には元外交官・満鉄副社長で先の議会質問でも連盟総会を「関ヶ原」と位置づけ、「挙国一致」で臨む必要を強調していた政友会代議士松岡洋右が任命された。また代表部とは別に参与部を設け、建川美次陸軍中将など陸軍将校が加わり、石原莞爾大佐も幹事として参加した(97)。しかし、このような努力は議会休会中に再び引き起こされた関東軍の単独行動によって、またしても翻弄された。一九三三年一月一日、中国山海関にて日中両軍が衝突する山海関事件が守備隊長落合甚九郎少佐によって引き起こされ、二月下旬には熱河作戦へと展開していく(98)。関東軍の満州国予定領域には当初から奉天、吉林、黒竜江省の東三省に加えて熱河省も入っており、同地域の地方軍閥は満州国政府独立時の宣言に名を連ねていたが、その後張学良の掃討を受けて満州国に敵対していたのであった。

外務省内では、陸軍への追随が目立つと内田外相が頼りなく感じられ、有田八郎次官が昭和天皇の御言葉によって事態を打開してはと述べていたが、西園寺は「この際、陛下からかれこれお言葉があつても、到底陸軍はきくまい」と反対していた[99]。そこで西園寺は事件が起こると早速、斎藤首相に善処を求めた。他方、牧野内大臣は近衛から「適当の考へあらば其手段」を実行してほしいという希望を受けていた。事件について「政府も軍部も積局の行動を取らずとの方針」であったが、九日、昭和天皇は「或は御前会議を開く事も有効ならんか」と牧野に示唆した。牧野は、昭和天皇の憂慮を知る斎藤首相が「御前会議以上の指針として服膺致す事と信ずる」ので必要ないと助言した。御前会議は以前から何度か検討されてきたが、「開催に付ては当局者より提議する事手続として必要なるが、若槻以来犬養も之を好ま」なかった経緯があり、斎藤内閣も「内閣限りにて最善を尽す決心ならん」と考えたためであった。その上で牧野は十四日、高橋蔵相に「全く自分丈け個人の意見」として御前会議を「適当の手段」と提起した。それは、根本が確定することは出先を牽制する上でも有力で、国民にも方向性が示されるので政府にも軍にも好都合だと考えたためであった。しかし、高橋は牧野の提案には答えず、閣議で荒木陸相が満州問題について国論一致を口にした時に、「陸相は国論云々と云はるゝが今日国論は何れにあるや、今や言論の自由は行はれず、九州のある新聞は軍部の行動を非難したるに、飛行機は其社の上空を示威的に飛び廻はりたるが如き、憲兵も種々不穏の策動に従事しつゝありとの批難もあり」と反論したと述べて、内閣が一致して御前会議を提起する状況にないことを示唆した[100]。なお、九日には岡田海相が病気退任し、後備役となった。岡田が後に語ったところでは、「海軍で予備役のものが大臣をしてゐるといふことになると、悪例を貽すから困ると陸軍側からいひ出し」、また事実病気であったので、そうしたという[101]。森の死に続いて、内閣と多数党との重要なパイプがまた一つ失われた。後任には、犬養政友会内閣で海相を務めた大角岑生が再任された。大角も政友会に友人が多かったが、原田は政友会の政治問題、中でも政権復帰に助力するような行動は陸軍の政治運動も批判できなくなるという理由で極力かかわらないよう助言した[102]。陸軍の皇道派人事と同様、海軍では大角海相の下で人事転換が図られ、三月にはロンドン海軍軍縮条約締結時の次官山梨勝之進大将が予備役に編入された。こうして一九二〇年代の国際協調時代を支えた軍指導者は内部から漸次追われていき、従来の主流派が軍縮を許容する条約派と呼ばれるのに対して、反条約派である艦隊派の台頭が見られるようになった[103]。

一月二十三日、再開された第六四議会で政友会の芦田は満州問題を取り上げ、満州国の育成という政府方針を支持しつつも、政府には国内の対外硬世論に迎合するだけではなく建設的な外交を求め、そのためには「国内ノ政局ヲ安定シテ、明治天皇ノ御偉業デアル憲法政治ヲ確立シ、国民ヲシテ言論ノ自由ニ不安ヲ感ゼシメル如キ政治ヲ改メナケレバ、日本ノ国際情勢ハ容易ニ楽観ヲ許サゞルモノト覚悟シナケレバナリマセヌ」と論じた。芦田は「日本ノ外交ハ軍部ノ指導スルモノナリトノ印象ヲ世界ニ与ヘテ居ル」と指摘し、「日本ノ外交政策ガ今尚ホ軍部ニ引摺ラレテ居ルト云フヤウナ印象ヲ諸外国ニ与ヘテ居ルコトハ、我国立憲政治ノ恥辱デアリマス〔中略〕今アナタガ国民ノ先頭ニ立ッテ立憲ノ常道ニ依ル国策樹立ノ旗ヲ振ル決心サヘナサレバ、国民ハ必ズ之ヲ支持シ、声援スルコトヲ辞セナイデアリマセウ」と内田外相を励ました。[104] 芦田は政友会の自力更生に止まらず、次第に民政党との連携を模索するようになった。この議会演説も一つの契機となる。「政友会ハ弥次り、民政と社民ハ拍手、ヘンな事だつた。自分の行くべき途が今日こそはつきりした。党の事よりも吾日本の行末の方が大事だ」と考え、牧野内大臣の共感を得た。[105] しかし、同演説は日本外交が軍部に支配されており、ジュネーヴでの日本代表が不必要に強硬であるという批判として国際的に報じられ、松岡代表から鈴木政友会総裁宛の事実問い合わせを受けて、政友会は緊急幹部会を開いて事実を否定するとともに、二十五日に芦田も弁明を余儀なくされた。[106]

同議会では「陸海軍将兵に対する感謝決議案」と「国際連盟会議帝国代表に対する感謝決議案」が全会一致で可決されたが、他方で議会の自力更生を図る議院法中改正法律案は貴族院で廃案となり、衆議院議員選挙法中改正法律案は審議未了に終わった。[107] 馬場恒吾は「過ち多き議会を愛着の眼を以て見る」と述べて、日本での議会政治採用は「王政復古に依り封建制度が倒れた事変の論理的帰結と見るべき」であると明治維新の正統に議会政治を位置づけ、「政党政治は日本に確立した。近年においては政党内閣が憲政の常道と云はれるに到つた。日本の議会政治も国内の関する限り、発達すべき所まで発達した。これ以上、発達する為には議会政治に対する、世界共通の圧迫を取り除く為めに、世界各国の議会と共同して議会政治擁護の為の努力をしなければならぬ時機に到達してゐる」と、問題を日本の特殊性ではなく世界との共通性の中で捉えた。[108]

リットン報告書をめぐる満州問題の討議は日本に国際連盟脱退の可能性を危惧させていたが、山海関事件を発端として関東軍に引き摺られる形で陸軍が熱河問題の武力解決に乗り出したことで、国際連盟から除名される可能性が出てきた。斎藤首相は当初、「絶対に脱退することはならん」と脱退に強く反対していた[109]。それは、連盟の原加盟国で常任理事国であった日本にとって、関係する世界共通の問題に対して従来の立場を失うからであった。斎藤首相はまず、西園寺が外相を善導することを期待し、さらに万一脱退か否かを決定しなければならない場合には「所謂重臣会議とでもいはうか、枢密院議長、前総理大臣並に閣僚、民政、政友両党の総裁、これだけで会議を開いたらどうか」と、重臣会議を構想した[110]。これに対して、牧野内大臣は「政党の総裁は必要なからう。前総理大臣だけ入れよう」という意見であったが、原田は「政党の総裁はやはり参加させる方がいゝのではないか。なぜならば、軍部あたりに対抗するのには、やはり集団的なものでなければならないし、現在の政党の是非は暫く措いても、とにもかくにも国民の代表である以上、かゝる重大会議にはその党首を参加させるのが当然のことと思ふ」と斎藤首相に述べたところ、大体同感のようすであった[111]。

牧野も脱退回避に向けた元老の影響力行使に期待したが、西園寺は、「今日の実際の空気といひ、陸軍がどうしても熱河をやるといふことになると、やはりどうも政府の決定に対しては、「已むを得ない」と見るよりほかあるまい」と考えていた[112]。西園寺は重臣会議を開く場合でも枢密院への諮詢前がよいと考え、範囲について「政党は憲法上のものでないから」と政党総裁の参加に消極的であった牧野とは異なり、「無論両党総裁は入れるべきだと思ふ。憲法上認められてゐない点では、重臣会議そのものからして第一認められてゐはしない」と述べた。それから、五・一五事件後の首相選定に上原元帥と東郷元帥を呼んだのは、「軍人によつて総理が暗殺されたのであつたからで、敢へて前例として倣ふ必要はない。今度は事外交に関するのだし、寧ろ加へない方が宜しからう」と答えた[113]。新聞が即時脱退論を煽り立てる中で、政友会の鈴木総裁は自重論で、また政友会閣僚が閣議で軟論を唱えたと「陸軍幷に有志激昂」とも伝えられていた[114]。民政党も同様に脱退には慎重であった[115]。しかし、二月十五日、内田外相と荒木陸相が即時脱退の決意を促す中、勧告文の内容に反発して海軍までが脱退論を唱え出すと、十七日、西園寺は脱退は免れない大勢であると重臣会議の中止を示唆した[116]。西園寺はかねて「もし万々一日本が連盟を脱退すれば、常任理事国の地位を失ふ。これは非常な損失ではないか」と、常任理事国であることの意義を高く評価していた。(117) しかし、十九日に斎藤首相が訪れると、西園寺は、「除名ハ到底望ムベキコトニアラズ」と述べ、「彼ヨリ再入会ヲ勧ム能ハサル様ニアル虞カラ」という理由をあげたようである。(118) すなわち、西園寺は現時点での陸軍統制を不可能とみなし、混乱している内外路線が再び政党政治と国際協調外交に戻った際の再加盟の可能性を選んだと言えよう。(119) 近衛によれば、西園寺はよく、「今日少壮軍人等は熱に浮かされている。此の熱のある間は、なるべく彼等を刺戟しない様にして、冷えるのを待つに限る。冷静に復したら外交も軌道に乗り、幣原時代の協調主義に戻るだろう」と話したという。(120) 閣内では、鳩山文相、山本内相、後藤農相などみな自重論であったが、脱退方針を決める二十日の閣議前に西園寺の意向を確認して同調した。鳩山と後藤は「まあ已むを得まい」と「甚だ残念さうな面持」であったという。(121)

社会では先の新聞の強硬論とともに在郷軍人からは強硬な決議が相次ぎ、斎藤首相は、「どうやら陸軍の中に指導してゐる者があるらしい」と陸軍に注意を与えていた。(122) 他方、芦田は、連盟脱退に急ぐ社会の機運に、「日本にも革命の機運が漂ふように見える。凡てが1917年初頭のロシアに似てゐる」と、かつて自ら体験したロシア革命と対比して危機感を深めた。芦田は十六日に鈴木総裁を訪問して三〇分間外交の話をしたが、「僕ハいつ逢つても鈴木さんの真価が発見出来ない」と辛辣な評を残した。そして脱退の閣議決定を知ると、「いよいよ来るべき事が来た。実に険悪な気分だ、日本よどこへ行く。哀れなる民衆よ、お前ハ何も知らないで引摺られて行くのか」と慨嘆した。(123) また、グルーは、幣原元外相や牧野内大臣、元老西園寺の脱退阻止に向けた尽力に大いに期待していたため、閣議決定に驚き、「日本の穏健分子の根本的敗北と、軍部の完全な優越とを表わす」と日記にしたためた。(124) 一方、関東軍は二月下旬には熱河作戦を開始した。

こうして危機の緩和による常道回復を求めた非常時暫定内閣が後退を余儀なくされる中、後継首相論について、枢密院副議長の平沼騏一郎は軍部を抑えられるのは自分だけであるという自負を持ち、さらに近衛との会見で「内治方面に就ては既成政党打破を唱へ、政党にても良きことを為すならばよし等と称せる荒木陸相は弱しと云ひ、軍部方面にては真崎参謀次長に信頼を置けるʼ」ようであった[125]。また、海軍内も常道回復からはほど遠く、一月二十四日、加藤寛治は面会した軍事参議官山本英輔大将がムッソリーニ（Benito Mussolini）を「憧憬」し、「予等と同意見」であること、そして海軍首脳である岡田前海相、大角海相、高橋軍令部次長らを「心中決意に乏し」と批判していたことを記した。東郷平八郎元帥も平沼内閣を目し、その場合には加藤も参加するようにという意見であった[126]。二月七日、木戸は近衛とともに国史学者の平泉澄と会食した。木戸は日本の共産化への懸念を訴える平泉を、「明治維新の宏業も今日の有様にて推移するに於ては、結局建武中興の大業と同じく、後世より之を見れば失敗に帰したりと評せらるるに至らんと云ふにあり。昭和維新の大眼目は天皇御親政にありと説く。傾聴に値する点少からず」と好意的に記した[127]。十五日、一木宮内大臣が退任し、新たに湯浅倉平が就いた。湯浅はかつて第二次大隈重信内閣では一木内相下に警保局長を務め、加藤高明内閣では若槻礼次郎内相下で内務次官として男子普通選挙制の実現に尽力し、その後、朝鮮総督府政務総監として斎藤総督を補佐した。

二月二十一日に政府が議会に連盟脱退の決意を報告すると、政友会の島田俊雄は賛成演説を行うとともに将来を戒めた。政友会は先の高橋蔵相と鈴木総裁との話し合いを受けて、基本的には議会後の政府の自主退陣を期待して政府に協力していた。小川は二十二日に早速鈴木を訪れて、「来るべき政友内閣組織」について人材網羅内閣を議論した。小川は鈴木と同じく単独内閣論であったが、「時勢を斟酌」し「党争に因る害毒を除」くためにも、「権宜の処置」として民政党からも閣僚をとることで将来の「併合」までを視野に入れており、政府には「政党内閣にてやりにくき事、此際やらせて片付けるが宜し」と考えていた[128]。他方、かねて政権争いそのものを軽蔑するかのようであり、五・一五事件後には政党に対する低い評価から昭和天皇と「親政」をめぐって口論ともなった秩父宮雍仁親王について、牧野内大臣が「御心境好転」し、「政党に対する御観念も余程御緩和被遊たるやに拝聞」すると記したように、政党への評価もまた改善されつつあった[129]。

グルーは一九三一年の満州の状況と一八九八年のキューバの状況とを比較し、「非常に強い刺激」があった場合にすべての思慮分別を忘れさせる諸国民の戦争心理に、はたして第一次世界大戦後の平和機構が十分かどうかを考察した。そして、「平和機構なるものが、理論的には壮大だが、実際的には無効であることは明白である」として、世界の将来の平和機構は戦争撲滅に役立つために「もう一歩前進していなくてはならぬ」と述べた。[130] 二十四日、松岡率いる代表団は、ジュネーヴで開かれていた国際連盟総会を華々しく退席した。三月八日に連盟脱退通告文の上奏を受けた昭和天皇は、さらに再考の余地はないだろうかと牧野内大臣を呼んで問うたが、牧野は行き掛かりもあってもはや転換できないと奉答するとともに、「此行掛りに付ては当局の責任実に容易ならざるものあり。将来歴史家の判断に譲る外なし」と批判的な感想を記した。[131]

三月二十五日の議会閉会後、二十七日には枢密院での審議を経て内田外相が国際連盟に脱退を通告し、併せて詔勅が出された。詔勅では、国際連盟の発足に参画し「前後十有三年」協力に終始してきたが、「今次満洲国ノ新興ニ当リ帝国ハ其ノ独立ヲ尊重シ健全ナル発達ヲ促スヲ以テ東亜ノ禍根ヲ除キ世界ノ平和ヲ保ツノ基ナリト為ス」も連盟と所見を異にして脱退に至ったこと、それでも「国際平和ノ確立ハ朕常ニ之ヲ冀求シテ止マス」、「東亜ニ偏」することなく今後とも平和への取り組みに協力することを述べ、国民には、世界が「稀有ノ世変ニ際会」し、帝国日本が「非常ノ時艱ニ遭遇」する中、「文武互ニ其ノ職分ニ恪循シ衆庶各其ノ業務ニ淬励シ嚮フ所正ヲ履ミ行フ所中ヲ執リ協戮邁往」することで「普ク人類ノ福祉ニ貢献セム」よう求めた。[132] 中でも国際平和の希求と文武恪循の要請は昭和天皇が特に強調した点であり、後者は「在郷軍人団等が、或は直接連盟に打電し、又侍従長、武官長等に意見を強調し来る等、何となく其分域を超越せるやに見へ憂慮すべきものありと認められた」ためであった。[133] 事前に枢密院の審査報告書と詔勅の文案を見た西園寺は、「二言目には「東洋の平和、東洋の平和」としきりにそればかり言ふが、東洋の平和を望むだけで、世界の平和などはどうでもいゝつもりなのか。まづ第一に、世界の平和、人類の福祉といふ風なことを望んでも、得られるところはやつと東洋の平和ぐらゐなものだ。それを、初めから「東洋の平和、東洋の平和」と、そればかり騒ぎ立てるやうでは、国内の平和も得られるかどうか。甚だをかしな話だ」と眉を曇らせた。[134]

グルーは、「日本人の大多数は――私は知性的な人々をこれに含める――自分達が不当であったことを知らない。そしてそのために、外国の干渉に敵対しようという彼らの決心は、二倍三倍決断的で強固である」と日記に記し、「日本人の心理過程と結論に到達する方法は、われわれのとは根本的にちがっている。これは彼らと交われば交わるほど痛感することだが、ここに東と西の大きな裂け目の一つがある。西洋人は日本人が西洋風の衣服や言語や風習を採用したから、彼らは西洋式に物事を考えるに違いないと信じているが、これ以上の大きな誤りはあり得ない。これが西と東の間の条約上の公約が常に解釈を誤まられ、論争を引起すことになる理由の一つである」と日本理解の困難さを述べた[135]。ところが、この時の世論の難しさは洋の東西という話ではなかった。三月二十九日、昭和天皇は奈良武次侍従武官長に「世論と云ふも現今の如く軍人が個人の意見を圧迫するが如きことありては真の世論は分らず」と述べ、奈良は「併し大体目下の世論が満州独立を支持しあることは疑ひなき所なる旨」反論したのであった[136]。議会後の四月六日、奈良は一九二二年以来務めてきた侍従武官長を退任し、先の関東軍司令官本庄繁が後を継いだ。

五・一五事件と予想外の「超然内閣」誕生から一年と経たない三月十八日、吉野作造は逗子の湘南サナトリウムで没した。享年五十六であった。与謝野晶子は、「博士は翻訳臭のある「民主主義」と云ふ語を避けて、聖徳太子の聖語に由り「民本主義」と云はれた。これは日本一流のデモクラシイを主張せられる趣旨からであつた」と吉野の死を悼み、「世には博士の百分の一も国史を愛重する用意が無くて日本精神を口にし愛国を標榜する人達がある。私はその人達に博士の如く慎重に国史を研究して、自国の伝統精神をほんとうに理解して欲しいと思ふ」と国民の損失を惜しんだ[137]。米国では共和党政権に替わって民主党のローズヴェルト（Franklin Delano Roosevelt）大統領政権が誕生し、三月には金本位制を離脱したが、グルーは引き続き駐日大使としての尽力を求められた。また、ドイツのワイマール共和国では一九三二年七月の総選挙で第一党となったナチ党のヒトラー（Adolf Hitler）が、一九三三年一月に首相に就任して、三月に全権委任法が成立し、七月には政党禁止法が制定された[138]。

高橋蔵相進退問題と満州事変の終息——政権の暫定性の後退

議会後、政友会の動きは逆に活発化した。「陸軍は已に取るものは取りたり、今後後継内閣に付ては策動せざるべしとの一般意見なり」という情報もあり、四月上旬には高橋蔵相の辞意は固く斎藤内閣は近々総辞職するであろうと、政友会の空気は「楽観」的であった。(139)四月七日の閣議で、斎藤首相は高橋蔵相に留任を望み、高橋は鈴木総裁との約束によって「議会を無事終了せしに付き辞職は思ひ止まり難し、但し五月となるは差支なし」と述べた。高橋から意見を求められた鳩山文相は、鈴木総裁と高橋蔵相との約束が首相の諒解下に行われたことを確認し、総辞職を支持した。永井拓相から政友会との約束による退陣は世間に対して不名誉ではないかと異論が出ると、鳩山は「世上には関係なし、又政友会として政権を希望すること何の不可か之れあらん、政権を執りて善政を行ふは政党の本領なり」と反駁した。(140)

一方、小川平吉は西園寺の意向を推し測って民政党との連携を画策していた。四月十四日に近衛に会って西園寺の政民連携に対する態度を質したところ、想像通り「頗る善く受取りたり」ということであった。(141)他方、小川のもとには北一輝からの働き掛けもあって、五月二日、「陸軍、海軍と政友会と連立内閣組織」を図り、「陸海の要人はほゞ同意せり」という提案を受けた。小川は「陸海軍と協力は可なり、但し軍人政治は不可なり」と釘を刺した。小川の見るところ、北の意見は「所謂少壮軍人の武断政治に政党を加味したるもの」で、内相、文相、法相等を現役軍人で占めようとするものであった。そこで小川は永田鉄山陸軍少将に面会を求めて、「陸軍の情勢、首脳部方面は斎藤倒れ政友会継承すと観察し別段異論なし、但だ国策の真摯遂行を望むのみ」という陸軍中央の意向を確認し、「少壮者間には軍人政治を希望するものあり、北氏等亦然り、一部激越の輩は強く今尚ほ政党内閣に反対すれどもごたごたする位にて、ピストル騒動迄には非らざるべし、現役軍人各省占拠の如きは首脳部は不賛成の方なり」と聞き取った。他方で永田は、「民政党に軍は大体強き反感を有せり、斎藤内閣を好まざるの一因も亦此に在り、政友会が之れと提携するは如何のものにや、自分の希望としては、政友会が国家的政策を高く揚げて而して政権獲得の場合に必ず之を遂行するといふならば、一般軍人は勿論少壮派も亦満足すべし」と政民提携を牽制した。小川が「明治維新以上の革新断行の事を説き軍部と協力(其の形式は適当の形式方法によりて)するの必要」を説くと、永田は大いに同意した。(142)

先の首相選定方式変更について、宇垣は「最近では重臣会議によりて内閣辞職後の収拾を決定するのであるとの無責任極まる噂も起りつつある」と敏感に反応し、岡崎邦輔も「恐らく今度は、元老も御下問に対して単独の奉答は御辞退申上げ、前総理といふやうな人々の意見を徴した上で奉答する、といふやうなことになるのではないか」と考えていたように社会に広まりつつあったが、なお焦点は西園寺の意向にあった。[143] 五月十二日に近衛と再度会った小川は、「軍部は民政を嫌ふも西公は連合を好む、予も好機を見て事を進めんと欲する」と西園寺が好むと考えた政民連携を重ねて主張した。[144] しかし、他方で「西公は常に憲政常道に熱心なり、大正十三年一月清浦伯推挙の時も昨年斎藤子推挙の時も亦然り、之は孟子の燕伐つべしの筆法なり、さて其実地に臨みて誰れか討つべきやといへば其時の状勢によりて決定することなり、今日より予断すべきに非ず」と、王道政治を唱えながら燕の民が喜ぶならばと武力占領を肯定した孟子に掛けたように、長期的な政治システムをめぐる判断に疑問はなかったが、短期的な政権をめぐる判断は不透明であった。近衛は「後継の政友会たることを信ぜず、また政友以外にては平沼よりもむしろ荒木に可能性あらんか」という観測で、「今日の処にて割合に公の意を忖度し得るものはやはり原田ならん」と言うので、小川は近衛もまた「第一人者なり」と互いに一笑した。

西園寺の意思とともにもう一つの焦点は高橋蔵相の辞意であった。一〇年前に首相を務め、田中内閣で昭和恐慌下の短期救援を成功させた高橋が犬養内閣に再登板したのは世界大恐慌のためであった。高橋は夏の第六四臨時議会を一つのめどと考えていたが、首相の要請で辞任を先送りしてきた。高橋の理解では「昨年臨時議会後岡田海相と森恪氏と進退言明問題が斎藤首相を包含すと誤信せる」ことが問題の始まりで、通常議会前に政友会の協力を得るために辞意を鈴木総裁に伝えて慰撫したが、まもなく三土から高橋の辞職を機に政友会出身閣僚が共に辞職して内閣総辞職に追い込む話を聞き、「予は政友会を代表して入閣せしものに非ず」と不快を覚えた。[145] 高橋は自身の辞職後も蔵相が補充されて斎藤内閣が続くことを望んでおり、後任蔵相には鈴木総裁の推薦を受けるか、鈴木が拒むようであれば直接「政友会から誰か一人とればいゝ」、その上でもし政友会全体の空気が悪ければ解散の覚悟を示せばよいと、あくまでも政党内閣制の枠内での対応を考えていた。西園寺から首相を通じて留任を求められていた高橋は、内閣が倒れても「憲政の常道に復するかどうか必ずしも判らない」と考えており、むしろ鈴木にも若槻とともに入閣することを勧めていた。五月二十二日、「まだ非常時は

解消しない」と説得する斎藤首相に高橋は留任で応え、二十三日、斎藤内閣は引き続き政権を担当することを声明した。(146)

ここに至り五月二十五日、政友会幹部会は政府と絶縁を決し、時期などは総裁に一任した。この日、西園寺は「どうも政友会に、本当に筋の判る政治家のゐないのがいかにも遺憾だ。誰かいゝ人を入れなくちやあならん」と原田に語り、政友会の再生を願った。(147)政友会反主流派の久原房之助は同時期に「一国一党」論を唱え始めた。政党が合同することで、党の代表が首相となり、内閣が倒れても党の後任指導者に大命が降下することで主義政策が政権交代によって中断されないという利点を主張したが、それは、「憲政常道」を否定しながら、複数政党制をともなわない形での政党内閣制論であった。久原の議論は捉えどころのない語り口も禍してか、冷笑的な反応を受けるに止まったという。久原派の一七名は、非常時が解消していない中で政党内閣は期待できず、政党と軍部その他各方面が一致したより強力な内閣が必要であると申し合わせたが、他方、鳩山系の総裁派も二四名を集めて、総裁を中心に「憲政常道」復帰に努力することを申し合わせた。(148)

三十日、木戸と原田は永田少将と昼食をとり、軍部ことに青年将校の動向について尋ねたが、「五・一五事件以来の動〔き〕は質的に進むでは居らないと思ふが、量的に減じては居らない」という結論で、「近来の政友会の動静は彼等軍人には悪い印象を与へて居る」ようであった。(149)

五月三十一日、日中両軍による停戦協定が現地塘沽《タンクー》で調印された。首相の続投声明と塘沽停戦協定による満州事変の終結によって、非常時暫定政権としての斎藤内閣は変質をともないながらいわば延長され、新たな段階に入っていった。

三　非常時暫定内閣の新局面――満州事変終結後の民意をめぐる軍と政党の角逐

塘沽停戦協定後の政治と社会――五・一五事件被告減刑運動と軍民離間声明

一九三三（昭和八）年七月十八日、木戸は五・一五事件の首謀者古賀清志中尉の手記を読み、「眼界の狭き偏見と独断に驚く」と日記に記した。(150)約一年前に、「一の社会問題」と捉えた自らの理解を超えていたのであろう。八月からは五・一五事件の海軍軍法会議公判が始まった。公判では、ロンドン海軍軍縮条約締結過程での帷幄上奏阻止問題を中心に条約批判が展開された[151]。犬養の死から一年が過ぎ、裁判を傍聴した星島二郎は、「不祥事」によるその死を悼みつつ、「憲政の危機」を救うための「政党の革正」「選挙の革正」「国民の教育」に思いをはせた[152]。政治の表舞台に立つ人物も交代していく。六月九日には、一九二一（大正十）年のワシントン会議全権委員も務め、一九〇三（明治三十六）年以来務めてきた徳川家達貴族院議長が退任し、新たに近衛文麿副議長が議長になった。同月、英国で政治学を学んだ松平康昌ら貴族院議員有志は、議会政治研究のための月刊同人雑誌『青票白票』を発刊し、「憲法が発布された時の赤子は既に今日では不惑の年に達して居る。日本の憲政も既に不惑の年に達したと見てよからう」と五箇条の御誓文からの歴史を概観した上で、「憲政の常道に精進する事は即ち大御心に添ひ奉る事であらう然るに今日の憲政の有様は如何である。顧みて一寸暗い気分がする」と現状を憂い、「一度は日本にも憲政の立派な花が咲いてもいいではないか」と述べて、「憲政の常道に精進したい」という意気込みを示した[153]。一方、九月には内田外相が退任し、広田弘毅に代わった。日本が脱退通告した国際連盟の一般軍縮会議は六月十一日、最終的に休会を宣言し、他方、経済危機に対処するロンドン世界経済会議は、七月三日のローズヴェルト大統領による爆弾声明によって実を結ぶことなく二十七日に閉会となった。こうして世界大恐慌に対処すべき国際的な協調体制は機能せず、世界貿易のブロック化が進む一方、一九三三（昭和八）年の夏には二九年からの大恐慌が底離れし、不況へと移行した。日本では三三年三月から三七年五月にかけて、経済はゆるやかに回復していった。

上海事変に続いて満州事変も終息したことで、残された問題は第一に、抱え込んでしまった満州国の育成と列国関係の調和であった。七月二十八日に武藤に代わって菱刈隆が関東軍司令官となったが、昭和天皇は特に、「隣邦ニ対スル親善ヲ念トシ、特ニ諸外国ニ対スル機会均等ニ注意セヨ」と述べた[154]。そして第二の問題は満州国の問題と連動する国内政治をめぐる軋轢であった。石原莞爾は三月にジュネーヴ勤務から帰国すると、以後一九三五年まで仙台の第四歩兵連隊長を務めた。その間、石原は一九三三年四月に久留米第一二師団参謀に就いていた片倉衷少佐から意見書を受け取った。意見書は、「我日本ニ於テ日本精神ヲ忘レタル所謂政党政治ハ原敬内閣ヲ頂点トシテ転落シツ、アリ」と述べる一方、「元ヨリ軍部ニ政権ヲ掌握セントスル」意味ではなく、「一時親裁政治ヲ敢行シ軍部自ラ擁護確立スルノ準備」を求め、「皇道主義ニ立脚スル議会（現在ノ通有観念ト稍差アルモ）政治ハ極メテ合理性ヲ思ハシムルモ今日所謂政党者流誤リテ政権ヲ執リ党争ノ為彼ノ五・一五事件三月若クハ十月事件等ヲ摘発宣伝センカ軍民離間シ国内混乱ニ陥リ其状想起スルモ慄然タラサル能ハス」と、政党内閣制下での政党による軍への圧迫を懸念して、軍部に備えと監視とを求めた。片倉の議論は満州国維持がすべての前提で、「左翼並反軍分子ノ徹底的取締リ」の実行を求め、「帝大、九州大学等ノ一角ニハ今以テ満蒙抛棄論ヲ唱ヘ或ハ軍部専横ノ反軍言動ヲ為ス教授アリ」とも指摘した。[155] それは「今ヤ危イ哉軍民一致ノ協力ハ将ニ頂上ニ達シ時局平静ノ観念ト諸般ノ策動トニ依リ将ニ転落セントス政権ノ餓鬼所在ニ機ヲ窺ヒ軍ノ内部ヲ偵知シ離間シ其切レ味ヲ知ラントス然レドモ政務ハ未タ断シテ醜状紛々タル一党ニ恣ニセシムル能ハス」という時局認識からであった。[156] 石原は、四月二十四日に「国難なくしては真に陸軍の政策も国家の改造も望み難きことは益々明と相成申候兄等大活躍の舞台は決して遠からさる」と片倉を励ます礼状を返し、六月に執筆した文書では「国防方針ニ基キ政府ニ必要ノ施政ヲ要求スル以外軍部ハ政争渦中ニ投入スヘカラサルコト勿論ナルモ既成政党カ支配力ヲ失ヒタル今日次代ノ要求ニ合スル政治的団体ノ発生発展ニ適切ナル努力ヲ払フ」と記した。[157] 満州事変は引き起こせたけれど、国内を強引するにはもう一段の取り組みが必要なのであった。

そして第三の問題が引き続く社会思潮の動揺であった。満州事変の終息とともに強調され、新たに対外危機感を高揚させたのが「一九三五、六年の危機」説であった。これは一九三三年の後半から注目を集め、三四年六月頃には盛んに論じられるようになっていた。[158] 国民感情に訴える多分に情緒的な議論で危機の具体的な内容は漠然としていたが、ワシントン・ロンドン両海軍軍縮条約の有効期限がともに一九三六年末で、一九三五年には次の軍縮会議が開催されること、そしてロンドン海軍軍縮条約によって漸次日本の大型巡洋艦の対米比率が低下し、一九三六年には防衛に必要と海軍が主張した七割を切ることが中心であった。加えて、ソ連の第二次五カ年計画も三五年六月頃には完成の見込みであることから、この両年に国際危機が集中するとあらためて「非常時」が高唱された。[159] 斎藤内閣成立後のヨーロッパ情勢の変化も議論に影響を与えていた。一九三三年に誕生したヒトラー政権は軍備平等権を要求し、十月にはジュネーヴの一般軍縮会議から脱退して、国際連盟にも脱退を通告した。また米国は十一月にソ連を承認した。

国内では斎藤内閣成立後も社会不安を惹起する事件が相次いでいた。一九三二年十一月、東京地裁判事らが日本共産党に入党し、活動資金のカンパや党活動への協力をしていた赤化判事事件が発覚して、三三年二月には長崎地裁、札幌地裁、山形地裁へと広がった(160)。同月、同じく長野県教員赤化事件が発覚し、四月には滝川事件が問題化した(161)。そして六月九日には佐野学、鍋山貞親ら獄中の共産党指導者たちがコミンテルン反対、天皇制廃止反対、民族主義を掲げる転向声明を出し、共産党の大量転向が起こった。日本共産党は満州事変下で「帝国主義戦争を内乱へ！」をスローガンに掲げて活動を活発化させていたが、十月六日、活動資金獲得のために大森ギャング事件と呼ばれる銀行強盗を起こしていた(162)。他方、六月十七日には大阪で信号を無視した兵士をとがめた巡査に抗議して陸軍第四師団と大阪府警が対立するゴー・ストップ事件が起き、十一月に検事の斡旋で解決に至るまで世間の耳目を集めた。

法廷では血盟団事件の公判が行われていた。六月二十八日に第一回公判が開かれ、五・一五事件と密接不可分な裁判として社会の注目を集めていた。さらに、七月三日の第三回公判で天野辰夫弁護人は右陪席尾後貫荘太郎の公判廷での態度を問題とし、十二日の第五回公判で弁護側は忌避の申し立てをした。忌避の理由は、尾後貫は「共産党員ヲ殊更ニ庇護シタルモノ」で公判廷における態度も「不謹慎非礼」であるというもので、弁護側の「公判闘争」の結果、二十八日には公判の再開が無期延期され、十一月二十九日には酒巻貞一郎裁判長が「公判紛糾の責を負つて」退職する事態となった(163)。そのような中、七月十日には民間主導で陸海軍の青年将校を含むクーデタ未遂事件である神兵隊事件が起こった。これは、首謀者の主観としては血盟団事件、五・一五事件を引き継ぐもので、大日本生産党と愛国勤労党の幹部が青年を集めて、「国家改造を好まず之が実行を阻止せむとする重臣大官、西園寺公、斎藤総理、山本内相、牧野内府、荒木陸相、鈴木・若槻両氏等を暗殺せむとするの計画」で、偶然計画を探知した警視庁が実行予定前日に検挙したものであった(164)。しかも首脳の一人は血盟団事件弁護人の天野であり、十月六日に自首した。天野は一九三三年を昭和維新断行の年とすることを決意し、斎藤内閣の更迭と皇族内閣の出現を企図していた。

このように世情が騒然とする中で、満州事変後も終息しない危機の解決に向けた手立ての第一は、斎藤内閣の政党政治的強化策であり、二大政党には単なる閣内協力を越えて総裁の無任所大臣としての入閣が議論されるようになった。七月十五日に木戸が斎藤首相から聞いたところでは、斎藤は鳩山文相に、「政党の態度の真面目ならざるべからざること、究局は政党をして政治に当らしめざるべからざる点等」について注意したところ、鳩山も首相の真意を諒解して鈴木総裁に無任所大臣として入閣するよう求め、鈴木も最近に至って諒解するところがあったということであった(165)。熱心だったのは高橋蔵相で、八月六日、「元来政党政治というものは最善の政治を行えないとしても最悪の政治ではない、今日我国の政党にとっての一番の弱点は国民の信頼を失いつつあるということだ、その点を政党自ら反省して誠心誠意国民の信頼を回復するように努めることが何よりの急務である、このまま捨てて置けば政党政治に立脚しない政府が出来上るようなことになるかも知れぬ、一人二人の豪傑が出て強力な政治を行うときは国民は頭を押えつけられ、恐れていいたいこともいえなくなる、こんなことでは封建時代に還ってしまう、国民が自由な意思をもって政治に関与し得る点においてやはり政党政治でなければならない」と述べていた(166)。このような政権強化策には期待もあり、オランダのハーグにある常設国際司法裁判所の所長を務めていた安達峰一郎は、二十三日、小川に、「新聞報によれば、鈴木、若槻両君入閣と決せられ候趣近来の快事、為国家慶賀の至に存候」と書き送った(167)。この流れの中で鈴木総裁は政府との政策協定について談話するまでに至ったが、次期内閣に政友会内閣を想定していた枢密院の伊東巳代治によれば、鈴木は「首相ニ対し先決問題ハ人心安定ニ在り五一〔五〕事件ニ知られたる可如く其原因ハ倫敦条約の欠陥ニ在り随て其責任者を糾し又局外ニ在りて之を援助したるものを糾明すへしと提唱し暗に首相を諷したる」ようで、斎藤内閣の政党政治的強化策は実現しなかった(168)。

こうして政党政治的強化策が充分に進まない中、第二の手立ては軍に対するいっそうの宥和策であった。そもそも政党内閣制が陸軍士官によっても常態化したとみなされる中での斎藤内閣成立自体が、宥和による危機緩和をめざすものであった。速やかな満州国承認も政党内閣の希望しないところであったにもかかわらず実現を見、加盟国の軍備縮小を義務づけていた国際連盟からも脱退した。五・一五事件の裁判では軍に同情的な世論が喚起され、被告減刑運動が盛り上がっていった。陸軍側被告人への裁判では、弁護人が政党政治の腐敗こそ事件を引き起こした原因であると糾弾し、判決は求刑の半分の禁固四年となった。そして海軍側被告人に対しては、山本孝治検察官が犯行を暴挙と論じ、『憲法義解』などから軍人が政治問題に干与すべきでないことを力説すると、海軍内で軍令部を中心に反対運動が巻き起こり、結局、「憂国の至情諒とすべきものある」と古賀と三上を禁固十五年とするなど軽い刑に止まった。[169]さらに、裁判でロンドン海軍軍縮条約が糾弾される中で、海軍では海軍省に対する軍令部の自律性を高める制度変更が行われた。これによって十月一日より海軍軍令部長は軍令部総長と改称され、加藤寛治は「統帥権確立す」と満足した。[170]それは青年将校の希望に添うことでもあった。

次いで、裁判を通じた軍に同情的な世論喚起を背景に、政治犯に対する恩赦が検討された。十月三日、荒木陸相は大角海相とともに斎藤首相に恩赦を申し入れた。[171]陸軍の中では満州事変が終息する中で、軍に対する反感や政党との軋轢が高まっていると考えられており、すでに九月二十六日の閣議では、国内不安一掃の問題で、荒木は「此事ナラサレハ国防ノ責ヲ果スコト能ハスト迄テ極論」し、元政友会議員である竹越与三郎の『旋風裡の日本』を例示して「軍攻撃ノコト到ル処ニ現ハレタリ」と述べていた。[172]十月四日、鈴木貞一陸軍中佐は後藤農相の秘書らと会って「今日ノ急務ハ先ツ政党ヲ打破スルニ存スト言明」していたが、同日、木戸や井上らとの会食の席で原田から「政党ニハ絶対ニ政権行カス、四十代ノモノ、若手内閣必要、近衛ハ結局内大臣トナル方可ナラスヤ」と聞いた。鈴木から見て各閣僚は陸相を包囲攻撃しているかのようであり、八日には陸相の苦境を小畑少将に伝え、「特ニ満事件発端ノコト夫レトナク聖上陛下ニ伝ハル時、陛下ノ軍ニ対スル御信任薄ラクヘキ」ことは大いに憂慮された。「之レ旧勢力ノ軍ニ対スル反抗時機ナリトス」るからであった。[173]鈴木の憂慮は翌日も去らず、九日には「最近財閥方面ニ於テハ政党政治ノ興起ヲ企図シ、郷氏ヲ中心トシ策動シ、資金ヲ政党ニ出シアリ」という情報に接した。[174]政党の動きとして、十月十一日には名古屋で若槻礼次郎民政党総裁が「ロンドン会議は経済的にも成功であった」と述べたことが反響を呼んだ。対して鈴木政友会総裁はロンドン海軍軍縮条約を批判する発言をしたが、若槻は「その一党の総裁にして時来れば総理大臣として一国の運命、国民の利害休戚を負はるゝその人が軍艦製造競争の可否につき軽々に考へ、批判されたことにつき自分は鈴木総裁その人に失望したといふよりも、実に国家のため失望せざるを得なかった」と述べた。(175)

十月十二日、原田は近衛から陸相が恩赦を求めている話を聞き、西園寺に報告した。この日、近衛と面談した荒木は、「不安な空気」を一掃するために、五・一五事件や血盟団事件、さらには共産主義運動など「左傾と言はず右傾と言はず、苟くも法の裁きを受けた者及び裁きの中にある者すべてを、陛下の思召によつて恩赦或は大赦に浴させる。つまりすべての罪を許してその上で新たに政治をやり直す」ことを、職を賭すかのように強く主張したという。これを聞いた西園寺は、「まるでそれでは革命ぢやあないか」と述べ、昭和天皇が気の毒であり、軍が強く出たら内閣もそうしかねないと憂慮しつつ、「自分の生存中に、何か御奉公にかうい ふことをしたらい ゝだらうとか、これはどうい ふ風にした方がい ゝだらう、といふやうなことがあるならば、考へておいてもらひたい」と、最後の御奉公を意識した発言をした。「斎藤にしても、まあ西園寺がゐるのでいくらか足しになる、といふやうに、自分を味方にして……といふか、自分を多少でも力になると思つてくれるならば、まあ自分もいくらか役に立つだらうと思ふ。なほ今後のことについて、或はこの次にどうい ふ人がい ゝだらうとか、或はどこをどうしなくちやならん、といふやうなことで、自分のできることならばできるだけ御奉公したいと思ふから」木戸と考えておくよう求めたと、原田は記した。(176) 木戸は、十四日に西園寺を訪れて恩赦の問題や「一九三五年対策」として宮中体制にかかわる相談をしたところ、西園寺は次のように述べて斎藤内閣を支持した。(177)

> 今後の政治の動向を考ふるに、軍部に軍権、政権を掌握せしめて独裁的の政治を行はしむるか、或は徐々に今日の情勢を転回せしめて議会政治で行くかの二つしかないと思ふ。近衛公あたりが前者を支持するとせば、自分は之にはお伴は出来ない。自分は過去の人として消へて行く外ないと思ふ。而し、自分としては、今日は動くべきときでなく、今暫く現内閣に仕事をさせて、推移を見るべきなのではないかと思ふ。

この西園寺の明確な意思表示に対して、木戸も「全く同感の旨」を答えた。さらに、西園寺は近衛を「何と云っても相当の人材で、他に一寸かけ替がない」と評価した上で、将来については「二三年議長をして、其後は内大臣なり、枢密院議長なりをつとめさせるがいゝと思ふ」と首相就任には言及しなかった。また現下の政局についても、「政局は先づ此儘推移せしむること。自分も隠居してもいゝが、内府もそうだが、今はそう云ふことをすることはどんなものかと思ふ。少くとも現内閣の間は、そう云ふことをしては為にならぬのみか、却て不為になりはしないかと思ふから、此儘じっとして居ようと思ふ」と述べた。十六日に木戸が牧野に報告すると、牧野は内大臣職の存置について疑問を持っており、「或は政変等の場合は別に案を考ふることとし、常時輔弼の役は将来は考へものなり」と木戸に考察を求めた[178]。この時期、田中光顕の内大臣府廃止論など宮中官僚は攻撃を受け動揺するも、西園寺は落ち着いた対応を求めた。

そして問題解決に向けた第三の手立てとして、直面する政策課題に対する政権の機能的取り組みである五相会議、内政会議が設置された。それもまた軍に対する統制と有和とが交錯する場であった。通常議会に向けて予算案編成が進む中、十月三日から二十日にかけて首相、外相、陸相、海相、蔵相から成る五相会議が五回にわたって開かれた。陸海軍は「非常時」を強調し、軍備の充実を説いた。陸軍から出された国策案には、一九三六年前後の「国際的危機」を未然に防止し、万一の場合には総力をもって突破するための国策根本方針として、対外政策はもとより、外交機能の刷新、兵備の増強改善、思想浄化、教育刷新、社会政策・農村振興、さらに戦時所要資源や金融統制の準備など「対内政策」が幅広く掲げられていた。対外政策の一つ、「対軍縮策」ではワシントン・ロンドン両海軍軍縮条約改定について、有利な解決が見られない場合には「会議の決裂を意とすることなく国防の安全を確保す」と記されていた[179]。他方、強硬姿勢を強める海軍では連合艦隊司令長官に小林躋造大将に代わって末次信正中将が就いたが、軍事参議官となった小林は、「近頃五、一五事件の公判に伴つて倫敦海軍条約の批判が蒸返へされ、之を以て亡国的条約なりとする説が軍部及右傾派の一部に再発さるるに至た事は誠に遺憾に堪へぬ」が「条約実施以来既に三年、此間何等国防上の危機は到来しなかつた」と反論する手記を残した[180]。小林は、「海軍が飽迄原主張を固執する事に依て、倫敦会議を決裂せしめ我財政を益困難ならしめた場合、因果応報、其困難を最多く背負ふものは海軍となるのであつて、〔中略〕海軍を通じての整備は甚しく凋落するであろふ。而して如斯き事態は仮りに民政党内閣を倒して政友会内閣としたとしても、大同小異と見なければならない」と、ロンドン海軍軍縮条約が失敗に終わった場合には海軍の整備に大きな打撃があり、政友会内閣でも同様であったろうと述べる。(181)そして、「後年政争の為に政友会は切りに倫敦条約を攻撃してるが、当時は政友会の領袖にして一人の起て会議を決裂せしむるも可なりと公然天下に訴へた者は無く、後年の攻撃も手続の問題や兵力量の適否の問題で、会議を決裂せしむべかりしなりと云ふ声を聞かぬ。此雰囲気の裡に処して海軍が漫然一本調子に進み、何等次善の途を講ぜざりせば、最後の土壇場に於て寄切られた場合海軍は何処に活路を求めるのか」と書いた。(182)しかし、手記は「海軍の融合」が再び崩れることへのおそれから公表されなかった。

十一月に入ると、限られた予算をめぐって閣内不統一による総辞職が懸念されるようになった。十一月三日、昭和天皇は本庄侍従武官長に、「若し今、内閣瓦解とならば、国際的に非常なる悪影響を及ぼすべく、後任内閣とて誰れに組閣せしむるとも一長一短あり、軽々に交迭すべきにあらず」と善処を求めた。また、昭和天皇は陸軍が国内問題で政府に強要することを問題視し、六日には本庄に「荒木陸相が、往年上原将軍の二個師団増設問題の為め辞職して西園寺内閣を瓦解せしめたるが如き行動を取るなきや」とも問うた。(183)秋の大演習を挟んで十一月七日から十二月二十二日にかけて、今度は首相、内相、蔵相、陸相、農相、商工相、鉄相、拓相から成る内政会議が開かれ、主に農村対策が議論された。十一月八日の原田邸の朝餐会には木戸も後藤農相も鈴木中佐もいて、農村問題を中心に意見が交換されたが、原田から、小泉策太郎に聞いた話として、平沼には出馬の意思があるが鈴木政友会総裁とは提携しない予定なので議会の支持が不充分、宇垣は「政党とも手を握り得る見込にて、軍部も押へ得る見込あり」、さらに「近衛公にして、新しき議会政治をなし、空気を新にすると云ふ意味に於ては最も可なり」と言ったことが紹介され、原田は「西園寺公は、最近に至り、不得止ば近衛公の出馬も仕方なしと考ふるに至れる模様」と述べた。(184)

十一月十五日、昭和天皇はさらに本庄に荒木陸相の真意を問うたところ、本庄は国防の重責と部下統制を理由に希望全部とまではいかなくても若干を政府において採択されることを熱望していると答えた。(185)もとより斎藤首相と高橋蔵相は

「現在の陸相、海相共に部内の押は利かない」と見ており、予算問題では「今思ひきって軍部予算を削るが如きことは却って不測の変事を惹起する虞なきにあらず」との配慮から、「閣内にあって陸海両相共相当口が利けると云ふ印象を部内に示さするの要がある」と考えていた。(186) 本庄が荒木陸相から聞き取って昭和天皇に報告したところでは、「今や閣臣間に於て、時局を不安なりと為すものと、不安ならずと為すものとの両者あり。軍部に於ては正に不安なりとし、表面の小康を見て裏面の流れを見ざれば危険なりとす」と先の神兵隊事件や、「天皇政治確立」「既成政党打破」などのスローガンを掲げて政友会大会で鈴木総裁と鳩山文相らを殺害しようとして未遂に終わった川越事件などに言及し、「速かに之が根本原因を除去することに努力するにあらざれば、政治季節に入ると共に、更に不祥事を見るなきを保せず」と実現を熱望する諸項目を上げた。本庄はまず「国事犯に対する大赦」を上げ、陸相単独の意見ではなく「学者、経済家の中にも今日の不安気分を一掃する為には、大権に御すがりするの外なしとの希望増加しつゝあり」として、「浜口首相暗殺の佐郷屋に対する極刑と、犬養首相を其邸に襲撃したる海軍武官に対する寛大なる処刑との隔たりの余りに大なる」ことを指摘した。さらに、「農村と都市の負担の均衡を得ざる弊害」としての農村問題、「司法警察が、時の政党者流の自由に委せられざる様独立するの方策を講ずる事」などの「内政方面の革新」、教育問題、財政問題、そして「此儘何等の準備なく、一九三五、一九三六年の華府乃至倫敦会議に臨むに於ては、必ず正面衝突となり、如何なる事態に進展するや予知すべからず」という考えから外交問題を論じた。(187) なお本庄は、同時期、奈良前侍従武官長から、第一次山本権兵衛内閣で「政党の主張により」陸海軍大臣が予備役後備役まで拡張する流れとなり、閣議決定後もなお陸軍省内、参謀本部にも反対が残る中で大正天皇の裁可によって決定したという話を聞いていた。(188)

一方、先に意見書を配った片倉は、八月十二日、本庄、石原の推挙もあって参謀本部第四課第四班に異動した。片倉の姿勢を危惧する武藤章班長に、「私は国家革新の必要は痛感していますが、テロは押さえる方です」と安心を求めたという。(189)「省部に非常時軍国気分不十分」という感想を抱いた片倉であったが、参謀本部部員として五・一五事件、神兵隊事件の裁判を傍聴するなど青年将校運動を考究するとともに、同様の事件が起こった場合の対策を研究した。(190) 片倉は陸軍省の若松二郎、参謀本部の服部卓四郎、辻政信と相談して尉官クラスである若手中堅幕僚の中からメンバーを集めるとともに、十月、研究会の叩き台として作成した私案「皇国革新大綱」では欽定憲法を変えない最大限の革新を求め、「陸軍大臣ヲ主導トシ、国民運動ニ依リ之ヲ援助ス」と記した。[191]参謀本部での検討は翌一九三四年一月五日に「政治的非常事変勃発ニ処スル対策要綱」としてまとめられ、飯村穣課長、磯谷廉介部長に提出された。文書は軍を「国内事態改善ノ為」の「革新ノ原動力」と位置づけ、想定される「軍人干与ノ政治的非常事変」が勃発した時はもとより、仮に勃発しないとしても「国務大臣其他関係機関」を通して逐次具現化することをめざした。革新の内容は外交、国防、政治機構、経済機構、社会政策、教育と広範に及ぶが、「満州国既成事実」を重視し、政治機構では「既成政党ノ解散ト議会ノ浄化刷新」、各省政務次官、参与官制度の廃止、枢密院による首相指名などがあげられた。そして、「革新ニ対シ適正ナル輿論ヲ指導シ国民多数ノ信頼ヲ獲得シ又諸外国ノ誤解ヲ生セサル如クス」と「輿論指導」を重視する一方、「革新妨害者ハ強制拘束ス」と記された。また、「事変勃発ニ際シテハ希望スル後継内閣ノ組閣ヲ図リ之ヲ通シ革新ヲ断行ス」と述べ、「後継内閣ニ関スル人的準備」も検討された。[192]片倉は検討の趣旨は「起きた場合にはそのチャンスを利用する」ということで、青年将校運動をやらせて利用するという考えではなかったと後に抗弁している。[193]

一時は内閣の危機も伝えられたが、十二月二日、通常議会に向けて閣議で何とか予算がまとまった。[194]五日、政友会の高橋蔵相は閣議で「一九三五年や六年が危機でもなんでもない」と「一九三五、六年を危機なり」と宣伝に努める軍の言動を強く批判し、荒木陸相との間で激論になりかけたところ、民政党の山本内相が仲裁に入る一幕もあった。[195]陸海軍は、九日に軍民離間に関する当局談を出した。陸軍当局は「一九三六年の危機を以て軍部のためにする宣伝となし」、また「軍事予算のため農村問題は犠牲に供せらるゝ」など、「最近予算問題その他に関連して軍民分離の言動をなすものが少なくない」ことを「軍部としては断じて黙視し得ざる」と述べ、「今回の軍事予算」を「必要の最小限度」として要求したものと強調して、「平和的に一国の国防力を減殺」するための「国際的策動」である第三インターの指令に基づく反戦運動とともに「軍民分離の策動」を「遺憾の極み」と批判した。海軍当局も、陸軍省声明を「全然同感」と述べ、「軍部と国民、又は陸軍と海軍とを離間せんとする様な非愛国的言説を弄するもの」の宣伝に乗じられないよう国民に注意を求めた(196)。また、陸軍は「近時各地ニ於テ軍民離間ヲ策スル者アルニ鑑ミ」て「軍ノ意嚮ヲ発表」したと、次官名で朝鮮、台湾軍参謀長、各師団参謀長、留守参謀に通知し、管下での注意を求めた(197)。

十二月二十三日、二年ぶりに平時に開かれる第六五通常議会を前に、二十一日の『読売新聞』は前日の荒木陸相による貴族院各派交渉委員招待会で軍民離間声明の真意が質されたこと、また「軍人が分限を越えて政治に容喙するが如きは慎むべきである。殊に故浜口首相を狙撃して大審院で死刑の判決を受けた佐郷屋留雄に対して軍人が慰問の方法を探る申合せをなしたるが如きは不都合と思ふが当局は如何に解せられるや」という質問があり、荒木陸相が「それは主として予後備軍人のやることで何んとも致し方がない、併し困る場合もある」と答えたことなどが報じられた(198)。また、同紙面では、中島商相が「苟も憲法の厳存する限り、議会政治の認めらるゝ限り、政党の存在をして意義あらしむる」ことが肝要であると、「議会政治一新」のために政友会と民政党の連携を斡旋し、斎藤首相の諒解も得ていることが大きく報じられていた。

『中央公論』一月号は「政党と軍部」と題する巻頭言を掲げ、政党政治家に「果然としてその所信に邁進し真剣にそのステーツマンシップを錬磨することが国民の信頼を増大し、軍部に安心を与へ、政党を自省再起せしめ、国家発展に資する所以だ」と訴えた(199)。同号でジャーナリストの長谷川如是閑は、「現に今日、又も非政党主義が台頭して来たが、これはまだ輿論と呼ばれるまでに発展しないが、力強い少数の見地である故に、それに対して政党者は、政党主義を輿論と称してゐるのである」と分裂した政治イメージについて論じた(200)。同じく同号に寄稿した松岡洋右は「非常時」を連呼して、「政党といふものは対立して抗争すると云ふところに存在の意義がある、これ等の人達だけで党をつくつて国民を率ゐると云ふやうな考へ方に対しては私は絶対に反対する」と述べた(201)。松岡は十二月八日に衆議院議員を辞して政党解消運動を始めており、「政党は借着です、たつたこの間欧米から借着をしたのが政党である」と述べ、「今や欧米から学ぶべき殆んど何ものもない、欧米はあの通りお先真暗である」と西洋の没落を論じた。では「デモクラシー」を否定するのかというと、松岡は、「私は覇道に基いた西洋のデモクラシーに倣ふことはしませぬが、われわれ祖先伝来建国以来の精神に基いて持つてをるところの日本伝来のデモクラシーは飽迄も支持する」と述べた。それは、「一家相和し戮力共同」の観念であった。そして、「日本の憲法を御覧になるがよい一目瞭然何処に政党政治は憲政の常道なりと書いてあるか〔中略〕私は政党を解消し政党をなくして茲に始めて議会が生きるのであると考へる」と、巷間の「憲政常道」論を否定し、政党解消による日本精神に基づいた「デモクラシー」を主張したのであった。

世間の注目を集めた松岡のこうした政党解消論を、「もし単に政友会及び民政党の二大政党の解消を主張せらるるのであれば、その趣旨だけは諒解することが出来るけれども、もし一切の政党を否定するということであれば、それは議会制度とは到底両立し得ない主張」と批判したのは憲法学者の美濃部達吉であった。美濃部は、立憲政友会と立憲同志会の結成によって政党政治確立への道が開かれ、斎藤内閣成立までは「時に多少の異例が無いではなかつたとしても、内閣の基礎はほとんど常に政党に置かれて、衆議院の多数を制し得る政党の首領が、内閣組織の大命を拝することが、「憲政の常道」として、一般に承認せらるるに至つた」と歴史的経緯を整理し、天皇政治やファッショ政治など世の政党内閣主義排斥論に一々反駁しながら「一般にいつて私は、政党内閣制は原則として否定せらるべきものでないと信じて居る」と述べた。しかし、それは「国の政治が通常の軌道を歩んで居る時代」に「比較的にはもつとも穏当な政治機構」であるという理由からで、「今日の時局」のような資本主義経済の行き詰まりによる「社会の転換期」には、「強力な挙国一致内閣を必要とする」と、「議会の多数を制する政党の支援を得て組織せらるる人材内閣」を支持した。それは憲政常道論と政党否認論とが正面衝突することで「憲法政治の破壊」にまで至ることを恐れるからであり、政党が自ら政権を担う欲望を去り、国政の監督者として適当な人材内閣は支援することこそ「憲法を擁護」することになると説いた。(202)

一年半前に斎藤内閣成立を早過ぎる挙国内閣と評した与謝野晶子も、この時期には「国民から全く見捨てられた既成政党」と書き、「今ごろ政民両党の連携や妥協が既成政党の回生に役立たうとは思はれない」と二大政党を批判する一方、「軍部の前に閉息するやうな無力な政党には存在の理由がない。軍部としてもほんとうに国民を代表する有力な政党政治の確立を望んでゐるのである」と、新勢力による政党政治の再建を論じた[203]。政権運営から一度排除された政党勢力について、政友会の自力更生派のような党内での改善を求めるに止まらず、二大政党の協力にも止まらず、次第に二大政党以外の新たな政党勢力による政党システム内での改善、さらには政治システム全体の変革が求められるようになっていた。このような非政党内閣下での議論の展開は、国民を背景とする強すぎる二大政党の国際協調的で穏健な対外政策と軍縮方針を恐れた陸海軍にとって実に望ましい変化であり、であればこそ二大政党への警戒を解くことはできなかったと言えよう。

政友会では十一月十六日の幹部会で内田信也が「軍紀の粛正を高唱する」党の方針に慎重さを求めるほどで、機関誌『政友』には浜田国松など政党政治擁護の演説が掲載され、さらに一九三四年の年頭所感で大野伴睦は「今年こそは憲政を常道に復帰せしめ、吾党内閣を成立、非常時の打開に猛進いたし度いとの感で一杯です」と記していた。また十二月二十二日に開かれた議員総会では、松岡の退会とともに貴族院議員芳沢謙吉の入会が報告された[204]。

第六五通常議会と首相選定方式再論——首相選定と民心諒察

一九三四年一月十六日、牧野内大臣は、斎藤首相が参内時に、できるだけ範囲をせばめつつも「政治的関係の刑事犯人等」に対して四分の一の減刑を願いたいと言上したと、鈴木侍従長から伝えられた[205]。首相は相当の効果を見込んでいるようで牧野も裁可を求めたところ、昭和天皇も「此程度なれば」と認めた。牧野のもとには一方で「海軍部内の暗流」のその後について、他方では陸軍について「軍部青年将校中五・一五事件の同型の分子今尚ほ治まらざる向きあり。〔中略〕所謂内政の方面に於て依然刷新せず積弊を除かず、此儘因循姑息何等為す事なく推移せば、三月より六月の間にテロ的行動に出づべし」と伝えられた。牧野は、「一部の伝説に偏する嫌あるも、今尚此種の思惑行はれつゝなしとも限らざるべし」と警戒した。議会が再開される一月二十三日、荒木貞夫陸相は病気を理由に退任し、後任には林銑十郎前教育総監があてられた。青年将校の期待を集めた荒木であったが、実行力の欠如を理由に青年将校の間でも評判を落としていた[206]。満州事変以後、極東のソ連軍は急速に増強され、一九三二年の八個師団は三五年に一四個師団になる[207]。航空機においても差は広がっていた。林新陸相には、昭和天皇から斎藤首相と本庄侍従武官長を通して、「勅諭の精神を体して、軍を統率し、再び五・一五事件の如き不祥事件なからしむる様」伝えられた。(208) また、陸軍三長官の一つ教育総監には荒木の股肱である真崎甚三郎が就任した。

第六五議会の年末休会が明けると、衆議院では政友会の床次竹二郎が質問に立った。床次は、斎藤、高橋、山本の協力による内閣の来し方を評価し、さらに議会政治の将来についてこれまでの憲政の流れを振り返りながら、民意の暢達を図る政党を重視して「私ハ国家ノ為ニハ政党ハ大同団結シテ、何処マデモ挙国一致国難ニ当ルガ必要デアルト考ヘル」と述べるとともに、「議会政治ノ機能ヲ発揮シ、以テ憲政有終ノ美ヲ済サントスルノ決意ヲ有スル者デアリマス」と語った。この演説に斎藤首相は、「何等異論ノナイコト」「反対スル点ハナイ」と応じた。(209) 翌一月二十四日、今度は民政党の町田忠治が質問に立ち、外交問題について先の国際連盟脱退時の大詔を引いて満州国の独立を尊重し、健全な発達を促す方針に理解を示した上で、「帝国外交ノ根本方針ハ、亜細亜ノ和平ヲ保チ、世界ノ文運ニ貢献スル」ことであると中国との親善に日本からも努めるよう求めた。また、財政問題では経済外交について「列国ヲシテ斉シク門戸開放機会均等ノ通商原則ヲ守ラシムルコトガ必要」と、「互譲」「互恵」「均衡」を説いた。そして最後に「人心不安」について、「我ガ立憲政治ノ根本ヲ非議シテ、欧州一二ノ特例ニ倣ヒ、国政ヲバ一部少数者ノ手ニ壟断セントスル言議、策動ガ行ハレテ居ルヤウデアリマス、斯ノ如キハ憲政ヲ破壊スルモノ」であり、「斯ル誤レル言動ヲ根絶致シ、憲政ノ運用ヲ全カラシメ、以テ国運ノ伸張ニ努メル」ことを「斎藤内閣ノ使命」と信ずると述べて、「昨日床次君ノ御演説中ニ、憲法政治ノ運用ニ於テ、健全ナル政党ヲ必要トスルコトヲ力説セラレタルコトハ至極同感デアリマス」と応じた。(210) 二大政党そろい踏みであった。さらに、政友会の安藤正純は軍民離間声明について秘密会を開いて質問し、二十五日にも現役軍人の政治干与、さらには在郷軍人の政治関与と軍人と政治の関係が問題にされた。(211)

グルー米国大使は「荒木が陸軍大臣を辞職したことは、自由主義者と政党の勝利を意味するものと一般に感じられており、今までよりは公然とサーベルを鳴らすことがすくなくなるだろうと思われる」と本国に報告し、議会での質問の「力強さ」を「政治指導者の力と自信が増大しつゝあること」の兆候と見た。そして「軍はやり過ぎた。今や政治的分子が、ますます増大する自信をもって、やり過ぎる番になるのではないかどうかが問題である。もしそれをやれば、この上さらにテロ活動が行われる危険がある。すでに海軍は憤激的悪罵の声を発している」と、議会の動向を注視した[212]。また、昭和天皇を「穏かな、平和を好む性格の人」と評し、「元老西園寺公爵と牧野伯爵とは、戦争の恐ろしさを深く感じている。一九三一年以後、この二人は公然と自分の意見を感ぜしめることが出来なかったが、背後にあって絶え間なく活動し、彼らの影響力は次第に強くなりつゝありと信じられている」と事態を歓迎し、「日本に潜在する平和的傾向はここ数ヶ月間に、一九三一年九月十八日以来の如何なる時よりも、はっきりと聞かれ、また感じられるようになってきた」と評価した[213]。

他方、鈴木貞一陸軍中佐は、「軍民離間声明ノ件議会ノ問題トナル。予ハ、今日ノ議会ナドハ軍ノ力ニ対シテハ象ノ背中ニ「アブ」ノ止マレル如キモノナリ、余リ騒ケハ象ノ鼻ヲ一ツ振ヘハ可ナリトノ信念ノ下ニ一戦ヲ為スノ準備ヲ完成ス」と日記で感情をほとばしらせている[214]。さらに二十六日には、昭和天皇が本庄侍従武官長に、「新聞に拠れば、陸海軍大臣は議会に於て、軍人の政治を論じ研究するは差閊なしと答弁せるが、研究も度を過ぎ、悪影響を及すことなからしめざるべからず」と注意したため、本庄は、陸軍の政治研究の論理を、「国家の全力を挙げて、戦争に傾注せざるべからざる現在にありては、国内政治は常に、此目的に適ふ如く指導せられざるべからず。故に政治にして、此目的を害するものあるときは、将校たるもの其欠陥矯正に対する希望等は、宜しく順序を経て上司に通し、国務大臣たる陸相等より当路に要請すべきなり。是れ国防に忠実なる所以なり」と説明する一方、「直接政治に干与し、就中直接行動に出づるが如きは、軍刑法及陸軍内務書の禁ずる所にして、断じて不可」と述べた[215]。昭和天皇の注意に言及があったのであろうか、本庄は第一次世界大戦での「独乙崩壊」の原因について、ドイツでは将校が貴族出身である問題とともに「国内動揺否戦運動台頭せんとするに当り、予め之が防止抑圧に対する政治的対策なかりし」点も崩壊を早めたと指摘した[216]。

こうして政党勢力が活発化する中で、再び政変が現実味を帯びていった。一月二十六日、牧野内大臣は木戸を通して、首相選定に与る重臣の範囲について「仮令、総理前官礼遇を受くるものなりと雖も政党の総裁は如何考へものなり、人物本位に考ふるとせば、一木前宮相、斎藤総理等は適当にあらざるか」と西園寺の意見を求めた。西園寺は、「政党の総裁を不可とするは理由無し、斎藤と云ふ訳ではないが、辞表を提出したる総理を加ふるは可なるべし。一木前宮相は従来の経歴より見て不可なり」と応えた[217]。西園寺は宮中官僚の中で一木の憲法理解を最も信頼していた。したがって、両者の対立は人物評価に基づくものではない。牧野が「人物本位」で考えがちであったのに対して、西園寺は、「辞表を提出したる総理」など、あくまでも資格を重視したのであった。他方、三十一日には、近衛、木戸、井上、原田、そして同月大佐に昇進した鈴木が集まる中で、「西公死後ノコト」が話題となり、首相選定について木戸は、「内府カ各方面ノ意嚮ヲ察シテ上奏スルコト、ナルヘク、其際近衛公ニモ問ハシムルコト、ナルヘシ〔中略〕。即チ内府ノ質タル人ハ首相ヲ済マセタル人々位ナルヘシトノコトナリ。而シテ其際内府ヨリ近衛公ニモ相談セシムルコト、シ、一種ノ習慣ヲ作ル方可ナルヘク、初メヨリ規定スルモ中々出来ス、要ハ陛下御信任ノ問題タルヘシ」と見立てた。二月二日にも衆議院で軍人勅諭の「政治に拘わらず」の部分が問題となり、鈴木は「議会ニ於テ勅諭ヲ問題トスヘカラサルコト」と陸軍の態度を考えた[218]。

第六五議会のもう一つの焦点は衆議院議員選挙法の改正であった。先の第六四議会では、法制審議会の答申内容から結論を得なかった比例代表制案と事務当局で成案を得られなかった選挙公営案とを除いたものが政府から提出され、公営案のないことが強く批判されて審議未了に終わっていたため、今議会では、選挙公営案を加えたものが再提出された[219]。すなわち、このたびの選挙制度改革では選挙の革正と費用の低減を主眼として、比例代表制と婦人参政権は見送られたのであった。斎藤首相と同郷で海軍出身の政友会代議士八角三郎は、選挙法改正案の衆議院提出には「総理大臣と中島知久平君との間に、憲政の常道に帰すべき大きな決意が含まれて居りました」と後年回顧した[220]。また、選挙法改正は昭和天皇の希望でもあり、牧野に「目下枢府に諮詢中の選挙法は政党の情弊浄化の為めにも成立する事尤〔最〕も望ましく、就ては種々関係方面にて議論ある様なれど此際其成立に一層の配慮有之度一言申入るゝ内心なる」と述べている[221]。三月一日に改正案が衆議院に提出されると、政友会の犬養健は「議会に次から次へと立派な有能な人が入って来て、国運の発展と共に、議会政治というものに新陳代謝が行われて行くことが大事」であるにもかかわらず、「選挙に付てこういう厳罰主義があると尚少し気の利いた人は議会に入ることを欲しない、又本人は欲しても親類が一生懸命に泣きの涙で止めるであろう」と、角を矯めて牛を殺すことがないよう問題点を指摘した。(222)

こうして政党内閣復活に向けた気運が高まる一方で、第六五議会は先にグルーが懸念した反動に揺れることになった。第一に、一月から三月まで『時事新報』で「番町会」を暴く」という記事が連載され、後に内閣の倒壊をもたらす帝人事件へと発展していく。(223) 第二に、二月七日の貴族院本会議で、後備陸軍中将の貴族院議員菊池武夫は中島久万吉商相の「足利尊氏」論を逆賊賛美と批判し、九日には辞任に追い込んだ。中島は、自らへの批判は「政民連携の幹旋」にあり、多くの議員は心中理解してくれていたようだと回顧した。(224) 中島によれば一九三三年晩秋、原田熊雄に呼ばれた朝餐会には七、八名の名流が揃っていて、軍部の増長に結局、政党を純化して強化してやるしかないとのことだったので、数日後に中島を訪れた政友会の島田俊雄と、民政党の町田との間を斡旋した。「寧ろ町田君の時勢感の方が一層痛切のやうに見受けられた」という。そこで両者の一致を受けて、中島が政民両党の幹部二〇名ずつを招待して、「政民両党は各々従来の行掛りを一掃し、倶に国政に協力し、輿論政治の大義を錯らぬやうにしたい」と芝公園紅葉館に会合を設けた。中島が斡旋を引き受けたのは、「当時軍部の独善的態度に対し既成政党を強化し民意を代表して之を箝制せしむる外に道が無い」と考えたからであるという。したがって、「足利尊氏」論が提起されても「こんなことで責任を取らねば成らぬやうでは国務大臣の威信に関する」と反発していたが、斎藤首相から「あなたの尊氏問題が到頭宮内省でも問題と成り、これが叡聞にでも入ると面倒だから、何とか商工大臣自身に於て考慮されてはと言はるゝのだが、何んなものか」と婉曲な辞職勧告を受けて、「軍の目指す所は私限りの進退位に止まらずして、結局は施いて何かの機会に斎藤内閣の倒壊を志して居るので、私の退職を以て一葉落ちて天下の秋を知れとの意に解すべきではないでせうか」と、二、三注意を促して辞職したという。(225)

そして第三に、政友会の鳩山文相が、二月十五日、同じ政友会議員の岡本一巳から五月雨演説と呼ばれる弾劾を受けた。(226) 原田は、議会で鳩山が攻撃された十五日の夜、「政党ハ愈々墓穴ヲ堀リ来レリ、之レニテ完全ニ政権ハ政党ヨリ離レタリ、次キヲ如何ニスヘキヤ」と鈴木大佐に問い、鈴木は「政党ニ政権ヲ渡スヘカラサルハ既定ノ事ナリ、此事ナシトスルモ政党ハ真ニ更正シアラサルヲ如何ニセン」と答えて予算通過後の政権授受、特に平沼内閣に言及した。そして鳩山の処分について、文相であることから法律論ではなく「不徳」を理由に責任を明らかにすべきだと述べて、原田は「左様処置スルコトニ首相ニ具申スヘシ」と応じた(227)。また、林陸相は近衛に、陸軍内での宇垣、荒木両派の対立の深刻さに驚いて「調和」に努力する考えで、「軍カ直接政治スルコトハ時期尚早ナル旨」で次期内閣は平沼でよいと語っていた(228)。鳩山は三月三日に文相を辞職し、政友会は岡本一巳、津雲国利、西方利馬の三議員を除名した。

三月十二日に木戸は原田と岡部と会食し、「斎藤内閣の前途、後継内閣の組織者等につき相談」した。木戸は夕方にも原田を訪れ、藤沼警視総監から軍部の不穏な動きに対する情報を聞き取った(229)。翌十三日には、木戸は牧野を訪れ、内閣の前途や軍部の不穏な動向、さらに宇垣一成擁立運動などについて報告した。牧野には湯浅宮内大臣からも報告があり、軍部の不穏な動きとは、十三日の建武中興祭を機会に東京と大阪で同時に事を起こし、戒厳令の施行まで進めるという不明確な情報であった(230)。また、木戸は十六日に原田と西園寺を訪れ、内閣の将来、後継問題、近衛の米国行きなどを話した(231)。西園寺は、「外から見た我が国の現状を研究して来ることが更に本人のためになり、また将来御奉公するために必要ぢやないか」と近衛の米国行きに賛成し、「軍部に対する関係なんかを考えても、それはきれいな人物であるといふこととか、あるいはその家柄についての価値は勿論認めるけれども、それ以外に何を以て軍部などと対抗して行くか」と述べた(232)。近衛はすでにブレーン的存在であった鈴木大佐に米国行きの要諦をまとめるよう依頼し、さらに「自分カ出馬スルコトモ有之事ヲ考アリ、其事ハ「直接行動」ノアル時カ尤モ多カルヘク、西公モ左様考アルヘシト告ケラレタリ」と話した(233)。

三月二十四日、原田によれば、この日、鳩山は斎藤首相を訪れ、解散を頻りに迫ったという。原田にも政友会の政治家から積極的な接触があった。松野鶴平は「解散よりほかに、政党を浄化する途がない」と述べたが、原田は「解散すれば政友会が多数となるから、鈴木に大命が降るといふ下心らしい」と推察し、政友会内の「鈴木排斥運動に対する対抗策」と理解した。また犬養など「鈴木派の連中」が盛んに原田の家を訪れて、「ぜひ解散をするやうに一つ政府に慫慂してくれ」と言ってきたが、原田は同じ理解から政府への取り次ぎを拒否した。ここで議論されているのは閉会中の解散の可能性であり、選挙法の改正が実現した後の解散であった。三月二十五日に議会を通過した衆議院議員選挙法改正案は、六月二十日に枢密院での審議を経て施行される。鳩山は議会最終日の夜にも首相を訪れて解散を熱心に説いた(234)。流言蜚語が飛び交う中で多数党が解散を要求することには意義があろう。原田は政友会内の派閥抗争の観点からしか理解しなかったが、政府では議会閉会中の衆議院解散について検討を行い、法律上は可能であるものの、「解散ハ更ニ新選ノ議院ニ向テ輿論ノ属スル所ヲ問フ所以ナリ」という『憲法義解』の記述を引いて、「此ノ理由ヲ離レテ解散ヲ行フコトハ政治的ニ恐クハ度ヲ失シタルモノト云フベシ」という結論を得ていた。すなわち、閉会中には新たに議院を選んで輿論を問う必要のある客観情勢はなく、立憲的行動として解散は不適切であるというのである(235)。このような消極的な検討結果以上に、斎藤首相自身の政局観の変化があった。斎藤首相は「今まではずつと事なかれ主義で来たけれども、今後はどうしてもこのまゝではよくない。どうしても思ひきつたことをしなければ、まづ人心も倦んで行く。だからといつて思ひきつたことをするには、どこまでも新手でやる方がいゝ」「後継内閣の首班者としてはどこまでも近衛公が最も適当である」と原田に語るようになっており、西園寺にも伝えられた(236)。

三月一日、満州国では帝政が実施され、溥儀は念願の帝位回復を果たした。また十七日には、議会で陸軍予算が無事通過したことを受けて林陸相と閑院宮載仁参謀総長が参内し、念願の「軍制改革打切り」と「兵備改善」について上奏した。しかし、代償として組織の規律は弛緩し、林陸相は部内統制のために永田鉄山少将を軍務局長に据えた。陸軍内では宇垣元陸相を中心とする陸軍主流派の排除が、荒木前陸相による皇道派人事を生み、また政策的にも行き詰まる中で新たに統制派と呼ばれる一群が勢力を回復しようとしており、永田はその中心人物と目された。先の上奏に対して昭和天皇からは、「之に拠り在満軍備強度を加へたりとて、隣邦に対し積極行動に出ずるが如きことなきや」と念を押され、さらに「予算は通過せりとは雖、皆国民の負担なり、針一本と雖も無駄にすべからず」と注意を受け、前者は士気にかかわると一般部下に通達できない有り様であった。また、外交すら阻害する陸軍の派閥的傾向と青年将校運動への昭和天皇の憂慮は続き、二十八日には青年将校運動の統制について政府の善政を希望するという他人事のような林陸相の奉答を聞いて、本庄武官長に「善政は誰れも希ふ所なるが、青年将校抔の焦慮するが如く急激に進み得べきにあらず、現斎藤内閣も政党との関係薄き丈け、選挙法の改正と云ひ、警視総監、内務省警保局長及貴衆両院書記長を特別文官任用令より除き、有資格者を宛てたる如き、皆改善の途にあるものと謂ふべし。軍部当局に於て、何等かの方法により此等善政の方面を、部下将校等に伝ふる方法なきか」と述べた。(237)「改善の途」と述べる昭和天皇は、常道復帰のための自力更正派であったと言えよう。鈴木大佐は陸軍内の派閥対立に「昨今陸軍ハ今ヤ崩壊シツ、アル」と語り、他方、植田謙吉参謀次長には「軍対軍以外諸勢力関係ハ軍抑圧時代ニ入レル」、そのために軍は「大ニ攪乱セラレツ、アル」と述べた。(238)

四　岡田内閣という選択――予想外の第二暫定内閣の誕生

内閣による反転攻勢への西園寺の期待

非常時暫定内閣も二年に近づき、二回の通常議会を乗り越えた。一九三四（昭和九）年四月一日、議会報告に西園寺を訪れた斎藤首相は、「今迄は事なかれの方針にて進みたるが、今後はそれではいけないと思ふ、行政整理、其他思ひきってやらなければいけないと考へる」が、高橋蔵相、山本内相ら「現内閣の長老」は疲れているので「新しい手」にやってもらうしかないと辞意を告げ、近衛文麿を一木喜徳郎が支える内閣構想を示した。斎藤の発言には政党内閣制を一時的に中断し危機の緩和を図る臨時措置という、政権発足当初の暫定性はすでに感じられない。対して西園寺は、「極力慰留激励」し、「死ぬ迄やる様に」と話した。(239)斎藤も高橋、山本に西園寺の意向を伝えて続投を決め、翌二日、西園寺は原田に「いよいよ斎藤も引続いてやるやうだ」と安心したようすを見せた。原田も「若い内閣が必要である」と広田弘毅内閣論や後藤文夫内閣論を西園寺に持ちかけたことがあったが、できることなら近衛を出したくないという思いがよく見えたという。斎藤再奮起の報は西園寺の依頼で四日には木戸に伝えられ、牧野にも通じた。(240)

西園寺の意思はすぐさま枢密院議長人事に現れた。二十七日、倉富の辞意を受けて興津を訪れた木戸に、西園寺は枢密院内の「納り具合」や「政府の方針がこのまま事なかれ主義で押して行く」というのであれば清浦奎吾がよいかも知れないが、「斎藤ももう今後は只穏便に事を運ぶ許りではいけない、相当に仕事もやらうといって居る際であり、〔中略〕内閣が一つしっかりやらうと云ふ際には、矢張り憲法に明い一木あたりが居る方がよいと思ふ」と一木元宮内大臣を推した。(241) また西園寺は、何でも元老に相談する宮中官僚の姿勢に「元来、枢密院議長の任命の場合は総理大臣の責任」であって、宮内大臣や元老に下問があることは将来注意する方がよいと苦言を呈した。それは「将来どんな者が侍従長や内大臣になるか判らないから、かくの如く御下問の例を開くことは非常に危険な場合が多い」からであった。西園寺は原田に、「元来、元老に御下問のある場合は、原則として総理大臣が辞職をして輔弼の責に任ずる者がない、即ち責任のとり場がないから、陛下は内大臣に御下問があり、内大臣はまた元老に御下問を願つて自分に御下問がある」と「正しい筋」を強調し、「今日の場合纏まりがよいばかりが大切な時期ではないと思ふ」と木戸に話した内容を繰り返した。(242) 五月二日、西園寺は自らの希望で五・一五事件以来、二年ぶりに上京した。前年十二月二十三日に誕生していた皇太子に面会するためで、大変に喜んでいた。翌三日朝には枢密院議長就任を躊躇していた一木が西園寺を訪れ、西園寺によれば、「あまり自分の勢が激しかつたので」すぐその場で引き受けた。このことを原田から伝えられた斎藤首相はすぐさま手続きをとり、同日、倉富が退任し、一木が新たに枢密院議長になった。(243) 西園寺が九日に参内したようすを本庄侍従武官長は「老臣ノ忠誠、復タ敬服スベキナリ」と記した。(244) 十二日、西園寺は首相官邸を訪れ、山本内相、高橋蔵相とも歓談し、同夜、原田邸を訪れて木戸とともに近衛の渡米を送った。(245)

牧野内大臣は十四日に西園寺を訪れ、副議長からの昇任を阻止された形となった「平沼に未練があるやう」で、「どうも閣下は平沼を圧迫されるから困る」という口吻であったという。そこで西園寺は、「枢密院議長にならなかつたからといつて、総理大臣になれないわけもないぢやないか。平沼に限らず、それこそいかなる人と雖も、適当な人があつたら、総理大臣にしていゝぢやないか」と宥めた。平沼が適当な人かどうかが問題で、西園寺は牧野が平沼を支持しているようであることに木戸の注意を求め、原田は西園寺の考えを「今日、とにかく漸次に落付いて行つて、でき得べくんば所謂ノルマルな状態にしてその基礎を固めておき、さうして新たに時代の要求する、或は時代をリードして行く政治を実現して行かなければならない」と忖度し、平沼の台頭を望まないであろうことを伝えた[246]。牧野自身の記録では、西園寺は「政党に関する悲観的感想を述〔べ〕られたり」という。その上で、「政局に付ては出来る丈け現状支持の事に話合へり」と記した[247]。

先の第六五議会で政党改善の根本策と見られた選挙法改正案が通過し、もう一つの課題とされていた人事の党派性についても四月には、原内閣で「自由任用の官」とされた内務省警保局長と警視総監にも文官任用令と文官分限令が適用されることになった[248]。政党内閣制の再開に向けた基礎的条件は制度的には整いつつあったと言えよう。西園寺の希望する政府の反転攻勢からも置き去りにされた感のある多数党政友会であるが、四月三十日には議員総会で「米穀対策」と「思想対策及教育制度改革」を中心とする民政党との政策協定を承認し、五月一日には政策協定委員を指名したように、同時期、政党内閣復帰の手段としての政民連携に努め、また党改革として党費徴収を議論していた[249]。

近衛は五月十七日に横浜から渡米の途に就き、斎藤首相も見送りに見えたが、同日朝、近衛は原田邸の朝餐会で木戸とともに大角海相や加藤隆義軍令部次長らと会い、軍縮問題に臨む海軍の姿勢を聞いた。陸軍が内部に問題を抱え込みながらも望むものを手にしていたのに対して、次は海軍の番であり、広田外相から聞いた原田の仲介で時間を得たのであった。海軍士官中には「独乙に対してすら今日は主義上軍備の平等を認めて居るに、日本が差等を附せらると云ふは不合理なり」という議論があり、海軍は今度のロンドン海軍軍縮条約改定はむしろまとめたくないという意向であった。そこで、原田が首相にはまとめたいという気持ちがあると話したところ、「多少不満」らしかった[250]。この朝餐会は海軍側の求めで調整されたものであったが、海軍内では末次連合艦隊司令長官が加藤寛治軍事参議官を訪れて会合のようすを伝えると、加藤は「呼び寄せられた形也。因に近衛は林陸相を訪問、意見を交換せり。海の不甲斐なきに歎ず」と憤った。さらに加藤は「原田問題」について、翌日には参加した長谷川清次官に苦言を呈し、加藤次長にも忠告した。加藤次長は「大に謝し爾来近寄らしめず」と述べた。[251]なお、艦隊派の偉大な後援者であった東郷元帥は五月三十日に死去した。

グルーの議会中の楽観を打ち砕いたのは四月十七日の天羽声明であった。これは外務省情報部長天羽英二が記者会見で中国に対する国際援助を牽制し、「東亜」における日本の使命と責任とを強調したもので、国際的な波紋を広げた。近衛が米国に向けて出発した日、グルーは駐ジュネーヴ米国領事に、「日本人の非常に多くが――絶対多数といってもいい――心中、日本が参加している各種の条約や国際的公約を、大帝国建設の邪魔物に過ぎないと思っているのではあるまいかと、疑わざるを得ません。もちろんこの国には道理をわきまえた分子もあり、また西園寺、牧野らの天皇に影響を与える老政治家もいて、彼らはかかる無法ともいうべき議論を無条件に受入れるものではありませんが、何分彼らは老人で、われわれはあまり長いこと彼らの制御的勢力に頼るわけには行きません」と書き送った。そして、現在の「老人内閣」は「この国民の常識が、迅速にそれ自身を再び主張するか、それとも政府は穏健勢力が勝つ前に磨りへらされて死んでしまうか」という点で「「時」と競争」しており、「ただ今のところ、各方面の不満に反して政府を勢力圏においているのは、自由主義的、超党派的な天皇の顧問だけなのです。もしこの人々が近き将来に失敗すれば後継内閣は不可避的に、より反動的なものになるでしょう。日本のために、この人たちは出来るだけ長く頑張らねばならぬ」と記した。[252]

帝人事件と首相選定における海軍要因――原田のイニシアチブ

西園寺は五月二十日に東京を発ち、興津に戻ったが、東京を離れる前にもう一つ大きな事件が山場を迎えていた。帝人事件である。四月初めから一斉捜索が始まっており、五月十九日に黒田英雄大蔵次官が召喚されると、新聞は記事差し止めを破って相次いで報道した。[253]この件について小原直法相は前日の閣議前に高橋蔵相に説明し、また原田には一方だけの言い分で断定できないので「もう少し予審の進むまで様子を見てもらはないと困る」という話をした。西園寺を興津に送った原田は、二十二日の口述で西園寺の帝人事件への姿勢を、「この問題に触れることは無論好まぬし、後のことについても相当に心配はしてをられるやうだけれど、あまり新聞や世間がたゞ上つ調子に騒いでゐることを非常に苦々しく思つてをられて、政党の相当な有力者等がやはりそれと一緒になつて徒らに騒ぎ、今までのいろんな自分達の悪政に対する反省を少しもしないで、混乱の中に自分達の出られるチャンスを逃してはならんといふやうな態度が、寧ろ政党に政権の来ることをみづから阻止するやうな状態に導きつゝあることについて、寧ろ憐みの情に堪へないとさへ感じられてゐるやうに見受けられた」と語った。西園寺は先に牧野に政党悲観論を述べたとされるが、政党内閣復帰を前提とする悲観論であったことがわかる。宇垣後継論を否定する原田に、西園寺は「自分はまだ宇垣に多少未練がある」と述べ、原田は「まだその時期でないと思ひます」と言葉を返した(254)。西園寺と原田の間には政治の見通しについて根本的な隔たりが生まれつつあり、発言にも行動にも原田はますます自律的かつ積極的になっていた。

二十二日、原田は鈴木貞一大佐に面会を求め、「次期政権ハ岡田大将ニテハ如何」と述べた。鈴木が「海軍タニ差支ナクハ陸軍ノ方ハ大シタコトナカルヘシ」と応じると、原田はさらに海相に小林躋造を、そして将来には末次信正を軍令部総長とする案を述べた。その理由は、条約派と艦隊派の有力者をともに据えて「互ニ勢力相牽制スヘキ」ためであった。軍内の団結を求める鈴木は、このような相互牽制論に強く反対した。二人は岡田案について口外しないことを約束し、原田は「之ニテ木戸氏と談合スルコトニ進ム」と述べた(255)。なお同日、久保田譲枢密顧問官が牧野内大臣を訪れ、「内閣更迭の場合は思ひ切りたる新人内閣の主張」をし、牧野は「一応意義ある意見なり。但し問題は組閣者の人選なり」と記した(256)。牧野は先に西園寺と可能な限り現状支持で合意し、「新人内閣」に共鳴しつつもこの時点で候補を持たなかったのであった。そして同夜、木戸は原田の宴会に出席し、「岡田海軍大将其他の海軍将星と同席」した(257)。

この日、参謀本部第二部第四課では、「現政局ニ対スル観察」という文書が作成された(258)。陸軍用箋に記され極秘扱いの同文書は、政局について、「事態ヲ糊塗シ現状維持ヲ以テ後図ヲ策スル」か、総辞職となっても「大命降下ノ挙措ニ出ツル」公算が大きく、場合によっては「宇垣内閣出現ニ転機」する可能性があると述べている。「所謂憲政ノ常道復帰ニ名ヲ籍リテ政党政治ノ復活ヲ図リ或ハ利益ノ壟断ヲ策シ若クハ現下時局指導中枢タル軍部ノ勢力ヲ抑圧セントスルノ念願ニ基クモノト謂ハサルヘカラス」。加えて、高橋蔵相への声望が高く、国防財政の調整を期し、言論機関も一時の危機を越えてかえって高橋を支持している。そこで内閣の継続か大命再降下が図られるが、「情勢不利ニ陥リ大命再降下ヲ至難トスルニ於テハ自ラ宇垣総督ヲ擁立シ政党連合ノ下ニ之ヲ支持シ軍部ヲ抑圧セント試ムヘキ」と分析した。

翌二十三日、木戸は原田を訪れ、二人で「後継内閣の首班として岡田海軍大将如何との話」をした。岡田は「健康はよく、加藤一派を制し海軍部内の統制の為より見て、海軍々縮会議に臨む内閣としては最も可なるべし。政友会には比較的よきも、久原一派には悪し」と見られていた(259)。そして、二十四日には木戸が牧野内大臣を訪れて、「首相は愈々引退の決心を為したるもの丶如く其意向を原田男へ洩らしたりと云ふ。後任に岡田大将の名出でたりとの事」を報告した(260)。他方、原田は同日法相に会い、さらに首相を訪問すると、斎藤は「どうしてもこの内閣は結局辞めなければなるまい」と内閣の前途を悲観した上で、「今のところ、先日ちよつと貴下が話してをられた中の人では、やはり岡田大将が最も適当だと自分は思ふ」と先に原田の提起した岡田の名前に反応した(261)。原田は、木戸に会った時に、「総理は、やはり岡田大将がいゝと言つてゐる」と言ったところ、木戸も健康さえ許せば岡田がよいと思っており、牧野内大臣、鈴木侍従長、湯浅宮内大臣にも岡田の話をしたところ、いずれも非常に賛成で「どこまでも秘しておきたい」とのことであったという(262)。社会では「毎日々々、新聞は後継内閣についてかれこれ思ひ思ひの人を担いでゐる」ような状況で、鈴木喜三郎内閣論、清浦内閣論、宇垣内閣論などが取り沙汰されていた(263)。

原田は二十五日に西園寺を訪れると、「総理からの言づけ」として、「どうもいろんな点から考へて、岡田大将が後継内閣の首班者として最も適当だと思ひます。とにかく今の内閣では到底長く持ちこたへて行くことは難しいやうです」と述べた。にもかかわらず西園寺は、「もつとできるだけ一つ奮発してやつて行かないか」と首相への伝言を頼み、ただ、「次の政変の場合、この前に内奏してある方法で奉答したいと思ふから、あの内奏の内容を木戸から総理に話さしておいてくれ」と指示した(264)。翌二十六日、原田は首相に伝えるとともに木戸にも会い、「西公は十二月頃迄此儘にて押してはとの御話もありしが、首相には其気持なく」と早期退陣を予測した(265)。この日、鈴木大佐も原田と会っているが、岡田内閣説が進みつつあると見た(266)。陸軍内では二十六日、同じく極秘扱いで、陸軍用箋に「内閣更新に処する陸軍の対策」が作成され、陸相の入閣条件がまとめられた。そこでは、「満洲国ノ実状ハ当分軍ヲ中心トシテ指導スルノ要アルコト」とし、「満洲国独立ノ根本主義ニ反セサル範囲ニ於テ其面目ヲ尊重シ民心ノ収攬ヲ容易ナラシメ政府並民衆ノ建国事業ニ対スル熱意ヲ消磨セシメサルコト。また、「国防力充実ノ為ノ内政ノ粛正ニ関スル要望事項」として「国体観念ヲ明徴ニシ教育を刷新」することなどが求められた(267)。二十七日、木戸、原田、後藤文夫の間で、「結局、現内閣の延長の意味の内閣が必要なることについては意見は略一致」した。また、林陸相は訪れた原田に斎藤内閣の継続かもしくは後継内閣として平沼を適任と述べ、海軍にも反対が強いと宇垣内閣論を危険視した。林陸相は、「平沼さんがどうして西園寺公爵に悪いのか」としきりに聞いていたという(268)。

政友会は次期政権に政友会中心の政民連立内閣を目し、再度の中間内閣組織の場合には「閣僚入閣を拒否する態度」をとろうとしていると報じられていた。そして二十六日に山本条太郎主催で党の長老会を開いて、時局に適うのは「政党協力内閣」であると声明したが、床次、望月、久原が欠席して逆に党の結束を疑わせた(269)。二十八日に内田信也から原田に伝えられた話では、鈴木総裁派は当初、「政友会以外の内閣は絶対に援助しない」と総務会で決議しようとしたが果たせず、新聞での宣伝に終わったということであった(270)。また原田は小山松吉法相から、帝人事件の捜査について鳩山、三土、中島の相談によるものであったようで、捜査を指揮する「黒田検事が平沼の一派だ」とか「司法省のファッショだ」とかいう風説は「みんなデマ」であると聞き、大審院判事からも「為にする宣伝に過ぎない」という話を聞いて、「政党の連中」の「苦しまぎれ」と受け止めた(271)。他方、民政党では幹部の一致した見解として、「理想的形態よりすれば議会主義政党政治の最も合理的な内閣は政友会単独内閣で若し今日の時局がそれを許すならば民政党は決して之れに反対するものではない」としながら、実際には「斎藤内閣に近い挙国一致内閣」の可能性が高く、次期政権で解散総選挙を行った上で「民意の帰趨に従ひ憲政を常道に戻すべき」という意見が有力と報じられていた(272)。二十九日、斎藤首相が湯浅宮相に辞意を伝えると湯浅は「やめる必要はないと思うが」と応じ、斎藤は「私は岡田がいいと思う」と述べた(273)。しかし、宇垣内閣論や海軍内の加藤寛治や末次信正らの動きを警戒して、原田が三十一日には岡田が困難になってきたと西園寺に手紙を出すなど情勢はなお流動的であった。

内閣更迭が時間の問題視される中で、再び首相選定方式が議論された。西園寺から先に上奏した首相選定方式で進める意向が伝えられると、五月三十日に牧野内大臣、湯浅宮内大臣、鈴木侍従長、木戸内大臣秘書官長が集まり、牧野から首相前官礼遇者のうち斎藤と高橋は現職閣僚であり、また、政党総裁を選定に加えることに反対であることがあらためて提起された。牧野が約四ヵ月前と同じく政党総裁の除外を希望するのは、内容漏洩のおそれがある、公平な意見を求めることが困難である、そして国民がその意見を公平と認めるかという問題があるためであった。湯浅は政党総裁について実際問題として苦境に立つとやはり反対し、対して鈴木侍従長は元老の発意で決まった手続きなので元老に一任しようと述べた。牧野の案では清浦奎吾が唯一の重臣として選定に加わり準元老のような印象を世間に与えるために木戸はこれに反対し、「幸に枢密院議長の交迭は立派に行はれたることなれば」、元老が内大臣、枢密院議長と協議して奉答することを提起して、意見が一致した。なお、牧野は「未だ云はゞ試験時代なれば」と手続きの公表を控えることにした[274]。

木戸はこの結果を六月四日、興津の西園寺に伝えた。この時、次期政権について西園寺は、「平沼、清浦はいけないと思ふ、岡田〔啓介〕については原田にも未だ宜しいとは云って居らない、岡田については海軍に偏する点相当考慮するの要あるべし」と述べた。他方、斎藤への大命再降下には、「どうも面白くないと思ふ。とても人心を収攬することは出来まい。之は余り云はない方がよいと思ふ」と否定的で、「まあ十二月頃迄此の儘持って行ければよいが、難しいだらうね」と話した。西園寺は、選定方式については「考へてみよう」と木戸に答えていたが、六日、あらためて原田に「どこまでも公平に、且公然と重大な問題を解決することが必要」であり、「やはり前総理たちがそこに寄つて話して、それが民心を諒察される材料になるといふことが、主権者たる陛下の極めて立憲的な思召を徹底させる所以であつて、たゞ僅かに内大臣とか、枢密院議長とか元老とかの限られた少数の者で相談して、元老が御下問に奉答するといふことは、頗る専制的で危険なことに思はれる」と手続き通りに進める意向を述べた[275]。それは、「社会には、既に、陛下が民心の帰するところを察して政治を遊ばすことを要望してゐる空気が勿論現はれて来てゐると思ふ。満州事変以来、一種の極端な反輿論政治の時期であったけれども、今日では、もう既にさういふ時期も過ぎ去ろうとしてゐるやうに私は感ずる」という彼の同時代認識によるものであり、「所謂専制政治的になり過ぎて、寧ろその反動として軍人と国民とが一緒になり、その結果、皇室を怨むといふやうなことが出来ては、甚だ心配に堪へない」という憂慮によるものであった。「前総理全体」を集める西園寺の意向が鈴木侍従長を通じて伝えられると、牧野内大臣は「それぢやあ今度の場合にも、西園寺公はどこまでも出て来て戴きたい」と言っていたという。[276]

西園寺と原田の政局観の乖離も大きかった。西園寺は幾度となく斎藤のもう一頑張りを求め、十二月に言及した。十二月は単なる先延ばしではなく、議会召集によって議会勢力の権力が高まる時期である。「反輿論政治の時期」が過ぎ去ろうとしているという認識と一体的であると言えよう。六月十二日、松野鶴平が原田を訪れて、「最近、馬場恒吾とかいふやうな評論家連中が、しきりに「政党内閣に戻していゝぢやないか、即ち政友会総裁に大命が降つて、総裁が人材内閣を作つて行くことが一番よくはないか」といふやうなことを噂か本当か言つてゐる」と鈴木内閣を「鼓吹」していたので、原田は、自分の考えで、「今日、超党派的に鈴木さんがやるとかなんとかいふのは、もう既に遅い〔中略〕とにかく入れた閣僚である鳩山も、たゞ中にゐてごたごたさせて、少しも真面目に閣僚としてやつた形跡は見えないぢやないか」と反駁した。[277]

六月十五日、牧野内大臣と一木枢密院議長が後継内閣について懇談し、「再降下に意見傾ける」ようであった。[278] この日、原田は西園寺に呼ばれ、平沼が加藤寛治を首相に擬しているという情報を木戸に注意しておくよう言づけられた。それは牧野が加藤内閣論に賛同することを危惧してであった。[279] 海軍では、五月三十一日に坂野常善軍事普及部委員長が、海軍は伝統的精神に則り政治に干与しないので海軍中央は宇垣内閣ができても「反対する意向は有して居ない」と述べたところ、あらためて大角海相から、「軍政に携はる以上必ずしも政治に干与せずとするものではな」く、「一九三五、六年の危機を突破するに不安のない強力にして国民の信望を集め得る内閣の出現を要望する」という内容の「補足的声明」を出し、翌日、坂野少将は軍事普及部委員長を免じられた。[280] 海軍は大いに混乱し、六月六日に鈴木貞一が末次と会ったところ、坂野の交迭を喜んでいたという。(281) 当の宇垣は、十八日に「斎藤子は後継として岡田を意中に画きあり、との事をも耳にしたり」と記した。(282) 原田が二十四日に林陸相に会うと、「自分ではどうしてもこの次の政局担当者は、平沼さんか、でなければ加藤海軍大将がいゝと思ふ」と述べた。(283) 他方、片倉の残した文書には陸軍用箋に記された六月二十日付の時局意見書草稿が残されている。(284) 同意見書は陸相に宛てられたものと見られ、「軍今日ノ責務トシテ満洲問題並内政問題ノ粛清等政治外交ノ内部ニ深ク介入干与セザルヲ得サルハ時勢必至ノ要求ニシテ之ヲ以テ常道タラシムルニアラス」とした上で、「紛々タル世論ノ如キ之ヲ意トスルニ足ランヤ。反軍思想ノ台頭尚恕スヘシ国家ノ安危ヲ奈何セン哉」と述べた。同時期の六月二十二日、荒木前陸相は酒中の会話とはいえ、貴族院議員の大蔵公望に「日本は非常に危うい
と思う」と悲観論を述べた。「第一に重要なる満州問題」はうまくいっておらず、対ソ関係は「已に日本の敗北」、対米関係は「凡て手遅れ」、来る海軍軍縮会議が成功しなくてもすぐに戦争ということはないだろうが列国からの圧迫が甚だしくなる。国内問題は「今が分岐点」だが良くなる見込みはなく、このままでは「現在朝にあるものは凡て倒れ、三十台か四十台の人が天下を取るに至るべし。其節は必ず大なる流血の惨事を見る」だろう。日本は「日本精神を中心に」何とか立ち直るだろうが、「自分等は流血の度を極力小さくし度く努力する考だが、結果防ぎ得ずと思う」と述べたのであった。(285)

六月二十六日に西園寺は、訪れた原田に「では、もし政変があつたら、やはり後は岡田でいゝのか、内大臣もそれでいゝのかしら」と念を押した。(286) 西園寺は一木枢密院議長にも確認を求めた。この日、原田は鈴木大佐に電話をかけ、岡田かという問いかけには「分カラス」と答えつつ「万一ノ時一木ニテモ可ナルヤ」と確かめ、首相選定手続きについても説明した。(287) 二十八日に訪れた木戸に、西園寺は、「出来得るなれば斎藤にもう一ふんばりして貰いたいが、どうもそれは難しいだらう」とさらに未練を残した。平沼は西園寺の政治秘書中川小十郎を通して加藤寛治を推す意見書を送ってきたが、西園寺から見れば枢密院副議長の適格性も疑われる行為であった。西園寺は木戸からあらためて「岡田が一番宜しからん」という首相の意向を聴き、「結局は岡田がよいかも知れぬが、原田はもしそうなれば、予め重臣方面を説き置く方宜しからんと云って居ったが」と手順を再確認して、「所謂重臣の会合については兎も角方針を定め内奏迄したこと故、

あれでやって見ようと思ふ」と重臣を選定過程に加えることにした。その上で、牧野と一木以外の重臣には特に岡田で意思統一を図るのではなく、自由に意見を述べさせることになった。[288]この日、斎藤首相は高橋蔵相に辞意を伝え、次期首相として岡田をあげた。高橋は「人物識見」から宇垣内閣論を支持していたが、「折角鎮静に向たる政情」が再び悪化するおそれがあること、そして「此次の内閣は恐く短命なるべければ」と岡田を推す斎藤に、「岡田が勇気を出してやるかしら」と疑念を持ちながらも同意した。[289]また、木戸は宇垣について、陸軍内で「統帥権問題の際態度をあいまいにせし」ために反対が強いと聞いていた。[290]二十九日、斎藤首相は小山法相から帝人事件についての現時点での報告を受け、「事実は確証といふものが一つもないけれど、とにかく前大臣が、何等事実上の犯罪がないにしても検事局に召喚されたといふことは、総理としての責任上忍びないといふ風な気持ちから、また一方、新聞等の今日までのすつかりつくり上げた空気に対して堪へられないといふやうなところから」直ちに辞意を決めた。[291]小山法相は先に、「国民同盟等が右傾の団体と一緒になつて、政党を悪い上にも悪く宣伝しようとするために」事件を大げさに宣伝し、「既成政党を中傷する材料」としているると述べていた。[292]

昭和天皇は、斎藤首相参内時に話が軍縮問題に及ぶと、「この前の軍縮の時は、訓令案が非常に失敗だつた。やはり相手のある話であるから、向ふの意見をきゝ、またこちらの意見も言つてお互に意見の一致する点を見出して決めてこそ、始めて人類の幸福、世界の平和のために貢献することができるのである。初めから、どうもこれよりほかないんだとか言つて、狭い訓令を出して動きのとれないやうにするのは面白くないから、もつと広い自由の利く訓令を出さなければならん」と話した。[293]さらに昭和天皇は、六月三十日、別件で伺候した大角海相にもロンドン海軍軍縮会議に対する策案について下問し、「廃棄の要」を述べる海相に、「『ロンドン』条約は留保しあることゆへ廃棄は理由なきにあらずや」と反問し、「廃棄とは改修」であるという言質を引き出して、海相は結局、「一　来るべき軍縮会議に対する海軍の意図は、廃棄にあらず改訂なり。二　訓令は自由裁量の余地を存す。三　輿論を煽動せず。四　軍拡にあらず、軍縮なり」という奉答に追い込まれた。[294]昭和天皇はすでに五月六日には内閣交迭の場合のことにも言及するなど、政変を予見する中で海軍軍縮会議が気になっていたのである。海軍侍従武官も加わって、状況によってはワシントン海軍軍縮条約の廃棄もやむをえないと海軍側が昭和天皇を押し返して諒解を得たのは、斎藤内閣が総辞職した三日の朝であった。

岡田内閣の選定過程――第二暫定内閣の誕生

斎藤内閣は七月三日に、帝人事件によって総辞職した。西園寺はこの日の朝、高血圧の懸念もあり、避暑のため興津から御殿場に移っていた。御殿場で勅使に奉答することも考えられたが、鈴木侍従長は西園寺の上京を強く希望した。それは、「この前とその前の最近二度の政変には、公爵は上京されたけれども、その以前は大抵勅使で事が済んだ」が、「一部の軍人や右傾の連中」がそれは元老の務を尽くしていないと批判したことを気にしてであった。西園寺の健康を第一に考えて憤る原田に、西園寺は御殿場から東京に日帰りすることにした。そこで準備のために一人東京に向かった原田は、牧野ら宮中官僚に、西園寺が「どうも内大臣始め側近の方々が、政変のやうな場合に、いかにも非常に大げさに考へて騒ぎ立てられるやうに思ふが、甚だ面白くない。元来、政変などといふものは二年や三年には必ずあるものだから、もう少し騒がずに普通のやうなことに取扱はなければ面白くない。新聞も騒ぎ、世間も騒ぎ、側近までが大げさに扱ふといふことは甚だ不本意な話である」と述べていたと、注意を伝えた(295)。

翌四日、「例の内奏してある方法」によって「前総理及び枢密院議長」、すなわち、一木、高橋、清浦、若槻、そして辞表を出した斎藤が宮中に集められた(296)。朝、東京に着いた西園寺は、まず牧野内大臣、湯浅宮内大臣、鈴木侍従長と話し、それから斎藤、一木、牧野と話して後、一同に会した。西園寺はまず、鈴木侍従長を通じて伝えられた、「後継内閣の組織に就ては憲法の精神を守ることは勿論、内外時局多端の折柄なれば決して無理のない様にする様に」という昭和天皇の意向を披瀝して、参集者に意見を求めた(297)。しばし発言する者もなく、西園寺は「貴君は最近迄政局を担当せられて居られたので最も事情に通じて居られるであらうが、御考は如何」と、まず斎藤に意見を求めた。躊躇する斎藤に、西園寺は「今日は前総理大臣と云ふ訳でなく一箇の重臣として御集りになったのであるから」と発言を促し、斎藤は「今日までの

政府のやり方をどこまでも変更しないで行くことが、国際的にも内政的にも最も必要」と述べて岡田の名前を出した。(298)

次いで西園寺は清浦に意見を求め、清浦も岡田に賛成したが、他に宇垣一成と近衛文麿の名前を出して、前者も適任だと思うが、「陸軍よりも海軍の反対が強いと聞いて」おり、また、後者については海外にいるので問題にならないと述べた。続いて若槻、高橋が意見を求められ、若槻は岡田に同意し、高橋は「余り人を知らず」と明瞭には答えなかった。さらに西園寺は牧野に、「あなたの職務上困らるゝかも知れぬが御考へは如何」と意見を求めた。牧野は「外交上米国との関係の極めて良好に展開せる点、軍部の動向」などを述べ、岡田の場合に軍部大臣が留任するかを懸念した。これに対しては斎藤が、方法を講じれば問題ないのではないかと応じた。最後に西園寺はもう一度若槻に岡田案を確認すると、若槻は「自分の平素の主義方針よりすれば多数党の総裁鈴木氏と云ふことにもなるが、それが或事情の為に無理なりとすれば、岡田氏にて結構なり」と明確に述べた。(299)西園寺はさらに、「若槻さんの御賛成は結構だが、こゝでばかりの賛成でなく、国家のために、政党としてもぜひこの政府をどこまでも事実において支持しなければいかん」と一種のユーモアを交えてだめ押しをしたところ、若槻も「必ず援助しませう」と答えた。(300)これによって西園寺は全会一致で岡田を奉答することを告げ、牧野からは会議の内容をいっさい口外しないことが求められた。会議で岡田後継案を説いた斎藤は後日、「私は政党主義に賛成だけれども、今直ちに政党内閣を推薦するという時機に達していないと思った」と回顧した。(301)西園寺は即日、御殿場に発った。西園寺は原田に「とにかく、岡田については、陛下も非常に御満足であり、御安心のやうだつた。貴下もまたできるだけ蔭になり日向になつて、何か岡田の役に立つやうに働いてやつてくれ。自分も、直接政治に当つてどうといふことはできないけれども、できる範囲内で助けにならう」と述べた、と原田は記録した。(302)

グルー米国大使は、岡田内閣の成立について、「著名なる日本の自由主義者」、すなわち樺山愛輔から「穏健派の顕著な勝利」という説明を受け、七月六日、国務省に報告した。(303)グルーは樺山の説明を完全に受け容れないまでも、「穏健派が優位を占めたことを信じる」と記し、また「この話を私にした人は、岡田の名前がまだ世間の口にのぼってさえいない時、すでに彼が任命されるだろうと予報していたぐらいだから、彼の意見は十分考慮に値する」と付言した。(304)グルーはすでに六月二十九日には樺山と、それからこの日夕食をともにした牧野との会話から岡田の名前に注目していた。[305] そして内閣総辞職前日の七月二日の日記には、同僚の何人かに岡田が次期首相ではないかと話したところ、何れも下馬評に上がってもいない岡田の名前に笑い、斎藤への大命再降下になりそうだと主張したと、少し得意気に記している。[306]

他方、米国で内閣総辞職の報を聞いた近衛は、新聞記者に「政党政治を復活すべきや否やという点は、「否」としか答えられない」と述べて、「強力な挙国一致内閣」の成立を求めた。ところが予想外の岡田指名に近衛は興奮の色を見せ、こんな時期にまたこんな内閣を作るのには反対だと蠟山政道など随行者を相手に珍しく多弁で、「原田なんかがきっと岡田を出すのに大いに動いたのだろう」と述べたという。八日に内閣が成立すると、近衛はまた記者に、海軍出身の首相によって軍縮への決意を示したと評価し、「ひんしゅくすべき政友会の議論に耳を籍さず、場合によっては総選挙で民意を問わんとしている」ことが「無力の政友会に改造の機運を与え、ひいて政党の改造を促進するだろう」と断じた。政友会が分裂して民政党と合流し、「次にはこの政党に政権が行く時機が来るかも知れぬ」からで、「現内閣は海軍問題と共に、国内政治改革にも重大な責任がある」と語った。[307] それは政党の新しい枠組みによる政党内閣復帰論であった。

宇垣は、政変時の政友会と民政党、中でも民政党の態度に批判的で、「今次政変に際し、後任推選の経緯に関し甚だ不可解の点あり」と元老重臣への不満も高めた。二十七日には、「在京某知人よりの政局に関する来信の一節に曰く、「某老人の話に宇垣にも一度首相を遣らして見たい云々」と。冗談にも程がある」と憤りを記した。[308] これは原田が西園寺の意向を伝えたということであろう。「今度の推挙は国民が天から問題にして居らざりし人物が飛出したるの観」があり、「岡田内閣の出現は斎藤子の計画的陰謀にして無理に子分を引立たのである」ということが定評になっているとも記した。[309] また真崎甚三郎教育総監は、七月二十八日に間接的に聞いたところでは、後藤内相は総辞職前の二日に首相から後任首相が岡田である旨が告げられたという。真崎は、「大権干犯モ極レリ」と不快感を露にした。[310]

岡田への大命降下は社会にとってはなおのこと驚きであった。与謝野晶子は「その朝まで全く少しの噂にも上らなかった」と記し、「純理から云つて、憲政の下に、国民の意思の少しも加はらない政治形態の続出することは変態ながら、国民の心を正直に云ふと、まだ当分は政党政治の更正復興は望まれない。あてがはれた内閣が官僚内閣であるにせよ、超然内閣であるにせよ、今日は唯真面目と強力を以て内政外交の非常時に変通自在な処理が比較的よく出来れば、少々の過誤などは寛假してもよい」と述べた。(311) 与謝野は帝人事件について「今の司法官が大官を検挙するには余程の確証を摑んだ上の事に限られるのであるから、大蔵省の次官や銀行局長が近く瀆職罪で検挙されたのは、法律を知らない私達なども、その犯罪の事実が多少とも存在するのであらうと思つてゐる。国民の殆ど全部は私達のやうに常識的に考へるのであるから、裁判の結果は他日どうならうとも誰も目前の此の事件に就いて被検挙者達に好感を持つことが出来ない」と理解し、「政党政治の復活も、先づ政党政治家自身の道徳的覚醒から始まらねばならない」と政党に批判的であった。(312) そして与謝野は新聞記者の奮起を期待し、全国民のまじめな投票を公募してはどうかと提案した。「今日はもはや国民の予測せず希望しない内閣が、東京に於ける策士達の陰暗な裏面の秘密工作に由つて膳立されると云ふやうな時代ではなからうと思はれる」からであった。(313)

政党への冷ややかな見方が増す中、『朝鮮公論』で長谷川如是閑は、政党の腐敗も官僚の腐敗も基本的には変わらないと政党の腐敗を理由とする官僚内閣論に異を唱え、市川房枝は「私達のやうに進歩的運動にたづさはつてゐるものはどうしても政党内閣の生れることを期待します」と述べた。(314) 市川の運動は満州事変以来、壁に突き当たっていた。議会浄化のためにも婦人参政権の実現をと主張した市川らであったが、「普選が失敗して現在のゆきつまりだ、これを打開するのに婦選では失敗を倍加するおそれがある」と男子普通選挙制の弊害論が運動に影を落とし、非常時が高唱される中で、一九三三年九月には、「少なくも政党内閣が出来る迄は、憲政の運用が平常に復する迄は、——と言って政党内閣にだって大して期待は出来ないが——尚隠忍自重せざるを得ない立場に置かれている」と記していた。(315) 市川は、このたびの岡田への大命降下が驚きであったこと、その上で「現在の状勢では、今より悪く行かないという意味で、岡田内閣を成立させる事ですね、岡田氏を首班として各政党の連立内閣というか、政友、民政に、国同、社大も加へた各党派から主要人物を網羅し、政党内閣の出来る迄の過渡的存在たらしめるのがよかったと思ひます。然し今の様子では、それはだめで、悪くすると元老の期待に反し、ファッショ政治への前奏曲をつとめる事になるかも知れませんね」と危惧した。[316] また、市川は選定方式にも注目し、「岡田氏を推薦するために特に初めて重臣会議を開いたのではなく、これは別の動機から来ているのです。つまり西園寺公が自分の死んだ後の御下問に奉答する機関として、前首相、内大臣、枢密院議長よりなる重臣会議なるものを考え、それを此度の機会に初めて運用した」と説き、斎藤が新首相推薦の口火を切ったことについて「西園寺公の配慮だといわれています。つまり重臣会議といっても意見がまちまちに出ては困るので、大体は前首相に推薦させるという形式慣例をつくり度いというのでしょう。この事は英国に於いて、前首相が辞職する際、皇帝に反対党の首領を後継者に推薦する事が慣例となっていると照応して考へると興味があります」と英国憲政に引き付けて説明した。[317] 西園寺は六月六日に原田と手続きを論じた際に、斎藤前首相の参加を支持して、「前総理として、お召に与る最も有力な一人として」と述べていた。[318] 与野党間での政権交代という議会に立脚した公然のルールに依存することが困難で、民意諒察のために逆に首相選定者の範囲を広げることが望ましいと考えられた時に西園寺が期待したのは、一九二〇年代半ばに検討された際にも有力な一案で、西園寺を一方の当事者として桂園時代に試みられた首相指名方式の仕掛けであったと言えよう。[319]

このように、予想外の岡田指名は結果的に斎藤内閣の延長として位置づけられた。先に樺山が説き、グルーが国務省に報告したような穏健派優位という現状認識は彼ら限りの期待に止まるものではなく、一九四〇年に出された司法局刑事局の「思想研究資料」の特輯は、「現状維持論」と「現状打破論」の二つの国論の対立を説明し、岡田内閣の成立に「政界は重臣以下の現状維持派に依つて固められたと見られた」と分析した。[320] 西園寺は重臣会議の後、斎藤への慰労も込めて「斎藤総理を、特にこの前、内閣の首班者に奏請したのは――即ち当時の時局に際してこの人でなければならんと見込んだのは、斎藤さんが何にもしないところにあるんだ」と冗談を言った。[321] しかし、西園寺は春先から政府の秩序回復に向けた攻勢を期待し、そのために尽力していた。西園寺の見通しを憶測すれば、斎藤内閣で秩序を回復しながら次の通常議会まで引っ張り、そこで二大政党の支持を集める宇垣一成につなぐということではなかったかと考えられる。それは、西園寺が第一次若槻内閣の政情について宮中官僚に助言する中で、天皇や宮中の介入を戒め、「議会召集前、政府倒壊ニ至ラバ、一大英断ヲ以テ政党ノ集散離合ヲ行フ者ノ出ヅルノ外ナカルベシ」と政界の中での解決を求めていたことにも通じる姿勢である。[322] しかし、西園寺の取り組みは不本意な政変によって一頓挫を来したと言えよう。原田は西園寺の記録として口述したため、個人での政治活動は語っていない。原田の女婿である勝田龍夫は「西園寺は、原田に命じて密かに次の首班工作を始めていた」と西園寺の指示を強調しているが、現在の史料状況ではその根拠はなく、逆に西園寺が内閣の継続を求めていたことが明らかである。[323]

非常時暫定内閣として危機の緩和と常道の回復をめざした斎藤内閣の二年間、世界大恐慌と左右の直接行動が生み出す深刻な社会不安はなお続いていた。また、軍の統制問題は軍縮と満州国の育成をめぐって日本政治を圧迫し続けた。その中で、首相選定過程は犬養内閣、斎藤内閣の選定を経て再び求心力を失っていき、不確実性を高めていた。西園寺と宮中官僚の間で三度、首相選定方式は議論されたが、選定範囲の拡大を拒否してきた西園寺が逆に拡大を求めた点が興味深い。選定ルールが機能しない中で、選定者の拡大だけが民意の反映に寄与するのであり、西園寺はあくまでも首相を中心とした明治立憲制の統合と政党内閣制を支持する点で一貫していた。にもかかわらず、元老と宮中官僚とを結ぶ原田、木戸、近衛の動きは首相選定をめぐる不確実性をいっそう高めた。このような不確実性は多数党にジレンマをもたらす。また、西園寺が期待を寄せた斎藤内閣は立憲的な内閣ではあったが、政府が立憲的であることはすでに勃興しつつあった政党中心政治に対して後退する意味を持ち、政党総裁を首相から排除して組織された「挙国」内閣は、主観的に政党政治の改善と再建を期待しながら、社会全体を巻き込んで政党政治を遠ざける政治構造を持っていた。非常時暫定内閣の再現によって事態はまだ結論に至らないが、非常時暫定内閣という賭は軍と政党の正面衝突を回避しながらも事態の流動性を高めたのであった。

大正期日本の国際派を代表する一人で、一九一九年から二六年まで国際連盟の事務次長を務めた新渡戸稲造は、満州事変後には日本の政策を弁護すると海外で批判され、一九三三年十月十五日、太平洋会議に赴いたカナダで客死した。その直前のグルーの記録には、米国のある新聞記者による新渡戸との私的な会話内容が残されている。その中で新渡戸は、満

州事変を断じて起こすべきでなかったと述べ、これから日本はどうすべきかと問われると、次のように答えたという。(324)

ねえ、ヒヨッコは時々卵のことを考えるに違いあるまいと私は思います。卵の中がどんなに暖かく、気楽だったかということを。しかし一度殻をやぶって出てきた以上、もうヒヨッコが帰って行ける卵はないのです。われわれとしてはただ最善を希望して前に進むだけですよ。

(1)『読売新聞』一九三三年三月二十八日付。また、同一九三四年四月二日付も参照。岡田『岡田啓介回顧録』九七－九八頁。以下、『岡田回顧録』と略す。酒井哲哉は斎藤内閣が少なくとも成立当初において「暫定的危機管理内閣」と多くの政治勢力から見られていたことを指摘している（酒井『大正デモクラシー体制の崩壊』八七頁）。

(2) 斎藤内閣の閣僚は以下の通り。総理・斎藤実。外務・斎藤実兼任の後、内田康哉（貴族院・勅選・無所属）、後、広田弘毅。内務・山本達雄（貴族院・勅選・交友倶楽部／民政党）。大蔵・高橋是清。陸軍・荒木貞夫、後、林銑十郎。海軍・岡田啓介、後、大角岑生。司法・小山松吉（在任中に貴族院・勅選・無所属）。文部・鳩山一郎（衆議院・当選七回・政友会）、後、斎藤実兼任。農林・後藤文夫（貴族院・勅選・無所属）。商工・中島久万吉（貴族院・男爵・公正会）、後、松本烝治（貴族院・勅選・無所属）。逓信・南弘（貴族院・勅選・交友倶楽部）。鉄道・三土忠造（衆議院・当選九回・政友会）。拓務・永井柳太郎（衆議院・当選五回・民政党）。書記官長・柴田善三郎（在任中に貴族院・勅選・同成会）、後、堀切善次郎。法制局長官・堀切善次郎（在任中に貴族院・勅選・研究会）、後、黒崎定三（在任中に貴族院・勅選・研究会）。日本近現代史辞典編集委員会編『日本近現代史辞典』を参照。

(3) 大日本帝国憲法第八条に定められた天皇大権としての緊急勅令も、「公共の安全を保持し又は其の災厄を避くる為緊急の必要に由り帝国議会閉会の場合に於て」発せられ、次の会期の帝国議会で承認されないときは将来に向かって効力を失うという厳しい制約があり、その濫用はそもそもの第五条に定められた天皇の立法大権を侵すことになる。

(4) 村井「戦前から戦後への日本の選挙管理」を参照。

(5) 小川平吉文書研究会編『小川平吉関係文書』一、二九五頁。以下、『小川文書』と略す。佐々木「挙国一致内閣期の政党」に詳しい。総理官邸詰の朝日新聞政治部記者であった有竹修二は、「当時、この内閣は暫定的で、早晩、ふたたび政党内閣に還るのだ」と一般に考えられており、「議席の絶対多数を擁する政友会幹部としては、事態が鎮静した暁には、ふたたび、おのれに政権は戻って来るものと考えるのは当然である。憲政の常道は、まだまだ、当時の人々の常識だった」と述べている（岡田大将記録編纂会編『岡田啓介』一一二頁）。なお、斎藤は当初床次竹二郎の入閣を求めたが、鈴木が鳩山を推し、斎藤は「党内を円滑に纏め行く」のに好都合であると言う多数党総裁の思惑を尊重して譲歩したという（小山『小山完吾日記』三七頁。以下、『小山日記』と略す）。

(6) 奥『昭和戦前期立憲政友会の研究』九六、一一〇頁。田崎宣義は、この組閣について政党の党人派が後退したと指摘している（田崎「「救農議会」と非常時」一三九頁）。

(7) 芦田「議会政治の前途」『芦田均関係文書』一四〇、国立国会図書館憲政資料室寄託。

(8) 芦田「斎藤総理とマクドーナルド」『芦田均関係文書』一四〇、国立国会図書館憲政資料室寄託。
(9) 「斎藤内閣」編纂所編『斎藤内閣』。政友会内の静観派の姿勢をよく表すものとして、山崎達之輔は議会質問で、「所謂挙国一致ノ形態」で成立した斎藤内閣が「漸ク確立セラレヨウト致シマシタル我国ノ憲政ノ習律ニ一大変例」で、「飽マデ議会政治ノ上ニ立チ、議会政治ヲ護ルベキモノデアルト信ジ」るので対中国外交、財政経済政策、政党改善、いずれも「一時的ノ変態ヲ必要トスル根拠」とは考えないが、現代を世界史的な「人類ノ上ニ新ナル文明ヲ育成セントスル悩ミノ過程」と見れば政友会は変例である斎藤内閣を認め協力をおしまないと述べた(『官報号外 昭和七年六月四日 衆議院議事速記録三号』一三―一四頁。国立国会図書館帝国議会会議録検索システム。以下、官報について同様)。
(10) 芦田『芦田均日記 一九〇五―一九四五』三、五四四頁。以下、『芦田戦前日記』と略す。
(11) 『大阪朝日新聞』一九三二年五月二十三日付。
(12) 『大阪毎日新聞』一九三二年五月二十三日付。
(13) 馬場『議会政治論』四一六頁。馬場は岡田が政友会との「内閣の中の楔の如く思はれた場合があつた」とも述べている(同)。
(14) 松村『町田忠治翁伝』二五七―五八頁。さらに、岡田は、「従つて斎藤内閣のあとを引継いだ自分も、斎藤内閣の方針を受け継いだのである」と語っている(同、二五八頁)。
(15) 北岡『官僚制としての日本陸軍』一九二頁。
(16) また、政務官は二四名中、政友会が一二名、民政党が八名、有爵者が四名であった。このことは、政友会の田中内閣、犬養内閣と比較すると顕著である。また、民政党の浜口内閣、第二次若槻内閣は貴族院議員の入閣が少なくないが、井上蔵相の入党もあって、外相と法相以外で政党員以外の入閣はない。また、田中内閣以来、政党員が就いていた書記官長と法制局長官には内務官僚が就き、追って貴族院議員に勅撰されていく。
(17) 河井『昭和初期の天皇と宮中』六、一〇五―〇七頁。以下、『河井日記』と略す。このたびの政変について、皇后から、元老西園寺、牧野内大臣、一木宮内大臣、鈴木侍従長に慰労の葡萄酒が下賜された。
(18) 政友会の内情は党出身閣僚はもとより、首相と同じ東北出身で朝鮮総督府時代に秘書官を務め、一九二八年の総選挙で当選し、政友会に所属していた守屋栄夫からも伝えられた(『斎藤実関係文書』一五二―三、国立国会図書館憲政資料室蔵を参照)。
(19) 『大阪朝日新聞』一九三二年五月二十三日付。
(20) 新聞と社会社編『新聞と社会』三巻七号(一九三二年)五、一七頁。政府では犬養前首相の出身地岡山県の反応が報告されている(JACAR〔アジア歴史資料センター〕Ref. B02031321000、帝国内閣関係雑件第二巻、外務省外交史料館)。各大臣宛で、他に島根県知事からも内閣の世評が報告された。JACAR(アジア歴史資料センター)Ref. B02031321000、帝国内閣関係雑件第二巻(外務省外交史料館)。県民一般としては「首相ハ一般ノ意表ニ出テタリトハ云ヘ其ノ人ヲ得タルモノ」と見られ、「高橋、山本、両長老ヲ加ヘ得タルコトヲ喜ヒ為メニ政界モ先ツ安定シ居レリ」と受けとめる一方、荒木陸相の留任は「誠ニ好マレナラサル」ところであった。ともかく「政界ノ浄化ト極端ナル思想ノ緩和」ができれば良いが、短命という予想であった。政友会支部顧問は高橋が総裁になっていればその後を鈴木が襲えたのにと残念がる一方、荒木陸相留任を強く非難し、内閣の短命を予想した。他方、民政党県議は当分政権は来ないと考えていたので拾い物という側面はあるが、不統一によって内閣は短命と予測し、「政変前後ノ軍部ノ行動ハ従来ニ見サル処ニシテ誠ニ横暴ト云フノ外ナク之カ為メ重臣等ノ心境モ変化ヲ見タルモノニシテ即チ陰ニ陽ニ重臣達ヲ牽制シタル結果ナリト聞クハ遺憾ノコト」と軍の干渉を強く非難した。また、外国での報道や在留外国人の受け止め方も報告されている。五・一五事件に対する各界の反応について、粟屋・小田部編『資料日本現代史9　二・二六事件前後の国民動員』も参照。

(21)　馬場恒吾「斎藤内閣の素描」『民政』六巻六号（一九三二年）二一―二二頁。馬場は「世間は斎藤内閣を歓迎したには非ずそれ以上に変った内閣が出来る事を恐れたのである」と記した（同、二一頁）。

(22)　与謝野『與謝野晶子評論著作集』二〇、二〇五―〇六頁。

(23)　市川『市川房枝集』二、三七八―七九頁。なお市川は五・一五事件を「犬養氏は議会政治に不満をもった帝国軍人の一団のために、白昼、首相官邸に於いて射殺された」と表現した（同、三七七頁）。

(24)　吉野「国民主義運動の近況」七八―八七頁。三谷『大正デモクラシー論』も参照。また、吉野は斎藤指名を聞くと、「斎藤内閣にしてや〻永続きせば政党の分布に大なる変動を見んかと疑はる」とまず政友会の分裂を予感した（吉野『吉野作造選集』一五、三八九頁）。

(25)　グルー『滞日十年』上、三五―三六、六四―六五頁。

(26)　同上、二六―二七、三六―四一頁。グルーについて、ハインリックス『日米外交とグルー』、中村『象徴天皇制への道』、廣部『グルー』を参照。牧野とは国務次官でかつてロンドン海軍軍縮条約の締結に尽力したキャッスル元駐日大使について話したという。

(27)　グルー『滞日十年』上、四九―五七頁。グルーはまた、自らの役割を日本を米国人に説明することで日米両国の相互信頼を高めていく「解釈者」に求めた（同、五一頁）。この演説は昭和天皇に見せるために翻訳されたと後に牧野はグルーに語った（同、六六―六七頁）。

(28)　同上、五八―五九頁。

(29)　同、六六頁。牧野は前日に政友会の内情を聞き、望月や岡崎、床次、三土など「国家的にして党派的に捕はれず」、また「軍部策動云々も余程落付の傾向」と聞いていた（牧野『牧野伸顕日記』五〇六頁。以下、『牧野日記』と略す）。

(30)　『牧野日記』五〇六頁。グルーが米国の対日姿勢をあらためて説明した原因として、先のグルーの日米協会での演説に対して石井菊次郎が相互の活動領域に介入しないことを求めたことが米国で話題になっていた（廣部『グルー』六七頁）。

(31)　グルー『滞日十年』上、六七頁。

(32)　『官報号外　昭和七年六月四日　衆議院議事速記録第三号』八―一四頁。斎藤は「非常時」と世間で呼ばれるほどの「重大ノ国情ニ稽ミ、一党一派ニ偏セズ、所謂挙国一致ト申ス基礎ノ上ニ組織セラレテ居リマスケレドモ、議会ヲ尊重スルコトハ申スマデモナク、又決シテ政党ヲ軽視スルモノデハアリマセヌ」と述べ、他方、対外関係、深刻な経済不況、凶変の連続など時局の匡救とともに「政界ノ浄化ヲ図リ、其宿弊ヲ芟除スルコトハ、立憲政治更新ノ為ニ、此際特ニ考慮セラルベキ重要使命ノ一ツ」であると議会の協賛を求めた。斎藤は政党対立について、「立憲政治ノ下ニ政党相対立シ、各自其政策ニ基イテ所信ヲ闘ハスコトハ当然ノ現象デアリマシテ、何等怪ムコトヲ要シナイノミナラズ、其運用宜シキヲ得マスレバ、輿論ノ統制ニ資シ、政策ノ研鑽ニ便シマシテ、国政ノ運行ヲ公正ナラシムルコトヲ得ルノデアリマセウ」とも述べている。

(33)　『官報号外　昭和七年六月四日　衆議院議事速記録第三号』八―一〇、一四―一六頁。

(34)　酒井『大正デモクラシー体制の崩壊』二五頁。

(35)　『読売新聞』一九三二年六月十四日付夕刊。グルーは満州国承認が近いと見ていたが、衆議院での決議について本国から説明を求められると、「これが政治的激発以上の意味を持つ徴候は何もなく、また政府がこのようなことをたくらんだとか、それによって動かされるだろうというような形跡も見受けられない」と報告した（グルー『滞日十年』上、四八頁)。
(36)『牧野日記』五〇八頁。
(37) 小林『「支那通」一軍人の光と影』七三―七五頁。
(38) 片倉『片倉衷氏談話速記録』上、二五五頁。片倉はまた、協和党でなく協和会となったことについて、「本庄将軍は、党はいけないという、当時中国の国民党には満州国の民衆は既に党による弊害を知っており党はいけないというのです」と語っている(同)。また、三谷『近代日本の戦争と政治』を参照。
(39) 石原莞爾「満蒙ニ関スル私見」日本国際政治学会編『太平洋戦争への道』別巻、一八五―一八七頁。石原は参謀本部第二部で所見を述べたところ、永田鉄山少将から「満洲ハ逐次領土トナス方針ナリ」と独立論に反対を受けたためまとめたという(同、一八五頁)。また九月には、「満州は我が政府の直接監督外となるを以て、よく内地の腐敗せる政治の束縛外に立ち、以て国内改造を促進せしめ」と記した(秦『軍ファシズム運動史』二四五頁)。
(40) 宇垣『宇垣一成日記』二、八五二―五三頁。以下、『宇垣日記』と略す。それは彼の朝鮮総督としての職責ともかかわりがあった。満州事変の処理と朝鮮統治との関わりについて、小林『政党内閣の崩壊と満州事変』を参照。
(41)『宇垣日記』二、八五九頁。
(42) 同上、八五〇、八五四、八五九頁。
(43)「南次郎日記」昭和七年七月月末欄(佐々木「陸軍「革新派」の展開」二七頁)。
(44) グルー『滞日十年』上、六八頁。
(45) 山口義一「第六十二回臨時議会を評す」『政友』三八二号(一九三二年)三五頁。
(46)『官報号外 昭和七年六月四日 貴族院議事速記録第二号』八―九頁。
加藤は、一九二八年、万国商事会議及万国議員会議に派遣された際にフランスでクレマンソーと面会し、「最近日本でも政党内閣の萌芽はあるが未だ確立して居らぬ、立憲政治の運用には如何なる方法が最も有効なのであらふか」と問うたところ、「自分は英国風の憲政運用法が最善だと思つて居る、即ち国論の向背によつて政党が新陳代謝して政権を握る、斯くすれば国民多数の希望が国政上に反映し、国家の治安が保持さるゝであらふ」という答えがあり、帰国後西園寺にこの話をすると、西園寺も「現在に於ては其れ以上の名案もあるまい」と賛成したという(岸上『加藤政之助翁略伝』五二―五四頁)。
(47) 翌二十八日に昭和天皇に拝謁した倉富勇三郎枢密院議長は、枢密院の機能低下の原因を政党内閣制に求めている(茶谷『昭和戦前期の宮中勢力と政治』八二頁)。
(48)「法制審議会総会ニ於ケル内閣総理大臣演説」『斎藤実関係文書』一四〇―七六、国立国会図書館憲政資料室蔵。
(49)『婦選』六巻七号(一九三二年)二〇頁。
(50) 市川『市川房枝集』二、三九七頁。『婦選』六巻七号、三四頁。
(51) 苅部『秩序の夢』一七八―九〇頁。
(52) 田澤『吉野作造』二四四頁。
(53)『小山日記』三三頁。西園寺はさらに、「政治家には常に遠き慮りと冷静にして先見の明を要すと雖も、また一面には時の勢力に或る程度順応するの用意なかるべからず。純理よりみて愚論とするところも、時の勢ひ上、やむを得ざる場合もなきに非ず」と述べた(同)。
(54)「坐漁荘日記」一九三二年七月八日(小泉『随筆西園寺公』四六七―六九頁)。
(55) 篠原『国際連盟』二二〇―二二頁。
(56)『牧野日記』五一四頁。
(57) 首相秘書官の新居善太郎の回想。斎藤實元子爵銅像復元会編『斎藤

實追想録』三頁。以下、『斎藤實追想録』と略す。

(58)『牧野日記』五一四頁。

(59) 木戸『木戸幸一日記』上、一九〇―九一頁。以下、『木戸日記』と略す。政治学者の矢部貞治が後に若槻礼次郎に聞いたところによると、若槻は五・一五事件後に、西園寺から元老以後の首相選定について問われたという（矢部『近衛文麿』一九七頁）。

(60)『牧野日記』五一四頁。

(61)『木戸日記』上、一八七、一九〇―九一頁。同時期、宮中では牧野や一木宮相の進退も問題となっていた。川口「『元老以後』の首相奏薦」も参照。

(62) 木戸日記研究会編『木戸幸一関係文書』一四三―四四頁。以下、『木戸文書』と略す。木戸は一九三二年六月十四日に近衛から、徳川家達貴族院議長が重臣として首相選定時の元老の諮問先となる可能性を聞かれ、「憲政に携はらるゝこと三十年に近き訳なれば勿論可なるべしと思はる」と答えている（『木戸日記』上、一七四頁）。木戸は重臣の資格を役職ではなく個人に求めている。

(63) 奈良『侍従武官長奈良武次日記・回顧録』三、四七四頁。以下、『奈良日記』と略す。

(64)「鳩山一郎日記」一九三二年八月二十四日条、鳩山会館蔵。同史料の未公刊部分の利用に際しては鳩山会館の許可とご高配を得た。記して謝意を評したい。以下、「鳩山未公刊日記」と略す。

(65)「斎藤実日記」一九三二年八月二十七日条『斎藤実関係文書』二〇八―八三、国立国会図書館憲政資料室蔵。

(66)「鳩山未公刊日記」一九三二年八月二十七日、二十八日条。

(67)「斎藤実日記」一九三二年九月一日条『斎藤実関係文書』二〇八―八三、国立国会図書館憲政資料室蔵。岡田と森は田中内閣以来関係が深く、政府と政友会の橋渡し役として、同時期、ラトヴィア公館でしばしば密会し、「政治を政党政治の本道に戻すべきである」という話をして妥協点を模索したという（岡田大将記録編纂会編『岡田啓介』二一三―一四頁）。

(68)『芦田戦前日記』三、五四四―四八頁。芦田は九月九日には外務省を訪れて、自身の質問演説が「大体好評のようだつた」と記した（同、五四九頁）。荒木の内政上の「穏健」さについて、一九三二年二月二十六日に、木戸幸一は荒木と面会した近衛文麿の話として、荒木らの唱える「天皇御親政なる言葉」は字義通りの意味ではなく、実質は木戸や近衛の考えと変わらないと記している（『木戸日記』上、一四三頁）。

(69) 原田『西園寺公と政局』二、三六三頁。以下、『原田日記』と略す。

(70) 同上、三六八―六九頁。九月二十五日に副島道正が斎藤首相に出した書簡では、数日前に森と会談し、十二月頃には倒閣して鈴木内閣成立との談であったという（昭和七年九月二十五日付斎藤実宛副島道正書簡『斎藤実関係文書』九五五―一〇八、国立国会図書館憲政資料室蔵）。また、十月頃には、鈴木総裁が岡崎邦輔に、「岡田海軍大臣がなんとか政友会に政権の来るやう尽力してみようと言つてゐること」に一縷の望みを託していると語ったという話が西園寺に伝わっていた（『原田日記』二、三九六頁）。また、政友会の党内情勢について芦田は、「久原派と称する人々が列をしいて幹部に喰つてかゝる。暑苦しい事じゃ」と記した（八月十七日条、『芦田戦前日記』三、五四六頁）。

(71) 本庄『本庄日記』一四六―四九頁。以下、『本庄日記』と略す。

(72)「日満議定書調印ノ件」ＪＡＣＡＲ（アジア歴史資料センター）Ref. A03033195800、国立公文書館。

(73) グルー『滞日十年』上（七七頁）では「自由主義的の政治家」と訳されているが、原文では“Conservative statesmen”と記されている(Joseph C. Grew Papers, Houghton Library, Harvard University, MS Am 1687, 72, p.196)。

(74)『宇垣日記』二、八六四頁。
(75)『原田日記』二、三八六頁。
(76)『木戸日記』上、一九八頁。また『原田日記』二、三七七頁を参照。西園寺は、後の一九三六年十月五日、内外ともにますます困難となる中で原田に、「一体支那をどうしようといふのか。実にどうにも判らない連中が揃つてゐるぢやあないか。満洲なんかとにかく長い歴史のある土地でもあるし、また殊に日本との関係ではかなり犠牲も払つてゐるから、あすこまで行つたのはまあ已むを得ないとしても、この満洲が果して将来子孫のために幸福になるか、或は永く憂を残すやうなことになりはしないか。いはんや北支の方においてかれこれすることはまことに心配に堪へない」と述べている（『原田日記』五、一七〇―七一頁）。
(77)『牧野日記』五二八―二九頁。
(78) グルー『滞日十年』上、九二―九三頁。グルーは出淵勝次駐米大使の留任に注目し、「私は天皇がこのことに関与しておられるのだと見る」と記した。また、この日の午後に来訪した出淵は、「国内の政治情勢はいまやうまい具合にいっており、好戦的な軍人も彼らの意見を緩和化せざるを得ぬようになりつゝある」と述べたが「このことの真実性については、私はまだ確信するに至っていない」と留保した（同、九四頁）。十月九日に英国前海軍大臣ブリッジマンはボールドウィン首相に書簡を出して、斎藤のような人間のもとでは「日本が極端に走る恐れはありえない」と述べた（ソーン『満州事変とは何だったのか』下、二一三頁）。少なくともこの時点において斎藤を首相に選ぶ際に期待された対外的効果が多少なりともあがっていたことがうかがえる。またグルーは、日本政府が満州国承認を急いだ理由として、「満州国を既定事実として国際連盟と合衆国とに立ち向うこと」に加えて、「軍が現在の斎藤内閣を破壊し、出来れば軍による独裁政治を押立てようとするのを防ぐ緩和策」と報告した（グルー『滞日十年』上、一二〇頁）。十八日に訪れた吉田茂イタリア大使も「日本の穏健分子が一般に知られているよりも、よほど強くなり、そして広くなってきた」ことを大いに論じた（同、九六―九七頁）。グルーは好感しつつも具体的証拠を望み、「今や日本が正式に満州国を承認した以上、どんな日本政府が如何にしてこの行為を否認し、あるいは、これが全問題中の難問なのだが、満州に対する中国の名義上の主権だにも認めることが出来るだろうか」と米国政府の立場を伝えた。
(79) グルー『滞日十年』上、九七―九八頁。
(80)『宇垣日記』二、八六八頁。
(81)『原田日記』二、三九四頁。荒木は原田に「国民の負担を加重せしめずして」予算規模の拡大が可能で、「殊に満洲国に歳入を求めるならば、相当な程度のものが得られると自分は確信する」と述べた（同、三九九頁）。なお、松岡洋右が荒木に「今日の如く総ての事に付軍部が容喙する如きは到底堪へざるところなり、此声は各方面に聞へつゝあり、就ては寧ろ陸軍がCoup d'Etatを断行し、名実共に国政に任ずる方可然」と述べたところ、荒木は「此れは到底実行不可能なり、陸軍として内部の改革を実現したき希望なり、内部の改革とは従来独逸式に流れ来りたるを、将来は本来に立帰へり度」と答えたという（『牧野日記』五二七頁）。
(82)『宇垣日記』二、八六九頁。「南次郎日記」昭和七年十一月二十日条（酒井『大正デモクラシー体制の崩壊』八八頁）。
(83)「本邦政党関係雑件／政友会関係」ＪＡＣＡＲ（アジア歴史資料センター）Ref. B02031440100、外務省外交資料館。岩手県支部の宣言書では、「若シ夫レ憲政ノ精美ト東亜大策ノ確立トハ我党主唱ノ根幹ニシテ多年ノ精進ト努力トハ一ニ之ガ為メニ外ナラズ吾人ハ一路政党政治ノ完成ニ邁進シ満州国独立ヲ支援シテ東亜ノ振興ヲ図リ以テ国民ノ期待ニ副ハンコトヲ期ス」と宣言した。
(84)『木戸日記』上、二〇一頁。

(85)『原田日記』二、四一六－一八頁。

(86) 鳩山は「無闇ニ寂寥ヲ感ズ」と日記に記した（「鳩山未公刊日記」一九三二年十二月十一日条）。

(87)『東京朝日新聞』一九三三年一月一日付。この記事について小宮京氏よりご教示を受けた。記して謝意を表したい。

(88)「本邦政党関係雑件／政友会関係」ＪＡＣＡＲ（アジア歴史資料センター）Ref. B02031440100、外務省外交資料館。なお、芦田は一九三二年の最後に「幽鬱に始まって朗らかに終りし一年！」と記した（『芦田戦前日記』三、五七二頁）。多年準備してきた代議士への道を実現したことは大きかろうが、議会政治への確信を持てばこそ政友会の自力更正を説いた芦田にとって、この時の政治状況が代議士の職分を決定的に傷つけるものとは未だ見られていなかったと言えるだろう。

(89)『原田日記』二、四〇四－〇五頁。

(90)『木戸日記』上、二〇七－〇八頁。木戸の案は、同、二〇六頁。

(91) 同上、二一二頁。『木戸文書』一四三頁。『原田日記』二、四二五頁。

(92)『木戸文書』一四三－四四頁。『木戸日記』上、二一四頁。原田熊雄は、「政変の場合、元老が奉答する前に、重臣、即ち前総理及び枢密院議長、内大臣等を宮中にお召しになつて元老の奉答に対する参考として各人の意見を述べさせ、元老が皆の意見が面白くないと思へば、元老一個の考で奉答して少しもかまはないし、また皆の意見と一致したら、それで宜しい、即ち奉答はどこまでも元老自身がするのであり、重臣の意見を参考にしようがしまいが元老の自由である」ということと理解した（一九三七年五月八日の口述。『原田日記』五、三〇一頁）。本案で新たに参加が認められたのは枢密院議長であった。これは、枢密院改革論と連動しつつも明治立憲制下で重臣を考えた場合に枢相を外すことはできないという常識論であったと考えられる（村井『政党内閣制の成立　一九一八～二七年』二六三頁を参照）。昭和天皇も危機における枢密院の役割に期待があった。であればこそ倉富勇三郎枢密院議長への宮中官僚と西園寺の評価が低い中で、「当分」、そして、「必要ヲ認メタルトキハ」という文言の意味は大きかったと言えよう。ところが次の首相選定時には元宮相で憲法に明るい一木喜徳郎が枢密院議長であったことから、首相選定における枢密院議長の位置が実質化していったと見られる。

(93) 村井『政党内閣制の成立　一九一八～二七年』一一二－一八、一二二－二七、一六二－六四頁。社会の中にも加藤友三郎内閣選定時との類似性への理解があったことは後の神兵隊事件の裁判で原田熊雄が証言を求められた内容からもうかがえる（『原田日記』八、三〇四頁）。

(94) 吉野「政界の回顧と展望」同『吉野作造選集』四、三六一－六九頁。

(95) 吉野「議会から見た政局の波瀾」同上、三七三－七五頁。

(96) 同、三七五－七七頁。

(97)「外務、軍部渾然一体」を報じられている（『読売新聞』一九三二年十一月十五日付夕刊）。

(98) 前年にも二度の衝突事件があったが三度目のこのたびは謀略事件であった（島田「華北工作と国交調整」三－六八頁）。熱河問題から国際連盟脱退過程について、酒井『大正デモクラシー体制の崩壊』、井上『危機のなかの協調外交』、加藤『満州事変から日中戦争へ』、茶谷『昭和戦前期の宮中勢力と政治』を参照。

(99)『原田日記』二、四二〇頁。

(100)『牧野日記』五三一－三八頁。

(101) 松村『町田忠治翁伝』二五七頁。単に陸軍の問題ではなく、海軍部内での内訌について、『宇垣日記』二、八六九頁。

(102)『原田日記』二、四二七頁。

(103) 一九三〇年のロンドン海軍軍縮会議直後から二年間米国に駐在し、五・一五事件直後の一九三二年六月に帰国した大井篤は、「右翼系団体に入っておられる予、後備役の海軍の先輩が少なくありませんから、それらの人たちを通して右翼の圧力が及んでくる」中で、「元来は条約派的色彩が圧倒的に濃厚だったはずの海軍のなかに、陸軍や右翼勢力と同調するような派閥が台頭し」、帰国時には「つくづくと海軍の空気が実に重苦しく先鋭になっていることを痛感させられ」たと回想した（大井「連合艦隊の功罪」二七〇―七一頁）。麻田貞雄はより長期的な視点から、条約派と艦隊派を「軍政派」対「統帥派」、「軍縮派」対「反軍縮派」と位置づける（麻田『両大戦間の日米関係』一四九―二七一頁）。

(104) 芦田は内田外相の演説を引き取って「満州ニ対スル我国ノ立場ハ極メテ正常デアル」と認めながら、「此正義の主張ガ今以テ世界ノ多数ノ国々ヨリ信頼セラレルニ至ッテ居リマセヌ」と問題提起し、「勿論国民ハ政府ノ強硬ナル対支政策ヲ求メテ居ル、ケレドモ其強硬策ハ賢明ナル建設的政策ヲ内容トスル場合ニ初メテ意義ノアルモノデアリマス、威力ヲ示スト云フ以外ニ何物モナキ外交ヲ以テ強イト云フノデハアリマセヌ」と述べた（『官報号外 昭和八年一月二十四日 衆議院議事速記録第四号』四三―四七頁）。

(105) 『芦田戦前日記』三、五七八頁。

(106) 『読売新聞』一九三三年一月二十六日付。

(107) 川人貞史は議会の振粛と権限の強化をねらった衆議院の取り組みが貴族院と政府の反対で葬り去られたと指摘している（川人『日本の政党政治 1890-1937年』二五三頁）。

(108) 馬場『議会政治論』はしがき、三七、四七頁。

(109) 『原田日記』三、一二頁。

(110) 同上、一六頁。他に、貴衆両院議長は必要ないだろうとしながらも、国民同盟の安達謙蔵についてどうしたものかと考えていた。

(111) 同、一九頁。

(112) 同、一〇頁。西園寺はそもそも「重臣会議は政府がやるのなら敢て反対はせぬ」という姿勢を幣原外相に伝えていた（『原田日記』別巻、一五三頁）。

(113) 『原田日記』三、二三頁。原田のメモでは、「両総裁は入れるべきこと（西園寺の意見なりと云へ）」と記されている（『原田日記』別巻、一五三頁）。

(114) 『原田日記』三、二五―二七頁。『小川文書』一、二七四頁。

(115) 『原田日記』三、二七頁。民政党は国際連盟脱退阻止のための重臣会議構想にも肯定的であった（茶谷『昭和戦前期の宮中勢力と政治』一〇二頁）。

(116) 『原田日記』三、二六―二七頁。奈良侍従武官長は昭和天皇から「重臣会議は西園寺〔公望、元老〕出席せざる故中止となれる旨」を聞いている（『奈良日記』三、五一四頁）。

(117) 『原田日記』三、一七頁。

(118) 「昭和八年手帳」『斎藤実関係文書』二〇八―一〇〇、国立国会図書館憲政資料室蔵。茶谷『昭和戦前期の宮中勢力と政治』一〇八頁を参照。

(119) 西園寺は一月十三日の段階で、「自分の見るところでは大海の水を柄杓で掬ふやうなもので、当分まあ、何を言つてみたところで、なかなか陸軍がおいそれと言ふことをきゝやしまい。到底そいつは難しい」と述べている（『原田日記』二、四二八頁）。敗戦国であるドイツですら常任理事国として連盟に加盟した（篠原『国際連盟』九四―一〇一頁）。内外路線を回復した日本が将来再加盟の機会を得た場合に再び常任理事国として迎えられる可能性は低くないのではないか。そうであれば少なくとも自発的で速やかな脱退が現状では次善策となる。

(120) 矢部『近衛文麿』一六九頁。

(121) 『原田日記』三、二七頁。

(122) 同上、二八頁。在郷軍人会での国際連盟脱退論は、藤原・功刀編『資料日本現代史8 満州事変と国民動員』を参照。

(123) 『芦田戦前日記』三、五八二―八四頁。

(124)　グルー『滞日十年』上、一三五頁。グルーは「私自身の推測は間違っていた。ごく最近まで私は日本がこれをやると思っていなかった。〔中略〕元老西園寺自身は、軍閥の前に事実上無力であり、定めし何のことはなく、押しのけられてしまうだろう。政府内の穏健分子は、斎藤内閣成立の時と同じ位置にいる。すなわち愛国の動機から暴力分子に屈し、空しくもやがて彼らが勢力を占めるだろうと希望し、それまでは例の五・一五事件の如き問題が、再び起こるのを避けようとすることが、日本のためだとする」と記した（同、一三三－三四頁）。

(125)　『木戸日記』上、二一五頁。平沼について、滝口「満州事変期の平沼騏一郎」、スピルマン「平沼騏一郎の政治思想と国本社」などを参照。

(126)　加藤『続・現代史資料5　海軍加藤寛治日記』二〇四－〇五頁。以下、『加藤日記』と略す。

(127)　『木戸日記』上、二一八頁。

(128)　『小川文書』一、二七四－七七頁。小川は民政党の吸収に言及したように、「真のファッショは政党の力を大にし、幹部の統制を鞏固にするに在り」と時流を利用した自党の強化まで考えていた（同、二七八頁）。

(129)　『牧野日記』五四八頁。原田編『陶庵公清話』三－四頁。一九三二年六月二十一日には、昭和天皇が鈴木侍従長と奈良侍従武官長に秩父宮の意見について注意を求めており、木戸は「最近の時局に対する御考が稍もすれば軍国的になれる点」について話した（『木戸日記』上、一七六頁、『奈良日記』三、四四六－四七頁）。

(130)　グルー『滞日十年』上、一三七－四二頁。

(131)　『牧野日記』五四八頁。

(132)　『原田日記』三、三九四－九七頁。

(133)　同上、四六頁。『本庄日記』一八六頁。

(134)　『原田日記』三、四一頁。

(135)　グルー『滞日十年』上、一四七－五〇頁。このようなグルーの理解への批判として、Dower, *Cultures of War* を参照。

(136)　『奈良日記』三、五二六頁。

(137)　与謝野『與謝野晶子評論著作集』二〇、三四一－四四頁。また、ヨーロッパから帰朝した頃から「博士は「デモクラシイ」と云ふ語を多く用ひられ、それが世間に盛行するに到つた」と述べた（同、三四二頁）。中断された政党内閣制の先行きが見直しにくくなっている中で言論指導者の言論指導者とも言うべき吉野の死は惜しまれた。

(138)　憲法学者の清水澄はドイツの全権委任法を日本の台湾・朝鮮法制と比較し、「議会が憲法上議会の議決を要する事項に付概括的に一定の期間其の議決を経るを要せずと議決したるときは、その議決は憲法改正の手続を履まざるものと雖、之を適法有効と認めることが出来るであろうか」という問いを立て「憲法違反たることを免れぬ」と結論づけるともに、ドイツでのユダヤ人追放について「我国に在りては殆ど夢想だもすべからざる所である」と指摘した（清水澄博士論文・資料集刊行会編『清水澄博士論文・資料集』六〇三－一八頁）。また清水は「明治憲法が正しく解釈運用されれば、よい政治が行われると信じていた。従って政党、軍部、官僚等によって屢々政治がゆがめられることに憤りを感じていた」という（同、一一八二頁）。

(139)　『小川文書』一、二八一－八三頁。

(140)　同上、二八六頁。閣僚内でも、南逓相は五月の五・一五事件終結の時に辞職してはと述べたのに対して、中島商相は「人心不安、官吏サボタージュの実況」を理由に即時辞職を提案し、三土鉄相も鳩山と同様の意見であった（同）。

(141)　同、二八三－八五頁。小川と近衛は、「斎藤首相并推挙者牧野内大臣等、讃美者鈴木侍従長の無能無為、特に東亜経綸に無関心なる」を嘆き、「両党提携、大陸の処置より内政の大革新を為すこと」を協議した。

小川は鳩山にも会い、「民政提携に頗る熱心」で、「内外重要問題の解決は両党の協力に非れば遂行困難なり」という意見にも「頗る同感」という感触を得た（同、二八五―八六頁）。

(142) 同、二八七―八九頁。

(143) 『宇垣日記』二、八八六頁。『原田日記』三、六七頁。

(144) 『小川文書』一、二八八―九〇頁。小川は、五月十七日、若槻民政党総裁に会った機会に「政民両党の提携或は必要不可避の勢を馴致するやも計り難き」を説いたところ、若槻は「是れ真に勢なり、両者真剣肝胆を披瀝して始めて成るべし、三派護憲の時も亦然るに非ずや」と述べ、ともに秘密を約した。小川は若槻の態度を理想論はともかく実地論としては未だ提携に熱心でなく、民政党の一部には「改造内閣又は再生内閣」によって政友会を攪乱しようとする者があり、疑心暗鬼の状態があるためであろうと推測した（同、二九二頁）。

(145) 同上、二九三―九四頁。

(146) 『原田日記』三、四一、八五―八六頁。

(147) 『小川文書』一、二九五頁。『原田日記』三、八八頁。

(148) 奥『昭和戦前期立憲政友会の研究』九九―一一三頁。

(149) 『木戸日記』上、二三九頁。

(150) 同上、二四六頁。

(151) 茶谷『昭和戦前期の宮中勢力と政治』一三七頁。

(152) 星島二郎「話せば分かる」『政友』三九七号（一九三三年）二三―二七頁。星島は犬養が最後に話そうとしたことを、「政党政治は大勢で相談してやる政治だから簡単には行かぬ、故に天才的によい事は出来ないかも知れないが、然し最悪の政治形態ではない。君達も本気でかゝるなら、軍服ぬいで我輩等と共にやつたらどうだ」と推測した（同、二七頁）。

(153) 尚友倶楽部編『青票白票』一頁。「討論と云ふ事」と題する最初の無署名記事で「内容は常に議会の事即ち憲政の常道に縁のある事柄を語りつづけたい」と雑誌の性格が語られている。広瀬順皓は解題で、松平が政党内閣をどのように評価していたのかは明らかでないが、「政党内閣制に否定的であったとは考えにくい」と指摘している（同、一六頁）。題字は徳川家達で以後、同誌は一九四〇年十月まで八七号が発刊された。

(154) 『本庄日記』二四四頁。

(155) 片倉『片倉参謀の証言 叛乱と鎮圧』二三、一〇二―〇九頁。以下、『片倉証言』と略す。他に要路二十数名にも送付されたという。片倉は、在郷軍人会についても、「在郷軍人ハ速ニ所謂党籍ヲ離脱シ厳然タル態度ヲ持シ議会政治ノ粛正ニ寄与セサルヘカラス」と述べた（同、一〇八頁）。それは軍にとって不都合な資料が往々にして退職時の不満などから在郷軍人から提供されるからであった。軍は「政変ニ対応シ若クハ国策遂行ニ処シ得ル為ノ準備」をし、他方「陸軍大臣ハ別ニ憲兵司令官ヲシテ各地憲兵隊長ニ訓令セシメ反軍防衛取締ノ名ニ於テ右ニ拮抗スル党人財閥其他勢力ノ策動ヲ監視シ機ヲ失セス摘発スル」とも記されている（同、一一五―一六頁）。

(156) 同上、一三三頁。

(157) 一九三三年四月二十四日付片倉衷宛石原莞爾書簡（同、二一二頁）。石原莞爾「軍事上ヨリ見タル皇国ノ国策並国防計画要綱」『石原莞爾史料国防論策篇』一一三―一四頁。

(158) 小林「「一九三五～六年の危機」（一）」一八頁。また、菅谷幸浩は、「三五、三六年の危機」説を、危機の弛緩に対する反二〇年代勢力による努力であるとみなしている（菅谷「帝人事件と斎藤内閣の崩壊」）。

(159) 小林「「一九三五～六年の危機」（二）」五九―六〇頁。

(160) 田宮「赤化判事事件」を参照。

(161) 滝川事件については、松尾『滝川事件』、伊藤『瀧川幸辰』などを参照。

(162)　立花『日本共産党の研究』二、一六二―八一頁。
(163)　雨宮「血盟団事件」四〇五―三二頁。
(164)　『木戸日記』上、二四四頁。大島「神兵隊事件」を参照。
(165)　『木戸日記』上、二四五頁。『大阪朝日新聞』一九三三年八月七日付。
一九三二年二月の総選挙で政友会代議士となっていた岩手出身の海軍中将八角三郎は中島知久平と相談し、鈴木政友会総裁の無任所入閣問題にかかわった（『斎藤實追想録』五七頁）。
(166)　『大阪朝日新聞』一九三三年八月七日付。
(167)　『小川文書』二、五七六頁。安達について、篠原『国際連盟』一七七―八二頁を参照。
(168)　「政策協定に付鈴木政友会総裁談」『斎藤実関係文書』一四三―九、国立国会図書館憲政資料室蔵。伊東『伊東巳代治日記・記録』七、一二八頁。伊東枢密顧問官は斎藤内閣に否定的で、八月十日、望月圭介と岡崎邦輔を招き、政友会が政権を引き継ぐことを前提に今後の方針などについて注意を与えた（同、九四―九六頁）。伊東は一九三四年二月に死去した。また、この問題では、枢密院について、「一、両党総裁を無任所大臣として入閣せしめることは刻下の国情から見て事情やむを得ずとするも、これが前例となって将来無任所大臣を制限なく置くことには反対である。一、国務大臣はその職権上より枢密院において顧問官たるの地位を有し議席に列し表決の権を有することになっているが、国務大臣が一時に二名増加するのであるから顧問官もこれに正比例して定員増加の要あり」という意見が報じられた（『大阪朝日新聞』一九三三年八月六日付）。
(169)　田中「五・一五事件」五二九頁。
(170)　『加藤日記』二三二頁。小林「統帥権干犯論と海軍軍令部条例の改正」二三四頁。
(171)　伊藤・佐々木「鈴木貞一日記――昭和八年」七六頁。以下、「鈴木八年日記」と略す。
(172)　同上、六九頁。
(173)　同、七二―七七頁。鈴木はまた、外務省の情報委員会で「特ニ政党者流ノ何等覚醒スル処ナキヲ力説」していた。
(174)　同。
(175)　『原田日記』三、四〇四―〇七頁。立憲政友会宮城県支部青年部編『若槻総裁及び其の一党を衝く』一九三三年。小林「「一九三五～六年の危機」（二）」八三頁、井上『立憲民政党と政党改良』も参照。なお枢密院ではこの問題が政党中心政治の問題点として議論され、十二月十三日、枢密院では外務省が提起した考査部問題をめぐる政府との意見交換のための非公式会合で、倉富議長、平沼副議長も同席する中、金子堅太郎は、「一九三五年ノ会議」への危機感を訴え、「日清、日露ノ戦争ノ前ニハ政府当局ハ閣外の元老ト意見ヲ交換シ、御前会議モ数回催サレタ訳デアツテ其ノ結果ウマクイツタノデアル、然ルニ原内閣トカ浜口内閣トカ政党内閣が出来テ以来何デモ我党内閣デヤルト云フコトニナリ、華府会議、「ロンドン」会議ノ如キ失敗ニ失敗ヲ重ネテ来タノデアル、今度ノ三五年ノ会議ニ対シテハ転バヌ先ノ杖デ充分閣外ノ重臣ニモ相談セラレテ、充分調査ノ上会議ニ臨ム様ニシ度イ」と政党内閣と外交の「失敗」を結びつけて批判した（外務省百年史編纂委員会編『外務省の百年』下、二〇一頁）。
(176)　『原田日記』三、一六〇―六二頁。なお、この日、近衛は鈴木中佐とも二人だけで会い、恩赦の話を確かめるとともに、「原田男カ稍ヤ焦慮ノ情アリ、正確ナル情況ヲ西公ニ通スル能ハサルヘキヲ述ヘ、陸軍ニ対シテモ反感ヲ有スルニ至レリ」と述べた（「鈴木八年日記」七六頁）。翌十五日に鈴木中佐は原田に、「軍人が政治にでしやばるとか、軍が政権を乗取るといふことは絶対にしないことは確実であるから、政府が一時も早く手を打つて、新たな空気をつくれば、陸軍はいつでも引込む」

ということをしきりに言っていたという（『原田日記』三、一六四頁）。

(177)『木戸日記』上、二七三—七六頁。恩赦について、近衛は当惑し、原田は「随分まあ馬鹿な話だ」と簡単に考えた（『原田日記』三、一六一頁）。対して木戸は「一部には既に存在せる思想なれば、充分注意する」必要があると警戒し、また、牧野も「政治の根本を無視したる案」と評価し、「人心を安定し得るよりも却って不安に陥るゝ結果となる」と予想した（『木戸日記』上、二七三—七四頁）。

(178) 同上、二七五—七六頁。

(179) 島田・稲葉編『現代史資料8 日中戦争1』一一—一五頁。十四日、武藤中佐は鈴木中佐に、「軍ニ対スル批難アル故、軍ノ考フル政策ヲ公示シテハ如何」と提案している（「鈴木八年日記」七八頁）。小林「『一九三五～六年の危機』（一）」二七頁も参照。なお、秦郁彦によれば、荒木所蔵資料には「非常時財政の確立」や「農村問題の解決、中小商工業の振興」、「基礎産業に対する国家統制」などとともに「議会政治の刷新」が上げられていたという（秦『軍ファシズム運動史』七二、七八—八〇頁）。

(180) 小林『海軍大将小林躋造覚書』三六頁。小林はロンドン海軍軍縮会議がなかったり決裂していた場合の日本の国防や国民負担を考え、「予の寡聞なる、唯亡国的条約云々の咆哮を聞くのみで、本条約無かりし場合との真面目な比較論を耳にし得ないのは遺憾である」と記した（同）。

(181) 同上、四八頁。

(182) 同、六四—六五頁。なお、大角人事によって予備役に編入された堀悌吉は、敗戦後の一九四六年七月、「恐ラクハ軍ノ優越護持ト政党政治ノ軍事干渉排撃トヲ基点トシテ立テラレタ論議ヤ学説ガ原因ヲナシ、帝国議会ニ於ケル政争ノ具ニマデ使用セラルルニ至ツタコトガ、海軍ニ於テモ既ニ収マツテ居タ事件ヲ掘リ返シ、徒ニ神経ヲ刺戟シテ統帥大権ノ干犯トイフ如キ大袈裟ナ問題ヲ造リ上ゲタノデハナカラウカト思ハレル」と回顧している（日本国際政治学会編『太平洋戦争への道』別巻、六七頁）。

(183)『本庄日記』一六九—七二頁。なお、軍の予算過程について、大前『昭和戦前期の予算編成と政治』を参照。

(184)『木戸日記』上、二八二—八三頁。

(185)『本庄日記』一七四—七五頁。一九三三年十一月に中央幕僚と青年将校運動指導者との間で会合が持たれ、統制への服従を求めて「中央部としては青年将校の赤心を汲んで邁往努力する」と述べる幕僚はまた、運動を「厳然として」弾圧すると述べたという（竹山『昭和陸軍の将校運動と政治抗争』三七—三八頁）。

(186)『木戸日記』上、二八五頁。

(187)『本庄日記』一七四—七五頁。川越事件については、『木戸日記』上、二八六頁。

(188)『本庄日記』一七七頁。

(189)『片倉証言』二四—二五頁。

(190) 伊藤・服部「片倉衷日記（抄）—青年将校の動向と人脈」三〇六頁。片倉には将官・佐官クラスの研究案を見る機会もあったが「真剣味が足りない、極限すればダラ幹である」と感じた（『片倉証言』三一頁）。

(191)『片倉証言』一三六頁。「革新原理」としては、統帥権の独立を明確化する一方、軍事、外交、財政などの国防的要素を有機的に一元化し、「議会及議員ノ粛清ヲ図リ議会ヲシテ真ニ翼賛ノ府タラシメ」る「皇国民主主義」という言葉とともに、「選挙の公正を期し賛成民意調達権を拡充するも婦人参政権を認めず」と記された（同、一三四—三七頁。伊藤・服部「片倉衷日記（抄）——昭和八年の国家改造計画」三一二頁）。また、「総理ハ枢密院ノ奏薦ニ依ル（元老廃止）」ことや「軍部大臣ノ帷幄上奏権」を認め、「各省政務次官、参与官ノ制度ヲ廃止ス」ること、また、枢密顧問の構成についても、陸海軍大将が各二名で、議会からは貴族院一、衆議院二名、国務大臣は枢密院会議での評決権がないことなどが検討された。

(192)『片倉証言』一五九―二〇四頁。秦『軍ファシズム運動史』三一二―二一頁。

(193) 片倉『片倉衷氏談話速記録』上、三六〇頁。

(194)『木戸日記』上、二八九頁。

(195)『原田日記』三、一九八―九九頁。

(196) 同上、四〇八頁。

(197)「当局談発表の件」JACAR（アジア歴史資料センター）Ref. C01004000200、防衛省防衛研究所。

(198)『読売新聞』一九三三年十二月二十一日付。記事によれば、荒木は軍民離間声明を「主として対外的意味を以て発表した」と弁明し、また「五・一五事件の公判の際被告並に弁護人等の治安を紊るが如き言動をなしたるに拘らず傍聴禁止もせず公開した事は甚だ遺憾ではないか」との問いに「同感」と答えた。

(199)「巻頭言」『中央公論』一九三四年一月号。

(200) 長谷川如是閑「輿論の社会性と反社会性」『中央公論』一九三四年一月号、九三頁。

(201) 松岡『政党を脱退して日本国民に訴ふ』四四―五九頁。松岡について、三輪『松岡洋右』、ルー『松岡洋右とその時代』、服部『松岡外交』を参照。

(202) 美濃部「議会政治の検討」五八―七六頁。美濃部もまた『中央公論』一月号に寄稿し、近年の議会制度の形骸化を指摘して「議会が内閣組織の原動力となり、議会殊に衆議院の多数を占むることに依つて、当然内閣組織の大命を拝することを期待することも、将来においては望み難いことであり、又それが将来における社会情勢に適する所以とも信じ難い」と、経済生活の国家的統制が政治の中心課題となる中で、政党には「政権争奪の機関」から「議会を通じて民意を表白し、国政を批判するの機関」への変化を求めた（同、四〇―五七頁）。なお、美濃部は一九三〇年から三四年までの論考を一冊にまとめるにあたって、この間の「政治事情の変遷に伴ひ、議会政治の評価に関する著者の思想の上にも、多少の変化を免れなかつた」と記した（同、序）。

(203) 与謝野『與謝野晶子評論著作集』二一、四―五、一五頁。他方、政治学者の蠟山政道は、同時期、「政府といふものは制度の上に立つてゐるのではなく、結局それは人心の上に立つてゐる極めてデリケートのもの」で、「政党不信用」の原因を「民衆が代議制度に対し、政党政治に就いて、是非ともそれでなければならぬと云ふ確信を欠いてゐる点」に求めた（蠟山「政党政治の過去・現在及将来」二〇一、二〇六―〇七頁）。その上で蠟山は新しい経済的憲法を求め、「従来の議会の外に適当の機関を設定し、これと議会との関係並に内閣との関係を定むるに当りて、従来の政党政治は多大の譲歩をすることによつて、新らしき機構運用の任務につき得る」と、かえって「政党を強く反省せしめる与論の勃興」を求めた（同、二一四―一五頁）。

(204)『政友』四〇〇号（一九三三年）六二頁。『政友』四〇一号（一九三四年）一九、五一頁。

(205)『牧野日記』五五四―五五頁。

(206) 二・二六事件の青年将校からは、「荒木は前の時（陸相の時）に軍内の粛正も出来ず、只言論許りで最早試験済みと云ふ様に皆は考へて居る様です」と西田は北に語ったという（「聴取書（北一輝）」高橋編『現代史資料5 国家主義運動2』七三六頁）。

(207) ピーティー『「日米対決」と石原莞爾』一五九頁。

(208)『本庄日記』一八一―八二頁。

(209)『官報号外 昭和九年一月二十四日 衆議院議事速記録第三号』一五―一八頁。二月二十日の政友会代議士会で議論されたところでは、これは望月圭介が当初鈴木総裁に求めた演説であった（大月社会問題調査所『政界前途不安に伴ふ大同団結運動』一九頁）。すなわち望月は、「私は本議会は重要なる議会で議会政治、政党政治は之を国民へ、この機会を通じて大なる声で叫びかけねばならない。それが今回の政党政治純一の工作として鈴木総裁に演壇に立つ事をお願ひしました。併し鈴木総裁は内閣不信任案の場合は別だが今度だけは他の人にと云ふので床次氏にお願ひする事になつたのです」と頗る不快気に語ったという。一月十七日の総務会で、望月は、鈴木総裁の意嚮でもあれば、「我党最長老であり、副総裁格たる床次顧問を煩はし、休会明け議会質問戦の第一陣に起て議会政治向上のため、延いては党の威信を保ちたい」と述べて、床次への交渉を申し合わしていた（『政友』四〇二号、一九三四年、六〇頁）。

(210)『官報号外　昭和九年一月二十五日　衆議院議事速記録第四号』三二―三四頁。町田忠治「斎藤内閣の諸政策を質す」『民政』八巻二号（一九三四年）一八―二二頁。民政党は町田の寄付を受けて三月に政務調査館を設立した。町田は、「今後の政党は政策を唯一の使命として国民に臨むに非ざれば、到底立憲政治の美果を収むることは出来ない」と会館設立を考え、最初の構想では「党員諸君の政務調査研究と、党外の学者、実業家、官吏等各方面の見識ある人々から意見を求めるために、本部敷地外の閑静にして便利な場所を選んで、図書室を具備したる一館」を考えたが、政党否認の声の高まりに「党本部の敷地内にこれを設けて、党員諸君の調査研究に便するのほか党外各方面の権威者達が、進んで政党本部に来つて意見の交換をなし、政党を通じて政策樹立に寄与するの風を馴致する」ようにした（松村『町田忠治翁伝』二五一―五三頁）。図書局と政務調査局の二局があり、地下一階、地上三階、書庫を併せて一〇室、静粛なる研究室も数室用意されていた（立憲民政党政務調査館編『立憲民政党政務調査館図書件名目録』一頁）。

(211)『官報号外　昭和九年一月二十五日　衆議院議事速記録第四号』四七―五二頁。『官報号外　昭和九年一月二十六日　衆議院議事速記録第五号』五九―七一頁。衆議院での軍民離間をめぐる討議は早速、中国で新聞に採り上げられ、広田外相には、早速、二十八日、二十九日の『北平晨報』社論が情報として寄せられた（「二　軍民離間問題」ＪＡＣＡＲ〔アジア歴史資料センター〕Ref. B02031412500、外務省外交史料館）。

(212) グルー『滞日十年』上、二〇〇、二〇三頁。

(213) 同上、二〇四―〇八頁。

(214) 伊藤・佐々木「鈴木貞一日記――昭和九年」六〇頁。以下、「鈴木九年日記」と略す。

(215)『本庄日記』一八二―八三頁。

(216) 同上。本庄はかねて鈴木侍従長から、昭和天皇が「独乙帝国ノ滅亡ハ、独乙ノミノコトヲ考ヘテ、世界ノ為ヲ思ハザリシニ由ル」と語ったと聞いていた（同、二四一頁）。

(217)『木戸日記』上、三〇三―〇四頁。

(218)「鈴木九年日記」六一―六二頁。

(219) 杣『日本選挙制度史』一六一―六四頁。杣はこの改正について、「一九三四年法は選挙運動における言論表現の自由の大幅な制限、費用制限のため運動全体にわたる制限の強化、選挙公営の大幅な実現、取締り主義的選挙管理という日本型の選挙法制を実現した。この日本型は現行の公職選挙法にうけつがれた」と評価している。（同、一〇〇頁）。

(220)『斎藤實追想録』五七―五八頁。

(221)『牧野日記』五六〇頁。

(222) 杣『日本選挙制度史』一六九―七〇頁。また、船田中は、「何でも悪い事は政党にあるのだ、衆議院の方に悪いことがあるので、他にはもう一向悪いことはないというように、政党不信とか、或は衆議院が腐敗して居るとかいうことは、一つの流行のように言われて居るのであります」と述べて、官僚の弊害、地方官の住民煽動、貴族院の問題などをあげて衆議院改革と同時に貴族院改革に着手するよう斎藤首相に求めた（同、一七一頁）。

(223) 松浦『財界の政治経済史』、大島「帝人事件」を参照。

(224) 中島『政界財界五十年』二〇一―一一頁。

(225) 同上、二〇九―一〇頁。

(226) 奥『昭和戦前期立憲政友会の研究』一〇四頁。

(227) 「鈴木九年日記」六三―六四頁。

(228) 同上、六四頁。なお、林陸相は二十六日に昭和天皇から青年将校の思想動向について下問を受け、「思想平定ニ赴カントスル、此際、人事等ニモ急激ノ変化ヲ及スコトナク、不安ヲ除去シテ、穏健ニ導カシメンコトヲ期スル」と答えた（『本庄日記』二五三頁）。

(229) 『木戸日記』上、三一三頁。

(230) 『牧野日記』五六八頁。

(231) 『木戸日記』上、三一四頁。

(232) 『原田日記』三、二五七頁。勝田『重臣たちの昭和史』上、二二六頁。

(233) 「鈴木九年日記」七一頁。

(234) 『原田日記』三、二六〇―六三、二七一―七二頁。この日、鳩山が斎藤首相を訪れていたことは、「鳩山未公刊日記」で確認できる。芦田も原田に対して鳩山から聞いた解散の問題を議論した。なお、応戦に努める議会勢力は議会政治防衛のために治安維持法の修正まで検討したが実現しなかった。治安維持法については、中澤『治安維持法』を参照。

(235) 「議会閉会中の衆議院解散に付て」『斎藤実関係文書』一四四―一〇八、国立国会図書館憲政資料室蔵。これは選挙を通して次期首相を見いだしていくという民主的要請（憲政的要請）を立憲的要請が抑制した例である。後の林銑十郎内閣が議会会期中とはいえ、予算が通った後に解散を行ったことは、政府の立憲的解釈として、また憲法に依拠すべき官僚制国家として思想的に大きく後退したものであると言えよう。

(236) 『原田日記』三、二六四頁。

(237) 『本庄日記』一八六―八八頁。

(238) 「鈴木九年日記」七四頁。軍を抑圧する中心は「財界、政党方面」で『朝日新聞』がその先頭であるという（同）。

(239) 『木戸日記』上、三一八頁。

(240) 『原田日記』三、二六五―六八頁。斎藤内閣が政権の新たな課題として掲げたのは、財政、税制の整理刷新、教育の革新並びに思想対策の確立、そして農村対策の確立であった（同、二七〇頁）。西園寺と面会後、斎藤は新聞記者に、「とにかくここ一年間は重大な政局を担当する確信をもっており園公訪問によってさらにその確信を強くした」「園公も議会政治の確立については少なからず考慮されているし政党政治への復帰については余としても何等異論があるところではない」「国政はあくまで議会政治に立脚したいものと思う、この点については園公も御同感であり園公は政党の現状について深く心配しておられる模様であった」と語った（『大阪毎日新聞』一九三四年四月二日付）。

(241) 『木戸日記』上、三二四頁。

(242) 『原田日記』三、二九三―九四頁。『木戸日記』上、三二四頁。将来どのような人物が宮中官僚になるかわからないというのは首相選定にも言えることであり、西園寺が政党内閣期に後々の諮問先を具体的に決めず、時に応じてと答えてきたことの熱意のなさがわかる。

(243) 『原田日記』三、二九八―三〇三頁。

(244) 『本庄日記』二五四―五五頁。

(245) 『原田日記』三、三〇三頁。

(246) 同上、三〇四―〇五頁。

(247) 『牧野日記』五七六―七七頁。

(248) 黒澤「政党政治転換過程における内務省」を参照。

(249) 『政友』四〇六号（一九三四年）三〇―三三頁。政策協定委員には政友会からは山本条太郎、前田米蔵、島田俊雄、東武、内田信也、岡田忠彦、山口義一、安藤正純、砂田重政、若宮貞夫が選ばれた（奥『昭和戦前期立憲政友会の研究』一一五頁）。鈴木派は五月二日になっても、政民連携を憲政常道復帰の手段と見、十一日に第一回の会合が開いている。党費は公開し収支を党報に掲載することが予定された（『政友』四〇七号、一九三四年、八一頁）。

(250) 『原田日記』三、三〇六―〇七頁、『木戸日記』上、三二八頁。

(251) 『加藤日記』二五七頁。

(252) グルー『滞日十年』上、二一九―二六、二三二、二三五頁。

(253) 大島「帝人事件」五九頁。

(254) 『原田日記』三、三〇七―〇九頁。

(255) 「鈴木九年日記」七五―七六頁。

(256) 『牧野日記』五七八頁。

(257) 『木戸日記』上、三二九頁。

(258) 「現政局に対する観察」『片倉衷関係文書』九一八、国立国会図書館憲政資料室蔵。

(259) 『木戸日記』上、三三〇頁。

(260) 『牧野日記』五七八頁。

(261) 『原田日記』三一三―一四頁。

(262) 同上、三一四―一五頁。

(263) 同、三一四―一六頁。次期政権について、『読売新聞』一九三四年五月二十八日付は、斎藤への大命再降下説が雲散霧消し、平沼騏一郎説が枢密院議長人事の結果下火となった結果、「鈴木、宇垣、清浦の範囲を出でない」と予想している。

(264) 『原田日記』三、三一七頁。原田のメモによれば、斎藤首相の後継首相の条件として、「海軍問題に明きもの」「陸軍の賛同するもの（邪魔せぬもの）」「綱紀問題の懸念なきもの」「政党に多少交渉の余地あるもの」などがあげられている（『原田日記』別巻、一八三頁）。

(265) 『木戸日記』上、三三〇頁。

(266) 「鈴木九年日記」七六頁。

(267) 「内閣更新に処する陸軍の対策」『片倉衷関係文書』九一九、国立国会図書館憲政資料室蔵。

(268) 『木戸日記』上、三三一頁。『原田日記』三、三二〇頁。宇垣は、五月二十八日に京城を出て三十一日に東京につき、六月十二日まで滞在、岡山を回って十九日に京城に戻った（『宇垣日記』二、九六〇頁）。

(269) 『読売新聞』一九三四年五月二十日付、二十七日付、二十八日付。

(270) 『原田日記』三、三一七―一八頁。総務会は静観主義を採り、また長老会で同様の申し合わせをしようとしたが、「今日時期でない」という島田俊雄の反対でそれもできなかったという。

(271) 同上、三一九頁。

(272) 『読売新聞』一九三四年五月二十八日付。

(273) 岡田大将記録編纂会編『岡田啓介』二二〇―二一頁。『原田日記』三、三一二―一三頁。

(274) 『木戸日記』上、三三一―三二、三三四頁。話し合いの中で、「枢密院議長は院を代表せる意味にあらず、個人の資格にて参加すること、従って顧問官に諮る等のことはなきものとす」と位置づけられている（同、三三二頁）。こうした政党指導者を首相選定の場から排除しようとする牧野の姿勢は、短期的には、彼自身が語るように、政党関係者から情報が漏れ、それが宮中批判に結びつくことへの警戒と見られる。しかし、このような彼の政党観が内大臣が交代しない限り長期的な政党内閣制の再開に障害であったわけではない。結果的に元老西園寺によって阻まれる形となったが、一九二六年秋に牧野内大臣を中心に宮中で検討された将来の首相選定方式案でも、枢密顧問官を厳選した枢密院に諮問することでより憲法上に安定した形で元老協議方式を再現するような方法が考えられていた（村井『政党内閣制の成立　一九一八～二七年』二六二―六四頁）。検討案にはそこでの枢密顧問官の資格について「嘗テ内閣総理大臣タリシ人又ハ之ニ準ズベキ人ニシテ直接ニ政党関係ナキモノニ就テノミ、之ヲ選任スベキ」、また候補として山本達雄について「政党ヨリ離籍シタル場合」と記されている。ここで注目したいのは、第一に、一九三四年の牧野の発言が一九二六年の検討から大きな変化を見せていない点である。満州事変の処理をめぐって急速に政党観を悪化させていった木戸、原田、近衛ら青年華族政治家とは異なり、あくまでも政党中心政治の下での中立的な宮中像を示すものであったと考えられる。そして第二に、党籍を離れれば政党内閣の首相経験者が首相選定を担うことは問題視されておらず、それは政党総裁として首相となった者が党籍を離れることで現役を退いた後は、首相選定など国家的な役割を党派を超えて果たしていくという統治像と見られる。

(275)『木戸日記』上、三三四頁。『原田日記』三、三二四―二八頁。西園寺はまた、「今日の時勢から言つて、やはり陛下の御下問に奉答する場合に、どこまでも憲法の精神を尊重して、とにかくいくらかでも民意を御諒察遊ばされ得る内容のものを申上げなければならん」と述べた（同上、三二五頁）。

(276)『原田日記』三、三三四―三五頁。

(277) 同上、三三二頁。

(278)『木戸日記』上、三三七頁。

(279)『原田日記』三、三三三頁。

(280) 同上、三二六頁。『読売新聞』一九三四年六月一日付夕刊、同一日付朝刊、同二日付夕刊。

(281)「鈴木九年日記」七六頁。

(282)『宇垣日記』二、九六〇頁。

(283)『原田日記』三、三三六頁。

(284)「時局意見書」『片倉衷関係文書』九二〇、国立国会図書館憲政資料室蔵。

(285) 大蔵『大蔵公望日記』一、二五二頁。

(286)『原田日記』三、三三九頁。

(287)「鈴木九年日記」七六頁。鈴木は「何人ニテモ可ナリ」と答えるとともに、次期首相に岡田かやむを得なければ一木が目されていることを荒木に伝えた（同）。

(288)『木戸日記』上、三三九―四〇頁。西園寺は、会話の冒頭で血圧が上がっていることを話していたが、「若し自分の上京し得ざる場合には内大臣に依頼することとなるべきが、重臣を一ヶ所に会同するや或は個々に意見を徴するやは利害得失種々に考へらるゝを以て、篤と考へ置く様に」と内大臣・重臣協議方式を念頭に置くような注意を木戸に与えた（同、三四〇頁）。

(289)『原田日記』三、三四〇―四一頁。『木戸日記』上、三四一頁。

(290)『木戸日記』上、三四一頁。

(291)『原田日記』三、三四二頁。

(292) 同上、三三八頁。一九三三年十月十二日、民政党を脱退した国民同盟の中野正剛が鈴木中佐のもとを訪れ、陸軍とともに国運の打開に努力したく「旧政治勢力ノ一掃ヲ必要トス」と平沼説を説いた。石原、板垣とも談合し、林とも話したがまずは荒木直系と話すべきと言われたとのことであった（「鈴木八年日記」七七頁）。

(293)『原田日記』三、三三五頁。

(294)『本庄日記』一九〇頁。

(295)『原田日記』三、三四四―四六頁。

(296) 同上、三四六―四七頁。

(297)『木戸日記』上、三四三頁。

(298) 同上、三四三―四四頁。『原田日記』三、三四八頁。
(299) 『木戸日記』上、三四四頁。
(300) 『原田日記』三、三四八頁。政権の長期化に与える元老・重臣の影響を数量的に分析した研究として、福元・村井「戦前日本の内閣は存続するために誰の支持を必要としたか」を参照。首相選定に関与した元老・重臣の数が多いほど政権が存続する結果となった。
(301) 岡田大将記録編纂会編『岡田啓介』二二三頁。
(302) 『原田日記』三、三五〇頁。
(303) グルー『滞日十年』上、二三六頁。Grew Papers, MS Am 1687, (72), p. 1117. United States Department of State / Foreign Relations of the United States Diplomatic Papers, 1934. The Far East (1934) Japan, pp. 671-。樺山は薩摩藩出身、樺山資紀の息子で米国アーマスト大学を卒業、一九二二年の襲爵後二五年に貴族院議員に当選した。また、一九三〇年のロンドン海軍軍縮会議には随員として参加した。
(304) グルー『滞日十年』上、二三七頁。
(305) Grew Papers, MS Am 1687, (72), p. 1111.
(306) Ibid., p. 1113. 七月四日にも、次期首相候補が取り沙汰される中グルーが会話の中で岡田の名前をあげ、事実、岡田が組閣の大命を受けたことで大いに面目を施した内容が記されている (Ibid., pp. 1115-1116)。
(307) 矢部『近衛文麿』一九六―九八頁。
(308) 『宇垣日記』二、九六一、九六四頁。
(309) 同上、九六五頁。
(310) 真崎『真崎甚三郎日記』一、二五八―五九頁。
(311) 与謝野『與謝野晶子評論著作集』二一、一〇一―〇二頁。与謝野は四月には「変態な非常時内閣」と位置づけつつ、政党を退けて気兼ねなく政治を行うべきと述べていた (同、六四頁)。また五月には、美濃部達吉から『議会政治の検討』を贈られたことに触れて、「議会政治に代るべき政治機構が遠い将来にも有らうと思はぬ私の直覚を、先生は論理的に且つ実際的に確かに裏附て下さつた。その事が第一に感謝される。日本の国体と議会政治の特殊関係も此書に由つて明確にされてゐる」と評価していた (同、七〇頁)。
(312) 同上、七六―七七頁。「尾崎行雄先生が近く、政党政治家の懺悔が見えないと述べられたのは同感である」とも述べている (同、七七頁)。
(313) 同上、八七頁。
(314) 『朝鮮公論』二五七号 (一九三四年) 四一頁。
(315) 『婦選』六巻八号 (一九三二年) 一七―一八頁。市川『市川房枝集』三、一二一頁。また、村井「一九二〇年代の政治改革、その逆コースと市川房枝」も参照。
(316) 市川『市川房枝集』三、二〇七頁。
(317) 同上、二一五頁。また、貴族院議員有志による『青票白票』でも斎藤内閣選定時には西園寺が私邸に重臣を招いて意見を聞いたのに対して、このたびは「御召」によって重臣が元老に意見を述べたことの違いに注目して、「重臣の範囲を今回のように限定することは必ずしもよいとは考へないが、将来内大臣が元老に代る時の用意としてまことに結構な先例を開かれたものである」と評価した (『青票白票』九二頁)。
(318) 『原田日記』三、三三五頁。
(319) 村井『政党内閣制の成立 一九一八～二七年』二〇九頁。
(320) 社会問題資料研究会編『所謂「天皇機関説」を契機とする国体明徴運動』八八―八九頁。
(321) 『原田日記』三、三四九頁。
(322) 『河井日記』六、二三四頁。田中が軍服を脱いで政党総裁となった頃とは異なり、宇垣がそのまま民政党の総裁となるとは限らないが、伊藤博文や桂太郎のひそみにならって自ら政党を組織する野心はあるだろう。また、ヴェルサイユ＝ワシントン体制派の海軍長老内閣に続く陸軍長老内閣という点でも均衡がとれ、陸海軍の統制回復も期待できる。

(323)　勝田『重臣たちの昭和史』上、二二七頁。

(324)　グルー『滞日十年』上、一七七頁。

第5章　一九三六年憲政危機と政党内閣制の崩壊

──第二暫定内閣の失敗と「常道」の喪失（一九三四〜三六年）

五・一五事件後、七七四日間に及んだ斎藤内閣の後を受けて一九三四（昭和九）年七月四日に組閣の大命を受けた岡田啓介は、八日、内閣を組織した。首相就任時に七十三歳であった斎藤に対して、岡田は六十六歳と少し若返った。とはいえ、七十六歳であった犬養毅は例外として、初めての首相就任時に六十四歳の加藤高明、五十九歳の若槻礼次郎、六十三歳の田中義一、五十九歳の浜口雄幸と比べても遅咲きの国政指導者であった。六一一日間という岡田内閣の施政期間は明治憲法下においては必ずしも短いわけではなかったが、あまりに大きな出来事が相次いだ駆け足の約一年半であった。一九二二（大正十一）年以来の海軍軍縮条約の廃棄、天皇機関説事件に引き続く国体明徴運動、選挙粛正運動、そして二・二六事件の勃発である。

先に非常時暫定内閣として発足した斎藤内閣の使命は、喧嘩両成敗の観点に立って軍事政権でも政党内閣でもない中間的な内閣によって危機を緩和し、憲法政治を再び常道、すなわち政党政治に引き戻すことにあった。そのためには、一方では景気回復はもとより満州事変以来の国際的孤立を緩和し、他方では政党の改善を図りつつ国内での直接行動を抑えて陸海軍の統制を回復する必要があった。しかし斎藤内閣の二年間は、最初の一年間こそ非常時暫定内閣としてこのような当初の出口戦略に沿っているかに見えたが、既成事実化していく対外問題の堆積、引き続く世界大恐慌と思想不安、そして青年将校運動と関東軍という二重の内部統制上の困難を交渉力として利用する陸軍を前に、二年目には出口が見えなくなり、斎藤首相自身が危機緩和のための新たな非政党内閣に言及するようになっていた。元老西園寺公望は、なおも斎藤内閣による危機緩和と常道復帰という当初の出口戦略と将来的な均衡の回復を期待していたが、近衛文麿、木戸幸一とともに若手貴族政治家として活性化しつつあった政治秘書の原田熊雄が岡田への政変を導くと、さらに悪化した環境の中で二度目の非常時暫定内閣に同じ課題への取り組みを期待するしかなかったのである。

原敬はかつて「政党の改良は政党自身の力に依るの外に道なし」と述べたが、政党を退けて進められた政党改善の試みは政党を迷走させ、政党批判勢力を励ました。(1) その中で、原田が岡田への政変を誘導した背景には、多数党への不満とともに、予定された海軍軍縮会議を前に穏健な海軍指導者への期待があった。また、一部にソ連との戦争を望んでいる勢力があるとも言われ、昭和天皇はじめ元老、宮中官僚の憂慮の的であった陸軍に対して、確かに海軍は最後まで戦争は望まなかった。しかし、陸軍と対等な軍備を望み、組織統制の伝統を崩してでも国際軍縮を拒絶することでは負けていなかった。こうして岡田内閣が斎藤内閣の施政を引き継ぐ二度目の非常時暫定内閣として成立したことの意味と帰結とを考察したい。

一　岡田内閣の成立と第二暫定内閣の隘路――海軍軍縮条約の廃棄

岡田内閣の成立と政友会の野党化――非常時暫定内閣の変質

組閣の大命を受けた岡田は、早速閣僚の銓衡《せんこう》に入った。岡田が回顧するところでは、西園寺の指示に基づくという貴族院議員原田熊雄の助言を受けて、大命降下前から、後藤文夫農相と河田烈拓務次官を参謀に組閣の下相談を始めていたという。岡田は「原田はよくめんどうを見てくれた」と感謝の言葉を残している。(2) 原田が言うには、岡田は「最初どこまでも、所謂官僚内閣といふか、超然内閣といふか、政党に関係なく組閣してみたい、その方がいろんな意味で結束し易いし力強くも行く」というように考えており、どうしても内相には後藤をと希望していた。原田もまた、近衛文麿貴族院議長や荒木貞夫前陸相との交遊から中心閣僚としての入閣に難色を示す後藤を、大命降下前から積極的に口説いた。大命降下後もなお躊躇する後藤に、原田は「陛下は非常に岡田大将に御満足であり、御安心の御模様だ」と昭和天皇の意向まで持ち出して内相就任を迫った。後藤もついに折れ、入閣条件というほどではないが、「超然内閣よりもやはり政党を入れた方がいゝ、挙国一致内閣といふ実を挙げるにはやはり政党も含んだ方がいゝ」と強調したので、岡田も政党員を閣僚に迎えることに傾いたという。(3) 他方、内閣書記官長に就いた河田も原田から事前に心づもりを求められていたが、河田は岡田内閣を従来の経歴から「政友系内閣」と推測し、「最も岡田大将の接近せられ得ると想像」していたのが政友会であった。(4)ところが、その政友会との関係で岡田内閣の組閣作業は困難に行き当たった。

岡田は、大命降下後に斎藤の好意で組閣本部を首相官邸に置くと、「陸海軍方面」、ならびに政友会、民政党の両党首を訪問し、支持を求めた。(5) 軍部大臣は林銑十郎陸相、大角岑生海相ともに斎藤内閣から留任、首相選定時の牧野伸顕内大臣の心配は杞憂に終わったが、留任に際して林陸相は在満機構改革への協力を、大角海相は海軍軍縮問題にかかわる斎藤内閣時代の五相会議決定への賛成をそれぞれ求め、岡田は内約を与えたという。(6) 他方、主要閣僚のうち、政党内閣にとって重要であるのは、首相は当然として、地方官や警察、選挙を司る内相と予算統制を行う蔵相であったが、岡田は蔵相には高橋是清前蔵相の助言を受けて藤井真信次官を昇格させた。これまで高橋の後は同じ政友会の三土忠造がつねに後を追ってきたが、彼は帝人事件の渦中にあった。また、内相には早々に後藤を据えたため、自然、政党からの入閣者は主要閣僚から外れることになり、いわゆる新官僚の進出が話題となった。(7)

斎藤内閣が総辞職した一九三四（昭和九）年七月三日、政友会は政務調査報告会を開いて、鈴木喜三郎総裁は「政党は国民の背景の上に立つものであるから総べての方面に国民の意思が反映せねばならぬ、政策において然り、行動において然り」と政党が施政の中心であるべきことを説き、さらに「広く人材を天下に求むるの要ある」と、政党中心政治を補完するものとして「無任所大臣制又は国策審議機関設置の如き制度の創設も考慮する要があると思ふ」と述べるとともに、政党を背景とする私利や地方での党利党略、そして「官公吏任免に党略を用ゐ政治の公明を蔽はんとするもの等は断じて之を容さず」と政党の反省を示した。(8) 岡田は政友会から二名、民政党から一名の入閣を考え、翌五日、再び鈴木総裁を訪れて、「どうか望月、床次の二名をもらひたい」と候補者を指名して申し込んだ。鈴木は党議決定の必要から再び即答を避けたが、岡田はすぐさま個別に説得工作を開始した。その後、政友会が「挙党政府を支持するから、どうか一人も閣僚をとつてくれるな」と伝えてきたのに対して、「外部から挙党援助する」というのはあてにならないと、逆に、脱党しても入閣するという床次竹二郎の「政党の人をより多く入れるといふことは、政党をそれだけ尊重したことになる」という要求を容れて、政友会三名、民政党二名と、政党からの入閣者を一名ずつ増やした。床次と望月圭介は秋田清の入閣を求めたが岡田が頑強に反対し、「いろいろ司法省の取調などの結果、調書に出て来ないやうな人を挙げれば」との観点から、政友会からは床次逓相、山崎達之輔農相、内田信也鉄相に落ち着いた。(9) 他方、民政党からは町田忠治商相、松田源治文相を採った。町田の入閣は若槻礼次郎民政党総裁が推薦し、岡田も懇望したものであったという。(10) 政友会の対応が揺れる中、七日、高橋は岡田と面会後に「岡田さんがあくまで憲政の常道に復帰する事を念願とされてゐる事」に感服したと新聞記者に語り、また、三士と内田に、床次を支持して内閣を援助するよう説いたと述べた。(11)

こうして、七月八日、岡田内閣が成立した。政友会は岡田内閣の措置を不服として出身閣僚、政務官を除名処分とした。原田は九日の朝、西園寺に経過を報告したが、首相からは「どうか公爵に宜しく申上げてくれ。どうも甚だ不手際な組閣をして申訳ない。殊に内田とか松田とかを閣僚にとつたことは甚だ不手際だつたが」と言付けられた。(12) 西園寺が政党員の入閣に消極的であると岡田が考えていたことがわかる。それは原田を通して理解したものであろう。岡田は原田を西園寺の代理として遇したが、はたしてそうであったろうか。原田は政変に至る経過を口述する中で、「公爵あたりも政党との関係について、「どうも現在の政党の人達には、それぞれ綱紀問題についていろんな噂があつて、きくに堪へない。で、無論立憲政治を尊重しなければならんのは当然だけれども、どうも現在の政党の実質が悪いのだから、あまり政党に重きを置く必要はない。もし関係をつけるのならば、若槻、床次あたりも、或は国務大臣として入閣させる。その担当する椅子が逓信だらうが鉄道だらうが農林だらうが、なんでもかまやせんぢやないか。どういふ省でなければならんといふやうなけちなことを言ふのは面白くない。要するに四本柱として入るつもりで受けたらいゝぢやないか。あんまり政党にこだはる必要はないから、その辺は含ましておく方がいゝ。」といふ風なことを話してをられた」と述べた。(13) この一節はわかるようなわからないような一節である。最初と最後を読めば、西園寺は現在の政党の質を疑問視し、政党員の入閣にこだわる必要がないと考えているかのように読めるが、他方で中頃を読めば、若槻、床次あたりも「四本柱」と考えてとにかく入った方がよいという判断を示している。この七文は一連の会話のように記されているが、原田が聴き取った印象的な話をつないだものであろう。それは末尾の「といふ風なこと」という部分にも表れている。西園寺は一九二六年の宮中官僚への助言で「元来政治家ノ清節ナルモノハ甚疑ハシ。予ノ政治ニ関係セシ時ノ事実ニ照シテ斯ク断言ス」と述べた上で、逆に「党派的画策」や「司法官ノ倒閣運動」を疑った。(14) 長い政治経験を持つ西園寺がこの八年間でにわかに政治への感性を一変させたとは考えにくい。政党の綱紀問題を重視する姿勢は、原田自身の考えを西園寺に投影したものと考えられよう。(15)

岡田内閣成立を、新聞批評雑誌の『新聞と社会』は、「挙国一致的な強力内閣の国民的要望を蹂躙し、裏切つたものは誰れだ！　元老重臣の国家的認識の再吟味を必要としない乎」と批判し、返す刀で「その政綱中に「克く憲法政治の真髄を発揮して民意の暢達を図らんとす」――の一項を以て、流行大新聞は、たゞわけもなく躍り上つてゐる。これこそ憲政常道復帰への念願であるといふのだ。かれ等の唱へる憲政の常道復帰は、政党政治を意味してゐる。岡田内閣のいふ憲法政治の真髄を発揮し――といふ意図は、かれ等の有頂天になる、政党政治への復帰を意味してゐるのか、それさへも判然としてゐないではない乎」と大新聞の姿勢を批判した。(16) 岡田内閣の発足は、木戸の目から見ても手際が悪かった。木戸は政変時米国にいた近衛に、「予て御承知の如き手続にて重臣の会合行はれ、即日岡田海軍大将を後継首相として元老より奉答相成」と選定手続きを説明し、「結果より見て対政党関係甚だ面白からず、世間各方面の批評も賛否何れとも判定致

難き状態に御座候」と報告して、人気挽回策として近衛入閣説があるが受けるべきでないと忠告した。(17)

政友会代議士の芦田均は、「岡田内閣の出来上つた前後の経緯は明日の政界に一つの大波紋を描いた」と、岡田内閣成立に驚きを示した。(18)芦田は、六日には「内閣を助けてもよし、又野党になつてぶっつかっても良い」と考えていたが、その後、八日に床次らの入閣が決まると、「胸が悪いような気になつて」子どもと湯河原海岸に出掛けた。(19)組閣に対して岡田首相は何度も鈴木総裁と面会し、説得に努めたが、他方で政友会の自律性は軽視した。芦田は政変後のエッセイでかつて斎藤内閣の成立をマクドナルド国民内閣の成立になぞらえて論じたことにふれ、「マクドーナルドが身を引く際に英国の政界がどうなるか、又果して岡田大将に類する人を後任に推薦するかどうかは今から何人も予想し得ない処である。けれども――」と述べて、五・一五事件後に政友会内の自重派であった芦田は予期せぬ岡田内閣の成立に野党路線を支持するに至った。そして芦田は、官僚内閣と見た岡田内閣への反対姿勢を明確にした上で、「政党の受難時代はまだ当分つゞくものと考へねばならぬ」と政友会の試練を予想し、「政友会が清党を断行して然る後に民権の為に闘ふ決心をすれば天下は必ず其意気を壮とするであらう」と論じた。(20)政友会では新たな時代に対応するため青年部が設置された。(21)他方、民政党では、七月十四日に若槻総裁から「岡田内閣援助の声明」があった。(22)しかし、岡田内閣成立一カ月後の八月五日には、若槻が総裁辞任の意向を漏らす。

他方、鈴木貞一陸軍大佐は内閣の成立した七月八日、「此内閣ハ民政官僚ト民政党ノ内閣ナリ。将来ハ知ルヘキナリ。国家ハ之ニヨリ愈々多事ナリ」と感想を記し、「軍今日ノ首脳者ハ現内閣ニ相応スル人々ナリ」とも述べた上で、ロシア革命で二月革命から十月革命への中間内閣となったケレンスキー内閣に擬して「此内閣ハ対外屈従ニ進ム第一歩ニシテ、民政「オブラート」内閣ナリ」と断じた。(23)岡田内閣の次には民政党内閣の成立を予想したと言えよう。また、真崎甚三郎教育総監は翌九日の日記に、「若シ万一青年将校ニ軽挙ノコトアランカ、悉クシラミツブシニツブサルベク、元老重臣ノ存スル限リ決シテ何事モ出来ザルベク、只ニ彼等自身ヲ亡スノミナラズ、直ニ予ノ失脚ヲ来ス等彼等ノ術中ニ陥ルニ至ルベシ」と記した。(24)岡田内閣の成立は、青年将校運動とそれに同情的な皇道派将校への牽制と受け止められたのであった。

組閣にもたついた岡田内閣下ですぐさま動いたのは足下の海軍であり、岡田首相は「先手を打たれてしまつた」と自嘲するしかなかった[25]。七月十二日、軍令部総長の伏見宮博恭王は皇族の資格で昭和天皇に拝謁し、軍縮会議に対する海軍の意向を述べた上で、加藤隆義軍令部次長が執筆した封書を奉呈した。それは、「従前の比率主義を捨て、平等の主義方針の下に邁進の外なく、斯くせざれば海軍は統制し得ず」という内容であった[26]。内部統制を脅迫に使う手法は海軍ではまだ生きており、それどころか原田の聞き込みでは、加藤寛治軍事参議官は政変前の六月下旬に末次信正連合艦隊司令長官と共に「軍令部も海軍省も軍縮に対して頗る空気が弱い」という理解から、「軍縮に対して強硬に行けといふ軍備自主権回復の主張」をして、次期内閣は「強力内閣」でなければならないので加藤自身を首相とすべきであると連合艦隊を巻き込んで運動し、軍縮条約の速やかな廃棄について意思統一を図って『東京日日新聞』を用い宣伝に努めたという[27]。閣内では大角海相が岡田首相に軍縮の対案を示して承認を迫り、すでに伏見宮より内奏されていると述べた。林陸相によれば、十四日の五相会議では大角海相は軍縮に対しては随分と強硬で、しかも前内閣時よりも強硬さを増しているということであった。大角海相は十六日には海軍首脳将官を集めて、各国一律の軍縮を断行し、しかも平等であるべきと主張した。このような海軍の軍縮会議への態度について林陸相は、岡田首相に「実は内心非常に危険を感じてゐる。しかしながら陸軍としては、どこまでもこれを支持しなければならない事情にあるから、たとへ内心多少の不安を感じてゐても、表面は一致した行動をとらなければならん」と述べた[28]。

その陸軍が取り組んでいたのは満州の機構改革問題であった。これは日本と満州国との関係が特殊緊密であるという前提に立って、一部重複する関東軍司令官（陸軍省）と駐満特命全権大使（外務省）と南満州鉄道株式会社を監督する拓務省の権限関係を事実上陸軍の下に整理統一しようとする議論で、首相直属で現役軍人が総裁か次長となる対満事務局を設置して拓務省の権限を吸収し、関東軍司令官が兼任している駐満特命全権大使も渉外事項以外は首相の指揮監督下に置く、という主張であった。原田は陸軍の強硬な主張に「満洲に軍政を布かうといふ下心」を見たが、これは満州事変以来、陸軍内で強く主張されるようになっていた政党政治の外地行政からの排除という議論の系譜上にあった[29]。林陸相は岡田首相に全権大使を首相直属とする理由を、「もし政党内閣でも出来たら、どんな者が全権大使になるか判らないから、総理の直属の者にしたい」と説明し、また陸軍と外務省との折衝では軍司令官と全権大使との兼摂を恒久化することを求めた[30]。

陸相や中央幕僚は軍人である前に軍官僚であって、政党内閣の復活を牽制しつつも政党内閣が復活した場合への対処を怠らない。荒木軍政以降の陸軍の基本方針は、国際軍縮と穏健な対外政策を基調として軍部大臣文官制にも道を開きかねない政党中心政治の攻勢に対して、満州事変の完遂とさらなる軍縮の拒絶という組織目標を、時に青年将校運動の威圧力を利用しながらも、統帥権の独立と各大臣の単独輔弼制という明治憲法制定時の基本原則を死守回復することで、陸相を通じて実現していくことであった[31]。しかし、満州事変の直後でさえ陸相は閣議の場で必ずしも強くなく、そこに五相会議によって政党閣僚に包囲される可能性を減じたり、皇族総長や上奏など天皇シンボルを活用したり、組織内統制を理由に妥協を求めたりするような工夫が施される。そこには、陸相を通じて充分に組織要求が満たされていることを示すことで弛緩した陸軍組織内の統制を図る意味もあった。この問題では関東庁警察官をはじめ拓務省と関東庁から強い反対が出たが、岡田首相は拓務省を犠牲として林陸相を初代総裁とする対満事務局を発足させ、外務省と陸軍省との間で調整して決着させた。軍人勅諭以来、日本陸軍の組織原理は政治からの分離であって、総力戦状況下での急激な高度国防国家化の要請や、弱者の恫喝とも言える矯激な軍政論が一部に台頭することがあってもそれはあくまでも一時的な便法の域を出ず、首相指名が天皇の大権事項である以上、先の林陸相の発言からは、将来政党内閣が成立しても首相との協力関係によって陸軍の要求を実現していこうという意思がうかがえる[32]。首相との協力によって陸軍の組織利益を図ることは宇垣軍政や南軍政にも共通する姿勢であり、荒木軍政が青年将校への共感に傾き、林軍政が首相との協力関係に傾くとは言っても、それは内閣自身の政党中心政治からの距離に比例するもので、本質的な差異はない。その意味で、危機緩和と政党改善を理由に政党勢力からの中立性を重視した岡田内閣は、陸軍官僚制の考える、改善された政党政治もしくは本来の日本型立憲政治への一つのモデル・ケースともなっていたと言えよう。

七月二十一日、原田は鈴木大佐に「内閣モ思フ様ニ行カス、少々困リ入リタリ」と弱音を吐いた。二十四日には井上三郎と鈴木を前に「組閣ノ時岡田ハ政党ヲ入レストノ考ヲ有シ、西公モ亦入レサルヲ可ナリトノ考ナリシモ、後藤氏カ伊沢等ニ要求セラレタルナリ〔中略〕後藤モ中途ニ於テ政党トノ関係ヲ絶タントシタルモ又々逆転セリ」と事情を語り、「政友会ハ却テ固リタルモ亦々分裂スヘシ」と多数党を反対に追いやったことを論じつつ、「此内閣ハ希望ノ如クナラス。全ク駄目ナリ。長ク続クヤ否ヤ不明ナリ〔中略〕何等ノ足モ手モナキ人ノ組閣ノ不可ナルハ之レニテ立証セラレタリ。斎藤首相ハ実ニ立派ニ動キタリ。西公モ見付ケモノヲシタルコトヲ述ヘラレタリ」と語った。鈴木は、「原田ナル人物ハ何等経綸ナク西公ヲ動カシアル事ハ危険ナリ。此人物ヲ除カサレハ政局ハ吾人ノ思フ様ナモノトハナラサルナリ」と感じた。(33)

斎藤の辞職によって一頓挫を来した春以来の西園寺の攻勢はどうなったか。八月九日、西園寺は訪れた木戸に、「総理大臣や国務大臣はもっと陛下の御前に出る様にして、隔意なく各般の問題につき奏上し得る様にしなくてはいけない」と一九二〇年代半ば以来の助言を繰り返した。その一方で、西園寺は「陛下は最早幼冲の天子と云ふ訳にもあらず、今少し陛下の御意向の外部に顕はれても差支なからずや」と話し、また、国際関係についても、「今日の如く大亜細亜主義等と云ふて東洋のみに偏せず、英米と共に世界の問題を処理することとなり得たらんには、押しも押されもせぬ世界の三大国として、確乎たる地歩を占め得たらんにと惜いことをした」とつくづく語った。(34)

原田は、八月二十二日に牧野内大臣を訪れ、ワシントン海軍軍縮条約の破棄をめぐって「日本が往年の露独が世界の悪る物《(ママ)》になりたる二の舞ひを演ずる事」を心配する西園寺の意向として、昭和天皇から参謀総長の閑院宮載仁親王と軍令部総長の伏見宮博恭王に注意することを検討すべきと伝えた。しかし、牧野は「丸呑みには出来ざる」と原田の伝える元老の意思を信じず、「只聞流し」た。牧野が木戸を呼び、「老公伝言」に対する所感を伝えたところ、木戸も「同感」であった。そこで翌日、原田から同様の「元老の希望」を聞いて牧野を訪れた湯浅倉平宮内大臣にも、聞き流しの方針を伝えた。(35)牧野に「同感」と答えた木戸はしかし、原田の伝言が西園寺の真意であるかという牧野の第一の懸念にはふれず、「未だ其時期にあらず、慎重なる考慮の必要」と述べたと日記に記した。(36)先に直接面会した木戸は、西園寺の真意が原田の伝言とかけ離れていないと見たのではないだろうか。重ねて検討を求める原田に木戸は「前同様反対の意味」を述べ、三十日、牧野に報告した(37)。ここには元老と宮中官僚の間で外交路線を共有しながら、国内政治への理解の差、政治指導をめぐるミスマッチがある。宮中官僚は国際連盟脱退時に介入に積極的であったのに対して、西園寺は消極的であった。ところが、ここでは西園寺が積極的で宮中官僚が消極的である。しかも両者をつなぐ原田が岡田内閣成立に深入りしすぎていたために、中立的な情報伝達者ではなくなっていた。

このような原田の姿勢を、近衛は鈴木大佐に「原田ハ自分ノ地位トシテハ余リニヤリ過グル傾キアリ」と述べ、また首相選定方式についても「内閣作リノ方法ハ今トナリテ見ハ不適当ナリ。自分モ昨年末ニハマア宜シカルヘシト告ケタルカ非ナリ」と語った。さらに、「今日日本ノ外交ハ尚ホ幣原式ナリ」と、幣原喜重郎元外相が指揮した憲政会・民政党内閣期の協調外交との連続性を述べて、「外人ハ広田ノ処ヨリハ幣原ノ処ニ出入ス、外人幣原、牧野ヲ償（賞）スルコト大ナリ、伊沢ト幣原カ軍ヲ抑圧スル為メニ外力ヲ利用シアリ、売国奴ナリ」と、同じく民政党に近い伊沢多喜男にも言及した(38)。

グルー米国大使は広田外相を高く評価していたが、その広田から年末頃にワシントン海軍軍縮条約を廃棄することを確定したという残念な知らせを受けた。広田は「海軍問題を諸外国と解決しようということは、疑いもなく困難ではあるが、盲目的愛国者たちと直面せねばならぬ国内問題ほど困難ではない」と述べた(39)。九月六日、ロンドン海軍軍縮会議の予備会議に山本五十六海軍少将を派遣するにあたって岡田首相は、「事重大」という理由から閣議決定前の訓令案を奏上し、昭和天皇は「何処までも会議を成立せしむる意図の下に努力すべく、仮令会議不成立に終るとするも、日本独り其責任を負はざる如く考慮せよ」と注意した。翌七日、軍縮訓令案は閣議で異議なく可決されたため、伏見宮軍令部総長が奏上したが、昭和天皇は「軍縮協定成立せば各国平等の兵力を必要とし、不成立に終れば不平等にて差支えなしとの理由如何、又絶対平等にして、其対米差等を状勢の如何に係らず、排撃せんとするものなる乎」と納得せず、さらに閑院宮参謀総長が海軍軍縮案と陸軍軍備との間に支障がないと上奏したところ、「陸海軍部協同して政府を圧迫するの感を与ふる」と注意を与えた。参謀本部は先にロンドン海軍軍縮条約締結時に宇垣一成陸相が政府決定を静観して「陸海不一致の観」を与えた反省から、このたびは関心を持っていることを示したのであった。本庄繁侍従武官長の観察では、昭和天皇は、「海軍は重大なる国際問題を部下将校統制の為に、犠牲にするものなり」とまで懸念があったという。さらに昭和天皇は大角海相に詰め寄って海軍はなお軍縮に努力するという答えを得たが、武官府で記録を作成した海軍の出光万兵衛侍従武官は「文官には御伝へなき様」許可を得る始末であった。十四日に閣議決定後の満州機構改革案が上奏されると、昭和天皇は「永久的のものなりや否や」を問い、岡田は「暫行的のものにて満洲の事態、全く平静に復せば行政は文官に譲り、対満事務局の如きも不要に帰すべし」と答えた。(40)

海軍軍縮条約の廃棄と第六六臨時議会――再び民意をめぐる軍と政党の角逐

陸軍はあらためて政友会への警戒を強めていた。八月二十五日、関東軍参謀長は陸軍次官から政友会の「反軍策動」に関する情報を受け取った。それは、最近政友会が全会一致で「其の政党的立場を打開し政党政治の還元を帰する為現下の政治勢力の中心を為す軍部を全面的に攻撃せんとする方針を極秘裡に樹立し」、軍部のあらゆる欠点やスキャンダルを集めるために満州に人を送り込もうとしている疑いがあるという注意であった。(41)

十月一日、陸軍省新聞班は、小冊子『国防の本義と其強化の提唱』を発行した。これは「たたかひは創造の父、文化の母である」で始まる陸軍パンフレットで、約一六万部を印刷し、元老重臣、枢密顧問官、両院議員、有力実業家などの有力者、陸海軍官衙・学校・軍隊、各省など各機関はもとより、各都市の商工会議所や全国の市町村長、小学校にいたるまでの諸学校など、広く全国に配布された。陸軍に関する秘密事項として各軍、師団参謀長等内部に通知されたところによれば、小冊子の目的は「現下非常時ニ対スル認識ヲ強化シ且ツ近代国防ノ本義ヲ明カニシテ国防国策ノ樹立並ニ其遂行ノ必要ヲ広ク国民ニ知ラシムルヲ主トシ併テ軍部外当局ニ於テ管掌シ且ツ国防ト関係アル国策ノ具現ニ対シ之レヲ誘導、支援セントスル」ことにあった。(42)

新聞班はさらに、議会で問題になることを念頭に新聞や雑誌から反響を集め、十一月には三五五頁から成る評論集をまとめた。そこでは「今回の事で最も声を大きくしたのは政党」で、中でも「野党政友会は最も強く反対の態度を示し（中略」反軍部的政党連携に民政党を引き込まんとする策動が其の後引続き行はれて居る」と総括された。[43]陸軍パンフレットについては陸軍内でも意見の分かれるところであり、三日、「軍の総意に基づくもので、確信を以て邁進する」という橋本虎之助陸軍次官談が報じられたが、林陸相は五日の閣議で「実行の意思は毛頭無い」と釈明し、真崎教育総監に至っては批判的な感想を日記に記した。[44]先の評論集の総括は、橋本次官談のようで「あつて欲しい」と述べ、また先年の軍民離間声明が「威圧をふくむ単なる主観的声明」であったのに対して、パンフレットによって陸軍が包括的な政策を持つ実質的な第三党として出現したことで「第三党」と「既成政党」の対抗と「勝敗」を論じた清沢洌の論考に特に言及して、「「第三党の出現」になり、その勝利になるか、どうか、今しばらく静かに観ることにしよう」と結んだ。[45]

他方、海軍省の軍事普及部はワシントン・ロンドン両海軍条約を脱すべきことを論じたパンフレットを公刊して宣伝に努め、末次信正連合艦隊司令長官は十月十五日に講演し、「満州問題と軍縮問題は絶対不可分だ」と強調して、国際連盟脱退を満州事変を契機とする「偽善を排して正義に邁進する更始一新」の第一歩として、第二歩となる第二次ロンドン海軍軍縮会議に躊躇しないよう求めた。[46]十月十四日に英国から一九三五年ロンドン海軍会議について招請状が届き、三十一日にはワシントン条約廃棄のための元帥会議が開かれた。昭和天皇からは「事重大なるが故、関係当局をして、尚ほ慎重審議せしむ、軍部は其意図のみを主張し、協調を誤るが如きなき様注意せよ」と異例の注意があった。[47]

十一月一日、すでに民政党総裁を辞任する意向を漏らしていた若槻が、第六六臨時議会を前に正式に辞意を表明した。民政党は有志代議士会、総務会、幹部会と一致して留任を求めたが、若槻の辞意は堅かった。[48]市川房枝は翌日に記したエッセイで、「重臣としての立場と民政党総裁としての立場のジレンマに陥った結果だろう」という推測を紹介し、「政党の首領であれば当然政党内閣を主張すべきであったのに、しなかったという事に対しては当時批難があった」と記した。[49]若槻自身は、政民連携運動が「どうしても政治の中心を議会に持つて行」くために自重し合おうという趣旨であれば賛成だが、倒閣運動となる危うさを指摘し、そもそも浜口狙撃後に「世の中の事情が頗る落付かない」ことから総裁を引き受けたので、「今日、大体空気も変つて来たし、まあ落付くやうに自分としては思はれたから」辞めるようにしたと原田に語った。[50] 若槻は次期総裁の選出は選挙によって行われることを期待していたが、総務会や幹事会などでの検討で前総裁指名となり、筆頭総務の町田忠治を推薦した。しかし、町田は固辞して受けず、「一時的便法」として暫定的に総務制度によって党務を処理することにし、町田を総務会会長とした。[51] 政友会と民政党の間には二十四日、連携が成立した。

他方、宇垣朝鮮総督は、自重を説く貴族院議員岩倉道倶の「千九百三十五六年は非常時とか国難来とか軍部が盛に唱導し国民も夫れに引摺られ勝ちであるから、其時期の経過する迄は常道的の政治も出来ねば真の改革も出来ず結局変体的に其処まで行く様である。左りながら、三十五六年が来ても決して戦争は起りはせぬ。左すれば軍部も口実を失ふて引込めば国民も眼覚めて来る。其以後に於て真の国政の改革、日本の立直しが出来る」という意見を記録し、民政党の後継総裁については、「今更余の出る幕でもなく」、その一方で「暫定に継ぐに暫定を以てすることに帰着するならん」と予想した。そして、官紀の振作と政党の清浄化と貴院の清新化の上に「憲政の確立」を構想し、「軍部の横暴と政党不信用の声は頗る高い」が「政党とても国民間には尚相当の信用は繫いで居る」中で、最近では「軍部は政党の不信用を鳴して一部には之を抑圧すべく考へて居る傾もある。政党は軍部の横暴を唱へて夫れの排撃を望んで居る傾もある。斯様に軍部と政党の対立抗争は見様によりては軍部と国民の対抗とも云へる」と、政党内閣制の再開を前提に軍と政党が角逐する中で自らの立ち回りを考えていた。[52]

牧野は十月三十日、興津行きを予定する木戸に、自らの退任の意向を西園寺に伝えるよう依頼した。[53] 興津を訪れた木戸に西園寺は、国際関係あるいは日本の財政の現状を広く考えて言う場合の大局は無論考えなければならないが、「軍部の動向等を考へに入れて第一の大局論で押すときは、或は不慮の災厄が起る虞あり、財政上の考慮は他日に譲るも、此の際は云々と云ふが如き」も大局論と言えると、藤井蔵相との面会を控えた感想を洩らし、牧野の辞意と彼が斎藤前首相を後任にあげたことについては特に答えなかった。[54] 西園寺は十一月十九日にも訪れた木戸に、「どうも打明た話が、軍人に引摺られて行くことは当分まぬかれない様だね、無理をしてはいけないから、根本を誤らない様にして、悍馬を御する様に或程度は引摺られるのも止を得ないだらう、而し困ったものだ」と話した。西園寺はまた「政党連携運動に就ては自分は見込がないと見て居る」と話したが、その焦点となっていた宇垣については、「原田には自分は将来の政変等の場合には、尚、宇垣に未練を持って居る、就てはなるべくきづのつかない様にしたいとの話をして置いたがどう思ふか」と問い、むしろ宇垣に有利な情勢になりつつある中で政界を刺激せず、朝鮮統治の実績を上げることを希望するという木戸の答えに、「自分も全く同感だ」と応じた。この時、ワシントン条約の廃棄予定についても報告された(55)。西園寺は同年四月から斎藤内閣の奮起を期待して攻勢に転じていたが、岡田内閣への政変を経てここに方針を後退させたと言えよう(56)。

木戸は西園寺から藤井蔵相に政治状況を見て首相とよく相談するよう求めたとも聞いたが、その翌日、陸軍青年将校と士官学校生徒がクーデタ計画の疑いで憲兵隊に拘束された。士官学校事件である。これは真崎教育総監が「再ビ五・一五事件ノ計画」と記したように、元老や重臣、警視庁を襲撃し、真崎、荒木、林を目して軍政府を樹立する計画で、当初臨時議会前を予定しながら、臨時議会中または通常議会中に決行されると見られ、察知した辻政信大尉が内偵の上、参謀本部の片倉衷少佐、橋本陸軍次官らと諮って十一月二十日、村中孝次大尉や磯部浅一一等主計ら関係者の逮捕に踏み切ったものであった(57)。陸軍当局は一九三五年四月に事件を公表するが、当初理解された「帝都を騒乱に陥れ戒厳令を宣布し、軍政府を樹立する」という目的からはほど遠いものであったようで、逆に陸軍内の内訌を先鋭化させていく。

さらに藤井蔵相の健康問題が起こり、政友会の高橋前蔵相が再任された。高橋は議会で入閣理由を、「早ク憲政ノ常道ニ復シテ、サウシテ畏多イケレドモ　御上ニ対シテ御軫念を御煩し申スヤウナコトノナイヤウニシタイト云フ其赤誠ニ於テハ、斎藤首相モ、岡田首相モ、私モ少シモ変リガナイコトヲ互ニ吐ヲ打明ケテ明ニ分ッテ居ルカラシテ、其一点ニ於テ私モ此内閣ニ入ッタノデアル」と説明した(58)。政友会は先に岡田内閣への入閣者を除名していたが、さすがに総理総裁経験者の扱いに困り、離党を勧告した。しかし、高橋は「自分は政友会をはなれない。もし政友会で除名したかったら、そうしたらいいだろう」と応じず、逆に政党の進むべき道を説いた(59)。高橋はかつて薩派との縁で第一次山本権兵衛内閣で蔵相となり、内閣の方針で政友会に入った。したがって、首相に選ばれた際には元老間での相談に際して「真の政友会員でもない」と語られた。その彼にしての言であり、政友会はあらためて高橋の憲政への多大な功績を讃えるとともに「大義親を滅するの名分」を述べてやむなく、また潔く別離を声明した(60)。

政友会は岡田内閣発足以来、臨時議会の召集を求めていた。この年に東北地方を襲った冷害は深刻であったが、政府は多数党との衝突の場となることが予想される臨時議会を避ける姿勢であった。しかし、九月二十一日、室戸台風によって近畿地方を中心に大風水害が発生したことで、十一月二十八日、ついに第六六臨時議会が開かれた。政府は十二月三日には審議を終える予定でいたが、多数党政友会の要求で延長を余儀なくされた。同議会は災害救済議会と呼ばれたが、議論は多く「非常時」をめぐって行われた。政友会の牧野良三は「所属党派ヲ代表」して、「軍部ノ不利益ナ事ダト云ヒマスルト陸軍ノ新聞班ト憲兵トガ、内務省警保局ノ図書課ニ対シテ種々ナル要求ヲセラレル、サウシテソレガ記事ノ掲載禁止ノ強要ノ結果トナル」と伝え聞くなど、言論の自由や帝人事件について質した(61)。他方、高橋蔵相は、「外ニ向ッテノ非常時」と「内ニ於テノ非常時」に分けた上で現在の「非常時」が内なる非常時であることを強調して、「議会ト云フモノガアル、挙国一致ノ力ヲ以テヤラナケレバイカヌ」と説いた(62)。芦田は、臨時議会での応酬を聞いて「野党の存立はどうしても必要である」という思いを強め、五日には議会で逢った若宮貞夫幹事長に、ワシントン海軍軍縮条約廃棄問題で「『軍縮条約廃棄通告即行』の決議等を出してはいけない」と意見を述べ、「よろしい」という返事を得た(63)。ところが芦田の帰宅後、政友会の東武が提出した「爆弾動議」が可決され、大問題となった。それは政府に第六七議会で一億八千万円程度の追加歳出提案を求める緊急動議で、岡田首相は、「のちのちまで、そのばからしさで語り草になっている追加予算要求」と回顧する(64)。政民連携運動を進めてきた民政党も突如出されたこの動議に、「名を緊急に借りて審議の進行を妨げんとするもの」であると反対を表明した(65)。臨時議会閉会後の十三日、秋田清は衆議院議長を辞任し、政友会を脱党した。秋田は先に原田に、「今日の政友会は、まるで久原が事実上の総裁」で、「前田等の穏健派」を圧迫して政府との対決姿勢をとることを憂い、「今日のやうな既成政党のていたらくでは、国の政治は到底救はれないと思ふ。自分は、真に国家のために何等の私心のない新たな政党を組織して、国民の付託に添ひたいと思う」と新党論にふれ、首相に解散の決心を求めていた(66)。

他方、断続的に続けられてきた第二次ロンドン海軍軍縮会議の予備交渉であったが、日本政府は十二月三日にワシントン海軍軍縮条約廃棄を閣議決定し、枢密院の承認を得て米国に通告した(67)。グルーは、「一九三一年以来、表層の直下に横たわっている自由主義思想の大群は、ちょっとした国外からの助成があればすぐ表面に現れ、支配力を握るほど強いという考えは、全然間違いである。自由思想は存在する、だがそれは口がきけず、大部分無能力であり、十中八九、しばらくはこのままだろう」と記した。グルーは一九二四年に成立し、対米批判の一つの焦点でもあった排日移民法の修正が海軍問題についても平等を求める日本の軍部の宣伝を強化することを恐れ、セオドア・ローズヴェルト（Theodore Roosevelt）大統領の「優しく話し、大きな棒を持っているべし」という棍棒外交を回顧し、現時の極東外交にとって「唯一の路」と評価した(68)。国内における政治構造上の意識変化も顕著で、真崎教育総監は一九三四年を送って「願クハ年改マルト共ニ元老重臣ノ頭脳モ改マリ適切ナル処置ヲ取ルニ至ランコトヲ祈テ止マズ」と記した(69)。喧嘩両成敗の観点から軍と政党政治の軋轢を緩和する目的で出発した非常時暫定内閣自身が次第に暫定性を喪失していく中、双方から批判の対象となっていくのである。

二　政友会の民党回帰と第二暫定内閣の袋小路

少数与党内閣と絶対多数野党のそれぞれの困難――第六七議会と天皇機関説事件

一九三五（昭和十）年一月十一日、牧野内大臣は昭和天皇に、「軍縮も廃棄にて一段落に付、行掛りの問題も解決したるを以て人心も稍々落付き、特に海軍方面の空気も緩和すべきを以て、此れを機会として近年紊乱したる軍規の引締りに転向する事望ましく」と言上した。また、幣原元外相と面会したことも告げたところ、「未だ幣原男の出る時機には達しまい」と「誠に深長の御言葉」を受けた(70)。戦後の回想ではあるが古島一雄によれば、「牧野は常に幣原の外交的信用ということをば利用しないのはうそだといっていた」という(71)。一九三二年秋に日満議定書によって満州国が承認され、三三年春には国際連盟脱退と塘沽《タンクー》停戦協定によって従来の南満州権益は陸軍を養うべき新満州へと拡大解決され、国際的な陸軍軍縮は阻止された。他方、三四年末にワシントン・ロンドン両海軍軍縮体制からの離脱を通知したことで海軍軍縮も否定された。同時期に面会した小山完吾によれば、西園寺は近来の政治状況に「すこぶる飽きたらぬ感」を抱いているようで、「所詮、その国相当以上のことを期待する能はず。万事は、国民の智力に照応するだけのものにて、それ以上を望み難しといへども、ただ同じ事を実現するにつきても、そこに到る巧拙と、途中の無駄を避けるといふ点が、政治の要諦なり。然るに我国は、近来大いに損をしたと思ふ。自分の無力もあれども、近時の日本は、列国の中にありて、非常に失うところ大なるを遺憾とす」と嘆息し、さらに「自分のごときは、時勢遅れかは知らぬが、あの日本精神をどうとかやらして、世界に云々などといふ議論は、あれは一体なんだ。日本が世界をどうするといふのか」と激語したという。(72)

その間、社会では、単なる新党論に止まらず、次第に政党内閣制を離れた新たな政治像が論じられるようになっていた。四日には、政党内閣制であれば思いもよらない皇族内閣論に、昭和天皇は「皇室に累を及ぼすものである」とシャムの現状に触れて早期の取り締まりを説いた。(73) 憲法学者の美濃部達吉は一月初旬の新聞連載で、「政界の消息通の間にすらも、誰もが予想することを得なかった」岡田内閣の組織や政友会の「反対党」化など「意外の事件の連出」する政治状況を「政治の無軌道時代」と呼び、「政治の中心勢力が失われたこと」に原因を求めた。かつて政治の中心勢力が政党にあることは「争うべからざるところ」であったが、満州事変と五・一五事件以来、「政党を否定し、議会政治に反対する思想が、強く一部の国民の間に瀰漫し、その勢力が政治上にも無視することの出来ないものとなつた」。そこで、憲法上に基礎を持ち「飽くまで立憲政治を尊重し擁護し、成るべく早い時期において政党内閣主義を回復しようとする」政党勢力と、「強く政党政治を排撃し、議会の勢力を出来るだけ抑制しよう」と「非合法的な憲政破壊の企て」を重ねる「反政党勢力」が対立して「何時平静に帰するかの見込もつか」ず、「もしこの社会情勢を無視して、強いて政党内閣を組織することとなれば、如何なる変事を来すかも知れない危険がある」。現状をこう分析した美濃部はさらに、「従前の如き政党内閣主義を復活せしむることが時代の要求に適し、又国民の輿望を満たす所以であるかというと、それも亦容易に然りとは断定し難い」と述べて、「挙国一致の外形を装い、政党勢力と反政党勢力との権衡を維持する中間的内閣」を不満ながらも続けつつ、総選挙と「有力なる審議機関」に期待を寄せた。(74)

第六七議会は岡田内閣にとって初めての通常議会であり、与党に多数を持たないために議会は解散か、総辞職か、つねに政治的変化の可能性を帯びていた。(75)高橋蔵相は先の政友会の爆弾動議に「政府はどこまでも強硬な態度をとらなければいかん。解散の四度や五度やっても、政党を浄化しなければいかん」と気炎を上げていたという。(76)議会に向けた岡田内閣の憂慮はもう一つあり、それは解散に際しての軍の動静であった。内田鉄相と後藤内相との間では軍の動向に注意する会話が交わされ、また原田のもとには、永田軍務局長が「陸軍は勿論政党の浄化も望んでゐるが、解散の場合にかれこれ軍人自身が動くやうなことはあるまい。たゞ在郷軍人あたりが選挙に際して、正しい人を出せ、とかなんとかいふことで応援したりすることはあるだらう。結局、陸軍としては、解散するか、或は現在の政党が分裂して、少しでも新しい気分が出来ることを望んでゐるんである」と述べていたという話が伝わっていた。(77)各党は通常議会の休会明けを前に年に一度の党大会を開催する。併せて開かれる一月二十日の政友会院外団大会では、「岡田官僚内閣を排撃す」「憲政の本義を過れる元老重臣を排撃す」と決議した。(78)他方、民政党は党大会を前に総裁問題を抱えていた。若槻の辞意表明後、固辞する町田を総務会長として急場をしのいできたが、いつまでも総裁不在とはいかない。一月十七日に貴族院議員の溝口直亮が宇垣を訪れ、町田と、幹事長となる川崎卓吉の代理として新党樹立について宇垣の意向を質し、総裁の負担についても会話が交わされた。(79)二十日に予定されていた党大会を前にこの日は最後の機会であったが、宇垣は動かなかった。翌十八日、町田は若槻邸で総裁を受諾し、党大会で第三代総裁に就任した。町田は、「憲政の常道に復帰する日の一日も速かなることを期待し、確信する」と演説し、その用意として「政党自らも、時代の進運に応じ、常に省察と革新とを怠ることなく、真に国民の輿望を繋ぎ、邦家の重きに任じ得る基礎を築くことが必要」と、党費公募制の導入と政務調査に力を尽くすことを述べた。(80)

市川房枝は政治コラムで議会での論戦を取り上げ、「私共からいえば聞きごたえのあったのは民政党の斎藤隆夫氏だけ位ですね」と一月二十四日の斎藤の質問演説に注目した。斎藤は、国民生活、自由、戦争の三者に対する脅威を論じ、陸軍パンフレットを問題にして、どこまでも合理的で立憲的で強固な基礎の上に政治を行うべきであると現状「打破」のための解散を主張した。市川は「婦人参政権に反対するような頑固な所もあるが、此度は少し見直しましたよ」と賞賛した(81)。また、翌二十五日には芦田が質問に立った。これは十五日に政友会幹部から議会演説の外交を割り振られ、準備したものであり、広田外相から「私の在任中に戦争は断じてないと云うことを確信致して居ります」という有名な答弁を引き出した。貴族院では、二十四日に勅選議員の美濃部達吉が帝人事件の取り調べ時の人権侵害を問題にした(82)。

議会休会中の一月十五日にジャーナリストの荒木武行と「民衆ヨリ生レタル政友会　政党　更正ノ方向　現下ノ政局、政友会ノ議会ノ立場」などを話した政友会の鳩山一郎は、二月三日の日記に記したように「連日政府ニ突撃シ、議会ヲ解散ニ導カント孤軍奮闘、形勢ハ一進一退、征服モ得ズ　幾分焦慮ノ気持」であった(83)。西園寺は基本的に「できるなら筋の立つたことで解散でもして、もつと事態を明るくしたい」という考えであったが、他方で、岡田首相が林陸相を通して陸軍内の統制を回復しようとしている努力に水をさすようであれば判断は首相に任せる、と述べていた(84)。岡田首相は、林陸相に「軍部内における陰謀的勢力を排撃しなければいかん」ということを直接強く伝えたようで、「選挙になれば、軍事費と農村費との割合をめぐつて軍民対立の言動が多少現はれ、ひいて五・一五事件の前と同じやうな空気が出はしまいか」という声がある中で、林陸相は「選挙に際して多少動揺することがあるかもしれないが、抑へ得る」と解散に賛成のようであった(85)。前議会の爆弾動議に対して二月九日、岡田首相が一五〇〇万円程度の追加支出を声明すると、政友会内では政府を支持していこうとする山本条太郎や前田米蔵ら「自重派」と、解散をめざす「強硬派」とが方々で会合を開いてしのぎを削り、結局、十三日に誠意の片鱗を認めると予算案に賛成した。鈴木総裁が軟化したのは、予算を通さないと「軍民が相対峙することになる」という説得を入れたからであったという(86)。「主戦論」を説いた芦田は、「金の無い処に解散なしの理屈でとうとう妥協になつた」と落胆し、議会後に太田正孝や原口初太郎と立場を共有しながらも「つくづく政党に愛想がつきた」と記したが、十九日には鳩山、星島とも話して、「鳩山氏も真剣に議会政治の前途を考へて居ることを了解した」と議会政治の再建を期した。(87) 鳩山は三月二日、「新しい理想は古いものの上に巧に着せられた時に始めて成功するのだ。賢明なる政治家は民意の赴く処を察し国運を益するためには常に自己の主義政綱を改むる用意に欠けてはならぬ」と日記に記した。(88) 政治を常道に戻した上で政策革新を行おうという姿勢には、もはや五・一五事件後の静観派としての顔は見えない。いわば常道復帰後の政策革新派と言えよう。

「常道」も単純に二大政党間での政権交代を意味するのではなく、言論の自由を含めた概念へと再び抽象化を余儀なくされていた。芦田は「議会政治の将来」と題する論考で、「眼に見えないファッショの大浪が憲政の常道――私はこれを二大政党の対立といふ如き形式的な意味に用ふるのではない。もつと実質的に民意を反映する政治機構と云ふ意義をもつものと解する――を浚つて行つて、所謂非常時気分が政治経済の一切を押し込めて了つた」と「政党仮眠時代」を論じた。そして政民連携運動を「二大政党が憲法擁護の為めに暫く政争をやめて政機の中心を議会に奪回せんとする目標を覗つたものである」と位置づけた。(89) 二月十八日、犬養健が原田を訪れて、「鈴木総裁の一派は政友会でもますます失意の境遇に陥つて、海軍の極端な一派と一緒になるやうな形勢もある。だから次の内閣が出来た時に、もし立憲政治をどこまでも尊重して行く内閣であつたならば、やはり所謂鈴木派の中の良い者と共同して行かないと、なほさら自暴自棄になつて海軍の連中と共同動作をするやうになると非常にいけない、と自分は思ふ」と語った。(90)

この日、貴族院では、前年に中島商相を辞任に追い込んだ後備役陸軍中将の菊池武夫が綱紀粛正の一環として美濃部の憲法学説を批判していた。(91) これに対して美濃部は、二十五日の本会議で反駁演説を行った。芦田は「大に痛快にやられたので今夜、先生に手紙を書いた」。(92) また、宇垣も美濃部の反駁を好意的に受け止めた。(93) しかし、美濃部の弁明は在郷軍人や右翼団体を強く刺激した。国体擁護連合会、国民協会、大日本生産党、新日本国民同盟、愛国政治同盟、明倫会、政党解消連盟などが活発に運動し、天皇機関説事件、国体明徴運動へと展開していった。(94)

問題は衆議院にも波及した。予備役陸軍少将で一九三二年の総選挙で議席を得ていた江藤源九郎は、二十七日、予算委員会でこの問題を取り上げ、さらに不敬罪で美濃部を告発した。芦田は、予算委員会での江藤の「毒舌」が「癪《しゃく》に障つて怒鳴つた」という。芦田の姿勢は目立ったのか、三月一日には「国体擁護連盟の壮士」が自宅に押し掛けた。[95]さらに、この問題は政友会の中枢をも巻き込んでいった。すなわち、十二日の本会議で、政友会の長老山本悌二郎が質問演説を行った。山本は「今日ハ我ガ帝国ハ、漸ク欧米心酔ノ迷夢カラ覚メマシテ、初メテ帝国固有ノ大精神ニ蘇ラントシツ、アル秋デアリマス」という時代認識を示し、従来「公人」として「不注意、不用意」にも看過されてきた学説をあらためて糾弾する理由とした。そして、美濃部の天皇機関説は「軍人ガ戦闘スルハ国家ノ為ニ戦フナリト説イテ居ルノデアル、即チ天皇ノ為ニ戦フノデハナイト云フコトニナルノデアリマス」と述べて、陸海相に答弁を求めたのであった。[96]山本は「不注意」と述べたが、美濃部を勅撰議員に推したのは政友会の犬養内閣であり、彼自身、農相として直接参与していた。

三月十六日、衆議院では第一回議会以来四三年間継続して議席を持つ尾崎行雄と、三〇年以上在職する浜田国松、安達謙蔵、望月圭介ら五名が動議によって功労表彰を受けた。[97]これは議会政治擁護のための社会教育の趣旨で、芦田は「議会らしい光景」と好印象を持った。しかし、翌十七日には「美濃部事件で又しても右翼はワイワイ騒いで居る。それが腹立たしい」と芦田は腹立たしく思った。[98]憲政功労者表彰の同日、大角海相は議場で「統治ノ大権と統帥ノ大権トノ紛淆」について、ロンドン海軍軍縮条約時の論議にふれた上で、一九三三年十月の軍令部令改定と海軍省軍令部間の業務互渉に関する規程の允裁まであげて「統帥権ノ確立」を説明し、「部内一般何等不安ナク円滑ニ国防ノ事ニ専念致シ居ル状況」で「一部学者等ノ間ニ於テ如何様ナル議論ヲナスニモセヨ、之ガタメ只今モ申シ上ゲタルガ如キ厳然タル事実ト確固タル我々ノ信念ヲ動カスコトハ出来ナイト信ジマス」と答えた。[99]帝国在郷軍人会も十四日から十六日の評議会で国体明徴声明を発した。また、十九日に開かれた機関説撲滅有志大会は「天皇機関説は西洋の民主思想を以て我が神聖なる欽定憲法を曲解し、国体の本義を攪乱するもの」と宣言した。[100]

十九日、芦田は「天皇機関説で山悌一派はいよいよ決議案を出す。政友会を脱出し度くなつた」と記した。[101]一年生議員の芦田と、当選九回の山本のような有力議員とでは比ぶべくもない。政友会では第六七議会所属議員二六〇名中一七九人の支持が集まったのでいよいよ党として問題を扱うことになったと報じられる中、それでも芦田は奔走した。二十二日に自ら記すところでは、「美のべ学説の決議案について、（1）天皇機関説といふ文字を削る為、（2）鈴木総裁の演説を止める為」であった。(102) 芦田は鳩山を通じて鈴木派の末端にいた。二十三日、衆議院は、貴族院の政教刷新に関する決議案の後追いをする形で、いわゆる国体明徴決議案を満場一致で可決した。(103) 天皇機関説の文字はなくなったものの、芦田の奔走もむなしく鈴木政友会総裁は「同志一同を代表」して提案理由を述べ、「万世一系ノ天皇ガ統治権ノ主体」であることを「我国ノ優越ナル特殊性」として強調し、このことが明治維新、五箇条の御誓文を通して「我国立憲政治ノ基礎」となり、政府の厳粛なる態度と適当の措置によって、「国民精神ヲ涵養シ、以テ憲政有終ノ美ヲ済サントスル趣旨ニ外ナラヌ」と「獅子吼」した。(104) 政友会が超党派の問題であると各派に共同提案を求めたのに対して、民政党では学問の独立自由を議会が束縛することに強い反対があり幹部会での議論も紛々としたが、国体明徴の精神高調に止めるならばと代議士会で合流を決めた。(105) 岡田内閣は議会対策に四苦八苦し、貴族院議員の大蔵公望は、「つくづく政府の無力と衆議院殊に政友会の横暴にあきれ果てたり、何故政府が十日程前に下院を解散せざりしか其の決断力なきこと言語同断《マヽ》なり」と慨嘆した。(106)

国体明徴問題の展開と選挙粛正運動の開始——憲政常道復帰への二つの道と牧野路線の帰結

何とか議会を乗り切った岡田内閣であったが、三月二十五日の閉会後も天皇機関説問題は収まらず、苦しい対応が続いた。報道によれば、美濃部学説の中で内務省の検討で問題になったのは、第一にいわゆる天皇機関説に関する部分、第二に議会の権能に関する部分、第三に詔勅批判に関する部分、第四に統帥権に関する部分であった。(107) 陸軍では二十七日の軍事参議官会議でも論議され、林陸相は四月二日の全国師団長会議で政府方針を説明し、真崎教育総監は六日、国体明徴の訓示を与えた。(108) 本庄侍従武官長から真崎の訓示内容の上奏を受けた昭和天皇は、「朕の同意を得たしとの意味なりや」と問い、報告の意味でと告げられると、翌日、真崎の訓示も天皇機関説と倫理は同じで、「美濃部等の云ふ詔勅を論評し云々とか、議会は天皇の命と雖、之に従ふを要せずとか云ふが如き、又機関なる文字そのものが穏当ならざる」だけであると反論した。これに本庄は、「彼の議会中心と言ひ詔勅を論評し、議員は天皇の命に従ふを要せずと云ふが如きは、軍部の信念と断じて相容れざる」点を強調した。(109) それは天皇を機関視することが国民感情を刺激し、軍隊教育と齟齬《そご》するという以上に政党中心政治の問題であり、統帥大権も含めて議会主義の下に諸機関を統合する立場への攻撃であった。(110) 九日には『憲法撮要』など美濃部の主要著作が安寧秩序を妨害するという理由で頒布禁止、差し押さえの対象となったが、陸海軍が共にそれを評価する声明を出したのに対して、政友会と民政党はことさら論評を避ける風であったという。(111) 昭和天皇は、さらに満州事変の例を持ち出して本庄に不満を述べ、在郷軍人名での機関説に関するパンフレットを「遣り過ぎ」ではと批判し、「軍部にては機関説を排撃しつゝ、而も此の如き、自分の意思に悖る事を勝手に為すは即ち、朕を機関説扱と為すものにあらざるなき乎」と不満をぶつけた。また、思想信念を強調する本庄に昭和天皇が「若し思想信念を以て科学を抑圧し去らんとするときは、世界の進歩は遅るべし。進化論の如きも覆へさざるを得ざるが如きこと丶なるべし」と述べたところ、本庄はこの機会にと、このような説がやかましいのは「一は欧洲大戦後政治家は余りにも軍部を圧迫排撃し、軍人志願者が激減し軍事予算は極力削減せられ国防資源は乏しく国防の不安を感じ来り、軍部焦燥の矢先、満洲問題の勃発となり、之と同時に民主自由主義思想の屏息を見る反面に於て皇道国体論の勃興となり、精神作興となりしもの」であって、「機関説排撃の如きも之に因由す」と反論した。(112)

西園寺は四月十三日、一木枢密院議長の辞意をめぐって訪れた原田に、「結局、この次は、やはり宇垣よりほかに人がなからう。しかも岡田内閣がぎりぎりになつてからでなければ、宇垣を持つて来ることができない」と、岡田内閣の奮闘を期待した。(113) 岡田首相は五月三日の全国地方長官会議で国体明徴について訓示し、遅れていた美濃部の司法処分は世論の鎮静化を待って九月に持ち越されることになった。(114) 芦田は三月二十七日に美濃部と会って旧交を温めたが、どうにも政界が「不愉快」で、「政局の低迷に対する陰鬱」な心持ちに支配された。(115) 芦田にとって追い打ちとなったのは山口義一の死去であり、享年四十八であった。他方、民政党は、国体明徴運動の中で「用語の詮議」と題する論考を党機関誌に掲げ、党名の「民政」は「デモクラシーの訳語」としての「民主政治」ではなく、「民本政治」を意味し、「国体に反するどころか、却つて最も能く国体に副ふものである」と解説した。(116) 民政党の前身である憲政会の加藤高明総裁が一九一八（大正七）

年に「善良なるデモクラシーの賜」としての英国政治を「君民同治の政治、換言すれば文明政治の極地」と述べて、「デモクラシー」を強く擁護したことからは隔世の感がある。[117] 斎藤隆夫は、「現状維持」に努め「意気地なき」幹部に不満で、幹部会で「我党と内閣の絶縁論」を提唱しようと考えたが、山本達雄前内相から「四囲の情況不可なる」と説得され、他方自ら多数を集めて行動することもできず、「万事意の如くならず」と慨嘆した。[118] 馬場恒吾は国体明徴決議案の可決を受けて、もはや政友会を擁護できなくなった。[119] これに対して市川房枝は、なおも政友会への期待を失わなかった。市川は、「政治の明朗のためには政友会が、少しも早くあの督軍政治を清算して、小さくとも野党として政策をはっきり樹てて堂々と戦ってくれる事が望ましいのです」と述べた。[120]

こうして少数与党政権として議会に対する脆弱性と閣内での遠心性を共に露呈した岡田内閣は、政権強化に迫られた。五月九日、岡田首相は鈴木政友会総裁を訪問し、すでに予算の協賛を得ていた内閣審議会への参加を要請した。しかし、鈴木は正式に拒絶し、逆に国体明徴問題を強調した。これによって衆議院多数党である政友会の野党化がはっきりした。[121] 十一日、内閣審議会とその事務局を兼ねる内閣調査局が設置された。内閣審議会は第一次世界大戦下に寺内正毅内閣が設けた臨時外交調査委員会のような議会工作の場であり、内閣調査局は革新的な政策形成の場として想定されていた。[122] かつては政党が政策を掲げて競合していたが、挙国一致の名の下に競争的な政党政治が排除されることで、社会では次第に国策と呼ばれる国家の基本方針が議論されるようになっていた。内閣審議会の会長には岡田首相が就き、高橋蔵相が副会長、斎藤前首相と山本前内相が長老格で、貴族院から青木信光、馬場鍈一、伊沢多喜男、黒田長和、政友会から望月圭介、水野錬太郎、民政党から頼母木桂吉、川崎卓吉、富田幸次郎、国民同盟から安達謙蔵、秋田清前衆議院議長、さらに財界から池田成彬、各務鎌吉を委員にとった。他方、内閣調査局では吉田茂書記官長が長官となり、陸軍からは鈴木貞一が選ばれ、農林省からは和田博雄などが調査官となった。[123] 政友会は、党の方針に反して審議会入りした望月と水野を除名した。民政党は二十二日、内閣審議会への態度の相違を理由に政民連携の破棄を通告した。[124] 町田は二十五日、郷里秋田市での演説で「私は岡田内閣を輔けることが憲政の常道へ戻る唯一の道だと確信し」ており、「民政党は現内閣の与党たることによつて立憲政治の常道を迎へんとし、政友会はこの反対党たることによつて憲政を常道に復せしめんとする、両党その各々立場は違つても憲政の常道を希ふ気持ちには変りはないと思ふ、私は立憲政治は健全なる与党の必要であるは勿論又完全なる反対党も必要なりと信ずる」と述べた。[125] 政友会は二十四日の各派交渉会で一致して国体明徴声明を出すよう各派に求めたが、二十八日、前議会では多数派に同調して院の意思を共に示した民政党は拒絶した。[126]

政党政治回復に向けた最有力の道筋と見られるようになっていた宇垣朝鮮総督は、かねて政党関係者は二大政党または複数に分かれて対立していても有事には直ちに挙国的に一致すると主張してきたがこれは大戦中の欧米を見ても至難であり、その「欠陥の補ひとして中正不偏の軍部が挙国一致の中心となり指導の中枢たらねばならぬ」と主張してきたことは、「今日国家非常時と唱へながらも一昨年来試み居る政民の連携さへも出来ぬ実情に照せば」いよいよ適確であるという確信を強めていた。また、満州事変、血盟団事件、五・一五事件を動機として国内に「革新待望の空気が弥漫」しているが、その「気運は決して一時的のものでは」なく、「既に常態化」していると観察し、政民連携運動についても、「邦家の為でもあれば政党威信の恢復にもなる」と支持してきたが愛想が尽きたと記した。宇垣は政党更正のための出蘆要請に、「有識者の中には議会政治の尊重観念より政党存在の必要をも認知して居る。従て現在政党の浄化更生を希望して居ることも確である」が、一般民衆の多くは「今日尚政党を呪ひ夫れの破滅を祈りて居りはせぬか」と静観を決め込んだ。[127]

政党更正の最優先課題と見られた選挙の問題について、五月四日の後藤内相訓示で選挙粛正運動が始められた。[128] 八日に選挙粛正委員会令が公布され、府県には知事を会長とする選挙粛正委員会が、各市町村には下部委員会が設置された。六月には内閣審議会委員も務める斎藤実前首相を会長として選挙粛正中央連盟が発足し、一九二〇年代に選挙革正運動を説いた田沢義鋪は常務理事となった。協力団体として壮年団、青年団、帝国在郷軍人会などを動員し、部落会、町内会も利用した。市川房枝は、選挙粛正は婦人参政権の実現からと考えていたが、連盟からは加盟の条件として「婦選の要求を行わざる事」を求められた。そこで市川は、「官製の政治団体中央連盟それ自身への参加が、広義に於ける婦選の獲得だと観ずるが故に、又代議政治を確立する為の基礎工事として、選挙粛正は絶対に必要であると信ずるが故に――粛正の方法には異議があるが——敢てその苦痛に堪えて」参加した(129)。選挙粛正運動と政党とのかかわりは一つの論点で、七日に政友会の松野幹事長らが幹部会の要望によって後藤内相を訪問し、地方政党幹部を委員に含めることなどを求めた(130)。七月十三日に開かれた選挙粛正大講演会で斎藤会長は、「憲政維新の一大国民運動」である選挙粛正運動を「日本憲政の建て直し」の絶好機と位置づけ、日本における議会設置の由来を明治天皇と五箇条の御誓文から説明した(131)。これは議会制度を外国の模倣とする議論に対して、日本独自の由来を説明するものであり、国体明徴問題の影響が見られる(132)。

他方、英国では六月七日、マクドナルド首相が病気を理由に辞任し、閣内から挙国一致内閣を支えたスタンリー・ボールドウィン（Stanley Baldwin）が新たに首相に就いた。英国の挙国一致内閣は一九三一年十月二十七日の総選挙ですでに国民から信任されており、ボールドウィン率いる保守党が大勝していた(133)。馬場はこの政変を羨み、「今日日本に於て政党内閣を出現せしめることが可能であるか、否か。それが実際問題として現われた場合を考えると、如何に世間が騒々しくなるであろうかが想像される。〔中略〕その反対を押し切って今日更めて政党内閣を推薦する為めには、元老重臣と雖も相当重大な決心を以てかからねばならぬであろう。之が英国のように、総選挙の結果、自然に政党内閣に滑り込むという方法があったならば、社会の気分が余程平和化する」と述べた(134)。社会大衆党の亀井貫一郎は、六月十三日の政治機構改革研究会で早期に新勢力を糾合する必要性を説き、「此のままでは、官僚政治の弊害の赴くところ、国民の不平を政党が取上げ民意を収攬して再び既成政党が復活するに至る危険がある」という認識を述べ、会に参加していた矢次一夫も「既成政党が無力になったと言ふのは観念論に過ぎない。地方に於ける既成政党の力は依然として牢固たるものがある」と警戒した(135)。新たな政治勢力糾合の動きの中で近衛文磨は一つの焦点であり、この研究会は後に近衛のブレーン組織となる昭和研究会へとつながっていく。

民政党は秋の府県会議員選挙に向けて八月五日から三日間、全国各府県支部の代表者を集めて政策普及講習会を開催した。川崎幹事長はその記録冊子の序文で、「我党は一時変態の政局を前にして、敢て時流に媚びず、権勢に阿らず、敢然として俗論を卻け、一意国策を調究して民心の嚮ふ所を示し、他面岡田内閣の柢柱として多難の時局を収拾し、仍て以て憲政復興の気運を促進するに任じて居る」と述べた(136)。対して、常道回復時にはまず鈴木内閣が誕生すべきと考える政友会主流派は、ますます国体明徴運動に力を入れていった。旗印は、第六七議会で決議が全会一致で可決されたことによる院議尊重であった(137)。七月三十一日、鈴木は日比谷公会堂で「国体明徴、機関説排撃」の演説会を開いた(138)。さらに、完全野党化の道を歩む政友会は「重臣ブロック」攻撃を始めた。六月十九日の政友会定例総務会で、松野幹事長から、「先般鈴木総裁の言として重臣ブロック排撃の意ある旨が新聞紙上に掲載された〔こと〕に対し、胎中氏より斯の如き重要問題は党議の決定を俟つて発言せらるべきものではないかと思ふとて真偽と取扱方につき注意があつた」と報告があった。これを受けて二十日の定例幹部会で、鈴木総裁から「所謂重臣ブロックの萎微退嬰の消極的方針は国運の進展を阻害し我党の積極的方針に背馳するものなるが故に斯の如き指導精神は打破しなければならぬものと信じて居る、新聞への談話もこの意味である」という応答があった。島田総務は、「我党の積極進取の方針はこの時局に於いてこそ最も適切なる事は言ふ迄もない、重臣と雖も之が方針を阻む時は打破しなければならぬは勿論であるが、之についての取扱ひについては次回の幹部会までに総務会の意見を取纏めることゝする」と慎重な審議を求めた(139)。翌二十一日に臨時総務会を開き、「国体明徴問題、重臣ブロック排撃問題」について協議し、「㈠国体の明徴、機関説排撃、㈡責任政治の確立、㈢追随外交排撃、自主的外交確立、㈣積極方針に依る兵農両全主義の徹底。以上四項の大方針を貫徹するに努力する事、若し之に反するものあらば国家のため仮令重臣と雖之を排撃することに躊躇せず」という四大指導方針を決定した(140)。

宇垣は、「過去に於ては重臣方面にも出過たり横路に入りしと思はるる点も多少は存在するを認める」と政友会の「重臣ブロック排撃」論に一定の理解を示しながらも、舞台上の役者が下手なために傍系的な黒幕が眼に映るのであって、政党政治家の働きの低調が重臣の「脱線行為」を生むと冷評した。七月二十三日に二年ぶりに西園寺を訪れた宇垣は、相変わらず健康そうではあるが「何となく御年を召したな」と感じた。上京中に接した情報では、西園寺、清浦、若槻、山本達雄は「重臣ブロック」の範囲外で、斎藤、牧野、岡田、高橋、大角、床次、一木、鈴木貫太郎に新官僚の一部が「重臣ブロック」と捉えられているという。「薩摩ブロック」という声もあり、「宮中府中を壟断《ろうだん》し政権盥廻《たらいまわ》しを行はんとする」

という批判で、「岡田、一木の推薦」が例証であるという。また宇垣は、政友会関係者と軍関係者との連絡が「存外多かりし」と注目した。(141)

他方、批判の焦点となりつつあった宮中官僚の間では、五月十六日、牧野内大臣は、鈴木侍従長、木戸内大臣秘書官長らに、「政変の際に於ける御下問形式に関する重要問題に付」いて話していた。(142)興津行に先立っての相談で、木戸によれば、「元老百年の後に於て内閣更迭の場合の手続」について、「矢張り重臣に諮らるゝ方法を講ずるの外なかるべく」という意見であった。(143)二十二日、牧野は晩餐会でグルー大使に会い、話は牧野が「パリの『タン』紙主筆デュボス」と交わしたばかりの会話に及んだ。すなわち、日本旅行中のデュボスが牧野に「日本の政情は各政党の争いと堕落に加うるに、一方に軍事的独裁、他方に共産主義の脅威があつて、「危険だ」」と述べたのに対して、牧野は、「君がパリに帰り、日本の国内情勢を報告したり、それについて論説を書くとき、その〝危険〟という言葉を君の用語から取り去り給え。日本には他国が同程度にまで保有しない護衛者、即ち皇室がある。天皇が最高で、如何なる時にも最後の断を下されるだけの理由によって、日本には軍の独裁主義、共産主義その他の如何なる主義からの危険もないのだ」と反論したと言うのである。グルーは、「私はこの老人がこんなに語調を強めて話すのを聞いたことがないし、またこれほど愛国的感情を示すのを見たこともない。涙が彼の目にあふれ、彼は眼鏡を外して拭わねばならなかった。今晩の彼の話し振り――彼の語勢と感情の発露――は、瞬間的ではあるが、日本人がどれほど熱誠に君主を信仰しているかを啓示し、全国を通じてこの信仰の力は、〔中略〕外国人が一般的に感知し得る以上に、はるかにはるかにはるかに強いものだと私は考える」と感動し、敬意を覚えた。(144)

牧野の困難は容易に去らなかった。五月十七日、林陸相と大角海相は岡田首相に国体明徴声明を要請した。十八日には昭和天皇から本庄に下問があり、本庄は「独乙が英米の国家中傷宣伝に倒れたる大戦時の実例あるが故に、国体観念を弥が上にも強固ならしめ置くを必要と存ずる旨」を述べると、昭和天皇はドイツ帝国崩壊の原因として、「文武両者の一致しあらざりしこと、而して軍人の意思のみにて動きしこと」などを箕作元八の歴史を引いて反論した。(145)陸軍は中国政策でも強い攪乱要因で、五月七日には中国の大使館昇格の閣議決定が行われたが、事前の打ち合わせが不充分であったと感じた陸軍は華北分離工作を推し進めた(146)。そして、五月二日夜に天津の日本租界で相次いだ親日的な新聞社社長らの暗殺事件に支那駐屯軍は酒井隆参謀長を中心に強い対応を行って、六月十日、梅津・何応欽協定に帰結し、河北省から国民党勢力を駆逐した。昭和天皇は六月二十日、新任の蔣作賓中華民国大使に、「北支最近の事件」について蔣介石と汪精衛の尽力に感謝を述べた。本庄はこれに牧野の影響を見て、「世上軟弱外交の中心が宮中にありとなし、更に其原動力が牧野内府にありと為せるがゆへ、斯様のことが新聞に漏れ、又一般軍部に伝はらぬ様希望す」と苦言を呈した(147)。さらに、支那駐屯軍の次には関東軍が積極行動に出て、二十七日に土肥原・秦徳純協定が成立し、チャハル省から宋哲元軍を追い出した。

六月十五日、西園寺訪問を前に牧野は昭和天皇から、「北支問題に付ては下問するも、東京を離れて居り、当局にも遠ざかり居る事なれば能き考へもあらざるべし、御前会議は事情如何に依り有効なるべし」と聞き取った。十八日に訪れた牧野に西園寺は、「全く行詰まり適当の腹案を得ず」と述べ、御前会議については「或は然らん、但し此れには余程準備行為を要すべし」と述べた。また、牧野が「将来政変に際し、取扱ひ方極はめて重大」であることを理由に西園寺に岡田奏薦のようすを聞いたところ、「重臣相談の結果岡田を後継内閣組織として奏請する事に一致したる趣を申上げ」ると「陛下には御満足に思召したる御言葉」があった、という返事であった。牧野はこのことから、「重臣の会合は単に元老限りの相談相手に止まらず已に聖聴に達し、元老の言上振りにも言及せられ居り、一種の会議体なる形式を構成したるものと云ふべく、尤も正式の所謂会議の意味にはあらず、只其質に於て勝手の寄り合にはあらず、一定の資格ある重臣の御内意を得たる会合なり」と理解し、「要するに名こそ踏襲せざるも往年明治時代政変の場合に於ける元老会議の役目を果たす機関と見るを得べし。但し時勢に依り多少之変化は免がれざるべし」と考えた。西園寺はこの時、岡田選定が適当であったとも語った(148)。七月十三日、牧野は岡田首相に、御前会議について「本件は結局内閣の問題にて、当局に於て利害等を熟慮したる後取捨すべき事件にて、外部より容喙すべきにあらず」と伝えた(149)。

岡田首相は内閣発足以来、林陸相を通して陸軍の統制を模索していた。林陸相を支えたのが橋本虎之助次官と永田鉄山軍務局長であったが、問題は出先の統制に止まらず、中央での内部対立も深刻であった。前年十一月に起こった士官学校事件で逮捕された村中と磯部らは軍法会議で証拠不充分によって不起訴となったが停職処分を受け、他の関係生徒たちは退校となった。村中は、事件を現時の陸軍主流派である統制派の皇道派への陰謀であると、二月に獄中から片倉と辻を誣告罪で告訴し、七月十一日には三月事件、十月事件を暴露して統制派を攻撃する「粛軍に関する意見書」を、磯部と連名で配布した。このような内訌を育み、組織統制の障害と見られたのが陸軍三長官の一人である真崎甚三郎教育総監であった。林陸相は閑院宮参謀総長の協力を得て、七月十六日付で真崎の更迭を強行して軍事参議官とし、後任には渡辺錠太郎大将を選んだ[150]。西園寺も岡田首相と林陸相の尽力に、「単に国内的によいのみならず、対外的にも国家の信用を高めたことは、頗る満足に堪へない」と喜んだ[151]。しかし、同人事の波紋は大きく、本庄侍従武官長は真崎と同期であるためもあってか、「急激に過ぎたりと自分は信じ居れり」と述べていた[152]。したがって代償も大きく、二十六日に林陸相から「どうしても所謂国体明徴の声明をしてくれ」と依頼されると、岡田首相は「この際、陸軍大臣が部内の統制に腐心してゐる時であるから、これもまた已むを得まい」と受け容れた。小原法相は「陸軍の異動のために、機関説排撃を促進したやうに思はれる」と原田に語り、後藤内相は声明を機に逆に追及が強まることを警戒しつつ、「一旦出してしまつたら、陸海軍大臣はこれで部内を抑へるつもりらしい」と述べた[153]。八月三日、政府は陸軍原案の「国体の本義に悖《もと》る」という表現を「愆《あやま》る」と緩和した国体明徴声明を出し、岡田首相は声明によっても一木枢密院議長と金森徳次郎法制局長官は問題とならないという談話を併せて発表した[154]。他方、真崎は、欲を言えば物足りない点もあるが、自らの訓示や上奏に近い内容で面目を施したとして「予ノ喜ビハ他ノ窺ヒ知ル能ハザル所ナリ」と感慨を記した[155]。

ところが八月十二日、永田軍務局長が白昼、局長室で現役の陸軍将校に斬り殺されるという相沢事件が起こった。永田を殺害した相沢三郎中佐は、西田税や急進的な青年将校と親交があり、真崎の更迭を永田の策謀と理解して凶行に及んだものであった。この事件が伝わるとすぐさま「先般の人事異動より生じたる余波」と見られ、この人事が「元老重臣一派の陰謀」で、永田がその「傀儡」となったというデマも飛んでいた[156]。西園寺は事件に革命を予感し、「まあ、なんとかして、日本だけはロシアやドイツの踏んだ途を通らないで行けるかと思つたが、こんなやうなことがしばしば起ると、結局やはりフランスやドイツやロシアの通つた途を通らなければならんか」とつぶやいて嘆息したという。[157]牧野は十四日には海軍のようすを確認し、出光万兵衛前侍従武官から「海軍に関する限り安心致し呉れ」という報告を得た。[158]他方、海軍は、軍縮への強硬姿勢を維持させており、英国から提議があっても、「すべて将来、他国から拘束を受けないことが有利である」と考えていた。[159]

十八日の陸軍軍事参議官会議は、三月事件での永田のクーデタ計画書まで持ち出されて紛糾した。真崎のもとには岡邦輔が「軍ノ此ノ醜状ヲ扱フニハ政党内閣ノ外ナシ」と述べたという情報も伝えられていた。[160]来る議会では、村中と磯部が配布した「粛軍ニ関スル小冊子」について「問題沸騰」すべきことが予想される中、真崎は三十一日、満州国皇帝溥儀への言上として「日本国内安定セザレバ満洲モ安定セズ。日本ニ於テハ現状維持派ト革新ノ争ヒ未ダ決定セズ。先般予ニ関スルコトモ其ノ現ハレノ一端ナリ。然レドモ予ハ毫モ悲観シアラズ。必ズ皇道精神ノ勝利ヲ確信シアリ。然ラザレバ日本亡ブルヲ以テナリ」と言付けた。[161]溥儀は四月に皇帝として日本を訪問していた。他方、満州事変を起こした石原莞爾は同月、参謀本部作戦課長になった。そこで彼が向き合ったのは自らの行動を契機とする極東ソ連軍の圧倒的な増強であった。宇垣は、相沢事件の発生に、「今次の兇事を利用して一味は又々脅迫威嚇を試みるならん。元老重臣を始めとして各級の政治家、一般国民の態度は見物である。国家が暴力、非合法の支配下に屈するか、夫れとも正義合法の大旗下に伸びるかの分岐点とも云へる。余は勿論後者を切望して止まざるものである」と日記に記した。[162]

真崎の更迭と永田の殺害は陸軍内の緊張を一気に高めた。「もうとても自分は続かない。いまからうやつてこのまゝでうつちやつてゐると、何が起るか判らない。現にもう若い将校が千人ぐらゐ団結して、なにかやらうとしてゐるらしい。それで天皇機関説について、もう少しなんとかして政府は処置がとれないかしら」と岡田に訴えていた林陸相が、九月五日、自らのとれる最後の手段として辞職し、後任には川島義之大将が就いた。岡田首相は、川島新陸相に「外交と軍事については、陛下が御自分でみづから指図を遊ばす考でをられるのであるから、何事も決定せぬ内に申上げるやうにしてくれ」と注意した。もはや立憲国家の体をなしていないと言えよう。また岡田は、原田に西園寺への伝言を依頼し、「自分もこれから先、粘ることはできるだけ粘りますが、どうかまたあとをよく考へておいて戴きたい。今日宇垣も南もどうも到底駄目だらうと思ひます。結局湯浅か斎藤子がいゝんぢやないかと思はれます」と仲間内での政権交代を進言した。これに対して西園寺は、「総理の話もすべてロジックに合はない、筋が通らないけれども、已むを得まい」と述べ、後継者については名前があがった中では斎藤に期待を寄せる発言をした(163)。川島陸相は、陸軍の統制を再度の国体明徴声明によって行うべきであるという真崎軍参議官の忠告を容れて、岡田内閣に再声明を求めた。在郷軍人会は先の政府声明に満足しておらず、八月二十七日には対時局在郷軍人会全国大会を開き、「我等会員ハ誤レル平和主義反軍思想ヲ芟除シ益々一致団結国防ノ強化」を図り、「選挙権ノ行使」の「適正」にも乗り出すことを決意宣明していた(164)。本庄は九月八日に昭和天皇から陸軍内の紛擾について下問を受けると、「昭和五年倫敦会議に基く軍部及政界の空気」にまで遡って原因を説き、相沢事件が「内外に対し国軍の威信を失墜せしめたること誠に尠なからず」、また重臣が林を利用して荒木、真崎を失墜させようとしたなど、やや大きな事件が発生するたびに「所謂重臣の作用あり」という「事実無根の宣伝」が行われることに憂慮した(165)。

同じく九月八日、今度は床次逓相が急死した。岡田首相が内田鉄相、町田商相に相談すると、民政党は自党からの補充を望んだが、岡田首相が政友会の反発を恐れ、民政党も撤回した(166)。岡田から前田米蔵引き出しの依頼を受けた高橋蔵相は望月を通して説得したが、結局、望月が入閣した。岡田首相は、高橋蔵相、町田商相、内田鉄相、山崎農相を集めて、「どうしても挙国一致で行くのにはやつぱり多数を必要とする。で、多数をとらなければならないけれども、その方法については、自分は全く政党に関係もないし様子が判らないから、一つ貴下方にお頼みするより仕方がない」と相談した。内田をはじめ新党問題が議論される中で、高橋は「もし政友会が将来改造で割込んで来て、さうして挙国一致でやらうと言ふんなら、無任所大臣を作つたらいゝぢやないか」と述べたが、岡田は「仕事をもたない――いはゆる責任の無いやうな無任所大臣に入り込まれちやあとてもやりきれない」と応じたと原田に語り、「どうも高橋さんもいゝけれども、実際を見ないであんまり理想論に走られると非常に困ると思つてゐる」と述べた(167)。こうして民政党は与党としての自覚を高め、

高橋は政友会本体の復帰を希望し、岡田は政友会新党を含めた連立の継続を考えていた。

馬場恒吾は九月十五日のコラムで、「此所に更めて政党内閣を作るといふことはなかなか困難なこと」で「たとえ総選挙が済んで、どの政党が第一党になったとしても、其の政党総裁に内閣を組織せしめることは、これ亦甚だ実現困難」と述べ、いっそ岡田が「新政党の総裁」となって政党内閣化することを提案した。[168] 十六日には美濃部が貴族院議員辞職の意向を表明し、十八日、起訴猶予処分の決定とともに勅選議員を辞職した。[169] こうした中で、後藤内相も西園寺に後継内閣の準備を求め、岡田首相も「あとは斎藤さんでもどうしても工合が悪いし、或は宇垣と荒木が組めばいゝかもしれないが、それもどうか判らん」と述べた。[170] 二十五日の閣議で軍部大臣から国体明徴についての意見が出され、大角海相も喧嘩腰であった。二十六日、原田と会った岡田首相は、国体明徴問題を「平沼を中心にした右傾の陰謀である」と述べ、「万一の時にもし軍部にでも政権が行つたら、非常に危険なことになる。どうも斎藤さんでも面白くないし、無論宇垣はまだ駄目だし、やはり近衛公あたりがいゝんぢやないかと思ふ」と語った。[171] 外交も問題が多く、十月五日には満州国を前提として日中関係の改善を図る広田三原則が閣議決定されたが、十一月二十四日には冀東防共自治委員会が成立し、これに対抗する形で十二月三十日、冀察政権が中国政府によって樹立された。また、中国幣制改革を共同実施しようという英国からの呼び掛けにも日本政府は応じなかった。高橋蔵相は中国問題で岡田首相に不満を覚えており、「今日の外交は、まるで陸軍に圧迫されてゐるやうな調子で、結局それに同意した総理もロボットになるやうなことでは困るぢやあないか」と原田に語った。[172]

西園寺は、木戸を通じて牧野から「もう政変もいつとも判らないやうな情勢にも見えるから、どうかこの後の内閣についてお考へおき願ひたい」と次の政権への考慮を求められると、十月二日、後継候補についてはつねに考えており、「もし西園寺の考を発表した時に、それに反対ならば、その時に内大臣がどうでもすればいゝぢやないか」と答えた。また、平沼の昇格によって軍部や右傾の空気を緩和してはという考えも伝えられたが、西園寺は「絶対にならぬ。とにかくあゝいふ類の者はなるべく力のないやうにしてしまはなければ、世の中のためにならん」と答えた。西園寺は原田に、後継内閣について言ってくる者があっても取り合わないこと、西園寺の意向についていっさいふれないようにと釘を刺した[173]。原田は八日、近衛と政変の場合の話をして自重を説き、宇垣後継論についても否定的に話し合った[174]。昭和天皇は国体明徴問題が一木の枢密院議長辞任に至ることを心配していたが、軍事参議官会議での議論を経て川島陸相と大角海相は再び首相に申し入れ、十月十五日には再度の国体明徴声明が出された[175]。二度の国体明徴声明の背景には国粋論者の天皇機関説攻撃、在郷軍人会の活性化、首相選定から排除された政友会主流派による国体明徴運動があったが、政府の声明はあくまでも陸海軍大臣の組織統制を助けるために行われたものであり、それは政党勢力と反政党勢力のいずれをも満足させない、岡田内閣の構造的脆弱性と首相の性向によるものであったと言えよう。しかし、機関説を基本的に肯定する政府が政治的方便として行った国体明徴の公認は、文部省での教学刷新評議会設置につながるなど社会の隅々に行き渡って大きな影響を残していく。

一九三五年秋には府県会議員選挙があり、第一回の選挙粛正運動が行われた。その結果、政友会と民政党が多数の議席を占め、国民同盟が敗退した。市川房枝は政友会が多数を占めたことを「惰性」と述べ、選挙粛正運動も「結局已成勢力が漁夫の利を得た」と評した。すなわち、「今迄政友が多数であり、その立候補者が多かったのだから、自然当選も多かった」のであり、「現状に於いては新興分子が出る事は中々困難」なのであった[176]。鈴木政友会総裁は十二月二十三日の議員総会で政党候補者が九割を超えたことを国民の政党への信頼の表れとして歓迎し、政友会がその中で最多数を占めたことを誇った。また、顧問の加藤久米四郎は伊藤博文の立党の精神を説いて、「政友会は日本主義であつて、欧米のデモクラチックの思想によりて組立てられた政党ではない」と述べた。これは、「一切の自由主義を排撃して政治機構、経済機構を急激に変革統制せんとする企て」に対する反論でもあった[177]。宇垣は、「政民両党を合すれば兎に角今日尚国民の最大多数を背景と〔し〕て居ると謂ひ得る。此の両大政党が一致し協同して余の蹶起を求むるならば此の国民的総意は余としても耳を傾けざるを得ず、夫れに殉ずるの決意を起さざるを得ぬ」と述べ、他方で一方からの擁立には動かされないと記した[178]。また、政党と金銭の問題は選挙だけではない。岡崎邦輔は同時期、「政党悪化の一つの原因は、多数党の首領になりさへすれば、誰れでも大命を拝するやうな習慣を作り、信念を与へた点にあるが、この結果は徳を修めずとも、力づくで総裁たるを得ば、従つて首相の印綬を佩び得ると言ふ事になり、我が憲政運用上、非常な危険を予期しなければならなくなつた。〔中略〕総裁となりさへすれば、首相となり得ると言ふ信念を与へたゝめ、そのためには五百万や千万の金は使ふ覚悟を決め、或は暴力によつてゞも、総裁の地位を奪ふと言ふやうな兆候が現はれて来てゐる」と述べた(179)。

府県会議員選挙が終わると、いよいよ通常議会に向けた政治の季節が幕を開ける。十一月二十日に木戸は、牧野から正式に辞意を告げられ、湯浅宮内大臣や西園寺との斡旋を依頼された(180)。他方、国体明徴問題で一木枢密院議長の辞意も強かった。木戸は二人の辞意を伝えに十二月四日、西園寺を訪れた。西園寺は牧野には、「お互に死ぬ迄やらうじゃないか」と伝言を依頼し、今一緒に更迭すると反対側が凱歌をあげることになるとも述べた(181)。次期内大臣候補について湯浅と鈴木は斎藤を目し、牧野は近衛を第一候補に考えているようであった。岡田首相は当初内大臣に近衛を、枢密院議長に清浦を考えていたが、西園寺の意見を聞いた上で、斎藤内大臣と清浦枢密院議長に決心した(182)。

宮中人事には陸軍の統制問題も影を落とした。十二月十八日、昭和天皇は岡田首相から政情報告を受けると本庄侍従武官長を呼び、国体明徴問題で政府が解散を行う場合の陸軍の態度を陸相に質すよう伝えた。川島陸相によれば、「衆目機関説論者なり」とする金森徳次郎法制局長官が職に止まっている状態では、政友会が国体明徴を理由に政府に解散を迫る場合に「軍部は機関説を排撃しながら却て機関説を擁護することゝなる」ので解散に同意できず、それは「政府の維持も去る事ながら、軍部の統制を犠牲にする能はず」という理由からで、「大角海相も全然同意見」であったという。昭和天皇は、一木の退任問題にまで及ぶことを危惧し、軍が政府に二度も国体明徴声明を出させた際に人事にふれないという条件があったにもかかわらず、あらためて金森の辞職を求めることは、「世が「ファッショ」を高調するときは軍部も亦、之に雷同すると云ふことになりはせぬか」と難詰したが、陸軍の姿勢は変わらず、岡田首相からも陸相に「金森を処置せば、一木は喰ひ留め得らるゝや」という話もあって、「金森を処置するに於ては議会解散にも同意する」意向が伝えられた(183)。岡田はこのような陸軍の動きを政友会の久原らの影響と見ており、解散ができずに総辞職となるのではないかというおそれから、牧野内大臣の辞任は避けてむしろ一木枢密院議長の辞任を求めるほかないと考えているようであった。この情報に木戸は驚き、「若し首相の考ふる最悪の場合が実現するとせば、斎藤子の出馬は殆ど不可能なるべく、反対陣営の内閣の手にて内大臣の更迭を行はるるは極力避けたき」という理由から内大臣の更迭を決行すべきだ、と湯浅宮内大臣に述べた。(184)

十二月二十六日、満州事変の論功行賞として荒木、大角、本庄が男爵を授けられた。外務次官の重光葵は、謀叛的行動を推奨するかのような論功行賞が大量公然と行われたことで「万事は終わった」と戦後に振り返ったが、四日に木戸から伝えられた西園寺は、「まあ大問題ではないね」と静観した。(185) より大きな問題として、この日、牧野内大臣がついに退任した。側近攻撃の中で牧野の辞職を裁可した昭和天皇は、職を退くその老軀を思い浮かべてか、声を上げて泣いたという。(186) 昭和天皇と牧野が二人三脚で築いてきた介入的な新しい立憲君主像は、ここに一つの挫折を見たと言えよう。しかし、天皇・宮中が補完すべき政党政治も次第に失われゆく中で、力の真空から天皇・宮中が完全に撤退することはできない。後任には斎藤前首相が内閣審議会委員を辞して就任した。選考に際して首相の責任を重視する西園寺の姿勢は一九二〇年代以来変わらぬものであったが、湯浅宮内大臣の秘書官町村金五の証言によると、ある時興津の西園寺を訪れた湯浅が、帰途、静岡県庁に立ち寄った際に、「老公が涙を流したのを初めてみた」と、涙ながらに知事に語ったという。この時、西園寺は湯浅に、「自分は明治、大正、今上三陛下に仕えてきた。申し上げにくいことだが、考えてみると、今の陛下は御不幸なお方だ。一番御聡明の方と思っているが、残念なことに最近は有力な政治家――原、井上、浜口、犬養と皆殺されてしまい、陛下の側近人無しの格好になっている、本当にお気の毒だ」と語ったというのである。(187) 西園寺にとって、明治憲法制定後にあって皇室の藩屛となりうる有力な政治家とは、国民を背景に一党を率いるような政党政治家であった。その政党政治回復に向けた最有力の道筋と見られるようになっていた宇垣は、牧野の引退を惜しみ、斎藤の出仕を「賀すべし」と評したが、大晦日には「政権の異動は必ずしも空気や輿論で決せざる現状では、おみくじを引く様なもの」と辛辣な感想を記した。(188)

三　第一九回総選挙と二・二六事件——近衛文麿という選択と広田内閣という帰結

衆議院解散と四度目の男子普通総選挙

こうしていずれの勢力も状況への支配力を持たない中で、政治は年明けからいよいよ選挙を意識して展開した。その前に海軍では、一九三六（昭和十一）年一月十五日、全権永野修身海軍大将が第二次ロンドン海軍軍縮会議からの脱退を通告した。それは宇垣が前年末に、「永野一行は近頃倫敦に於て松岡の寿府に於けると同様に頻りに強がりを日本に向つて放送し宣伝して居る様である。マサか永野氏は左様の人物でもないと思ふが取り巻き連中の内には日本内部に向つて外交を試みる輩もあることなれば其辺の小刀細工であらうと思惟するが、兎に角見苦し」と記すほどで、これによって帝国海軍が万難を排して実現した待望の無条約時代、すなわちネイヴァル・ホリデー（海軍休日）の落日が訪れた。[189] 昭和天皇は「一体日本のいふ正義といふのが、日本だけに通用する正義では困る。列国をしてなるほどと首肯せしめ得る正義でなければいけない」と述べ、「閣僚達は、あの連盟脱退の時に自分の出した詔勅を時折読んでくれるかしら」と嘆息した。[190]

一九三六年初頭にはこうして国際的な孤立では行くところまで行ってしまったとはいえ、事変は終息し、景気も回復基調にあり、議会が解散されるか、任期満了選挙となった場合に現政権が信任されるかが焦点となっていた。[191] 一月七日、岡田首相は原田に「解散の用意をしなければならん」と述べ、解散の理由を「挙国一致を要望するため」と説明した。[192] 岡田内閣は「挙国一致」内閣を目しながら、衆議院で多数の支持を得ていなかった。また、かつての清浦内閣のように、公平な選挙管理内閣として選挙結果に基づく政権交代をめざしていたわけでもなかった。岡田には危機緩和という使命があり、「選挙前、もし野党側が大多数を占めることになったら、総理はいさぎよくやめますか、そのほうが男らしくていいですね、というものがいたが、わたしの組閣の使命はそんな単純なものではない、岡田啓介という人間がもみくちゃになるまで、がんばってやるんだといった」と後に回顧した。[193] 他方、高橋蔵相は「やはりどうも解散よりほかない。で、後継内閣は結局宇垣よりないぢやないか」と考えていた。[194] 九日、京城の宇垣を西原亀三が訪れ、岡崎邦輔の依頼で政友会と民政党の斡旋を求めた。この話には高橋も関与していた。宇垣は、「憲政運用の為に必要ならば政党界に乗出すも可なり」と意欲を示す一方、「今日の政情は尚政党丈けでは支配出来ぬ。軍部官僚辺の事も考へねばならぬ。将来は兎に角としても！而して軍部内の余に対する空気は殆んど是正済なり。彼等は余の既成政党に乗るは不賛成にして出蘆後に新自覚を作るべく要望しあり」と記した。[195] 高橋が期待した岡田内閣と二大政党の協力による円満な任期満了選挙とはならなかったが、宇垣は、「此処に蒔かれたる種子は春先にもなれば更に芽を出し来るの見込なきにあらざるなり」と考えた。[196]

政友会は二十日の党大会で倒閣の気勢を上げた。鈴木総裁は軍縮会議からの脱退を正当と論じ、国体明徴の重要性を主張した。[197] 他方、民政党は十九日、翌日の党大会を前に選挙委員の初会合を開いた。[198] 頼母木桂吉筆頭総務は民政党の必勝と「政党政治の威信を高むべき」選挙粛正のため、「候補者の銓衡に就いては特にこれを厳選し新人を迎へて政党の面目に光彩を添へるべく努力した結果」として、元大蔵次官や元専売局長官、元滋賀県知事などが入党し、来る総選挙で民政党から立候補する予定であることが報告され、「有為の新人物が続々として民政党に入党し立候補の傾向にある」ことを喜んだ。その中には一九三〇年の総選挙で落選していた鶴見祐輔の名前もあった。民政党は国民同盟との分裂の影響をすでに癒し、最悪の場合でも二二五名の当選者を予想していると報じられた。また岡田内閣への協力によって政友会を除名された床次派の新党構想は一九三五年九月の床次急死によって混乱したが、同年十二月二十三日に昭和会を結成した。

一九三六年一月十日、議論になっていた金森法制局長官が辞任した。永田軍務局長が現役将校によって執務室で殺害された相沢事件と林陸相の退任以来、岡田内閣の陸相を通した部内統制は再び混乱に陥り、事態は険悪の度を増していた。一月二十八日から開始された相沢事件の公判は、政友会を脱した鵜沢総明を弁護人に華々しい法廷戦術が展開され、二月二十五日に真崎軍事参議官が出廷するなど世間の耳目を大いに集めた。[199] 一月二十日、議会休会明けを前に木戸内大臣秘書官長は、本庄侍従武官長の部屋を訪ねて軍の内情を問うた。前年十二月に第一師団の満州派遣が発表されていたが、木戸のもとにはソ連と比べて装備が劣勢となっていることについて、「かうなったことは畢竟政治家・財閥が私利私慾に耽り、軍備に必要とする経費を出さなかった為めである、我々は満州に赴くに先立ち彼等を粛清する」と、「今度は千人以上の兵が動くだらう」という憂慮すべき情報が入っていて本庄に意見を求めたのであった[200]。本庄は非常に心配しているとこの情報を肯定し、二月二日、あらためて木戸に相沢公判の影響や軍の希望など木戸の得ていた情報が「殆ど真相に近い」と伝え、「元来軍の希望せる重点は軍備の充実」であって、ソ連相手に「現在の軍備不足」では「死地に入るの外」なく、翻って「国内改造を論ずる」も「米繭等の統制法案にしても一部の政商等の為議会にて阻止せらる」など現状に憤慨している。しかし、「彼等も急激なる革命を欲せず、故に彼等の希望を充し得るが如き強力内閣の出現を希望」しているので、彼らの希望を「何か一つでも宜しき故、此際実行することが急務なりと思ふ」ということであった[201]。

一月二十一日、岡田内閣は政友会の不信任案提出に対して、無事、衆議院を解散した。この日、岡田は民政党の町田総裁に選挙資金として百万円を提供した。民政党内では大金の出所を不審に思ったが、戦後に松村謙三が岡田に尋ねたところ、西園寺が住友を通じて用立てたものであった。岡田首相が西園寺を訪問し、「民政党を与党として、政友会と戦おうとする所信」を詳しく述べて同意を求めたところ、「お話をうけたまわってみると、やむをえますまい。どうぞ、十分の成算をもってやられたい」と述べ、ほっとして席を立とうとする岡田を呼び止めて、「衆議院を解散して総選挙となるのだが、選挙は金のいるものです。そのご用意はできておりますか」と聞き、用意ができていないという岡田に「では私が、些少ながらご用立ていたしましょうから」と静かに述べて、後日、住友から届けられたという。受け渡しを行ったという住友の小倉正恒は、西園寺の実弟が住友当主であった関係はあっても、これまでそのような多額の用足しを求められたことはないので驚いたが、よくよくのことと意中を推して準備したという[202]。民政党は総選挙に臨む十大政策の筆頭に、「ファッショ排撃と憲法政治の確立」をあげた[203]。また、民政党出身の松田文相の急死を受けて、二月二日、次期総裁とも目される川崎卓吉幹事長が文相に就き、内閣と民政党の関係は強固さを増したと考えられた。

対する政友会の鈴木総裁は、再び神奈川県下に立候補を行い、挨拶状では「顧れば不肖憲政の暢達に専念し、貴族院議員を拝辞して衆議院議員に当選してより茲に四年、乏しきを立憲政友会総裁の重職に受け、政党政治に対する世上の誤解と不当の攻撃との間に立ちて専ら同志と共に協力し、君国のため、憲政の大道を守護し、国民の利福を増進することに日夜奮闘精進し、未だ一日も枕を高くするの秋なかりし」と述べ、政友会の提出した内閣不信任案も、「現下の国情に鑑みて憲政を恢弘し、責任政治を確立せんとする重大方針に外ならざる」と説明した[204]。宇垣は、「選挙によりて政界が明朗化し純真なる挙国一致の実が挙がるならば誠に結構」と解散を評価する一方、二大政党が伯仲すれば政争が激化し、少数党の操作を受けてますます「暗黒化するの恐れなしとせず」と危惧した[205]。

この選挙は前年秋の府県会選挙に続いて、二度目の「選挙粛正」選挙でもあった。岡田首相は一月二十五日の選挙粛正運動全国強調日にラジオ演説を行い、「大御心に副ひ奉れ」と、選挙を欽定憲法に基づく「臣民翼賛の道」と位置づけ、「悪い風習」を排して「自由公正なる立場」からの投票による「正しき民意の暢達」を求めた[206]。このような固有性からの議会政治の説明は、議会政治を日本的でないとする批判への反駁となる一方で、選挙権の行使を聖旨奉答とみなしたり、神社に参拝宣誓するといった行為にも結び付いた。西園寺の理解は現実的で、「絶対に金を使はないといふことで、実際選挙の結果がうまく行くかしら。もし政府が少数党だつたらをかしなもんだし、まことに困る。〔中略〕あんまり実際とかけ離れたことにならないやうにしないと妙なもんだ」と述べていた[207]。ジャーナリストの馬場恒吾は二月初頭に出版した『国民政治読本』で、西洋と日本の政治を比較して「街頭の輿論」を論じた。「日本では選挙に際して、選挙民に個々面接が禁じられてゐる。個々に面会さすと、こつそり買収の金を渡しはせぬかと恐れるからである。どうも人民が悪いことをするであらうといふ前提の下に作られた法律は窮屈なものだ。だから、町角で政治の輿論が作られるといふ光景が見られない」と観察し、「日本で議会が開かれてゐることは、政治が廟堂の中から、街頭に出る中途にあるといつてよい。併しまだまだ街頭には距離が遠い〔中略〕ギリシヤや、ローマの街頭政治にも弊害はあつた。併し犬養が殺されても、一人のアントニーが出て弔演説をするものがない日本は寂しい」と述べて、「政治を街頭に引き出せ、それが徹底すると政界の醜怪事は余程少くなる」と訴えた[208]。

二月十七日、高橋蔵相は日比谷公会堂で行われた政府主催講演会で、予算案の概要説明に加えて「挙国一致」を強調し、

「岡田内閣は斎藤内閣の後を承け、適切なる政策の実行に精励し、而して其の終始期待する所のものは一日も早く政道の機構をして、憲政の常道に復活せしむべき時勢の到来を待つものであります」と説いた。(209) 対する野党政友会の島田俊雄総務は、議会に基礎を置かず「成立の初めより憲政の常道を履み外せる変態内閣」の弱体性、国際不安に対する建設的外交の不在、生活苦の克服を図る経済国策の貧弱欠乏、そして「超政策問題」としての国体観念の薄弱の四点から政府を批判し、この総選挙を「立憲と非立憲、政党主義と非政党主義との戦ひであり、一般国民が根本国策を樹立して難局を打開せんとするものに味方するか、無為姑息の偸安者流を擁護するかの決勝戦である」と位置づけた。(210) 政友会では前回総選挙での三〇三議席はもとより、解散時の二四二議席を維持できるとも考えていなかったが、松野鶴平幹事長は二一七議席という計算をしていた。(211) これに対して後藤内相は、「選挙の結果は大体政友会が或は多数かもしれないけれども、しかし民政党とさうひどい差はないと思ふ。それにまあ昭和会とか或は国民同盟とか、或は政友会内にゐる政府に続いてゐる者を合せれば、政府党がずつと多くなる」と考えていた。(212) また岡田首相は、選挙後の選択肢を「多少の工作を施して押して行くか、改造して進み行くか、投げ出すかの三者を出でぬ」と考え、選挙結果によっては第一の策、第二は相談相手の山本条太郎が病臥しているので成算に乏しい、そこで政友会が優勢であれば第三となるが、「結局は選挙の結果を見た上でなければ何とも極め兼ねる」と述べていた。(213)

二月二十日、四度目の男子普通総選挙となる第一九回総選挙が実施された。結果は四六六議席中、民政党二〇五、政友会一七四、昭和会二〇、社会大衆党一八、国民同盟一五であった。(214) 二大政党で総得票数の七七・六パーセント、議席数の八一・二パーセントを占めた。これは昭和会の除名、国民同盟の分離もあって、田中内閣下での得票率約八六パーセント、議席率九三パーセント、浜口内閣下での得票率九〇パーセント、議席率九六パーセント、犬養内閣下での得票率九三パーセント、議席率九六パーセントには及ばないが、先の一九三五年六月十三日の会合で社会大衆党の亀井貫一郎が、「次回総選挙の結果は、桂内閣当時の如く中立が可成り多くなり、而して議会政治の形は崩れ、実権は次第に官僚に移らう。即ち議員は単なる名誉職と化し、調査局中心の時代が来よう」と予想していたこととは異なる結果であり、宇垣が記したように「政友の失敗、民政の勝利」であった。[215] 政友会の鈴木総裁は落選し、議席を失った。清浦奎吾はかつて自らの内閣で閣僚を務めた鈴木に、「勝敗は兵家の素より期するところ、羞を包み恥を包むこれ男児、江東の子弟多くは俊秀、捲土重来未だ知るべからず」という「楚項羽」の古詩を贈って慰めたという。[216] 政友会員の多くは俊秀であり、これを率いて捲土重来の日は来るのか。鈴木は四月二十八日に貴族院議員に任ぜられ、翌一九三七年二月には病気を理由に総裁を辞した。芦田は、政友会が全体として「惨敗！」を喫する中、国元で自らの当選を確認すると、二十三日朝、東京に戻った。応援に来てくれた人に回礼し、祝電などの整理をして過ごしたが、二十五日には「帰京以来、熟睡する。心も安静である。選挙の事など忘れたかのように」と書き記し、十一時には就寝した。[217] 同じく二十五日夜、グルー大使は斎藤内大臣夫妻と鈴木侍従長を夕食会に招き、遅くまで映画鑑賞を楽しんだ。[218] この選挙結果に期待をふくらませたのは社会運動家の市川房枝であった。「無産党」の「優勢」を喜び、「この選挙の結果で、久しぶりに青空をみたような気がしましたね」と記した市川は、二十五日には来る婦選大会に向けての話し合いに参加して「粛正運動の将来、婦選運動のもり返し」などを議論した。[219] 同夜、市川は十一時頃帰途に就き、就床したのは翌二十六日の一時頃であった。この冬は雪が多かったが、この日も東京は夜半より激しい吹雪となった。

二・二六事件――近衛文麿という選択と広田弘毅内閣という帰結

一九三六年二月二十六日早暁、士官学校事件で免官された村中孝次、磯部浅一、そして栗原安秀中尉、安藤輝三大尉、香田清貞大尉ら国家改造をめざす陸軍青年将校らは大雪の中、歩兵第一連隊、歩兵第三連隊、近衛歩兵第三連隊など兵約一四〇〇名を率いて反乱を起こした。二・二六事件である。[220] 本庄侍従武官長の娘婿である山口一太郎大尉も反乱に加わっていた。高橋蔵相、斎藤内大臣、渡辺錠太郎教育総監が殺害され、岡田首相も当初殺害と発表されたが後に人違いと判明し、鈴木侍従長もまた重傷を負うも九死に一生を得た。牧野前内大臣も静養中の湯河原で襲撃を受けたが、何とか逃げおおすことができた。さらに、兵約五〇名は、「常に自由主義的な主張を為し、非国民的な新聞で反軍的記事を掲載する」

ことへの反省を促すため、東京朝日新聞社を襲撃した。そして、東京日日新聞社、時事新報社、国民新聞社、電報通信社を回って「蹶起《けっき》趣意書」が配られた。蹶起趣意書には蜂起の理由として、「元老、重臣、軍閥、財閥、官僚、政党等」を「誅滅」することと、「国体の擁護開顕」が記され、国家改造の必要性が記されていた。北一輝の『日本改造法案大綱』に影響を受けた反乱将校たちは、岡田首相の殺害によって内閣を倒壊させ、真崎甚三郎を目して皇道派暫定内閣を樹立することを目的としていた。彼らの同時代政治社会構造認識は、「支配階級」を「政党」「財閥」「軍閥」「吏閥」などの現状維持派に求め、「支配階級の権力は非常に強大」と評価した上で、官僚と軍部の台頭を「国家観念を中心とする国家改造運動、青年将校運動の台頭に対して、所謂重臣がその現状維持の方法を取るに政党が駄目であるから官僚に求めた事による。官僚は長年政党の圧迫下にあつたので、この時とばかり、軍部台頭の力を逆用してゐる〔中略〕彼等は政治に対してさへも政党に対する反撃的修正に止まり国家改造など及びも寄らない」と見ていた。現下の社会の基調は「自由主義」で、中でも新聞は「自由主義でありながら、云ふ可き口をことさらに塞ぎ、甚だしきは軍部に媚態を示してゐる」と軽蔑し、自らは「明日の日本の潮流」に棹さす者であって、軍内にも「自由主義的思想あり、官僚重臣に阿る者もゐる」と考えていた。(221)

蹶起趣意書の第一に元老があげられながら、西園寺は襲撃されなかった。そこには二段階の経過があり、当初、西園寺は襲撃目標に入っていたが、西田税は真崎内閣を実現する上で西園寺の奏薦が必要と考え、山口に襲撃対象から外すよう依頼した。そこで山口は二十一日に磯部、村中らに西園寺襲撃中止を提起した。しかし、同意が得られず、西園寺襲撃は予定通り行われることになった。ところが、興津の西園寺邸襲撃を担当していた豊橋陸軍教導学校所属の対馬勝雄中尉が、天皇の命令に基づかない兵力使用に対する竹島継夫中尉の強い反対を受けて襲撃計画を放棄し、両名共にそのまま首相官邸襲撃に加わった。この連絡を受けた西田は午前五時半頃に鵜沢総明宅を訪れ、西園寺の説得を依頼した。鵜沢は午前十一時前後に興津の西園寺邸に着いたが、西園寺はすでに避難して不在であったため、執事に伝言を依頼して、西園寺は襲撃されないので速やかに上京参内して時局収拾に努めること、「内閣ノ首班ノ奏薦ハ老公ノ考慮ニアリ素ヨリ他ノ容喙ヲ許ササル処ナルモ現下ノ陸軍ヲ収拾スル為ニハ青年将校等ノ最モ信頼シアル真崎大将、柳川中将等ヲ以テ適任ト認ムルコト」、そして奉答に際しては「従来ノ如ク重臣会議ヲ開カサルコト」を希望した。(222)

二十九日に無血鎮定されるまでの経緯を簡単に記せば、二十六日朝、事件の発生を知った昭和天皇は、すぐさま本庄侍従武官長に「禍ヲ転ジテ福ト為セ」と述べ、川島陸相には「速ニ事件ヲ鎮定」するよう指示した。これに対して陸軍では軍事参議官が鳩首協議して「皇軍相撃ツ」ことがないよう苦慮し、「行動部隊ノ将校」に対して「諸子ガ蹶起ノ趣旨ハ、天聴ニ達セラレタリ」という宥和的な陸軍大臣告示が出された。(223)ここでも宮中と陸軍、さらには陸軍内での上層部と青年将校間での相違が現れる。木戸の記すところでは、軍事参議官の慰撫条件は「国体の顕現と云ふ諸君の主張は自分等も同感なれば、之が達成には努力す、又内閣に向ても之が実現を要求するが故に、汝等の目的は達せらる、故に此辺にて兵を引くべし」というものであったのに対して、陸軍省参謀本部の青年将校は「暫定内閣を作ることを申合せ、進言」したという。それは「ファッショ的傾向多分にあるもの」と見られ、反乱部隊にも同様の希望が見られた。(224)しかし、昭和天皇は暫定内閣を認めず、二、三十分ごとに本庄を呼んで鎮圧を督促した。橋本欣五郎大佐は三島の野戦重砲兵第二連隊にいたが、事件を知ると旅団長から一日の期限付猶予を得て上京し、石原莞爾参謀本部作戦課長、満井佐吉中佐と会談して反乱軍将兵の大赦を条件とする降参と適当な革新政府の樹立で意見が一致し、次期首相候補についても当初、石原が東久邇宮稔彦王、橋本が建川美次、満井が真崎を主張したが、いずれも可能性が低いため山本英輔海軍大将で一致した。しかし、これを聞いた杉山元参謀次長はすでに昭和天皇の強い意思を知っており、橋本はなすところなく三島に帰った。(225)内大臣が殺害され、侍従長が重傷を負った宮中では、木戸が湯浅宮内大臣、広幡忠隆侍従次長と相談しながら「政治の中心を速に確立」するために閣僚の参内を求め、さらに、一木枢密院議長の参内を求めて、一木が「聖旨ヲ拝シテ事実上常時輔弼ノ任」にあたることになった。他方、内閣は沈黙していた。岡田首相の生存が宮中に伝えられたのは同日午後であったが、未だ反乱軍の囲みの中にあり、秘されたまま後藤内相が首相臨時代理となって総辞職を決めた。辞表を提出した川島陸相は「暫定内閣の銓衡を此の内閣にて為したし」と提起したが、「大権の私議となり不可能なり」と反対され、意外の面持ちであったという。総辞職を受けた昭和天皇は「速やかに暴徒を鎮圧せよ、秩序回復する迄職務に励精すべし」と指示したと、木戸は記した。(226)

日付が変わって二十七日、緊急勅令によって戒厳令が公布された。この日も昭和天皇は本庄を数十分ごとに呼んで鎮定を督促したが、「行動部隊ノ将校」を精神においては咎めるべきではないと主張する本庄に、「朕ガ股肱ノ老臣ヲ殺戮ス、此ノ如キ兇暴ノ将校等、其精神ニ於テモ何ノ恕スベキモノアリヤ」と反駁し、国家のためと考えての行動であると重ねて主張する本庄に「夫ハ只ダ私利私慾ノ為ニセントスルモノニアラズト云ヒ得ルノミ」と突き放し、「自ラ近衛師団ヲ率ヒ、此ガ鎮圧ニ当ラン」とまで述べた。(227)昭和天皇は戒厳司令官が慎重に過ぎ、ことさら躊躇しているのではないかと疑っているようですらあった。この日の午後遅く真崎ら軍事参議官が再び反乱将校と面会し、明朝には原隊に復帰する見込みとなった。

ところが、二十八日に至っても反乱将校は帰順せず、風向きが変わる。閣議では、殺害された高橋に代わって蔵相を兼任した民政党総裁の町田忠治商相が、鎮定が遅れることで銀行の取り付けや外国為替の停止など日本経済への悪影響が懸念されることを指摘した。昭和天皇は、金融方面の悪影響を非常に心配する町田の「断然たる所置を採らねばパニックが起る」という上奏を深刻に受け止めた。(228)他方、「後継内閣組織を一日も早く」という後藤内相や児玉秀雄拓相、内田鉄相らの希望に木戸は、「暴徒の鎮圧を一刻も早く」と応じている。ここに、皇軍相撃を避けようと右往左往した陸軍軍事参議官たちの説得も実らず、反乱下での暫定内閣組織も実現しないまま、反乱軍には原隊に帰るよう奉勅命令が下った。この時、石原が討伐方針に転じて事態収拾を主導したが、宥和方針で進んできた陸軍の動きはなおも緩慢で、戒厳司令官は同夜から翌朝にかけて帰順を求める奉勅命令を伝え、これに服従しないものを叛徒とした。他方、内閣は午後四時に岡田首相が参内し、「謹ンデ御詫」を申し上げた。岡田は前日、自らの葬儀中に秘書官と陸軍憲兵の決死の尽力で安全な場所に逃れていたが、反乱軍を刺激することを警戒して参内できていなかった。五・一五事件時とは違って二・二六事件では首相が生き残ったが、岡田を中心にその後の粛軍にあたるという動きは見られない。昭和天皇は岡田の辞意に「時局重大なる折柄何分の沙汰ある迄励精せよ」と指示したが、岡田は「時局は余りに重大であります故、謹慎致し度と存じます」と答えた。[229] また、宮中官僚の間では事件後に向けて後任の内大臣選考が始まった。

二十九日、ついに反軍攻撃の命令が各部隊に伝えられ、八時半頃から次第に行動に移されると、十時頃から続々反乱部隊の下士兵が帰順投降した。他方、事態が鎮静化へと向かう中、後継内閣について湯浅宮内大臣、広幡侍従次長、木戸内大臣秘書官長が協議し、さらに一木枢密院議長を加えて、結局、侍従次長がまず枢密院議長への下問を求める奏上を行い、下問を受けた枢密院議長が西園寺に下問することになった。昭和天皇は平定を待ってからでもよいのではと応じたが、西園寺の準備のことも考え、先行して準備を進めることにした。午後二時に本庄侍従武官長からほとんど平定という奏上があり、二時二十二分、広幡は再び湯浅、木戸、一木と協議の上で拝謁し、西園寺には二時五十分に電話で下問があった。昭和天皇は一木枢密院議長に「今度の内閣の組織は中々難しいだらう、軍部の喜ぶ様なものでは財界が困るだらうし、そうかと云って財界許りも考へて居られないから」という意味の話をし、一木は、非常に困難な中でも「西園寺は必ず考へて居ることと存じます」と答えた。[230] 西園寺からは、三時二十五分に原田を取り次ぎとして、拝承の上、暫時猶予を願う旨の応答があった。また、後継の内大臣には、「外交、殊に国際関係に相当蘊蓄のある者がいゝ」という昭和天皇の希望から松平恒雄駐英大使を第一候補としたが、国内多端の折、内政に疎いと固辞する松平の意向を容れて、湯浅宮内大臣を内大臣にし、松平を宮内大臣に据えた。[231] 夕刻、岡田首相の生存が発表され、後藤は臨時代理を解かれた。

西園寺は電話で下問を伝えられた翌々日の三月二日に上京し、一木、湯浅らと面談の後、午後四時九分に御学問所において昭和天皇から下問を受け、四時二十分に退下した。また、遭難した牧野とも会った。この日、昭和天皇は西園寺と会う前の午前十一時過ぎに本庄を呼んで、次のように注意を与えた。[232]

近く西園寺上京すべく新内閣の問題も決定すべきの処此等に対する軍部の要望は依然強硬なるが如く、其政策も亦積極なるが如し。之を容れざれは再び此種事件を繰返すの懸念あるがゆへ、可成其希望を酌み入れ与へたし。去りとて余りに急激なる革新は、必ずや一般社会状勢と相容れざるべし、自然慎重なる考慮を要す。此点、朕としても、矛盾を感ぜしめらるゝ次第なり。従て軍部に於ても国防の充実は可なるも、国家経済の如き、富の分配まで云々するに至るが如きは適当ならず。武官長が軍部上層に接するに於て、此意を体しあるを要す

ここでは外交への言及はないが、急激な国内経済体制の変革以外は国防の充実も含め軍の要望に従う内容である。この発言の筆記者がこのような対応を肯定する本庄であるということは、割り引いて考えなければならない。また、昭和天皇のこの発言が天皇個人の発意によるものか、それとも助言者の事態収拾策の反映と見るべきかは、「矛盾を感ぜしめらるゝ」という言葉からも安易な推断を許さない。しかし、この言葉が結果的に意味することとして、陸海軍はついに一九二〇年代を通して昂進した政党中心政治の桎梏《しっこく》を脱したのであった。

この日、木戸のもとには鈴木貞一から軍の情勢と次の内閣への希望として、財政の緊急処分権限を五年程度政府に委任させるなど「時代適応的改革」を求める「軍少壮の要求、調査官の要望」が伝えられた[233]。また、夕刻に新聞で陸軍の要求が過大である旨が報じられると、昭和天皇は再び本庄を呼んで深刻な憂慮を伝えた。本庄は三日朝、記事が事実無根であると奏上するとともに、川島陸相と杉山参謀次長に「陸軍トシテ、国防ノ事ヲ主張スルハ当然ナルモ、政策ノコトマデ余リニ露骨ニ発表スルハ、御思召ニ適フモノニアラズ」と注意した[234]。また木戸のもとには岡部からも、後継内閣の首班を陸軍より出すことを希望するも海軍から出すことには強いて反対しないという「陸軍の意向」が伝えられた[235]。四日、昭和天皇は本庄に陸軍への御言葉案について、「言葉ハ余リ強キニ失シテハ、復タ内大臣ヲ恨ムニ至ル虞アルガ故ニ、其程度ハ篤ク考慮ヲ要スル」としながらも、「最モ信頼セル、股肱タル重臣及大将ヲ殺害シ、自分ヲ、真綿ニテ首ヲ締ムルガ如ク、苦悩セシムルモノニシテ、甚ダ遺憾ニ堪ヘズ、而シテ其行為タルヤ、憲法ニ違ヒ、明治天皇ノ御勅諭ニモ悖リ、国体ヲ汚シ、其明徴ヲ傷ツクルモノニシテ、深ク之ヲ憂慮ス。此際、十分ニ粛軍ノ実ヲ挙ゲ、再ビ斯ル失態ナキ様ニセザルベカラズ」と述べた[236]。これを受けて武官府で作成された案では、憲法への言及が落とされ、国体の明徴という表現も避けられた。

他方、西園寺は、三月三日午前十時二十分に木戸を呼び、時局収拾の方針、後継内閣の首班、内大臣の後任などについて意見を求めた。木戸は次期首相に、「時局柄中正ナル人物」として近衛を推した[237]。原田が西園寺に皇族のようすを報告

すると、西園寺からは一木が平沼を推しているという話があったが、「自分としては平沼を奏請することはできない」、また軍人内閣論についても「とてもだめだ」と、近衛を押すしかないという判断であった。[238] そこで三月四日、西園寺は近衛を呼んで説得を行った。その後、西園寺は、一木枢密院議長、湯浅宮内大臣と相談の上で昭和天皇に拝謁し、近衛を推挙した。その後、昭和天皇からの指示がなかったため広幡侍従次長が拝謁すると、昭和天皇は「元老は、一木、湯浅と相談の上奉答する」と理解していた。また、昭和天皇は元老に、「次の内閣は憲法の条章を尊重すること、外相と蔵相にはしっかりした軍部に引摺られない人物を配することが必要なり」と述べたという。[239] そこで早速、湯浅は拝謁し、西園寺から奉答の内容を聞いて「三人協議致しましたる処」、近衛をお召しになるべきことを答えた。

その間、西園寺が上京した三月二日には政友会と社会大衆党が幹部会を開いて声明を出した。政友会が事件を「空前の不祥事」と位置づけ、「この際断然として粛軍の実を挙げ且つ政治、経済全般に亘りて根本的検討を加へ以て確信の実を挙ぐることは焦眉の急務」であり、「立党の精神に則り憲法政治を擁護して更始一新の実蹟」を上げる努力をする意思を示したのに対して、社会大衆党は事件に対する「軽々なる批判」を避け、昭和維新の断行によって「政治の旧殻を打破」し国民生活を安定させることを求めた。[240] 民政党も三日に幹部会を開き、「不祥事件」の再発を避けるために、総選挙で明らかになった国民の意思に基づいて挙国一致国難の克服に向かうべきことで意見の一致をみた。

このたびの政変で、西園寺とともに一木枢密院議長と湯浅宮内大臣が首相選定に参加したことを、どのように評価すべきであろうか。[241] 二・二六事件で斎藤内大臣が暗殺されると、かつて宮内大臣を務めた一木枢密院議長は内大臣の職責である「常時輔弼」の任を代行した。また西園寺は、一九三〇年に上奏した首相選定方式案で、内大臣が不在の場合には宮内大臣が責務を果たすことを求めていた。したがって今回、宮内大臣とともに枢密院議長が参加したことは、重臣協議と見るべきではなく、二人が内大臣の役割を果たした元老・内大臣協議方式であり、一九三三年の新しい首相選定方式における「元老その必要を認めたる時は」という文言に対応し、元老が必要を認めなかったと見るべきであろう。木戸は、首相選定を前に重臣会議を「ぜひやりたい」と考えていたが、この時、重臣が集められることはなかったのである。[242]

こうして大命は近衛文麿に降下した。しかし、近衛は健康を理由に拝辞の意思を変えず、一木の説得にも応じなかった。近衛は後に「昵懇ナル某大将」に「健康ノ事、固ヨリ大ナル理由ナルモ、一ニハ元老ガ案外時局ヲ認識シアラザルコト、又一ニハ、陸海軍両相ノ地位ガ、現下最モ重要ナルニ拘ラズ、現在其人ヲ見出シ得ザルコトガ、重大原因ナリ」と語ったと本庄は記した。(243) 近衛によれば、この時西園寺は「対外的にも対内的にも最も危険な皇道派が一掃せられ、折角粛軍の実が結ぶのにと極めて余の考えに不満の様子であった」という。(244) 夕刻、近衛は大命を拝辞し、昭和天皇は再び西園寺に銓衡を命じた。西園寺は、「近衛公爵ノ病軀ニツキテハ之ヲ知了シナガラ、此ノ際ニ於ケル組閣者トシテハ万全トハ申シ難キモ最モ適任ト信ジ其ノ蹶起ヲ希望シ奉答シタル所、遂ニ辞退スルニ至リタルコトハ誠ニ恐レ入リタル次第ナリ。更ニ勅命ヲ拝シ十分考慮、枢相・宮相其ノ他差支ナキ者ト協議ノ上奉答致スベク、暫ク御猶予アリタキ」旨を奉答した。(245)

その夜、湯浅は木戸を呼んで、「一木議長の思付きなるが、近衛公が辞退せられたりとせば、広田外務大臣は如何」と話した。広田の名前が出て来る経緯は、原田の口述筆記でも「枢密院議長及び木戸、宮内大臣等と相談の上」としか記されておらず、木戸が作成した内大臣府の記録ではいっさい記されていない。(246) 戦後に木戸が日記について記した覚書では、この日、一木と湯浅と広幡が侍従職の高等官食堂で夕食を取っていたところ、「ふと一木枢相が、何げない様な口調で、「広田さんはどうでせうか。あの人ならソ連に大使としていって居たから、ソ連との関係もうまくやっていけるのではないかと思ふが」と云ひ出された。之はたしかに一つの思付きであって、皆も「それはいいかも知れませんね」と云ふことであった」という。木戸もまた、事件の原因が「三十五、六年の危機、対ソ戦争気構へ」にあったので、ソ連との国交調整が期待でき、世間に与える印象も悪くないので「たしかに一案」と考えた。そこで西園寺を訪れ、広田案について意向を問うたところ「御異議なき」ため、早速、近衛に電話して広田の説得を依頼した。(247) 西園寺は広田が受けるか否かを心配していたが、近衛は外務省の吉田茂とも連絡をとって説得に努め、夜中の二時頃には受けそうだという連絡が原田に入った。(248) 三月五日朝、木戸は原田の部屋で西園寺と会い、「陸海両相に軍の動向を御質になるの要あるべし」と進言した。(249) 西園寺はこれを受けて午後に大角海相、川島陸相と面会して軍の情勢を聴取した。その上で、午後三時過ぎに西園寺は再び参内して広田弘毅を「適任者」と奉答し、広田に大命が降下した。

政友会の芦田は、事件発生に「この機会に日本ハ目ざめなければならぬ。軍の統制を確立しなければならぬ。政党人も決死で起上らねバならぬ。それが出来ない位なら死んじまへ」と書き付け、身を隠すことを助言する友人には「今更遁げ隠れしないよ」と述べたが、事件当日は横浜に泊まった。[250] 貴族院議員の伊沢多喜男も、事件の発生を知ると一時自宅を逃れ、帰宅後も警備の巡査には告げるなと述べたと娘は回想している。「この乱が成功したら、警察も味方ではない」からであった。[251] グルー大使は事件発生の二十六日午前十時に短く第一報を国務省に送り、十二時に少しまとまった内容を報告したが、「この蜂起の直接原因は、陸軍内のファシスト分子を刺激した永田将軍の謀殺者相沢の裁判と、自由主義者的な候補者を予期に反して多数当選させた先ごろの選挙とであるらしい」という解釈を示した。[252] 三月一日、グルーは数日間の出来事を隔世の感をもって日記に記し、「日本でもニュー・ディールが行われなければ、相沢裁判の弁護人が予言したように、同じことが繰返し繰返し行われる」と予想した。[253] そして広田への大命降下には、「もし私自身が政府の首班を選択するものとすれば、米国の利益を念頭において、広田以上によろこんで選ぶ人間はない」と満足した。[254]

次期首相のめどがついたことで、六日、湯浅宮内大臣が内大臣に、松平恒雄が宮内大臣に親任された。ところが、近衛の大命拝辞に続いて、広田内閣の組閣も難航した。それは「軍部が注文をつけ出した」からであった。[255] 入閣者の見込みが新聞に出ると、まず陸軍が牧野の女婿である吉田茂を外相とすることや、政党員である川崎卓吉を内相にすることなどに反対し、さらに寺内寿一新陸相と永野修身新海相が連れ立って閣僚の適否を広田に談じ込み、さらには国策樹立について、軍備の充実への努力や国体明徴などへの事前承認を求めた。[256] 昭和天皇は七日、本庄に「暴動将校下士官兵等ガ、外部ノ非難ノ甚シキモノアルヲ知レルヤ」と不満を述べ、さらに、「陸軍ノ真意ハ、広田内閣ヲ絶対排斥セントスルモノナリヤ、否ヤヲ取調ベヨ」と指示した。[257] 軍務局軍事課の武藤章中佐は、事件後の陸軍部内に「軍内閣」の熱が相当あったと敗戦後に記している。[258] 武藤によれば、寺内は「従来通りの中間内閣では困る、新鮮潑剌たる内閣でないと、真の事件解決にならぬ」ということであったという。八日朝も昭和天皇は、「組閣ニ対スル軍部ノ要求ノ過酷ナルニアラズヤ」と憂慮のようすであった。[259] さらに政党員の入閣者数を減じるよう要求が加重される始末で、斎藤隆夫は「軍部より政、民両党より各一名の閣僚を提出す。政党意気なし。笑ふべし」と日記に記した。[260] 翌九日、昭和天皇は朝から本庄を呼び、「陸軍ハ、政、民両政党ヨリノ入閣ハ、各一名トスベシトノ要求ニテ、広田ハ、最早組閣ヲ断念スル外ナシト、為セル由ナルガ如何ナルヤ」と下問した。本庄はその朝あらかじめ杉山参謀次長に確かめて、「一時右様ノ主張、部内ニ昂マリシモ、寺内大将ノ主張ニテ、両政党ヨリ各二名ヲ入閣セシムル当初ノ意見ヲ、俄カニ変更スル能ハズトテ、予定ノ通リ、陸軍部内ヲ纏メ得タリシ」ことを承知していたので、組閣は最早頓挫することはない旨を奉答した。[261] 同夜、広田首相が閣員名簿を捧呈すると、昭和天皇は、第一に憲法の条章遵守、第二に国際親善、第三に財政・内政の急激な変化を避ける希望を伝えた。[262] 内閣成立を受けて、翌十日に昭和天皇は、寺内陸相に先の御言葉を伝えた。それは「当初ノ案ヲ、漸次緩和セラレタルモノ」であったが、それでもなお全軍に達するよう求める昭和天皇に、陸軍一部の行動について全軍にお叱りを受けるのは「拭ヒ難キ汚点ヲ遺ス」と抵抗し、軍司令官や師団長などに伝えるに止めた。[263]

宇垣は反乱勃発を「無能政治の御破算に到達したるなり」と評し、「西公、牧伯の災難を免かれしは不幸中の幸」と記した。さらに、「今次の事変に当りては、今迄逆徒から眼の敵として憎まれ居りし財閥や政党者流が妙に遭難を免かれしは、一寸考へさせられる現象である」と鋭く観察した。[264] すなわち、襲撃対象となったのは青年将校運動抑圧体制としての非常時暫定内閣体制であり、陸軍統制派も一翼を担っていた。しかも、「憲政常道」へと回帰する暫定性は内閣を重ねることで薄れていた。また宇垣は、近衛が推挙された経緯を「所謂皇道派の連中が近公をロボットとして擁立し一派の幹部が中枢として支配権を握らんとする画策に西公が乗せられた」と理解し、「西公耄碌振り実に危しき限り」で「時局柄西公の健在を祈るや切なり矣」という感想を抱いた。宇垣は、「今次の事変に於ては政党は無力の上塗りをなし、老臣は老耄を暴露し、軍部は信頼を失し、官僚は陋策を看破せられて、国家には真の政治的中心なるものは全く喪失し、国民は帰趨に迷ひ風のまにまに引摺られつつありと云ふのが実情である。御上の御心痛国民の不安や実に察するに余りあり」と事態を総括し、「余の進んで御奉公申さねばならぬ時機も切迫し来れり矣」と意欲を示した。[265] 官僚組織の政党政治からの自立傾向も次第に顕著となり、内務省の中では、三月二日の西園寺上京を前に、警保局、社会局の若手を中心に、政党幹部が内相となるという風評に、「政党の領袖が内務大臣になるというのは、内務省としては受け入れられん」と西園寺への直訴が相談されており、後藤内相が止めさせたという。(266)

東京帝国大学経済学部教授の河合栄治郎は『帝国大学新聞』に事件の批判を寄せ、先の選挙結果を「国民の多数が、ファッシズムへの反対と、ファッシズムに対する防波堤としての岡田内閣の擁護とを主張し、更にその意志を最も印象的に無産党の進出に於て表示したる」と評価し、「今や国民は国民の総意か一部の暴力かの、二者択一の分岐点に立ちつつある。此の最先の課題を確立すると共に社会の革新を行なうに足る政党と人材とを議会に送ることが急務である」と、総選挙の意義をあらためて強調した。(267) また、社会運動家の市川房枝も、総選挙へのこだわりを見せた。市川は、「選挙の結果に少し気をよくして来るべき特別議会ではうんと盛り返し運動をやろうと計画していた所へ、二・二六事変が突発した」と記し、「軍政府が樹立されはしないか」を心配していたので、「広田外相に大命が降下した時は少々意外だったが、私共は、氏の外交政策に或る程度の信頼をかけていたので、幾分安堵の胸をなで下した」。しかし、「実質的には軍政府と大して遠くない」と評価した上で、次のように述べた。(268)

> これは政党が全く無力である現状に於いては、已むを得ないといえばいえようが、私共国民としては、少なからず不満である。殊に総選挙の直後であるだけに、その感が深い。去る二月二十日に行われた総選挙に際しては、「聖旨奉答此の一票」をスローガンとし、所謂選挙粛正運動によって大政翼賛の実をあげることに努めたのであった。その結果は勿論理想にはまだ遠いが、然し今迄になく国民の関心を喚起し、投票によって可成の程度迄意志を表示したのであった。然るに、この民意は此の度の内閣の組織及び政府の決定に際して、全く顧みられていない。××を持てる軍部のみがこれを左右し、その決定権を握っているようである。これでは何のための選挙〔二字不明〕であり、何のための選挙粛正ぞといい度いのである。

他方、近衛、原田、木戸が共に京都帝大生時代に薫陶を受けた西田幾多郎は、「いづれにしても今後の日本は軍部が中心となつてゆくだらうとおもひます　園公の首相の選択もさうするより外なからうとおもひます　これまでの様な軍部のやり方では前途暗澹たるものです」と考えた。[269]内閣が成立した三月九日、星ヶ岡茶寮では雑誌の座談会が行われ、馬場恒吾は「議会政治を復すとか、政党政治を復すとかいふ事は急速には出来ない」と述べた。このような馬場の議論を高橋亀吉は、「政党内閣に復るのが困難だから、漸次に政党内閣に復る方に仕向けるやうにしろといふ訳だナ」と整理し、「それは馬場君としては、大変穏健な論で」とからかった。これに馬場は、「余儀なく穏健になつて居るのだ」と返した。[270]二日前の七日にはドイツ軍がラインラントに進駐した。この場に参加していた芦田は、座談会が終わると鳩山と同乗して帰途についたが、この時、「当分は荒れるだらう、頬冠りして行くとするか」というような話をしたという。[271]

広田内閣は五・一五事件から四年ぶりの文官内閣であったが、それは政党内閣ではなく、比喩的に言えば文民内閣を否定した文官内閣であった。[272]斎藤内閣成立時には「常道」を前提とする一時的方便としての暫定内閣であったが、その間に、ケレンスキーの名前とともに次第に「ファッショ」政権もしくは本格的軍事政権など、先に進む一里塚としての暫定内閣論が登場するようになった。それは「非常時」という言葉が当初、青年将校や左右の過激主義を背景とする国内での暴力行為を指したのに対して、一九三五、六年危機の宣伝によって次第に対外的な危機意識へと転化されていったことにも通じている。このような暫定性の綱引きの中で、広田内閣は「常道」復帰への暫定内閣でもなければ、軍事政権への暫定内閣を企図したものでもなかった。三度、非政党内閣に閣僚を送った民政党は機関紙で、「今次の粛正選挙を終つた後に於て、尚ほ且つ斯かる変態内閣の出現を見るとは、何たる気紛れの政界天象であらう。〔中略〕粛正選挙によつて帝国議会の改造された今日こそ、最早や憲政常道に復帰し政党内閣の出現を見て然るべきであらう。〔中略〕併し乍ら政海暗潮急に、真帆は逆風に張り難い、理屈は如何あつても、今は超然内閣以外の何ものをも迎へ難く、憲政常道を説いても畢竟致方ない。暫く仄帆に風を切つて巧に進路を探るより外に術がないのである」と、「政党の一大受難期」における「軍民協力主義」を説いた。[273]宇垣と国民とが期待した高橋は殺され、岡田内閣の政友会工作の要であった山本条太郎は三月に病死した。そして閣内にあり、民政党の将来の指導者と目された川崎卓吉も同月病死した。政党政治家たちはなおも頬冠りすることはなかったが、政党間での政権交代への蓋然性は二・二六事件の発生とその収拾過程においてひとまず失われたのであった。

四　「憲政常道」の永い黄昏

システムの崩壊と精神の黄昏

一度は憲法政治が確立したと考えられた状況からの暗転と非常時暫定内閣の失敗は西園寺公望の憂慮を深め、ますます現実政治から遠ざけていった。とはいえ二・二六事件後も日本政治は続いていく。ここでは、首相選定上の変化に限ってその後の経過を概観しておく。それは一九二七（昭和二）年から三六年までの西園寺の政治指導を考える上でも重要である、と考えるからである。

一九三六年三月十三日、一木枢密院議長が辞任し、後任にはついに平沼副議長が昇格した。事件後、昭和天皇は長らく緊張の姿勢を崩さなかった(274)。そして五月四日の第六九特別議会開院式では、「帝国ト連盟各国トノ交際ハ益々親厚ヲ加フ朕深ク之ヲ欣フ」と述べた上で「今次東京ニ起レル事件ハ朕カ憾トスル所ナリ」と事件を批判し、「我カ忠良ナル臣民朝野和協文武一致力ヲ国運ノ進暢ニ効サムコトヲ期セヨ」と、国内宥和を求める異例の勅語が下された(275)。六日には政友会の浜田国松が憲法で認められた結社の自由を背景として、先の総選挙でも国民の多数から支持された政党を基礎とする議会政治と、平和的で経済的な外交を主張し、七日には民政党の斎藤隆夫が粛軍演説として著名な演説を行った。グルーは特に斎藤の演説に注目し、翌日の日記には新聞から訳出して記した(276)。五月のメーデーは当局によって中止され、以後、敗戦まで再び復活しない(277)。政党内閣制の崩壊は、単に政友会と民政党という「既成政党」の問題ではなく、日本における政治的自由、さらには社会的自由の問題であった(278)。

五月十八日、軍部大臣現役武官制が粛々と復活した。西園寺は、「今後も二・二六事件如き出来事発生せずとも限らず」と考えており、「結局本音は、政党人の大臣になることを防禦するためにやつたものと思はれる」と理解した上で、「どうせ陸軍大臣の言ふことをきかなければならないのなら、なるべくあつさりきいてしまつた方がいいぢやないか」と反対しなかった。[279] 陸軍は声明を出し、三長官会議による人事方式の問題解消、ひいてはその改正が事件後の粛軍人事で予備役編入した皇道派将校の復活を阻止するという理由を掲げたが、特に後者は当時受け入れられやすい理由という以上の意味はなく、第一次憲政擁護運動による国民と政党の圧迫を受けて改正され、政党内閣下で将来の軍部大臣文官制に道を開きつつあった制度を元に戻すことで、政党と国民から軍の自律性を守る組織防衛線を二三年ぶりに回復したのであった。[280]

他方、六月十三日に木戸が内大臣秘書官長を辞任し、兼官していた宮内省宗秩寮総裁専任となった。木戸は、一九三〇年十月以来、浜口首相の遭難に始まって二・二六事件まで、「所謂事件の連続にて、能くも大過なく任務を果し得たものだ〔中略〕最後の二・二六事件に当っては真に思ひ切って働くことを得たので、此思出を最後として官を退くことを得たことは官吏として真に幸福だと思ふ」と振り返った。[281] 七月四日に木戸は挨拶に西園寺を訪れたが、かつて田中義一内閣下の一九二九年三月には「自分は若い時から猶今日迄、日本を世界並みの国にし度いと云ふことを念頭に終始置いてやつて来た。皆も何か理想を以て話し合つた方がよい」と述べていた西園寺は、「近頃つくづくそう思ふ、種々やって見たけれど、結局人民の程度しかいかないものだね」と述懐した。[282] また、西園寺は九月には「喧嘩する気でやる内閣が出なければ結局駄目だらうが、今はさういふものはとても出来ない。〔中略〕結局喧嘩すれば憲法なんか飛んで行つてしまふ。今でも半分ぐらゐ飛んでゐるんだから、何と言はれても、まあゆつくりだんだんにやつて行くより致し方あるまい」と述べた。[283]

「庶政一新」を掲げた広田内閣の下、八月には陸軍省軍務局に議会との交渉に当たる軍務課が設けられ、九月にはその内政班長の意見が、軍部内の「有力な改革意見」として報じられた。[284] そこでは、第一に、「議会に多数を占むる政党が政府を組織するが如きことを禁止し、政党内閣制を完全に否定する」こと、第二に、「政党法」を制定して政党の活動範囲を制限すること、第三に、「議会には政府弾劾の如き決議をなす権限をもたせぬこと」、そして第四には、貴族院の改編が提示されていた。このような改革論が陸軍内から提起されたことに反発する政友会、民政党に対して、なおも多数党党首による政党内閣に反対し、「政党内閣制を否認することは決して議会政治そのものの否認にはならぬ」と抗弁したという。[285]

橋本欣五郎は事件後の粛軍人事で八月に退役し、十月十七日に大日本青年党を結成した。橋本は、「所謂憲政の常道と称せらるゝ議会主義」における複数政党制を「偉大なる浪費たるに至る」と批判し、「二大政党の対立、多数決主義に基づく自由主義政治は宜しく之を排すべき」と論じた。[286] 十月には帝国在郷軍人会への統制が徹底される勅令団体化が行われた。[287] 民意を政党と競っていた時には重宝したが、政党が凋落した後は組織統制上の問題だけを残した。同じ頃、「非常時」に代わって「準戦時体制」という呼称が用いられるようになった。[288]

国際環境も大きく変化した。太平洋問題調査会への日本代表団の参加は、同年八月が戦前最後となった。[289] 十一月には後の日独伊三国同盟につながる日独防共協定が結ばれ、十二月には中国で国民党と共産党を抗日で結ぶ西安事件が起こった。朝鮮総督を辞職した宇垣を九月に訪れた民政党総務小坂順造は、「国民の誰しもが予想せざる意想外の人が一国の首相になり得る国が日本以外に在るであろうか？　一国の宰相たるものは至尊の御親任によるとは云へ少くも国民期待の某部分の帰するものであるべきであると思惟す」と問題提起し、宇垣は最近の実状を再び「御みくじ」にたとえた。[290] また宇垣は、「議会政治に政党の発生は自然であり又必然とも云へるが、政党政治が帝国憲政の常道なりとの見解は政党者流の自己に偏したる説にして日本に於ては無条件には通用せぬ！」と記し、通常議会を前に出蘆を求める「政党幹部」に、救国運動と政党救済運動との混同を諫め、「救国の為必要とあれば余は政党の打倒をも辞するものでない」と述べた。[291]

翌一九三七年一月五日、時代の寵児となった近衛は、「我国の憲法上の責任政治は、英国流の憲法政治とは本質を異にするのである」と「我国固有の憲法政治の意義」を強調し、「内閣の組織を政党たらざるべからずとする論も排すべく、また政党たるべからずとする論も排すべきである」と新聞紙上に語った。[292] ますます憲法の固有性が強調されるとともに、その例外主義によって「常道」は変質していった。しかし他方で、東京日日新聞社と大阪毎日新聞社は、新議事堂の落成を記念して座談会を催した。鳩山は、「議会政治を常道に引き戻す」ための根本は、「国民の心構へと、政治家の努力」だと思うと述べ、「今のところ議事堂は新しいのへ入る、けれども議会政治そのものがゆがめられてゐる。この上更に強い力を作用して土台までたゝき壊してしまはうと考へる者もあるかも知れない。そういふ場合に再建のために技術的なことを考えるのはいゝが、それよりもまづ曲つた物を元の通り真直ぐにしてかゝらねばならない。いはゞ大震災の復興事業です」と説いた。[293] 出席者の中で最も若い四十六歳の麻生久社会大衆党書記長は、「私は政党内閣といふものでなければならぬと思ひます、政党内閣といふものでなければ仕事は出来ません」と述べた。[294] 他にも、議会の論議の活性化と品位の向上を説く浜田国松、政党更正のための財政的独立を説く永井柳太郎、平時における二大政党制の効用を説きながらも非常時においては二大政党が大同団結するべきであると説く富田幸次郎など、座談会出席者は多士済々であったが、司会を務めた同紙主筆の高石真五郎もまた、大同団結を強調する富田の言葉を繰り返した。

一月二十三日にその浜田のいわゆる「腹切り問答」で広田内閣が総辞職すると、翌二十四日、湯浅内大臣が平沼枢密院議長と相談後に西園寺を訪れて、二十五日、ついに宇垣に大命が下った。西園寺は積極的に重臣の意見を聞く考えはなく、「但内府に於て徴せらるゝは御自由なり」という意向であったので、湯浅は独自に平沼と意見交換してから西園寺を訪れたのであった。[295] 一九三六年六月から翌年四月まで、「亡命者の気持に似たもの」を感じながら帯英生活を送っていた若き政治史学者の岡義武は、広田内閣総辞職の報に「後継内閣は中々六ヶ敷いだらう。西園寺〔公望〕公も大変である、気の毒である。あの高齢で、このやうな局面の収拾の任を負ふにいたるとは。一体、このやうな高齢な老人が一国のかくも重大な Issue の唯一絶対の決定者となるとは！　歴史に例があるだらうか、果して。この高齢の老ひたる人の一生こそ、はげしいテムポとカーヴとを描いて波打って発展して来た日本近代史をうつしてゐる」と記し、二十五日には「宇垣〔一成〕内閣成立のために乾杯」した。[296] ところが、石原莞爾を中心に陸軍は軍部大臣現役武官制を盾に積極的に宇垣内閣の成立に反対する姿勢をとり、二十七日、「宮中方面の尽力」を求める宇垣に「激流を遡る船に陛下を御乗せ申すことは余程考へねばならぬ」と湯浅内大臣が協力を拒んだことで、二十九日に宇垣は大命を拝辞した。[297] そして大命は、平沼の固辞を受けて林銑十郎元陸相に降った。

西園寺公望の元老辞退と首相選定方式のその後――永い黄昏

二月九日、木戸は原田から西園寺の伝言として、「自分も老齢、病床にありて上京も意の如くならず、加ふるに現在の人物等も殆ど知るものなき有様なれば、政変の場合の奉答は今後拝辞したく、其の手続を考へよ」と指示を受けた[298]。木戸の手元に残る覚書では、「老齢ナルコト、近来興津ニ滞在、人ト接セザル為、殆ド人物ヲ知ラザルコト等ヲ主タル理由トシテ、自己一個ニ於テ御下問奉答ノ責任ヲ執ルハ誠ニ恐懼ニ堪ヘザルモノアリ」という理由が記されている[299]。しかし、西園寺が興津坐漁荘に入ったのは一九一九（大正八）年十二月であり、「憲政常道」を準則とする首相選定であれば、民意の反映であると同時に首相選定者自身が人物について詳しく理解して判断する必要もなく、上京すら必要ではなかったのであった。三月二十五日、木戸ら宮中官僚は部内で検討し、「西園寺公の希望により、今後は元老へ御下問のことを廃し、只内大臣は先づ元老の意見を徴して、然る後奉答すと云ふ」案を考え、湯浅内大臣は「元老の指導によりとしては如何」という意見を出したが、それも内大臣の職責に欠けると見送られた[300]。四月二十六日、木戸は西園寺を訪れて案に同意を得た[301]。こうして下問は内大臣に行われ、元老は内大臣の協議を受ける形になった（図4）[302]。五月一日に百武三郎侍従長から上奏したところ、昭和天皇からは「公爵の健康上、また高齢であり、已むを得ない」と「御嘉納」があり、いずれ次の首相選定時に世に現れるだろうと特段公表はされなかった[303]。このたび、内大臣の責任が明確化され、すでに定められた範囲の重臣がおり前例もある中で、ここまで来れば一九二二年の加藤友三郎内閣選定時に松方正義内大臣と牧野伸顕宮内大臣が推進し西園寺が好まなかった、元老・重臣協議方式に代わる内大臣・重臣協議方式と紙一重の距離にある。

一九三七（昭和十二）年二月二日に成立した林内閣は総選挙で敗北し、六月四日には近衛文麿内閣に替わった。長谷川如是閑はこの政変を評して、「今日はもはやいはゆる「憲政の常道」を口にするものゝない」と述べた。さらに、「政府の交代に関する一定の政治機構をもたないに拘らず、多少とも国民の支持を得る政府の出来るのは仕合せなことであるが、さういふ偶然の幸福は封建国家にもあつたことで、苟も近代国家の機構としては、殆んど自働的に、さうした政府が出来る手続をもつてゐなければならぬのである〔中略〕今日では突如として思ひもよらぬものが政府の重要な地位を占めるの

図4 1937年4月内閣更迭の手続き――内大臣・元老（・重臣）協議方式

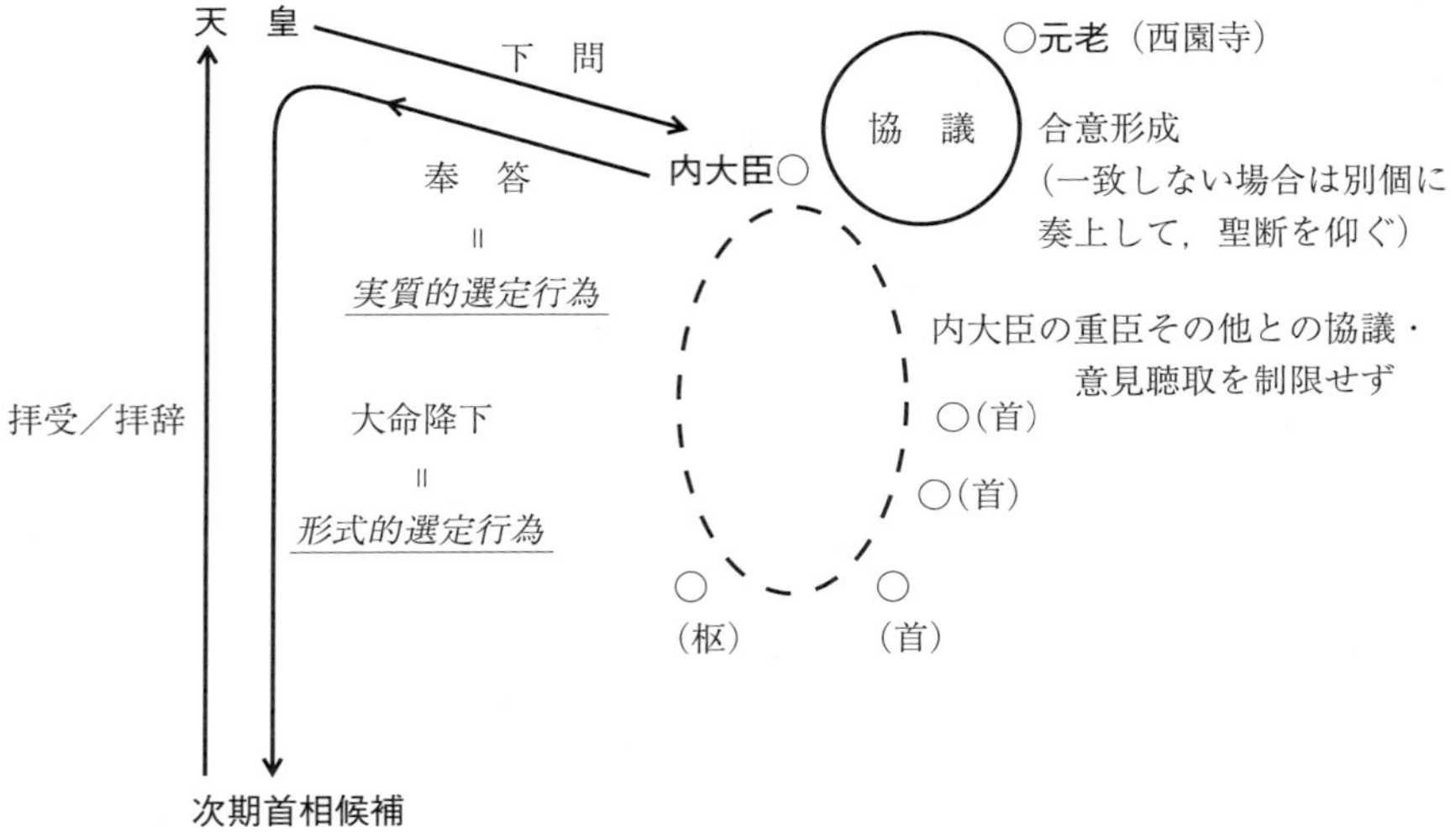

（注） 西園寺の引退希望から奏薦の責任を内大臣に移す目的で改定されたが，元老の地位を重視したことで元老との協議が奉答に必要な条件となり，内大臣・元老協議方式となっている。他方で，内大臣が元老のほか重臣と協議・意見聴取することを制限せずと注記され，前例もあることから，将来的な重臣との協議は暗黙の前提となっている。

で、国民は明治時代ほども政治の発展過程に関する見透しをもつことは出来ない」と現状を悲観的に分析した[304]。

近衛内閣成立から約一カ月後の七月七日に盧溝橋事件が起こると、日本は中国と事実上の全面戦争に入っていった。そして同年十二月十六日、斎藤内閣の倒壊と岡田内閣の誕生を導き出し、自白の強要など数々の人権侵害が問題となった帝人事件は、二六五回におよぶ公判の結果、犯罪の事実無しと全員無罪の判決が言い渡され、二十三日、検事も控訴を断念した。

一九三八年一月五日、西園寺は年始に訪れた原田に、「どうも日本人は一体王政が嫌ひで、やつぱり武家政治が向くのかな。憲法がどうしてそんなに厭なのかな」と述べた。原田が「欽定憲法」について、「いはゆるヨーロッパから来た憲法で、結局民主主義の下に発達したものだといふやうなことが、いはゆる固有の日本には合はないとかなんとか言ふんぢやありませんか」と世論を付度してみせると、西園寺は「聖徳太子の憲法十七条といふものもあるぢやあないか。やはり民権を尊重しつゝ王政が発達して行くのが当然ぢやあないか」と応じたという。その後も、一九三九年五月十四日には、「やつぱり現在の情況を見ると、日本人の程度がまだまだ低い。やはり到底外国人には及ばない」と述べた。[305] 一九四〇年の春頃、古島一雄は近衛から、「時代が違って西園寺さんが吾々のいうことを諒解してくれない。あなたから西園寺さんに吾々の気持を話してくれ」と依頼されたという。[306] 第二次近衛内閣成立時に西園寺は、「今頃、人気で政治をやらうなんて、そんな時代遅れな考ぢやあ駄目だね」と感想を漏らした。[307]

西園寺は、一九三〇年頃に明治初頭の政治状況を回顧して、建武中興の覆轍を憂う心持ちもあってか、藩閥政治を肯定しないまでも始め掛けている大仕事を逆転しないようにする必要があると考えていたと語った。[308] 明治維新で回復された王政が、再び足利尊氏のように武家政治に帰したという意味であろう。[309] 近衛はかつて西園寺について、「万事は段々によくなつて行くのだと云ふ進化的信仰を持つてをられる」と見ており、西園寺もつねづね宮中が時勢に応じる重要性を説いていたが、五・一五事件以後は先を急ぐことに否定的な発言を続けた。[310] 西園寺の生涯の事業は、人類普遍の文明としての近代的な立憲国民の創造であった。西園寺は日清戦争後に文相を務めたが、教育勅語に示された「哀世逆境」の志士型の模範国民像に対して、国家の発展に従って望まれる日本人像も変化し、「文明列国ノ間ニ伍シ、列国ノ臣民ガ欣仰愛慕スルノ国民」となるよう「大国寛容ノ気象」を求める第二教育勅語案を検討していた。[311] また西園寺は、若き日に木戸孝允から「公卿中の第一人者だ」と言われることに不満を述べ、「世界でほゞ役に立つ者の一人だと言はれればそれで満足だ」と答えたところ、大いに賛成されたという。[312] その彼にとって政党とは、第一に、文明政治への旗振り役であり、総裁として国民に不人気であった日露講和を支持し、党員には目を世界に向けるべきことを説いた。第二に、対外的にも発展していく根本として「ひとつの日本にする」ための教育の画一主義を唱えていたが、政党こそ、地域的な「割拠主義を破壊する」機関として封建遺制の打破に有効であった。[313] そして彼は、生涯を開明派公卿として帝室の藩屏、国民の友として生きたが、その構想の中には国民と君主の間に政党政治のシステムが確かに存在していたのである。

西園寺の生涯をかけた取り組みは多く失われた。しかし、彼一人の問題ではない。一九二〇年代初頭に論じられた首相

図5　1940年7月内閣更迭の手続き――内大臣・重臣（・元老）協議方式

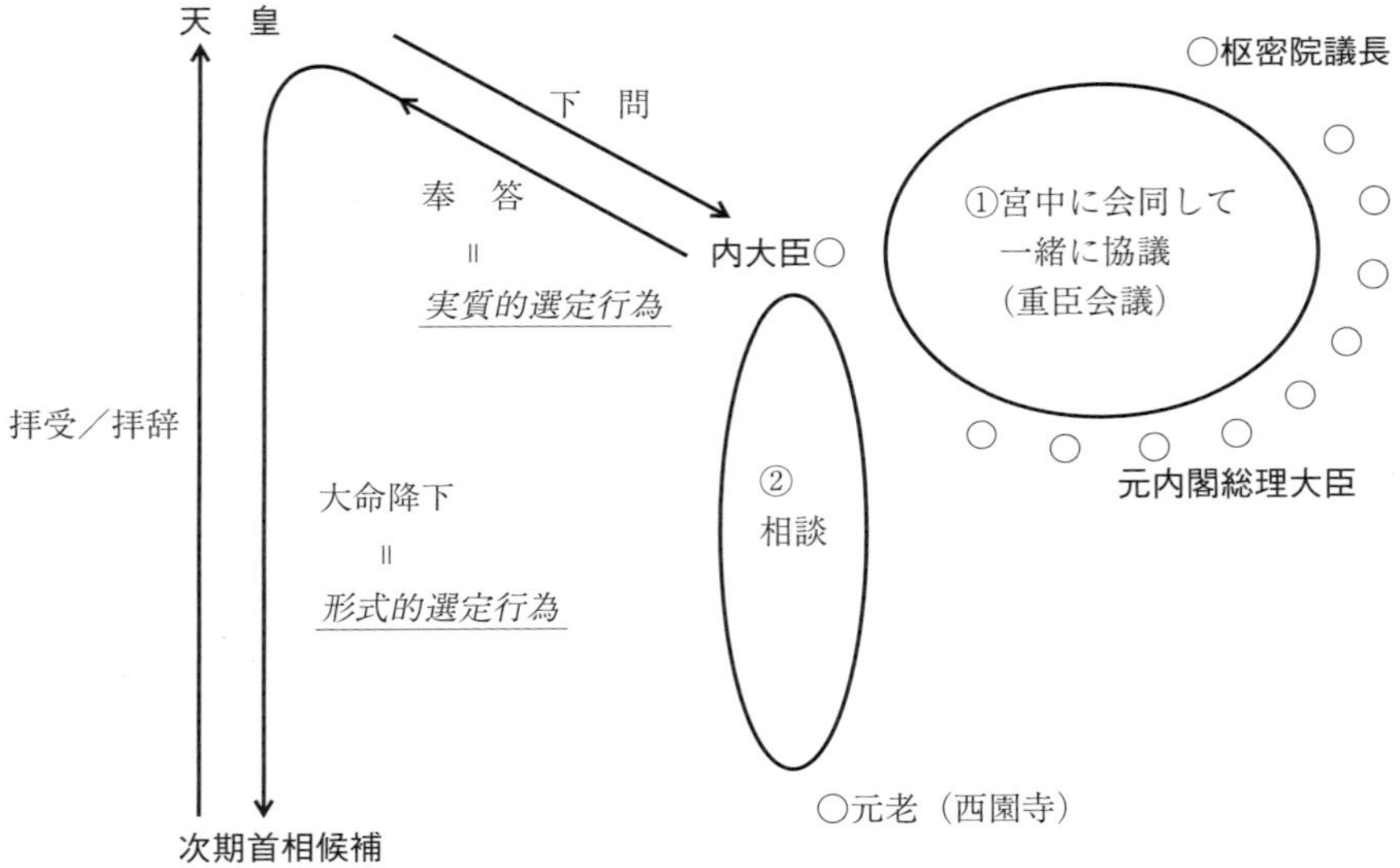

（注）　内大臣が下問を受け，①枢密院議長，元内閣総理大臣と宮中に会同して一緒に協議し，②さらに元老と相談の上で奉答する。元老没後は②がなくなり重臣会議による内大臣・重臣協議方式だけが残る（西園寺没後の元老制度廃止を前提とした方式で，在世中最後の選定でも西園寺は相談に答えていない）。

選定上の機能性、正統性、制度的安定性の問題は、何らかの解決を見たのだろうか。制度的には西園寺の死の直前となる一九四〇年七月十六日にあらためて「内閣更迭の場合後継内閣首班者選定の方法」が允裁され、首相選定は、内大臣が「枢密院議長、元内閣総理大臣たりしものの意見を徴し、尚、元老と相談の上」奉答すること、内大臣は重臣を「宮中に会同して一緒に協議」すること、その上で元老と相談することになった（図5）[314]。こうして長らく問題となってきた元老以後の首相選定方式は、将来的な内大臣・重臣協議方式、それもかつて牧野内大臣が希望し、西園寺が避けた会議方式に帰着した[315]。個人に依存する元老協議方式の問題点は本質的に継承され、明治憲法下の日本は最終的に元老以後の安定的な首相選定方式を創出することに失敗したと言えよう。

　このことのより大きな意味は、西園寺が政党内閣制を通じて政党勢力に期待した、明治立憲制の分立的諸機関を統合し一元的に運用するという役割に関してである。首相選定をめぐる一九二〇年代の政治改革とその挫折は、以前と比べてより行動的な宮中と、米英両国を軸とした国際協調路線に批判的で内部規律に欠ける陸海軍、そしてだれも問題を解決することのできない分裂した政治構造を後に残した。この時期を通じて元老やエリート政治家の協調による旧来の政治システムも崩れ、政党内閣制に支えられた政党中心政治という新しい政治システムの可能性も失われていた。したがって、敗戦に至るまで、かつての元老に代わる強い統合力を求めつつも、結局新しい政治像を手にすることはできなかった。

敗戦に際して日本が受諾したポツダム宣言には、民主主義的傾向の復活と強化という文言があった。また、戦場での帰趨が決した後で徹底的な破壊が予想される本土決戦前の降伏を米国側から主導したのは、すでに本書序章で述べたように永く駐日大使を務めたグルー国務次官であり、第一次ロンドン海軍軍縮会議で米国代表を務めたスティムソン陸軍長官であった。そして一九四五年十月十一日、幣原首相はマッカーサー連合国最高司令官に、「最近の時局急転に依り、此の阻害する原因が全く除去せらるゝに至りし以上、日本は既に十数年以前萌しを見せたる方向に向ひ再び前進を開始すること困難に非ず」と、「日本的「デモクラシー」」の再建に自信をのぞかせた[316]。この時、幣原がマッカーサーの指令に先んじて閣議決定したと胸を張ったのは、女性参政権の実現であった。このような姿勢は政党政治家にも共通しており、彼らの多くは「満州事変以前」の政党政治への復帰を期待した[317]。政党政治が戦後日本政治の基軸となったことで、彼らの期待の半ばはかなえられた。しかし半面、鳩山一郎に至るまでその多くが公職追放の対象となった。彼らの意欲とは裏腹に、彼らもまた戦後日本のデモクラシーを再建する上で保守的に過ぎると連合国最高司令官総司令部（ＧＨＱ）から判断され、「日本的「デモクラシー」」も、憲法改正によって彼らの思う以上のものへと展開していったのであった[318]。

では、首相選定制度はどうなったか。占領方針を示した一九四六年一月のＳＷＮＣＣ二二八「日本統治体制の改革」は、明治憲法下の首相選定を「国家権力は、天皇の周囲にいる数少ない個人的助言者達の手に握られ、選挙によって選ばれた、国会における国民の代表者には、立法に対し限られた範囲で監督的権限が与えられただけであった。内閣が瓦解すると、新しい総理大臣は、下院の多数党の領袖から自動的に任命されるのではなく、上述のような助言者――元来は元老がその任にあたっていたが、最近では元の総理大臣の協議会――の推薦にもとづき、天皇によって任命されるのである。そして、この総理大臣が、自分の内閣〔の閣僚〕を選ぶのである。その結果、新しい政府の性格およびその構成は、下院の多数者の意見によってではなく、天皇の周囲にある勢力の均衡によって、決せられた」と分析し、選挙民に対し責任を負う政府の樹立を求めた(319)。このような天皇の側近政治とも言うべき政治スタイルに対する懸念は西園寺の深く憂慮するところであり、元老でありながら元老の無用化に尽力した背景となっていた。すでに近衛文麿の手による憲法改正草案でも「内閣総理大臣ノ選任ニ関シテ一定ノ手続ヲ定ムベキコトヲ特ニ明記ス」とこの問題に言及されており、GHQ民政局が自ら憲法草案を起草する際に関心を寄せた森戸辰男ら憲法研究会の草案要綱でも、首相は両院議長の推薦で任命されることになっていた(320)。他方、この問題は民政局内部でも議論が分かれた部分である。GHQ草案の第一次案では、首相を議員に限った上で、天皇の裁量による任命が可能な規定となっていた。すなわち、天皇の任務として、「第―条の規定に従って、国会における多数党党首を内閣総理大臣に任命し、多数党が存しないときは、多数を支配することのできる国会議員を内閣総理大臣に任命し、その辞表を受理すること」と記されていたのである。ところが、このような規定は民政局内で強い批判を受けて、吉田茂外相、松本烝治国務相に手交された草案では、「国会ハ出席議員ノ多数決ヲ以テ総理大臣ヲ指名スヘシ」と規定されていた(321)。

こうして、一九四七年五月三日に施行された日本国憲法によって首相選定には明確な方法が与えられた。同憲法は第六六条で「内閣総理大臣その他の国務大臣は、文民でなければならない」と定め、第六七条で「内閣総理大臣は、国会議員の中から国会の議決で、これを指名する」と定めている。国会における多数の支持こそが、唯一、次期政権の正統性を手続き面から保証するのであり、もはや首相を選定すべき個人はもとより、あるべき首相選定上の指針も必要ない。それを端的に示すエピソードが、一九四八年二月二十四日のスウォープ声明であった。スウォープ（Guy J. Swope）民政局中央政府課長は、芦田均への首相指名が連立政権内での政権盥回《たらいまわ》しだと批判されたことに、「新憲法第六十七条は内閣総理大臣は国会議員の中から国会の議決でこれを指名すると規定しており、ある政党とか他の政党の指導者が選ばれねばならぬとは何もいつていない」と声明した。[322]しかし、GHQ担当課長が声明を発するほどに「憲政常道」論が国民に説得力を持っていたことは、一九二七年の政治システムが意識として敗戦後になお受け継がれていたことを示している。後に首相となる石橋湛山は、先の片山哲首相指名時にも新憲法と慣行との間に議論がありながら「第一党の首領をおすのが憲政上最も好い先例を残す」と多数派工作を行わなかったと述べた上で、天皇が首相を指名する明治憲法下での「英国における慣例の模倣」としての「機械的の型にはまった方法」を肯定的に回顧し、「われわれは、天皇が次の内閣を組織するものを選択する場合、これにまさる良法は他に見出しえないと確信する。もしこれが機械的であるからとて、天皇が（あるいは天皇の補佐者が）かれこれと、その判断によって人選を行うとすれば、それはおそらく天皇や、その側近者の能力を越えた容易ならざる仕事であって、したがって、ここに生ずる弊害もまた深大であることが必然である。わが国の過去の歴史は、よくこれを証明する」と述べた。[323]新しい憲法は新しい憲政を生み出していく。しかし、なおしばらくの時間を要するのである。

最後の元老として長らく、そして深く後継首相の選定にかかわってきた西園寺公望は一九四〇年十一月二十四日、これまで幾度となく首相指名の下問に答えてきた静岡県興津、坐漁荘においてその生涯を閉じた。側近として長きにわたってその政治活動を支えた原田は、西園寺の死に「これからどうしたらいいのだろう」と呟き、「目に見えて弱つた」という。[324]原田は西園寺の死によって口述筆記を止め、その整理を始めた。それが後に『西園寺公と政局』としてまとめられる。したがって同史料は西園寺没後の原田について何も語らないが、彼はなおも奔走を止めなかったようである。それは近衛、木戸も同様であった。戦争は一九四一年に対米戦争へと拡大し、四五年にはすでに見たように敗戦に行き着いた。近衛は戦後の再建への寄与にも意欲的であったが、戦犯容疑者として出頭を求められると自裁を選んだ。一時期近衛と政治行動を共にした富田健治によると、「大東亜戦争酣なりし頃」、近衛は「やはり西園寺公は偉かったと思いますね、終始一貫、自由主義者であり、政党論者であった。僕は大政翼賛会なんて、わけの分からぬものを作ったけれど、やはり政党がよかったんだ。欠点はあるにしてもこれを存置して是正するより他なかったのですね」とこぼしたという。[325]

原田は敗戦の翌一九四六年二月二十六日に病没した。戦争末期には吉田茂との同志的結び付きをさらに強め、一九四五年五月に吉田らが逮捕された折には原田も憲兵の取り調べを受けた。病床での四日間に及ぶ臨床尋問であった。吉田は、敗戦後の日本が政党政治の時代となることを予見していた。その吉田が「軍なる政治の癌切開除去、政界明朗国民道義昂揚、外交自ら一新可致、加之科学振興、米資招致ニより而財界立直り、遂ニ帝国の真髄一段と発揮するに至らハ、此敗戦必らすしも悪からす」と書いた来栖三郎宛書簡は、「老兄の御慰みニ」と、原田にも回覧された。[326]それはこの手紙の中に原田がおもしろおかしく登場するからでもあろうが、葉書四枚分をわざわざ書き改めて再送したことを考えると、原田と来るべき次の時代像を共有していたからと見るべきであろう。原田の亡くなったこの日も、一〇年前と同じく雪であったという。

他方、比較的長く生きたのが木戸であり、一九七七年に没した。木戸は東京裁判法廷において原田の口述記録と向き合う奇遇となった。木戸は、七五年、原田の女婿勝田龍夫の著書に宛てた「序」において、「昭和の内閣の変遷を眺め、各々の首班を見るとき、その頃の時代の流れをよく知る私としては、西園寺公の推奏に間違いはなかったものと考える。いや、あれが、限界だったと思う」と記している。[327]昭和天皇は、憲法擁護と国際協調の政治方針で自らを支えた西園寺の死を伝えた木戸内大臣に一時間にわたって思い出を語ったとして、木戸は、「陛下は、西園寺さんのことを非常に尊重していらしたね」と述べている。[328]後の首相佐藤栄作の日記には、一九七〇年十一月に七賢堂の祭事に参加する木戸の姿が記録されている。[329]

原田の遺志を受けて『西園寺公と政局』を世に送り出した岩波書店の編集者吉野源三郎は、戦時下の一九四三年秋に原田から口述記録を見せられた。吉野は一読してその内容に大きな衝撃を受けた。「おれはこの時代のこの日本にいて、どれだけ現実の日本を知っていたといえるのか」という不安にかられ、あの時代、「昭和の初期」の現実が西園寺の意識にどう映っていたかが気になったという。[330]

私は、坐漁荘の海に面した部屋で独りで静かに茶をすすっている西園寺公を想像した。そして大正から昭和にかけての日本の現実は、ひょっとしたら、そんなときのこの人の意識に一番、現実に近い像を結んでいたのではないか、と考えた。当時、獄中にいた政治犯の中には私の同窓の連中もいた。それを忘れずに、西園寺にこのプライオリティーを認めることは、私には苦痛なことであった。

斎藤隆夫が議会演説を理由に議員を除名され、大政翼賛会へと活路を求めて、社会大衆党はもとより政友会と民政党がその光栄ある歴史に相次ぎ終止符を打ったのも、一九四〇年であった。そして、政党内閣制が失われゆく危機感の中で健筆を振るい続けた政治評論家馬場恒吾がついに擱筆《かくひつ》したのも、同年であった[331]。西園寺公望、享年九十二、国葬にふされている。葬儀委員長となった時の首相近衛文麿が特に要請したこととして、「西園寺公に相応しく、スッキリした簡素にして清潔な感じのする国葬であった」という[332]。

(1) 原『原敬日記』四、二三六頁。

(2) 岡田『岡田啓介回顧録』一〇二−〇三頁。以下、『岡田回顧録』と略す。岡田内閣期の政党政治全般にかかわる研究として、田中「岡田内閣」、須崎「国体明徴運動と軍部の進出」、升味『日本政党史論』六、伊藤「「挙国一致」内閣期の政界再編成問題」、須崎「「政党政治」崩壊期における政友会と民政党」、官田「「挙国一致」内閣期における政党再編の展開」などを参照。

(3) 原田『西園寺公と政局』四、五−七頁。以下、『原田日記』と略す。岡田の政党観について、岡田は戦後の回想で五・一五事件後の「超然内閣」の成立について、「日本の政党政治も本来ならちゃんとしたものになっておるべきはずだったのに、政党の無能がわざわいして道をそれた」と述べている（『岡田回顧録』九七頁）。

(4) 「河田烈自叙伝」刊行会編『河田烈自叙伝』八一−八七頁。

(5) 同上、八二頁。岡田は回顧録で国民同盟の安達にも同時に挨拶に出向いたように記しているが、報道によれば組閣後であったようである（『岡田回顧録』一〇四頁、『読売新聞』一九三四年七月五日付、同十一日付）。

(6) 岡田大将記録編纂会編『岡田啓介』二五二、二五八頁。以下、『岡田啓介』と略す。『原田日記』四、一六頁。木戸『木戸幸一日記』上、三四七頁。以下、『木戸日記』と略す。

(7) 岡田内閣の閣僚は以下の通り。総理・岡田啓介、後に後藤臨時代理。外務・広田弘毅。内務・後藤文夫（貴族院・勅選・無所属）。大蔵・藤井真信の後、高橋是清、町田兼任。陸軍・林銑十郎の後、川島義之。海軍・大角岑生。司法・小原直。文部・松田源治（衆議院・当選九回・民政党）の後、川崎卓吉（貴族院・勅選・同和会／民政党）。農林・山崎達之輔（衆議院・当選四回・無所属）。商工・町田忠治（衆議院・当選七回・民政党）。逓信・床次竹二郎（衆議院・当選八回・無所属）の後、岡田兼任を経て、望月圭介（衆議院・当選一一回・無所属）。鉄道・内田信也（衆議院・当選四回・無所属）。拓務・岡田兼任の後、児玉秀雄（貴族院・伯爵・研究会）。書記官長・河田烈（在任中に貴族院・勅選・無所属）の後、吉田茂、白根竹介。法制局長官・金森徳次郎、大橋八郎。日本近現代史辞典編集委員会編『日本近現代史辞典』を参照。岡田の伝

記は後藤を内相に選んだ理由を「解散する場合には、内務大臣は政党人でないことを必要とする、と考えられた」と記している（『岡田啓介』二九四頁）。当時の新聞記事でも、「政党人に内相の椅子はやれないと最後まで頑張つた組閣ぶりから見て、岡田内閣は議会解散を断行し公正なる選挙を行はんとするものであるとの観測も行はれてゐる」と報じられている（『読売新聞』一九三四年七月十日付）。民政党代議士の山枡儀重は「立憲政治は更正して発達する。発達せしむべきである」と述べて、政治家と官僚が各々の本分を尽くすことを前提に官吏の身分保障を支持した（山枡儀重「新々官僚主義」『民政』八巻九号、一九三四年、八〇—八二頁）。変容する政官関係について、古川「革新官僚の思想と行動」、小関「「政党政治」革正と新官僚」、大西編『伊沢多喜男と近代日本』、清水『政党と官僚の近代』、戸部『外務省革新派』、黒澤『内務省の政治史』等を参照。

(8) 山本編『立憲政友会史』八、二一四—一五頁。

(9) 『原田日記』四、七—一〇頁。岡田内閣の組閣経過を政友会側から見たものとして芦田『芦田均日記 一九〇五—一九四五年』三、六三五—三六頁。以下、『芦田戦前日記』と略す。

(10) 松村『町田忠治翁伝』二五九—六〇頁。なお閣僚選考に際して司法省の調査に言及しているが、昭和天皇は牧野内大臣に、「充分予め注意して問題となる様な人の入らない様にしたいものだ」と語り、牧野の助言で、帝人事件に関する法相の報告を岡田に内見させた。また、昭和天皇は「大臣等と云ふものは其の位置に就くと随分人から羨《ママ》られて、有ること無いこと攻撃さるゝものだから、一旦任命した以上は大抵のことは我慢して突破しなくてはいけない」と述べた（『木戸日記』上、三四四—四五頁）。

(11) 『読売新聞』一九三四年七月八日付夕刊。

(12) 『原田日記』四、一一頁。岡田は原田を「西園寺さんの口上をそっくり、そのまま取り次ぎに来る」と後に回顧した（『岡田回顧録』一一三頁）。

(13) 『原田日記』四、五頁。村井「原田熊雄文書」を参照。

(14) 村井『政党内閣制の成立 一九一八～二七年』二五八頁。

(15) 原田の口述は必ずしも文意が明確ではなく、後に記録の整理に当たった里見弴は、「可なり意味の釈りにくい言葉の続き具合が多かつた」と指摘した（『原田日記』一、九頁）。他に解散について、西園寺は「臨時議会を開いて云々といふやうな話があるが、なるべくこれは避けた方がいゝ。解散は、やはり本会議までしない方がいゝ」と言い、さらに「二度も三度も解散をやつて、思ひきつてやつた方がいゝぢやないか」とも言ったという。原田にとって重要なのは西園寺から政権について「当分面倒を見ろ」と言われたことであろう（『原田日記』四、一二頁）。

(16) 新聞と社会社『新聞と社会』五巻八号（一九三四年）五頁。また、徳富蘇峰が『東京日日新聞』コラムで「政党が交互内閣を与奪するを以て憲政の常道と云ふは、政党者流の所謂常道にして、此れは決して天下に通用する常道ではない、我等は憲政の常道とは、帝国憲法の本義に準様するの道であると信じてゐる、政党とか否政党とかは問題外である。岡田首相自身が、やがて憲政常道復帰を希望する抔は以ての外の贅弁だ余計なお世辞だ」と批判したにもかかわらず、同紙社説が岡田内閣成立を「憲政常道復帰への第一歩」と評価したことを揶揄した（同、一〇頁）。

(17) 〔一九三四年〕七月十日付近衛文麿宛木戸幸一書翰草稿（木戸『木戸幸一関係文書』六四一頁。以下、『木戸文書』と略す）。『読売新聞』一九三四年七月八日付は、政権発足時に首相が兼摂した拓務大臣に近衛が予定されていると報じ、その理由を軍部・拓務・満鉄の三位一体の原則を重視する軍部が「拓務大臣を政党より求むることを欲しないため」と説明した。

(18) 芦田「新内閣と明日の政界」一一頁。七月三日の日記に「新聞ハ後継内閣の予想つかず、大命再降下説を強調す。宇垣、一木、平沼説をも書き下す」と記していた（『芦田戦前日記』三、六三五頁）。

(19) 『芦田戦前日記』三、六三五―三六頁。政友会の幹部会は院外団が階段まで埋め尽くす中で開かれ、「官僚の走狗となる輩を葬れ」と盛んに声が上がったという（内田『風雪五十年』一三七頁）。

(20) 芦田「新内閣と明日の政界」一一頁。

(21) 『政友』四〇九号（一九三四年）四八頁。

(22) 斎藤『斎藤隆夫日記』下、一一二頁。以下、『斎藤日記』と略す。若槻は岡田内閣に対する党の態度を明らかにするために繰り上げて開かれた定例懇談会で、「私は政党内閣制が、立憲治下に於ける政府組織の常道である」と考えており、「政局に移動がありまして、其の後ちを継がなければならぬといふことに相成つたならば、議会に多数を占めてゐる政治家が其の後ちを継がれることが、私は当然であると思うて居る」が、「社会の情勢如何に依て、多数の代議士を有して居らるゝ政治家が内閣を組織せらるることが困難であるといふことでありました時に於ては、立憲政治の真髄を体得して、自由なる民意を尊重せらるゝ内閣が出るならば、之れを援けて難儀な時局を突破して行かしめることは、已むを得ぬ事である」と考えると述べて「憲政を擁護し、政党の存在を尊重する」岡田内閣への援助を説いた（若槻礼次郎「岡田内閣の成立と我党の態度」『民政』八巻八号、一九三四年、二―五、九八―九九頁）。なお選定時への言及はない。

(23) 伊藤・佐々木「鈴木貞一日記――昭和九年」七七頁。以下、「鈴木九年日記」と略す。

(24) 真崎『真崎甚三郎日記』一、二四六頁。以下、『真崎日記』と略す。

(25) 『原田日記』四、一六頁。

(26) 本庄『本庄日記』一九一―九二頁。以下、『本庄日記』と略す。

(27) 『原田日記』四、三四―三六頁。『木戸日記』上、三五〇頁も参照。

(28) 『原田日記』四、二四頁。陸軍の憂慮をうかがわせるものとして、十四日の閣議後に開かれた五相会議では、妥協の余地のない案を提示することで、「英米を近〔づ〕かしめ、対支政策上重大なる影響あり、又会議決裂の後は軍備競争に於て二三年は兎に角、結局は破産せざるべからざることとなるべし」といった議論が出たという（『木戸日記』上、三四七頁）。また、山本「準戦時体制」六五頁を参照。

(29) 『原田日記』四、三九頁。竹山護夫は、原田らが陸軍の派閥対立として理解していたのに対して、実際は陸軍が林や永田を含めて反自由主義であったことを指摘する（竹山『昭和陸軍の将校運動と政治抗争』二〇二頁）。酒井哲哉は、岡田内閣が憲政の危機と外交の危機において前者を重視し、対外硬派である統制派と結び付いたことを論じた（酒井『大正デモクラシー体制の崩壊』一二一―一二二頁）。

(30) 『原田日記』四、七四―七五頁。先に政党出身者が拓務大臣となることを牽制し、拓務省から新たな対満事務局に権限を移したことも同じ文脈である。

(31) 官僚制としての陸軍について、北岡『官僚制としての日本陸軍』を参照。

(32) 二・二六事件時にも議論となるが、天皇の下問なく次期首相候補を論じることは大権私議として否定されており、五・一五事件後の首相選定過程で陸海相が元老から意見を求められたことは選定そのものへの影響力発揮という点で興味深い。しかし、先の政変時の陸軍内部での文書からも首相選定過程に直接影響力を発揮しようとする志向性は低く、この時点では、望ましくない首相候補への牽制は行うにせよ、所与の次期首相候補に対してどのように組織利益を図っていくかが基本的な関心の所在であった。

(33) 「鈴木九年日記」七八―八〇頁。この場で井上は「此次キ武人内閣ヲ要スル時ハ荒木大将ヲ推ヲ可トスヘシ」と述べて原田は答えるところがなかった。

(34) 『木戸日記』上、三五一頁。

(35) 牧野『牧野伸顕日記』五八〇―八二頁。以下、『牧野日記』と略す。

(36) 『木戸日記』上、三五三頁。

(37) 『牧野日記』五八三頁。

(38) 「鈴木九年日記」八一頁。

(39) 廣部『グルー』九〇―九一頁。グルー『滞日十年』上、二四一頁。

(40) 『本庄日記』一九三―九五頁。

(41) 「政友会の反軍策動に関する件」ＪＡＣＡＲ（アジア歴史資料センター）Ref. C01003024100、防衛省防衛研究所。

(42) 「小冊子『国防の本義と其強化の提唱』に関する件」ＪＡＣＡＲ（アジア歴史資料センター）Ref. C01002049300、防衛省防衛研究所。また、内容の普及徹底を求めるとともに、講演などの場合、「本冊子記述ノ範囲ヲ越エテ政治論ニ趨ルカ如キコトナカラシムル様」特に注意を求め、「社会各層ニ対シ相当大ナル反響」を与えることを予想して注意すべき反響は速やかに「軍事調査部長」宛に通知するよう求めた。

(43) 陸軍省新聞班編『「国防の本義と其強化の提唱」に対する評論集』三五三頁。

(44) 『真崎日記』一、三〇四頁。ただし、「議会ニ於テ攻撃ヲ受クル場合ニハ陸軍ハ結束シテ閉口セザルコト必要ナリ」と対策を考え、五日、六日に林陸相と話し合う中で、さらに「議会ニ於テ満州方面ニ於ケル陸軍ノ非ヲ悉ク指摘シテ攻撃スル傾向ニアルニ付準備スルコト」を求めている（同、三〇五―〇七頁）。

(45) 陸軍省新聞班編『「国防の本義と其強化の提唱」に対する評論集』一七―二〇、三五五頁。鈴木貞一は、戦後、陸軍パンフレットについて、政治家が日本の防衛への関心が薄いことへの「啓蒙的な考え」もあって作成されたもので、その点で「一種の政治家に対するレジスタンスですね」と語った（鈴木『鈴木貞一氏談話速記録』上、三三二―三三頁）。政党からの反応の一例として、斎藤隆夫は民政党の機関誌で陸軍パンフレットを「浅薄なる軍国主義の鼓吹に外ならぬ」と評価し、「凡そ世に反動ほど恐るべきものはない、歴史は吾人の前に幾多の教訓を示して居る。近くは政党内閣十年にして政党横暴に対する反動現れて、今日の状態を呈す、軍部の局に当る者亦、自ら反省して深く警戒すべきである」と軍の自戒を求めた（斎藤隆夫「陸軍パンフレット問題に就て」『民政』八巻一一号、一九三四年、一一―一五頁）。

(46) 『岡田啓介』一八〇頁、末次『非常時局と国防問題』三一頁。

(47) 『本庄日記』一九八頁。

(48) 斎藤隆夫も「蓋し早かれ遅かれ一度は来るべき問題」と考え、町田が新総裁になることを順当視した（『斎藤日記』下、一二二頁）。九月二十七、二十八日に開かれた民政党支部長会議では、若槻から党費公募制度が紹介され、意見が聴取されたが、中には「民政党は今日少数党であつても、他日多数党となり、一朝局に立てば国民を率ゐて行かなければならぬ。国家を背負うてゐる以上、徒らに国民に媚びてはならぬ。一時国民の人気が悪くなつても国家民人の永遠のために尽したいと心掛けねばならぬ」と説く者もあり、政党更生の先に首相輩出が当然視されていた（『民政』八巻一〇号、一九三四年、二一―六、一〇九頁）。

(49) 市川『市川房枝集』三、二三七頁。村井「一九二〇年代の政治改革、その逆コースと市川房枝」を参照。

(50) 『原田日記』四、一一八―一九頁。また、若槻は四日の東北大会で、立憲政治、議会政治が封建制度を倒した明治維新の真精神に根ざすと説き、国家の信用維持、中正穏健な立憲政治、自由経済を基調とする経済政策、国民多数の利益を擁護しつつ進められる産業の発達を「文明政治」と称して、「我邦の隆運と品位とを維持増進する為めに必要」なこの文明政治について、「政党が此の擁護を趣旨として精神的の提携を為さんとするならば、私は反対すべきものではない」と述べた（若槻礼次郎「赤字財政の克服より農村経営の更正へ」『民政』八巻一二号、一九三四年、二一八頁）。

(51)　『民政』八巻一二号、六六―六九、八六―八八頁。松村『町田忠治翁伝』二六八―七一頁も参照。

(52)　宇垣『宇垣一成日記』二、九七三―七七頁。以下、『宇垣日記』と略す。

(53)　『牧野日記』五九四―九五頁。三十一日には小栗一雄新警視総監に「従来行掛りの警視総監の超政党の位置に立つべき、特に聖旨のあるところ」を内示しており、政党改善への志向に変化はない。

(54)　『木戸日記』上、三六六頁。

(55)　同上、三六九―七〇頁。

(56)　それでもなお西園寺は「立憲的自由主義の権化」と見られており、後に近衛文麿の側近となる当時石川県警察部長の富田健治は、十月に近衛から、「今の政党はなっていませんよ、議会はどうにもなりませんよ、これは衆議院だけじゃない、貴族院だって同じことだ。不勉強と無感覚だといって、若い軍人が怒るのも無理はないと思う。私はそこで、今の日本を救うには、この議会主義では駄目じゃないかとさえ思う。そうなると、この議会主義をたゝきつけなければならない。がこの議会政治の守り本尊は元老西園寺公です。これが牙城ですよ」と聞いたという（富田『敗戦日本の内側』一一〇―一一頁、秦『日本近現代人物履歴事典』三九一頁）。

(57)　『真崎日記』一、三五〇頁。事件について、秦『軍ファシズム運動史』九九―一〇七頁、高橋『昭和の軍閥』を参照。

(58)　『予算委員会議録　第五回　昭和九年十二月四日』三七―三八頁。国立国会図書館帝国議会会議録検索システム。以後、同会議録について同様。政友会清水銀三の質問は、高橋が岡田内閣入閣時に「斎藤内閣モ憲政擁護ヲヤッタンダヨ、憲政ニ対シテ努メタンダ、政党政治ニ対シテ努メタノダガ、岡田内閣モサウデアル」と報じられたことに対してで、高橋はさらに「私モ政党政治ニ復帰シタイト云フ考カラ斎藤内閣ノ時代ニ努メタ、併シ其努力ハ徒労ニナッタノデアリマス」と答えた。牧野内大臣は民政党の町田商相が兼摂する以外にないかと考えていたが、高橋の再任を「近来の佳報」と喜んだ。それは「今日の有様はどうも雲が懸つて居る様で却々容易ならざる時局なり」と難色を示す高橋を、岡田首相が「其雲も是非晴れなくてはならず、翁が奮起あらんには必ず雲も次第に晴れ行くを疑はず」と懇請したところ、とうとう「自分の進退は御任せする」と引き受けたものであった（『牧野日記』五九八―六〇〇頁）。

(59)　『岡田回顧録』一一九頁。

(60)　山本編『立憲政友会史』八、二三三頁。党機関誌では「既定方針の下に挙党結束邁進」と高橋の入閣が党の政府対決姿勢に影響を与えないことが示された（『政友』四一二号、一九三四年、四頁）。

(61)　『予算委員会議録　第四回　昭和九年十二月四日』五七―五九頁。

(62)　『予算委員会議録　第五回　昭和九年十二月五日』五七頁。

(63)　『芦田戦前日記』三、六六五―六六頁。

(64)　『岡田回顧録』一二〇頁。岡田は政友会が何か動議を出すらしいと聞いて秘書官に情報を集めさせたが、「政務官も政友会からはひとりも出ておらんので、手がかりがつかめない」と回顧した（同、一二一頁）。斎藤内閣とは異なり、多数党と政権の間に情報の疎通はなかったのである。

(65)　『民政』九巻一号（一九三五年）一〇八頁。

(66)　『原田日記』四、一三五―三六頁。

(67)　第二次ロンドン海軍軍縮会議について、平松「ロンドン海軍軍縮問題と日本海軍　一九二三～一九三六年」（一～三完）、山本「準戦時体制」、小林ほか編『現代史資料12 日中戦争4』、相澤『海軍の選択』、麻田『両大戦間期の日米関係』、秦「艦隊派と条約派」を参照。

(68) グルー『滞日十年』上、二五〇、二五四頁。

(69) 『真崎日記』一、三八六頁。

(70) 『牧野日記』六一一頁。

(71) 古島『一老政治家の回想』二六三―六四頁。

(72) 小山『小山完吾日記』一〇八頁。以下、『小山日記』と略す。小山が、あれは結局、日本が武力で世界を征服するという意味に落ち着くだろうと述べると、西園寺はまずドイツの例を引いて「ビスマークは、あれで非常に思慮周密にて、深くドイツの前途を心配したるものなるが、カイザー以下、その後、国運の指導を誤り、つひに国を破滅に導きたり」と語り、また、伊藤博文について、「伊藤は矢張り偉いところがあつた。人類といふほどのところまで考へたかどうかは判らぬが、少なくも、日本国民の運命位は常に考へて居た」と語った(同、一〇八―〇九頁)。

(73) 『牧野日記』六一〇頁。一九三九年にタイと改名されるシャムは、日本の明治国家建設とほぼ同時期に近代的な専制君主制が確立されたが、一九三二年にクーデタによって立憲君主制に移行し、その後も憲法停止や軍事政権の誕生など混乱が続いていた(加藤『タイ現代政治史』九一―一三一頁、村嶋「タイ国の立憲体制初期における軍部と民主主義」を参照)。なお、木戸の手元には政治機構の合理的改革の一環として「元老の廃止と内閣首班者奏請慣行の新設」を論じる一月十日付の「対内国策要綱案に関する研究案」という参考史料が残されている(『木戸文書』一六八頁)。

(74) 美濃部「現代政局の展望」『東京朝日新聞』一九三五年一月三日付、四日付。

(75) 一月十七日、岡田は議会休会明けを前に政友会、民政党、国民同盟の三党首を午餐に招いたが、「反対党の党首として」ぜひにと出席を求めた鈴木政友会総裁からは拒絶された。ところが政友会内には参加を求める声も強く、一転して十九日、首相官邸に鈴木、町田、安達の三党首と岡田首相、高橋蔵相、床次逓相が集まり、岡田は議会政治と政党を尊重する意向を述べて協力を求めた(『原田日記』四、一六六―七〇頁。『読売新聞』一九三五年一月二十日付夕刊)。十九日の午餐会には安達が出席を渋ったが、特に町田が説得して三党首がそろうことになった。

(76) 『原田日記』四、一六〇頁。

(77) 同上、一七八、一八一頁。

(78) 『政友』四一五号(一九三五年)三八―三九頁。宣言では「超然内閣」を「憲政逆転の曲事」として、「之を出現せしめたる所謂元老重臣と称する輩が聖明を覆ひ奉るの罪」を指摘し、「我等国民は決然奮起妖雲を払ひて赫々たる天日を拝し、憲政の大道に基く真の輿論政治を実現せんことを期す」と述べた。

(79) 『宇垣日記』二、九九一頁。宇垣を中心とする政界再編問題は、伊藤「『挙国一致』内閣期の政界再編成問題」に詳しい。

(80) 松村『町田忠治翁伝』二八四―八五頁。町田の総裁就任について首相候補と目されていなかったという指摘がある(町田忠治伝記研究会編『町田忠治――伝記編』三三一頁)。しかし、政党内閣制が再開されれば多数党の党首以外の人物が党内から首相に選ばれることはなく、首相在任中に党内から挑戦を受けた例もない。町田については、井上『立憲民政党と政党改良』も参照。

(81) 市川『市川房枝集』三、二五八頁。斎藤の演説は、『官報号外 昭和十年一月二十五日 衆議院議事速記録第五号』六六―七二頁。国立国会図書館帝国議会会議録検索システム。以下、官報について同様。原田熊雄には東京日日新聞政治部員の新井達夫から電話があり、「陸軍パンフレットに対する例の斎藤隆夫の攻撃は、一般に好評を博してゐる」という情報が入っている（『原田日記』四、一七六頁）。また、民政党機関誌には同演説に感動したという在米日系婦人からの手紙が掲載されている（『民政』九巻三号、一九三五年、九四―九五頁）。

(82) 宮沢『天皇機関説事件』上、七〇頁。

(83) 「鳩山未公刊日記」一九三五年一月十五日条、二月三日条。鳩山会館蔵。未公刊の同史料の利用に際しては鳩山会館の許可とご高配を得た。重ねて謝意を評したい。以下、「鳩山未公刊日記」と略す。荒木は元時事新報記者で、かつて著した加藤高明論に江木翼が寄せた序文には「所謂「民権自由の確立」を心とする青年」と書かれている（荒木『加藤高明論』二頁）。鳩山にも「民権自由の確立」を説き、鳩山もまた寡筆な日記に記すだけの印象を受けたのであろう。また、二月三日には「議会ニテ現代ヲ直視スル気ニナレズ」と感想を記した。

(84) 『原田日記』四、一七四、一八八、一九五頁。

(85) 同上、一八五、一八九―九〇頁。

(86) 同、一九三―九四頁。

(87) 『芦田戦前日記』三、六八二―八四頁。政友会では九日以来、方々で「軟派、自重派、強硬派」の会合が開かれ、強硬派と妥協派の争いが先鋭化していた。民政党の斎藤隆夫も「政友会の無気力驚くに耐へたり」と日記に記した（『斎藤日記』下、一三七頁）。

(88) 「鳩山未公刊日記」一九三五年三月二日条。また、三月七日には、リンゼイ・ロッジァースの『危機政府』を読んで、「少数者の政治と多数政治との長短の比較は決して新しいことではない」「デモクラシー政治が公論を経て行われ、其処に批判の余地が作られ、政治の首脳者が暴力より保護せられ、暴力によらずして首脳者を交替せしむると謂ふ効果がある」「一般的社会教育の普及に先立って発展して了った結果に他ならない。要するに未熟」と書き記した（同、一九三五年三月七日条）。

(89) 芦田「議会政治の将来」『政友』四一四号（一九三五年）七五―七八頁。

(90) 『原田日記』四、一九八頁。

(91) 菊池の質問演説は多岐にわたって綱紀粛正を求める内容で、例えば、「陸軍デハ荒木、真崎両大将ヲ中心ト致シマシテ、幾多ノ怪文書ガ飛バサレ、流言ガ放タレマス、斯様ナ事ハ実ニ言語道断」と述べて「軍民離間」から「軍内離間中傷」に変化してきたと批判し、また、「皆様ハ憲政ノ常道トカ何トカ言ハレルガ、二ツノ党派ガ交々政府ヲ取ルヤウデアリマスガ、其傾向ガ現ハレテ以来、二ツノ党ガ不正不義、臭気紛々タルコトノミヲシテ居ル」と批判し、さらには予算の増大傾向を政党政治と結びつけて「二大政党ガ予算増加ノ競争ヲスルト云フヤウナ端ヲ開」き、「又議会中心ノ主義ノ力ヲ使ッテ、漸次予算ヲ増大スルコトヲ図ルト云フヤウナ端ヲ茲ニ開クコトハ、国政上憂フベキコト」と述べた。その中で菊池は、「日本精神」に適う帝国大学の改廃や高等文官試験委員等の改変を主張し、国体を破壊するような憲法学の著作があると論難した。これに対して、松田源治文相が具体的な書名を上げるように求め、さらに天皇機関説については自身は反対だが学者の議論に任せたいと応じたところ、菊池が美濃部や一木喜徳郎の名を上げて「緩慢ナル謀叛」や「学匪」と批判したのであった（『官報号外　昭和十年二月十九日　貴族院議事速記録第十号』八八―九七頁）。

(92) 『芦田戦前日記』三、六八六頁。美濃部の反駁は、『官報号外　昭和十年二月二十六日　貴族院議事速記録第十一号』一〇一―〇五頁。

(93) 『宇垣日記』二、一〇〇二頁。また宇垣は同時期に井上準之助元蔵相を回顧して、「井上緊縮政策も事業の整理には相当に効果的にして、今日の再興に貢献する処ありて決して徒爾では無かりし、とも思ひあり矣」と記した（同、一〇〇六頁）。

(94) 宮沢『天皇機関説事件』上、一九〇頁。先の帝人事件に関する質問演説も原因とみられ、同演説後、蓑田胸喜が起草した印刷物が国体擁護連合会から各方面に配布された（同、一八四頁）。小原直法相は別問題ではないかと述べつつも、「当時においては、被告たちがああいうことをやっているだろうといううわさがもっぱらでしたから、それを擁護する演説だったから、一般民衆ことに右翼の連中からは反感をかってはおったろうと思います」と回顧した（同、下、六〇七頁）。

(95)『芦田戦前日記』三、六八六―八七頁。三月二日には美濃部から礼状が届いた。

(96)『官報号外 昭和十年三月十三日 衆議院議事速記録第二十六号』五六三―七〇頁。宮沢『天皇機関説事件』上、一五五―五六頁。三谷太一郎は、「衆議院の絶対多数が政権の獲得を保障しない現状」を指摘し、「「憲政の常道」が失われ、衆議院の多数が無力化していたことが、衆議院多数党政友会の内部の結束とマキャヴェリスティックな戦術の抑制とを弱め、天皇機関説排撃運動の火勢を一層強めた」と述べている（三谷『近代日本の戦争と政治』二四五頁）。暫定性を失った暫定政権の困難と言えよう。

(97)「本院ニ於ケル各党各派ノ議員一同」を代表して植原悦二郎副議長から提案され、尾崎は感謝演説で「政党の健全なる発達」を訴えた（『官報号外 昭和十年三月十七日 衆議院議事速記録二八号』六八六―九一頁）。

(98)『民政』九巻四号（一九三五年）七三―八二頁。『芦田戦前日記』三、六八九―九〇頁。

(99)『第六類第十八号 治安維持法改正法律案外一件委員会議録第六回 昭和十年三月十六日』二―三頁。

(100) 藤井『在郷軍人会』二四八頁。宮沢『天皇機関説事件』上、一九二―九三頁。有志大会には、頭山満を筆頭に、松岡洋右、宮沢裕、岡本一己の名前が見える。

(101)『芦田戦前日記』三、六九〇頁。

(102) 山本は一九〇四年に所属代議士となり、田中・犬養内閣で農相を二度務めた。『読売新聞』一九三五年三月二十日付。遠山・安達『近代日本政治史必携』一二五頁。『芦田戦前日記』三、六九一頁。

(103)『官報号外 昭和十年三月二十四日 衆議院議事速記録第三十号』七三四―三五頁。決議の内容は、「国体ノ本義ヲ明徴ニシ人心ノ帰趨ヲ一ニスルハ刻下最大ノ要諦ナリ政府ハ崇高無比ナル我カ国体ト相容レサル言説ニ対シ直ニ断乎タル措置ヲ取ルヘシ右決議ス」。

(104) 同上、七三四―三五頁。鈴木喜三郎先生伝記編纂会編『鈴木喜三郎』三三一頁。以下、『鈴木喜三郎』と略す。

(105)『読売新聞』一九三五年三月二十三日付、同二十四日付夕刊。

(106) 大蔵『大蔵公望日記』二、二八頁。後に内閣書記官長となる白根竹介も、「議会は多数をもっていないからどうしてもよわい」と回顧した（宮沢『天皇機関説事件』下、六四二頁）。

(107) 宮沢『天皇機関説事件』上、二一五―一六頁。新聞報道による。

(108)『本庄日記』二〇四頁、宮沢『天皇機関説事件』上、二一三頁。真崎の訓示内容は、今井・高橋編『現代史資料4 国家主義運動1』三八七―八八頁を参照。

(109)『本庄日記』二〇五―〇七頁。

(110) 国体明徴問題については、一九三九年に玉沢光三郎検事が執筆し、一九四〇年、司法省刑事局で極秘出版された研究報告書『所謂「天皇機関説」を契機とする国体明徴運動』が詳しい（その一部は今井・高橋編『現代史資料4 国家主義運動1』に収録されている）。「合法無血のクーデター」という印象的な評価が示される同報告書で、玉沢は、問題発生以前の諸状勢を、原内閣以後は「政党内閣制が実質的に成立し、之を以て憲法の常道なりとし政党万能の状態となつた」が、経済界が「独占資本主義」の段階に進む中で「自由主義的資本主義の副産物としての、政党内閣制、議会中心政治は実現したものの、政党はデモクラシーの主張を持ち乍ら、早くもデモクラシー的体制を捨て、独占資本主義の社会的体制の実質に応じて、総裁其他少数指導者の専断する処となり、彼等は政党の援護者である金融資本の衛兵として、党内専制に依つて其の役割を遺憾なく発揮し、茲に少数金融資本家は政党を傀儡として経済的支配権、政治的支配権を確立するに至つたと言われてゐる」と分析した上で、「民主主義的なその学説によつて政党政治家掩護の重要役割を演じ」た美濃部を「政党政治家の御用学者たるの観」があると述べた（同、三四七―四八、三五六頁）。同報告書は議会での天皇機関説批判の主要点を、機関説、天皇と議会との関係、国体と政体の関係、国務に関する詔勅批判の自由の四点で整理した（同、三六九―七〇頁）。

(111)　宮沢『天皇機関説事件』上、二一九―二四頁。

(112)　『本庄日記』二〇七―〇八頁。

(113)　『原田日記』四、二三三頁、別巻、二〇九―一〇頁。

(114)　宮沢『天皇機関説事件』上、二二六、二四五頁。

(115)　『芦田戦前日記』三、六九二―九三頁。

(116)　『民政』九巻四号、四―一一頁。

(117)　村井『政党内閣制の成立　一九一八〜二七年』五四頁を参照。

(118)　『斎藤日記』下、一四二―四四、一四七頁。

(119)　御厨『馬場恒吾の面目』一二〇―二一頁。

(120)　市川『市川房枝集』三、二八二頁。

(121)　『政友』四一九号（一九三五年）四六―四七、五四頁。また、同号は「内閣審議会厳正批判」特集が組まれた（同、一七―二八頁）。

(122)　町田商相と床次逓相が国策審議機関を求め、後藤内相が調査機関を求めた。伊藤「「挙国一致」内閣期の政界再編成問題（二）」、御厨『政策の総合と権力』を参照。また、このような組織の性格として、四月二十日、民政党の俵孫一は宇垣に「次の内閣を拘束するが如き恒久性の審議会は却つて責任内閣制の根本を破壊するもの」であり、若槻も大体同様の意見であると書き送った（宇垣一成文書研究会編『宇垣一成関係文書』二八二―八七頁）。

(123)　川崎卓吉は「内閣審議会が立案せる国策がその実行に移される場合は、絶対的に議会の協賛を経ねばならぬ」と指摘した上で、「政、民両党の総選挙における勝敗の如何に拘らず、国策の樹立並びにその実行は憲政の常道に復することによつて保証されることを断言する」と述べた（川崎卓吉「国策樹立と憲政常道復帰」『民政』九巻七号、一九三五年、二五頁）。

(124)　党内では二十日の定例懇親会で連携破棄の方針が伝えられたが、斎藤隆夫は十八日に町田総裁から党の事情を聞くとともに党費一万円の斡旋を求められ、その時に連携断絶の意向を聞いていた（『斎藤日記』下、一四七頁）。

(125)　『読売新聞』一九三五年五月二十六日付。

(126)　『政友』四一九号（一九三五年）四七―四八頁。

(127)　『宇垣日記』二、一〇一三―一二頁。官僚中の政党観として他に、伊沢多喜男は七月下旬の『報知新聞』に加藤高明の回想を寄せ、「この頃政党の信用が落ちて、猫も杓子も政党を攻撃するが、立憲政治に政党の必要欠くべからさるものたるはいふを俟たぬことであつて、政党が国民の信用を恢復することの早ければ早いほど、国家のためにこれほど慶幸とすべきことはないのである」と説いた（伊沢多喜男文書研究会編『伊沢多喜男関係文書』五五三頁。以下、『伊沢文書』と略す）。また伊沢は、「今日政党不信の時代を招来した大きな原因の一つは、党人が官僚の軫域を犯し、これに対して官僚が尾をふった結果である」と述べている（同、五五四頁）。

(128)　緒方竹虎は、七月、「議会と政党は、どうして今日の如く信用を失墜したか、主たる理由は、選挙が腐敗し、買収によって如何はしい人物が当選し、その反対に選良として相応はしい人々が次第に影を潜めたからである〔中略〕最後の一戦といふ言葉は面白くないが、この時機を逸しては、機会は再び来ぬことを恐れるのである」と述べている（朝日新聞社編『議会と選挙の粛正』「はしがき」）。二・二六事件以前の選挙粛正運動に関する研究として、伊藤「「ファシズム」期の選挙法改正問題」、黒澤「政党政治転換過程における内務省」、官田「選挙粛正運動の再検討」、粟屋「一九三六、三七年総選挙について」、小南「再考・選挙粛正運動とは何であったか」、須崎「選挙粛正運動の展開とその役割」などを参照。

(129) 市川『市川房枝集』三、三〇四―〇五頁。

(130) 『政友』四二〇号（一九三五年）二二頁。後藤内相からは「従来行はれた警察官による得票数予想報告も弊害があるのでこれを行はぬこととした」という返事を得ている。

(131) 『読売新聞』一九三五年七月十四日付。斎藤実「憲政の一新」一四八―四九頁。なお、政権発足当初政党内閣復活への道筋として期待されながら次第に近衛内閣論に変化していった斎藤の政党政治観をうかがわせるものとして、『読売新聞』一九三四年八月十三日付掲載のインタビューで、斎藤は、「私は決して政党を軽視したり、きらふ訳でもないが、今のやうな政党の状態では、どうも感心出来ない。地方でも政党から受くる弊害には弱り切つてゐたものと見え」る。また、「今度の内閣でも官僚だからいけないなど云つてゐるものもあるやうだが、官僚でも人物が良ければいゝではないか。私は一体、政党は無視しないが、何んでもかんでも二大政党でなければならないといふことには反対である。むしろ小党が分立して居て、政府をつくる人は、その中のいゝ人だけが集まつて国政をやつて行く、つまり人物手腕本位といふことにしなければ、どうしても善政はやれないと思ふ〔中略〕党人も政党本位でなくて国家本位に進んでもらひたいものだ。あまり力もないやうな人が、たゞ政党で永く働いてゐたからといふのでは、国民はあまり頼りになるまいと思ふ。官僚でもいゝ、しつかりした人、国家本位の人でなければ駄目だと、私は信じてゐるのだ」と語っている。人物本位の善政を期待する点で牧野伸顕や木戸幸一など宮中官僚と共通する政治理解と言えよう。ただし、新聞記者有竹修二の「斎藤首相談といって新聞にしばしば談話が載ったが、その多くは、半分以上新聞記者自身の作文であった。斎藤自身の発言だけを綴るとすると、「ウム……」「それもなあ……」しかないのである」という証言もあり、一篇のインタビュー記事で斎藤の政党政治観を厳密に理解することは困難である（有竹『斎藤実』二四六―四七頁）。

(132) 山崎「女性の政治参加と選挙粛正運動」三七三頁。選挙粛正運動の前史として、一九二九年の教化動員運動と、三二年の国民更正運動があると指摘する（同、三八四頁）。

(133) 君塚『ジョージ五世』一七三―七四、一九一―九二頁。君塚『イギリス二大政党制への道』一九八頁も参照。

(134) 御厨『馬場恒吾の面目』一二三頁。

(135) 『木戸文書』二〇五頁。

(136) 池田超爾編『立憲民政党政策講演集』一―二頁。党報によれば、一日三人の講師で六時間、最終日は二人の講師に加えて、座談会や総裁挨拶、新旧議事堂の参観、総裁招待会などが予定されていた（『民政』九巻八号、一九三五年、一〇九頁）。この冊子は迫る府県会議員選挙での政策論争対策であった（『民政』九巻九号、一九三五年、広告）。十一月六日から八日には第三回政策講習会が大阪市で開催されたという記事がある（『民政』九巻一二号、一九三五年、一〇三頁）。

(137) 政友会の動きについては、宮沢『天皇機関説事件』上、二六四―七五頁が詳しく検討している。

(138) 『鈴木喜三郎』三二六頁。

(139) 『政友』四二〇号、五一頁。

(140) 同上、六二頁。民政党も「憲政が常道を外れてから既に三年である。

是は吾人憲政主義者としては堪ふ可からざる屈辱であるに相違ない。政友会も之を同感することは、彼等の煩悶焦燥の言動の迹に明瞭である」と政友会の四大方針を論評して重臣ブロック排撃論を苦衷から来る「錯覚」であり、「重臣は既に政党内閣を認め、加藤高明内閣以来犬養内閣の歿落迄、五回も内閣組織の大命は政党首領が拝せしめられて居る。其後が二回とも超然内閣の出現となつて来たけれども、是は五・一五事件以後の変象であつて、必ずしも至尊の御諮詢に与る重臣の心理に偏執あるが為とは断じ得まい」。また、かつて自らの立憲思想の淵源を民主主義国家であるフランスに汲み、美濃部達吉を勅選に推した政友会の自制を求め、さらには、国体明徴を強調するのは「軍部の少壮血気の人達」への迎合ではないかと批判している（『民政』九巻七号、一二一―一四頁）。このような動きを市川は「憲政常道の方向に向ってされるといいのですが―」「憲政の大道からいえば重臣ブロック排撃も、機関説も政党の取り上ぐべき問題ではありませんよ、むしろ自分達の穴を掘っている訳ですからね。政友会の伝統は自由党の後身として日本の憲政を樹立したのにと思いますよ」と論じた（市川『市川房枝集』三、二九四頁）。

(141)『宇垣日記』二、一〇二二―二五頁。

(142)『牧野日記』六二九頁。一九三四年十月に牧野を訪れた久保田顧問官は首相前官礼遇者とともに「前枢相」が参加しなかったことを「遺憾」と述べ、将来的な枢密院諮問方式の可能性にも言及したのに対して、牧野は「此れも一論なるも今日の枢府は世の信用如何にあるべき、後日の情勢を参照して或は考慮に価ひする事あるべきか」と考えた（同、五九二頁）。

(143)『木戸日記』四〇六頁。二十二日には、牧野は「政変の際元老無き場合内大臣の立場に付、先きに小生の意見申出置きたるに侍従長之に対し議論あり。不取敢説明し置きたり」と記した（『牧野日記』六三〇頁）。鈴木侍従長の意見は定かでないが、内大臣の役割に関わるものであると考えられる（『木戸文書』一四三―四四頁）。

(144) グルー『滞日十年』上、二六一―六二頁。東京で生まれ、一九二七年に十六歳で母国米国のオベリン大学に進学したライシャワー（Edwin O. Reischauer）は、同時期、東アジア研究者として再来日し、「一九三五年五月に私が帰ってきた東京は、八年前にあとにした東京とは似ても似つかぬ町になっていた」と回想した（ライシャワー『ライシャワー自伝』九六―九七頁）。すなわち、「一九二七年、私があとにしたころの日本は、いわゆる大正デモクラシーの最盛期であり、国際貿易社会の平和な一員として、また英国式議会主義に拠って立つ民主主義国家として、成長を約束された国だった」が、「大正デモクラシーはすでに色褪せ、軍国主義と勃興するファシズムに取って代わられたのがわかった」（同、七九、九七頁）。そして、一九〇五年に宣教師として来日し、明治学院で教鞭を執った父と母を想起して、「日本は、私の両親が生涯を賭して日本に育てようと努力した価値感から、日一日と目をそむけつつあった」と記した（同、一〇〇頁）。また、「一九二〇年代に偶然日本を訪れた人は、日本が最近数十年にイギリス人によって宣伝された道をたどっているので、権力主義的伝統を離れて政治的民主主義に向い、それを越えて社会主義に向う傾向が止まらずに進行する、と結論したかも知れないが、外観は当てにはならなかった」とも後に書いている（ライシャワー『太平洋の彼岸』二四一頁）。

(145)『本庄日記』二一〇―一一頁。

(146) 島田俊彦「華北工作と国交調整」、秦『日中戦争史』、服部『広田弘毅』を参照。永田鉄山は、五月十二日に磯谷駐中国公使館付武官に書簡を送り、「認識不足の外務関係の自由主義的動向愈々顕著ならむとする時」に特段の尽力を求めた（小林『「支那通」一軍人の光と影』一〇一―〇二頁）。また、永田は刺殺される前日の八月十一日にも磯谷への書簡で「軟弱なる外務出先」を批判し、「内地は現機構にては陸軍の思ふ通りにならぬ点も多く有之、橋本（虎之助、次官）も近頃は真剣味に乏しきやの感もあり、兄等の意に副ひ難きものあるは誠に遺憾、顧みて生等自らも微力を愧づる次第に候」と書いていた（同）。永田に関する近年の研究として、森『永田鉄山』を参照。また、統制派の対外政策と陸軍統制のミスマッチについては、酒井『大正デモクラシー体制の崩壊』が詳しい。

(147)『本庄日記』二一四―一五頁。

(148)『牧野日記』六三六―三八頁。六月十日、牧野は西園寺訪問の準備として、鈴木侍従長に岡田選定時の各重臣への「口上」を確かめたところ、「電話にて、勅命により明日何時参内せられたき旨伝達す。当日参内者一同へ口頭にて、組閣の件に付元老に協力する様思召あらせられる旨伝達す」というものであった（同、六三五頁）。

(149)同上、六四二頁。また、牧野は伏見宮から中国での事件を「出先きの策動にて幹部は追随の姿にて、甚だ危険」と聞くと、危機感の共有に「両総長の宮要職に被為就るゝ事、主義としては望ましき事にあらず、世間にも議論もある事ながら、当今如き無統一及び閥派の宿弊に悩みつゝある時勢に於ては寧ろ得難き頼りなり」と考えた（同、六四一―四二頁）。

(150)七月人事について、竹山『昭和陸軍の将校運動と政治抗争』、森『日本陸軍と日中戦争への道』一五〇頁、額田『陸軍省人事局長の回想』を参照。渡辺は機関説について問題ないといって波紋を呼んだという（宮沢『天皇機関説事件』下、六四四頁）。また同時期の八月二日には松岡の満鉄総裁就任が発表され、一九三三年十二月に始められた松岡の政党解消運動はここに終局した（ルー『松岡洋右とその時代』一八二頁）。

(151)『原田日記』四、二九六頁。

(152)『牧野日記』六四六頁。

(153)『原田日記』四、三〇〇―〇五頁。

(154)辞職を考える一木には湯浅宮内大臣が昭和天皇の意向も伝えて慰撫に努めた。今井・高橋編『現代史資料4 国家主義運動1』三九八頁。国体明徴問題について、滝口「岡田内閣と国体明徴声明」、菅谷「岡田内閣期における機関説問題処理と政軍関係」、同「天皇機関説事件展開過程の再検討」、官田「国体明徴運動と政友会」、森『日本陸軍と日中戦争への道』一五六頁などを参照。

(155)『真崎日記』二、一七九頁。

(156)『牧野日記』六四八頁、『原田日記』四、三〇九頁。陸軍内での永田批判には政党内閣復活工作への関与を疑われていたことも指摘される（森『永田鉄山』二三八―三九頁）。

(157)『原田日記』四、三一一頁。安倍源基警視庁特別高等警察部長は極めて深刻な事態と報告したが、岡田首相は「君は少し神経過敏になっている。今回の事件は腕に小さい腫れものができた程度のものである」と述べたという（安倍『昭和動乱の真相』二〇五―〇七頁）。安倍は岡田の時局認識に不満を持ち、湯浅宮内大臣に岡田内閣の辞職を進言したところ、「今頃の時局混乱のもとは、全く陸軍の驕慢にある」との応答で、安倍も陸軍の驕慢は知っていたが、「何が陸軍をそうさせたか」についても話した。

(158)『牧野日記』六四九頁。

(159)『原田日記』四、三一二頁。

(160)『真崎日記』二、二〇三頁。

(161)同上、二一〇頁。

(162)『宇垣日記』二、一〇二六頁。

(163)『原田日記』四、三二〇―二五頁。

(164)藤井『在郷軍人会』二五〇―五二頁。藤井は同大会を「陸軍の大会」と評価している。会長は、「被選挙者の中には国家的観念に出発せずして、単に自己本位、党略本位のみによるものがあり、選挙者にも亦、自己一身の損益或は一町村の利益関係のみを基として、一票を投ずるものがある」と選挙粛正運動への意気込みを見せた（同、二五二頁）。

(165)『本庄日記』二二五―二二七頁。

(166)『原田日記』四、三二六―二八頁。

(167) 同上、三三一頁。

(168) 御厨『馬場恒吾の面目』一二六―二七頁。

(169) 宮沢『天皇機関説事件』下、四一四―二〇頁。

(170)『原田日記』四、三三八頁。

(171) 同上、三四〇頁。九月二十六日、昭和天皇は中国問題で軍に注意を与えた際、「此頃の天気は無軌道なるが、政治も亦然り」と独語したという（『本庄日記』二二九頁）。

(172)『原田日記』四、三四三頁。高橋は「先年来、犬養内閣の時代からだんだん緩和して来たやうだつたが、思へばその当時は随分ひどいもんで、陸軍は対露関係において、海軍は対米関係において、どうしても戦争をしたいといふ風だつたが、まづ今日は大体緩和されて来てゐるやうに思はれる」と犬養時代と対比した（同、三四二―四三頁）。

(173)『原田日記』四、三四四―四五頁。

(174) 同上、三四八頁。

(175)『本庄日記』二二九頁。宮沢『天皇機関説事件』下、三八二―八八頁。江藤源九郎は、元老重臣を批判するパンフレットを作成して各方面に配布したが、そこでは西園寺を「強烈ナル民主主義者ニシテ、我国体ノ本義ヲ愆ル天皇機関説ノ信奉者」と述べ、かつて政友会総裁としての「反軍煽動ぶり」を攻撃した（立命館大学西園寺公望伝編集委員会編『西園寺公望伝』別巻二、三二四、三二九頁。以下、『西園寺伝』と略す）。

(176) 市川『市川房枝集』三、三一四頁。

(177)『政友』四二六号（一九三六年）一―二、一三頁。民政党の川崎幹事長は、まだ選挙結果が出そろわない段階での取材に、民政党と政友会の当選数の多寡もさることながら、「注目すべき事とは二大政党が獲得した議員の総数だ。世間のある一部の者は往々にして政党の弊害を殊更に悪しざまに宣伝をし、今迄の功績に就ては毫も認むるを欲しないものがあり、極端な者になると政党解消などを提唱してるが、今回の選挙を見て大衆の意思が奈辺に存するか、と云ふ事が明白に判つたらうと思ふ」と答えた（『民政』九巻一〇号、一九三五年、七三頁）。

(178)『宇垣日記』二、一〇三五頁。

(179) 岡崎『憲政回顧録』三〇頁。

(180)『木戸日記』上、四四一頁。

(181) 同上、四四四頁。この時の会話では、十一月十四日に総選挙を行い、ボールドウィン挙国一致内閣が国民から信任された英国政治にも話が及び、「英国の内閣がよくやって居るとの御話から、高橋是清氏が原〔敬〕総理の後に総理となられたときの経緯等御話」があった（同）。

(182) 同、四四五―四六頁。林『湯浅倉平』三一七頁も参照。酒井哲哉は西園寺が一九三五年末の段階で湯浅を岡田の後継首班とする構想を抱いていたようであると述べている（酒井『大正デモクラシー体制の崩壊』一三一頁）。しかし、湯浅を後継首相に考えていたのは岡田首相であり、西園寺は岡田が九月の段階で湯浅と斎藤を後継首相に考えていると聞いて湯浅に否定的な応答を原田にしている（『木戸日記』上、四四六頁、『原田日記』四、三二四―二五頁）。西園寺にとって宇垣内閣論の意味は陸軍内での支持という問題ではなく、二大政党の結集点として政党内閣制の再開につながる道筋であった点にある。

(183)『本庄日記』二三二―三三頁。「軍部は政党を非難しながら腐敗政党を庇護するものなり」という批判も予想されていた（同、二三三頁）。昭和天皇は軍部大臣の反対で解散ができないことについて、本庄に「斯くては軍の政治干渉にあらずや」と問うたという（『木戸日記』上、四四九頁）。

(184)『木戸日記』上、四四九頁。

(185) 重光『昭和の動乱』上、九三頁。『木戸日記』上、四四五頁。片倉は、荒木が男爵を受けたことで青年将校の心が離れたと逆の評価をした（片倉『片倉衷氏談話速記録』下、一〇四—〇五頁）。その前の十一月二十日には鈴木貫太郎が男爵を授けられていた。

(186) 入江『入江相政日記』一、七六—七七頁。牧野は昭和天皇から侍従長を通じて「長いことお世話になった。どうぞ身体を大事にする様に。外にあっても私を助けて呉れる様依頼する」と伝えられ感激した（『木戸日記』上、四五一頁）。

(187) 林『湯浅倉平』三五三頁。なお、木戸幸一に二五回に渡る聞き取りを行い、諸史料を渉猟して書かれた原田熊雄の女婿勝田龍夫による『重臣たちの昭和史』上、三四八頁では、このエピソードは内大臣就任挨拶に訪れた二・二六事件後の五月四日のことであるとされ、原田も湯浅から一部始終を聞いたと記されている。ただ、二・二六事件後であれば、斎藤実や高橋是清に全く言及しないとは考えにくい。湯浅伝の記すように宮内大臣時代と考えるのが自然であると思われる。湯浅が宮内大臣として西園寺を興津に訪れた記録は三回あり、一九三六年二月一日であろうか（林『湯浅倉平』年表）。大霞会編『続内務省外史』の町村金五の証言では個々の政治家名は出てこない（同、四六六頁）。なお、一九三六年秋に、西園寺は「今にして思えば、木戸、大久保、伊藤、或は加藤高明、やゝ落ちるが、原敬など、いづれもひとかどの人物だつた」と述べている（原田『陶庵公清話』九八頁）。

(188)『宇垣日記』二、一〇三九頁。

(189) 同上、一〇三七頁。宇垣は「外交なき軍縮会議は行く処まで行」ってしまったと理解しており、「日本が軍縮会議脱退の結果は必然的に英米接近の傾向を高め〔中略〕帝国の為の真正なる危機も難関も厄介も面倒も連盟脱退、華府条約倫敦条約等の廃棄清算以後に起るべきである」と予見した（同、一〇四四—四六頁）。

(190)『原田日記』四、四〇七頁。

(191) 一月七日にグルーが国務省に送った情勢報告では、一九三五年が日本経済にとって成功の一年であったと述べている。The Ambassador in Japan (Grew) to the Secretary of State, January 7, 1936, *Foreign Relations of the United States* (hereafter cited as FRUS), 1936, Vol. IV, p. 706. エコノミストの高橋亀吉は、犬養内閣下の金輸出再禁止（一九三一年十二月）から一九三六年二月の二・二六事件までの時期に「わが経済は驚くべき飛躍発展をした」と述べる（高橋『私の実践経済学』はいかにして生まれたか』一三七頁）。高橋については、松浦『財界の政治経済史』一八三—八七頁を参照。

(192)『原田日記』四、四〇四頁。

(193)『岡田回顧録』一五二頁。

(194)『原田日記』四、四〇五頁。

(195)『宇垣日記』二、一〇四二—四三頁。

(196) 同上、一〇四四頁。

(197)『鈴木喜三郎』三三七頁。

(198)『読売新聞』一九三六年一月二十日付。

(199) 田中「二・二六事件（付）永田軍務局長刺殺事件」を参照。

(200)『木戸文書』一〇三—〇五頁。『木戸日記』によれば、この日、四時に武官長を訪れ、「軍内部の事情、国策樹立の必要等につき意見を交換す」と記されている（上、四五七頁）。

(201)『木戸文書』一〇四頁。『木戸日記』上、四五九—六〇頁。

(202) 松村『三代回顧録』一九七—九九頁。

(203) その細目としては、「一、ファッショ風潮の絶滅、二、政党の革新強化、三、選挙粛正、民意暢達の徹底」があげられている（『民政』一

○巻二号、一九三六年、三二頁)。

(204)『鈴木喜三郎』三三〇頁。

(205)『宇垣日記』二、一〇四四―四五頁。今回の選挙では「新顔の候補や中立的の候補が過去に比して頗る多い」と観察した(同、一〇四六頁)。

(206)『読売新聞』一九三六年一月二十六日付。政府による国体明徴公認の影響は外交にも表れ、外交文書は従来の「大日本国皇帝」に代わって「大日本帝国天皇」を用いることになった(『原田日記』四、四一八頁)。

(207)『原田日記』四、二八五頁。それは清浦内閣への評価に通じるものであった(村井『政党内閣制の成立 一九一八~二七年』一八二頁)。

(208)馬場『国民政治読本』一三六頁。同書「はしがき」は一月十六日に書かれている。「政治を街頭にて」と題する同稿の初出について「昭和九年三月十四日」と記されているが、岡田内閣への言及があるので一九三四年七月以降である。

(209)高橋是清「財政経済の方策に就て」二一三頁。

(210)島田『岡田内閣不信任決議案提案趣旨』。山本条太郎翁伝記編纂会『山本条太郎 伝記』九〇七―〇八頁に紹介された島田の話では、このパンフレットの原案は山本が病床で書いたものであるという。また、前田米蔵は、この時、山本が「巨額の選挙費」を政友会に寄せたと回想している(同、九〇八頁)。

(211)『芦田戦前日記』三、七六三頁。

(212)『原田日記』四、四二〇頁。

(213)『宇垣日記』二、一〇四七頁。

(214)川人『日本の政党政治 1890-1937年』二四一―八六頁。次の議会で昭和会が二五名を集めて交渉団体の資格を得たのに対して、国民同盟は交渉団体から脱落した(遠山・安達『近代日本政治史必携』一二五頁)。二大政党の得票数については、同、二一五―一七頁を参照。

(215)『木戸文書』二〇五頁。『宇垣日記』二、一〇四七頁。

(216)『鈴木喜三郎』三三一頁。当時、首相番記者をしていた有竹修二は戦後の回想で、選挙の祝賀会で鈴木落選の報告をする小原に、岡田首相が「そんなことをやっちゃいかんな」と嫌な顔をしたという話をして、鈴木は人気がなかったとも言いながら、発言の真意について「落したとも言えるでしょう。その頃は政府をもっていると、内務省をもっているともっていないのとはえらい違いなんです。〔中略〕落そうと思ったら完全に落せますよ」と語っている(有竹『有竹修二氏談話第二回速記録』三八―三九頁)。

(217)『芦田戦前日記』三、七六四―六五頁。

(218)グルー『滞日十年』上、二八六―八八頁。平川『平和の海と戦いの海』一八―五七頁。

(219)市川『市川房枝集』三、三三八頁。市川房枝「一九三六年当用日誌」二月二十五日条(財団法人市川房枝記念会女性と政治センター蔵)。

(220)二・二六事件について、御厨貴は「元に戻ろうとしている議会政治の、つまり選挙による結果を見事に吹き飛ばすという効果を持つ〔中略〕日本の政治のある方向性が不可逆的になった」と述べた(御厨「二・二六事件とは何だったのか」三四九頁)。同事件については、高橋『二・二六事件』、秦『軍ファシズム運動史』、筒井『二・二六事件とその時代』、須崎『二・二六事件』、北『二・二六事件全検証』、菅谷「二・二六事件と中間内閣期の政治構造」を参照、また、筒井「二・二六事件」において簡潔に整理されている。

(221)高橋編『現代史資料5 国家主義運動2』七七四―八四頁。

(222)田中「二・二六事件(付)永田軍務局長刺殺事件」二三三頁。

(223)『本庄日記』二七二―七三頁。

(224)『木戸日記』上、四六五頁。二十六日午後九時に反乱将校と面会した荒木軍事参議官が首相指名の大権をめぐって「大権を私議するようなことを君らが言うならば、吾輩は断然意見を異にする、お上がどれだけ、御軫念になっているか考えてみよ」と述べたところ、「なにが大権私議だ、この国家重大の時局に、国家のためにこの人の出馬を希望するという赤誠国民の希望が、なぜ大権私議か。君国のために真人物を推すことは赤子の道ではないか。とくに皇族内閣説が幕僚間に台頭してしきりであるとき、もし一歩を過らば、国体を傷つける大問題が生ずる瀬戸際ではないか」と応酬した（高橋『二・二六事件』八八頁）。

(225) 高橋『二・二六事件』九一―九二頁。

(226) 『木戸日記』上、四六四―六五頁。『木戸文書』二八一頁。

(227) 『本庄日記』二七五―七七頁。

(228) 寺崎＝ミラー編『昭和天皇独白録』三八頁。昭和天皇の「皇軍相打タザルコトハ如何ニモ同情スルモ、経済界、外交界ニ不評高マル。鎮定ヲ速ニスルコト」という思し召しが本庄侍従武官長を通して荒木貞夫など陸軍首脳に伝えられた（『真崎日記』二、四〇四頁）。真崎は同日に「大蔵省ニテハ銃声起ラバ財界安定スト真面目ニ主張スル者アリ」と記している（同、四〇三頁）。

(229) 『木戸日記』上、四六七―六八頁。岡田は不祥事件の責任をとって自害する可能性が周囲に危惧される状況であった。西園寺は事件直後に原田を呼んで、「岡田が腹を切ってはいかん。〔中略〕この場合腹を切ると負けになる。暴力を行ったものが勝ちということになる。岡田が責任をとるには外に方法がある」と止めさせたという（『岡田啓介』三五七頁）。

(230) 『木戸日記』上、四六八―六九頁。『木戸文書』二七六頁。先に町田が指摘した経済界への影響について、二十九日に事態が平定に向かうと、昭和天皇は本庄に「事変ガ比較的早ク片付キシヨリ、最早差シタル影響ヲ与ヘズ、大丈夫ナリ」と安心したようすを見せた（『本庄日記』二八一頁）。

(231) 『原田日記』五、一五頁。内大臣には伏見宮の名前もあがる中、近衛文麿にまず内交渉を行ったが、健康を理由に断られ、これを聞いた西園寺の、「現宮相を之に当てゝ其の後任を考へては如何、ロボットは此際不可なり」という意見が伝えられた（『木戸日記』上、四六七頁）。

(232) 『本庄日記』二三七―三八頁。また、本庄は、別の記録では、「軍部ノ要望ハ或程度マデ聴入レ、如此失態ヲ、再ビ繰リ返サザルノ注意ヲ必要トスベシ、去リトテ、急激ナル事ハ危険ナリ」とこの時の昭和天皇の発言を記録している（同、二八二頁）。

(233) 『木戸日記』上、四七一頁。

(234) 『本庄日記』二八二―八三頁。

(235) 『木戸日記』上、四七二頁。

(236) 『本庄日記』二九二―九三頁。

(237) 『木戸文書』二七八頁。『木戸日記』上、四七二頁。

(238) 『原田日記』五、一二頁。近衛は「西公中々強かりし」と小川平吉に語った（小川平吉文書研究会編『小川平吉関係文書』一、三〇五頁。以下、『小川文書』と略す）。

(239) 『木戸日記』上、四七三―七四頁。

(240) 『読売新聞』一九三六年三月二日付、三月三日付。

(241) 百瀬『事典 昭和戦前期の日本』二一頁は、このたびの首相選定について、元老が、近衛への大命降下前には、牧野、近衛、宮内大臣、枢密院議長に、広田への大命降下前にはさらに、海・陸相と「会う」と記している。陸海相については軍の情勢を聞くためであるので首相選定の「協議」者でないことは明確である。その上で、昭和天皇は宮内大臣と枢密院議長のみに言及しているので、首相選定参加者は、西園寺、一木、湯浅とする。

(242) 『原田日記』五、五頁。若槻礼次郎は三月一日、湯浅倉平に書簡を送り、清浦を後継首相として、蔵相に山本達雄、内相に宇垣一成を据えて両翼として時局収拾を図ることを提案した（一九三六年三月一日付湯浅倉平宛若槻礼次郎書簡、林『湯浅倉平』四五八頁）。

(243)『本庄日記』二八四頁。同様の見解は後に近衛の手記「元老重臣と余」でも述べられている（矢部『近衛文麿』一六九頁）。本庄は、昭和天皇から近衛拝辞の理由をただ健康のためと告げられたので、元老や宮中官僚が天皇に真相を伝えていないのではないかという疑念を抱いた。

(244) 近衛『失われし政治』八頁。

(245)『木戸文書』二八〇頁。

(246)『木戸日記』上、四七四頁。『原田日記』五、一五頁。『木戸文書』二七二―八二頁。

(247)『木戸文書』一〇六頁。『木戸日記』上、四七四頁。

(248)『原田日記』五、一六頁。

(249)『木戸日記』上、四七四頁。

(250)『芦田戦前日記』三、七六五頁。二十九日には「御上は今回相当に御強硬」と聞き及んだ（同、七六七頁）。

(251)『伊沢文書』六九七頁。

(252) グルー『滞日十年』上、二八一―八八頁。

(253) 同上、二九一―九三頁。グルーと同様、日本における政策的革新を必要視する貴族院議員有馬頼寧は、三月一日、「軍部が国民の反感を招きたること著し」と記す一方、二日には、「叛軍の行動は非難すべきも其主張する政治其他の革新は之れを断行するの要あり」と評した。そして六日には「革新を望む国民と唯激変を恐れる国民との二つの流れあり。西園寺公始め老人穏健派の事勿れ主義困つたものなり」と総括した（有馬『有馬頼寧日記』三、一九四―九七頁）。有馬はかつて総選挙に出馬し、政友会にも属したが、父の死により伯爵位を継いでいた。

(254) グルー『滞日十年』上、二九五頁。グルーは三月五日の電報で「民政党が、斎藤、岡田内閣期に天皇や政府によって行われた重臣たちの協議に反対であったという証拠がない一方、政友会は「重臣ブロック」の撤廃を切望していると報じられた」と政友会の重臣批判を報じた。また、民政党の町田忠治新総裁の演説を引用し、更に社会大衆党について、民主的な議会政治（democratic parliamentary politics）の確立に好意的と言われると紹介した。この電報では先の選挙の詳細な分析も行っている。そして三月六日には二・二六事件の詳細な分析を送った。その中で先の総選挙について、岡田内閣を支持する民政党と社会大衆党が勝利し、政友会が敗北したことによって岡田内閣が強化され、岡田内閣を嫌っていた青年軍人は憲法的方法では乗り越えられないので軍事力によって内閣を倒したと評価した。The Ambassador in Japan (Grew) to the Secretary of State, March 5 and 6, 1936, *FRUS*, 1936, Vol. IV, pp. 738-41, 748-56.

(255)『芦田戦前日記』三、七六八頁。芦田はこの日、鳩山を往訪して政友会の態度について進言したという。

(256)『木戸日記』上、四七六頁。

(257)『本庄日記』二八三―八五頁。

(258) 武藤『比島から巣鴨へ』二九頁。武藤章は後にA級戦犯容疑者として収監された巣鴨拘置所で往時を回顧して「歴代首相の推薦、財閥との交結、政党政治の腐敗、軍部の憤激等々、西園寺―牧野―近衛―木戸―原田、これに連る面々の遣り方がそうさせたのだ」と日記に記した（同、二七四頁）。武藤は一九一八年から二〇年の陸軍大学時代を、「第一次世界大戦の中頃から世界をあげて軍国主義打破、平和主義の横行、デモクラシー謳歌の最も華やかな時代であって、日本国民は英米が軍国独逸の撃滅に提唱した標語を、直ちに我々日本軍人に指向した。我々軍人の軍服姿にさえ嫌悪の眼をむけ、甚だしきは露骨に電車や道路上で罵倒した。娘たちはもとより親たちさえ軍人と結婚しよう又はさせようとするものはなくなった。物価は騰貴するも軍人の俸給は昔ながらであって、青年将校の東京生活はどん底であった。書店の新刊書や新聞雑誌は、デモクラシー、平和主義、マルクス主義の横溢であった」と回想している（同、一四頁）。

(259) 『本庄日記』二八五頁。

(260) 『斎藤日記』下、一八一頁。

(261) 『本庄日記』二八五頁。

(262) 『原田日記』五、二一頁。本庄に伝えた先の御言葉案を考えれば、憲法の条章遵守とは何よりも反乱や急激な変革への懸念を述べたものと考えられるが、小川平吉はこの要旨の一を、「憲政の常道を踏む事」と記した（『小川文書』一、三〇七頁）。

(263) 『本庄日記』二九三—九四頁。

(264) 『宇垣日記』二、一〇四八—四九頁。宇垣という逆の中間内閣を間に挟むことで再び政党内閣制の再興につなげたいという動きについては、加藤『模索する一九三〇年代』二四四—四五頁。

(265) 『宇垣日記』二、一〇五〇—五一頁。宇垣は大命を拝辞した近衛を逆に陰謀を未然に防いだ「聡明」さで理解した。宇垣はまた、西園寺による広田選択の趣旨を、斎藤・岡田両内閣と同じく、「柔克制〻剛、時局の紛糾を時の解決に待つ底のものにして、快刀乱麻的に時局を匡救すべきの意向は乏しい」と理解し、広田内閣が新味を発揮できなければ、「第三の斎、岡内閣たるに終るべし」と記した（同、一〇五〇頁）。

(266) 狭間茂社会局社会部長の回想。大霞会編『続内務省外史』一二六—二七頁。

(267) 河合『河合栄治郎全集』一二、四五—五〇頁。また、当時帝国大学の二年生で後に警察官僚となる後藤田正晴は、後年、事件について、「われわれ学生の中には、あの事件を、「よくやった」というのは一人もいませんでした。「けしからん奴だ、軍という特権を与えられた組織がクーデターをやるとは何事だ」ということで、それが東大全体の空気だったと思うんです」と語った（御厨『後藤田正晴と矢口洪一の統率力』二〇頁）。河合について、松井『河合栄治郎』も参照。

(268) 市川『市川房枝集』三、三三八—四〇頁。市川もまた各方面に渡る現状改革の必要性には同意しつつも、「これを実現するための手段は、××による専制ファッショ政治であってはならない。どこ迄も了解主義に立つ平和的な議会政治の確立によってなされなければならないと信じている」と述べた（同、三四〇頁）。市川はこのたびの首相選定方式について西園寺が重臣会議を開かなかったことに注目したが、彼女の見立ては大権私議論や重臣攻撃に対する遠慮というものであった（同、三四四頁）。

(269) 一九三六年三月二日付堀維孝宛西田幾多郎書簡（西田『西田幾多郎全集』一八、五六三頁）。さらに広田内閣成立に「仰の如き園公が広田氏を考へたのは現今の処これが最も思慮あるやり方とおもひます　併し今後果して陸軍が本当に粛制ができるかどうか甚だ危いものと存じます」と書いた（一九三六年三月十五日付堀維孝宛西田幾多郎書簡、同、五六四頁）。三人との間には往来があり、一九三五年十月三日には原田に、「国体明徴」を理由とする政権争奪を批判し、「今日の日本はかゝる内争の時にあらざるべし」と書き送っている（一九三五年十月三日付原田熊雄宛西田幾多郎書簡、同、五四二頁）。

(270) 「広田内閣へ要望する座談会」『文藝春秋』一九三六年四月号。出席者は、芦田均、阿部真之助、上田貞次郎、大口喜六、河野密、高橋亀吉、中島弥團次、鳩山一郎、馬場恒吾に菊池寛であった。

(271) 『芦田戦前日記』三、七六八頁。

(272) 政党首相の下で閣僚として協働すれば与党との人的な結びつきができるが、広田は斎藤、岡田、そして宇垣とも異なり政党内閣での閣僚経験もない。このことは近衛が首相になっていても変わらなかった。以後、阿部信行に宇垣の代理としての浜口内閣班列経験があるだけで、政党内閣での閣僚経験を持った首相は敗戦後の幣原喜重郎まで現れない。政党内閣制崩壊の影響はこのような形でも現れ、ますます政党内閣を遠ざけていく。

(273)『民政』一〇巻四号（一九三六年）四―五頁。

(274)『本庄日記』二六六―六七頁。

(275)『貴族院議事速記録号外 昭和十一年五月四日開院式』。

(276) Joseph C. Grew Papers, Houghton Library, Harvard University, MS Am 1687, 79, pp. 2783-85.

(277) 日本近現代史辞典編集委員会編『日本近現代史辞典』六五三―五四頁。絲屋『メーデーの話』一一〇―一四頁。

(278) 二・二六事件の発生に大きな衝撃を受けた与謝野晶子も、「自由の復活――女の立場から」と題する論考で、「我々が「自由」に対するあこがれを捨て得ない限り、必ず自由は復活する。但し未来の「自由」は、より完全な「自由」であるだけにさう易々とは復活しないであらうと私は思ふ」と述べた（与謝野『與謝野晶子評論著作集』二一、二三二頁）。

(279) 吉田茂を通して牧野に伝えられた時局観（『牧野日記』六六〇頁）。『原田日記』五、五三―五五頁。

(280) 梅津美治郎刊行会・上法快男編『最後の参謀総長梅津美治郎』二一六頁。軍部大臣現役武官制の復活について、五百旗頭「陸軍による政治支配」二七頁、加藤『模索する一九三〇年代』二一六頁、戸部『逆説の軍隊』二八九頁、筒井『昭和十年代の陸軍と政治』三四頁を参照。また、鈴木貞一は戦後の回想で、「二・二六が起こってそうして政界に非常なショックを与えた。そういうようなことで、その時に将来の軍の内閣に対する発言権を強化するためには、この時期を捉えて軍の陸軍大臣というものを現役でなければいかんというように現役主義に変えてしまうということで制度を変えたわけです」と述べた（鈴木『鈴木貞一氏談話速記録』上、三〇九―一〇頁）。

(281)『木戸日記』上、四九四頁。

(282)『原田日記』別巻、七六頁。『木戸日記』上、四九七頁。さらに西園寺は、「明治の功臣あなたの御祖父さん等に只一つ感謝することは、あの変革の際、国教を定めよとの論が随分強かったが、それを押し切って今日の様に信教の自由を確立されたことだ」といった話をした（同上）。

(283)『原田日記』五、一五六―五七頁。事件時に大蔵省主計局長であった賀屋興宣は戦後、広田内閣は「当時の二・二六事件のテロの直後で軍部に真っ向から反対すると何か起こるかもしれないという、よくいえば軍部に対する融和政策、もっと判然といえば軍部追随政策をとることになったのです」と評価した上で、「これは当時の元老西園寺（公望）公の意見であり、広田さんも不本意ながらそうするよりほかないという判断に立たれたようでした」と回想した（安藤編『昭和政治経済史への証言』中、一八〇頁）。

(284) 筒井『二・二六事件とその時代』一一六頁。『東京朝日新聞』一九三六年十月三十日付。三谷『近代日本の戦争と政治』一三六―三七頁。

(285)『東京朝日新聞』一九三六年十一月三日付。三谷『近代日本の戦争と政治』一三七頁。

(286) 橋本『時代は移る』三四頁。

(287) 藤井『在郷軍人会』二五二―五九頁。

(288) 山本「準戦時体制」を参照。

(289) 芳沢謙吉や鶴見祐輔らが参加した（芳沢『外交六十年』一三四―三九頁）。

(290)『宇垣日記』二、一〇九三頁。

(291) 同上、一一一〇―一一二頁。また、「某問、憲政の常道とは？ 余答、大御心を体し大御心に副ひ大御心に帰一する政治、而も夫れに正しき民意を反映せしむる所の政治を行ふことが帝国憲政の常道なりと」と記している（同、一一一二頁）。

(292) 『読売新聞』一九三七年一月五日付。

(293) 東京日日新聞社・大阪毎日新聞社編『明治・大正・昭和議会政治裏面史』九二―九三頁。

(294) 同上、一〇一頁。その上で、資本主義による政治の行き詰まりと選挙法の改正等を主張している。

(295) 『木戸日記』上、五三九頁。

(296) 岡『岡義武ロンドン日記 1936-1937』二四一、二五四―五六頁。

(297) 『木戸日記』上、五四〇―四一頁。宇垣への優諚降下には平生釟三郎文相から陸軍内の状況として「無理に組閣するは不可」との情報を得ており、牧野元内大臣からも優諚奏請不可の注意を受けていた（同）。牧野は、あくまでも宇垣自身の責任で事態を打開することを期待していたようである（『牧野日記』六七三頁、『小山日記』二二九頁）。

(298) 『木戸日記』上、五四四頁。木戸はこの時、宮内省宗秩寮総裁であるが、先の政変でも内大臣、侍従長、侍従次長、秘書官長と打ち合わせ、頻繁に内大臣を訪れるなど宮中官僚として行動している。木戸は先の政変中の一月二十七日に「元老の進退に就ての原田男の説」について伝言を受けたが「同意し難し」と日記に記し、二月二日には原田から電話で「元老の今後について考ふる様依頼」があり「之は大問題なり」と受け止めた（同、五四〇―四二頁）。

(299) 『木戸文書』一四四―四五頁。

(300) 『木戸日記』上、五五三頁。

(301) 同上、五五九頁。

(302) 『木戸文書』一四四―四五頁。『木戸日記』上、五五九頁。原田の理解では、このたびの変更は、木戸と西園寺が相談し、内大臣とも協議した上で、斎藤内閣期に上奏してあった元老指名（内大臣・重臣協議）方式の書類を「お下渡し」願って、「今度からはその時に応じて、必要ならば各種の人を集めて協議してもどうしてもよく、比較的自由な裁量でできるやうな具合に変へた」のであった（『原田日記』五、三〇一頁）。

(303) 『原田日記』五、三〇一―〇二頁。『木戸日記』上、五六〇頁。高松宮宣仁親王『高松宮日記』二、四七五―七八頁も参照。

(304) 『読売新聞』一九三七年六月十四日付。

(305) 『原田日記』六、二〇〇頁、七、三六六頁。西園寺の晩年の努力については、伊藤『元老西園寺公望』が詳しい。

(306) 古島『一老政治家の回想』二六三頁。

(307) 『原田日記』八、一九一頁。このような日本政治の変化は戦時体制化に伴う戦時変化であったろうか。少なくとも日華事変以後の変化ではない。一九三七年五月三十一日に文部省が発行した『国体の本義』は政体の根本原則について、「中世以降の如き御委任の政治ではなく、或は又英国流の「君臨すれども統治せず」でもなく、又は君民共治でもなく、三権分立主義でも法治主義でもなくして、一に天皇の御親政である」と述べ、さらに、「惟ふに西洋の思想・学問について、一般に極端なるもの、例えば共産主義・無政府主義の如きは、何人も容易に我が国体と相容れぬものであることに気づくのであるが、極端ならざるもの、例えば民主主義・自由主義等については、果してそれが我が国体と合致するや否やについては多くの注意を払わない」と指摘されたように、これは共産主義や無政府主義などへの反論ではなく、一九二〇年代に展開した政党政治を否定するものであった（文部省編『国体の本義』一三三、一五〇頁、宮沢『天皇機関説事件』下、四四七―四八頁を参照）。また、政党政治への批判はますますあからさまなものとなり、神兵隊事件の被告人は一九三七年十一月からの公判廷において、「皇国日本に於ける政治の主体は上御一人におはしますこと言を俟たぬ処であるに拘らず、既成政党は或は党名に「民主政治」の略称である「民政」の名を冠し、或は党綱領に議会中心政治の徹底を標榜するが如き民主主義政党であつて、其の存在は根本的に国体違反の現象である。況んや欧米民主国の慣例に属する政党内閣制を以て憲政の常道と称して之を皇国日本に移し、天皇を英国皇帝の如き虚位に置き奉らんとするに至っては、将に幕府政治の再現と云う外はない。此の如く政友、民政両既成政党は相呼応して天皇機関説の政治的表現たる議会中心主義政党政治を強行し、財閥と結託して党利党略を恣にし、国家国民をして党争の禍害に堪え得ざらしめたものであり、之を放置すれば皇国日本は内部より自爆するの外ない情態に立至つてゐた」と述べた（今井・高橋編『現代史資料4 国家主義運動1』四五三頁）。

(308) 西園寺『西園寺公望自伝』五一―五二頁。

(309)『原田日記』八、三六五頁。「原田熊雄メモ」『原田文書熊雄関係文書』一二八、国立国会図書館憲政資料室蔵。かつて井上毅が起草した岩倉具視の憲法意見書では、議院内閣制が「武門ニ帰シタルト異ナルコト無シ」と位置づけられていたことを思えば、西園寺との認識の相違は明確である。そこに示されている西園寺の政治観は、王政復古としての明治維新の正統は開国和親の対外路線と政党政治にあったのであった（鳥海『日本近代史講義』三一六頁）。

(310) 近衛「西園寺公望公を語る」八二頁。

(311)『西園寺伝』別巻二、一四五頁。教育勅語には「一旦緩急アレハ義勇公ニ奉シ」という一節がある。岩井『西園寺公望』を参照。

(312)『原田日記』三、六一七頁。

(313)『原田日記』四、一七九頁。

(314)『木戸日記』下、八〇四頁。原田の説明によれば、「いよいよ内大臣に御下問になる場合に、陛下の思召として、まづ直ちに元老と協議をすべきであるが、老齢のことゆゑ、まづ枢密院議長及び嘗て総理大臣たりし者を招集して、内大臣は右の人々の意見を徴し、更に元老と協議した上で奉答するといふ案であり、その招集は、陛下の思召によつて侍従長が招集のことを伝へるのである。さうして会議はすべて同席で協議し、決は採らない。で、協議の方法は、極めて懇談的に協議させ、内大臣は意見の一致を見るやうこれを取纏めることに任ずる。で、もし意見の相違が甚だしい時は、そのまゝ元老と協議して、陛下の御下問に際しては内大臣自己の意見を言上する、勿論これは内大臣の責任においてこれを決する」というもので、西園寺は案の検討段階で「組織化することは絶対に反対である」と述べ、最終案についても「自分にはどうも判らないから」と支持を与えなかった（『原田日記』八、一三九、一八六頁）。社会での同時期の議論として、馬場恒吾は内大臣が政党総裁に意見を聞く案を提起した（御厨『馬場恒吾の面目』一七八頁）。なお西園寺は、一九三九年八月に、「かの五・一五事件いらい、後継内閣首班推薦の方法ことなるにいたり、自分の意見にてきまるものにあらず、原則としては、内府と枢密院議長との協議により、内府より推薦することにあらたまり、自分のところには、事後のこともあり、事前のこともあるが、とにかく、ただ報告するだけのことになり、自分としては、もとより内府の諮問に接して、意見は陳するが、決定にはあづからぬことになりたり」と語っている（『小山日記』一三七頁）。

(315) 社会の中にも加藤友三郎内閣選定時との類似性への理解があったことは、一九四〇年八月に神兵隊事件の裁判で原田熊雄が証言を求められた内容からもうかがえる。松方が西園寺に「山本権兵衛伯及其ノ時々ノ枢府議長ヲ加ヘ」て慎重深慮をもって奉答することを諮ったところ西園寺が峻拒したと言われることの事実と理由を聞かれ、原田は「全然自分は知らない」と答えた上で、平田東助内大臣時に、「維新の変革に際して、枢機に参画した者以外は元老にしない、といふことを明治天皇の御在世中、元老の間で約束があつたやうに記憶してをる」ので西園寺が最後の元老であるという話を、図らずも聞いたと述べた（『原田日記』八、三〇三―〇九頁）。なお村井『政党内閣制の成立 一九一八～二七年』一一二―一八、二〇七―一五頁を参照。

(316) 五百旗頭『占領期』一七四―七五頁。幣原内閣では「日本的民主主義」や「民主主義の日本的運用」について専門家の意見が集められているが、そこでの議論は固有性に重点が置かれている（「日本的民主主義に関する資料」一―三、別輯、国立公文書館蔵）。ただし、それは日本の政治的伝統を再確認する、もしくは新しい事態を国民に説明するための方便、というよりも、天皇制と「デモクラシー」が共存できるかという占領下の課題を負っていたようである。「常道」の固有性からの解釈が多く軍の政治的存在感の向上にともなう反政党政治の立場からのものであったことを考えると、敗戦後、その影響は弱まったと考えられるが、一九一八年に加藤高明が「デモクラシー」を強く擁護したのに対して、国体明徴運動下で二大政党は議会政治をデモクラシーから切り離すことで政党内閣制の擁護を図ったため、例えば、民政党が一九三五年に「主権在民、即ちデモクラシーの観念」と述べた上で「主権在民思想は歴史の欧米と異なる我国体に於て到底許す可からざるものたるは今更言ふ迄もない」と述べるなど政党内閣制中断期の影響も無視できない（村井『政党内閣制の成立 一九一八～二七年』五五頁、『民政』九巻七号、一四頁）。この問題についてのさらなる考察は今後の課題としたい。

(317) 福永『戦後日本の再生 1945～1964年』二八―三五頁。

(318) 五百旗頭『占領期』、福永「占領改革と戦後政治」を参照。

(319) 高柳ほか編『日本国憲法制定の過程』Ⅰ、四一三、四二一頁。

(320) 犬丸監修『日本国憲法制定の経緯』四〇三―〇四、一三一―一五頁。

(321) 同上、六一―六三、四五一頁。これを受けて日本政府が作成した三月二日案でも、「内閣総理大臣ハ国会ノ決議ヲ以テ選定ス」と定められ、六月二十日に帝国議会に提出された帝国憲法改正案では、「内閣総理大臣は、国会の議決で、これを指名する」となった（同、四七九、五〇九頁）。しかし、さらにこの条項は、極東委員会からの強い要請によって変更され、第九条との関わりで文民条項が復活した（西『日本国憲法成立過程の研究』を参照）。この間の経緯については、高柳ほか編『日本国憲法制定の過程』Ⅱ、二一六―一八頁を参照。

(322) スウォープにとって「憲政常道」論は「時計の針を逆に回す機会が来たと考えた人々」によるもので、「民主々義を曲解するもので選挙民を裏切るものであり、権謀政治を招くもの」であった（福永『占領下中道政権の形成と崩壊』二五三―五四頁。引用は、『朝日新聞』一九四八年二月二十五日付より。スウォープの役職は、芦田『芦田均日記』二、三三三頁より）。選ばれた芦田も「後継首相は憲法の規定に従つて、国会が之を選挙するのである。世間では在野党が当然に後継内閣を組織すべきであると唱へるが、それには少しも憲法上の根拠はない」と述べた（芦田『芦田均日記』七、三三四頁）。

(323) 石橋『湛山回想』三七八―八三頁。また関連して「記者の眼――「吉田型」憲政常道論」『朝日評論』四巻一号（一九四九年）四―五頁を参照。

(324) 勝田『重臣たちの昭和史』下、二一〇頁、里見『彼岸花』一九三頁。

(325) 富田『敗戦日本の内側』一一一―一二頁。

(326) 〔一九四五年〕八月三十一日付原田熊雄宛吉田茂書簡（吉田『吉田茂書簡』五五三―五五頁）。

(327) 勝田『重臣たちの昭和史』上、四頁。

(328) 勝田『重臣たちの昭和史』下、二〇七頁。

(329) 佐藤『佐藤栄作日記』四、一九九頁。七賢堂には、三条実美、岩倉具視、木戸孝允、大久保利通、伊藤博文、西園寺公望、吉田茂が祀られている。

(330) 吉野『職業としての編集者』一〇四―〇六頁。

(331) 御厨『馬場恒吾の面目』一八〇―八二頁。馬場は西園寺の追悼記事で、「明治維新以後、今日まで日本が歩んで来た道を鑑みると、かれが最早此の世に存在しないと云ふことは、われわれに非常な寂しさを感ぜしめる。西園寺が居たら如何に喜ぶであらう、或ひは如何に悲しむであらうと思ふだけでも、胸をしめ付けられるやうに感じる。ところでさういふ心持ちを西園寺は死んで行くことによつて今後は無用だと戒めたのである」と書いた（『読売新聞』一九四〇年十一月二十五日付）。

(332)　富田『敗戦日本の内側』一一二頁。

結論　第一次世界大戦後の政治改革とその遺産

両大戦間期の日本は政党政治と国際協調の時代を育みながら、軍部の台頭と戦争の時代へと転じていった。本書は「政党内閣制」を、議会を基礎とする政党の党首が首相となり、政党による組織的な政権担当以外の内閣が除外される政権交代システムと定義した。ひとたび成立した政党内閣制はどのように展開し、いかに、そしてなぜ崩壊したのか。本書はこの問いを手掛かりに一九二七（昭和二）年から三六年までの首相選定をめぐる政治的変化とその意味を考察した。結論では、当該期における首相選定上の変化の過程を整理し、このような変化を生み出した政治諸勢力の取り組みとその帰結を総括する。さらに、少し視野を広げてこのことが日本政治外交史上に何を意味したのか、そして現代に持つ意味についても若干の考察を加えたい。

「憲政常道」下の首相選定と政党中心政治の模索——第一期

一九二四（大正十三）年六月から続いた政党内閣の連続は一九三二（昭和七）年五月に途絶え、敗戦後まで二度と再び政党内閣は成立しなかった。一九二七年から三六年の首相選定は、選ばれたのが政党内閣か否かという結果から見れば政党内閣期と非政党内閣期の二つの時期から成る。しかし、結果に止まらず、首相選定上の論理と方式をも併せて検討すると、大きく三つの時期に分かれる。ひとたび形成された首相選定上の慣行が疑問なく運用され強化された浜口雄幸首相、若槻礼次郎首相の選定期（田中内閣・浜口内閣期＝第一期）、危機に直面して慣行の機械的運用が困難となり、慣行がなお高い正統性を維持しながらも従来とは異なる形で首相選定が行われた犬養毅首相、斎藤実首相の選定期（第二次若槻内閣・犬養内閣期＝第二期）、そして、政党内閣への復帰が非政党内閣下で模索されながらも、首相選定が大きく動揺し変化した岡田啓介首相、広田弘毅首相の選定期（斎藤内閣・岡田内閣期＝第三期）である。

従来複数の元老が協議して行ってきた首相選定は、序章で整理したように、第一次世界大戦後、機能性、正統性、制度的安定性という問題を抱え、早晩何らかの改革を余儀なくされていた。その中で元老として唯一人残された西園寺公望と時の内大臣平田東助は一九二四（大正十三）年に元老の再生産を否定する一方、新たに内大臣を選定に加えることで合意し、摂政にも上奏した。元老協議方式に代わる元老・内大臣協議方式であった。しかし、このままでは将来の首相選定方式としては不完全であった。なぜなら、元老とは違って、内大臣が政治判断を下すことには「宮中府中の別を紊《みだ》す」という批判があり、実質的な選定をだれが行うかという問題が残るためである。したがって、その後も宮中ではさらなる諮問先の検討が続けられた。しかし、西園寺は元老制度の廃止に強い意欲を持つ一方で、内大臣以外の諮問先をあらかじめ特定しておくことに一貫して否定的であった。一九二六年十月には「西園寺も老衰致、且つ将来の事も心配仕る次第に付」と将来の首相選定方式について摂政に上奏したが、そこでも「今後政変等の場合には内大臣にも御下問、又西園寺なき後ちは内大臣へ主として御下問、若し同人に於て参考の為め相談、意見を求め度場合には勅許を願ひ目的の人へ協議致す事と仕候」と述べるに止まった(1)。さらに、一九三〇（昭和五）年に大病をして元老不在の首相選定が現実味を帯びた折にもこの姿勢に変化はなく、内大臣が欠員の場合は宮内大臣が代行するよう求めた。宮内大臣は内大臣以上に政治的役割から遠い。将来の政権授受に問題が起こらないよう定めておきたいと考えていた西園寺が選んだのは、政治判断を下すことのできない内大臣による単独奏薦という方式であった。

ここに選定論理として、個々の政治判断を回避する「憲政常道」論の必然性があった。第一次世界大戦後の首相選定上の困難の背景には社会における政党内閣主義の高揚があり、「初の本格的政党内閣」と呼ばれた原敬内閣の長期化はその傾向を強めた。その中で、元老の判断を否定し、政党内閣制の確立を求める第二次憲政擁護運動が起こり、以後、政党内閣が成立し連続すると、政党間での政権交代は「憲政の常道」と呼ばれて当然視されるに至った。西園寺の描く元老以後の首相選定方式である内大臣指名方式は、「憲政常道」という首相選定の論理と慣行の蓄積に補完されて初めて完結的な選定方式となる。同時期、政党政治の進展と連動した新しい簡素な宮中像を説いていた西園寺は、浜口首相狙撃後も動揺することなく、若槻の首相指名に際しては「今日所謂政党内閣の成立せる時代」と述べて非政党内閣論を退けた。この間、機械的な選定による明朗な政権交代がめざされたことは、一九二〇年代の首相選定における選定日数の短さにも表れている（表1、次頁）。首相選定は与野党間での政権交代という高い予測性の下で安定しており、また生み出された少数党内閣は事後の総選挙によって支持された。二大政党が伯仲した田中内閣下の一九二八年の初の男子普通総選挙（第一六回総選挙）では、政友会と民政党を合わせた得票率が八六パーセントを超え、議席率では九三パーセントに及んだ。また、浜口内閣下の一九三〇年の総選挙では二党の得票率が九〇パーセントを超え、議席率では九六パーセントに迫った。男子普通選挙制に代表された社会は、明確に二大政党とその間の政権交代を支持したのであった。こうして男子普通選挙制に基づいて二大政党制に立脚する政党内閣制、すなわち一九二七年の政治システムは、一度は日本社会に定着したのであった。

では、このような将来的な内大臣指名方式と衆議院における与野党間での政権交代を導く「憲政常道」論との結合は、一九二〇年代半ばまでに行き詰まりが明らかであった先の元老協議方式の問題を解決するものであったろうか。少なくとも、元老が相次いで亡くなり選定者が不在となるという意味での制度的安定性の問題は克服された。何者かが内大臣の職位を占め、不在時には宮内大臣が代行する。次に正統性は、このような政権交代が、政党内閣主義を高唱してきた政党関係者や新聞記者に止まらず、社会において広範に「憲政の常道」と理解され、さらにすべての政党内閣が衆議院の多数によって承認もしくは追認を受けた点で際立って高かった。しかし、首相選定の正統性は、長期的には機能性に依存し、選定方式の制度的安定性も機能性と正統性に依存するものであろう。

表１　首相選定の推移（1918-36年）

後継内閣	内閣の性格	与党（衆議院）	選定方式	選定者	選定日数
原	政党内閣	◎政友会	元老協議	西園寺（元老）・山県（元老）・松方（元老・内府）・大隈（元首相＊）	7日
高橋	政党内閣	◎政友会	元老協議	西園寺（元老）・松方（元老・内府）・山県（元老）	9日
加藤（友）	貴族院内閣	（政友会）	元老・重臣協議	松方（元老・内府）・西園寺（元老）・清浦（枢相）・山本（元首相）	6日
山本②	挙国一致内閣	革新倶楽部・（憲政会）	元老協議	西園寺（元老）・松方（元老）	3日
清浦	貴族院内閣	（政友本党）	元老協議	西園寺（元老）・松方（元老）	4日
加藤①	政党内閣	◎憲政会・政友会・革新倶楽部	元老・内大臣協議	西園寺（元老）・平田（内府）	3日
加藤②	政党内閣	◎憲政会	元老・内大臣協議	西園寺（元老）・牧野（内府）	2日
若槻①	政党内閣	◎憲政会	元老・内大臣協議	西園寺（元老）・牧野（内府）	2日
田中	政党内閣	◎政友会	元老・内大臣協議	西園寺（元老）・牧野（内府）	3日
浜口	政党内閣	◎民政党	元老・内大臣協議	西園寺（元老）・牧野（内府）	1日
若槻②	政党内閣	◎民政党	元老・内大臣協議	西園寺（元老）・牧野（内府）	2日
犬養	政党内閣	◎政友会	元老・内大臣協議	西園寺（元老）・牧野（内府）	3日
斎藤	挙国一致内閣	政友会・民政党	元老・内大臣・重臣協議	西園寺（元老）・牧野（内府）・高橋（元首相）・倉富（枢相）・若槻（元首相）・清浦（元首相）・山本（元首相）・上原（陸軍元帥）・東郷（海軍元帥）	7日
岡田	挙国一致内閣	民政党	元老・内大臣・重臣協議	西園寺（元老）・牧野（内府）・斎藤（首相）・清浦（元首相）・若槻（元首相）・高橋（元首相）・一木（枢相）	6日
広田	挙国一致内閣	民政党・政友会	元老・内大臣協議	西園寺（元老）・一木（枢相＊＊）・湯浅（宮相＊＊）	11日

（注）＊山県が特に求めて下問，他に首相経験生存者あり。＊＊本書第５章第３節参照。なお辞表提出から大命降下後内閣成立までを「選定日数」としたが，湯浅はその間に内府となった。与党（衆議院）欄の◎は首相を出している政党。（　）は閣外協力。

（出典）村井『政党内閣制の成立 一九一八～二七年』表２（302頁）を一部修正の上で作成。

元老協議方式の機能性にかかわる問題は、第一に、元老の協議による選定には時間がかかり、また選定の恣意性が高いことから政治的な策動が行われやすいこと（選定過程の問題）、第二に、選ばれた首相候補者が就任を拒否したり、組閣に失敗するなどしたこと（内閣成立の問題）、そして第三に、元老に選ばれて成立した内閣が必ずしも諸機関の統合を果たし、政治的安定を確保するという機能を果たさなかったこと（内閣の統治力の問題）にあった。この点で、「憲政常道」論に基づく内大臣指名方式への移行過程にあった元老・内大臣協議方式では、前二者について顕著な改善が見られ、社会が承認する選定結果と選定日数の激減とを両立させた意義は大きい。そこで残る問題は、政党内閣制に立脚する政党内閣が国政を統合し、政治的事績をあげられるかどうかであった。

いかに安定した政治体制であっても業績をあげることは容易ではない。加えて、この時期の日本政治ではさらなる政治改革が同時進行していた。そもそも政党内閣制の成立は、原敬率いる政友会がめざした政治体制の政党化、加藤高明憲政会がめざした政治体制の政党内閣制化、そして西園寺公望がめざした政治体制の脱個人化という明治立憲制の再編に向けた三つの改革構想が結実した新しい統治像であり、首相選定上の変化に止まるものではなかった。そして政党内閣制の成立後もこのような改革構想は引き継がれた。政党内閣制を基盤として、衆議院を基礎にその信任如何によって進退を決する政党内閣が、多元的な明治憲法諸機関をいかに統合していくかが問題となったのである。本書はそのめざすところを政党中心政治と呼んだ。政党内閣制成立後の政党内閣は、政党を中心とした政治再編を進めると同時に、日常的に業績をあげることを求められたのであった。民政党は一九二七年、立党の綱領に「国民の総意を帝国議会に反映し　天皇統治の下議会中心政治を徹底せしむべし」と謳った。ここで言う議会中心政治は貴族院と衆議院を同等視するものではなく、衆議院を基礎とする政党中心政治であった。そして、この綱領を幹事長が皇室中心主義の立場から批判した政友会は、しかし民政党と比較してもよりいっそう率直な形で政党中心政治を展開しようとした。革新倶楽部との合同も影響しているが、そもそも政友会が穏健な多数党として官僚勢力と協働してきたのは、歴代総裁による党指導もさることながら「過渡期」という状況認識のためであり、「過渡期」が過ぎたと考えればより率直な政党中心政治を志向するのであった。

二大政党は西園寺の政党内閣主義を疑っていなかった。そもそも二大政党にとって政党内閣制は、元老から与えられたものではなく、清浦奎吾を首相指名した西園寺に押し付け、自ら勝ち取ったものであった。[2] したがって、明治立憲制の政党中心の再編を進めるとともに、もっぱら国民の取り込みに励んだのであった。政友会は制度としての総裁公選制度を導入し、両党共に政策を立てて行う地方遊説を重視し、講習会を重ねた。そして有権者の取り込みは青年層と婦人層のような将来の有権者にも向けられた。婦人参政権問題も競って両党の政策に取り入れられた。一九三一年春の第五九議会で市川房枝ら婦選運動家が、政府が提出し衆議院で可決された婦人公民権案に反対したのは、二大政党が問題を取り上げるに至った以上、さらに望ましい案が早期に実現すると確信したためであった。日本の政党は一九二〇年代を通じて大衆民主政治下の組織文化へと変化し、同時に井上準之助や芦田均のような政党外の人材を引き寄せていった。また、首相選定のあり方についても、総選挙の多数に直接政権が渡るように説く馬場恒吾のように、さらなる民主的改革が論じられていた。

こうした政党中心政治を確立する上での第一の焦点は、明治憲法で設けられた公議機関の中での衆議院の事実上の優位の確立であった。明治憲法では、予算先議権以外は基本的に対等である貴族院と衆議院から成る帝国議会に加えて、条約の批准や官制など天皇の諮詢に応えて重要国務を審議する枢密院を置いていた。貴族院は、田中首相の問責決議案を可決し、浜口内閣下では衆議院を通過した労働組合法案を審議未了にし、婦人公民権案を否決して廃案に追い込んだ。他方、枢密院は、第一次若槻内閣を退陣に追い込み、不戦条約では文言について政府に宣言を付けさせ、ロンドン海軍軍縮条約をめぐっても強硬な姿勢をとった。しかし、他方で貴族院は、衆議院で多数を占める政党内閣を倒すことはできず、院内でも男子普通選挙制に基づく衆議院の院議が原則尊重されるという意識があった。また枢密院は、第一次若槻内閣を倒壊に導くと衆議院で枢密院非難決議が可決され、ロンドン海軍軍縮条約の審議は政府の強硬姿勢を受けて竜頭蛇尾に終わった。そして貴族院、枢密院共、外部はもとより内部からも改革論が起こる中で、貴族院改革には政友会が積極的、枢密院改革には民政党が積極的といずれも守勢に立たされていた。

次に、政党中心政治の確立に向けた第二の焦点は、政軍関係をはじめとする政官関係であった。陸軍は第一次世界大戦後、総力戦化への対応と、国内政治体制のデモクラシー化への対応という二重の挑戦を受けていた。軍部大臣文官制の導入など文民統制の強化が議論される中、政府の圧力によって山梨軍縮、宇垣軍縮が相次いで実施され、陸軍指導者も田中義一は軍服を脱いで政友会の第四代総裁になり、宇垣一成は民政党内閣と協力しながら組織利益の維持に努めていた。他方、海軍はワシントン会議に続くジュネーヴ海軍軍縮会議、ロンドン海軍軍縮会議と、相次ぐ国際軍縮の波にさらされ、強い不満を覚えつつも、政府に同調しつつ組織利益の確保を模索した。不満を強める海軍長老の伏見宮博恭王を説得する際に、岡田啓介軍事参議官が政党の一方から長く怨まれることは海軍にとって望ましくないと述べたことは、政党内閣制が海軍に及ぼした影響を示唆して興味深い。また、参謀本部と海軍軍令部は陸海軍組織内での軍政優位によって統御されており、一九三〇年代を迎えるまでの陸海軍主流はそれぞれの内部を統制し、不満はあっても、国際協調路線をとる政党政治に適応していた。他方、他の官僚組織はそもそも内閣に対して統帥権の独立や軍令など自律的な制度的根拠をもたず、大臣を通じて統制され、さらに第一次加藤高明内閣で置かれた政務次官と参与官によって政党内閣による官僚組織への統制は強化されていた。また、高橋や若槻、浜口など政党指導者の多くが財政指導者として大蔵省の主管する予算編成に精通しており、内務省に至っては地方官の党派的任免が問題となるなど政党政治の強い影響下にあった。そして、軍事と同様一定の自律性があると考えられていた外交も、二大政党との強い結び付きの中で展開していた。

そして、政党中心政治の確立に向けた第三の焦点は、天皇、元老、宮中官僚との関係であった。昭和天皇は、英国訪問時にジョージ五世の薫陶を受けるなど、政党政治に対して基本的に親和的であった。他方、元老は複数政党制に立脚した政党政治を肯定するに至った西園寺を一人残すのみとなり、元老の再生産にも否定的であった。そして、昭和天皇を日常的に支える宮中官僚の牧野伸顕内大臣はパリ講和会議の全権として西園寺首席全権を助けたなど、三者の関係は緊密であった。牧野内大臣は、第一次若槻内閣下で男子普通選挙制度に基づく初の総選挙を非政党内閣で実施する議論に共感を示すなど必ずしも西園寺と政治的考えは一致しないが、田中首相選定時には「憲政の常道」に言及し、政党内閣以外の選択肢を現実視していなかった。この時期の三者の相違は、日常的に政党内閣と向き合う中で、責任内閣制の徹底と内閣への全権委任型の立憲君主像を求める西園寺に対して、昭和天皇と牧野ら宮中官僚は、望ましい政党政治像を意識して政党内閣を助けながら時に弊害を矯正するという、政党政治を補完する立憲君主像を抱いていた点にあり、彼らも首相選定上では与野党間での政権交代を当然視し、政党が国政の中心となることを受容していた。

こうして全般的には政党中心政治の確立に向けて政治過程が進展していたがゆえに、明治立憲制のさらなる再編は新たな安定性を獲得するまでいくつかの混乱を見た。政党外では、従来の立場を失うことへの反動と、どのような政党中心政治をつくるべきかという二つの動きがあった。例えば軍との関係では、田中内閣の山東出兵は内政の行き詰まりから国民の注意をそらすための政党による軍の政治利用ではないか、という疑いと反発を陸軍内に与えた。それは従来の陸軍の自律性を脅かすものであった。他方、昭和天皇と牧野内大臣ら宮中官僚の善意は世論の支持を確信して田中内閣を総辞職に追い込んだ。さらに昭和天皇と牧野内大臣らは、自らの政治関与を抑制する代わりに元老の役割にますます期待するようになり、責任内閣制の徹底を図ることで元老の廃止を構想する西園寺の姿勢とは齟齬《そご》を来していた。

対して政党勢力内では、二大政党が枢密院や貴族院はおろか陸海軍すらも政党間での競争に利用する事態となった。西園寺はこのような態度を憂慮したが、政党外勢力は政党間競争に否応なく巻き込まれていった。政党中心政治の模索がはらんだ問題は、第一に政党間関係として、「憲政常道」と呼ばれた政権交代ルールが与野党間での政権交代であったために、政権をまず倒すことが奨励される結果となり、二大政党間での争いが尖鋭化した。このことは男子普通選挙制度の実施による有権者の激増と重なったために、選挙での競争をいっそう激しくした。第二に党の問題として、政党の体制化が政党への人材の流入を加速させ、それ自体は望ましいことであったが、他方で従来の政党の性質を変える意味を持った。(3)そして第三に、引き続く改革熱があった。元老という個人の役割を縮小させ、政党政治によって国政統合を果たそうという第一次世界大戦後の政治改革は、憲法秩序の再編を意味しており、第五〇議会で男子普通選挙制の成立や貴族院改革など当座の改革が果たされてからも、両党間での対立が多く憲法問題として議論された。不戦条約とロンドン海軍軍縮条約はいずれも外交政策としては肯定されながら、純然たる内政問題として憲法問題化された。幣原喜重郎首相臨時代理が議会に臨んだことが議会主義に反すると批判されたこともその一例であった。

以上の陣痛は、しかし、内閣の倒壊にかかわる問題であっても、だれが選ばれるべきかという首相選定上の問題ではなかった。強い政党は周囲を刺激しつつ国政のさらなる民主的統制に向けて急ぎ足で進んでいたのであり、批判は政党内閣の業績や、選挙革正運動、地方官の党派的任用への懸念など、統治者であればこそのあり様に向けられていた。

困難な時代の首相選定における「憲政常道」論の分化と逸脱——第二期

ところがこのような政党による明治立憲制のさらなる民主的再編への攻勢期は、結果的に長くは続かず、政党内閣制も中断するに至る。米国で始まった世界大恐慌による深刻な社会不安は、左右の過激主義を直接行動に駆り立て、さらに陸海軍内での国際軍縮への強い不満と、特に陸軍内での中国情勢の変化とソ連の軍事的脅威回復への懸念が相まって、政治危機へと発展していった。先に市川房枝らがより完全な婦人公民権案の早期実現を確信して制限付婦人公民権案に反対した第五九議会は、クーデタ未遂事件の発生によって軍の統制という点でも分水嶺となる。ここに、危機が相次ぐ困難な時代の中で機械的な首相選定もまた困難となり、新たな慣行がなお高い正統性を持ちながらも従来とは異なる形で二つの首相選定が行われる、第二期を迎える。一九三〇年代に政治的に存在感を増したのは軍と宮中であるといわれるが、この時期の一つの焦点は、元老・内大臣協議方式における元老西園寺と牧野内大臣ら宮中官僚との首相選定をめぐる判断の相違にあった。

二大政党は、統治主体化したればこそ一九二〇年代後半には正統性の問題を抱えていた。二大政党間で政権をめぐって激しく対立し、相次ぐ疑獄事件や議会内での暴力沙汰でイメージを悪化させていたことに加えて、より根源的に、世界的な議会政治の危機と西洋の没落が議論され、無産政党などからは資本主義政党という意味での「既成政党」という呼称によって全般的な価値剥奪を受けていた。その上、慢性的な不況で国民に豊かさを実感させることもできず、外交でも特段の成果があがっているとは理解されていなかった。

その中で政党内閣制の中断に直接結び付いていく危機が顕在化したのは、第二次若槻内閣であった。そもそも若槻内閣が成立したのは、浜口前首相がロンドン海軍軍縮条約をめぐってテロに遭い、職務の遂行が困難となったためであったが、若槻は浜口内閣の政策課題を引き継ぎ、果たせなかった官吏減俸を実施するなど深刻化する経済危機を前にいっそうの行政整理をめざした。このことは政党内閣と軍組織との軋轢《あつれき》を昂じさせ、先の第五九議会で陸軍中央を巻き込みつつ未遂に終わっていたクーデタ事件（三月事件）の全容が元老や宮中官僚、政府に伝わる。これは左右の暴力主義が軍の内部と結び付いたもので、先に桜会を組織した橋本欣五郎中佐が民間右翼の大川周明とともに宇垣陸相を首相候補とするクーデタを計画したが、最終段階で宇垣に拒否されたものであった。

こうして陸軍の統制が問題視される中で、関東軍参謀石原莞爾らによって引き起こされたのが満州事変であった。若槻民政党内閣は「不拡大方針」をとったが、石原は対外政策の転回によって国内の変化を期待する「外先内後」論を唱えていたように確信犯として事変を拡大し、陸軍中央の統制も充分に及ばなかった。さらに国内では、事変に呼応して再び橋本を中心にクーデタ未遂事件（十月事件）が起こされた。このような危機昂進への対処法として一つのモデルを提供したのが英国での「挙国一致」内閣の誕生であった。金融危機に対処する英国の大連立内閣は、事変後の陸軍統制と国際的孤立に悩む日本政治において起死回生の手と見られた。ここに単純な与野党間での政権交代を意味した「憲政常道」論は、もう一つの政党内閣論の登場で二つに分化し、二大政党が連立する協力内閣論は閣内不統一での内閣総辞職を引き起こした。

第二次若槻内閣が退陣すると、首相選定者にとって選択肢は三つあった。第一に、協力内閣論を唱えて閣内不統一を引き起こした安達謙蔵内相の動きを陰謀と見て大命を再降下することであった。第一次加藤高明内閣では、政友会出身閣僚が閣議で反対しつつ辞表を提出しなかったために閣内不統一を来したが、西園寺は憲政会単独での内閣改造を認めた。しかし、この選択肢は西園寺も牧野も現実的でないと考えた。そこで第二、第三の選択肢は、従来通りの単純な与野党間での政権交代と、英国をモデルとする大連立内閣の組織であった。この時、後継内閣をめぐって西園寺と牧野ら宮中官僚の考えは分かれた。西園寺が犬養政友会総裁による単独内閣を望ましいと考えたのに対して、牧野らは犬養首相はやむをえないまでも、政友会と民政党の連立内閣を希望したのである。西園寺はこの時、「薩長の内閣の時分」のことにまで言及して連立内閣に反対した。ここで注意しなければならないのは、両者が共に政党内閣制を支持していたことである。それは政党内閣制の枠内で強力な内閣を求めるための相違であった。西園寺は単独内閣が強力であると考え、牧野らは英国の「挙国一致」内閣のような連立内閣が強力であると考えた。西園寺のイニシアチブによるこの選定は、政治学者の蠟山政道から従来の慣行の強化と評価された。

犬養は大命を受けると政友会単独内閣を組織し、一九三二年二月の第一八回総選挙で圧勝した。この時、政友会と民政党の得票率合計は九三パーセントとさらに上昇し、議席率でも九六パーセントに迫った。外交を憂慮していた昭和天皇も、犬養内閣の穏健な方針に安心した。犬養首相は建国された満州国の承認にも消極的で、昭和天皇の力を借りてでも陸軍の統制回復を考えていた。他方、このたびの政権交代では青年将校の支持もある荒木貞夫が陸相となり、一九三二年一月には閑院宮載仁親王が参謀長に、真崎甚三郎が参謀次長にそれぞれ就いた。一連の人事を通して、三月事件、満州事変によって陸軍内部の統制力を低下させていた、一九二〇年代の政党政治と調和的であった陸軍主流が排除されていく。また、満州事変に続いて上海事変が起こり、これは何とか休戦に漕ぎ着けた。この間、国内ではテロが横行し、二月には血盟団事件によって将来の民政党総裁候補井上準之助が暗殺され、五月には海軍青年将校が陸軍士官学校生や民間の農本団体愛郷塾を巻き込んで五・一五事件を引き起こし、犬養首相を暗殺した。西園寺の選択は事実において否定されたのであった。

犬養首相が暗殺されると政友会は直ちに後継総裁を選んで大命降下を待ち、吉野作造も政友会内閣の出現を疑わなかった。しかし、成立したのは海軍長老の斎藤実内閣であった。これによって約八年間続いた政党内閣期は途切れ、政党内閣制は中断した。斎藤内閣選定で重要なのは、単に結果が政党内閣から非政党内閣に移ったというに止まらず、方式的にも変化していることである。西園寺は従来のように直ちに奏薦することをせず、さらに宮中官僚の要請を受けて首相経験者など重臣と協議した。この時、斎藤という選定結果も、元老が重臣と意見交換してから奉答するという選定方式も、牧野内大臣ら宮中官僚が準備したものであった。陸軍は政友会内閣の再現に備える一方、暴力的な青年将校運動を押さえるためにと、内部統制の問題をも政治資源として政党内閣の成立を強く牽制した。これに対して、四月には望ましい次期首相候補として斎藤の名前をあげていた木戸幸一内大臣秘書官長は、五・一五事件を一部青年将校の「盲動」ではなく、農村の窮乏や「既成政党の堕落、財閥の横暴等」に憤慨した「一の社会問題」とみなして、斎藤首班で政党を基礎とする「挙国一致」内閣による解決案を立案したのであった。

「憲政常道」に基づく選定は、その迅速性と公明性から政治的な運動を排除するものであった。したがって、西園寺がすぐに上京せず選定に日を置いたことは、すでに通常の機械的な選定が困難であることを自覚していたと言える。その上でなお政党内閣か否かで悩んだようである。重臣との協議という方式はかねがね牧野内大臣が唱えていたものであり、西園寺が忌避してきたものであった。西園寺と牧野ら宮中官僚には政策的判断に大きな差異はなく、共に幣原外交に代表される国際協調的な外交路線と、井上財政に代表される健全財政主義を支持していた。両者の相違は、政治力の調達をめぐって統治における個人、政党、そして補完者としての天皇の役割をどう評価するかにあった。西園寺は、維新の元勲が退場した後、将来的には元老の存在が憲法政治を損なうことを危惧していた。そこで個人に解決を求めず、システムの作用に期待し、二大政党で政党政治を育成していくことで天皇が政治の渦中に入る危険もなくなると考えていた。他方、牧野ら宮中官僚は、基本的に政党政治を党派政治ととらえており、元老など公平で権威のある個人の調整、すなわち「人格者」に期待し、さらには政党政治の弊害を矯正する天皇の役割にも期待した。それは、五・一五事件後に「現在の政治の弊を改善し、陸海軍の軍紀を振粛するは、一に首相の人格如何に依る」という希望を西園寺に伝えた昭和天皇も同様であった。[4] こうして、馬場恒吾が「真昼の幽霊」と呼んだ八年ぶりの非政党内閣が誕生した。

非常時暫定政権下での「常道」回復への模索と挫折——第三期

このように、政党内閣の連続は唐突に断ち切られ、以後、事実として敗戦後まで政党の党首を首相とする政党内閣は生まれなかった。ひとたび定着したはずの政党内閣制はなぜこれほどあっけなく崩壊したのか、と問わないではいられない。しかし、そもそも崩壊はあっけないものであったろうか。実は、それは政党内閣制の中断後さらに四年間を投じた緩慢で執拗な崩壊過程であった(5)。斎藤内閣は、「常道」である政党内閣への復帰を念頭に「非常時」の危機緩和に努める非常時暫定内閣であり、後を継いだ岡田首相にも同様の意識があった。他方で、「常道」への復帰には二大政党の反省が必要であると考えた点でも二つの内閣は共通していた。こうして第三期には、政党内閣制が一時中断された非政党内閣の下で、危機緩和による政党内閣への復帰と、より望ましい形での政党政治の再生がめざされながら、結果として危機が拡大する中で首相選定も変質し、政党内閣制が復元力を失っていく。そしてその間の政治過程において存在感を示したのが、西園寺と牧野に近い新世代の貴族政治家である原田熊雄と木戸幸一と近衛文麿であった。

一九三二年五月に斎藤内閣が成立すると、八月に西園寺は牧野内大臣に新たな首相選定方式の検討を依頼し、元老の優遇を辞退したいと伝えた。首相奏薦の下問を元老に限らず、重臣を集め、内大臣の下で協議する方式に改めることで、自らは首相選定から離れたいという意向を示したのである。これは、先に牧野が求めた斎藤選定時の先例を定式化する要請であった。政党内閣の連続が途絶えた直後に西園寺が首相選定からの引退を求めたことは、政党内閣の連続が単なる結果論ではなかったことをあらためて示している。しかし、内大臣中心の首相選定を求めた西園寺であったが、五・一五事件において牧野内大臣も襲撃対象となる中で引退は果たせず、重臣として首相経験者と枢密院議長があげられた一九三三年一月の成案では「当分ノ内」と時限を区切り、「元老其ノ必要ヲ認メタルトキハ」と必ずしも重臣と協議する必要がない形で決着させた。これは形式上たった一人の元老がその責任で奏薦するという元老指名方式であったが、未だ政党内閣期の単純な首相選定への可逆性を残す一方、内大臣と共に協議に預かるべき重臣の範囲が初めて明文で位置づけられた（第4章図3）。

西園寺が宮中官僚のイニシアチブを容れて斎藤に同意したのは、左右の暴力主義が軍内と結び付いて社会不安がますます昂じていく中で事件の続発を恐れ、緊張の緩和を期待したためであった。ところが、非常時暫定内閣の下で逆に危機は昂進していき、さらに局面が段階的に変化していく中で政党内閣制の復元力は失われていった。世界大恐慌が引き起こした一九三〇年代初頭の危機において、まず政党内閣制の枠内で対処しようとした局面を第一局面とすると、第二局面が一九三二年五月の斎藤内閣成立から翌三三年五月までの約一年間であった。斎藤内閣成立は驚きをもって受け止められ、二大政党から閣僚を得ているとはいえ短命政権が予想された。原敬内閣が政党内閣として長期政権を維持して以来、大政党が非政党内閣に閣内協力することはなかったが、衆議院に圧倒的多数を占める政友会は長い目で政党政治を擁護しようとする元老の判断を支持して閣僚を送った。他方、陸軍は満州事変が続く中で満州国の早期承認と育成に強い関心を持ち、引き続く作戦拡大（熱河事件）は国際連盟脱退へと事態を導いた。この時、昭和天皇と宮中官僚が御前会議を開いてでも連盟脱退を阻止しようとしたのに対して、西園寺は陸軍の統制に疑問を持ち、脱退もやむをえないと考えた。他方、大多数党でありながら首相を出せなかった政友会はこの時も元老の判断に従ったが、「常道」と、求められる反省との間でジレンマがあり、元老が後援する政権を倒しても政権が来るかどうかわからない中で、結局、内閣による政権の円満授受を期待しつつ不満と静観の間を揺れ動いた。

ところが、政友会が政権授受への契機として期待していた高橋是清蔵相の辞意が翻されて内閣が長期化して行くと、「常道」復帰に向けた内閣の暫定性が次第に失われていく。第三局面は、斎藤内閣が長期化の一歩を記した一九三三年五月から岡田内閣が成立する三四年七月までの約一年間であった。第二局面は、政党内閣主義を前提として危機緩和のために政党内閣が棚上されていたのであったが、第三局面では政党内閣主義それ自体が強い疑義にさらされた。五月には塘沽《タンクー》停戦協定が締結されて満州事変は終息したが、他方で再びクーデタ未遂事件としての神兵隊事件が起こり、さらに五・一五事件の被告減刑運動が社会的支持を集める中で、一九三五、六年の危機が高唱され、海軍軍縮が焦点となってきた。これに対して政府は、鈴木政友会総裁と若槻民政党総裁とを無任所大臣にすることで補強を検討したが果たせず、第六五通常議会の前には陸海軍当局から軍民離間声明が出されるなど、政党と軍が政府を挟んで対峙する事態となった。

さらに、首相選定について、先に判断の相違を顕在化させた西園寺と牧野との間で引き続き論争があった。一九三四年に入ると、牧野内大臣は選定に加わるべき重臣について、総理前官礼遇者であっても政党総裁は不適当ではないかと問題提起し、「人物本位」の観点から一木喜徳郎宮内大臣や斎藤前首相はどうかと相談した。西園寺は、政党の総裁を除外する理由はなく、「どこまでも公平に、且公然と重大な問題を解決することが必要である」と答えた。そして、「主権者たる陛下の極めて立憲的な思召を徹底させる」には首相経験者を集めて話し合わせることによって民心諒察の材料とする必要があり、内大臣や枢密院議長や元老などの「限られた少数の者」で相談して奉答するのは「頗る専制的で危険」であると反対した。(6) このことは、政党内閣期に元老と内大臣だけで奉答していたことを、西園寺は少数者の相談ではなく民心に基づくと考えていたことを示している。以後も、政変が予想されるたびに選定手続きについて確認が行われたように、首相選定方式は安定しなかった。

他方、第六五議会では政友会と民政党の提携を斡旋していた中島久万吉商相と、政友会から入閣していた鳩山一郎文相とが相次いで辞職に追い込まれた。ここに至って政友会議員は内閣に衆議院の解散総選挙を求めたが、斎藤首相も、そして元老と宮中と内閣の三者をつないでいた原田熊雄も、このような要請は政友会の党内問題が理由であると理解して拒絶した。そして斎藤首相は、新たな担い手で思い切った手を打つべきであると近衛を後継首相に目し始め、直面する政局に応じる短期的判断とはいえ、「常道」復帰のための臨時の措置という政権発足当初の暫定性は影を潜めつつあった。

そして危機対応の第四局面は、一九三四年七月の岡田内閣成立から二・二六事件までの約一年半であった。第六五議会が終わると、斎藤首相は帝人事件が広がる中で辞意を漏らして後継首相に近衛を推したが、西園寺は次の通常議会が召集される十二月に言及しながら、強く慰留した。西園寺は枢密院議長にも平沼騏一郎副議長の昇格を阻止し、憲法に明るい一木喜徳郎を推すなど内閣の攻勢を支える意思を示していた。しかし、西園寺の試みは足下から崩れた。先に三月事件の詳細が伝わって以来、陸軍の統制が主として問題となってきたが、この時焦点となったのは海軍の統制であった。海軍でもロンドン海軍軍縮条約以後、一九三二年二月には伏見宮博恭王を軍令部長に据え、三三年には軍令部令制定によって軍令部が独立し、さらに同時期、大角岑生海相の下で山梨勝之進や堀悌吉など条約派と見られた人物を次々と現役から追いやっていった。陸軍にとっての最優先課題は陸軍軍縮を未然に防ぐことと満州国の確保であったが、海軍にとっては国際的な海軍軍縮体制からの離脱であった。その中で来る海軍軍縮会議を憂慮する原田が岡田を首相候補として見出し、斡旋することで斎藤首相も賛同したのであった。こうして、全くの予想外に成立した第二暫定内閣である岡田内閣を前に、政友会は野党化した。

しかし岡田内閣は成立の課題を果たせず、日本は海軍軍縮体制から離脱した。さらに、衆議院多数党が野党にまわる脆弱な少数与党政権の下で国体明徴運動が起こり、政府は不本意な国体明徴声明に追い込まれていく。こうして普遍的な憲政論は、明治憲法固有の憲法論に取って代わられた。加えて政友会は重臣ブロック攻撃を開始し、一九三五年十二月、牧野内大臣は側近排撃論の中で辞職した。政党内閣制の成立に対応した宮中の積極主義を牧野内大臣と二人三脚で進めてきた昭和天皇は、この時、涙を見せたという。他方、陸軍は先に陸相が荒木貞夫から林銑十郎に代わって以来、内部統制の回復に努めたが、統制派と皇道派の対立は尖鋭化し、白昼、永田鉄山軍務局長が執務室で陸軍軍人によって惨殺される相沢事件が起きた。そして、第一九回総選挙直後に起こった二・二六事件によって、直面する危機を緩和し政党政治の回復と改善を同時にめざした非常時暫定政権の取り組みは挫折した。

戦後の回想によれば、木戸は二大政党の行動を「きわめて低調で策略的」、「国」や「憲法」が「どこへ行っちゃったかわからないっていうような動き方」と見ており、「西園寺さんの言われるような「二大政党で政党政治を育成していくっていうような頭で見ると、実に心細いんだなぁ、そのやり方が」という感想を抱いていた。(7) しかし、陸軍を統制し、政党政治回復への一里塚として期待を集めた宇垣が、政権の異動を「おみくじを引く様なもの」と評したように、首相選定上の不確実性が昂進すると各主体は行動の準則を失っていく。岡田内閣下で選挙粛正運動に尽力した市川房枝は、少しでも粛正された民意を表す選挙結果が首相選定に全く反映されなかったことを批判した。それは政党の資質以前の首相選定上の問題であり、先に一人の貴族院議員にすぎない原田が不相応な歴史的役割を果たしたことも、同様の問題であった。こうして政権交代システムとしての政党内閣制は質的にも崩壊し、以後、場当たり的な対応が続くのであった。

一九二四（大正十三）年の第一次加藤高明内閣成立に始まる政党内閣期は、約八年間、七代を重ね、一九三二（昭和七）年の犬養内閣崩壊で途絶えた。戦前における政党政治の時代はこの見かけ上の画期と同一視されるが、内実はそれほど単純ではなかった。一九一八（大正七）年から二二年の原・高橋両政党内閣期に具体化し、二四年の第二次憲政擁護運動を契機として二七（昭和二）年に成立した新たな政治体制の中核としての政党内閣制は、一九三二年の急激な局面転換にもかかわらず、その実、三六年の二・二六事件勃発で最終的に失われるまで、多面的で緩慢な崩壊過程をたどったのであった。二・二六事件後に「庶政一新」を掲げて成立した広田内閣は最初の通常議会を乗り切ることができず、一九三七年一月の政変では、西園寺が宇垣を指名したが陸軍の強い反対と宮中の腰の引けた対応から組閣できず、結局、林元陸相の組閣となった。西園寺は再び宮中官僚に元老引退を求め、その結果四月にあらためて決定された首相選定方式では、下問は内大臣に対して行われ、元老との協議が要件とされた（第5章図4）。これは一見、元老・内大臣協議方式への回帰を思わせるが、内大臣にはすでに想定される具体的な諮問先があり、重臣に問う前例があった点で一九三〇年の状況とは大きな違いがあった。長谷川如是閑は同年六月の近衛文麿内閣誕生に、もはや「憲政常道」を口にするものはいないと観察した。そして首相選定方式も、一九四〇年七月に将来の内大臣・重臣協議方式が導入された（第5章図5）。日本政治において一九一八（大正七）年から三六（昭和十一）年は、いわば「憲政常道」という議会政治に基づく政権の予測可能性が問われた長い一九二〇年代であったが、その改革の試みはついに成業に至らなかったのであった。(8)

政党内閣制はなぜ崩壊したのか——各主体の意思と権力

あらためて政党内閣制はなぜ崩壊したのだろうか。関係する主体を政党勢力、政党外勢力、首相選定者、世論・評論の四層に分け、従来の説明を意識しながらその原因を考えてみたい。この時三つの点に留意し、第一に、各主体を擁護派、攻撃派、静観派とその意思によって整理するとともに、影響力など権力の問題も議論する。第二に、政党内閣の連続が途絶えた政党内閣制の中断原因と、政党内閣に復帰できなくなる崩壊原因とをその間の時間差を意識しつつ区別して考察する。そして第三に、北岡伸一が、政党と軍との対立はもちろんであるが、「政党」という単一の主体も「軍部」という単一の主体も存在せず、政党内部、軍内部における対立が時代の展開で大きな役割を果たしたと指摘したように、各主体陣営内での差異と共通性とに注目する。(9)

まず、政党勢力である。政党内閣制の崩壊については軍も悪いが二大政党も悪いという自業自得論が多く、中でも陸軍と政友会への評価は厳しい。政党の腐敗、堕落、無能と言われるが、政党の劣化が政権からの政党の排除を招いたという、いわば自ら墓穴を掘る政党という理解は、同時代はもとより敗戦後にも引き継がれた。しかし、この理解は事実の前後関係において誤りであり、政党の劣化が政権からの排除を招いたのではなく、政権からの排除が政党の劣化を招いた。政党劣化の顕著な例として注目されるのが山本悌二郎による天皇機関説批判であるが、彼は犬養内閣の閣僚として美濃部達吉の勅選に参与しており、政権と直結する形で党の規律が維持されている限り、このようなことは起きなかったのである。そしてそもそも政党の規律が問題となったのは、有力な指導者が次々と暗殺され、政権交代のルールが混乱する中でのことであった。しかも、劣化したと言われた状況下の政党が他の主体と比べて劣っていたという事実はない。政党にはそれぞれの専門性と代表性をもった人材が集まり、木戸は若槻首相の責任感を疑問視したが、後には近衛の消極性に悩まされることになる。また対外政策についても、政党内閣期の二大政党はあくまでもヴェルサイユ＝ワシントン体制の枠内にあり、主張が比較的硬化していったのは政権から排除された後、復帰をめざす過程においてであった。(10)二大政党は政権から排除される中で次第に近代化装置としての側面を薄め、国民感情の表出というもう一つの本分に傾斜することで、政権への復帰をかえって阻害することになった。それでもなお、少数党でありながら与党となった民政党が可能な限り政民連携運動に努めたように、足の引っ張り合いで理解される二大政党も政党内閣制の再開を共通利益として行動した。

政党の腐敗という面では相次ぐ疑獄事件が国民の中での現実の政党イメージを悪化させたが、これは選挙粛正運動など絶えざる改善と自浄努力に待つしかなく、また新たに台頭した陸海軍が疑獄事件と無縁であったわけではない。その中で、政党内閣制擁護派としての二大政党が抱えた最大の問題は経済実績であり、国民の人生を揺るがした深刻な不況であった。

共に資本主義政党である政友会と民政党の保守二大政党制では経済問題の解決が不可能であり、かえって陸軍の方が社会改良に積極的であったとも言われる。(11) しかし、事実において政党政治には試されるほどの時間は与えられず、軍の社会政策的関心は軍事費を捻出する上で軍と国民の離間を避けるためで、いわゆる広義国防論も政党が政権を排除された後で主張され始めた。また、政党内閣が経済危機への対応を誤った点については、当時の経済学の問題も軽視できない。J・M・ケインズ(John Maynard Keynes)の『雇用・利子および貨幣の一般理論』が発表されたのは一九三六年で、責任感と専門知識にあふれた政党内閣はヨーロッパにおいても民主制の崩壊に寄与した官吏減俸の断行など、いうなれば正しく失敗し、後に宇垣は不況克服局面で井上準之助の経済政策を肯定的に振り返っている。しかし、それでもなお、時の施政者として眼前に展開した深刻な経済不況に対する弁解にはならない。他方、少数党は政党内閣制に対する擁護派、攻撃派、静観派を揺れ動いているが、本書の対象とする時期においては攪乱要因以上の影響力は確認できない。

次に、政党外勢力である。第一次世界大戦の終局にロシア革命が発生したことは社会主義者の期待を高め、国家主義者の危機感を強めた。左右の革新派グループは体制化した政党内閣制への否定的意思を持つ攻撃派であった。しかし、政治全般への影響力は基本的に小さく、テロによる状況への刺激や社会不安の煽動、そして特に国家主義グループについては軍内部への浸透を模索する間接的な役割に止まった。そこで重要であったのが、国家機関としての陸海軍であった。従来、陸軍への評価が厳しく、海軍については条約派と艦隊派の軋轢はありながらも斎藤や岡田、さらには二・二六事件時の鎮圧姿勢など、良識派のイメージが強い。しかし、政党内閣制の崩壊を考える時に海軍の果たした役割は大きい。中断を導く五・一五事件を引き起こしたのは海軍青年将校であり、崩壊につながる二度目の暫定内閣成立は第二次ロンドン海軍軍縮会議を前に硬化する海軍組織に対応するものであった。他方、陸軍では石原莞爾と橋本欣五郎の存在が大きく、三月事件と満州事変は長期にわたる影響を残した。陸軍組織として決定的であるのは、海軍側が起こした五・一五事件の後で中堅層が青年将校の動きを利用して政党内閣を排除したことであった。とはいえ、官僚機構としての陸海軍は必ずしも政党内閣制の攻撃派で一貫していたわけではなく、それぞれの組織利益を重視して機会主義的に行動した。一九二〇年代には政党政治の台頭に適応して政党内閣との協力関係の中で組織利益を図っていた陸海軍は、穏健な対外政策と軍縮によって特徴づけられる政党勢力に対して次第に組織利益との両立に困難を覚え、政治的弱者の反動に至った。すなわち、陸軍はさらなる軍縮の拒絶と満蒙問題の積極的解決に、海軍は国際軍縮体制からの離脱にそれぞれ固執し、それを担保するために統帥権の独立を強調し、軍部大臣を通して要求実現に努めるなど軍の自律性の高い政治のしくみを求めた。従来の政治メカニズムとの関係で言えば、憂慮された陸軍の統制が最後まで効果を発揮しなかったのは、軍の中での牽制者であるべき海軍が自己利益を図るために陸軍と協力し続けた結果であった。政党中心政治を拒絶する中で陸海軍の規律は弛緩し、良質な伝統も人材も現役組織から退けられ、さらに軍政の軍令に対する優位が覆された。こうして本来、近代化装置であるはずの軍は、政党中心政治を排除する過程において自ら日本の固有性論の中に埋没していったのであった。[12]

他の政党外の勢力として、枢密院の平沼騏一郎は非政党内閣の首班を自任し、期待を集めたが、伊東巳代治が政友会内閣の復活を当然視していたように、組織としての枢密院は静観派に止まった。このような機関としての中立性は貴族院や官僚制も同様である。[13]その中で重要な意味を持つのが斎藤首相と岡田首相である。明治立憲制下において首相の個性は施政に強く影響する。彼らは共に長期的な「政治システムをめぐる競合」では政党内閣制の再開を当然視する擁護派であったが、短期的な「政権をめぐる競合」では政党勢力から距離をとり、次第に政党を排除した秩序再建へと傾斜していった。

こうして見れば、政党勢力と政党外勢力の主体上の特徴については、先の北岡の指摘にもかかわらず、政友会と民政党に共通する政党内閣制からの利益、いずれも青年将校運動を含めた統制派と皇道派に共通する陸軍の利益、海軍の条約派と艦隊派の融和的統合の模索、そして陸軍と海軍の政党政治に対する共通した利益など、政党内閣制の中断と崩壊に際してはあらためて政党と軍という陣営間の対立が決定的であった。政党内部の右傾化が指摘されるが、陸海軍から見れば政党は自由主義に過ぎ、手を緩めれば再び国民を背景に陸海軍の死活的利益への圧迫が予想される存在なのであった。

そして首相選定者である。「宮中グループ」と呼ばれ、「重臣リベラル」という言葉があるように、内政、外交にわたって高い同質性によって理解されてきた同陣営内での多様性は、昭和天皇の没後、最も研究が進んだ分野の一つである。本書の対象とする時期において首相選定者の筆頭が、最後の元老西園寺公望であった。「人格化されたルール」と呼ばれた西園寺については、従来、「内閣製造者」としての高い権力を自明視して、その意思が問われてきた。すなわち、西園寺は政党内閣制を支持していたのか、それとも時々の判断が結果的にそのように見えただけだったのか。しかし、崩壊過程に止まらず成立過程も含めて観察すると、彼の権力には時期による揺らぎがある。政党内閣制が機能していた時期には彼の政党内閣主義は疑われず、各主体は西園寺の個々の判断に敏感ではなかったが、その中断によって逆に注目が集まった。その一方で西園寺の権力は首相選定者内で相対的であり、中断から崩壊にかけて次第に宮中官僚の影響力が高まった。そして首相選定の権力は基本的に政変後の処理にかかわる受動的権力であって、首相が決心した場合に内閣の総辞職を押し止める力はなかった。その意味で原田が斎藤に後継首相の選択肢を与えてしまったことは、西園寺の政治指導を阻害した。そして、政党内閣制が中断から崩壊に至る過程で西園寺と宮中官僚、中でも牧野との間には顕著な政治観の違いが見られる。牧野は国家主義思想に親和的で、首相選定への政党関係者の関与にも否定的であった。かといって、立憲政治の信奉者であった牧野が長期的な政治システムとして政党政治に否定的であったとは断定できない。憲法を停止しない限り議会の協力が必要である以上、彼にとっての改善された日本型政党政治像の中に、天皇の役割や政党政治から中立的な宮中や首相選定過程があったと考えられる。西園寺との相違は、システムを重視する西園寺に対して、個人の人格により強く期待した点にある。(14)

他方、首相選定過程に間接的でありながら深く関与し、時に決定的な影響を与えた原田、木戸、近衛の青年貴族政治家たちもまた、長期的な政治システムとしての政党政治を肯定しながら、改善された政党政治を志向する中で次第に現実の政党から距離を置いていった。西園寺は政党内閣期に長老政治家の弊害として責任のない側近者の専横をあげたが、特に近衛と原田の行動には自戒すべき点がある。その上で首相選定者をめぐる最大の問題は、政党内閣制をめぐる意図を超えて、首相選定を流動化させ、予測可能性を失わせたことである。(15) このことが政党勢力を混乱させ、政党を攻撃する勢力を励ます結果となった。なお、昭和天皇も青年貴族政治家たちと同様、厳密には首相選定者ではないが、首相選定者に直接、希望を伝えることができた。改善された政党政治を願い、擁護派から静観派に転じていくとも見えるが、中断、崩壊の両過程で受動的な影響に止まった[16]。崩壊過程の傾向として、首相選定者には憲法と憲法政治、議会と政党政治のうち、前者を守るために後者に妥協を強いた側面があった。しかし、いずれも後者を抜きにした前者はなかったと言えよう[17]。

最後に、世論・評論に表れるメディアと国民の位置についても論じておきたい。知識人や国民は、政党の腐敗、堕落、無能に辟易として政党内閣制の崩壊を喜び迎えたのであろうか。一九二五（大正十四）年にラジオ放送が開始されていたが、本書の対象時期においてメディアの中心は新聞であった。新聞は、満州事変が起こると政党内閣に先行して満州における独立国の樹立を訴え、競って国防献金を呼び掛けた。また、五・一五事件が起こると新聞は喧嘩両成敗の観点から政党にも反省を求め、純粋に事件を批判したのは政友会系新聞だけであった。しかし、事件後、世論に政友会内閣を擁護する声はなかったとも言われるが、吉野作造の日記などを見ても政友会の延長内閣成立を疑っておらず、声の上がる状況ではなかった。その意味で、政治腐敗は確かに国民の耳目に届きやすいテーマであったが、政党内閣制の中断は民意によるものではなく、不慮の暴発を恐れ、軍の統制を理由とする首相選定者の判断によるものであった。五・一五事件の被告減刑運動が国民の支持を集めたのも罪を憎んで人を憎まずの同情論であり、それすらも政党が政権を排除された後のことであった。また知識人については、西欧でも議会主義の危機が叫ばれ、不況下でマルクス主義思想が現状への説明力を増すと考えられる中で眼前の政党政治への支持は元来高くなく、より望ましい政治態様に向けての批判的考察が一般的であった。政党、軍、首相選定者の政治エリート三者にとって、大衆（マス）の動向は決定的に重要であった。新聞が同時期に商業紙化の傾向を強めるといってもなお政党との関係は深く、経済不況下の軍縮政策も世論の支持を受けていた。これに危機感を抱いた陸海軍は積極的に宣伝を行い、クーデタ未遂事件など不利な事実については反軍報道であると規制を求めた。政党内閣制の崩壊をめぐるエリートとマスの関係性を考える場合に重要なのは、対外政策をめぐるエリート・マス関係と政治システムをめぐるエリート・マス関係とが連動しながらも異なるものとして展開したことである。対外政策については国民は限られた情報と説明の中で比較的強硬であったが、国内の長期的な政治システムをめぐる判断については統制経済的な社会再編論が具体化するのは遅く、政党内閣期の政治体制をめぐるエリートと大衆間の意見一致は、五・一五事件と二・二六事件という暴力によって次第に覆されたのであった。その意味で二・二六事件時に新聞社が襲撃されたことも認識の誤りとは言えない。

以上を要すれば、政党内閣制崩壊の原因は、第一要素として、穏健な対外政策と軍縮を主導して国民の支持を背景に台頭しつつある政党中心政治への、陸海軍を中心とする政治的弱者の反動、第二要素として、世界大恐慌のもたらした社会への打撃、財政上の困難、秩序像の弛緩という触媒的効果、そして第三要素として、首相選定上の不確実性と閉塞化という、三要素の結合であった。すなわち、第二要素である世界大恐慌の影響だけでは崩壊しないが、第一要素である政治的弱者との摩擦や危機感を高めることで激発や謀略、宣伝を通した体制への深刻な攻撃を招き、第三要素である首相選定上の動揺が導かれたことで常態への復帰を阻害した。また、世界大恐慌の影響が長期に及ぶ中で、政治的弱者の反動が満州国の承認、国際連盟脱退、人事上の変化をともなう軍政軍令関係の変化、国体明徴の公認など、内外の中期的な制度化を伴ったことは、首相選定をめぐる変化とともに政党内閣制の再開を阻害し、二・二六事件後の政治的前提を形づくった。

政党内閣制の歴史的意義と現在——人類史の中のデモクラシー

では、一九二七（昭和二）年から三六年の間に進展した首相選定上の変化、政党内閣制を柱とする政党中心政治の模索と挫折によって、何が失われたのだろうか。また、この時期の経験は現在に何を遺したのであろうか。

政党内閣制の崩壊によって失われたものは、第一に、政友会と民政党の二大政党による国政支配であった。言いようによっては、両党の支持者以外にとっては惜しまれるものではなく、「金権選挙」や保守政治の批判者にとっては望ましいことですらあったろうか。また、実現しなかったものの近衛が自らの後継内閣として民政党総裁の町田忠治内閣に言及したように、政党内閣制が崩壊しても制度的には政党内閣が成立しえなくなるわけではない。しかし、第二に、政党内閣制の崩壊は新しい時代に対応しようとした首相選定のあり方を奪うものであった。政党内閣が連続するという慣行には二大政党の政治支配という意味を超えて首相選定上の意義があったが、その後も首相選定者の範囲は安定せず、「憲政常道」論に支えられた元老・内大臣協議方式によってひとたび解決された選定過程の問題、内閣成立の問題が再び噴出し、内閣の統治力についても肯定的な評価は困難である。結局のところ戦前日本は、最終的に元老以後の安定的な首相選定制度を創出することに失敗し、課題は敗戦後に持ち越されたのであった。

そして第三に、それは一つの体系としての内閣中心の責任政治の喪失であり、政党中心政治へのさらなる改革の道を閉ざすものであった[18]。西園寺は一八八五（明治十八）年の内閣制度発足に「吾邦政府が実権と責任とを有するの第一歩」となり「真実文明模範に入らしむるの第一年」となることを期待する手紙を伊藤博文に送っており、以後も彼の政治指導の中心には一貫して内閣があり、その内閣が議会の多数によって支持されることが想定されていた[19]。すなわち西園寺は、国政を統合的に指揮するだけの実権を有し、議会を通して国民に責任を負う政府を求めたのであった。市川房枝は一九三六（昭和十一）年の総選挙で社会大衆党が議席を伸ばしたことに希望を抱いたが、たとえ社会大衆党が衆議院で過半数を占めたとしても、政権と結び付かなくては国政を指導することはできない。政党内閣制の展開期に模索された政党中心政治への試みが失われると、憲法諸機関の割拠性を解決する方策として国策決定が盛んに論じられるようになったが、男子普通選挙制度の下で二大政党を中心に政権を競い合うというしくみに支えられていない国策決定とは、結局、政府内で声の大きい勢力の意向を反映する場でしかなく、国民の希望からも全体合理性からも遠ざかっていった[20]。

さらに、これら政治のしくみは政治の中身とも無関係ではない。第四に、政党内閣制を喪失することで、日本政治は社会改良への漸進的な方法を喪失した。憲法学者の佐々木惣一が一九二〇（大正九）年に「社会生活の改革を為すには、結局、政治に帰るの外はない」と述べ、市川房江が婦人問題解決の糸口を政治参加に求めたように、政権と結び付いた競争的な複数政党制が社会における問題を発見し、新たな政策を吸着していくのであった[21]。第五に、外交とのかかわりも論じておきたい。民主政治が合理的で国際協調的な対外路線と結び付いているとは限らない[22]。しかし、両大戦間期の日本の例に限れば、政友会と民政党の二大政党は共にヴェルサイユ＝ワシントン体制と呼ばれる第一次世界大戦後の新世界秩序に親和的であり、国際協調と軍縮に日本の発展を求め、中国領土の併合や分離は考えていなかった。また、制度としての政党には国際的な人脈もあった。

最後に、このような政治のしくみは内外政策の特徴を超えて、社会の基本的な価値や構成をも左右した。小野塚喜平次は英国民の美徳として、「彼等ノ大多数ハ自由自治民権等ヲ以テ英国特有ノ誇ルベキ長所ト為シ、此長所ハ政治組織上ニ於テハ政党内閣制トシテ現ル、コトヲ確信セリ」と述べたが、政治制度はある種の基本的価値を内包しており、政党内閣制を失う過程で日本社会は相貌を大きく変えていったのである。(23)

現在、日本における政治生活の基礎には人権とデモクラシーがあり、両者が体現する価値としくみは政治生活にとどまらず、社会生活のすみずみに行き渡っている。それは単に敗戦によって「負け取った」デモクラシーであろうか。(24)馬場恒吾は敗戦後の一九五〇（昭和二十五）年、若槻礼次郎の回顧録に序文を寄せて次のように述べた。(25)

昭和七年の五・一五事件につぎ、昭和十一年には二・二六事件があった。ともに日本のファッショ分子の議会政治に対する反抗であった。だがそうした反動の起こることは日本の議会政治が既に相当な力を有ち来った事を証明する。日本国民は民主主義のために五十年以上の悪戦苦闘を経てようやく議会政治を築き上げんとした。これを無視して日本の歴史を語ることはむちゃである。

戦後日本における民主政治の出自は、第一に敗戦後の占領改革にある。それは非軍事化と民主化を占領の基本方針とするGHQが持ち込んだデモクラシーであり、日本国憲法は占領改革の中で占領軍によって起草され、制定された。しかし、占領改革には一つの前提があり、それはポツダム宣言において復活・強化を図ると謳われた戦前における民主主義的傾向であった。そこで第二の出自として重要なのが、回帰すべき伝統としての一九二〇年代の政党政治であった。幣原喜重郎が「日本的「デモクラシー」」を語ることができたように、たとえ占領下につくられた憲法であっても、民主政治までが占領下につくられたわけではない。また、その経験は一人の元老によるものでもない。吉田茂は敗戦直後、米国の注文通りデモクラシーの世となれば当面我が世の春を独占するのは鳩山一郎であろう、と軽妙洒脱な手紙を書いている。(26)にもかかわらず、日本の民主的再建と一九二〇年代の政党政治との関係は単純ではなく、占領軍はかつての政友会、民政党代議士を保守的に過ぎると考え、戦後の民主政治の担い手として相応しくないと考えた。そしてこのような感性は日本側にもあった。このことの意味として第三に、日本の民主政治にとって反動の時代であったかに見える五・一五事件以後の懊悩も、現在の日本の民主政治に反面教師以上の一つの出自を残した。それは改良された政党政治の再建という展望であり、平等化や政治近代化への要請であった。

立憲政治の中に事実において育まれた戦前日本の民主政治は挫折に至ったが、敗戦後の占領改革では明確なしくみを与えられた。それは言葉の正しい意味において、復活し、強化されたデモクラシーである(27)。そして、政党内閣制の成立から崩壊への過程は両大戦間期の日本でただ一度だけ起こったことであるが、当時の日本の民主政治が抱えていた危機と可能性は多く他国の民主政治に共通するものであった。デモクラシーでいかに直面する課題群に解決を与え、次の世代に引き継いでいくのか。そして、多様でありそれぞれに固有の経緯と内容と文明的背景を持つ民主国家同士が、日々どのような関係を築き、異なる政治体制と共存し、将来的な世界を展望していくのか。こうした世界的な共通課題としてのデモクラシーを考える上でも、挫折と再建からさらに六十余年を過ぎた日本の経験は示唆に富む考察対象であると言えるだろう。

(1) 牧野『牧野伸顕日記』二六一頁。村井『政党内閣制の成立 一九一八〜二七年』二六二―六四頁。

(2) 北岡伸一は、「憲政の常道」という言葉について、「A党を基礎とする政権が行き詰まれば、辞職して野党第一党のB党に政権を委ねるべきだという主張であった」と説明した上で、「この主張が政界で広く共有されたことは一度もない」と評価し、にもかかわらず外見的にはそのように政治が進んだ理由を西園寺に求めた（北岡『官僚制としての日本陸軍』一九頁）。しかし、「憲政の常道」という言葉で重要なのは、第二次憲政擁護運動で「護憲三派」が一致して主張した政党内閣主義であり、政党外勢力による内閣組織への排他性であった。

(3) 三谷太一郎は、田中義一と鈴木喜三郎がともに政友会総裁となり、政党制そのものを支えなければならなくなったことを「原の鬼子が原の後継者となった」と述べている（三谷『政治制度としての陪審制』二五二頁）。また、本文中で述べたように、政友会の長老政治家岡崎邦輔は、二大政党の総裁になることが首相になることの蓋然性を高める中で、党内で金銭によって勢力を作り総裁をめざすことになったと記した（岡崎『憲政回顧録』三〇頁）。

(4) 原田『西園寺公と政局』二、二八八頁、以下、『原田日記』と略す。この時、政友会の次期総裁に選ばれた鈴木が保守的に過ぎたことが元老や宮中の不興をかって政友会内閣の延長を阻んだのではないか、高橋を暫定総裁に選んでいれば高橋に大命が下ったのではないかとは当時の政友会関係者も事後に意識したことであった（北岡『政党から軍部へ 1924～1941』一八八頁も参照）。しかし、国際連盟脱退過程も含めて考察すると、西園寺にとって政党内閣制は立憲君主と国民の関係を規定する重要な制度であって、彼が恐れたのはさらなるテロやクーデタの発生であった。したがって、西園寺の判断が五分五分を揺れ動く中で影響しなかったとは断言できないが、一政党総裁の個人的な政策志向にかかわる前評判によって判断を左右するとは考えにくい。対して影響があったとすれば宮中官僚であり、高橋を中立的な人格者と見れば高橋を軸とした解決策を考案した可能性はある。しかし、木戸は政党の反省と陸軍の反政党内閣熱を重視しており、牧野にも異なる判断は見られない。それは彼らが斎藤内閣の成立を政党内閣制の崩壊とは考えておらず、危機緩和後の常道回復を考えていたためでもある。逆説的に言えば、鈴木と政友会が陸海軍の利益に忠実で青年将校から期待を寄せられるような充分な保守性をもっていれば、非政党内閣への反転はなかったのである。

(5) 加藤陽子は一九三〇年代の一つの特徴として「体制変化の過程にみる緩慢さ」を指摘した（加藤『模索する一九三〇年代』三頁）。政党内閣制の崩壊という点でもこのような特徴が看取できる。

(6) 『原田日記』三、三二五―二六頁。

(7) 木戸『木戸幸一政治談話録音速記録』一（国立国会図書館憲政資料室蔵）、六四、五九頁。

(8) 村井「近代日本における多数主義と「憲政常道」ルール」三四頁。坂野潤治は一九三七年四月の総選挙を検討し、二・二六事件では「民主制」が直ちに崩壊しなかったと述べ、日中戦争勃発までを戦前日本の「民主化」の最終局面ととらえる（坂野『日本政治「失敗」の研究』第五章）。興味深い指摘であるが、本書は選挙結果の首相選定上の意味が重要であると考えるため、二・二六事件後を区切りとする。

(9) 北岡『政党から軍部へ 1924～1941』一〇頁。

(10) 外交の担い手としての政党という問題はあり、原田は政党大臣の社交性を問題にした（『原田日記』二、二二一頁）。芦田もまた満州事変時に政党政治は外交の力を弱くすると感じていた（芦田『芦田均日記 一九〇五―一九四五』三、四八七頁）。また、外交史研究者の服部龍二は、政党による外交指導が制度化されないままに満州事変を迎えてしまったことを「悲劇」ととらえている（服部『幣原喜重郎と二十世紀の日本』二九一頁）。

(11) 一例として、加藤『それでも、日本人は「戦争」を選んだ』四頁を参照。

(12) 軍の中で興味深いのは宇垣の動向である。五・一五事件直後の宇垣は軍服を脱いで民政党に入るという田中義一型の構想を抱いていたが、次第に新党に関心を抱き、さらには政党政治の弊害を矯正する軍という役割像にも言及するようになっている。歴史のイフは禁物であるが、仮に国民からの信望が調達できていれば、政党政治を補完する立憲君主像に対して、タイのように政党政治を矯正する軍という役割意識が形成されていた可能性もある（岡崎ほか『クーデターの政治学』を参照）。なお、このような陸海軍の自律性が確保されたことが陸海軍組織自身にとって望ましいことであったかは議論されるべきことである。特に陸軍において、経済や政治など専門を超えて手を出すことには軍内部からも憂慮があり、また、国民に対しても宣伝に努める一方で最後は暴力で押し切ることを想定せざるをえなかった。

(13) これはいわば「政治文化」の問題でもあり、クーデターの比較類型を行ったファイナーは、日本の政治文化がある程度の高さをもっていたことによって二・二六事件が失敗したと評価した（李『軍部の昭和史』上、一五頁）。これに対して筒井清忠は、ファイナーのいう「政治文化」が「ほぼリベラル・デモクラシー的な意味」であるのに対して、むしろ

「特異な天皇型政治文化」がクーデターを失敗させたと論じた（筒井『二・二六事件とその時代』三三五頁）。李炯喆もまたファイナーのいう「政治文化」が「英米型民主主義」であることを指摘した上で、日本の「土着の政治文化は明治体制に根を下ろして、西洋型政治文化と共存するようになった」と述べ、「西洋型政治文化」と「日本型政治文化」の両方の影響を指摘した（李『軍部の昭和史』下、二〇三頁）。日本の立憲政治文化はすでに二・二六事件を軍の内外において押し戻せるほどの高さをもっていたのに対して、政党中心政治については新たな政治段階であったと言えよう。

(14) 小宮「山本権兵衛（準）元老擁立運動と薩派」、同「牧野伸顕」を参照。この点で、西園寺が加藤高明を内大臣に良いと思うと述べたことは意味深長であり、さらに、西園寺は狙撃されて療養中であった浜口雄幸にも健康回復後の内大臣就任を要請していたと言われている（『原田日記』別巻、八四頁、奈良岡『加藤高明と政党政治』三八六頁、黒沢『大戦間期の宮中と政治家』一八六頁）。各政治家への評価を超えて、西園寺自身がそうであったように、政党内閣の首相経験者が引退後に党派を離れて政治の全体像や皇室の問題を政党政治との緊密な関係の上で担っていくという政治像がうかがえて興味深い。

(15) 緒方貞子は、斎藤内閣成立について、「政党の腐敗と指導力の欠如に対する不満は広く根深いものであった」こと、「政党が政党政治の擁護を叫ぶ気力を欠いていた」と指摘した上で、今一つの要因として、「内閣総理大臣の選定が、憲法外の存在である元老の手に委ねられ、しかも元老は、原田や木戸らの如き、これまた憲法上の責任の地位にない側近の情報にたよっていたことである」と首相選定上の問題を指摘した（緒方『満州事変』二八九頁）。

(16) 昭和天皇は政党内閣制を積極的に擁護すべきであったと主張することはできるだろうか。しかし、近代日本における政党内閣制の成立は立憲政治の中に民主政治が育まれていく過程であり、さらに、政党内閣制の中断は主観的には政党内閣制を長期的に維持する目的で行われ、さらに輔弼者が状況におされて後退していく中で天皇に突出した指導力を求めるのは過剰な期待であるように思われる。他方で、輔弼者の承認があったとはいえ、政党内閣制の揺籃期に立憲君主の使命感から田中義一首相を辞任に追い込んだことは、政治のバランスを崩し、その後の取り組みを困難にさせたと言えるだろう。昭和天皇については、三谷太一郎が昭和天皇の政治的生涯が政党内閣の下で、ワシントン海軍軍縮会議とほぼ時を同じくして始まったことがその政治的生涯を貫く立場や信条の形成にとって最も重要な条件となったと指摘していることは重要である（三谷『近代日本の戦争と政治』二〇七頁）。また、天皇と政治とのかかわりで、「超国家主義」と言われ、「重臣リベラリズム」と言うが、いずれも明治立憲制の正統な体制イデオロギーではなく、第一次世界大戦後の内外における民主化と世界大恐慌の衝撃に対して、一九二〇年代に進展した政党中心政治への道が排除される過程で日本政治が新たに生み出してしまった二つの新体制であり、言うなれば、一九三六年から約一〇年間、政党内閣制の再開に向けた一時しのぎが恒常化し、変質したものであると言えよう。なお、「重臣リベラリズム」については、三谷『学問は現実にいかに関わるか』五三―八一頁も参照。

(17) こうして明治立憲制は実質性を失っていったが、政治史学者の猪木正道は、河合栄治郎が二・二六事件時に「憲法慣行をも含」む「憲法秩序の重要性」を力説し、「憲法秩序さえ守られているならば、統治組織が一時的に乱れても、必ず復元できる」と説いたことを紹介し、「軍国主義化された大日本帝国の末期において、帝国憲法は軍部内の過激分子による強圧を受けながらも機能し続けたことを忘れてはならない」とポツダム宣言受諾に際して憲法がなお機能していたことの重要性を指摘する（猪木『猪木正道著作集』五、四一、二七六頁）。

(18) 政党内閣制が成立し、さらなる政党中心政治を模索した明治憲法下の政党政治の支配構造を述べれば、それは総じて三層の国政支配であった。第一に、帝国議会の権能としての法律と予算の統制である。第二に、内閣を担うことで内閣の権能を行使できたことである。政党内閣制は政党による内閣の支配を恒常化させる意味をもち、未だ内閣の統制が及ばないところについても今後の課題と考えられていた。そして第三に正統性原理の問題である。憲政の「常道」と呼ばれるような普遍的な憲法政治像は、立憲主義を基礎として、君主無答責原則下での「君民共治」論を議会主義へと近接させていく。このことが政党支配の拡大を思想的に支えていた。政党内閣制を失うことで、政党システムと政治システムとの結び付きは再び断たれ、正統性原理もまた、汚職事件や党派的人事、「非常時」に相応しくないといった消極的な批判から、日本固有の憲法にそぐわないという積極的な批判を受けるに及んで瓦解していった。回帰すべき普遍的な「常道」は失われ、再び政治の上での実態的条件にのみ依存することになったのである。残された帝国議会の権能はその後の戦時体制下においても基本的に維持されたが、それは政党内閣制下で政党に可能であったこととは比べものにならないと言えよう。

(19) 明治十九年一月十五日付伊藤博文宛西園寺公望書簡（伊藤博文関係文書研究会編『伊藤博文関係文書』五、四八—四九頁）。同書簡では「他日議院を并設するも憂なかるべし」とも記されており、内閣に実権を集約した上で、その内閣が議会の多数の支持を得ることで責任を果たすことが想定されていると言えよう。

(20) 北岡伸一は、「戦争に至る道のポイント・オブ・ノーリターンはどこか」という問いに、「合理的な決定をする能力」とそのための政治システムの崩壊に注目すれば「早めに取れば一九三一年」と論じている（北岡『官僚制としての日本陸軍』二一一—二一二頁）。

(21) 佐々木『憲政時論集』一、二七二頁。

(22) バーガーは、ヴェトナム戦争を契機に、「一九七七年頃までには、アメリカの読者も一〇年前とは違って、議会制を支持する文民政治家も欠陥だらけの対外政策や国防政策を熱烈に支持することがあるという見方を、受け入れるようになっていた」と記した（バーガー『大政翼賛会』iii頁）。

(23) 小野塚『欧州現代政治及学説論集』九二頁。また、中澤俊輔は治安維持法を論じて、「問題は、一九二〇年代ならば内務省と司法省にまだ歯止めをかけられたであろう、政党という存在が、三〇年代にはすっかり存在感を失っていたことである。〔中略〕政党の凋落とデモクラシーの失墜は、治安維持法の膨張を止められなかったことと無関係ではなかろう」と述べている（中澤『治安維持法』一六六—一六七頁）。

(24) 松本『国際日本の将来を考えて』二二頁。

(25) 若槻『明治・大正・昭和政界秘史』五頁。

(26) 〔一九四五年〕八月二十七日付来栖三郎宛吉田茂書簡（吉田『吉田茂書翰』五五三—五五五頁）。一九二〇年代の政党政治が米国の日本占領に与えた影響については、五百旗頭『日米戦争と戦後日本』を参照。

(27) 国際政治学者の高坂正堯は、敗戦から二十年経った一九六六年に「大正デモクラシーは、戦後の政治制度にとって貴重な遺産となったのではないだろうか。少なくとも、大正デモクラシーの経験がなかったならば、戦後の政治はより激しい混乱を示していたであろう」と述べた（高坂『高坂正堯著作集』一、三一二頁）。

あとがき

本書は、筆者にとって前著『政党内閣制の成立 一九一八～二七年』（有斐閣、二〇〇五年）に続く二冊目の単著である。本書も前著と同じく二〇〇二（平成十四）年一月に神戸大学大学院法学研究科に提出した博士学位論文「政党内閣制の形成と挫折――第一次大戦後の政治改革と明治立憲制の再編 一九一八～三二年」を基礎としている。序章で述べたとおり、本書は博士学位論文、そして二〇〇五年に出版した前著の視角と方法を踏襲しているが、その後の進展として次の三点を記しておきたい。第一に、対象時期を延ばした。博士論文の執筆過程で、二・二六事件まで分析しなければ話が完結しないのではないかという思いが強まり、学位論文提出の約半年前に指導教官に相談したが、まずは五・一五事件までで書き上げることを助言された。その時本書の範囲にまで手を広げていては、おそらく博士論文はついに完成しなかったであろうと思う。当時の着想をあらためてたどることができたことに感謝している。第二に、社会における政党内閣主義、言うなれば社会における「憲政常道」論に対する考察の強化に努めた。それは二つの理由からである。

まず、前著でも考察対象としながらなお不充分ではなかったかという思いがあり、博士学位論文審査時にも特に崩壊過程について審査委員から指摘を受けていた。このような社会における規範意識の展開については、川人貞史先生にお誘いいただいた『年報政治学』の共同研究を機会に、あらためて時期を遡って考察した。また、分析対象の性質の相違にもよる。政党内閣制の成立は、最終局面において、政党勢力や首相選定者が、政党外の政治諸勢力はもとより社会における規範意識に先行することで果たされた。対して崩壊過程では、政党勢力や首相選定者の規範意識に先行して、政党外勢力や社会が制度への忠誠や信頼を失っていた可能性が考えられ、いっそう慎重な考察に努めたためである。そして第三に、滞欧中の芦田均や金融資本家のラモント、グルー駐日米国大使など、不充分ながらも海外の視点を取り込むことを意識した。一九三〇年代初頭の政党政治の後退はあまりに急激に見えるとともに、ナショナリズムを背景とする同時代的「常識」の磁場が強く看取される。彼らもこのような時代の「常識」から自由ではないが、海外の視点を取り込むことによって考察に幅を与え、一九二〇年代の日本の政党内閣制を世界史の中で理解する一助とも期待できよう。

このように本書の執筆動機には、前著から引き継いだものもあれば新しい挑戦もあった。そもそも一九九七年に提出した修士論文「戦前政党内閣期成立期における首相選定方式の変化――「情意投合」路線から「憲政常道」へ」構想時にすでに両大戦間期政党政治の成立と崩壊をまとめて論じたいと企図していたこともあり、博士論文を経て前著出版後も残された宿題という思いがあった。また、成立を論じた視角、枠組みが、崩壊についても適用できるのか、すなわち「政党内閣」ではなく、「政党内閣制」を論じることの意味についてのさらなる検証、という学問的な興味もあった。しかし、それだけでは筆者を博士論文から十年をかけた二冊目の本書に向かわせなかったように思う。

このような学問的な動機とともに、二つの経験に強く励まされた。一つは、十年以上も前になろうか、ある時、中国からの留学生の一人に、過去に日本が行ったことを直視することは当然にせよ、なぜ他の国であれば同じ行動をとっても問題なく看過されることが日本に対しては戦後五十年も経て今なお激越な反応を生むのか、と問うたことがある。軍事費の対GNP比の問題であったかと思う。知日派でもあるその友人はとても控えめな物言いで、日本はかつて国内的には民主主義的で対外的にも国際協調路線をとりながらいつの間にか侵略戦争に突き進んでいった。他の国であればようすを見ながら批判できるが、日本の場合には危険に転化しうる要素は一歩目で止めなければならないのではないかという思いはある、といったようなことを、逆に申し訳なさそうに答えてくれた。この言葉に筆者は新鮮な驚きを覚えた。それは、過去の問題ではなく現在の問題であり、将来の問題ともなりうるのである。ひとたび成立し、充分に民主的かつ対外行動においても合理的に見えた日本政治がなぜあれほど簡単に逆転していったのか。それはいく度も問われ、さまざまな観点から答えを与えられてきた古典的な問いではあるが、冷戦後の歴史認識問題で湧いた一九九〇年代から二十一世紀初頭を大学生、大学院生として過ごした筆者にとっては、あらためて自らの答えを必要とする問いであった。

もう一つの経験は、二〇一〇年から一年間の在外研究体験である。二〇〇五年に前著はサントリー学芸賞を受賞した。その選評で田中明彦先生から「現代世界の各地での民主化について関心をもつ人々に、非常に興味深い権威主義体制内での民主化の事例研究を提示した」と評価を受け、今後の課題として「多くの民主化研究にあるように、軍との関係などに着目しつつ、世界の民主化プロセスとの理論的関連を明確化させ、戦前日本における「政党内閣制」の崩壊過程という、これまた一回かぎりの事象を、普遍的枠組みで説明することが、著者に課せられた次なる課題ではないか」と指摘された。筆者はその時この言葉を理解したつもりでいたが、二〇一一年初頭に北アフリカで権威主義体制が相次いで群衆による批判の対象となり、エジプトの政変に及ぶことを在外研究中の米国ケンブリッジの街頭で見る中で、なるほどこういうことであったかと衝撃を受けた。一身で及ぶ課題ではないが、本書が日本の経験についての議論を再活性化し、世界史の理解がつねに深まっていく契機の一環となればうれしい。また指導教官の五百旗頭真先生は、博士号取得のお祝いの食事会をしていただいた際に、多くの若手研究者に対するつねとして、「この分野での最先端だね」と誉め励ましてくださると同時に、「最後は力尽きたね」と微笑まれた。そして、審査を通して、崩壊過程の説明が自ら設定した枠組みの中での答えでしかないのでは、とも指摘された。捲土《けんど》重来を期するというが、阪神・淡路大震災の爪痕が残る神戸で修士論文のテーマに了解を得てから一八年目の本書が、一つの答えとなっていることを願っている。

本書の内容については、かつてイギリスの歴史家A・J・P・テイラーが「歴史家はしばしば実際に生起した事柄を好まず、それが異なって起こっていたらよかったのにと願っている。だが彼らがそのためになしうることは何もない」（『第二次世界大戦の起源』一三頁）と述べた言葉に、筆者は付け加えるべき何ものも持たない。ただ本書執筆中に印象に残ったのは、政党政治における内外政策の本質として語られた「互譲妥協」という言葉であった。テイラーは「ユートピアニズムと失望の間には第三の道がある。それは世界をあるがままに捉え、これを一層良くすることである」とも述べている(『ヨーロッパ・栄光と凋落』四二四―二五頁)。こうしてある時代、ある状況の下で人が生きるというのはどういうことなのだろうか。また、私たちはどう生きるのだろうか。日本国憲法が大切であるから、また先の戦争への反省があるからデモクラシーが大切なのではない。大日本帝国憲法下にあっても、デモクラシーの有無は日本政治の死活を分けたのであった。それは人権についても同様であろう。であればこそ、もう一度危機の時代の日本政治を考え、人権とデモクラシーを通じて善政を求める工夫を重ねていかなければならないのではないだろうか。前著で、危機はつねに新しく、国家の運営に与る国民が議会政治について学び、議会政治の健康体を養わなければならないという緒方竹虎の指摘は輝きを失っていないように思われる、と書いた。今も同じことを繰り返したい。

本書も多くの方々の支えなしには完成しなかった。筆者の教育・研究活動の基盤である駒澤大学の教職員・学生諸氏には重ねてお礼を述べたい。次にハーヴァード大学ライシャワー日本研究所での在外研究について、受け入れていただいたアンドルー・ゴードン先生、スーザン・ファー所長、スタッフの方々とそこでの多くの出会いに心からお礼を述べたい。同大学の濃赤色のスクールカラーは、母校新潟高校の海老茶色や神戸大学のブリック・カラーを想起させ、単身赴任下の一学生に戻る中、日々励まされる思いでセミナーや授業、図書館に通ったことも懐かしい。帰国が間近に迫った二〇一一年初頭にエジプト情勢が急展開を見せ、帰国直前には東日本大震災の報に接した。さらに、指導教官である五百旗頭真先生にあらためてお礼を述べたい。石原莞爾研究を出発点とされる先生は、筆者の政党内閣制崩壊過程研究の成業を厳しい目で、しかしそっと見守ってきてくださったように思う。先生の薫陶と惜しみない機会の提供に深く感謝しているが、中でも総勢三二人の共同執筆による『日米関係史』の合宿研究会は、筆者の政治史研究者としての礎となる体験であった。またもう二十年近く前になろうか、ゼミでうかがった、軍は本来武力行使に慎重であるという先生の話は、強い印象を今も残している。

修士論文完成以来、二十世紀日本研究会をはじめ数々の研究会や共同研究の場で学ばせていただき、日本政治外交史研究会や国会研究会、憲法史研究会そして日本比較政治学会などいくつかの研究会や学会研究大会では、本書にかかわる報告の機会をいただいた。関係する先生方に心からお礼を述べたい。それぞれ感謝にたえないが、本書との関係で特に思い出すのは御厨塾と関西AAA研究会である。御厨塾では、御厨貴先生を中心に中堅から若手の日本政治史研究者が月二回ほど集まって『原敬日記』を読んできた。参加された西川誠先生が、「職務でもなく研究でもなくただ史料を読むというのはすばらしいことだ」とおっしゃっていたことを、深い共感とともに思い出す。また、関西AAA研究会は大西裕先生、永井史男先生、木村幹先生らを中心に地域研究を学ぶ研究会で、院生時代にしばらく参加させていただいた。日本を知るには世界を知る必要があり、日本研究が世界を理解する手がかりともなることを学んだ。本書執筆の最終段階では、小宮一夫先生と服部龍二先生に原稿を読んでいただいた。次の研究につながるような指摘も多く、本書に活かし切れていない点も多い。深く感謝して今後の研究につなげていきたい。すべてお名前をあげることはできないが、この二十年間、本当に多くの先生方の学恩を受けてきた。深謝したい。本書は、JSPS科研費一八三三〇〇二六（研究代表者・増山幹高教授）、一九三三〇〇三三（福永文夫教授）、二〇三三〇〇二三（川人貞史教授）、二〇七三〇一〇四（個人）、二一二四三〇〇四（大石眞教授）、二四二四三〇〇四（大石眞教授）、ならびに駒澤大学特別研究助成金（個人）の助成による成果の一部である。記して謝意を表したい。

有斐閣の青海泰司氏にも前著同様、重ねてお礼を述べたい。有斐閣アカデミアの池一氏は、編集実務を担ってくださった。在外研究への出発前に、本書についてすでに有斐閣と出版の約束が交わされていたことは、筆者の在外研究をさらに実りあるものにしたと感じている。両先達の導きに、心からの感謝を申し上げる。

最後に家族に感謝したい。誕生を前著と競った長男智哉はすでに小学生となり、次男勇介も元気に保育園に通っている。二人の屈託のない笑顔には、未来を育む喜びと責任に日々襟を正される思いである。その間、子育てと仕事の両立に奮闘する若い夫婦にとって義父足立喜代一、義母正代から受けた協力と愛情ははかりしれない。心から感謝を述べたい。また、父武典、母ユキコ、姉富田多恵子が健康に過ごしていることもうれしいことである。思い起こせば、神戸において妻と出会い、新たな家庭を築く機会を得たことで私の前半生は大きな黒字決算であった。これからは少しでも世のため人のため、そして彼女のためにもなるような生涯をと願っている。私の研究者としての出発点となった研究に一つの区切りをつけ、新たな出発を刻む本書を、心からの感謝と尊敬の念を込めて、愛する尚子に捧げる。

二〇一四年二月十四日

沈思黙考に努めて

村井良太

主要参考文献

一　邦語未公刊史料および公文書

●国立国会図書館憲政資料室収蔵資料

『秋田清関係文書』
『浅沼稲次郎関係文書』
『芦田均関係文書』
『安達謙蔵関係文書』
『荒木貞夫関係文書』
『安藤正純関係文書』
『伊沢多喜男関係文書』
『石井光次郎関係文書』
『石原莞爾関係文書』
『市川房枝政治談話録音速記録』
『上田仙太郎関係文書』
『宇垣一成関係文書』
『小川平吉関係文書』
『外務省文書』
『片倉衷関係文書』
『樺山愛輔関係文書』
『賀屋興宣政治談話録音速記録』
『川崎卓吉関係文書』
『貴族院五十年史編纂会収集文書』
『木戸幸一政治談話録音速記録』
『倉富勇三郎関係文書』
『古島一雄関係文書』
『近衛文麿関係文書』
『小橋一太関係文書』
『斎藤実関係文書』
『迫水久常政治談話録音速記録』
『幣原喜重郎関係文書（幣原平和文庫）』
『清水澄関係文書』
『鈴木茂三郎政治談話録音速記録』
『財部彪関係文書』
『田中義一関係文書』
『田健治郎関係文書』
『鶴見祐輔関係文書』
『浜口雄幸関係文書』
『原田熊雄関係文書』
『平沼騏一郎関係文書』

『牧野伸顕関係文書』

『真崎甚三郎関係文書』

『松本剛吉関係文書』

『山川端夫関係文書』

『山本権兵衛関係文書』

『山本悌二郎関係文書』

『(旧) 陸海軍関係文書』

『若槻礼次郎関係文書』

●その他

『警務課昭和三年度日誌』衆議院事務局警務部蔵。

『田中義一文書』山口県文書館蔵。

『鳩山一郎文書』未公刊日記、鳩山記念館蔵。

『婦人参政関係史資料』財団法人市川房枝記念会女性と政治センター蔵。

『山岡萬之助関係文書』学習院大学法学部・経済学部図書センター蔵。

国立公文書館アジア歴史資料センター。

国立公文書館デジタルアーカイブ。

国立国会図書館帝国議会会議録検索システム。

国立国会図書館近代日本デジタルライブラリー。

神戸大学附属図書館デジタルアーカイブ新聞記事文庫。

水沢市立後藤新平記念館編『後藤新平文書』雄松堂フィルム、一九八〇年。

「日中歴史共同研究」報告書（日本語論文、二〇一〇年一月三十一日、中国語論文翻訳版、二〇一〇年九月六日）外務省ホームページ（http://www.mofa.go.jp/mofaj/area/china/rekishi_kk.html）。

二　邦語単行本

相澤淳『海軍の選択――再考真珠湾への道』中公叢書、二〇〇二年。

青木保・川本三郎・筒井清忠・御厨貴・山折哲雄編『戦争と軍隊』（近代日本文化論10）、岩波書店、一九九九年。

青木得三『浜口雄幸・若槻礼次郎』（三代宰相列伝）時事通信社、一九五八年。

赤松克磨『日本社会運動史』岩波新書、一九六二年。

麻田貞雄『両大戦間の日米関係――海軍と政策決定過程』東京大学出版会、一九九三年。

朝日新聞「検証・昭和報道」取材班『新聞と「昭和」』朝日文庫、上、二〇一三年。

朝日新聞社編『議会と選挙の粛正』朝日新聞社、一九四三年。

芦田均／進藤栄一・下河辺元春編『芦田均日記』全七巻、岩波書店、一九八六年。

芦田均／福永文夫・下河辺元春編『芦田均日記　一九〇五－一九四五年』全五巻、柏書房、二〇一二年。

安達謙蔵『安達謙蔵自叙伝』新樹社、一九六〇年。

安部磯雄『次の時代』春陽堂、一九三〇年。

安倍源基『昭和動乱の真相』中公文庫、二〇〇六年。

天川晃・御厨貴・牧原出『日本政治外交史――転換期の政治指導』放送大学教育振興会、二〇〇七年。

雨宮昭一『近代日本の戦争指導』吉川弘文館、一九九七年。

――『戦時戦後体制論』岩波書店、一九九七年。

――『総力戦体制と地域自治――既成勢力の自己革新と市町村の政治』青木書店、一九九九年。

――『占領と改革』（シリーズ日本近現代史7）岩波新書、二〇〇八年。

荒木武行『加藤高明論』大観社、一九二五年。

有泉貞夫『明治政治史の基礎過程――地方政治状況史論』吉川弘文館、一九八〇年。

有澤廣巳『ワイマール共和国物語余話』東京大学出版会、一九八四年。

有竹修二『斎藤実』（三代宰相列伝）時事通信社、一九五八年。

――『前田米蔵伝』前田米蔵伝記刊行会、一九六一年。

――／内政史研究会編『有竹修二氏談話第二回速記録』（内政史研究資料29）内政史研究会、一九六四年。

――編『内田信也』内田信也追想録編集委員会、一九七三年。

有馬学『「国際化」の中の帝国日本 1905～1924』（日本の近代4）中公文庫、二〇一三年。

――『帝国の昭和』（日本の歴史23）講談社学術文庫、二〇一〇年。

――・三谷博編『近代日本の政治構造』吉川弘文館、一九九三年。

有馬頼寧／伊藤隆・尚友倶楽部編『有馬頼寧日記』三、山川出版社、二〇〇〇年。

粟屋憲太郎『十五年戦争期の政治と社会』大月書店、一九九五年。

――『昭和の政党』岩波現代文庫、二〇〇七年。

――『東京裁判への道』講談社学術文庫、二〇一三年。

――・小田部雄次編『資料日本現代史9 二・二六事件前後の国民動員』大月書店、一九八四年。

安藤徳器『西園寺公望』（人物再検討叢書）白揚社、一九三八年。

安藤良雄編『昭和政治経済史への証言』中、毎日新聞社、一九七二年。

李炯喆『軍部の昭和史』上・下、NHKブックス、一九八七年。

飯尾潤『日本の統治構造――官僚内閣制から議院内閣制へ』中公新書、二〇〇七年。

家近亮子『蔣介石の外交戦略と日中戦争』岩波書店、二〇一二年。

家永三郎『日本近代憲法思想史研究』岩波書店、一九六七年。

五百旗頭薫『大隈重信と政党政治――複数政党制の起源 明治十四年―大正三年』東京大学出版会、二〇〇三年。

五百旗頭真『政治史Ⅱ 日本政治外交史』放送大学教育振興会、一九八五年。

――『米国の日本占領政策――戦後日本の設計図』上・下（叢書国際環境）中央公論社、一九八五年。

――『秩序変革期の日本の選択――「米・欧・日」三極システムのすすめ』PHPブライテスト、一九九一年。

――『日米戦争と戦後日本』講談社学術文庫、二〇〇五年。

――『占領期――首相たちの新日本』講談社学術文庫、二〇〇七年。

――編『日米関係史』有斐閣ブックス、二〇〇八年。

池田清『海軍と日本』中公新書、一九八一年。

――『日本の海軍』上・下、学研M文庫、二〇〇二年。

池田純久『日本の曲り角――軍閥の悲劇と最後の御前会議』千城出版、一九六八年。

池田超爾編『立憲民政党政策講演集』民政社、一九三五年。

伊香俊哉『近代日本と戦争違法化体制――第一次世界大戦から日中戦争へ』吉川弘文館、二〇〇二年。

伊佐秀雄『尾崎行雄〔新装版〕』（人物叢書）吉川弘文館、一九八七年。

伊澤多喜男伝記編纂委員会編『伊澤多喜男』羽田書店、一九五一年。

伊沢多喜男文書研究会編『伊沢多喜男関係文書』芙蓉書房出版、二〇〇〇年。

石田雄『日本の政治と言葉』上（「自由」と「福祉」）東京大学出版会、一九八九年。

石橋湛山『湛山回想』岩波文庫、一九八五年。

石原莞爾／角田順編『石原莞爾資料 戦争史論〔新装版〕』（明治百年史叢書17）原書房、一九九四年。

石原莞爾／角田順編『石原莞爾資料（増補）国防論策篇〔新装版〕』（明治百年史叢書18）原書房、一九九四年。

市川房枝『私の婦人運動』秋元書房、一九七二年。

――『市川房枝自伝 戦前編』新宿書房、一九七四年。

――『野中の一本杉――市川房枝随想集二』新宿書房、一九八一年。

――『市川房枝――私の履歴書ほか』（人間の記録88）日本図書センター、一九九九年。

――／市川房枝記念会監修『市川房枝集』全九巻、日本図書センター、一九九四年。

一木先生追悼会編『一木先生を偲ぶ』一木先生追悼会、一九五五年。

伊藤孝夫『大正デモクラシー期の法と社会』京都大学学術出版会、二〇〇〇年。

――『瀧川幸辰――汝の道を歩め』（ミネルヴァ日本評伝選）ミネルヴァ書房、二〇〇三年。

伊藤隆『昭和初期政治史研究――ロンドン海軍軍縮問題をめぐる諸政治集団の対抗と提携』東京大学出版会、一九六九年。

――『大正期「革新」派の成立』塙選書、一九七八年。

――『昭和史をさぐる』朝日文庫、一九九二年。

伊藤武雄・荻原極・藤井満州男編『現代史資料32 満鉄2』みすず書房、一九六六年。

伊藤博文／宮沢俊義校注『憲法義解』岩波文庫、一九四〇年。

伊藤博文関係文書研究会編『伊藤博文関係文書』五、塙書房、一九七七年。

伊東巳代治／広瀬順晧監修・編『伊東巳代治日記・記録 未刊翠雨荘日記――憲政史編纂会旧蔵』六・七巻（近代未刊史料叢書3）ゆまに書房、一九九九年。

伊藤之雄『大正デモクラシーと政党政治』山川出版社、一九八七年。

――『昭和天皇と立憲君主制の崩壊――睦仁・嘉仁から裕仁へ』名古屋大学出版会、二〇〇五年。

――『元老西園寺公望――古希からの挑戦』文春新書、二〇〇七年。

――『政党政治と天皇』（日本の歴史22）講談社学術文庫、二〇一〇年。

――『昭和天皇伝』文藝春秋、二〇一一年。

――・川田稔編『環太平洋の国際秩序の模索と日本――第一次世界大戦後から五五年体制成立』山川出版社、一九九九年。

――・川田稔編『二〇世紀日本の天皇と君主制――国際比較の視点から1867～1947』吉川弘文館、二〇〇四年。

――・川田稔編『20世紀日本と東アジアの形成 1867～2006』ミネルヴァ書房、二〇〇七年。

絲屋寿雄『メーデーの話』労旬新書、一九六九年。

犬養毅／鷲尾義直編『新編 犬養木堂書簡集』岡山県郷土文化財団、一九九二年。

犬養毅／山浦貫一編『景気カ不景気カ 犬養か・浜口か』誠文社、一九三〇年。

犬丸秀雄監修『日本国憲法制定の経緯――連合国総司令部の憲法文書による』第一法規出版、一九八九年。

井上敬介『立憲民政党と政党改良――戦前二大政党制の崩壊』北海道大学出版会、二〇一三年。

井上準之助論叢編纂会編『井上準之助伝』井上準之助論叢編纂会、一九三五年。

井上寿一『危機の中の協調外交――日中戦争に至る対外政策の形成と展開』山川出版社、一九九四年。

――『戦前昭和の社会 1926-1945』講談社現代新書、二〇一一年。

――『戦前昭和の国家構想』講談社選書メチエ、二〇一二年。

――『政友会と民政党――戦前の二大政党制に何を学ぶか』中公新書、二〇一二年。

井上光貞・永原慶二・児玉幸多・大久保利謙編『明治憲法体制の展開〔普及版〕』下（日本歴史大系15）山川出版社、一九九六年。

井上光貞・永原慶二・児玉幸多・大久保利謙編『第一次世界大戦と政党内閣〔普及版〕』（日本歴史大系16）山川出版社、一九九七年。

井上光貞・永原慶二・児玉幸多・大久保利謙編『革新と戦争の時代〔普及版〕』（日本歴史大系17）山川出版社、一九九七年。

猪木武徳編『戦間期日本の社会集団とネットワーク――デモクラシーと中間団体』NTT出版、二〇〇八年。

猪木正道『民主的社会主義』中央公論社、一九六〇年。

――『軍国日本の興亡――日清戦争から日中戦争へ』中公新書、一九九五年。

――『猪木正道著作集』五、力富書房、一九八五年。

イハラキ時事社編輯局編『風雲児内田信也』イハラキ時事社、一九三五年。

今井清一・高橋正衛編『現代史資料4 国家主義運動1』みすず書房、一九六三年。

入江昭『日本の外交――明治維新から現代まで』中公新書、一九六六年。

――『二十世紀の戦争と平和〔増補版〕』（UP選書）東京大学出版会、二〇〇〇年。

――・有賀貞編『戦間期の日本外交』東京大学出版会、一九八四年。

入江相政／朝日新聞社編『入江相政日記』一、朝日新聞社、一九九〇年。

岩井忠熊『西園寺公望――最後の元老』岩波新書、二〇〇三年。

岩波書店編集部『近代日本総合年表〔第四版〕』岩波書店、二〇〇一年。

岩淵辰雄『現代日本政治論』東洋経済新報社、一九四一年。

犬童一男・河合秀和・高坂正堯・NHK取材班『かくして政治はよみがえった――英国議会・政治腐敗防止の軌跡』日本放送出版協会、一九八九年。

上原勇作／尚友倶楽部編『上原勇作日記』芙蓉書房出版、二〇一一年。

上原勇作関係文書研究会編『上原勇作関係文書』東京大学出版会、一九七六年。

宇垣一成／角田順校訂『宇垣一成日記』一・二、みすず書房、一九六八・七〇年。

宇垣一成関係文書研究会編『宇垣一成関係文書』芙蓉書房出版、一九九五年。

鵜崎熊吉『犬養毅伝』誠文堂、一九三二年。

臼井勝美『中国をめぐる近代日本の外交』筑摩書房、一九八三年。

――『満州国と国際連盟』吉川弘文館、一九九五年。

――『日中外交史――北伐の時代』塙新書、二〇一一年。

内山慶之進編『西園寺公追憶』中央大学、一九四二年。

梅津美治郎刊行会・上法快男編『最後の参謀総長梅津美治郎』芙蓉書房出版、一九七六年。

江木千之翁経歴談刊行会編『江木千之翁経歴談』下、江木千之翁経歴談刊行会、一九三三年。

江口圭一『二つの大戦』（大系日本の歴史14）小学館ライブラリー、一九九三年。

――司会『大正デモクラシー』（シンポジウム日本歴史20）学生社、一九六九年。

大石眞『日本憲法史〔第二版〕』有斐閣、二〇〇五年。

大内力『ファシズムへの道〔改版〕』（日本の歴史24）中公文庫、二〇〇六年。

大江志乃夫『張作霖爆殺――昭和天皇の統帥』中公新書、一九八九年。

大川周明関係文書刊行会編『大川周明関係文書』芙蓉書房出版、一九九八年。

大蔵公望／内政史研究会・日本近代史料研究会編『大蔵公望日記』一・二、内政史研究会、一九七三・七四年。

大月社会問題調査所『政界前途不安に伴ふ大同団結運動――後継内閣は誰の手に？』大月社会問題調査所、一九三四年。

大西比呂志編『伊沢多喜男と近代日本』芙蓉書房出版、二〇〇三年。

大前信也『昭和戦前期の予算編成と政治』木鐸社、二〇〇六年。

大山礼子『日本の国会――審議する立法府へ』岩波新書、二〇一一年。

岡義武『近衛文麿――「運命」の政治家』岩波新書、一九七二年。

――『近代日本の政治家』岩波現代文庫、二〇〇一年。

――／篠原一・三谷太一郎編『岡義武ロンドン日記 1936-1937』岩波書店、一九九七年。

岡崎邦輔『憲政回顧録』福岡日日新聞社東京聯絡部、一九三五年。

岡崎久彦・藤井昭彦・横田順子『クーデターの政治学――政治の天才の国タイ』中公新書、一九九三年。

岡沢憲芙『政党』（現代政治学叢書13）東京大学出版会、一九八八年。

岡田啓介／岡田貞寛編『岡田啓介回顧録』中公文庫、一九八七年。

緒方貞子『満州事変――政策の形成過程』岩波現代文庫、二〇一一年。

岡田貞寛『父と私の二・二六事件』光人社NF文庫、一九九八年。

岡田大将記録編纂会編『岡田啓介』（歴代総理大臣伝記叢書22）ゆまに書房、二〇〇六年。

緒方竹虎『議会の話』朝日新聞社、一九二九年。

岡部長景／尚友倶楽部編『岡部長景日記――昭和初期華族官僚の記録』柏書房、一九九三年。

小川平吉文書研究会編『小川平吉関係文書』一・二、みすず書房、一九七三年。

奥健太郎『昭和戦前期立憲政友会の研究――党内派閥の分析を中心に』慶應義塾大学出版会、二〇〇四年。

尾崎行雄『処世記――わが処世の跡と人生の本舞台』千倉書房、一九三五年。

――『咢堂回顧録』下、雄鶏社、一九五二年。

小野塚喜平次『欧州現代政治及学説論集』博文館、一九一六年。

――『政治学』国文社出版部、一九二八年。

カー、E・H／井上茂訳『危機の二十年 1919-1939』岩波文庫、一九九六年。

外務省百年史編纂委員会編『外務省の百年』上・下（明治百年史叢書）原書房、一九六九年。

鹿島平和研究所編『海軍軍縮交渉・不戦条約』（日本外交史16）鹿島研究所出版会、一九七三年。

霞会館編『貴族院職員懐旧談集』霞会館、一九八七年。

霞会館編『貴族院と華族』霞会館、一九八八年。

片倉衷『片倉参謀の証言 叛乱と鎮圧』芙蓉書房、一九八一年。

――／日本近代史料研究会・木戸日記研究会編『片倉衷氏談話速記録』上・下（日本近代史料叢書）日本近代史料研究会、一九八二・八三年。

カーティス、ジェラルド・L／木村千旗訳『日本の政治をどう見るか』日本放送出版協会、一九九五年。

加藤和英『タイ現代政治史――国王を元首とする民主主義』弘文堂、一九九五年。

加藤寛治／伊藤隆・鈴木淳・小池聖一・田浦雅徳・古川隆久編『続・現代史資料5 海軍 加藤寛治日記』みすず書房、一九九四年。

加藤陽子『戦争の論理――日露戦争から太平洋戦争まで』勁草書房、二〇〇五年。

――『満州事変から日中戦争へ』（シリーズ日本近現代史5）岩波新

書、二〇〇七年。

――『それでも、日本人は「戦争」を選んだ』朝日出版社、二〇〇九年。

――『昭和天皇と戦争の世紀』（天皇の歴史8）講談社、二〇一一年。

――『模索する一九三〇年代――日米関係と陸軍中堅層〔新装版〕』山川出版社、二〇一二年。

神川信彦『グラッドストン――政治における使命感』吉田書店、二〇一一年。

亀井貫一郎／日本近代史料研究会編『亀井貫一郎氏談話速記録』（日本近代史料叢書）日本近代史料研究会、一九七〇年。

加茂利男・大西仁・石田徹・伊藤恭彦『現代政治学〔第四版〕』有斐閣、二〇一二年。

刈田徹『昭和初期政治・外交史研究――十月事件と政局〔増補改訂版〕』人間の科学社、一九八九年。

苅部直『光の領国 和辻哲郎』岩波現代文庫、二〇一〇年。

――『秩序の夢――政治思想論集』筑摩書房、二〇一三年。

河合栄治郎／社会思想研究会編『河合栄治郎全集』一一・一二、社会思想社、一九六七・六八年。

河井弥八／高橋紘・粟屋憲太郎・小田部雄次編『昭和初期の天皇と宮中――侍従次長河井弥八日記』一～六、岩波書店、一九九三～九四年。

川崎卓吉伝記編纂会編『川崎卓吉』川崎卓吉伝記編纂会、一九六一年。

「河田烈自叙伝」刊行会編『河田烈自叙伝』「河田烈自叙伝」刊行会、一九六五年。

川田稔『激動昭和と浜口雄幸』（歴史文化ライブラリー）吉川弘文館、二〇〇四年。

――『浜口雄幸――たとえ身命を失うとも』（ミネルヴァ日本評伝選）ミネルヴァ書房、二〇〇七年。

――『満州事変と政党政治――軍部と政党の激闘』講談社選書メチエ、二〇一〇年。

――『昭和陸軍の軌跡――永田鉄山の構想とその分岐』中公新書、二〇一一年。

川人貞史『日本の政党政治 1890-1937年――議会分析と選挙の数量分析』東京大学出版会、一九九二年。

川邊真蔵『大乗乃政治家水野直』康文社、一九四一年。

河辺虎四郎『河辺虎四郎回想録――市ヶ谷台から市ヶ谷台へ』毎日新聞社、一九七九年。

菊池梧郎編／山本四郎校訂『立憲政友会史〔補訂版〕』五～七、日本図書センター、一九九〇年。

岸上克己『加藤政之助翁略伝』加藤翁頌徳記念会、一九三七年。

岸信介・河野一郎・福田赳夫・後藤田正晴・田中角栄・中曽根康弘『私の履歴書 保守政権の担い手』日経ビジネス人文庫、二〇〇七年。

北博昭『二・二六事件全検証』朝日選書、二〇〇三年。

――編『五・一五事件期憲兵司令部関係文書』（十五年戦争極秘資料集補巻26）不二出版、二〇〇六年。

北岡伸一『日本陸軍と大陸政策 1906-1918』東京大学出版会、一九七八年。

――『自民党――政権党の38年』中公文庫、二〇〇八年。

――『日本政治史――外交と権力』有斐閣、二〇一一年。

――『官僚制としての日本陸軍』筑摩書房、二〇一二年。

――『政党から軍部へ 1924～1941』（日本の近代5）中公文庫、二〇一三年。

北田悌子『父浜口雄幸』日比谷書房、一九三二年。

木戸幸一／木戸日記研究会校訂『木戸幸一日記』上・下、東京大学出版会、一九六六年。

木戸日記研究会編『木戸幸一関係文書』東京大学出版会、一九六六年。

木下道雄／高橋紘解説『側近日誌』文藝春秋、一九九〇年。

君塚直隆『イギリス二大政党制への道――後継首相の決定と「長老政治家」』有斐閣、一九九八年。

――『ジョージ五世――大衆民主政治時代の君主』日経プレミアシリーズ、二〇一一年。

木村毅『西園寺公望』（三代宰相列伝）時事通信社、一九五八年。

木村栄文『記者ありき――六鼓・菊竹淳の生涯』朝日新聞社、一九九七年。

――編『六鼓菊竹淳――論説・手記・評伝』葦書房、一九七五年。

木村昌人『渋沢栄一――民間経済外交の創始者』中公新書、一九九一年。

清浦奎吾『奎堂夜話』今日の問題社、一九三八年。

金原左門『大正デモクラシーの社会的形成』（歴史学研究叢書）青木書店、一九六七年。

草柳大蔵『齋藤隆夫かく戦えり』グラフ社、二〇〇六年。

楠精一郎『昭和の代議士』文春新書、二〇〇五年。

――『大政翼賛会に抗した四〇人――自民党源流の代議士たち』朝日選書、二〇〇六年。

宮内庁『明治天皇紀』一二巻、吉川弘文館、一九七五年。

久野収・鶴見俊輔『現代日本の思想――その五つの渦』岩波新書、一九七九年。

クラーク、ピーター／西沢保・市橋秀夫・椿建也・長谷川淳一・姫野順一・米山優子訳『イギリス現代史 1900-2000』名古屋大学出版会、二〇〇四年。

栗原るみ『一九三〇年代の「日本型民主主義」――高橋財政下の福島県農村』日本経済評論社、二〇〇一年。

グルー、ジョセフ・C／石川欣一訳『滞日十年』上・下、ちくま学芸文庫、二〇一一年。

黒沢文貴『大戦間期の日本陸軍』みすず書房、二〇〇〇年。

――『大戦間期の宮中と政治家』みすず書房、二〇一三年。

黒澤良『内務省の政治史――集権国家の変容』藤原書店、二〇一三年。

憲政功労者大追悼会『憲政功労者大追悼会誌』憲政功労者大追悼会、一九二七年。

小池聖一『満州事変と対中国政策』吉川弘文館、二〇〇三年。

小泉策太郎『懐往時談――昭和十年版』中央公論社、一九三五年。

――『随筆西園寺公』（小泉三申全集3）岩波書店、一九三九年。

小磯国昭／小磯国昭自叙伝刊行会編『葛山鴻爪』小磯国昭自叙伝刊行会、一九六三年。

纐纈厚『田中義一――総力戦国家の先導者』芙蓉書房出版、二〇〇九年。

高坂正堯『世界史の中から考える』新潮選書、一九九六年。

――／高坂正堯著作集刊行会編『高坂正堯著作集』一～三、都市出版、一九九八～九九年。

郷男爵記念会編『男爵郷誠之助君伝』郷男爵記念会、一九四三年。

香内信子『与謝野晶子――昭和期を中心に』ドメス出版、一九九三年。

河野密・赤松克麿・労農党書記局『日本無産政党史』白揚社出版、一九三一年。

古島一雄『一老政治家の回想』中公文庫、一九七五年。

小島直記『小泉三申――政友会策士の生涯』中公新書、一九七六年。

後藤春美『上海をめぐる日英関係 1925-1932――日英同盟後の協調と対抗』東京大学出版会、二〇〇六年。

後藤致人『昭和天皇と近現代日本』吉川弘文館、二〇〇三年。

ゴードン、アンドルー／森谷文昭訳『日本の二〇〇年――徳川時代から現代まで〔新版〕』上・下、みすず書房、二〇一三年。

近衛文麿『我が貴族院の執るべき態度』新日本同盟、一九二八年。

――『戦後欧米見聞録』中公文庫、一九八一年。

――／朝日新聞社編『失はれし政治――近衛文麿公の手記』朝日新聞

社、一九四六年。

小林一博『「支那通」一軍人の光と影――磯谷廉介中将伝』柏書房、二〇〇〇年。

小林啓治『国際秩序の形成と近代日本』吉川弘文館、二〇〇二年。

小林躋造／伊藤隆・野村実編『海軍大将小林躋造覚書』（近代日本史料選書）山川出版社、一九八一年。

小林龍夫・島田俊彦編『現代史資料7　満州事変』みすず書房、一九六四年。

小林龍夫・島田俊彦・稲葉正夫編『現代史資料11　続・満州事変』みすず書房、一九六五年。

小林龍夫・稲葉正夫・島田俊彦・臼井勝美編『現代史資料12　日中戦争4』みすず書房、一九六五年。

小林道彦『政党内閣の崩壊と満州事変 1918～1932』ミネルヴァ書房、二〇一〇年。

――・中西寛編『歴史の桎梏を越えて――20世紀日中関係への新視点』千倉書房、二〇一〇年。

――・高橋勝浩・奈良岡聰智・西田敏宏・森靖夫編『内田康哉関係資料集成』全三巻、柏書房、二〇一二年。

――・黒沢文貴編『日本政治史のなかの陸海軍――軍政優位体制の形成と崩壊 1868～1945』（MINERVA 日本ライブラリー24）ミネルヴァ書房、二〇一三年。

小宮一夫『条約改正と国内政治』吉川弘文館、二〇〇一年。

小宮京『自由民主党の誕生――総裁公選と組織政党論』木鐸社、二〇一〇年。

小山完吾『小山完吾日記――五・一五事件から太平洋戦争まで』慶応通信、一九五五年。

小山俊樹『憲政常道と政党政治――近代日本二大政党制の構想と挫折』思文閣出版、二〇一二年。

近藤敦『政権交代と議院内閣制――比較憲法政策論』法律文化社、一九九七年。

西園寺公一『西園寺公一回顧録「過ぎ去りし、昭和」』アイペックプレス、一九九一年。

――『貴族の退場』ちくま学芸文庫、一九九五年。

西園寺公望／小泉策太郎筆記／木村毅編『西園寺公望自伝』（歴代総理大臣伝記叢書7）ゆまに書房、二〇〇五年。

斎藤隆夫『回顧七十年』中公文庫、一九八七年。

――／伊藤隆編『斎藤隆夫日記』上・下、中央公論新社、二〇〇九年。

「斎藤内閣」編纂所編『斎藤内閣』「斎藤内閣」編纂所、一九三二年。

斎藤博『マクドーナルド　イギリス労働宰相伝』岩波書店、一九三一年。

斎藤實元子爵銅像復元会編『斎藤實追想録』斎藤實記念館、一九六三年。

酒井一臣『近代日本外交とアジア太平洋秩序』昭和堂、二〇〇九年。

酒井哲哉『大正デモクラシー体制の崩壊――内政と外交』東京大学出版会、一九九二年。

――『近代日本の国際秩序論』岩波書店、二〇〇七年。

櫻内幸雄『櫻内幸雄自伝・蒼天一夕談』蒼天会、一九五二年。

櫻田会編／立憲民政党史研究会『総史　立憲民政党――資料編』学陽書房、一九八九年。

櫻田会編／立憲民政党史研究会『総史　立憲民政党――理論編』学陽書房、一九八九年。

迫水久常『機関銃下の首相官邸――二・二六事件から終戦まで』ちくま学芸文庫、二〇一一年。

佐々木惣一／大石眞編『憲政持論集』一、信山社、一九九八年。

佐々木高雄『裁判官弾劾制度論』日本評論社、一九八八年。

佐々木隆『メディアと権力』（日本の近代14）中公文庫、二〇一三年。

佐々木隆爾編『争点 日本の歴史――近・現代編 幕末〜第二次大戦後』六、新人物往来社、一九九一年。

佐道明広・小宮一夫・服部龍二編『人物で読む近代日本外交史――大久保利通から広田弘毅まで』吉川弘文館、二〇〇九年。

佐道明宏・小宮一夫・服部龍二編『人物で読む現代日本外交史――近衛文麿から小泉純一郎まで』吉川弘文館、二〇〇八年。

佐藤市郎／佐藤信太郎編『父、佐藤市郎が書き遺した軍縮会議秘録』文芸社、二〇〇一年。

佐藤栄作／伊藤隆監修『佐藤榮作日記』四、朝日新聞社、一九九七年。

佐藤誠三郎＝R・ディングマン編『近代日本の対外態度』東京大学出版会、一九七四年。

佐藤卓己『言論統制――情報官・鈴木庫三と教育の国防国家』中公新書、二〇〇四年。

佐藤立夫『貴族院体制整備の研究』人文閣、一九四三年。

佐藤元英『近代日本の外交と軍事――権益擁護と侵略の構造』吉川弘文館、二〇〇〇年。

――『昭和初期対中国政策の研究――田中内閣の対満蒙政策〔増補改訂新版〕』原書房、二〇〇九年。

里見弴『彼岸花』角川書店、一九五八年。

佐野眞一『枢密院議長の日記』講談社現代新書、二〇〇七年。

サルトーリ、ジョヴァンニ／岡沢憲芙・川野秀之訳『現代政党学――政党システム論の分析枠組み〔普及版〕』早稲田大学出版部、一九九二年。

澤田次郎『近代日本人のアメリカ観――日露戦争以後を中心に』慶應義塾大学出版会、一九九九年。

参議院事務局編『貴族院秘密会議事速記録集』参友会、一九九五年。

重光葵『昭和の動乱』上、中公文庫、二〇〇一年。

実業同志会調査部編『国家に貢献するのは少数党か多数党か』実業同志会、一九二八年。

幣原喜重郎『外交五十年』中公文庫、一九八七年。

幣原平和財団編『幣原喜重郎』幣原平和財團、一九五五年。

篠原一・三谷太一郎編『近代日本の政治指導――政治家研究Ⅱ』東京大学出版会、一九六五年。

篠原初枝『国際連盟――世界平和への夢と挫折』中公新書、二〇一〇年。

信夫清三郎『外交史』〔唯物論全書〕三笠書房、一九三六年。

柴田紳一『昭和期の皇室と政治外交』〔明治百年史叢書〕原書房、一九九五年。

島田俊雄『岡田内閣不信認決議案提案趣旨』安久社、一九三六年。

島田俊彦『関東軍――在満陸軍の独走』講談社学術文庫、二〇〇五年。

――・稲葉正夫編『現代史資料8 日中戦争1』みすず書房、一九六四年。

清水澄博士論文・資料集刊行会編『清水澄博士論文・資料集』〔明治百年史叢書〕原書房、一九八三年。

清水唯一朗『政党と官僚の近代――日本における立憲統治構造の相克』藤原書店、二〇〇七年。

社会問題資料研究会編『所謂「天皇機関説」を契機とする国体明徴運動』〔社会問題資料叢書〕東洋文化社、一九七四年。

衆議院・参議院編『議会制度百年史 帝国議会史』下、衆議院・参議院、一九九〇年。

衆議院・参議院編『議会制度百年史 資料編』衆議院・参議院、一九九〇年。

衆議院事務局編『帝国議会衆議院秘密会議事速記録集』一・二、衆栄会、一九九六年。

シュペングラー、O／村松正俊訳『西洋の没落――世界史の形態学の素描〔普及版〕』全二巻、五月書房、二〇〇七年。

シュミッター、フィリップ・C＝ギジェルモ・オドンネル／真柄秀子・井戸正伸訳『民主化の比較政治学』未來社、一九八六年。

勝田龍夫『重臣たちの昭和史』上・下、文春文庫、一九八四年。

上法快男『陸軍省軍務局史（新装復刊）』上・下（芙蓉軍事記録リバイバル）芙蓉書房出版、二〇〇二年。

尚友倶楽部編『貴族院の会派研究会史――付・尚友倶楽部の歩み』尚友倶楽部、一九七一年。

尚友倶楽部編『貴族院政治年表』尚友倶楽部、一九八二年。

尚友倶楽部編『貴族院の政治団体と会派』尚友倶楽部、一九八四年。

尚友倶楽部編『青票白票――昭和期貴族院研究資料』柏書房、一九九一年。

尚友倶楽部編『佐佐木行忠と貴族院改革』芙蓉書房出版、一九九五年。

尚友倶楽部・西尾林太郎編『水野錬太郎回想録・関係文書』山川出版社、一九九九年。

女性展望社編『婦選』全一四巻、不二出版、一九九二～九四年。

女性展望社編『女性展望』全六巻、不二出版、一九九四年。

新聞と社会社『雑誌『新聞と社会』復刻版』全一〇巻、柏書房、二〇〇六年。

季武嘉也『大正期の政治構造』吉川弘文館、一九九八年。

――『選挙違反の歴史――ウラからみた日本の一〇〇年』吉川弘文館歴史文化ライブラリー、二〇〇七年。

――・武田知己編『日本政党史』吉川弘文館、二〇一一年。

末次信正『非常時局と国防問題』朝日新聞社、一九三四年。

末松太平『私の昭和史――二・二六事件異聞』上・下、中公文庫、二〇一三年。

スカラピーノ、ロバート・A／初瀬龍平・境井孝行訳『アジアの政治発展』三嶺書房、一九九七年。

菅原和子『市川房枝と婦人参政権獲得運動――模索と葛藤の政治史』世織書房、二〇〇二年。

菅原裕『相沢中佐事件の真相』経済往来社、一九七一年。

須崎愼一『日本ファシズムとその時代――天皇制・軍部・戦争・民衆』大月書店、一九九八年。

――『二・二六事件――青年将校の意識と心理』吉川弘文館、二〇〇三年。

鈴木貫太郎『鈴木貫太郎――鈴木貫太郎自伝』（人間の記録24）日本図書センター、一九九七年。

鈴木喜三郎先生伝記編纂会編『鈴木喜三郎』鈴木喜三郎先生伝記編纂会、一九五五年。

鈴木貞一／木戸日記研究会・日本近代史料研究会編『鈴木貞一氏談話速記録』上・下（日本近代史料叢書）日本近代史料研究会、一九七一～一九七四年。

スメサースト、リチャード・J／鎮目雅人・早川大介・大貫摩里訳『高橋是清――日本のケインズ その生涯と思想』東洋経済新報社、二〇一〇年。

関静雄『大正外交――人物に見る外交戦略論』（MINERVA日本史ライブラリー11）ミネルヴァ書房、二〇〇一年。

――『ロンドン海軍条約成立史――昭和動乱の序曲』（MINERVA日本史ライブラリー19）ミネルヴァ書房、二〇〇七年。

杣正夫『日本選挙制度史――普通選挙法から公職選挙法まで』九州大学出版会、一九八六年。

ソーン、クリストファー／市川洋一訳『満州事変とは何だったのか――国際連盟と外交政策の限界』上・下、草思社、一九九四年。

大霞会編『内務省史』全四巻、地方財務協会、一九七〇～七一年。

大霞会編『内務省外史』地方財務協会、一九七七年。

大霞会編『続内務省外史』地方財務協会、一九八七年。

ダイシー、アルバート・V／伊藤正己・田島裕訳『憲法序説』（社会科学古典選書）学陽書房、一九八三年。

タイタス、デイビッド・A／大谷堅志郎訳『日本の天皇政治――宮中の役割の研究』サイマル出版会、一九七九年。

高石眞五郎『憲政の常道』天理教道友社、一九二七年。

高橋亀吉『『私の実践経済学』はいかにして生まれたか』東洋経済新報社、二〇一一年。

――・森垣淑『昭和金融恐慌史』講談社学術文庫、一九九三年。

高橋正『西園寺公望と明治の文人たち』不二出版、二〇〇二年。

高橋紘『人間昭和天皇』上・下、講談社、二〇一一年。

――編『昭和天皇発言録――大正9年～昭和64年の真実』小学館、一九八九年。

――・鈴木邦彦編『陛下、お尋ね申し上げます』徳間書店、一九八二年。

高橋正衛『二・二六事件――「昭和維新」の思想と行動〔増補改版〕』中公新書、一九九四年。

――『昭和の軍閥』講談社学術文庫、二〇〇三年。

――編『現代史資料5 国家主義運動2』みすず書房、一九六四年。

――編『現代史資料23 国家主義運動3』みすず書房、一九七四年。

高松宮宣仁親王／細川護貞編『高松宮日記』二、中央公論社、一九九五年。

高光佳絵『アメリカと戦間期の東アジア――アジア・太平洋国際秩序形成と「グローバリゼーション」』青弓社、二〇〇八年。

高宮太平『軍国太平記』中公文庫、二〇一〇年。

高柳賢三・大友一郎・田中英夫編『日本国憲法制定の過程』Ⅰ・Ⅱ、有斐閣、一九七二年。

瀧井一博『文明史のなかの明治憲法――この国のかたちと西洋体験』講談社選書メチエ、二〇〇三年。

侘美光彦『世界大恐慌――一九二九年恐慌の過程と原因』御茶の水書房、一九九四年。

竹内洋・佐藤卓己編『日本主義的教養の時代――大学批判の古層』柏書房、二〇〇六年。

竹越與三郎『旋風裡の日本』立命館出版部、一九三三年。

――『西園寺公』鳳文書林、一九四七年。

武田晴人『日本経済の事件簿――開国からバブル崩壊まで』日本経済評論社、二〇〇九年。

竹中治堅『戦前日本における民主化の挫折――民主化途上体制崩壊の分析』木鐸社、二〇〇二年。

竹中佳彦『日本政治史の中の知識人――自由主義と社会主義の交錯』上・下、木鐸社、一九九五年。

竹山護夫『昭和陸軍の将校運動と政治抗争』（歴史学叢書 竹山護夫著作集4）名著刊行会、二〇〇八年。

田澤義鋪『政治教育講話』新政社、一九二六年。

多田井喜生『決断した男木戸幸一の昭和』文藝春秋、二〇〇〇年。

田々宮英太郎『橋本欣五郎一代』芙蓉書房、一九八二年。

立花隆『日本共産党の研究』全三巻、講談社文庫、一九八三年。

田中貢太郎『西園寺公望伝』（偉人伝全集）改造社、一九三二年。

田中宏巳『東郷平八郎』ちくま新書、一九九九年。

玉井清『第一回普選と選挙ポスター――昭和初頭の選挙運動に関する研究』慶應義塾大学出版会、二〇一三年。

玉置住定『明朗政治家山口義一君』山口伝刊行会、一九三九年。

ダール、ロバート・A／高畠通敏・前田脩訳『ポリアーキー』三一書房、一九八一年。

秩父宮雍仁親王『皇族に生まれて――秩父宮随筆集』渡辺出版、二〇〇五年。

茶谷誠一『昭和戦前期の宮中勢力と政治』吉川弘文館、二〇〇九年。

―――『昭和天皇側近たちの戦争』吉川弘文館歴史文化ライブラリー、二〇一〇年。

―――『宮中からみる日本近代史』ちくま新書、二〇一二年。

―――『牧野伸顕』（人物叢書）吉川弘文館、二〇一三年。

長幸男『昭和恐慌――日本ファシズム前夜』岩波現代文庫、二〇〇一年。

朝鮮公論社／韓日比較文化研究センター編『朝鮮公論〔復刻版〕』オークラ情報サービス、二〇〇七年。

塚田昌夫編『立憲民政党史』下、立憲民政党史編纂局、一九三五年。

土田宏成『近代日本の「国民防空」体制』神田外語大学出版局、二〇一〇年。

筒井清忠『二・二六事件とその時代――昭和期日本の構造』ちくま学芸文庫、二〇〇六年。

―――『昭和十年代の陸軍と政治――軍部大臣現役武官制の虚像と実像』岩波書店、二〇〇七年。

―――『西條八十』中公文庫、二〇〇八年。

―――『近衛文磨――教養主義的ポピュリストの悲劇』岩波現代文庫、二〇〇九年。

―――『昭和戦前期の政党政治――二大政党制はなぜ挫折したのか』ちくま新書、二〇一二年。

鶴見俊輔座談『民主主義とは何だろうか』晶文社、一九九六年。

鶴見祐輔『中道を歩む心』大日本雄弁会講談社、一九二八年。

ディキンソン、F・R『大正天皇――一躍五大洲を雄飛す』（ミネルヴァ日本評伝選）ミネルヴァ書房、二〇〇九年。

テイラー、A・J・P／川端末人・岡俊孝訳『ヨーロッパ・栄光と没落――近代ヨーロッパ政治外交史論〔新装版〕』未來社、一九九四年。

―――／吉田輝夫訳『第二次世界大戦の起源』講談社学術文庫、二〇一一年。

テミン、ピーター／猪木武徳・山本貴之・鴋澤歩訳『大恐慌の教訓』東洋経済新報社、一九九四年。

寺内寿一刊行会・上法快男編『元帥寺内寿一』芙蓉書房、一九七八年。

寺崎英成＝マリコ・テラサキ・ミラー編『昭和天皇独白録』文春文庫、一九九五年。

東京日日新聞社・大阪毎日新聞社編『明治・大正・昭和議会政治裏面史』東京日日新聞社発行所、一九三七年。

東郷茂徳『時代の一面――大戦外交の手記』中公文庫、一九八九年。

遠山茂樹・安達淑子『近代日本政治史必携』岩波書店、一九六一年。

時任英人『犬養毅――リベラリズムとナショナリズムの相剋』論創社、一九九一年。

徳川義親『最後の殿様――徳川義親自伝』講談社、一九七三年。

戸部良一『逆説の軍隊』（日本の近代9）中公文庫、二〇一二年。

―――『日本陸軍と中国――「支那通」にみる夢と蹉跌』講談社選書メチエ、一九九九年。

―――『外務省革新派――世界新秩序の幻影』中公新書、二〇一〇年。

富田健治『敗戦日本の内側――近衛公の思い出』古今書院、一九六二年。

鳥海靖『日本近代史講義――明治立憲制の形成とその理念』東京大学出版会、一九八八年。

―――・松尾正人・小風秀雅編『日本近現代史研究事典』東京堂出版、一九九九年。

内藤一成『貴族院』同成社、二〇〇八年。

内務省社会局編『官吏減俸問題に関する調査』社会局労働部、一九三一年。

永井和『近代日本の軍部と政治』思文閣出版、一九九三年。

―――『青年君主昭和天皇と元老西園寺』京都大学学術出版会、二〇〇三年。

中尾裕次編／防衛庁防衛研究所戦史部監修『昭和天皇発言記録集成』上・下、芙蓉書房出版、二〇〇三年。

中川小十郎／後藤靖・鈴木良校訂『近代日本の政局と西園寺公望』吉川弘文館、一九八七年。

中澤俊輔『治安維持法――なぜ政党政治は「悪法」を生んだか』中公新書、二〇一二年。

中島久万吉『政界財界五十年』大日本雄弁会講談社、一九五一年。

長島隆二『政界秘話』平凡社、一九二八年。

中田整一『盗聴二・二六事件』文春文庫、二〇一〇年。

永田鉄山刊行会編『秘録永田鉄山』芙蓉書房、一九七二年。

中野雅夫『橋本大佐の手記』みすず書房オンデマンド版、二〇〇〇年。

中村菊男『近代日本政治史の展開』（慶應義塾法学研究会叢書）慶應義塾大学出版会、一九七〇年。

中村隆英『昭和恐慌と経済政策』講談社学術文庫、一九九四年。

――『昭和史Ⅰ 1926-45』上、東洋経済新報社、二〇一二年。

――・伊藤隆・原朗編『現代史を創る人びと』一・二、毎日新聞社、一九七一年。

――・伊藤隆編『近代日本研究入門〔増補新装版〕』東京大学出版会、二〇一二年。

中村政則『象徴天皇制への道――米国大使グルーとその周辺』岩波新書、一九八九年。

――『昭和の恐慌』（昭和の歴史2）小学館ライブラリー、一九九四年。

――『明治維新と戦後改革――近現代史論』校倉書房、一九九九年。

中山隆志『関東軍』講談社選書メチエ、二〇〇〇年。

奈良武次／波多野澄雄・黒沢文貴・波多野勝・櫻井良樹・小林和幸編『侍従武官長奈良武次日記・回顧録』一～四、柏書房、二〇〇〇年。

奈良岡聰智『加藤高明と政党政治――二大政党制への道』山川出版社、二〇〇六年。

成田龍一『近現代日本史と歴史学――書き替えられてきた過去』中公新書、二〇一二年。

西修『日本国憲法成立過程の研究』成文堂、二〇〇四年。

西田幾多郎『西田幾多郎全集』一八巻、岩波書店、一九六六年。

日米協会編／五百旗頭真・久保文明・佐々木卓也・簑原俊洋監修『もう一つの日米交流史――日米協会資料で読む20世紀』中央公論新社、二〇一二年。

ニッシュ、イアン／宮本盛太郎監訳『日本の外交政策 1869-1942』ミネルヴァ書房、一九九四年。

日本近現代史辞典編集委員会編『日本近現代史辞典』東洋経済新報社、一九七八年。

日本国際政治学会編『太平洋戦争への道――開戦外交史〔新装版〕』一～三、別巻、朝日新聞社、一九八七～八八年。

日本民衆新聞社出版部編『民衆政治を目指して』日本民衆新聞社、一九二九年。

額田坦『秘録 宇垣一成』芙蓉書房、一九七三年。

――『陸軍省人事局長の回想』芙蓉書房、一九七七年。

ハインリックス、ウォルド・H／麻田貞雄訳『日米外交とグルー』（近代日本外交史叢書10）原書房、一九六九年。

バーガー、ゴードン・M／坂野潤治訳『大政翼賛会――国民動員をめぐる相克』山川出版社、二〇〇〇年。

伯爵清浦奎吾伝刊行会編『伯爵清浦奎吾伝』伯爵清浦奎吾伝刊行会、一九三五年。

橋本欣五郎『時代は移る』大日本青年党本部、一九三六年。

橋本寿朗『大恐慌期の日本資本主義』東京大学出版会、一九八四年。

――『現代日本経済史』岩波書店、二〇〇〇年。

――・大杉由香『近代日本経済史』岩波書店、二〇〇〇年。

長谷川如是閑／飯田泰三・山領健二編『長谷川如是閑評論集』岩波文庫、一九八九年。

秦郁彦『昭和史の軍人たち』文春文庫、一九八七年。

――『昭和史の謎を追う』上、文春文庫、一九九九年。

――『日中戦争史〔復刻新版〕』河出書房新社、二〇一一年。

――『軍ファシズム運動史〔復刻新版〕』河出書房新社、二〇一二年。

――編『日本陸海軍総合事典』東京大学出版会、一九九一年。

――編『日本近現代人物履歴事典〔第二版〕』東京大学出版会、二〇一三年。

畑俊六／伊藤隆・照沼康孝編『続・現代史資料4 陸軍畑俊六日記』みすず書房、一九八三年。

――／軍事史学会編、伊藤隆・原剛監修『元帥畑俊六回顧録』錦正社、二〇〇九年。

波多野勝『浜口雄幸――政党政治の試験時代』中公新書、一九九三年。

――『裕仁皇太子ヨーロッパ外遊記』草思社文庫、二〇一二年。

服部聡『松岡外交――日米開戦をめぐる国内要因と国際関係』千倉書房、二〇一二年。

服部龍二『東アジア国際環境の変動と日本外交 1918-1931』有斐閣、二〇〇一年。

――『幣原喜重郎と二十世紀の日本――外交と民主主義』有斐閣、二〇〇六年。

――『広田弘毅――「悲劇の宰相」の実像』中公新書、二〇〇八年。

――『日中歴史認識――「田中上奏文」をめぐる相克 1927-2010』東京大学出版会、二〇一〇年。

鳩山一郎『鳩山一郎回顧録』文藝春秋新社、一九五七年。

――・薫／伊藤隆・季武嘉也編『鳩山一郎・薫日記』上・下、中央公論新社、一九九九・二〇〇五年。

馬場恒吾『議会制度改革論』青雲閣書房（民衆政治講座）一九二八年。

――『現代人物評論』中央公論社、一九三〇年。

――『議会政治論』中央公論社、一九三三年。

――『国民政治読本』中央公論社、一九三六年。

――『平和と自由への驀進』高山書院、一九四五年。

――『自伝点描』中公文庫、一九八九年。

浜口雄幸『随感録』講談社学術文庫、二〇一一年。

――／池井優・波多野勝・黒沢文貴編『濱口雄幸 日記・随感録』みすず書房、一九九一年。

――／川田稔編『浜口雄幸 論述・講演篇』未來社、二〇〇〇年。

林茂『湯浅倉平』湯浅倉平伝記刊行会、一九六九年。

――編『二・二六事件秘録』全四巻、小学館、一九七一年。

林銑十郎／高橋正衛解説『満洲事件日誌』みすず書房、一九九六年。

原敬／原奎一郎編『原敬日記』四、福村出版、一九六五年。

原武史『昭和天皇』岩波新書、二〇〇八年。

原秀男・澤地久枝・匂坂哲郎編『検察秘録五・一五事件』全四巻（匂坂資料）角川書店、一九八九〜九一年。

原秀男・澤地久枝・匂坂哲郎編『検察秘録二・二六事件』全四巻（匂坂資料）角川書店、一九八九〜九一年。

原田熊雄『西園寺公と政局』一〜八・別巻、岩波書店、一九五〇〜五六年。

――編『陶庵公清話』岩波書店、一九四三年。

ハンチントン、サミュエル／市川良一訳『軍人と国家〔新装版〕』上・下、原書房、二〇〇八年。

坂野潤治『近代日本の外交と政治』研文出版、一九八五年。

――『昭和史の決定的瞬間』ちくま新書、二〇〇四年。

――――『近代日本政治史』岩波書店、二〇〇六年。

――――『日本憲政史』東京大学出版会、二〇〇八年。

――――『近代日本の国家構想 1871-1936』岩波現代文庫、二〇〇九年。

――――『日本政治「失敗」の研究』講談社学術文庫、二〇一〇年。

馬場伸也『満州事変への道――幣原外交と田中外交』中公新書、一九七二年。

東野真／粟屋憲太郎・吉田裕解説『昭和天皇二つの「独白録」』日本放送出版協会、一九九八年。

日暮吉延『東京裁判』講談社現代新書、二〇〇八年。

ビックス、ハーバート／吉田裕監修、岡部牧夫・川島高峰・永井均訳『昭和天皇』上・下、講談社学術文庫、二〇〇五年。

ピーティー、マーク・R／大塚健洋＝関静雄＝大塚裕子＝D・アスキュー訳『「日米対決」と石原莞爾』たまいらぼ、一九九二年。

――――／浅野豊美訳『植民地――帝国50年の攻防』（20世紀の日本）読売新聞社、一九九六年。

平川祐弘『平和の海と戦いの海――二・二六事件から「人間宣言」まで』講談社学術文庫、一九九三年。

平島健司『ワイマール共和国の崩壊』東京大学出版会、一九九一年。

平沼騏一郎回顧録編纂委員会編『平沼騏一郎回顧録』学陽書房、一九五五年。

平野嶺夫『岡崎邦輔伝』晩香会、一九三八年。

広瀬順晧編『政治談話速記録――憲政史編纂会旧蔵』一～二・八（近代未刊資料叢書）ゆまに書房、一九九八～九九年。

広田弘毅伝記刊行会編『広田弘毅』広田弘毅伝記刊行会、一九六六年。

廣部泉『グルー――真の日本の友』（ミネルヴァ日本評伝選）ミネルヴァ書房、二〇一一年。

福永文夫『占領下中道政権の形成と崩壊――GHQ民政局と日本社会党』岩波書店、一九九七年。

――――『戦後日本の再生 1945～1964年』丸善、二〇〇四年。

藤井忠俊『在郷軍人会――良兵良民から赤紙・玉砕へ』岩波書店、二〇〇九年。

藤村一郎『吉野作造の国際政治論――もうひとつの大陸政策』有志舎、二〇一二年。

藤原彰『天皇制と軍隊』青木書店、一九七八年。

――――『昭和天皇の十五年戦争〔新装版〕』青木書店、一九九一年。

――――・粟屋憲太郎・吉田裕・山田朗『徹底検証・昭和天皇「独白録」』大月書店、一九九一年。

――――・功刀俊洋編『資料日本現代史8 満州事変と国民動員』大月書店、一九八三年。

藤原書店編集部編『二・二六事件とは何だったのか――同時代の視点と現代からの視点』藤原書店、二〇〇七年。

古川江里子『美濃部達吉と吉野作造――大正デモクラシーを導いた帝大教授』山川出版社、二〇一一年。

古川隆久『昭和戦中期の総合国策機関』吉川弘文館、一九九二年。

――――『昭和戦中期の議会と行政』吉川弘文館、二〇〇五年。

――――『昭和天皇――「理性の君主」の孤独』中公新書、二〇一一年。

文献資料刊行会編『政友〔復刻版〕』二二二号～三八四号、柏書房、一九八〇～八一年。

文献資料刊行会編『民政〔復刻版〕』一巻一号～六巻九号、柏書房、一九八六年。

ポイカート、デートレフ／小野清美・田村栄子・原田一美訳『ワイマル共和国――古典的近代の危機』名古屋大学出版会、一九九三年。

保阪正康『五・一五事件――橘孝三郎と愛郷塾の軌跡』中公文庫、二〇〇九年。

細井保『オーストリア政治危機の構造――第一共和国国民議会の経験と理論』法政大学出版局、二〇〇一年。

細谷千博『日本外交の座標』中公叢書、一九七九年。

――『両大戦間の日本外交 1914-1945』岩波書店、一九八八年。

堀真清『西田税と日本ファシズム運動』岩波書店、二〇〇七年。

――編『宇垣一成とその時代――大正・昭和前期の軍部・政党・官僚』新評論、一九九九年。

ホール、T・E＝J・D・ファーグソン／宮川重義訳『大恐慌――経済政策の誤りが引き起こした世界的な災厄』多賀出版、二〇〇〇年。

ポロンスキ、アントニー／羽場久浘子監訳、越村勲・篠原琢・安井教浩訳『小独裁者たち――両大戦間期の東欧における民主主義体制の崩壊』（りぶらりあ選書）法政大学出版局、一九九三年。

本庄繁『本庄日記〔普及版〕』原書房、二〇〇五年。

前田英昭『戦間期における議会改革』成文堂、二〇〇八年。

――編『選挙法・資料』高文堂出版社、二〇〇二年。

前田蓮山編『床次竹二郎伝』床次竹二郎伝記刊行会、一九三九年。

牧野伸顕『回顧録』上・下、中公文庫、一九七七・七八年。

――／伊藤隆・広瀬順晧編『牧野伸顕日記』中央公論社、一九九〇年。

牧原出『行政改革と調整のシステム』（行政学叢書）東京大学出版会、二〇〇九年。

真崎甚三郎／伊藤隆・佐々木隆・季武嘉也・照沼康孝編『真崎甚三郎日記』一・二（近代日本史料選書）、一九八一年。

増田知子『天皇制と国家――近代日本の立憲君主制』青木書店、一九九九年。

升味準之輔『昭和天皇とその時代』山川出版社、一九九八年。

――『なぜ歴史が書けるか』千倉書房、二〇〇八年。

――『日本政党史論〔新装版〕』全七巻、東京大学出版会、二〇一一年。

町田忠治伝記研究会編『町田忠治――伝記編』櫻田会、一九九六年。

町田忠治伝記研究会編『町田忠治――史料編』櫻田会、一九九六年。

松井慎一郎『河合栄治郎――戦闘的自由主義者の真実』中公新書、二〇〇九年。

松浦正孝『財界の政治経済史――井上準之助・郷誠之助・池田成彬の時代』東京大学出版会、二〇〇二年。

松尾尊兊『普通選挙制度成立史の研究』岩波書店、一九八九年。

――『大正デモクラシー』岩波現代文庫、一九九四年。

――『滝川事件』岩波現代文庫、二〇〇五年。

松岡洋右『政党を脱退して日本国民に訴ふ』大阪毎日新聞社、一九三四年。

松沢哲成『橘孝三郎――日本ファシズム原始回帰論派』三一書房、一九七二年。

松下芳男『日本軍閥興亡史』上・下、芙蓉書房出版、二〇〇一年。

松村謙三『町田忠治翁伝』町田忠治翁伝記刊行会、一九五〇年。

――『三代回顧録』東洋経済新報社、一九六四年。

松本健一『評伝北一輝Ⅳ 二・二六事件へ』岩波書店、二〇〇四年。

松本剛吉／岡義武・林茂校訂『大正デモクラシー期の政治――松本剛吉政治日誌』岩波書店、一九五九年。

松本三之介『吉野作造』（近代の思想家11）東京大学出版会、二〇〇八年。

松本重治『国際日本の将来を考えて』朝日新聞社、一九八八年。

松本学／伊藤隆・広瀬順晧編『松本学日記』（近代日本史料選書）山川出版社、一九九五年。

的場敏博『政治機構論講義――現代の議会制と政党・圧力団体』有斐閣ブックス、一九九八年。

丸山鶴吉『七十年ところどころ』七十年ところどころ刊行会、一九五五年。

丸山眞男『現代政治の思想と行動〔新装版〕』未来社、二〇〇六年。

――／松沢弘陽・植手通有編『丸山眞男回顧談』上・下、岩波書店、二〇〇六年。

三木会編『三木武吉』三木会、一九五八年。

御厨貴『政策の総合と権力――日本政治の戦前と戦後』東京大学出版会、一九九六年。

――『後藤田正晴と矢口洪一の統率力』朝日新聞出版、二〇一〇年。

――『政治へのまなざし』千倉書房、二〇一二年。

――『馬場恒吾の面目――危機の時代のリベラリスト』中公文庫、二〇一三年。

――・牧原出『日本政治外交史〔改訂版〕』放送大学教育振興会、二〇一三年。

――編『近現代日本を史料で読む――「大久保利通日記」から「富田メモ」まで』中公新書、二〇一一年。

三谷太一郎『日本政党政治の形成――原敬の政治指導の展開〔増補版〕』東京大学出版会、一九九五年。

――『ウォール・ストリートと極東――政治における国際金融資本』東京大学出版会、二〇〇九年。

――『近代日本の戦争と政治』（岩波人文書セレクション）岩波書店、二〇一〇年。

――『学問は現実にいかに関わるか』東京大学出版会、二〇一三年。

――『大正デモクラシー論――吉野作造の時代〔第三版〕』東京大学出版会、二〇一三年。

――『政治制度としての陪審制――近代日本の司法権と政治〔増補版〕』東京大学出版会、二〇一三年。

御手洗辰雄『三木武吉伝　民衆政治家の生涯』四季社、一九五八年。

満川亀太郎／長谷川雄一＝C・W・A・スピルマン＝福家崇洋編『満川亀太郎日記　大正八年～昭和十一年』論創社、二〇一一年。

三土忠造『幽囚徒然草』千倉書房、一九三五年。

源川真希『近現代日本の地域政治構造――大正デモクラシーの崩壊と普選体制の確立』日本経済評論社、二〇〇一年。

――『近衛新体制の思想と政治――自由主義克服の時代』有志舎、二〇〇九年。

南弘先生顕彰会編『南弘先生――人と業績』南弘先生顕彰会、一九七九年。

美濃部達吉『憲法撮要〔訂正四版〕』有斐閣、一九二六年。

――『逐条憲法精義　全』有斐閣、一九二七年。

――『現代憲政評論――選挙革正論其の他』岩波書店、一九三〇年。

――『議会政治の検討』日本評論社、一九三四年。

三宅正樹『政軍関係研究』芦書房、二〇〇一年。

宮沢俊義『日本憲政史の研究』岩波書店、一九六八年。

――『天皇機関説事件――史料は語る』上・下、有斐閣、一九七〇年。

宮野澄『最後のリベラリスト・芦田均』文藝春秋、一九八七年。

三輪公忠『松岡洋右――その人間と外交』中公新書、一九七一年。

三和良一『概説日本経済史　近現代』東京大学出版会、一九九三年。

武藤章『比島から巣鴨へ――日本軍部の歩んだ道と一軍人の運命』中公文庫、二〇〇八年。

武藤山治『武藤山治全集』四・五、新樹社、一九六四・六六年。

村井良太『政党内閣制の成立　一九一八～二七年』有斐閣、二〇〇五年。

村嶋英治『ピブーン――独立タイ王国の立憲革命』（現代アジアの肖像9）岩波書店、一九九六年。

村瀬信一『帝国議会改革論〔新装版〕』（日本歴史学会編・日本歴史叢書）吉川弘文館、一九九七年。

村松岐夫・伊藤光利・辻中豊『日本の政治〔第二版〕』有斐閣双書Sシリーズ、二〇〇一年。

孟子／貝塚茂樹訳『孟子』中公クラシックス、二〇〇六年。

望月圭介伝刊行会編『望月圭介伝』羽田書店、一九四五年。

百瀬孝／伊藤隆監修『事典 昭和戦前期の日本――制度と実態』吉川弘文館、一九九〇年。

森靖夫『日本陸軍と日中戦争への道――軍事統制システムをめぐる攻防』（MINERVA 日本史ライブラリー22）ミネルヴァ書房、二〇一〇年。

――『永田鉄山――平和維持は軍人の最大責務なり』（ミネルヴァ日本評伝選）ミネルヴァ書房、二〇一一年。

文部省編『国体の本義』文部省、一九三七年。

安田浩『大正デモクラシー史論――大衆民主主義体制への転形と限界』（歴史科学叢書）校倉書房、一九九四年。

――『天皇の政治史――睦仁・嘉仁・裕仁の時代』（Aoki Library 日本の歴史・近代）青木書店、一九九八年。

柳原正治編『不戦条約』上・下、信山社出版、一九九六・九七年。

矢部貞治『近衛文麿』読売新聞社、一九七六年。

山浦貫一編『森恪』（明治百年史叢書）原書房、一九八二年。

山岡文書研究会編『山岡万之助関係文書目録――学習院大学法経図書室所蔵』学習院大学法学部、一九八八年。

山崎丹照『内閣制度の研究』高山書院、一九四二年。

山下文男『昭和東北大凶作――娘身売りと欠食児童』無明舎出版、二〇〇一年。

山辺健太郎編『現代史資料14～20 社会主義運動1～7』みすず書房、一九六四～六八年。

山室信一『キメラ――満州国の肖像〔増補版〕』中公新書、二〇〇四年。

山本熊太郎編／山本四郎校訂『立憲政友会史〔補訂版〕』八、日本図書センター、一九九〇年。

山本四郎『政変――近代政治史の一側面』塙新書、一九八二年。

――『元老』静山社、一九八六年。

山本条太郎翁伝記編纂会編『山本条太郎伝記』山本条太郎翁伝記編纂会、一九四二年。

山本達雄先生伝記編纂会編『山本達雄』山本達雄先生伝記編纂会、一九五一年。

ヤング、ルイーズ／加藤陽子・川島真・高光佳絵・千葉功・古市大輔訳『総動員帝国――満州と戦時帝国主義の文化』岩波書店、二〇〇一年。

由井正臣編『枢密院の研究』吉川弘文館、二〇〇三年。

与謝野晶子／内山秀夫・香内信子編『與謝野晶子評論著作集』二〇・二二、竜渓書舎、二〇〇二年。

与謝野寛・晶子／逸見久美編『与謝野寛晶子書簡集成』四、八木書店、二〇〇三年。

芳沢謙吉『外交六十年』中公文庫、一九九〇年。

吉田茂／吉田茂記念事業財団編『吉田茂書翰』中央公論社、一九九四年。

吉田弘苗編『秋田清』秋田清伝記刊行会、一九六九年。

吉野源三郎『職業としての編集者』岩波新書、一九八九年。

吉野作造『近代政治の根本問題』（民衆政治講座24）クララ社、一九二九年。

――『現代政局の展望』日本評論社、一九三〇年。

――『枢府と内閣他』朝日文庫、一九五〇年。

――『吉野作造選集』全一七巻、岩波書店、一九九五～九七年。

――／岡義武編『吉野作造政治評論集』岩波文庫、一九七五年。

ライシャワー、エドウィン・O／高松棟一郎訳『太平洋の彼岸――日米関係の史的検討』日本外政学会、一九六五年。

――／徳岡孝夫訳『ライシャワー自伝』文藝春秋、一九八七年。

ラスキ、ハロルド・J／岡田良夫訳『危機にたつ民主主義』（社会科学選書7）ミネルヴァ書房、一九五七年。

――／岡田良夫訳『危機のなかの議会政治』（世界の思想2）法律文

化社、一九六四年。

――／前田英昭訳『イギリスの議会政治――一つの評釈』日本評論社、一九九〇年。

ラムザイヤー、M＝F・ローゼンブルース／河野勝監訳、青木一益・永山博之・斎藤淳訳『日本政治と合理的選択――寡頭政治の制度的ダイナミクス 1868-1932』(ポリティカル・サイエンス・クラシックス7)勁草書房、二〇〇六年。

陸軍省新聞班編『「国防の本義と其強化の提唱」に対する評論集』陸軍省新聞班、一九三四年。

立憲政友会『政友特報〔復刻版〕』全七巻、芙蓉書房出版、一九九七年。

――／西垣晴次・丑木幸男・富澤一弘監修『政友特報 昭和八年版』全三巻、芙蓉書房出版、二〇〇一年。

――／西垣晴次・丑木幸男・富澤一弘監修『政友特報 昭和九年版』全三巻、芙蓉書房出版、二〇〇一年。

――／西垣晴次・丑木幸男・富澤一弘監修『政友特報 昭和四年版』芙蓉書房出版、二〇〇二年。

立憲政友会報国史編纂部編『立憲政友会報国史』上・下、立憲政友会報国史編纂会、一九三一年。

立憲政友会宮城県支部青年部編『若槻総裁及び其の一党を衝く――軟弱外交の巨魁屈辱軍縮の売国の徒ロンドン条約の詭弁明演説と憤激する世論』立憲政友会宮城県支部青年部、一九三三年。

立憲民政党政務調査館編『立憲民政党政務調査館図書件名目録』立憲民政党政務調査館、一九三七年。

立憲民政党本部編『民政党政策講演集』立憲民政党本部、一九三一年。

立命館大学西園寺公望伝編纂委員会編『西園寺公望伝』一～四、別巻一・二、岩波書店、一九九〇～九七年。

リンス、ファン・J／内山秀夫訳『民主体制の崩壊――危機・崩壊・均衡回復』岩波現代選書、一九八二年。

ルー、デービッド・J／長谷川進一訳『松岡洋右とその時代』TBSブリタニカ、一九八一年。

「歴史評論」編集部編『近代日本女性史への証言』ドメス出版、一九七九年
蠟山政道『日本政治動向論』高陽書院、一九三三年。

――『政治史』(現代日本文明史2)東洋経済新報社、一九四〇年。

ロシター、クリントン／庄子圭吾訳『立憲独裁――現代民主主義諸国における危機政府』未知谷、二〇〇六年。

若槻礼次郎『国民に訴ふ』改造社、一九二七年。

――『明治・大正・昭和政界秘史――古風庵回顧録』講談社学術文庫、一九八三年。

――／実業之日本社編『欧州に使して』実業之日本社、一九三一年。

鷲尾義直・木堂先生伝記刊行会編『犬養木堂伝』中(明治百年史叢書)原書房、一九六八年。

渡邊行男『軍縮――ロンドン条約と日本海軍』ペップ出版、一九八九年。

――『宇垣一成――政軍関係の確執』中公新書、一九九三年。

――『重光葵――上海事変から国連加盟まで』中公新書、一九九六年。

――『守衛長の見た帝国議会』文春新書、二〇〇一年。

三　邦語紀要・雑誌論文

芦田均「新内閣と明日の政界」『経済往来』九―八、一九三四年。

安達謙蔵「安達謙蔵氏談話速記」広瀬順皓編『政治談話速記録――憲政史編纂会旧蔵』一(近代未刊史料叢書)ゆまに書房、一九九八年。

安達宏昭「満州事変と昭和天皇・宮中グループ――「奈良武次侍従武官長日記〈抄〉」を中心に」『歴史評論』四九六、一九九一年。

雨宮昭一「田中（義）内閣――憲政常道体制初期における政治反動」林茂・辻清明編『日本内閣史録』三、第一法規出版、一九八一年。

――「血盟団事件――「司法権独立」の脆弱性の露呈」我妻栄・林茂・辻清明・団藤重光編『日本政治裁判史録 昭和・前編』第一法規出版、一九七〇年。

荒船俊太郎「大正前・中期の西園寺公望と「元老制」の再編」『日本歴史』七六〇、二〇一一年。

有泉貞夫「日本近代政治史における地方と中央」『日本史研究』二七一、一九八五年。

有馬学「田所輝明と満洲事変期の社会大衆党――一九三〇年代における「運動」と「統合」」一『史淵』一二五、一九八八年。

――「ムラの中の「民党」と「吏党」――近代日本の地域・選挙・政党」『年報近代日本研究19 地域史の可能性――地域・日本・世界』山川出版社、一九九七年。

――「「大正デモクラシー」論の現在――民主化・社会化・国民化」『日本歴史』七〇〇、二〇〇六年。

粟屋憲太郎「一九三六、三七年総選挙について」『日本歴史』一四六、一九七四年。

――「解説 改元前後の政局と天皇・宮中」河井弥八／高橋紘・粟屋憲太郎・小田部雄次編『昭和初期の天皇と宮中――侍従次長河井弥八日記』一、岩波書店、一九九三年。

――「解説 田中内閣と天皇・宮中」河井弥八／高橋紘・粟屋憲太郎・小田部雄次編『昭和初期の天皇と宮中――侍従次長河井弥八日記』二、岩波書店、一九九三年。

――「解説 田中内閣倒壊前後の政局と天皇・宮中」河井弥八／高橋紘・粟屋憲太郎・小田部雄次編『昭和初期の天皇と宮中――侍従次長河井弥八日記』三、岩波書店、一九九三年。

飯森明子「ロンドン海軍軍縮会議と反対運動再考――海軍軍縮国民同志会を中心に」『常磐国際紀要』八、二〇〇四年。

五百旗頭真「陸軍による政治支配」三宅正樹・秦郁彦・藤村道生・義井博編『大陸侵攻と戦時体制』（昭和史の軍部と政治2）第一法規出版、一九八三年。

――「満州事変――ミスマッチが招いた「十五年戦争」の発端」野田宣雄編『検証 歴史を変えた事件――悲劇はなぜ起きたのか』ティービーエス・ブリタニカ、二〇〇一年。

伊香俊哉「昭和天皇・宮中グループの田中内閣倒閣運動――「牧野伸顕日記」を中心に」『歴史評論』四九六、一九九一年。

一ノ瀬俊也「第一次大戦後の陸軍と兵役税導入論」『日本歴史』六一四、一九九九年。

市原亮平「実業同志会の結党」一・二『経済論叢』七一巻一号・七二巻一号、一九五二・五三年。

伊藤隆「「挙国一致」内閣期の政界再編成問題」一～三完『社会科学研究』二四巻一号、二五巻四号、二七巻二号、一九七二～七五年。

――「『江木千之・江木翼関係文書』『小泉策太郎関係文書』」『社会科学研究』二六巻二号、一九七五年。

――「「自由主義者」鳩山一郎――その戦前・戦中・戦後」『年報近代日本研究4 太平洋戦争』山川出版社、一九八二年。

――「田中義一の鈴木喜三郎宛書簡について」『日本歴史』六三二、二〇〇一年。

――・佐々木隆「昭和八～九年の軍部と『鈴木貞一日記』」『史学雑誌』八六巻一〇号、一九七七年。

――・佐々木隆「鈴木貞一日記――昭和八年」『史学雑誌』八七巻一号、一九七八年。

――・佐々木隆「鈴木貞一日記――昭和九年」『史学雑誌』八七巻四

号、一九七八年。

——・服部英理子校訂・解説「片倉衷日記（抄）——青年将校の動向と人脈」『中央公論』一〇七巻三号、一九九二年。

——・服部英理子校訂・解説「片倉衷日記（抄）——昭和八年の国家改造計画」『中央公論』一〇七巻四号、一九九二年。

——・森田美比「大正中期～昭和三〇年の反既成政党勢力——茨城県の場合」『社会科学研究』二九巻二号、一九七七年。

伊藤晧文「政党政治の衰退と統帥権」三宅正樹・秦郁彦・藤村道生・義井博編『軍部支配の開幕』（昭和史の軍部と政治1）第一法規出版、一九八三年。

伊藤之雄「元老の形成と変遷に関する若干の考察——後継首相推薦機能を中心として」『史林』六〇巻二号、一九七七年。

——「「ファシズム」期の選挙法改正問題」『日本史研究』二一二、一九八〇年。

——「政党政治の定着」坂野潤治・宮地正人編『日本近代史における転換期の研究』山川出版社、一九八五年。

——「元老制度再考——伊藤博文・明治天皇・桂太郎」『史林』七七巻一号、一九九四年。

稲田正次「旧憲法下の「憲政の常道」という概念について」『法学教室』六、有斐閣、一九六三年。

井上敬介「「党外人」伊沢多喜男と政権陥落後の立憲民政党——内務省と立憲民政党との協調体制」『北大史学』四八、二〇〇八年。

——「立憲民政党内閣と満州——伊沢多喜男を中心として」『道歴研年報』九、二〇〇八年。

——「立憲民政党の解党——立憲政治構想の視点から」『ヒストリア』二一五、二〇〇九年。

井上寿一「橘孝三郎とその時代」飯尾潤・苅部直・牧原出編『政治を生きる——歴史と現代の透視図』中公叢書、二〇一二年。

今井清一「大正期における軍部の政治的地位」論集日本歴史刊行会・由井正臣編『大正デモクラシー』（論集日本歴史12）有精堂出版、一九七七年。

——「政党内閣期の天皇制」遠山茂樹編『近代天皇制の展開——近代天皇制の研究Ⅱ』岩波書店、一九八七年。

今津敏晃「第一次若槻内閣下の研究会——政党内閣と貴族院」『史学雑誌』一一二編一〇号、二〇〇三年。

岩村登志夫「無産政党の成立」朝尾直弘ほか編『岩波講座日本歴史18 近代5〔新版〕』岩波書店、一九七五年。

岩村等「一木喜徳郎の法律概念——『日本法令予算論』の検討」日本近代法制史研究会編『日本近代国家の法構造』木鐸社、一九八三年。

内山正熊「満州事変と国際連盟脱退」三宅正樹・秦郁彦・藤村道生・義井博編『軍部支配の開幕』（昭和史の軍部と政治1）第一法規出版、一九八三年。

江口圭一「実業同志会の成立」論集日本歴史刊行会・由井正臣編『大正デモクラシー』（論集日本歴史12）有精堂出版、一九七七年。

遠藤恵子「選挙粛正運動における女性の政治参加」『母子研究』二二、二〇〇二年。

大井篤「連合艦隊の功罪」加瀬俊一・賀屋興宣・細川護貞・赤松貞雄・大井篤『語りつぐ昭和史』二、朝日文庫、一九九〇年。

大内俊介「政治評論家吉野作造」『東京都立大学法学会雑誌』三二巻二号、一九九一年。

大島太郎「勲章・鉄道疑獄事件——政党政治における汚職の露呈」我妻栄・林茂・辻清明・団藤重光編『日本政治裁判史録 昭和・前編』第一法規出版、一九七〇年。

——「帝人事件——商慣習を守った異色の判決」我妻栄・林茂・辻清

明・団藤重光編『日本政治裁判史録 昭和・後編』第一法規出版、一九七〇年。

大島美津子「神兵隊事件――有罪＝刑の免除という政治的判決」我妻栄・林茂・辻清明・団藤重光編『日本政治裁判史録 昭和・後編』第一法規出版、一九七〇年。

岡義武「大正デモクラシーの基底――松本剛吉「政治日誌」に関連して」『世界』一七一、一九六〇年。

岡本宏「大正社会主義者の国際認識と外交批判――山川均の場合」『国際政治』五一、一九七四年。

小川有美「デンマークにおける議院内閣制問題と「体制変革」――スカンディナヴィア比較政治の視座から」『国家学会雑誌』一〇五巻七・八号、一九九二年。

奥野武志「陸軍現役将校学校配属と新聞」『法学新報』一〇七巻九・一〇号、二〇〇一年。

尾崎行雄「尾崎行雄氏談話速記」広瀬順晧編『政治談話速記録――憲政史編纂会旧蔵』二（近代未刊史料叢書）ゆまに書房、一九九八年。

小田部雄次「解説「軍縮の時代」と天皇・宮中」河井弥八／高橋紘・粟屋憲太郎・小田部雄次編『昭和初期の天皇と宮中――侍従次長河井弥八日記』四、岩波書店、一九九四年。

――「解説 満州事変と天皇・宮中」河井弥八／高橋紘・粟屋憲太郎・小田部雄次編『昭和初期の天皇と宮中――侍従次長河井弥八日記』五、岩波書店、一九九四年。

――「解説 五・一五事件前後の天皇・宮中」河井弥八／高橋紘・粟屋憲太郎・小田部雄次編『昭和初期の天皇と宮中――侍従次長河井弥八日記』六、岩波書店、一九九四年。

鬼塚博「満州移民の前史――一九二〇年代、三〇年代の飯田下伊那」飯田市歴史研究所編『満州移民――飯田下伊那からのメッセージ〔改訂版〕』現代史料出版、二〇〇九年。

大日方純夫「安倍磯雄と無産政党」早稲田大学社会科学研究所編『安倍磯雄の研究』早稲田大学社会科学研究所、一九九〇年。

川口暁弘「内大臣の基礎研究――官制・原型・役割」『日本史研究』四四二、一九九九年。

――「憲法学と国体論――国体論者美濃部達吉」『史学雑誌』一〇八編七号、一九九九年。

――「「元老以後」の首相奏薦」『学習院史学』三八、二〇〇〇年。

河島真「国維会論――国維会と新官僚」『日本史研究』三六〇、一九九二年。

――「戦間期内務官僚の政党政治構想」『日本史研究』三九二、一九九五年。

川人貞史「九〇年総選挙とナショナル・スウィング」『世界』一九九〇年五月号。

――「選挙制度と政党制――日本における五つの選挙制度の比較分析」『レヴァイアサン』二〇、一九九七年。

――「衆議院議員経歴の長期的分析 1890-2009」『国家学会雑誌』一二四巻五・六号、二〇一一年。

――・川人典子「衆議院総選挙候補者選挙区統計――1890-1990（資料）」『北大法学論集』四〇巻五・六合併号（上）、一九九〇年。

河原宏「浜口内閣――政党政治の栄光と悲劇」林茂・辻清明編『日本内閣史録』三、第一法規出版、一九八一年。

官田光史「「挙国一致」内閣期における政党再編の展開」『日本歴史』六一九、一九九九年。

――「選挙粛正運動の再検討――政友会を中心に」『九州史学』一三九、二〇〇四年。

――「国体明徴運動と政友会」『日本歴史』六七二、二〇〇四年。

木坂順一郎「革新倶楽部論」井上清編『大正期の政治と社会』岩波書店、一九六九年。

岸本由子「オランダにおける議院内閣制の成立」『日蘭学会会誌』三三巻一号、二〇〇八年。

――「オランダ型議院内閣制の起源――議会内多数派と政府との相互自律性」『国家学会雑誌』一二二巻七・八号、二〇〇九年。

北岡伸一「ワシントン体制と政党政治――原敬以後」下斗米伸夫・五百旗頭真編『二十世紀世界の誕生――両大戦間の巨人たち』情報文化研究所、二〇〇〇年。

金原左門「政党政治の展開」朝尾直弘ほか編『岩波講座日本歴史18 近代5』岩波書店、一九七五年。

――「近代世界の転換と大正デモクラシー」金原左門編『大正デモクラシー』（近代日本の軌跡4）吉川弘文館、一九九四年。

楠精一郎「日本政治史における選挙研究」『選挙研究』一四、一九九九年。

久原房之助「政界談話 田中義一内閣（昭和二年四月―昭和四年六月）と政友会」『社会科学討究』一二〇、一九九五年。

久米郁夫「二大政党制という妖怪――われわれは短期的激情に駆られてはいないか」『季刊アステイオン』四〇、一九九六年。

倉山満「満州事変に対する若槻内閣の対応――元老と宮中の動向を中心に」『政教研紀要』二二、一九九八年。

――「関東軍統制と『協力内閣』運動の挫折」『中央史学』二二、一九九九年。

――「憲法習律としての「憲政の常道」」『憲法論叢』一一、二〇〇四年。

クレープス、ゲルハルト「木戸幸一の内大臣就任問題と西園寺公望の態度」『日本歴史』五二八、一九九二年。

黒沢文貴「両大戦間期の体制変動と日本外交」『外交時報』一三四五、一九九八年。

黒澤良「政党政治転換過程における内務省――非政党化の進行と選挙粛正運動」『東京都立大学法学会雑誌』三五巻一号、一九九四年。

――「政党内閣期における内務省――「内政の総合性」をめぐる〈政党化〉の文脈」『東京都立大学法学会雑誌』三九巻二号、一九九九年。

小池聖一「ワシントン海軍軍縮会議前後の海軍部内状況――「両加藤の対立」再考」『日本歴史』四八〇、一九八八年。

古賀不二人「初めて語る五・一五の真相」『文藝春秋』四五巻六号、一九六七年。

小路田泰直「天皇と政党」鈴木正幸編『近代の天皇』（近代日本の軌跡7）吉川弘文館、一九九三年。

小関素明「日本政党政治史論の再構成」『国立歴史民俗博物館研究報告』三六集、一九九一年。

――「「政党政治」革正と新官僚」『国立歴史民俗博物館研究報告』三九集、一九九二年。

――「一九二〇年代後半の「政党政治」とその課題」『日本史研究』三六八、一九九三年。

――「民本主義論の終焉と二大政党制論の改造――蝋山政道のナショナル・デモクラシー論と二大政党制論」『史林』八〇巻一号、一九九七年。

――「解説 美濃部達吉の政党内閣制論」小路田泰直監修『史料集公と私の構造 美濃部憲法学と政治――日本における公共を考えるために2 現代憲政評論』ゆまに書房、二〇〇三年。

――「解説 美濃部達吉と議会政治の超克」小路田泰直監修『史料集公と私の構造 美濃部憲法学と政治――日本における公共を考えるために3 議会政治の検討』ゆまに書房、二〇〇三年。

児玉勝子「解説」女性展望社編『「婦選」解説・総目次・索引』不二出版、

一九九四年。

ゴードン、アンドリュー／岡本公一訳「日本近代史におけるインペリアル・デモクラシー」『年報日本現代史2 現代史と民主主義』東出版、一九九六年。

近衛文麿「西園寺公望公を語る」佐藤義夫編『親しく接した十二偉人を語る』新潮社、一九三三年。

小林龍夫「海軍軍縮条約」日本国際政治学会・太平洋戦争原因研究部編『太平洋戦争への道——開戦外交史〔新装版〕』一、朝日新聞社、一九八七年。

——「統帥権干犯論と海軍軍令部条例の改正」『國學院法学』五巻四号、一九六八年。

——「「一九三五～六年の危機」」一～三『國學院法学』一六巻二号・一八巻三号・一九巻二号、一九七八～八一年。

小南浩一「再考・選挙粛正運動とは何であったか」『選挙研究』一五、二〇〇〇年。

小宮一夫「山本権兵衛（準）元老擁立運動と薩派」近代日本研究会編『年報近代日本研究20 宮中・皇室と政治』山川出版社、一九九八年。

——「牧野伸顕——「協調外交」の担い手として」佐道明広・小宮一夫・服部龍二編『人物で読む近代日本外交史——大久保利通から広田弘毅まで』吉川弘文館、二〇〇九年。

——「日本政治史における選挙研究の新動向」『選挙研究』二七巻一号、二〇一一年。

小宮京「鳩山一郎と政党政治」『本郷法政紀要』一一、二〇〇二年。

——「第五次吉田内閣期の政治過程——緒方竹虎と左派社会党を中心に」『桃山法学』一八、二〇一一年。

小山俊樹「満州事変期の宇垣一成——元老西園寺との関係を中心に」『社会システム研究』六、二〇〇三年。

近藤敦「ヨーロッパにおける議院内閣制の展開——組閣と倒閣と解散の原理」『九大法学』六〇、一九九〇年。

斎藤実「憲政の一新」選挙粛正中央連盟編『昭和十年度選挙粛正中央連盟事業概要』選挙粛正中央連盟、一九三六年。

酒井哲哉「一九三〇年代の日本政治——方法論的考察」『年報近代日本研究10 近代日本研究の検討と課題』山川出版社、一九八八年。

——「「英米協調」と「日中提携」」『年報近代日本研究11 協調政策の限界——日米関係史 1905-1960年』山川出版社、一九八九年。

酒井正文「二大政党対立下における与党勝利の選挙準備——民政党の「選挙第一主義」」中村勝範編『近代日本政治の諸相——時代による展開と考察』慶応通信、一九八九年。

坂本一登「新しい皇室像を求めて——大正後期の親王と宮中」近代日本研究会編『年報近代日本研究20 宮中・皇室と政治』山川出版社、一九九八年。

佐々木隆「挙国一致内閣期の政党——立憲政友会と斎藤内閣」『史学雑誌』八六編九号、一九七七年。

——「挙国一致内閣期の枢密院——平沼騏一郎と斎藤内閣」『日本歴史』三五二、一九七七年。

——「陸軍「革新派」の展開」『年報近代日本研究1 昭和期の軍部』山川出版社、一九七九年。

佐々木敏二「山本宣治の議会闘争」『歴史評論』二九一、一九七四年。

佐藤卓己「キャッスル事件をめぐる「怪情報」ネットワーク」猪木武徳編『戦間期日本の社会集団とネットワーク——デモクラシーと中間団体』ＮＴＴ出版、二〇〇八年。

塩川伸明「「二〇世紀」と社会主義」『社会科学研究』五〇巻五号、一九九九年。

信夫清三郎「いま考えていること」信夫清三郎先生追悼文集編集委員会編

『歴史家信夫清三郎』勁草書房、一九九四年。

柴田紳一「松平康昌述「内大臣の政治責任」」『國學院大學日本文化研究所紀要』七八、一九九六年。

島田俊彦「満州事変の展開」日本国際政治学会編『太平洋戦争への道――開戦外交史〔新装版〕』二、朝日新聞社、一九八七年。

――「華北工作と国交調整」日本国際政治学会編『太平洋戦争への道――開戦外交史〔新装版〕』三、朝日新聞社、一九八七年。

清水唯一朗「立憲政友会の分裂と政党支持構造の変化――一党優位制の崩壊と二大政党制の端緒」坂本一登・五百旗頭薫編『日本政治史の新地平』吉田書店、二〇一三年。

季武嘉也「戦前期の総選挙と地域社会――近代日本の三つの波動」『日本歴史』五四四、一九九三年。

――「西園寺公望と二つの護憲運動」『日本歴史』六〇〇、一九九八年。

菅谷幸浩「岡田内閣期における機関説問題処理と政軍関係――第二次国体明徴声明をめぐる攻防を中心に」『政治学論集』（学習院大学）一八、二〇〇五年。

――「二・二六事件と中間内閣期の政治構造」『政治学論集』（学習院大学）一九、二〇〇六年。

――「帝人事件と斎藤内閣の崩壊――昭和戦前期「中間内閣」期研究の一視角として」『日本政治研究』四巻一号、二〇〇七年。

――「天皇機関説事件展開過程の再検討――岡田内閣・宮中の対応を中心に」『日本歴史』七〇五、二〇〇七年。

――「美濃部達吉の統治機構論と昭和期の政治」『政治学論集』（学習院大学）二〇、二〇〇七年。

――「満洲事変期における政界再編成問題と対外政策――第二次若槻内閣期を中心に」『国史学』（国学院大学）一九四、二〇〇八年。

――「清水澄の憲法学と昭和戦前期の宮中」『年報政治学二〇〇九年Ｉ 民主政治と政治制度』木鐸社、二〇〇九年。

杉原四郎「グラッドストンと永井柳太郎」杉原四郎編『近代日本とイギリス思想』日本経済評論社、一九九五年。

須崎慎一「「政党政治」崩壊期における政友会と民政党――一九三二～三七年」『一橋論叢』七五巻六号、一九七六年。

――「選挙粛正運動の展開とその役割」『歴史評論』三一〇、一九七六年。

――「国体明徴運動と軍部の進出」内田健三・金原左門・古屋哲夫編『日本議会史録』三、第一法規出版、一九九〇年。

鈴木正幸「デモクラシーと社会主義の思想」歴史学研究会・日本史研究会編『講座日本歴史9 近代3』東京大学出版会、一九八五年。

――「天皇と政府・議会」鈴木正幸編『近代の天皇』（近代日本の軌跡7）吉川弘文館、一九九三年。

スピルマン、クリストファー・W・A「平沼騏一郎の政治思想と国本社」伊藤之雄・川田稔編『二〇世紀日本の天皇と君主制――国際比較の視点から 1867～1947』吉川弘文館、二〇〇四年。

住友陽文「大正デモクラシー期「議会主義」の隘路――中野正剛の国家構想に即して」『日本史研究』四二四、一九九七年。

――「近代日本の政治社会の転回」『日本史研究』四六三、二〇〇一年。

関寛治「満州事変前史」日本国際政治学会編『太平洋戦争への道――開戦外交史〔新装版〕』一、朝日新聞社、一九八七年。

――「大陸外交の危機と三月事件――宇垣一成とその背景」篠原一・三谷太一郎編『近代日本の政治指導――政治家研究Ⅱ』東京大学出版会、一九六五年。

空井護「美濃部達吉と議会の正統性危機」『法学』（東北大学）六二巻四号、

一九九八年。

――「政党否定論者としての美濃部達吉」『法学』（東北大学）六七巻二号、二〇〇三年。

高杉洋平「国際軍縮会議と日本陸軍――パリ平和会議からワシントン会議へ」『国際政治』一五四、二〇〇八年。

――「宇垣軍縮の再検討――宇垣軍縮と第二次軍制改革」『史学雑誌』一二二編一号、二〇一三年。

高橋勝治「『出淵勝次日記』（三）――昭和六年～八年」『國學院大學日本文化研究所紀要』八六、二〇〇〇年。

――「『出淵勝次日記』（四）――昭和十年～十一年」『國學院大學日本文化研究所紀要』八七、二〇〇一年。

――「『出淵勝次日記』（七・完）――回顧談・主要著作一覧・関係系図・主要人名索引」『國學院大學日本文化研究所紀要』九〇、二〇〇二年。

高橋是清「財政経済の方策に就て」『講演の友』九八、一九三六年。

高橋進・宮崎隆次「政党政治の定着と崩壊」坂野潤治・宮地正人編『日本近代史における転換期の研究』山川出版社、一九八五年。

滝口剛「満州事変期の平沼騏一郎――枢密院を中心に」『阪大法学』一五一、一九八九年。

――「岡田内閣と国体明徴声明――軍部との関係を中心に」『阪大法学』一五五、一九九〇年。

――「床次竹二郎と平生釟三郎――一九二〇年代の政党政治をめぐって」一・二『阪大法学』二一八・二二二、二〇〇二・〇三年。

――「実業同志会と大阪財界――武藤山治と平生釟三郎の関係を中心に」『阪大法学』二三七・二三八、二〇〇五年。

――「民政党内閣と大阪財界――井上準之助蔵相と経済的自由主義」一・二『阪大法学』二五〇・二五七、二〇〇七・〇九年。

田崎宣義「「救農議会」と非常時」内田健三・金原左門・古屋哲夫編『日本議会史録』三、第一法規出版、一九九〇年。

田中清玄「武装共産党時代――追いつめられた共産党運動の辿る道」『文藝春秋』二八巻七号、一九五〇年。

田中時彦「五・一五事件――内乱罪・騒擾罪・反乱罪」我妻栄・林茂・辻清明・団藤重光編『日本政治裁判史録　昭和・前編』第一法規出版、一九七〇年。

――「二・二六事件（付）永田軍務局長刺殺事件」我妻栄・林茂・辻清明・団藤重光編『日本政治裁判史録　昭和・後編』第一法規出版、一九七〇年。

――「斎藤内閣――「非常時」の鎮静を担って」林茂・辻清明編『日本内閣史録』三、第一法規出版、一九八一年。

――「岡田内閣――「現状維持」の限界に立って」林茂・辻清明編『日本内閣史録』三、第一法規出版、一九八一年。

田中宏巳「昭和七年前後における東郷グループの活動――小笠原長生日記を通して」一～三『防衛大学校紀要』五一～五三号、一九八五～八六年。

谷聖美「政党政治と選挙――選挙と政策決定のあいだに」『選挙研究』一二、一九九七年。

田宮裕「山本宣治暗殺事件――白色テロに斃れた無産政党の闘士」我妻栄・林茂・辻清明・団藤重光編『日本政治裁判史録　昭和・前編』第一法規出版、一九七〇年。

――「赤化判事事件」我妻栄・林茂・辻清明・団藤重光編『日本政治裁判史録　昭和・後編』第一法規出版、一九七〇年。

茶谷誠一「一九三〇年代初期における輔弼体制再編の動向――天皇権威利用論の展開」『年報　日本現代史5　講和問題とアジア』現代史料出版、一九九九年。

――「宮中勢力による社会経済問題への対応――昭和恐慌期を中心

に」粟屋憲太郎編『近現代日本の戦争と平和』現代史料出版、二〇〇一年。

土川信男「政党内閣と産業政策 一九二五―三二年」一〜三『国家学会雑誌』一〇七巻一一・一二号、一〇八巻三・四号、一一・一二号、一九九四〜九五年。

――「政党内閣と元老西園寺公望――『松本剛吉日誌』を中心に」近代日本研究会編『年報近代日本研究20 宮中・皇室と政治』山川出版社、一九九八年。

――「政党内閣期における床次竹二郎の政権戦略」北岡伸一・御厨貴編『戦争・復興・発展――昭和政治史における権力と構想』東京大学出版会、二〇〇〇年。

土田宏成「戦前期陸海軍出身議員に関する予備的考察」『史学雑誌』一〇九編三号、二〇〇〇年。

――「一九三〇年代における海軍の宣伝と国民的組織整備構想――海軍協会の発達とその活動」『国立歴史民俗博物館研究報告』一二六、二〇〇六年。

――「ワシントン会議と世論――海軍軍縮反対運動とその影響」『日本歴史』七五七、二〇一一年。

筒井清忠「二・二六事件」筒井清忠編『解明・昭和史――東京裁判までの道』朝日選書、二〇一〇年。

鶴見祐輔「宇垣一成の心境」『中央公論』一九三七年三月号。

手塚雄太「「挙国一致」内閣期の政党と利益団体――第六六議会の「爆弾動議」をめぐって」『日本歴史』七三九、二〇〇九年。

――「昭和恐慌と政友会」『史学雑誌』一二〇編六号、二〇一一年。

――「政党内閣崩壊後における利益団体間の相剋と二大政党」『国史学』二〇五、二〇一一年。

東條隆進「昭和恐慌期の経済政策思想に関する一考察」『早稲田社会科学総合研究』二巻一号、二〇〇一年。

戸部良一「宇垣一成のアメリカ認識」長谷川雄一編『大正期日本のアメリカ認識』慶應義塾大学出版会、二〇〇一年。

――「帝国在郷軍人会と政治」猪木武徳編『戦間期日本の社会集団とネットワーク――デモクラシーと中間団体』ＮＴＴ出版、二〇〇八年。

――「第一次大戦と日本における総力戦の受容」『新防衛論集』七巻四号、一九八〇年。

永井和「昭和天皇は統帥権の運用を誤ったか――大江志乃夫著『張作霖爆殺』を評す」『立命館史学』一一、一九九〇年。

――「張作霖爆殺事件と田中義一首相の上奏――粟屋憲太郎氏の所見への疑問」『日本歴史』五一〇、一九九〇年。

長尾龍一「美濃部達吉の法哲学」『国家学会雑誌』八二巻一・二号、一九六九年。

中澤俊輔「日露戦後の警察と政党政治――違警罪即決例をめぐる攻防」『日本政治研究』二巻二号、二〇〇五年。

――「一九三〇年代の警察と政軍関係」北岡伸一編『国際環境の変容と政軍関係』中央公論新社、二〇一三年。

中島彌団次述「政界談話 浜口雄幸内閣時代（昭和四年七月―昭和六年三月）のこと」『社会科学討究』四一巻二号、一九九五年。

中園裕「政党内閣期に於ける昭和天皇及び側近の政治的行動と役割――田中内閣期を中心に」『日本史研究』三八二、一九九四年。

奈良岡聰智「立憲民政党の創立」『法学論叢』一六〇巻五・六号、二〇〇七年。

――「一九二五年中選挙区制導入の背景」『年報政治学二〇〇九Ⅰ 民主政治と政治制度』木鐸社、二〇〇九年。

西田敏宏「ワシントン体制の変容と幣原外交一九二九～一九三一年」一・二完『法学論叢』一四九巻三号・一五〇巻一号、二〇〇一年。

野村淳治「貴族院改造問題」田中耕太郎編『法学協会五〇周年記念論文集第一部』有斐閣、一九三三年。

朴廷鎬「満州事変における朝鮮軍の独断越境過程の再検討」北岡伸一編『国際環境の変容と政軍関係』（歴史のなかの日本政治2）中央公論新社、二〇一三年。

長谷川如是閑「輿論の社会性と反社会性」『中央公論』一九三四年一月号。

秦郁彦「艦隊派と条約派」三宅正樹・秦郁彦・藤村道生・義井博編『軍部支配の開幕』（昭和史の軍部と政治1）第一法規出版、一九八三年。

——「張作霖爆殺事件の再考察」『政経研究』四四巻一号、二〇〇七年。

波多野澄雄「満州事変と「宮中」勢力」『栃木史学』五号、一九九一年。

——・蒲島郁夫「満州事変収拾の政治過程」『レヴァイアサン』八、一九九〇年。

服部龍二「ロンドン海軍軍縮会議と日米関係——キャッスル駐日米国大使の眼差し」『史学雑誌』一一二編七号、二〇〇三年。

馬場恒吾「現代の政治問題」『大思想エンサイクロペヂア17』春秋社、一九二八年。

林尚之「明治憲法体制の危機と立憲主義思想の臨界点——天皇機関説事件をめぐる憲法論の相克を中心にして」『日本史研究』五三二、二〇〇六年。

林宥一・安田宏「社会運動の諸相」歴史学研究会・日本史研究会編『講座日本歴史9 近代3』東京大学出版会、一九八五年。

原剛「陸海軍文書について」『戦史研究年報』三、二〇〇〇年。

坂野潤治「政党政治の崩壊」坂野潤治・宮地正人編『日本近代史における転換期の研究』山川出版社、一九八五年。

——「昭和一〇年の岐路——歴史における必然と偶然」『中央公論』一九八五年四月号。

——「明治立憲制の三つの選択——超然主義・政党内閣主義・議会主義」『思想』七五〇、一九八六年。

——「戦前日本の憲法と議会 一八六八—一九三六」日本政治学会編『年報政治学一九八七 政治過程と議会の機能』岩波書店、一九八八年。

——「歴史的前提としての欽定憲法体制」東京大学社会科学研究所編『現代日本社会1 課題と資格』東京大学出版会、一九九一年。

——「西欧化としての日本近現代史」東京大学社会科学研究所編『現代日本社会4 歴史的前提』東京大学出版会、一九九一年。

——「戦前日本における「社会民主主義」、「民主社会主義」、「企業民主主義」」東京大学社会科学研究所編『現代日本社会4 歴史的前提』東京大学出版会、一九九一年。

馬場伸也「犬養内閣——最後の政党内閣」林茂・辻清明『日本内閣史録』三巻、第一法規出版、一九八一年。

平松良太「ロンドン海軍軍縮問題と日本海軍 一九二三～一九三六年」一～三完『法学論叢』一六九巻二・四・六号、二〇一一年。

——「海軍省優位体制の崩壊」小林道彦・黒沢文貴編『日本政治史のなかの陸海軍——軍政優位体制の形成と崩壊1868～1945』（MINERVA日本ライブラリー24）ミネルヴァ書房、二〇一三年。

福永文夫「占領改革と戦後政治」多胡圭一編『日本政治』大阪大学出版会、二〇〇五年。

福元健太郎・村井良太「戦前日本の内閣は存続するために誰の支持を必要としたか——議会・軍事・閣僚・首相選定者」『学習院大学法学会雑誌』四七巻一号、二〇一一年。

藤井松一「西園寺公望関係文書について」『立命館大学人文科学研究所紀要』二七、一九七九年。

藤村道生「クーデターとしての満州事変」三宅正樹・秦郁彦・藤村道生・義井博編『軍部支配の開幕』（昭和史の軍部と政治1）第一法規出版、

一九八三年。

古川江里子「長谷川如是閑の日本研究」『日本歴史』六三四、二〇〇一年。

古川隆久「革新官僚の思想と行動」『史学雑誌』九九編四号、一九九〇年。

――「昭和天皇首相叱責事件の再検討」『研究紀要』（日本大学文理学部人文科学研究所）七六、二〇〇八年。

古屋哲夫「金解禁・ロンドン条約・満州事変」内田謙蔵・古屋哲夫・金原左門編『日本議会史録』三、第一法規出版、一九九一年。

堀田慎一郎「平沼内閣運動と斎藤内閣期の政治」『史林』七七巻三号、一九九四年。

――「岡田内閣期の陸軍と政治」『日本史研究』四二五、一九九八年。

――「岡田内閣期の元老・重臣勢力と政党」『レヴァイアサン』二四、一九九九年。

堀真清「三月事件」堀真清編『宇垣一成とその時代――大正・昭和前期の軍部・政党・官僚』新評論、一九九九年。

本間恂一「選挙粛正運動をめぐる政党と官僚」『地方史研究』三六巻一号、一九八六年。

前田英昭「床次の小選挙区制法案と議事妨害」『政治学論集』（駒澤大学）三六、一九九三年。

――「貴族院多額納税者議員の『互選』とその意味」『法学論集』（駒澤大学）六二、二〇〇一年。

――「議会と統帥権干犯」『駒澤法学』二巻三号、二〇〇三年。

前田蓮山「政界談話 原敬内閣（大正七年九月―大正十年十月）と政友会」『社会科学討究』四二巻二号、一九九五年。

前山亮吉「第三党・明政会の政治技術（昭和三年）――「鶴見祐輔文書」を手掛かりに」静岡県立大学国際関係学部日本文化コース編『テクストとしての日本』静岡県立大学国際関係学部、二〇〇一年。

松尾浩也「浜口雄幸狙撃事件――動乱の序曲」我妻栄・林茂・辻清明・団藤重光編『日本政治裁判史録』昭和・前編、第一法規出版、一九七〇年。

松尾尊兊「政友会と民政党」朝尾直弘ほか編『岩波講座日本歴史19 近代6』岩波書店、一九七六年。

――「解説 帝国議会における婦選法案の推移」女性展望社編『「婦選」解説・総目次・索引』不二出版、一九九四年。

松田好史「昭和期における「常時輔弼」体制の変遷――「側近集団型輔弼方式」から「内大臣単独輔弼方式」へ」『日本歴史』七一五、二〇〇七年。

――「内大臣の側近化と牧野伸顕」『日本歴史』七四三、二〇一〇年。

御厨貴「（書評）ゴードン・バーガー『日本における政党の権力喪失過程 1931-1941』」『年報近代日本研究1 昭和期の軍部』山川出版社、一九七九年。

――「二・二六事件とは何だったのか」藤原書店編集部編『二・二六事件とは何だったのか――同時代の視点と現代からの視点』藤原書店、二〇〇七年。

――「解説 升味史論体のコスモス」升味準之輔『日本政党史論〔新装版〕』一、東京大学出版会、二〇一一年。

三沢潤生・二宮三郎「帝国議会と政党」細谷千博・斎藤真・今井清一・蝋山道雄編『議会・政党と民間団体〔新装版〕』（日米関係史 開戦に至る十年（一九三一―四一年）3）東京大学出版会、二〇〇〇年。

水沼知一「金解禁問題」『講座日本歴史19 近代6〔新版〕』岩波書店、一九七六年。

三谷太一郎「大正期の枢密院」『枢密院会議議事録』大正篇別冊、東京大学出版会、一九九〇年。

――「大正デモクラシーとワシントン体制 一九一五―一九三〇」細谷千博編『日米関係通史』東京大学出版会、一九九五年。

――「日本の政治学のアイデンティティを求めて――蝋山政治学に見

る第一次世界戦争後の日本の政治学とその変容」『成蹊法学』四九、一九九九年。

――「一五年戦争下の日本軍隊――「統帥権」の解体過程」上『成蹊法学』五三、二〇〇一年。

――「政党内閣期の条件」中村隆英・伊藤隆編『近代日本研究入門〔増補新装版〕』東京大学出版会、二〇〇一年。

三土忠造「選挙後の雑感」『文藝春秋』一九三二年四月号。

美濃部達吉「選挙法講話」『大思想エンサイクロペヂア17』春秋社、一九二八年。

三宅一郎「日本内閣の政治・社会的構成――伊藤内閣より岸内閣まで」『人文学報』二〇、一九六四年。

宮崎隆次「大正デモクラシー期の農村と政党――農村諸利益の噴出と政党の対応」一～三『国家学会雑誌』九三巻七・八号、九・一〇号、一一・一二号、一九八〇年。

――「戦前日本の政治発展と連合政治」篠原一編『連合政治I――デモクラシーの安定をもとめて』岩波書店、一九八四年。

――「日本政治史におけるいくつかの概念――一九二〇年代と三〇年代とを統一的に理解するための覚書」『千葉大学法学論集』五巻一号、一九九〇年。

宮本盛太郎「第二次若槻内閣――満州事変と民政党内閣の苦悩」林茂・辻清明編『日本内閣史録』三、第一法規出版、一九八一年。

武藤祥「「暫定性」と「持続力」――権威主義体制の動態分析に関する一試論」『国際政治』一四四、二〇〇六年。

村井良太「昭和天皇と政党内閣制――明治立憲制の変容と天皇の役割像」『年報政治学二〇〇四年 オーラルヒストリー』岩波書店、二〇〇五年。

――「政党内閣制とアジア太平洋戦争――政権交代をめぐる政治改革の行方」杉田米行編『アジア太平洋戦争の意義――日米関係の基盤はいかにして成り立ったか』三和書籍、二〇〇五年。

――「昭和天皇」佐道明広・小宮一夫・服部龍二編『人物で読む現代日本外交史――近衛文麿から小泉純一郎まで』吉川弘文館、二〇〇八年。

――「元老西園寺公望と日本政党政治――その意思と権力」日本比較政治学会編『日本比較政治学会年報10 リーダーシップの比較政治学』早稲田大学出版部、二〇〇八年。

――「政党内閣制の展開――近代日本における二大政党制の動態と周辺」一・二『駒澤法学』七巻二号・九巻一号、二〇〇八・〇九年。

――「近代日本における多数主義と「憲政常道」ルール――政権交代をめぐる制度と規範」『年報政治学二〇〇九I 民主政治と政治制度』木鐸社、二〇〇九年。

――「ロンドン軍縮条約――国際協調と二大政党政治下の海軍」筒井清忠編『解明・昭和史――東京裁判までの道』朝日選書、二〇一〇年。

――「濱口雄幸日記」「原田熊雄文書」御厨貴編『近現代日本を史料で読む――「大久保利通日記」から「富田メモ」まで』中公新書、二〇一一年。

――「戦前から戦後への日本の選挙管理」大西裕編『選挙管理の政治学――日本の選挙管理と「韓国モデル」の比較研究』有斐閣、二〇一三年。

――「一九二〇年代の政治改革、その逆コースと市川房枝」坂本一登・五百旗頭薫編『日本政治史の新地平』吉田書店、二〇一三年。

村嶋英治「タイ国の立憲体制初期における軍部と民主主義」『年報政治学一九八九 近代化過程における政軍関係』岩波書店、一九八九年。

望月雅士「金融恐慌をめぐる枢密院と政党」『社会科学討究』四二巻三号、一九九七年。

森茂樹「戦時天皇制国家における「親政」イデオロギーと政策決定過程の再編――日中戦争期の御前会議」『日本史研究』四五四、二〇〇〇年。

森靖夫「軍部大臣文官制の再検討——一九二〇年代の陸軍と統帥権」『年報政治学二〇〇八-Ⅰ　国家と社会：統合と連帯の政治学』木鐸社、二〇〇八年。

——「満州事変と内田康哉」小林道彦・高橋勝浩・奈良岡聰智・西田敏宏・森靖夫編『内田康哉関係資料集成』一、柏書房、二〇一二年。

森邊成一「政党政治と農業政策——近代日本における政策過程再編成の特質について」『広島法学』一九巻三号、一九九六年。

安武裕和「二〇世紀初頭のスウェーデンにおける「議会主義」を巡る右派の思想——「スウェーデン型議会主義」のもう一つの源流」『名古屋大学法政論集』二一七、二〇〇七年。

矢嶋光「芦田均の国際政治観——満州事変前後における連続性を中心に」一・二完『阪大法学』六〇巻二号・三号、二〇一〇年。

矢内原忠雄「総説」矢内原忠雄編『現代日本小史』上、みすず書房、一九五四年。

山口浩志「近衛文麿における一貫性——貴族院改革と「東亜新秩序」をめぐって」『明治大学大学院紀要』二五集三号、一九八八年。

山崎裕美「戦前期における市川房枝の政治観」『東京都立大学法学会雑誌』四五巻二号、二〇〇五年。

——「女性の政治参加と選挙粛正運動——国民教化の側面から」『東京都立大学法学会雑誌』四八巻二号、二〇〇七年。

——「一九二〇年代における文部省の公民教育論」『法学会雑誌』（首都大学東京）四九巻一号、二〇〇八年。

山谷正義「実業同志会についての一考察——一九二八年の『政実協定』を中心に」『歴史評論』二七五、一九七三年。

山室建徳「政党内閣期の合法無産政党」『社会科学研究』三八巻二号、一九八六年。

——「昭和戦前期総選挙の二つの見方」『日本歴史』五四四、一九九三年。

山本四郎「斎藤内閣の成立をめぐって」『史林』五九巻五号、一九七六年。

——「準戦時体制」朝尾直弘ほか編『岩波講座日本歴史20　近代7』岩波書店、一九七六年。

横山隆介「ワシントン会議と太平洋防備問題」『防衛研究所紀要』一巻二号、一九九八年。

芳井研一「対中国政策の転換と議会」内田謙蔵・金原左門・古屋哲夫編『日本議会史録』三、第一法規出版、一九九一年。

吉田博司「美濃部達吉の議会政治観の転換——憲政常道時代から挙国一致内閣時代へ」『聖学院大学論叢』一一巻二号、一九九九年。

吉田裕「昭和恐慌前後の社会情勢と軍部」『日本史研究』二一九、一九八〇年。

——「新史料にみる昭和天皇像」『歴史評論』四九六、一九九一年。

吉武信彦「ノーベル平和賞と日本——歴代日本人受賞者・候補者が問いかけるもの」『世界』八三七、二〇一二年。

吉野作造「国民主義運動の近況」『国家学会雑誌』四六巻七号、一九三二年。

吉野作造講義録研究会「吉野作造講義録」一〜五・完『国家学会雑誌』一二一巻九・一〇号、一二二巻一・二号、三・四号、五・六号、七・八号、二〇〇八〜〇九年。

米山忠寛「昭和立憲制の再建 1932-1945年」（博士学位論文）東京大学大学院政治学研究科、二〇一一年。

蠟山政道「政党政治の過去・現在及将来」『議会政治読本　中央公論別冊付録』中央公論社、一九三四年。

若月剛史「政党内閣期（一九二四〜一九三二年）の予算統制構想」『史学雑誌』一一五編一〇号、二〇〇六年。

——「「挙国一致」内閣期における内務省土木系技術官僚」『東京大学

日本史学研究室紀要』一六、二〇一二年。

若槻礼次郎「男爵若槻礼次郎談話速記」広瀬順晧編『政治談話速記録——憲政史編纂会旧蔵』八（近代未刊資料叢書）ゆまに書房、一九九九年。

渡辺幾治郎「西園寺公望公」『改造』一一七、一九四一年。

四　外国語史料・文献

●史料

General Records of the Department of State, Record Group 59, National Archives.

Joseph C. Grew Papers, Houghton Library, Harvard University, Massachusetts.

Lamont Papers, Baker Library, Harvard University, Massachusetts.

●文献

Beckmann, George M., and Genji Okubo, *The Japanese Communist Party, 1922-1945*, Stanford: Stanford University Press, 1969.

Bell, Edward Price, with an introduction by Calvin Coolidge, *World Chancelleries: Sentiments, Ideas, and Arguments Expressed by Famous Occidental and Oriental Statesmen Looking to the Consolidation of the Psychological Bases of International Peace*, Chicago: Chicago Daily News, 1926.

Clements, Jonathan, *Prince Saionji: Japan,* London: Haus Pablishing, 2008.

Connors, Lesley, *The Emperor's Adviser: Saionji Kinmochi and Prewar Japanese Politics,* London: Croom Helm, 1987.

Department of State ed., *Foreign Relations of the United States*, Washington: Government Printing Office.

Dickinson, Frederick R., *War and National Reinvention: Japan in the Great War, 1914-1919,* Cambridge: Harvard University Press, 1999.

Dower, John W., *Cultures of War: Pearl Harbor: Hiroshima: 9-11: Iraq*, New York: W. W. Norton, 2010.

Duus, Peter, *Party Rivalry and Political Change in Taisho Japan*, Cambridge: Harvard University Press, 1968.

Gordon, Andrew, *Labor and Imperial Democracy in Prewar Japan*, Berkeley: University of California Press, 1991.

Hunter, Janet E. compiled, *Concise Dictionary of Modern Japanese History,* Berkeley: University of California Press, 1984.

Jansen, Marius B., *Japan and China: From War to Peace, 1894-1972*, Chicago: Rand McNally College, 1975.

Norman, E. H. and John W. Dower, *Origins of the Modern Japanese State: Selected Writings of E. H. Norman*, Pantheon, 1975.

Pearce, Malcolm and Geoffrey Stewart, *British Political History 1867-1995: Democracy and Decline*, 2nd ed, London: Routledge, 1996.

Scalapino, Robert A., *Democracy and the Party Movement in Prewar Japan: The Failure of the First Attempt*, Berkeley: University of California Press, 1953.

Storry, Richard, *The Double Patriots: A Stady of Japanese Nationalism*, London: Chatto & Windus, 1957.

Totten, George Oakley, *The Social Democratic Movement in Prewar Japan*, New Haven: Yale University Press, 1966.

や行

ら行

わ行

ま行

な行

は行

た行

さ行

か行

人名索引

た行

な行

は行

ま行

事項索引

著者紹介

村井 良太（むらい りょうた）

1972年　香川県に生まれる

1995年　神戸大学法学部卒業

2002年　神戸大学大学院法学研究科博士課程修了，日本学術振興会特別研究員，駒澤大学法学部講師，同准教授を経て，現職。その間，ハーバード大学ライシャワー日本研究所客員研究員。

〔現在〕　駒澤大学法学部教授，博士（政治学）

〔専攻〕　日本政治史

〔著作〕　『政党内閣制の成立 一九一八～二七年』（有斐閣，2005年）／「第一次世界大戦と日米関係の再調整 1909-19年」（共同執筆）五百旗頭真編『日米関係史』（有斐閣，2008年）／「「社会開発」論と政党システムの変容――佐藤政権と七〇年安保」『駒澤大学法学部研究紀要』第71号（2013年）ほか。

政党内閣制《せいとうないかくせい》の展開《てんかい》と崩壊《ほうかい》 一九二七～三六年

The Development and Breakdown of the Party Cabinet System, 1927-1936

2014年5月20日　初版第1刷発行

著　者　村　井　良　太

発行者　江　草　貞　治

発行所　株式会社　有　斐　閣

郵便番号 101-0051
東京都千代田区神田神保町 2-17
電話(03)3264-1315〔編集〕
(03)3265-6811〔営業〕
http://www.yuhikaku.co.jp/

印刷・大日本法令印刷株式会社／製本・牧製本印刷株式会社
制作・株式会社有斐閣アカデミア

ISBN 978-4-641-14902-1

これを語りて日本人を戦慄せしめよ

柳田国男が言いたかったこと

山折哲雄

新潮選書

まえがき

今から十年ほど前に定年を迎えたとき、型通りの挨拶をさせてもらったが、これからは長谷川伸と柳田国男を読んで暮そうと思うといった。ふと口をついて出た言葉だったが、じつをいえばかなり以前から考えつづけていることではあった。それでこの二人の全集だけは手元において、いつでも見ることができるようにしていた。

日本人のこころをのぞきこんだり、その根拠を手探りするようになったのがいつごろなのか、もう思い出せないが、そんなことのくり返しのなかで作家・長谷川伸と民俗学者・柳田国男の名前がいつも眼前に蘇るようになっていた。この二人がやった大仕事は、もしかすると長い長い時間のなかで形成された日本列島人の生活と社会の骨格を、誰もがやらなかったような流儀で明らかにしているのではないか、と思うようになったのである。

いま、あえて日本列島人といったのは、この二人が取り組もうとした課題はかならずしも日本人だけにかぎらない、むしろ日本人を超えるような構想にみたされている、ということをいいたかったからである。列島というのは文字通り海に囲まれた領域のことであり、たんなる国境《くにざかい》いといった観念を超えていて、いつでも広大な世界に開かれている。柳田国男も、もちろん長谷川伸も、そのような日本列島人として世界のなかの日本を考え、世界そのものを眺めようとする視点をいっときも手放すことがなかった人間だと思う。

長谷川伸については、幸いなことに先年、同じ新潮社から『義理と人情——長谷川伸と日本人のこころ』（二〇一一年）として出版してもらうことができたが、こんどようやくそれに後続するような形で本書を上梓することができたのである。もっとも私が柳田国男に興味をもち、その魅力ある世界にのめりこむようになってから、もう半世紀の時間が経つ。研究の歩みは遅々として進まなかったが、しかしその不確かな旅のなかでほとんど偶然のように近づいてきたのが長谷川伸の存在だった。

柳田国男は自分の仕事のなかで長谷川伸についてほとんどふれてはいないけれども、その存在に深い敬意の念を抱いていたことはほぼ間違いないだろうと、私は思うようになっていた。それはいってみればほとんど直観からくるものだったので、証拠を出せといわれれば、引き下がって沈黙するほかはない。ただ、その直観が契機となって、柳田国男を見る私の視界が大きく変容し転換したことだけはどうしてもいっておきたい。ちょうどそのような時期に、たまたま同じ新潮社から刊行されている季刊誌『考える人』に「柳田国男、今いずこ」のタイトルで連載するチャンスを与えていただいたのだった。

いうまでもないことであるが、いわゆる柳田国男論についてはこれまでも多くのすぐれた研究業績がつみ重ねられてきている。その先人たちの仕事からはさまざまなことを学んできたが、今回私が自分の問題として第一に心がけたことは、柳田国男をできるだけ民俗学という額縁から解き放ってみようということだった。もっともこのような目論見は、みずから民俗学という学問を打ち立てようとした柳田国男自身の意図を裏切り、無視するものではないかとの批判を受け、自己矛盾の論ではないかとの誹《そし》りを招くことになるかもしれない。けれども、それは覚悟の上でのことだった。

それというのも私は、当初から柳田国男がなぜそのような新しい学問（民俗学）の道を目指したのか、その人間的な動機と未来にむけての目標を明らかにすることの方がはるかに重要な仕事ではないかと考えていたからだった。そしてその実現のためには、いうところの民俗学とそれをめぐるさまざまな言説から思い切って離陸することが、まずもって不可避の前提になるだろうと思うようになったのである。

その第一の着手として、柳田国男の前半生の仕事のなかから私が選び出したのが「人間苦」という主題だった。もちろん柳田自身はそのようないい方をしているわけではない。そのような言葉で主題化しようとしたのは私であるが、しかし柳田国男がその「人間苦」という表現のかなたに、かれ自身の大きな関心事だった人間の根元的差別、という問題を想定していたことだけは、ほぼ間違いないところだろうと思う。

つぎに、柳田国男の後半生の仕事のなかでしだいに頭をもたげてくるのが日本列島人の「民族移動」という問題であることに着目し、その大胆な仮説を第二の主題として選び出すことにした。そこから南方世界にたいする列島人のつよい憧憬と関心を浮き上らせ、いわばその自己認識の根元を探り出すことにつなげてみようと考えたのである。柳田国男の構想する全体的な見取図のなかで、この「民族移動」のテーマがさきの「人間苦」のテーマと不可分に結びついていたことはいうまでもない。

そして第三に、右にみた柳田の前半生における「人間苦」という主題と、その後半生における「民族移動」という二つの主題を媒介し、結びつけるもう一つの中間的テーマとして「ジャーナリスト」柳田国男の誕生、という主題を掲げてみたのである。

いつまでも、学説史をめぐる論議のなかでがんじがらめにされている柳田国男の過去の姿をみているのは、いかにも息苦しい。いうところの柳田民俗学という名辞をめぐって、いつまでも批判と反批判の応酬をみせつけられるのも、あまりにも空しい。そうした抑圧されたような空気から思い切り自由になって、空飛ぶ柳田国男の魂と対話を交してみたい、というのが正直な気持だった。現代の日本人にたいして、柳田国男が本当に言いたかったことはいったい何か、――そんな天の声にみちびかれて、このつたない文章を書き継いできたのである。

もっともわが身をふり返ると、年齢だけは、そろそろ柳田国男翁のそれに近づいてきているのであるが、思索のあとの方はいたるところ未熟のほころびが目につくにちがいない。最後になって愚痴めいたいいわけになったが、この点については読者の方々のご叱正とご教授を乞うほかはないと思っている。

本書の仕事を進める上では、こんども学芸出版部の今泉正俊さんから多大のお力添えをいただいた。こころからの感謝の意を表したい。ありがとうございました。

平成二十六年一月三日

京都洛中、芦刈山にて　著者

目次

これを語りて日本人を戦慄せしめよ　柳田国男が言いたかったこと

第一章　普遍化志向

落日の中の民俗学

柳田国男は、『遠野物語』とともに誕生した。それが、今からおよそ百年前の、近代日本の誕生とともに忘れることのできない、一つの時代の転機だったと思う。以後、柳田国男という存在が、この『遠野物語』という、やや異風な物語の群れを糧として、しずかに成長しはじめる。途絶えることなく成長しつづけ、日本文明の骨格をなす民俗社会の地下水をそこから汲みあげて、豊かな思想の枝葉を広げ、茂らせていった。

いま私は、柳田国男が『遠野物語』とともに誕生したといったけれども、それはもちろん、『遠野物語』が柳田国男の手に導かれて誕生したということをいったのではない。話はむしろ逆である。『遠野物語』がすでに存在していて、その後塵を拝する形で柳田国男という人間が誕生した、といったのだ。

その『遠野物語』の「遠野」の地に、私は二〇一〇年の暮、久しぶりに行ってきた。「遠野物語百周年」の記念行事がその地で開催され、それに参加したのである。年が明けて二〇一一年の三月十一日、東北地方を襲う大震災が発生した。三陸沿岸の一帯が壊滅的な被害をうけ、惨憺たる光景が地上といわず海波の彼方まで覆いつくした。その危機的な状況のなかで緊急の後方支援センターになったのが遠野市を中心とする地域だった。『遠野物語』の序文に出てくる「遠野郷」である。奥深い山間に位置する遠野郷の盆地世界が、北上山系の峠越しに沿岸部の海辺被災地に支援の手をさしのべる先頭に立ったのだった。

『遠野物語』が誕生してから約百年、遠野の地がこのような形で時代の表面に浮上してきたことに、泉下の柳田国男はどのような感慨をもつだろうか。当時、思わず口から洩らしたように、こんどもそれを語って「平地人を戦慄せしめよ」とつぶやいているだろうか。あるいは「日本人をして戦慄せしめよ」とでも……。

一九九五年のことだった。私は『フォークロア』誌の第七号の記念すべき終刊号に、「落日の中の民俗学」という文章を寄稿した。もう二十年近くも前のことだ。もちろんここでいっている「民俗学」とは柳田国男が創始し、育てあげた「日本民俗学」のことだった。それが当時どのような状態におかれていたのか、それを現場検証して確かめるような気分で書いてみたのだった。

いま民俗学は落日の中にある。落日の渦中にあるのではないか。もっとも落日の夕焼けは美しい。海の彼方に沈む夕焼けの輝きは荘厳ですらある。しかしどうだろう。今日の民俗学の落日は、厚い雲に包まれたまま姿もみせずに沈んでいこうとしているのではないだろうか。すくなくともそのようにみえる。そのようにしかみえない。

冒頭に、そう書いたのである。

その当時、民俗学が落日の光景のなかに沈むことになった一つの誘因に、人類学もしくは民族学との不器用なつき合い方があったのではないかと思う。

戦後、民俗学が時代の寵児の扱いをうけるようになったのは、それが「民衆」の学として喧伝されたからだった。日本の民衆の学として、戦後の民俗学はもう一度新たに呱々《ここ》の産声をあげたのである。同じような学問交替のドラマは、人類学（民族学）の陣営においても発生することになった。人類学がにわかに時代の脚光を浴びるようになった契機の一つに、それが世界の「民衆」の知を結集する学として迎えられたからであったと思う。

日本の民衆の学と世界の民衆の学が、戦後の焼けあとの荒地で遭遇し、手を握り合ったのである。その一方の極、すなわち「日本」の側に柳田国男や折口信夫がいた。そして他方の極、すなわち「世界」の側に、たとえば石田英一郎のような人類学者がひかえていたのである。

日本の民衆学と世界の民衆学を、同じ学問の土俵の上に呼びこんで戦わせることになったのは、柳田国男の「腕力」でもなければ石田英一郎の「知識」でもなかった。それが何よりも、時代の趨勢であったということだ。時代の力が日本の民衆学と世界の民衆学を、まさに「民衆」の眼前に新たに設けられた土俵へと惹き寄せたのである。

しかしこの日本の民衆学と世界の民衆学の対抗・緊張の関係は、時とともにその拮抗・対立の構図を変えていく。大づかみにいってしまえば、日本の民衆学は世界の民衆学からもっぱら「理論」の殻だけをかじりとることに専心し、それにたいして世界の民衆学の方は日本の民衆学から主として「素材」の果実だけをむさぼりとろうとする対照的な構図ができあがってしまったからだ。

世界の民衆学の食卓には、テーブルからこぼれ落ちそうなほど「理論」や「仮説」のメニューが、それこそ目白押しに並んでいた。それにたいして日本の民衆学の米倉には、古米・新米を含めて「民俗」という名の膨大な量の退蔵物資がつめこまれていた。やがて気がついてみると、「理論」を提供するのは世界の民衆学、「素材」を放出するのは日本の民衆学、という、あの古くて新しい分業体制ができあがっていた。近代日本が後生大事に大切にしてきた、得意中の得意とした分業体制である。

世界の民衆学すなわち「民族学」は何となくハイカラで、日本の民衆学すなわち「民俗学」は文字通り土臭い、という価値観が顕在化してくるのもそのころのことだった。土臭さがハイカラに拝跪する知的なコンプレックスの厚い層が形成され、ハイカラが土臭さを頤使《いし》する厚顔無恥が学会市場を大手をふってまかり通る時代がやってきたのである。

日本の民衆学はいったいどうして、世界の民衆学が掲げる「理論」のいかがわしさを攻撃しなかったのか。柳田国男や折口信夫がやったように、どうしてそれを粉々に嚙みくだく術を考えだそうとしなかったのか。日本の民衆学すなわち日本民俗学は、すでに歴史学にたいする戦いをやめてしまっていたように、知らず知らずのうちに世界の民衆学すなわち民族学にたいする挑戦の試みを放棄してしまったのである。それはとりも直さず、民族学の理論に便乗して何とか民俗学の危急を救済しようとする戦術に出たからであった。世界の民衆学にすり寄って日本の民衆学の延命をはかろうとしたためであった。

こうして民俗学は今日、無念なことながら落日の中にあるといったのである。そしてその落日は、さきにのべたように夕映えの美しさの中に輝いているのではない。厚い雲にとざされたまま、しずかに沈んでいこうとしている。

ふと思う。中世の漂泊者である盲目の「弱法師《よろぼうし》」が、はるか海上の彼方に沈んでいく太陽にむかって「日想観」を凝らしたことを。——やがて、そのかれの眼球の奥には落日の荘厳が赫耀《かくよう》と蘇り、「弱法師」は予想もしなかった霊的快感をえる。だがそのような奇蹟の物語が、はたして日本の民衆学の土壌から生みだされるときがくるのであろうか。

それが、今から二十年近く前、「落日の中の民俗学」という文章のなかに書きつけた私自身の嘆き節であった。

サイノカワラ

その日、東北の三陸海岸は晴れわたっていた。その日とは、二〇一一年三月十一日からほぼ一ヵ月を経た、四月十六日から十八日にかけての、ある一日のことである。

視線を、水平線の海の彼方から逆転させてふり返ると、瓦礫の山のはるか向うに、なだらかな山なみの稜線がどこまでもつづいているのがみえた。

だが、その海と山のあいだには狂暴な破壊の爪痕が無数に走り、いつはてるともしれない地獄の景観、サイノカワラ（賽の河原）の光景が広がっていた。海の野獣がのし歩き、破壊のかぎりを尽したあとの廃墟が、地上から噴きあげる奇怪な異臭を放って横たわっていた。

想像を絶する自然の破壊力のあと、というだけではとても足りない。けれども、当の荒れ狂った自然の波動は、すでに鎮静し、何事もなかったかのような美しい表情をたたえたまま沈黙している。刃を懐に忍ばせる自然の残酷な美しさ、といえばいえる。

海原の彼方には、無数の遺体が流されていた。野や山のいたるところに、そして岡の瓦礫の山と泥土の底にも、かぎりない遺体が投げだされ埋められていた。が、その地獄の景観にカミやホトケの気配が立ちのぼることはなかった。賽の河原、という言葉が突如として蘇る。胸を衝く。むろんそこにも、地蔵菩薩の影がさすことはなかった。

3・11のあと一ヵ月ほどして私がたどったのが、宮城県の仙台、東松島、石巻、そして三陸沿岸に出てそこから北上して気仙沼にいたるまでのルートだった。その気仙沼からさらに北上して北上山系に入っていくと、そこにあの遠野盆地が姿をあらわすはずである。このとき私はそこまで足をのばすことはできなかったが、さきにもふれた「遠野郷」の世界である。今から約百年前、柳田国男が『遠野物語』のなかでいっている「花巻より十余里」の地にうずくまるように息をひそめていた「遠野郷」である。そして花巻の地は、私が少年時代から青春の時期にかけて過した墳墓の地であった。柳田国男はその書物のなかでこうも記している。――遠野は「人煙の稀少なること北海道石狩の平野よりもはなはだし」と。

遠野はもちろん、漁師の住む海辺の土地ではない。釜石市から山間の奥深く入ったところに開けた、田夫野人が住みついてきた豊かな盆地世界である。山神や山人たちが活躍する幽遠の物語世界でもあった。しかしそのような海辺からきびしくへだてられた山地にも、伝承のなかを生きつづける賽の河原の奥舞台はのこされていたのである。

「サイノカワラ（賽の河原）」とは何か、何よりも「タマシイ（魂）の通い路」であるというのが柳田国男の変ることのない考えであったことを思いおこす。死者の魂の通うところである。とすれば、地獄の景観のなかにわずかに通じているカミならぬヒトの気配を、それはあらわしているのではないだろうか。いや、地獄の光景に覆われているからこそ、「タマシイの通い路」としてわれわれの想像力を刺激するのかもしれない。

サイノカワラは地獄から脱出するための細い道、そしてその先導をつとめるのが地蔵菩薩、──しだいにそのような物語の骨格ができ上っていったのだろう。海山のあいだにかすかに穿たれた、目に見えないものたちの世界へと通じている世界なのである。

遠野の地から、三陸海岸をさらに北上する。八戸を過ぎ、青森県の下北半島までさかのぼると、そのくびれたところに恐山が姿をあらわす。

恐山はお盆の季節になると、死者の霊が集まってくるといわれる霊山である。頂上には宇曾利湖がある。恐山のオソレは、このウソリが訛ったのである。その北側の湖畔には地蔵堂が建っていた。

ちょうど七月二十二日、夏の大祭の中日にあたる日に、私はそこに登ったことがある。強烈な硫黄の匂いが鼻をついてきた。そのあたり一帯は硫気孔に覆われ、地熱が噴きでて、灰色にくすんだ溶岩の起伏がつづいている。

この日本列島に生活する人びとは、古い昔から、人が死ねばその霊魂は裏山にのぼり、しだいに浄められて祖霊になると、自然に信じてきた。海の彼方に理想の国土が横たわり、そこから危険な海原をこえて幸せがやってくるように、死んだ人間の魂も、山中の地獄谷や賽の河原をぬけて、山頂の浄土へのぼっていくと素朴に信じてきた。

山中に地獄があり浄土が横たわっているとすれば、亡者の魂をみちびいて成仏させる救い主も登場することになる。それが地蔵菩薩だった。頭を剃り、錫杖をもった柔和な地蔵は、中世以降わが庶民の守り本尊として崇拝されてきた。死者の霊が集まり、通うと信じられている場所には、この地蔵が道案内の役を買って姿をあらわす。

恐山の地蔵堂も、こうした庶民の熱い願望によって生みだされた御堂だった。その地蔵堂から宇曾利湖までの空間には、荒涼とした丘陵地がひろがり、こまかく名づけられた地獄谷や賽の河原をつらねるルートが通っていた。

ところが、3・11の被害によって生みだされた三陸海岸の破壊の爪痕と瓦礫の山のあとには、その地蔵菩薩の気配が立つことはなかった。溶岩ならぬ津波によってひきおこされた一面の廃墟、サイノカワラに、地蔵の影がさすことはなかったのである。

敗戦の年、柳田国男は東京で空襲にあい、荒涼たる焼跡と化していく光景を眼前にしながら、ひたすら『先祖の話』を書いていた。

昭和二十年（一九四五）の四月上旬に筆を起し、五月の終りになって脱稿している。ほぼ三百四十枚だった。戦争末期のきびしい状況のなか、東京世田谷の自邸で行き悩みながら書き継いでいた。

大東京は米軍機による空襲によって、周囲を見渡せばどこも瓦礫の山になっていたはずである。数知れない同胞が殺され、焼け死んでいた。多くの前途有為な若者たちが外地の戦場で散っていった。

柳田国男は、みるみる築かれていく犠牲の山をただ座視していることに耐えられなかったのであろう。死者たちが、たんにものが捨てられていくように無惨な最期をとげていくことをとうてい受け入れることはできなかったにちがいない。かれらの魂がやがて先祖への道をたどってこの祖国の山野に鎮まることを願わずにはいられなかったのだと思う。『先祖の話』は何よりもまず、国土が荒廃に化していくときに発想され、書きつづけられた鎮魂の書であったのである。

そのなかに「さいの川原」という印象的な一章があらわれる。それが「地獄谷」の名とともに淡々とした筆致で語られていく。そのとき柳田の眼前には、焦土と化していく破壊されつくした大東京の姿が重なってみえていたにちがいない。

日本列島の山中では、サイノカワラはしばしば六道の辻や血の池地獄などの名とともに語られる。しかしこのサイノカワラはもともと漢字として記されることはなく、根っからの日本思想から生みだされたものだったと柳田はいっている。あとからやってきた仏法（仏教）がただ地獄の説明をするために漢字化して借用したにすぎない、という解釈だった。

サイノカワラは要するに、死者の魂の通う路だった。亡者が立ちすくむ山中の物悲しい登り路、人里を遠く離れた荒海の磯や岩窟のあたり、つまり死者の霊が宿り亡者の魂が行き悩む場所、――そこがサイノカワラと名づけられていた。山の麓や川沿いなどに分布し、この世とあの世を分ける境、つまり道祖神《さえのかみ》を祀る境と考えられていたのだった。

それがのちに仏法と結びつき、空也の作と伝えられるよく知られた「地蔵和讃」を生む。死んだ子どもが、小石を積む哀れな亡者として登場してくる。それらの悲しい運命を背負った子どもたちを救済するために、地蔵菩薩があらわれる。

その「地蔵和讃」の哀調が長く尾を引き、辺土の海辺を洗う荒磯のイメージと重なったとき、美空ひばりのうたう「ひばりの佐渡情話」のような歌がつくられ、歌われるようになった。

佐渡の荒磯《ありそ》の　岩かげに
咲くは鹿の子の　百合の花
花を摘みつみ　なじょして泣いた
島の娘は　なじょして泣いた
恋はつらいと　いうて泣いた

（西沢爽作詞、船村徹作曲）

佐渡の荒磯はじつは魂の通い路としてのサイノカワラのイメージに通じていたはずであるが、ここでは失恋の歌に姿を変えている。その変化には現代風の哀話がまぎれこんでいるわけであるが、さしずめ古典的な「地蔵和讃」が「昭和枯れすすき」風に転じたといえないこともないだろう。そしてその淋しい荒磯の光景は、もちろん三陸海岸のどこにおいてもみられるスポットであり、山間に入った遠野のような盆地世界においても目にすることができる。

もう一つ柳田国男は、そのサイノカワラをめぐって『遠野物語』で「蓮台野《れんだいの》」にも言及している。土地の人々が賽の河原とはいわずに「でんでら野」（蓮台野）と呼んでいた場所である。そこはかつて、六十を超えた老人たちがすべて追い遣られるところだった。棄老伝説に出るオバステの風習を思わせるところであるが、しかし老人はいたずらに死んでしまうわけではなかった。日中は里へ下り、農作をしてなお生きつづけている。朝に野らに出るのを「ハカダチ」といい、夕べ野らから帰ることを「ハカアガリ」といっていたのだという（『遠野物語・山の人生』第一一一話、岩波文庫）。しかしその「でんでら野」で、老人たちはやがて死を迎える。でんでら野に、いつもサイノカワラの風が吹いているのはおそらくそのためなのであろう。

だから「でんでら野」はかならずしもただの三昧所、すなわち埋葬地なのではない。共同墓地というのとも違う。柳田国男はそのことに注意を喚起している。草の根の細い道をたどっていけばたどりつく、死者（魂）が登って行く山中の高地をそれは指していた、そういう場合もあったとかれはいっているのである。

いや、すでに遠野郷そのものが、この世とあの世をつなぐ山間の通い路、すなわちサイノカワラの原郷、といってもいいような地域だったのかもしれない。

柳田国男は国が敗れようとしているとき、東京の片隅に居を構えて『先祖の話』を書いていた。そのときかれは何を思い、何を考えていたのか。連日の空爆でみるみる破壊されていく大都市の無残な姿をつきつけられて、なぜ「先祖」の世界にのめりこんでいったのか、「先祖」の何を語りつづけようとしていたのだろうか。

その瓦礫の山と化していく焼け野原のなかに荒涼たるサイノカワラの幻影をみていたからではないか、と私は思う。そこに、はるか昔に訪れた遠野郷を蘇らせていたのではないだろうか。あの「でんでら野」の淋しい光景を重ねていたのだろう。死者たちの通う原郷である。この廃墟のような大東京において、死者たちの魂はどこに行ってしまったのか。どのようなタマシイの通い路をたどって、あの先祖たちの憩う世界に還っていくのか、柳田の思いはしだいにその一点に収斂していったにちがいない。

激しいたたかいのなかで散っていった無数の若者たちの無念の思い、悲痛の嘆きをどのようにして鎮めたらよいのか。敗戦の直前、『先祖の話』というテーマにとり憑かれ、呻吟しながら書きついでいた柳田国男の姿が浮かぶ。

私が3・11のあと三陸海岸を訪れ、その破壊の爪痕をみて声をのんだとき、こころの片隅にひそかに疼きはじめていたのが、そのようなことだった。眼前には、想像を絶する津波のあと、数知れない遺体が海に流され、山や野に投げだされていたからだった。そこに呆然と立ちつくす肉親の人々の姿が目に焼きついていたからだった。

その廃墟の中に立っていたとき、突然、喉元をつきあげるように静かな声がきこえてきた。

海行かば　水漬《みづ》く屍《かばね》　山行かば　草生《む》す屍

大君《おおきみ》の　辺《へ》にこそ死なめ　かへりみはせじ

大伴家持の歌である。『万葉集』のかなたからきこえてくる、なつかしい挽歌の旋律だった。敗戦のとき以来、この歌は禁じられた歌になっていた。戦後七十年近くのあいだ、この社会においては封印されてきたといってもいい悲運の歌だった。それが、信時潔《のぶときき よし》のつくった曲の流れをともなって、からだのなかにしみわたっていく。戦争が終ってそれが禁じられた歌になってしまったのは、そこにあらわれる「大君の　辺に」の言葉にわれわれが躓いたからだった。たたかいの庭に散っていった無数の人々の記憶と、それが結びつけられていたからだった。

屍とは何か

苦い思い出がある。

敗戦を目前にした昭和十九年、私は旧制中学に入ったばかりの一年生だった。毎日のように、田舎の中学校の校庭の片隅で、勤労奉仕と称してタコツボを掘っていた。敵機襲来のときは、そこにもぐりこむのだという。それでも授業は普通におこなわれていた。

音楽の時間のときだった。私はいつも、うんざりした気分でその授業に出ていた。背の高い、大柄な音楽教師になじめなかったからかもしれない。その教師がピアノを叩いて音を出し、われわれの方はハニホとかホヘトとか、口々に気のない声を出していた。その大柄の教師の顔は白くのっぺりしていて、眼も鼻も大きかった。それでわれわれはカバとあだ名をつけて、ひそかに憂さを晴らしていたのである。

ある授業のときだった。われわれはその教師のピアノ伴奏で「海行かば」をうたうことになった。

　海行かば　水漬く屍
　山行かば　草生す屍

である。それを歌うとき、われわれはその一節一節に独特の抑揚をつけて声を出していた。「うみゆかば」のかばにアクセントをつけて歌うのである。同じように「みづくかばね」のかばの箇所で声をはりあげる。……かば、……かば、と声を出すとき、われわれは左右をうかがい、目くばせをして微笑みを交していたのである。「海行かば」の歌を誰が書き、そして誰が作曲したのか、私は何も知らなかった。この昭和の名曲を、知らずして冒瀆していた、少年時代の苦い、忘れがたい記憶である。

そのときから、半世紀以上も過ぎようとするころだった。戦争時代の体験がうすれ、私もすでに還暦を迎えていた。神戸で、少年が少年の首を斬り落とすという惨酷な事件がおこった。同種の異常な出来事がつぎからつぎへと発生するようになっていたのである。

そのころだったと思う。日本の叙情歌が小学校や中学校はおろか、家庭でもだんだん歌われなくなっていることに、ふと気がついた。理由はいろいろ考えられるであろう。戦後の社会の変化が、その傾向を加速させるということもあったにちがいない。「五木の子守唄」も「中国地方の子守唄」も、いつのまにかきかれなくなっていた。短調排除の時代がやってきていたのである。

そんなときだった。街のミュージック・ショップで、渥美清がうたう「哀愁の日本叙情曲集」と「哀愁の日本軍歌集」のCDをみつけて、買い求めた。「日本叙情曲集」の方には「五木の子守唄」や「赤とんぼ」などが収められており、もう一つの「日本軍歌集」のなかに「戦友」や「婦人従軍歌」とならんで「海行かば」が入っていた。

渥美清の歌う「海行かば」の旋律が、あの特徴のある生まじめな声にのってひたひたと心にしみてきた。地の底に引きずりこむような哀調が私の全身を押しつつみ、神経が逆立つ緊張感が襲ってきたのである。「海行かば」との再会が、そのような形でやってくるとは予想もしないことだった。

大伴家持の歌が、千三百年の時空をへだてて私の眼前に立ち上ってきたときである。信時潔の旋律によって、万葉時代の魂が身近かに迫ってくるようにみえたときだ。そのような機縁を渥美清が与えてくれたことになる。長い、長い時間が流れた、と思わないわけにはいかなかったのである。

それにしても、この家持の歌に出てくる「水漬く屍」「草生す屍」のかばね（屍）とはいったい何か。たとえ海中に沈んで亡骸《むくろ》になろうと、たとえ山野に打ち捨てられて亡骸になろうと、大君のそば近く死んで、後悔はしない、と家持は歌っている。その亡骸とは、いったい何か。

この歌の末尾は、いま記したように「大君の　辺にこそ死なめ　かへりみはせじ」となっている。国のため、大君のため、命を捨てようとしている「丈夫《ますらお》」の覚悟をいったものだ。その丈夫が、最後は海中の屍になってもいい、山野に埋もれる屍になってもいいといっている。

考えてみればこの歌は、この国を守るため辺土におもむき、命を捧げた防人たちの死を思い、それを傷む歌だった。その鎮魂のための歌だった。「大君の辺」は、その辺境の国土をこそ意味していたはずである。それが戦後になって、われわれにとっては躓きの石になったのである。

『万葉集』の挽歌をみればただちにわかることであるが、じつをいえば死者の「屍」とはたんなる魂の抜け殻だったのだ。この時代の人びとには、ひとたび死ねばその魂は亡骸から離脱し、山の頂きや海のかなたに飛翔していくと考えられていたからである。魂の行方だけがかれらの重大な関心事だったことに注意しなければならない。あとに残された屍には何の執着もみせない、──それが人間の最期をみとるときの愛情であり、あえていえば嗜みだったのだと思う。

家持も「海行かば」と歌うとき、そのように考えていたのではないだろうか。国のため、大君のため、その清い命を捨てて死についた「丈夫」たちも、その魂が天上に飛び立ち、海のかなたに飛翔して他界をめざす、そのように想像力を広げていたと解する方がむしろ自然ではないかと思う。

たとえ「水漬く屍」「草生す屍」と歌ってはいても、家持の心の眼球には、その屍から離脱していく死者たちの魂の軌跡があざやかに映っていたにちがいない。大君の辺に死んで屍を残した「丈夫」たちも、最後は空行く魂となってこの国の行く末を静かに見守ろうとしたのであると思う。

それにしても、ここで家持がうたいあげている屍のイメージは、いかにも強烈である。現代人の眼には、その背後に見透されるはずの魂の存在を抹殺しかねない酷薄な言葉に映るからである。だが、柳田国男の『先祖の話』は、そもそもその死者の「屍」の背後から立ち上る先祖の魂の話であった。死者がこの世に残さずにはいない魂の物語であった。その物語の構想が、敗戦を間近かにひかえた荒涼たる廃墟のなかで、しだいに形をととのえていったのである。

ここでは、そのことの意味を問う前に、ひとまず腰を落ちつけて、柳田国男の学問のあり方をざっと展望しておくことにしようと思う。かれの同時代の伴走者たちとの比較を通して、全体の座標軸のようなものを確かめてみることにしよう。

柳田国男の学問には、うっかりすると見落とされがちであるが、普遍化志向とでもいうべき方法意識が底流しているように思う。むろんかれの仕事のなかには、さきにのべた『先祖の話』のように日本人の心意現象を日本固有の枠組の内側で読み解こうとしているものがすくなくない。しかしながらよくよくかれの研究を凝視《みつ》めていると、普遍的なものへの強い関心がその行間から立ちのぼってくることがわかる。

ここで私がいう柳田国男における「普遍化志向」というのは、民俗や文化をめぐる不可思議で珍らしい事象を、どこにでもみられる自然的な現象へと還元して読み解こうとしている志向性をいう。

たとえばかれは、その『遠野物語』とか『山の人生』といった著作のなかで「山人」の社会や民俗をとりあげ、さまざまに論じている。とりわけ後者の『山の人生』などにおいては、山人たちの陰影に富む生活ぶりを紹介しながら、こうした「山人」たちは、要するにかつて平地を制した支配民によって山に追いこまれた「縄文人」のなれの果てではないかと結論している。「山人」社会に伝えられてきた、奇妙で不可思議な風習を、「縄文人」の生活において現実にありえた自然の現象へと還元しているわけである。さらにつけ加えれば、それらの「山人」＝「縄文人」とは、かつて吉野の山中に居住していた「国栖《くず》」や九州地域に住みついていた「隼人《はやと》」、そして奥羽にひろく分布していた「蝦夷《えみし》」のことだったというわけである。

つまり柳田国男は、今日では珍らしくなってしまった事象を合理的に解釈し直し、因果の糸を操って自然的な現象へと還元していることになる。

もう一つ、柳田の仕事としてはよく知られた一連の「一目《ひとつめ》小僧」論がある。日本の各地には一目の妖怪をめぐる伝承がいろんなストーリーや衣裳をまとって分布している。「目一鬼」「一目入道」「一眼の老女」と挙げていけばきりもないが、そのすべては、毎年人間を犠牲にして神に捧げていた慣習の名残りであろうという結論に、われわれを導いていく。はじめ共同体は特定の人間を選び出して神のいけにえにしていたのだが、時代が移るにしたがってその人間の身体の一部を傷つけることで、「犠牲」による痕跡と気分をあらわそうとしたのだという。

ここでもまた柳田は、「一目」という怪異で不可思議な現象を、神にたいして捧げる人間の側の「犠牲」という一般的な理論枠組のなかに融かしこんで自然的な現象へと還元しようとしているわけである。要するにかれは、「先住民」とか「犠牲」とかいったキー・コンセプトを用いて、民俗の不可思議現象をいわば普遍的な枠組のなかに回収して読み解こうとしているといっていい。そこにおそらく柳田民俗学における近代性の一端が刻印されているのである。

柳田の普遍化、折口の始原化

ところがこのような柳田国男の方法にたいして、それでは折口信夫の場合はどうであろうか。かれが柳田とはまったく別個の考えに立っていたことは、むろんいうまでもないことだ。それは一口でいうと、眼前に横たわる不可思議な現象をとらえて、それをさらにもう一つの不可思議な現象へと還元する方法であった。

不可思議な現象を、柳田のように合理的に解釈のつく自然的な現象へと還元するのではない。そうではなくて、合理的な解釈を拒むような、もう一つ奥の不可思議現象へと遡行し、還元していく方法である。そのような手続きを鮮やかな形で示しているのが、かれのよく知られる「まれびと」の理論装置だったのではないだろうか。

たとえば、折口の芸能論と宗教民俗論のちょうど接点のところに位置する「翁《おきな》の発生」という論文をみてみよう。そこでは「翁」の諸現象についてさまざまな角度からの分析が加えられているのであるが、最後になってその議論のほこ先はただ一つの地点へと収斂していく。すなわち「翁」の祖型は「山の神」に由来し、その「山の神」の伝承をさらにたどっていくと最後に「まれびと」の深層世界に行きつくほかはない、という観点がそれだ。「翁」という微光に包まれた謎のキャラクターを、もう一つの神韻ただよう「山の神」へと還元し、さらにそのイメージを「まれびと」という彼岸の始原、すなわちさらなる不可思議の現象へと還元していく。これはいってみれば位相をずらしながらスリップさせていく無限の同語反覆を想わせないだろうか。そこに筋道立った因果律や合理的解釈の入りこむ余地のないことはいうまでもない。

同じようなことは、かれの芸能論の柱をなす「ほかいびと」論のなかでも展開されている。たとえば『万葉集』に出る「乞食者《ほかいびと》の詠《うた》二首」を解釈するにあたって、折口の議論は目からウロコが落ちるほどにユニークなものであるのだが、その「ほかいびと」（祝言をのべる大道芸人）の系譜、伝承を精査したあげくに、結局、最後の最後にかれがたどりつこうとしている目標点がこの場合もやはり「まれびと」であった。そこには、古代へと無限に遡行していこうとする折口信夫の野性的な衝動がみられるだけである。もしかすると折口は自分のことまで「まれびと」と考えていたのかもしれない。「ほかいびと」の一類と信じていたのかもしれない。他人の容喙《ようかい》やみだりな闖入を許さない、一個の「不可思議現象」であると自認していたかもしれないのである。

これこそまさに、柳田国男の普遍化（＝現代化）志向にたいして折口信夫の始原化（＝古代化）志向、といってもいいものではないだろうか。あるいは柳田の自然還元の方法にたいして、折口における反自然還元の方法といっていいかもしれない。

柳田国男の手品には、自然科学者的なカードさばきによる謎解きの魅力があるが、折口信夫の手品には同語反覆的トリックの鮮やかな手さばきが躍動していて、意表をつく。それがまた興趣をさそってやまない。

それではこれにたいし、南方熊楠の場合はどうであろうか。しかし、そもそも南方熊楠には柳田国男や折口信夫におけるような明確な方法意識がはたしてあったのだろうか。正直いって、そのところがよくわからない。かれの論文やエッセイに目を走らせているだけでは、その肝腎の部分が明確な像を結ばないのである。

しかしながら容易には像を結ばないというところにこそ、ひょっとするとかれの方法の秘密が隠されているのかもしれない。そういうことをあれこれ考えているうちに自然に浮かび上ってくるのが、南方熊楠の思考法におけるカオス還元といったイメージである。

かれのどの論文にもみられる特色に、狂気のごとき羅列主義がある。東西古今にわたる情報、知識がつぎからつぎへと並べられていく。しかしそれらの相互のあいだに、系統立った説明を加えたり因果の糸をたぐり寄せたりするのではない。ただただ徹底した、蜿々長蛇の羅列がおそるべきエネルギーを発散してつづけられていく。

そして驚くなかれ、その羅列の最後尾が地球を一廻りしてふたたびその羅列の出発点と接触し、そこにのみこまれていく。いわばそこでウロボロスの環を結ぶわけであるが、しかしそれだからといって神のごときコスモスとしての円がそこに出現するわけではない。

そのウロボロスの環を辿って一巡するわれわれは、極度の疲労のなかで底しれぬカオス＝混沌に直面していることに気づく。南方熊楠は一つひとつの解決すべき現象をとらえてきて、それを一本の系統図へと串ざしにするのではない。揃えるだけ揃えておいてから、最後にその一つひとつの材料を突然混沌の淵へ突きおとす。あえていえば修験者たちの峯入りにおける「のぞき」の荒行のように、読者をして断崖や絶壁のがけっぷちに立たせて谷間の空間へと泳がせる。その背後に、太い綱を操って不敵な笑いをもらす野太い験者が立っているかのごとくである。

そのような南方熊楠の学問の感触を味わうためには、いうまでもなくかれの代表作の一つ『十二支考』をかいまみるだけで十分である。そこにはネズミやウマやヒツジたちにかんする東西古今の情報や知識が満載されていて、その目もあやな羅列のパレードにのせられていくうちに、何もかもが混り合ったカオスの闇の世界へと放逐されてしまう。混沌のなかの酔い心地といえばきこえはよいが、要するにそこでわれわれは、世界存在の不気味な地鳴りの振動を体験させられることになるわけだ。

そしてそのようなカオス的船酔いに誘うクライマックスの一つが、たとえば矢吹義夫宛ての書簡という形で書きつらねられたかれの「履歴書」ではないだろうか。

大正十四年（一九二五）当時、南方熊楠は南紀州に南方植物研究所をつくるために奔走していた。その基金づくりのために助力を乞うたのが矢吹義夫（当時、日本郵船大阪支店副長）であり、氏は南方の事業を宣伝し協力するため資料としてかれの履歴書を求めたのであった。

その求めに応じて書かれたのがいまのべた「履歴書」であるが、それが驚くなかれ何と全長二十五尺に及ぶ巻紙に細字でびっしりしたためられていたのである。熊楠の長女文枝の語るところによると、かれはこの履歴書を仕上げるために三日間ほど沈黙して長考し、そのあと起きあがって同じく三日をかけて一気呵成に書きあげたのだという。

まず、生い立ちのことが出てくる。しかしその生い立ちの記もいつしか尋常のパターンからはずれて、直系から傍系へ、幹の系統から枝々へとそれて、鬱蒼とした葉を繁らせていく。その血統の羅列がようやく終りを告げるころ、上京して遊学を重ねるさまが紆余曲折しつつ出現し、どこまでも蛇行して描きこまれていく。

明治十九年（一八八六）十二月は、サンフランシスコに渡ったときだ。とりあえず商業学校や農学校に籍をおきつつ、植物の採取や図書館通いという、例の南方型の勉学＝生活誌がくりひろげられていく。やがてその行間からは「ヤソ教」にたいする呪詛の声があがり、寄宿舎での派手な「ケンカ」の顚末を織りまぜて、この珍奇な「履歴書」はしだいに佳境に入っていく。その間、友人や外国人を含めて人物の出入往来が目まぐるしく交替するのもまた熊楠流である。

明治二十四年、キューバの旅をへて、その翌年には英京ロンドンへと乗りこむが、そこで郷里の父の訃報に接する。とたんに、父にたいする追悼の文章をそこに挿入することを思いつく。それはまぎれもなく、親にたいする子の、情理かねそなわった哀切な文章である。だがその叙述のなかで筆は自然に脇道へとそれ、父のかつての商売を紹介するため、新井白石の『藩翰譜』にでてくる山内一豊の事蹟に及ぶ。それだけではない。ただ、あれよあれよと思っているうちに、かれの筆端はいつのまにかさらに跳んで、あろうことか秀吉や家康の身辺にまでさ迷いつづけて、ついにとどまるところを知らない。

こうしてロンドンに在ること六年、大英博物館における周知の一大武勇伝に及ぶ……。その粘菌研究を中心軸に、東西の学者たちとの人事交流が入り乱れ、生ぐさい人間同士の軋轢や葛藤がそれにつづく。かれらのあいだの研究・発見・解釈をめぐっての目まぐるしいドラマが、公私の別なく、論題間の無秩序も何のその、鳴動をつづけるマグマのようなエネルギーを放散するかと思うと、つぎの瞬間には満天下に打ちあげられる夏の夜空の花火のように華々しい破片をまき散らしていく。

逸脱から逸脱への無限軌道、迷路から迷路への多次元遊泳、——要するにすべての情報をわき返る混沌の溶鉱炉のなかに放りこんで宇宙を回転させようとする熱望が、南方熊楠の誰にも真似のできない「学問」を形づくったといえないだろうか。そのような学問をあえて言葉にあらわそうとすれば、すべての現象をカオスに還元しようとする方法、とでも呼ぶほかはないのである。

この「カオス還元」の方法は、さきにのべた柳田国男の「自然還元」、折口信夫における「始原還元」と対比することのできる独自の方法であるといっていいだろう。

あの世とこの世

さて、右にのべたような展望を手元に引き寄せるとき、そのなかに姿をみせる柳田国男の存在を、いまわれわれは、日本のいったいどこに求めることができるのだろうか。その存在感ははたして敗戦直後のときのようにいぜんとして重く、そして今日なおその権威は持続しているのだろうか。それともさきにもいったように民俗学の落日とともに、かれの存在自体も下り坂をまっしぐらに突き進んでいるのだろうか。敗戦直後の廃墟と化した大東京の焼け跡のなかで『先祖の話』を書きつづけていた柳田国男は、今いずこ……。

すでに冒頭に記したことだが、二〇一〇年は、柳田国男の『遠野物語』が世に出てからちょうど百年目にあたっていた。それを記念して、岩手県の遠野市をはじめとしていろんな行事がおこなわれた。

そんな催しの一つが、二〇〇九年の二月二十七日に仙台文学館でおこなわれるというので、行ってきた。歌人で文学館館長の小池光さんと、民俗学者の赤坂憲雄さんとともに、『遠野物語』

について自由に語り合ってみようという企てであった。

当の文学館ではちょうど「『遠野物語』100年の記憶――佐々木喜善《きぜん》と仙台――」という企画展も開かれていた。佐々木喜善は遠野土着の民俗学者で、その地方に伝わる口碑、伝承を柳田国男に語ってきかせた人物として知られる。

だから『遠野物語』という作品の、陰の生みの親ともいわれてきた。そこから、この名作が誕生するうえで佐々木喜善はたんなる材料提供者だったのであり、真の作者の座にすわるのは柳田国男、という見方が定着するようになった。

もちろん反論がなかったわけではない。佐々木喜善こそ真の生みの親であると主張し、かれのはたした役割を高く評価しようとする動きがなかったわけではないからだ。けれども、そのような見方が主流になることはなかった。今日この名作はさまざまに版を重ねているが、そのどの版においても著者は例外なく柳田国男となっていて、佐々木喜善の名を冒頭に冠するものが一つもないことからもそれはわかる。

せめて佐々木喜善述、柳田国男著、とでもして両者並記の形にすれば、佐々木喜善の名誉のためにもよさそうに思われるのであるが、そんな思い切った処置に出る勇気のある者はどこにもいなかった。今日、柳田国男の権威は、そのことにかんするどんな異議申し立ても受けつけないほどに高く、もう動かしようもないようにみえる。

私はかねて、『遠野物語』はこの世の物語なのか、それともあの世の物語なのかと疑ってきた。

よく読んでみると、その関係性のようなものがどうも判然としないからだ。あの世の話とこの世の話が入れ子状になっていて、あたかも二重底になっているようにみえる。その上、登場してくる人物が狂気を発した老女であったり、神隠しにあう子どもだったりする。山中に入って眼光するどい異人に遭遇する話、異界に住む妖怪（河童やザシキワラシ）が出現する話、オシラサマといった木偶《デク》のカミを祀る話、ダンノハナなどと呼ばれる、オバステを思わせる共同墓地、あるいは老人共同体のような風景……。

とにかくヒト、カミ、オニの境界がはっきりしない。タマ（魂）とヒト、生霊と死霊のあいだの輪郭がぼやけている。死んだはずのものが死んではいない。死の気配がいつのまにか生の領域を侵している。

これはもう神話の世界に近いといいうしかないではないか。『古事記』や『日本書紀』の世界である。あるいは平安時代に薬師寺の僧、景戒が編集した『日本霊異記』の世界といってもいい。柳田国男も『遠野物語』の序文のなかでいっている。それは九百年前の『今昔物語』のごときものだ、しかしこの『遠野物語』はたんなる昔の話ではなく、「目前の出来事」である、と。

もしもそうだとすると、それらの神話や伝承はすべて、まず伝承者がいて、ついでそれを文字化する記述者がでてきて、その共同作業によるものだったということになるだろう。『古事記』の場合であれば、伝承者の稗田阿礼、記述者の太安万侶、というパターンである。さきほどいったように、『遠野物語』も伝承者・佐々木喜善、記述者・柳田国男と称していっこうにさしつかえないことになるはずだ。

ところがここに面白い問題が発生する。ここはとくにご注意いただきたいのであるが、『古事記』や『日本書紀』では天上界（天つ神）と地上界（国つ神）の境界がはっきりついている。『日本霊異記』では、仏教の影響もあって極楽と地獄のあいだに明瞭な断絶が意識されている。そしてその点では、たまたま柳田国男が言及しているさきの『今昔物語』においてもその構造は何ら変るところがない。そしてそこがまさに『遠野物語』の舞台とは根本的に違っているのである。さきにもふれたように、そこでは「あの世」と「この世」のあいだに分明な輪郭線を引くことができないからだ。

もしかすると『遠野物語』という物語世界は、『古事記』や『日本書紀』などよりもはるかに古い物語の構造を示しているのかもしれない。いってみれば「物語の物語」、つまりメタ物語の古型のあとを今にとどめている化石のような存在ではないのか、――そう思うようになったのである。

今日、『古事記』の名をきいて、ただちに伝承者・稗田阿礼、記述者・太安万侶の名を思いおこす人がどれほどいるだろうか。『古事記』という神話世界の物語は、すでに伝承者や記述者の名を洗い流して、ただ『古事記』としてのみ人々に記憶され、口の端にのぼるようになっている。『遠野物語』もそのメタ物語の本来のあり方として、おそらく同じ道をたどるのではないだろうか。

今日われわれは、ともすれば生誕百年などという祝いごとをいろんなところでやっているけれども、真の物語の生命力というか、その強靱な伝承力というものは、五十年単位、百年単位の口述者とか著者とかいった人間存在のあり方を、時間のやすりにかけて、たちまちのうちに削り落としていくにちがいないのである。

今日われわれは、著作権とか知的財産権などという。が、それは私の目には、たんなる近代的な著作者というものの、落魄した影のごとき権利にしかみえない。近代的著者という存在が、最後にすがりつく防波堤・防潮堤のごときものだ。そんな見慣れた光景にくらべるとき、『古事記』とか『遠野物語』などの作品の香気は、時空の試練をへて、著作者なるものの一切の既得権をふり捨て裸身のまま平然としているところに匂い立つ。

思いおこせば、『遠野物語』という作品を前にして、これは柳田国男という著者に属する、すぐれて個性的な作品であるとはじめて激賞し、世に広めたのが、まぎれもない近代人・桑原武夫であった。その氏の近代感覚のなかに、たぐいまれな伝承者だった佐々木喜善の存在が蘇ることはなかったのである。

人生の真実をいいあらわすのに、そもそも著者などというものは存在しないのだ、と言ったある哲人の言葉がふと思い浮かぶ。裏からいえば、著者というものは知的断片を所有するだけの専門家にすぎないということなのだろう。

そしてそのことに、誰よりも柳田国男自身がすでに気がついていた、と私は思う。なぜなら

『遠野物語』の「序文」の末尾で、かれはつぎのような一文を草し、最後に印象的な和歌一首を添えているからである。

要するにこの書は現在の事実なり。単にこれのみをもってするも立派なる存在理由ありと信ず。ただ鏡石子（佐々木喜善のこと）は年わずかに二十四五自分もこれに十歳長ずるのみ。今の事業多き時代に生まれながら問題の大小をも弁《わきま》えず、その力を用いるところ当《とう》を失えりという人あらば如何《いかん》。明神の山の木兎《みみずく》のごとくあまりにその耳を尖《とが》らしあまりにその眼を丸くし過ぎたりと責《せ》むる人あらば如何。はて是非もなし。この責任のみは自分が負わねばならぬなり。

おきなさび飛ばず鳴かざるをちかたの
森のふくろふ笑ふらんかも

（柳田国男『遠野物語・山の人生』岩波文庫）

この最後につけられた歌は、つぎのようなことを意味していたのではないだろうか。――自分はみみずくのように耳を立て眼をまん丸くして『遠野物語』＝「現在物語」の効用を説いたけれども、しかし遠くの森のなかでは飛びもせず鳴きもしないでいるふくろうが、翁らしい慎み深さのなかで自分をみて笑っていることだろう。

みみずくもふくろうも、どちらも森に住むフクロウ科の鳥であるのだが、みみずくは耳（羽角）を立てているのにたいして、ふくろうは耳（羽角）をもっていない。耳の有無というユーモラスな差異に着目して、柳田は「おきなさび……」の一首をここにもってきた。『遠野物語』の序文の末尾においてかれがひそかに心をくだいた工夫が、耳を尖らした木菟《みみずく》と翁さびたふくろうという意表をつく一対をもちだすことだった。

柳田国男は、やはり知っていたというほかはない。著作者という存在にまつわる近代感覚がいかに危ういものであるかに、すでに気づいていたと思うのである。

第二章　平地人を戦慄せしめよ

二つの異常な話

『遠野物語』が刊行されたのが、明治四十三年（一九一〇）だった。そのときから十六年が経ち、大正十五年（一九二六）になって、柳田国男はこんどは『山の人生』というタイトルの書物を郷土研究社というところから出している。これは『遠野物語』の場合とは異なって、柳田自身の手になる正真正銘の自著であった。

ここでなぜそのような持って回ったいい方をするかといえば、『遠野物語』と『山の人生』とでは、同じ山間地における人間たちの生活や人生をとりあげながら、そこから浮かび上ってくる世界は、まったく異なった性格を付与されているからである。あえていえば『遠野物語』は「詠み人知らず」の物語集成、それにたいして『山の人生』の方は柳田国男という研究者（著者）の目によってとらえられた分析的散文の集成、といったほどの落差がその両者のあいだには横たわっている。

もう一つ押していえば、まずもってその差をあらかじめ見定めておかないことには、その後の柳田国男の大仕事を追跡することが難かしくなる。ボタンの掛け違いになるからだ。結論をさきに出してしまうと、『山の人生』は『遠野物語』の注釈、頭注、脚注、といった性格をもっているということである。その頭注、脚注の仕事に没頭していくところから柳田国男の学問が生れ、そして鍛えられ、やがて日本民俗学の誕生へと発展していったのではないか、そのように私は考えている。

そのことに道筋をつけるために、まず『山の人生』の冒頭に出てくる二つの話に注目してみようと思う。二つの異常な話といってもいい。柳田国男はその二つの異常な話をもち出すことによって、不用意な読者たちを驚かし、ことさらにその注意を喚起しようとしているような気がしてならないからだ。

二つの異常な話とは、どのようなものだったのか。

その巻頭話の一つ。

三十年あまり前のことだったという。ということは、「山の人生」の執筆開始が大正十四年であったことからすれば、明治半ばのころということになる。世間がひどく不景気だった年に、西美濃の山中で炭を焼く五十ばかりの男が、子どもを二人まで、まさかりで斬り殺した。

女房はとっくに死んでいて、十三になる男の子が一人いた。そこへどうした事情か、同じ歳恰好の小娘をもらってきて、山の炭焼小屋でいっしょに育てていた。しかし炭は売れない。里に降りても一合の米も手に入らない。最後の日にも空手で戻ってきて、小屋の奥に入り昼寝をしてしまった。飢えている小さな者たちの顔を見るのがつらかったからだ。

眼がさめると、小屋の入口いっぱいに夕日がさしていた。秋の末のことだったという。二人の子どもがその日当りのところにしゃがんで何かしている。そばに寄ると、仕事に使う斧を磨《と》いでいた。おとう、これでわしたちを殺してくれといい、入口の材木を枕にして、二人ながら仰向けに寝たのだという。それを見るとくらくらして、前後の考えもなく二人の首を打ち落としてしまった。だが、それで自分は死ぬことができなくなって、やがて捕らえられて牢に入れられた。

この親爺は六十近くなってから、特赦をうけて世の中に出てきたが、その後の消息は知れないとしめくくって、柳田はこう書いている。

私は仔細あってただ一度、この一件書類を読んで見たことがあるが、今はすでにあの偉大なる人間苦の記録も、どこかの長持の底で蝕ばみ朽ちつつあるであろう。

（柳田国男『遠野物語・山の人生』岩波文庫、傍点筆者）

柳田はこの話のほかにもう一つ、巻頭話の第二ともいうべき、わが子を謀殺した不幸な女の話をつけ加えている。これは親子三人の心中事件で、一人だけ生き残った女の運命をめぐるものだった。そしてそのあとに、つぎのように書いている。

我々が空想で描いて見る世界よりも、隠れた現実の方が遥かに物深い。また我々をして考えしめる。これは今自分の説こうとする問題と直接の関係はないのだが、こんな機会でないと思い出すこともなく、また何ぴとも耳を貸そうとはしまいから、序文の代りに書き残して置くのである。

(前掲、傍点筆者)

右の第一話をしめくくったあとに記された「あの偉大なる人間苦」という柳田の言葉遣いに注目しよう。それはわが民俗社会の「山の人生」に刻みつけられ、埋めこまれてきた伝承のなかには、数知れない「人間苦」の記録が累々とつみ重ねられているという認識をあらわしているといっていいだろう。そしてそれだからこそ、この「隠れた現実」は、われわれが空想で描いてみる世界よりもはるかに「物深い」のだと、第二話のあとで指摘している。その「物深さ」には誰も耳を貸そうとはしないだろうから、ここでとくにそのことを言い「序文」代りにのべておきたいのだといっている。

むろん柳田の『山の人生』には、さきにみた二つの巻頭話に先立って、その冒頭に「自序」なる序文がつけられている。「序文代り」ではない、本来の「自序」が掲げられている。だがその

「自序」は、後になって単行本にするときにあらたに書き加えられたものだった。その間のいきさつをざっと整理しておくと、こうなる。

かれの「山の人生」というタイトルで書かれた一連の文章は、はじめは大正十四年一月から同八月にわたって『アサヒグラフ』に連載されたものから成り立っていた。それが翌大正十五年十一月になって大幅な増補を加えてさきにもふれた郷土研究社から刊行されることになる。その段階で、さきの「自序」が書かれることになった。だから日付は大正十五年十月となっており、出版の直前に書かれたことがわかる。

このようにみてくるとき、「山の人生」の連載を開始したときの柳田の身になってみれば、第一回目の「一　山に埋もれたる人生あること」で執筆を開始したとき、なぜそれを書かなければならなかったのか、その理由をあらかじめ読者にむかってきちんとことわっておかなければならない、と思ったにちがいない。しかも、そこでいきなり満を持してもち出したのが右にみた二つの巻頭話だった。とりわけその第一話がきわめて強烈で、読者の注意を喚起している。それは、これから書き継いでいこうと思っている一連の文章とはかならずしも「直接の関係」はないのだとことわってはいる。けれども同時に、この「遥かに物深い」隠された現実をあえてここに示したのは、それで自分の真の執筆動機を明らかにしておきたかったからだ。もって「序文」の代りに書きのこしておくのだ、といっているのである。とすれば、『山の人生』という作品の執筆動機を考えるうえで重要なのは、その正式の「自序」であるよりも、むしろ「序文代り」に書かれた巻頭話の「一　山に埋もれたる人生あること」そのものであったといわなければならないのではないだろうか。

そしてなによりも、それを「偉大なる人間苦の記録」と呼んでいることに惹きつけられる。その記録をはじめて目にしたときの柳田自身の驚きがいかに大きいものだったかが伝わってくる。その衝撃の深さまでがわかる。かれは法制局参事官の職にあったとき、たまたま特赦のために予審調書を読んで、事件の顚末を知った。そのときのことが忘れがたい記憶となってのこっていたのである。

もう一つ、私にとって見過すことができないのが、なぜそのような悲惨な話を冒頭にもってきたか、ということだ。それを説明して柳田は、このような隠れた現実の方がはるかに「物深い」のだと暗示的なことをいっている。炭焼きによる子殺しのような現実の事件のなかにこそ「偉大な」意味が封じこまれているといっている。

物深い民俗学

私はかねて、柳田国男がわが国の民俗社会に伝承されてきたさまざまな事象を語ったり分析したりするとき、その急所になるような場面でしばしばこの「物深い」という言葉遣いをしていることに興味をもってきた。「民俗」という対象にたいするかれの独特の感覚が、この言葉遣いにはこめられていると思ってきた。柳田のいう「民俗学」とはそもそも「物深い民俗学」でなければならぬ、と考えていたのかもしれない。さきの子殺しの事件に引きつけていえば、それはまさに「物深い、偉大なる人間苦」の話だったのである。

そのように思い定めるとき、じつはあの『遠野物語』の冒頭におかれている序文のなかにも、この「物深い」という重要な柳田語彙が、もう一つのよく知られたかれのメッセージとともにすでに出現していたことに気づく。

国内の山村にして遠野よりさらに物深き所にはまた無数の山神山人の伝説あるべし。願わくはこれを語りて平地人を戦慄せしめよ。（前掲、傍点筆者）

有名なメッセージである。柳田国男の『遠野物語』の世界にふれて、この「平地人を戦慄せしめよ」の言葉を意識しないものはおそらくいなかった。そのようにいってもいいほどに人口に膾炙したメッセージだった。ところが、その「物語」の母胎をなす「無数の山神山人の伝説」を伝えてきた「物深き所」そのものに言及する論者はほとんどいなかったのではないだろうか。遠野よりさらに「物深き所」には、普通の人間の目では見通すことのできない「物深い現実」が隠されている。それを見つめなければならぬ、それを凝視せよ、そう柳田はいっているのである。その「物深い現実」の実相を探りあてることが、これからはじめようとしている柳田の考える新しい学問の世界だったのではないか、と私は思っているのである。もちろんその時点では柳田はまだその新しい学問の姿をはっきりした形ではつかんでいなかったであろう。そのような学問の方法についても手探り状態であったにちがいない。

ただそれにもかかわらず、ただ一つ確かなことは、その物深い山村に伝えられてきた無数の「山神山人」の伝説を語って平地人をして戦慄せしめなければならぬと、かれが考えていたことだ。ある種の使命感のようなものがただよっているともいえるが、じつはそれらの山神山人たちの伝説を知って心中ひそかに戦慄していたのは柳田自身だったのではないだろうか。東京人のような「平地人」たちを戦慄させる以前に、すでに柳田国男自身が戦慄していた。そのような切迫感がこちら側に伝わってくるようないい方である。

『遠野物語』という作品は、おそらく柳田自身の戦慄の経験を契機にして誕生したのである。物深い伝説に戦慄して立ちすくんでいる柳田国男が、そこにいる。であれば、まずもってこれらの伝説群を整理して一つのまとまった「物語」として語りはじめることにしよう、——それが『遠野物語』の序文で表明されている執筆の動機だった。

ところが、それに後続して書き継がれたかれの『山の人生』の執筆意図は、さきにみたようにあきらかにそれとは異なった音調をひびかせている。そこでは、物深い山地に伝えられてきた物語、伝承の記録をとりあげて、その物深い、偉大なる人間苦の世界を解明しようとする姿勢が歴然としているからである。それらの物語世界を前にして、自分を含めた平地人はなぜ戦慄するのか、そのことの物深い意味を訪ねて、いまや旅立とうとしているのだ、そのように語っている柳田国男が、そこにいる。さきに論じた『山の人生』の「自序」のなかには、そのような柳田の姿勢の鮮やかな転換の軌跡が、印象的な筆で語られているのである。

さきにもふれたように、かれはこの一連の「山の人生」の連載を、あらたに増補した形で大正十五年に出版している。そのときこの「自序」を書いて、その時点における執筆意図を明らかにしている。そこには『遠野物語』の冒頭におかれた序文とは明らかに異なる執筆の動機が語られていることに気づく。以下、そのことについて確認しておくことにしよう。

その一、――自分が「山の人生」と題する短い研究を『アサヒグラフ』に連載したとき、面白そうではあるけれども、よくは解らない、という批評があがった。それで、その疑問に答えるため、まだ提出していなかった新しい材料を示して、詳しく説明してみようというのが、この書の刊行を急いだ「真実の動機」であった。

その二、――ところが書いているうちに、さらに解釈しにくいテーマがあらわれてきたり、突然のように新しく「心づく」ような問題も出てきた。それらをあらためて追加したり補ったりしてつくろうこともできないわけではないが、しかしそのための時間はのこされていなかった。

その三、――そういうこともあってこの書物にはまとまった「結論」というようなものはない。しかし「自分たち一派」の主張だけはどうしてもここでいっておかなければならないと考えていた。どういうことかというと、「同胞国民の多数者の数千年間の行為と感想と経験」が、わが国のどのような学問分野においても観察され記録され、そして攻究されてはこなかったからだ。われわれ「一派」の学問は、この日本の今後の社会改造のために、それが必要だと考えたのである。

　この「自序」には、当時柳田が構想していた新しい学問の骨格がほとんど出揃っている、と私は思う。まず最初に注目しておかなければならないのが、『山の人生』という短いエッセイが展開している議論はすべて「研究」であることとわっている点だ。しかもそれは、それまでのどの分野の学問も手をつけることがなかった「研究」であると自負している。つぎに、それらの研究の総体は、いまだ「結論」らしきものに到達してはいないかもしれないが、しかしこの国の多数の人間が数千年の長きにわたって伝えてきた「行為と感想と経験」をとりあげ、それを精細に観察し、記録し、攻究することこそが、自分たち「一派」の学問なのだと、胸を張って宣言している。

　ここでいう「一派」とは、いうまでもなく柳田のもとに集う「一派」のことであり、かれの主張する民俗学を奉ずる者たち、ということだ。柳田自身による民俗学宣言を、ここでもさり気なく「一派」というセクト的な言葉を持ち出して語っているのである。

　かれはこのような「自序」を新しい書物『山の人生』の巻頭に書きつけたとき、十六年前にあの『遠野物語』を世に紹介したときから遥か遠くにきてしまったという感慨に打たれたにちがいない。佐々木喜善によってはじめて知らされた『遠野物語』の奇異なる伝承群の前に立って、ただ戦慄するほかなかった自分の姿が、はたしてどのように映っていたか。かれはそのとき、それらの伝承群がなぜそのような形で語り伝えられてきたのか、その数千年にわたる民族の歴史的な背景とその心意、心情を、何としてでも明らかにしなければならぬと思い定めていたはずだ。いつの日にか、その志をはたす、それを通して当時の支配的な学問の世界に異議申し立てをする、そう考えていたはずである。

唐突にきこえるかもしれないが、私の目にはそのときの柳田国男の姿が、『古事記』のテキストを前にしずかに端座している、あの本居宣長の肖像に重なる。難解な『古事記』の伝承群をとりあげ、今やそれを読み解こうとしている先人の姿だ。このとき柳田は、宣長の畢生《ひっせい》の仕事だった『古事記伝』の存在を念頭に蘇らせていたのではないだろうか。宣長のやった前人未踏の仕事のあとを、自分も継ぐ。そのとき柳田は、漢意《からごころ》を排した宣長の衣鉢を継ぐかのように、外来の思想や知識を削ぎおとした固有の民俗学を築こうと構想をかためていたのである。そしてこのような発想は、すでに十六年前に『遠野物語』を世に送り出そうとしたときにかれの胸中にきざしていたのかもしれない。それというのも、『遠野物語』以後の、柳田国男の手になる業績のすべてが、あたかも本居宣長の生涯における『古事記伝』の位置にそのまま重なるように映るからである。

前の章にものべたことであるが、『遠野物語』という作品には真の著者といったようなものはそもそも存在しなかった、そう私は主張したのだった。それはいってみれば『古事記』におけるような伝承と物語を内包する「詠み人知らず」の伝承作品ではないか、と仮説を立ててみたのである。その詠み人知らずの『古事記』を分析し解体し、これに精細な解釈を加えたのが、宣長という固有の著者の手になる『古事記伝』だったのではないかということだ。そのような見取図を描けば、柳田国男の民俗学が『遠野物語』という難解な物語を解読するためにつみ重ねられた仕事だったということがみえてくるだろう。その生涯をかけて『遠野物語』の解体作業にとり組んだ、というようにもみえてくる。そしてその解体作業を実現するために採用された方法が、前にも論じておいた柳田国男における「自然還元」という方法だった。

　ここでふたたび問題を元にもどそう。

『遠野物語』とは、柳田にとっては物深い民俗社会に語り伝えられてきた物深い物語の世界であった。そしてその物深い物語の核心を象徴する表現としてかれ自身が選び出したのが、「人間苦」という主題だった。それも「偉大なる人間苦」なのだ、といっている。けれども『遠野物語』という物語またはメタ物語を前にしたときの柳田国男は、そうではなかった。そのときかれは、その物語を前にして戦慄していただけだったからだ。しかしそれから時をへて『山の人生』という新しいテーマに取り組むようになったとき、かれの胸のうちに自然還元の方法にもとづく研究の第一歩がはじまっていた。それを象徴するかのごとき「人間苦」というキーワードが紡ぎだされていた。

　それにしても、人間苦とはいったい何か。かれはどうしてそんな大袈裟な物言いをしなければならなかったのか。人間苦とは、人間が昔から運命的に背負わなければならなかったものをいったのではないだろうか。人類の生存に課せられた業のような重荷といってもいい。それがメタ物語としての『遠野物語』を再定義するために柳田がもちこんだ、いってみれば解読のための「イデオロギー」だったように私の目には映る。そのように理解することで、はじめてかれがその後の民俗社会研究のなかでしだいに練りあげ、自覚的につかみだしていった「経世済民」の学という問題意識にたどりつくことができる。それが、かれの学問的使命感の核心を照らしだす発想の原点だったことがわかるのである。

物深い人間苦の世界を探索する旅が、こうしてはじまる。むろん民俗学の地平はまだ明瞭な形ではみえていない。その地平線のかなたにかすかな曙光がさしているだけである。

歴史学に対する戦い

連想が飛ぶ。柳田のもちだした物深い人間苦の世界が、さらに広々とした領域へとわれわれを連れだしてくれるからだ。物深く考えなければならない世界へと解放してくれるからである。

柳田が、直面する困難とぶつかってやっていたのと同じような思考実験を、これまた方法なき方法をくりだしてやろうとしていた司馬遼太郎のことが、まず思い浮かぶ。かれには、高田屋嘉兵衛という江戸後期の貿易商人をモデルにした『菜の花の沖』という大作がある。柳田は昭和三十七年（一九六二）に世を去っているから、この小説を読む機会はなかった。後年、私はこの作品を読んだとき、司馬遼太郎が柳田の仕事をつよく意識しながらこの小説にとりくんでいたであろうことを直感した。とりわけ高田屋嘉兵衛の苦難の生涯をフィクションの形で追いかけているうちに、柳田が打ち立てた数々の問題提起を思いおこし、それを下敷きにしながら自分の小説家としての構想を掘りさげようとしている、そう思ったのである。

『菜の花の沖』は、さきにいったように江戸後期の廻船業者、高田屋嘉兵衛の生涯を追った小説である。瀬戸内の淡路に生れ、幕府御用達の蝦夷地交易に活躍し、またエトロフ島航路を開くなどして各地に漁場を設置している。しかし文化九年（一八一二）、クナシリ島で、ロシア軍人ゴローニンを日本側が捕えていた報復として逆に拉致され、カムチャツカに連行された。だがその逆境にも耐え、みずから単独で外交交渉を重ねて解放される。のちゴローニンの釈放にも尽力して、平穏な晩年を送ることができた。

その小説の冒頭のところで司馬遼太郎は、少年時代の嘉兵衛が村の閉鎖的な社会のなかでいかに過酷ないじめにあったかを、克明に描いている。そのすさまじい場面がつぎからつぎへとあらわれ、読む者を驚かせ怯《ひる》ませるが、のちにこの小説が文庫化されるにあたり、文春文庫の㈠の巻末に書きつけた「あとがき」のなかで、このいじめ慣行について興味あるコメントを加えているのである。

嘉兵衛の生れた淡路島の村は、在所（農村）と浦方（漁村）が入り混って反撥と軋轢がたえなかった。対岸の大坂、灘五郷、兵庫などの商品経済に、島全体がまきこまれていたということも作用していた。嘉兵衛は島の本村《ほんむら》の出身であったが、故あって新在家の村に出稼ぎに行かなければならなかった。それを土地の者たちは「新在家へ旅に出る」といっていたが、嘉兵衛はこの新在家の若衆たちによるいじめにあったのだという。そのことに注意しておいてから司馬は、つぎのように書く。少々長くなるけれども、ここは興味津々の貴重な証言になっていると思うので引用しておくことにする。

ほんの数百メートルしか離れていない二つの集落でも、一方から他の一方に若者が出稼ぎにくる場合、当時の若衆宿（若衆組）の用語では、旅にくる、といった。

いじめる、という隠微な排他感覚から出たことばは、日本独自の秩序文化に根ざしたことばというべきで、たとえば日本語が古い時代に多量に借用した漢語にもなく、現代中国語にもなさそうである。英語やフランス語にもないのではないか。

私は、ふるくから、日本の精神文化の基礎の一つに――南方諸島の固有文化である――若衆宿の制度と伝統がよこたわっていると考えてきた。その基層は東日本に薄く、西日本に濃かった。制度としては大正期にほろびるが、意識としてはいまも生きているとおもっている。戦前の陸軍の権力・権能構造として二本だての関係にあった陸軍省と参謀本部の意識構造や、将官と青年将校の関係、また陸軍の内務班の制度、さらには戦後の会社幹部と労働組合との関係、また既存権威構造と左翼運動のかかわり方、あるいは一部私立大学における大学当局と体育部の関係は、ふつうの社会科学の方法では、この社会の共通の意識のしんまでは解けないのではないかと思っている。

（『菜の花の沖』㈠、文春文庫）

司馬遼太郎はここで、旧来のいじめ慣行は制度としては大正期に滅びたが、意識としてはいまも生きているといっている。今日の日本社会におけるいじめ意識の浸透や学校世界におけるいじめ事件の多発をみれば、この司馬遼太郎の言葉が黙示録的な重みをいまだに荷っていることを思わずにはいられない。

そしてこのようないじめの構造が日本社会の各層にビルトインされてきた背景と動機を探るためには「ふつうの社会科学の方法」ではもはや間に合わない、そのような社会の共通の「意識のしん」までは解けないだろうと指摘している。

その「隠微な排他感覚」を生みだした母胎は、日本独自の秩序文化に根ざす「若衆宿（若衆組）」にあるのではないか、それが司馬の提出した仮説であった。しかもその若衆宿という日本の精神文化の重要な制度の起源はどうやら中国にたどることはできない。もちろん英語圏やフランス語圏に見出すこともできない、――それはむしろ南方諸島の固有文化のなかに発見できるのではないかといって、暗に民俗学的観点を視野に入れて発言しているように私は感ずるのである。さらにいえば司馬遼太郎は柳田国男の『海上の道』を念頭において議論の展開を考え、その自然な落とし所としてこれは「社会科学の方法」では片のつかない問題であり、そのような「意識のいしん」までは解けない、と書いたのではなかったかと思う。

ことここに及んで私は、柳田のいう「物深い人間苦」の世界が、たんなる社会科学の手法ではとうてい解き明かしえないものであり、それはむしろ民俗社会に奥深く蓄えられてきた精神文化の露頭もしくは遺産としてとりあげ、独自の方法にもとづいて分析すべきものと、かれが考えていたことに気づく。『遠野物語』という戦慄すべき物深い物語世界を前にして、柳田はそれをすでに「偉大なる人間苦」の記録という枠組のなかに置きかえて、その内面に誰もがやらなかったような光をあてようとしていた。そのためには新しい学問が必要となるであろうと考えていたのである。

柳田国男が大正八年に、官を辞して野に下ったとき、それまでの学問の王道を歩いていたのが依然として歴史学という学問であった。今日風にいえば、社会科学の先頭を切って歩いていたといってもいい。それではその王道を歩きつづけている眼前の歴史学という学問は『遠野物語』にみられるようなメタ物語の内部構造を解明することができるのか、その物深い「偉大なる人間苦」の世界に光をあてることができるのか、それが柳田の口にせずにはいられなかった思いだったにちがいない。

王道を歩く歴史学への柳田の挑戦が、こうしてはじまる。王道ならぬ覇道を行くかにみえる歴史学を踏み越えようとする柳田国男の刻苦精励が開始される。かれの脳中には、もちろん歴史学がそれまでに蓄積してきた遺産の山があふれるばかりにつまっていた。その遺産の山とどうつき合うのか、そして最終的にその山をどのようにして突き崩すのか、それがほかならぬ柳田国男の戦いになっていく。そしてそれこそが、まぎれもない柳田民俗学の誕生を象徴する旅立ちの光景であったと思う。

私が国立歴史民俗博物館（歴博）の民俗研究部に職をえたのは、昭和五十七年（一九八二）の正月であった。歴博は開館を翌年にひかえた草創期にあった。巨大な建物の中にわずかな人影だけが動いていた。考えてみれば、今からもう三十年以上も昔のことだ。

忘れもしない。一月四日、歴博の館長室で歴史学者の井上光貞さんにお目にかかった。辞令をもらうためだった。井上さんは心なしか紅潮し、やや早口で歴博の構想を語るその姿は若々しくみえた。そして歴博は、歴史学、考古学、民俗学の三学問分野がともに手をたずさえて広義の歴史学をつくり出す研究機関として設立されたのだ、といわれた。

井上さんは表面的には歴史学、考古学、民俗学の三学問協業といったきれいなスローガンを掲げていたが、しかし腹の底ではそんな甘いことを考えてはいなかった。本音のところでは、古代史を考古学によって補完し、近世近代史を民俗学によって補完しようと考えていたと思う。それが依然として王道を歩きつづける歴史学界全体の変ることのない本音だった。今日から思えば、それが歴博内部における民俗学の落日光景を象徴するひとこまだったといえないこともない。歴史学の補完物としての民俗学、という落日のシルエットだ。

民俗学の側から歩み寄りの姿勢をみせていたこともみのがせない。端的にいえば、民俗学を歴史学の補完物にしようという歴史学の側の戦略の背景に、それと表裏をなすような形で、歴史学と提携することで民俗学の延命をはかろうとする民俗学の側の計算がはたらいていたからだ。衰退期にあるからこその、民俗学の側からの延命工作だったといってよいだろう。

当初この延命工作は、むしろ歴史学をこそ民俗学の補完物にしようとする積極的な戦略を内包していたはずである。当初とは何時のことか。いうまでもなくすでに柳田国男の頭脳の中に、そのような構想が芽生えていたはずだからだ。よく考えてみれば、かれの「民俗学」的生涯はその戦略を実現するためにこそ費やされたといってもいいのではないか。その戦いによって生みだされた緊張感が、かれの民俗学という学問の類をみない魅力を発出していたのである。

しかし運命は皮肉である。この柳田によってはじめられた民俗学の戦いが、やがて戦後になって民俗学の延命工作へと転じていく。歴史学との戦いは、歴史学へとすり寄る卑屈な延命戦術へと方向転換していったのである。

柳田国男が世を去ってからすでに半世紀の歳月が経っている。その間にいわゆる柳田民俗学にたいして提出された批判の量は数かぎりがないほどだ。しかしながらそれにたいして、かれの歴史学にたいする戦いの姿勢を受け継ぐものがどれほどあったか。指で数えるほどに寥々《りょうりょう》たるものではないか。そしてそのまま、無為の時が過ぎていった。柳田学説の軽薄な批判に血道をあげているうちに、柳田民俗学の魂のありどころが見喪われてしまったのである。

第三章　偉大なる人間苦

マルクス、そしてガンディー

柳田国男のいう「偉大なる人間苦」が出発点だった。『山の人生』の冒頭に掲げる実際にあった話を紹介するなかで、その言葉が出てくる。腹のなかからしぼり出すような吐息とともに飛びだしたつぶやき、だったのかもしれない。

山の炭焼の親爺が深刻の度を増す極度の貧困と飢餓のなかで、養ってきた二人のいたいけな子どもの首をまさかりで斬り落とす、という話である。

悲惨な「人間苦」の話だ。その話を柳田は、『山の人生』の冒頭でほとんど枝葉をきりはらい、剝き出しのまま記述している。たしかに目をそむけたくなるような「人間苦」の世界というほかはない。けれどもその人間苦がいったいどうして「偉大」なのか。「偉大なる人間苦」なのか。

そこのところが、もう一つわからない。「偉大な」というのは、もちろんたんに「巨大な」ということではないだろう。それとも「普遍的」な性格をもつ人間苦、とでも考えていたのだろうか。人類史のいたるところに出没する普遍的な苦、ということだ。それを背負いつづけるほかない人間の運命とみなし、それで「偉大なる人間苦」と書いたのだろうか。そのような悲惨な運命を荷いつづけてきた山の民の苦しみの人生を「偉大だった」「偉大である」と称したのだろうか。柳田国男のいう経世済民の考えは、もしかするとそのような認識を一歩先へ押し進めるところから発想されたのかもしれない。

いつのことだったか、ずい分以前になるが、柳田国男の仕事に親しみはじめたころだった。マルクスの「絶対的窮乏」という言葉遣いに心を動かされたことを覚えている。人間疎外をテーマとする議論に見え隠れしていて、それに目がとまったのだった。『ドイツ・イデオロギー』に展開されている哲学的命題の一つだったと思う。むろん、生かじりのままだった。若い衒気《げんき》に足をとられて、未熟な処女作『アジアイデオロギーの発掘』(勁草書房、一九六八年)を世に出してもらったときだ。マルクスの書名にもかぶれていて、それを模倣して自著のタイトルに借用したのだった。そのなかの一編として「柳田国男——日本型仏教イデオロギーの扼殺者」という、いかにも仰々しいタイトルを冠する文章を載せたのである。今から四十六年前のことになる。柳田国男についての最初の論文だった。

マルクスのいう「絶対的窮乏」「普遍的窮迫」という表現が新鮮にひびいたのである。「窮迫」

は生産諸力の未発達から生じ、そこからは古い汚物がことごとく甦る。それで、ただわけもなく「絶対的窮乏」「普遍的窮迫」とつぶやくようになっていたのだと思う。そのまだ生煮えのままの表現と、そこから立ちのぼる幻想の肥大化のなかで、私はいつしか柳田の仕事を遠くから眺めるようになっていく。まだ三十代の、未熟な私の眼に映じていたマルクスの肖像であり、柳田国男の問題意識だった。今にして思えば、それが柳田のいう「偉大なる人間苦」についての私の原体験、だったのかもしれない。

そのマルクスの作品との出会いからほぼ半世紀を経て、私は思いもしなかった第二の出会いともいえる機会に恵まれた。インドの経済学者アマルティア・センの書物との出会いである。「突然襲いくる困窮の危険」——博士が静かに差し出している言葉だった。何の前触れもなく、深刻な被害をもたらす脅威に注意をうながす、静かな警告の声だった。博士は少年のころ、故郷のベンガルでおきた大飢饉を目の当りにし、その体験を原点にして貧困や不平等の問題に関心をもつようになっていく。それをもとに経済と社会のあり方を探究して経済学者になった。やがて「人間の安全保障」という課題をみつけ、それを地球規模で進める必要性を訴えつづけることになる。ふたたび私ごとでいえば、さきにふれた半世紀前の自著のなかに、さきの柳田国男を論じた文章とともに「ガンディー——アジア的基調低音と連帯の思想」なる拙文を載せていたことを想いおこす。このたび遠い時間をへだててアマルティア・センの仕事に直面したとき、私が抱いた最初の感想が、この人物はもしかするとあのマハトマ・ガンディーの正統な思想的継承者かもしれない、ということだった。

「人間の安全保障」にかんする博士の立場は、『安全保障の今日的課題』（人間の安全保障委員会、朝日新聞社、二〇〇三年）のなかにまとめて記されているが、その考え方の全容が最近になって『正義のアイデア』（池本幸生訳、明石書店、二〇一一年）として出版された。氏はそこで、世界中に飢餓、疫病、差別など優先順位の高い課題が山積しており、その解決のためのアイデアを出すことがほかならぬ「正義」の実践につながる、といっている。

「巫女」と「毛坊主」

柳田の「人間苦」にもどろう。『山の人生』にかれが書き記した「偉大なる人間苦」の問題である。その印象深い言葉を書いたのが『アサヒグラフ』への連載を開始した大正十四年（一九二五）のことだった。その翌十五年になって『山の人生』が単行本として世に出る。『遠野物語』が明治四十三年（一九一〇）に刊行されたことからすると、そのときから数えてすでに十五年が経っている。『遠野物語』に語られている物語群を一つひとつ分析し、解読し、解説するための『山の人生』という作品を構想するのに十五年の歳月を要しているということになるだろう。本居宣長になぞらえていえば、『古事記』にたいする『古事記伝』をまとめあげるまでに十五年の期間が必要だったということにもなる。

『遠野物語』と『山の人生』のあいだに流れていたであろう歳月をそのように見渡してみたとき、その期間に、山人と山人社会をめぐって柳田によって執筆された注目すべき論考がいくつかあることに気づく。しかしそれらの作品は生前、著者によって単行本化されることもなく、その一部として収載されることもなかった。柳田の胸の内では習作、という扱いだったのかもしれない。研究資料の一部、といった性格がないではないからだ。

その重要と思われる習作群を年代順に挙げてみよう。

◉「イタカ」及び「サンカ」、一～三、明治四十四年九月～同四十五年二月
◉巫女考、一～十二（筆名、川村杳樹）、大正二年三月～同三年二月
◉山人外伝資料、一～五（筆名、久米長目）、大正二年三月～同六年二月
◉所謂特殊部落ノ種類、大正二年五月
◉毛坊主考、一～十一、大正三年三月～同四年二月

（以上『柳田國男全集』24、筑摩書房、明治四十四年～大正四年）

◉俗聖《ぞくひじり》沿革史、一～五、大正十年一月～五月

（以上『柳田國男全集』25、筑摩書房、大正五年～十年）

これらの論考は私の目には、大正十四年になって『山の人生』の各篇を連載するにあたり、それまでにひそかに準備を積み重ねていた柳田の関心と問題意識のありかを暗に示すような文章もしくは習作の試みだったように映る。その間にかれは、この日本列島の庶民史に埋めこまれてい

る「人間苦」の実態を何とかつかみ出そうとしていたにちがいない。各地の山間部に追いやられ、特殊な賤視にさらされ、人里離れて飢餓線上をさ迷う不運な山人たちの世界をできるだけ探り出そうとしていたはずだ。マルクスの言葉でいえば「絶対的窮乏」、アマルティア・センの表現によれば「突然襲いくる困窮の危険」の世界への眼差しである。その困窮する山人たちの生活のかなたに、神話や伝承の形で語られている『遠野物語』の舞台が浮かび上っていたのだろうとも思う。「大正」時代の柳田の学問が、曙光を仰ぎながらも難産の苦しみにあえいでいたようにみえるのである。

土地から土地へとさ迷い歩く異形の者たち、けもの道や藪の中を行く異人たち、そのような者たちの足跡や幻像が、しだいに柳田の視界にとらえられていく。住所不定の狩猟採集の民である。遍歴する物乞い、芸や春を売る者たち、人を殺し追われて流浪をつづける者、飢餓線上に生きる流民、要するにたえまなく移動する人間たちの群である。

「人間苦」の舞台であるといっていいだろう。歴史の片隅に息づく移動空間に油断なく視線を放っている柳田の姿がみえる。二つのキーワードが、このかれの旅をみちびく重要な道しるべになっていたことがわかる。「巫女」と「毛坊主」である。

まず「巫女考」。これは大正二年の三月から同三年二月にかけて『郷土研究』(創刊号から十二回)に連載された。筆名が川村杏樹。著者によれば、巫女はもともとカミオロシ、ホトケオロシなど口寄、託宣を業としていた。その霊的技能によって農村から浮遊し、漂泊の旅に出て稼いでいたが、やがて機会をみつけて土着するようになる。しだいにその地の百姓に同化してしまったというのが柳田の大体の見取図である。ほんらい俗を離れる存在だったが、やがて俗世間に出没するうちに変化し、結局その俗のなかに埋没して百姓になった。「巫女」は「女聖《めひじり》」ともいわれ、その多くは亭主もちで売色を副業としていた。その点では遊女、クグツなどと同類で、それが熊野比丘尼や勧進比丘尼、白拍子などの流れをつくり、近世になって傾城、太夫などを生みだした。

巫女と云ふ階級が無かつたら我邦のフオクロアは淋しいものであつたらうと思ふ。

(『柳田國男全集』24、筑摩書房)

つぎに「毛坊主考」。第二の鍵となる論考だ。『郷土研究』第二巻第一号から一年にわたり、十一回連載された(大正三年三月~同四年二月)。

「毛坊主」とは何か。中世にはすでに出現していた有髪、妻帯の坊主のことだと柳田はいう。山村僻遠の地に散らばり、野良仕事のかたわら魂送《たまおく》りや葬送の相談にあずかっていた。臨時に、また持ち廻りで、そのような仕事をやっていた。姿形の上でも、生活内容の点からしても「半僧半俗」の風態をしている。ここで面白いのは柳田が、それは仏教とは何の関係もない職業だったといっていることである。親鸞のいう「非僧非俗」の生き方とも何の接点ももたない、といいたかったのであろう。柳田の学問の核心にひそむ「民俗」とか「固有」とかの基本的な考え方である。

仏教嫌いの柳田といってもいい。かれは終生、仏教の観念過剰に足をとられてはならないと警告を発している。

「毛坊主」とは要するに「俗聖」の一類で、さきの「女聖」と対をなすのだという。「巫女」と「毛坊主」はほとんど「夫婦」の関係だといっているのに等しい。かれらの業務は、さきにふれた魂送りや葬送の仕事にとどまらなかった。勧進の名において「寄付金募集」をすすめ、本願の名において「寄付金募集の目的」を掲げて諸国を遊行していた。

もっともその「勧進」の仕事は、支配層の意志を下位集団に伝達する役目を担っていた。したがってまた下からのエネルギーを調整吸収する民間福祉事業に利用され、その末端細胞と位置づけられてもいた。赤い羽根やクリスマス募金、また救世軍の社会鍋などの、一連の中世的な表現だったといっていい。

いま柳田のいう「毛坊主」は親鸞の「非僧非俗」とは何の関係もないといったけれども、これが皮肉なことに十五世紀、応仁の乱の時代に思いもかけない事態を迎える。本願寺第八代法主・蓮如の活動を転機として、その「毛坊主」群が歴史の表舞台に登場してきたからである。山間僻地に隠れ住む毛坊主を懐柔して、組織化したリーダーが、その蓮如だった。かれの大衆伝道路線が毛坊主集団の掌握へと展開したのだった。しかし同時に、その運動の展開発展の本質を見誤ってはならない、と柳田はいう。なぜならそれはあくまでもヒジリ（聖）たちが世俗の立場で仏法を利用して毛坊主となったまでであって、仏法が普及して毛坊主という新しい階級をつくったのではないからである。

法師が妻を儲《まう》けることは決して浄土真宗の新発明でも何でも無い。公の方面に於ては右等霊山大社に奉仕する社僧執行僧の先型あり、更に念仏道に於ての同行《どうぎやう》を求めるならば、かの鹿角の杖を突き金鼓《こんく》を叩いて万の所に阿弥陀仏を勧め行きけるとある阿弥陀聖、殊には三河国などで俗聖《ぞくひじり》と呼ばれた在家の道心者《だうしんもの》がある

(『柳田國男全集』24、筑摩書房)

要するに社僧、仏僧が先行して、俗聖が出現したのではない。そうではなくて、俗聖の系譜が先行して、社僧や仏僧が歴史の舞台に登場してきたのだ、といっている。肉食妻帯の風は俗聖の発生とともに古く、その系譜は仏教の伝播に先立って地下水脈の深さと広がりをもっていた——そう柳田はいって、この「毛坊主考」をしめくくっているのである。

「考」から「史」へ

みてきたように「巫女考」と「毛坊主考」は、歴史資料の探索と現地調査にもとづき、その両者をつき合わせることで「ヒジリ」についての比較と読解を試みたケース・スタディーだった。

いささか過剰な実例羅列の観がなくもない、堅苦しい「論考」だった。そのタイトルを「巫女考」「毛坊主考」としているゆえんである。「巫女考」の場合が『全集』本で六十四頁、「毛坊主考」が七十四頁で、それぞれかなりの分量である。

その仕事を通して柳田の頭のなかに、「巫女」と「毛坊主」の二つの系譜を合して、一つの「俗聖」という太い流れへと整理するアイデアが浮んだのではないだろうか。個別的な論考から歴史的記述ないしは展望へのうながし、である。「……考」から「……史」へと構想を練りあげる機が熟したのだといってもいい。

大正十年一月から執筆を開始した「俗聖沿革史」一〜五がそれにあたるだろう。大正二年の「巫女考」、同三年の「毛坊主考」からすでに七、八年の時間が経っている。その大正十年の「俗聖沿革史」の時点からさらに四年を経て『山の人生』の執筆が開始される。「巫女考」や「毛坊主考」のケース・スタディーを積み重ね、その成果を歴史的な時間のなかに位置づける仕事をくぐり抜けて、新しい学問の形成へと向かおうとしている。『山の人生』という、柳田学の誕生を告げることになるかもしれない企てへと歩をすすめていく。その結節点に立つ未完成の作品が、「俗聖沿革史」という仕事だったのではないだろうか。ただこの仕事は、のちにふれるように余儀ない事情で中断することになる。

柳田は右の「沿革史」を構想したとき、歴史の前後左右を見渡そうとしていた。「論考」から「歴史」記述への途上に立っていた。ただその途上にあって、しばしのあいだ眼前に立ちあがってくる問題を整理しておく必要があったようだ。その問題意識をあらわす注目すべき論考をこの時期に、かれはいくつか書き継いでいる。そのことにもふれておかなければならない。「巫女考」と「毛坊主考」のほかに、ほぼそれらと並行しながら執筆していた論考である。さきにも記しておいたが、つぎの三編である。時代順に、

◉「イタカ」及び「サンカ」、一〜三

◉山人外伝資料、一〜五

◉所謂特殊部落ノ種類

被差別民や特殊部落の問題に柳田が非常に早い段階から関心を抱いていたことがわかる。『遠野物語』に登場してくる山人や山人社会を発見したときから、それらのテーマがかれの頭に住みついたことが想像される。「イタカ」と「サンカ」が、いわば山の社会にひそむ「物深い」世界と「人間苦」の人生を解き明かす上でまさに鍵となる存在だったことを、おそらく感じとっていたのであろう。その問題関心が、同時代に執筆されている「巫女考」や「毛坊主考」などの文章のなかにも見え隠れしている。たとえば、中世における鉢叩き、ササラ、茶筅、御坊、シュクなどの特殊部落、そして穴掘り、人焼きを専業とする御坊聖や乞食同然の願人坊主、さらに近世期のエタ非人など……。

もう一つ、大正二年三月の「山人外伝資料」一〜五においては、その第一回目から第四回目までのサブタイトルが「山男山女山丈山姥山童山姫の話」と記されている。作者の思い入れの深さ

が伝わってくるようで、はなはだ興味ぶかい。

さて、ふたたび柳田における「考」から「史」への転換の場面へと立ちもどることにする。何度もふれてきた「俗聖沿革史」の問題である。そのときかれはどのような展望をもち、どのような見取図を描こうとしていたのか。以下、「俗聖沿革史」に記述されている当時の柳田の考えを、さきの「巫女考」「毛坊主考」「所謂特殊部落ノ種類」などの記述を下敷きにしてかいつまんでみよう。

第一、柳田にあってヒジリ（俗聖）の歴史は、古代的聖としての行基からはじまって、近世江戸期の末世・零落型としてのエタ・非人階級までを含む、一種の平民宗教史である。平民の「宗教史」なのではない。「平民宗教」の歴史といっているのであって、その筆の触手はほとんど「社会経済史」にむかって伸びていっている。主人公である俗聖たちは、どれもこれもいわゆるカリスマという名の存在からはもっとも遠く、いつでも日常化と職業化の道を歩むことをやめない。かれらはいつしか遊行と遍歴の個性を喪失していった。不逞と反俗を身につけていたはずの、野性に生きる「ヒジリ」の境涯から離れていく。やがて、その土着化と俗塵の生活のなかから、のちに柳田がいい出す「常民」が育っていく。

山人から百姓への道筋である。山人社会から農民社会への視点の移動がすでにはじまっていたということだ。それはかれのいう「平民宗教史」の立場からすれば、むしろ必然的な視点の転換であっただろう。それはのちの研究者たちによって批判の的とされたような、柳田民俗学の変質でも、ましていわんや挫折でもなかった、ということに注意しなければならない。そんな単純な話ではなかったと思う。

第二、「ヒジリ」とは、もともと中国伝来の「聖」とは何の関係もない生き方を指す言葉だった。それは「日知《ひじり》」に通ずる、卜占を業とする一階級であった。それがのちの被慈利（慈恵利益を被る者）とか非事吏（世事を離れた寺務史員）に付会されたのは、仏教的な粉飾をほどこされた結果である。もともとは「神《カミ》の子孫」として、民とカミのあいだを媒介する生活技能者だったのであり、この点でもインド流伝の仏教思想とは何の関係もないものだった。それがのちに寺や仏の教えとの連携を深めるにいたったのは、ひとえに民衆の信仰心を支配していた死霊・亡霊にたいする怖畏の感情が、それを救済しようという仏教の考えと結びつき、そこから念仏の功徳が説かれるようになったからである。日本人は、はなはだしく「死穢」を忌む民族だったとは、柳田のしばしば力説するところだ。その死穢をタブー視する怖れの感情を、念仏の利益と功徳がやわらげ、生活の上に災厄をもたらす亡霊を浄土にみちびいて安定させた。御霊《ごりよう》信仰が浄土往生信仰を盛んにしたのであって、その逆ではない。柳田の見取図でいえば、京都以西では、天台宗出の空也上人と、その流れをくむ鹿杖《かせづえ》・鉢叩きの念仏団体が発展し、これにたいして関東では、時宗を開いた一遍遊行上人の流れをくむ鉦打ち磬《かね》叩きの念仏団体が勢力をのばしていった。かれらはいずれも在所在所の念仏講を中心に、埋葬から勧進までの業務をおこない、独自の共同救済法とでもいうべきものを、いわば「俗ヒジリ」集団の工夫と知恵によってつくりだしていったのである。

第三、このヒジリ集団は、みてきたように仏法との接触を内面的にも外面的にも保っていた。けれどもその盛衰変転のあとを辿っていけばわかるが、世間との連絡、世俗との交流を通じて、それ自体、自律的な進化と退化、そして顚落のコースを歩んでいったのである。その本筋の流れを見落してはいけない。これは柳田がくり返しいっている重要なポイントである。それを整理して要約すると、

一、ヒジリ集団の盛衰は、基本的には「事業次第、人次第、乃至は境遇の順逆適否」によったということ。

二、右の当然の帰結として、ヒジリ集団の展開は、大勢として、信仰第一、生活第二、の救済事業から、生活第一、信仰第二、の職業的定着へと移行変遷をとげたということ。

三、このような移行変遷が、仏教の変化・変質と相互規定的な関係にあったということ。

以上が、ヒジリ集団の三つの活動指針といってもいいものだが、これらを総括すると結局、「勧進」という事業がもっとも重要なポイントだったことがわかるのだと柳田はいう。「勧進の歴史」こそ「ヒジリの歴史」だったというのである。ヒジリたちは民衆における善根の金銭を集め、それで生計を立てることを目的として生きた。ヒジリ（俗聖）をめぐる「事業、人、境遇」ということになるだろう。

「事業」についていえば、念仏塚や石塔の建立や供養ということも欠かせなかった。本尊の木仏や金仏の造立もそうだ。仏具の造作、写経による人寄せ金集めなどだ。ついで「人」の問題でい

えば、巧みな説法と麗わしい念仏の声が重視された。農民の素朴な心を感動させるのにそれ以上のものはない。そこから念仏踊をはじめ河原芝居や草相撲のような人寄せ興行が発展していった。

「人間苦」を救済するのは誰か

もう一つ、ヒジリの系譜には、さきにふれた空也派や一遍派などの清貧禁欲の一団のほかに、揶揄嘲笑の対象とされる俗ヒジリの「上人」たちが雨後のタケノコのように続出したということだ。この動きはすでに鎌倉期にはじまっていた。さまざまな偽善的行為が暴露され、噂の種になり、逆にそれが新奇な風俗を生みだしていく。近世以降に目立つようになる廻国ヒジリや高野ヒジリの類は、オモテは大本願、大勧進ののぼりを揚げながら、ウラにまわっては仇討ち、凶状もち、密偵などの素顔をもっていた。姿は半僧半俗のファッションに身を包み隠して、関所をごまかす。高野ヒジリのなかには、背に負う笈《おい》に白骨ならぬ金襴の錦切れや各種とりどりの衣類をしのばせる者もいた。レッキとした商いヒジリ、呉服ヒジリであり、商業、流通産業の欠かすことのできない歯車となっていた。現に、長崎出島のオランダ居留地の制札に、女は傾城、出家は高野聖にだけ出入りを許す、とあったのが思いおこされる。ここでいう高野ヒジリ（聖）は明らかに外国貿易の末端につらなっていたのである。一方、大寺などで尼と法師の夫婦が座敷庭園の粋をこらし、かき餅豆腐などを名物として客のもとめに応じ、酒肴をととのえる料理屋稼業も、もとはといえば、ヒジリの「事業、人、境遇」のしからしむるところだった。

ここが肝心の観点であるのだが、柳田の構想する「ヒジリ史」の上に、空海や最澄の登場してくる気配はまったくみられない。「毛坊主」や「俗聖」の歴史のなかに、法然や親鸞、道元や日蓮の影すらも見出すことはできない。毛坊主や俗聖の生活相を浮き彫りにするため念仏や一向宗の動きには注意深いまなざしを向けながら、柳田の筆は親鸞の存在に一言もふれずに論をすすめていく。その徹底さは、史上に名高いカリスマたちにたいするひたすらな無視の意志に支えられているかのようだ。これまでさまざまな研究の分野で、親鸞という存在を毛坊主や俗聖の原点にすえようとする視点や議論がなかったわけではない。それどころか、親鸞を民衆宗教の原像とみなし、それへのあこがれの気分をためらわずに表出する文章が数多く提出されてきた。仏教史や思想史、そして歴史学の研究者たちの心をとらえた視点である。

けれども柳田国男の目に映る「ヒジリ」の歴史に、そのような人間像の浮かびあがることがなかったことに、やはり注目しないわけにはいかない。かれの構想するヒジリ史の主人公はあくまでも半僧半俗のヒジリたちなのであって、かれらは何よりも生活第一、信仰（信心）第二の世界で生きる人びとだったからなのだ。それにたいして親鸞のいう非僧非俗の生き方は信心第一、生活第二の立場を鮮明にする生き方であった。柳田が作成したヒジリ史のインデックスに、「非僧非俗」の項目を見つけることははじめからできない相談だったのだ。

同様にしてしばしばキーワードとして用いられてきた「西行、芭蕉的なもの」も、その項目表のなかからは、はじめから排除されていた。「遊行的なもの」を理想化する遁世や隠遁の思想、その背後に流れる反逆不逞や偽悪をめぐる反時代的精神、といったトピックに着目する視点などにも、はじめから目もくれなかった。生活第一、信仰第二の生き方こそ、この日本列島に生々流転しつづけるヒジリたちの拠って立つ人生基盤だったからであり、「事業、人、境遇」のしからしむるところだったからだと思う。

それにたいして柳田がその論述のいたるところでもちだしているのが、「空也上人」と「一遍上人」であり、その門流のあいだで保持されつづけていた「生活第一、信仰第二」の多彩な事業である。日本列島ヒジリ史の原型を形づくった真の主人公こそ、空也と一遍だったといってはばからない。その議論の出発点に、亡霊と鎮魂、葬送と勧進の事業がつねに位置づけられているのである。その事業を遂行するためには、遊行から土着への生活の道筋が必然だった。ヒジリたちの運命が生活第一、信仰第二の路線へと傾いていくことも不可避であった。

やがて名だたる本寺や本山は、それらヒジリたちの生存圏を見放し、かれらを「下級の人民」の世界に追いやっていく。ヒジリたちも、「只の農夫」へと身をやつしていった。そのような中途半端な姿のまま人びとの前で「本尊仏」をかざし、善男善女すなわち「人民」の信心に方向を与えることができれば、かれらはその姿のまま毛坊主になり、ヒジリへと転生していくことができたのである。かれらの住む村々に、たとえ本寺や本山やそれにつらなる檀那寺があったとしても、その和尚が村の念仏講などにおいて導師をつとめるとはかぎらなかった。その最初の発起人や勧誘者はむしろ「古参の村翁」や「毛坊主」の方だったからである。かれらは「僧か俗かも不明な堂守・道心者」のたぐいだったのだ。

柳田国男のいう「半僧半俗」は、親鸞の生き方を象徴する「非僧非俗」と真向うから対立する概念だったというほかはない。「巫女考」や「毛坊主考」などの仕事に着手し、やがて「俗聖沿革史」を執筆する時期に、柳田国男がその胸底にどのような構想と思いを隠しもっていたのか、私にはわかるような気がする。

おそらくかれは、親鸞という存在をつよく意識していたのだったと思う。本山本寺の異常な繁栄ぶり、その貴族ぶるまいのあり方にある種の反撥心を抱いていたからだとも思う。十三世紀の親鸞の流れをくむ十五世紀の蓮如の存在を通して、大きな発展をとげた本願寺教団の存在にたいして、一つの大きな問いを投げかけようとしていたのではないだろうか。

その問いとは、あの「偉大なる人間苦」を救済する真の担い手は、いったい誰かという問いである。この日本列島の「平民史」において、いったい誰がその重荷を背負っていたのか、ということである。それははたして親鸞のいうような信仰第一、生活第二の「非僧非俗」を標榜する「聖」たち「聖人」たちだったのか。それとも生活第一、信仰第二に徹するほかなかった「半僧半俗」の「ヒジリ」たちだったのか、という問いである。

だが、その重大な問いへの解答という大仕事を、柳田は残念ながら、ここで一時的に中断するほかはなかった。なぜならかれはその問いを抱えたまま新しい任務をえて、日本を離れ太平洋を渡ることになったからである。「俗聖沿革史」の文章は大正十年、牛込矢来町にあった中央仏教社という出版社から刊行された『中央仏教』に連載されていた（一回から五回まで）。ところがたまたま国際連盟委任統治委員として、この年の五月からスイスのジュネーブにおもむくことになったのである。

この時期に、柳田が心のうちに抱えこんでいたであろう親鸞にたいする疑念もしくは違和の気持が、あらためて伝わってくる。その疑念を晴らすためにこそ提出しようとしたのが、それまで誰も手をつけなかった平民的な「ヒジリ史」の構想だったのではないだろうか。日本列島に自生し発展した「固有信仰」の一角を、それによって埋めようとしたのかもしれない。いつのまにか外来宗教（仏教）の藪の中に放りこまれてしまった境遇から、固有信仰の原像をつかみだし、その救出をはかろうとした、ということだろう。

柳田が「毛坊主考」（大正三年）や「俗聖沿革史」（大正十年）を執筆していたのとちょうど同じころ、歴史家の津田左右吉が「文学に現はれたる我が国民思想の研究」という大仕事に着手していたことを思いおこす。そのなかでとりわけさきの親鸞について、まことに個性的な評価を下していたことに私は興味を惹かれる。わが国の文学にあらわれた「国民思想」の全体のなかに親鸞とその思想を位置づけようとしているのであるが、そこに提示される親鸞の姿は、今日のわれわれの目からみれば一種異様な肖像のようにしか映らない。ところがその異様な肖像が不思議なことにさきにのべた柳田国男の見た親鸞像とダブってみえてくるのである。とりあえずその文章を左に示して、ひとまずこの章を閉じることにしよう。

既に親鸞すら彼自身の行為とその世に対する態度とに於いては、厭世主義を論理的究極地にまで押し進めたその思想を裏ぎつて、一つの意味に於いては却つて、人生を肯定することになつてゐるではないか。さうしてその結果、おのづから一種の日本的仏教が作り出されたではないか。彼は畢竟、勢の窮まつて将に変ぜんとする思想の転換期に立つて、その身の明かに旧境地にあるに関せず、早く既にその両脚を新空気の裡に投じたため、脚痕未だ地に着かずして奇怪な跳躍の状を呈したのである。

（『津田左右吉全集』第五、岩波書店、傍点筆者）

「旧境地」と「新空気」の間に投じて「奇怪な跳躍の状を呈した」親鸞は、そのゆえに津田左右吉にとって、わが国の「国民思想」史の上では、一種例外的な存在として位置づけられている。なぜなら「脚痕未だ地に着」かざる思想は、いまだ「国民思想」の地位を約束されるのにふさわしくはないからである。

この親鸞にたいする無愛想な眼差しこそ、もしかすると柳田のもっていたものと同質の眼差しだったのかもしれない。柳田国男と歴史学の一系譜が、わずかに接触することのできた貴重な一瞬だったといえるのではないだろうか。

第四章　折口信夫

承認と拒絶

柳田国男の学問が芽吹きはじめたころ、その仕事の魅力にいち早く気づき、柳田の一挙手一投足をじっと凝視めはじめた若者がいた。

折口信夫、である。

二人のあいだの年齢差は十二歳、干支ひとまわりの差である。柳田の出身地が兵庫県福崎、そして折口の故郷が大阪市浪速区。

やがて二人は、折口側からの投稿という形を通して知り合うことになる。そのとき柳田は折口のただならぬ才能に気づいていたが、ただ折口が書き送ってきた文章の内容については、早くも承認と拒絶という矛盾する感情を抱いていたようだ。

運命的な出会いだったことがわかる。

『遠野物語』が出版されたのが明治四十三年（一九一〇）、柳田国男三十四歳のときだ。折口はやっと二十三歳になったばかりである。折口自身の後年の述懐によると、柳田が『遠野物語』を世に出す以前から「仙人の事」などに興味をもっているらしいことを、よくきかされていたという（「民俗学新講」『折口信夫全集』第十六巻、中公文庫）。

折口の詩集『古代感愛集』（昭和二十二年）には、『遠野物語』という名の一篇の詩がのせられていて、

大正の三とせの冬の
凩のふく日なりけむ――。

と歌いだされている。神田神保町の露店の本屋で古本の『遠野物語』を買ったことが、感激の気持をこめて記された。大正三年（一九一四）のころには、すでにその名を知っていたことがわかる。柳田はその前年の大正二年三月、雑誌『郷土研究』を創刊しているが、それを見た折口は「己の学問の行く所を確認する」ことができたといっている（「自撰年譜」『折口信夫全集』第卅一巻）。

この年、折口はその『郷土研究』に「三郷巷談」を投稿し、ただちに採用され十二月に掲載された。翌大正三年三月、大阪の今宮中学校の教職を辞して上京、あとを追ってやってきた十名ばかりの教え子たちと同宿し、生活に苦しみながらおのれの行くべき新しい道を模索しはじめてい

た。ときに、折口二十七歳。その無鉄砲といいえばいえる若き日の折口の行動は、見方によればそれほどに柳田による衝撃がつよかったことをあらわしているのかもしれない。

それでは、この大正の初年代に柳田はどんな仕事をしていたのだろうか。どのような論考やエッセイを発表していたのか、前章にも詳述しておいたことだが、ここでは折口信夫の登場を迎えるにあたって、すこしさらっておくことにしよう。

明治四十四年から四十五年にかけて、すでに「『イタカ』及び『サンカ』」(一〜三)を書き、大正二年になって「巫女考」や「所謂特殊部落ノ種類」を書きはじめている。そして翌大正三年、「毛坊主考」の連載がはじまる。そのいきさつについては前章でも順を追って明らかにしておいたが、まさにちょうどこのころ折口は柳田が創刊した『郷土研究』に投稿している。さきにあげた「三郷巷談」という文章がそれであるが、それが柳田の目にとまり、ただちに掲載された。

なぜその文章が、柳田の関心と注目を引いたのか。端的にいえばその文章の主題が、折口の住む生活圏に分布する、いわゆる「特殊」な人々の言い伝えの、生々しい客観的な証言だったからだと思われる。執筆者自身による何らの解説も予見もそこには記されてはいない、ありのままの事実の報告だった。さらにいえば、ちょうどそのころ柳田が書き継いでいた「巫女考」や「毛坊主考」そして「所謂特殊部落ノ種類」などの論考の末尾に、たとえば付録としてつけ加えても何らおかしくはない、したがってまた調和を乱すこともないような、そういう民俗事象のたんたんとした記述であり、報告だったといってもいい。

要するにその文章は折口にとっては、やがて犯しがたい師となるはずの柳田国男による承認と受容の文章だったということになる。その意味において、このわずか数頁を埋めるだけの「三郷巷談」という小篇の内容と、とりわけその表現作法は、その後に展開される二人の師弟の関係性の行方を占ううえで、きわめて重要である。

まず、文章のスタイルが冒頭から事項を連結する形をとっていて、そもそも、といった論を立てる行き方などははじめから捨てている。さきに、そこには解説や予見の要素がまったく含まれていないといったのも、そのことに関連するだろう。くり返していえばその折口の文章の主旨は、「所謂特殊部落」にかかわる民俗事象、民俗語彙を採集して、報告するという形をとっているのであって、それ以上でもそれ以下でもない。調査というのもはばかられるような、あまりにも素っ気ない採集の記述、といった方がいい。だが、そうであるからこそというべきかもしれないが、その文章の言葉を一つひとつ追っていくうちに、いつのまにかある種の無気味な緊張感がその行間から立ちのぼってくることに気づく。若者の手になるものとはとても思われない、重苦しい響きがそこからはきこえてくる。

この小篇は、九種類の事実の報告から成っている。一項目が十行を超えるのもあるが、たった一行だけのものもある。しかしその九項目には、慎重に読んでいけばわかるが、起承転結のような筋が通っていないわけではない。けれどもその語り口は、例によってすでに折口流儀の晦渋の衣を身につけている。ここではもうすこしわかりやすい形に整理して、書き直してみよう。ちなみに本文では、九項目のそれぞれは△印によって区分けされているが、そのうち以下の二項目だけ紹介する。

△御霊神社の氏子たちは、自分たちの玉茎（陰茎）が、外の神社の氏子たちとは違って曲がっていると信じている。御霊は蕃神（渡来の神）だから、普通の日本人とは異なった身体的特徴をもつと考えているのかもしれない。同じことが八坂神社の氏子のあいだでも語り伝えられている。ただ故老に聞くと、祇園の氏子は玉茎が曲がっているとはいわずに、小水が曲がって出るといっている云々。

△ぼおた——一種の略奪結婚。浜松歌国の「南水漫遊」に出てくるが、明治の初年まではたしかに行なわれていた。親も合意の上で、略奪にまかせる。その日の夕方になると、女はお化粧をして待つ。男の友だちが駕籠をかついでいって女を乗せ、門を出ると大きな声で、ぼおた〳〵とか け声をかけながら、男の家に嫁御寮を送りとどける。つまり、家計不如意で嫁入り支度のできない場合による風習である。のちに貧民の結婚の一形式となった。水呑百姓の仲間では普通に行なわれていた。「ぼおた」はもちろん、「うば（奪）うた」の「う」が落ちた形。

——以下略——

これらのほか、「ゑった」「夙《シク》」「山番《ヤマバン》・隠坊《ヲンバウ》」などの「特殊部落」にかかわる風習や「賤民」

についての伝承が七項目にわたって簡潔に記述されている（『折口信夫全集』第十五巻、民俗学篇1）。

柳田国男がこの折口の文章を読んで、すぐさま『郷土研究』に採用したいきさつについてはすでにふれた。「巫女考」や「毛坊主考」を書き、さらに「所謂特殊部落」の問題に鍬を入れようとしていた柳田にとって、その折口信夫の報告は、何よりも生きた素材として自分の仕事の延長線上に位置づけることができると考えたのであろう。

そしてそのような柳田国男の反応の仕方を、折口の方でもある程度予想していたのではないだろうか。折口はその文章を柳田の目にふれさせようと心を砕き、じつは私はあなたの忠実な信奉者なのです、と告白するような気分だったのではないだろうか。その若い学徒の熱い情熱に、柳田は間髪を入れず答えてみせたのだったと思う。

それが、柳田と折口のあいだに結ばれた、師弟の最初の出会いだった。だが、この師弟の関係は、やがてこのあとにのべるようにちょっとした暗礁にのりあげる。そしてその暗礁はしだいに二人のあいだで乗り越えがたいものになっていく。そのくわしい内実についてはおいおい考えていくつもりであるが、さしあたりいっておくと、折口信夫にはもう一つ、柳田の手によってはじめられようとしている新しい学問にたいして、どうしてもいわずにはおれない問題意識を抱えこむようになっていたということがある。そこに折口信夫の野心が鎌首をもたげている。しかしその野心の矛先がやがて柳田の逆鱗にふれる。

二人のあいだに横たわる暗礁とは、いったい何だったのか。柳田の逆鱗にふれたのはいったいどうしてなのか。それが根本のところでは『遠野物語』の世界をどう理解するのかという問題とも深くかかわっていたのだと私は思う。おそらく柳田の学問と折口の学問の違いにそれが根ざしていたからだった。その光景を展望するために、ここではさしあたり二つの物語を紹介することにしよう。二つの物語とは、かれら二人がそれぞれに自信をもって書いた論考によってくりひろげられる二つの物語、という意味である。

折口の「乞食者」論

大正十三年になって、折口信夫は「巡遊伶人の生活」という文章を書いた。『万葉集』にうたわれている「乞食者(ホカヒビト)」のテーマに着目し、いってみればその「乞食」の祖型を極東の辻音楽師(巡遊伶人)になぞらえて明らかにしようとする論文である。

この大正十三年という時点は、柳田国男が「巫女考」や「毛坊主考」や、そして「所謂特殊部落」についての論考をつみ重ね、いわばそのしめくくりとして構想した「俗聖沿革史」(大正十年)を執筆した三年後のことであり、さらにいえば柳田が、想を新たにして『山の人生』の各篇の連載をはじめる直前にあたる。折口信夫の脳裡に浮んでいた「巡遊伶人」の原像が、柳田のいう「巫女」や「毛坊主」などの生活者の残像をも視野に入れるものだったことが想像される。「巡遊伶人の生活」という論文はかれの「国文学の発生(第二稿)」のなかに収められているが、このテーマはその後も折口の胸底で発酵しつづけ、昭和三年（一九二八）に慶應大学で開講された「芸能史」の講義のなかで全面的に展開されることになる内容だった。このときの講義は、折口の死後、門人たちの手によって『日本芸能史ノート』として刊行されたが、われわれはその第二章「山の神の芸能」においてかれの「ホカヒビト」論に対面することになる。「乞食」という民俗的・宗教的テーマが、折口によってはじめて国文学の回路に流しこまれ、やがて芸能史の領域へと押しひろげられていったのである。

一般に「ホカヒ」が「乞食」と結びつけられ、「ホカヒビト」が「旅芸人」や「門づけ芸者」と同義とされるのは平安中期以後のことであるが、しかし「ホカヒ」とは本来「祝福すること」、すなわち長寿や豊穣をことほぐ寿歌《ほぎうた》や寿詞《よごと》を意味した。こうして、そのような寿詞を唱えて歩く職能者を「ホカヒビト」といったのである。『万葉集』巻第十六におさめられている「乞食者《ホカヒビト》の詠《うた》二首」も、まさにそういう意味での寿歌であったのだ、と折口はいう（以下、『折口信夫全集』第一巻、古代研究〈国文学篇〉）。

かれによると、この『万葉集』の二首歌は、最初のが、鹿による人間への奉仕をことほぐ寿歌であり、山の幸を象徴する歌である。それにたいして後者は、蟹による人間への奉仕をことほぐ寿歌であり、海の幸を象徴する歌であった。かつて山の幸や海の幸による祝福をうたい歩く「乞食者」がいたのであり、そこにこそ「巡遊伶人」の原初の生活があったと折口は推理した。ここでは、第一首目の「山の幸」をうたった歌をとりあげ折口の解釈を紹介してみることにしよう。

愛子《いとこ》　吾背《なせ》の君　居《を》り居りて　物にい行くとは　韓国《からくに》の　虎とふ神を生取《いけど》りに　八頭《やつと》取り持ち来《き》その皮を　畳に刺《さ》し　八重畳　平群《へぐり》の山に　四月《うづき》と　五月《さつき》との間に　薬猟《くすりがり》　仕ふる時に　あしひきの　この片山に　二つ立つ　櫟《いちひ》が本に梓弓《あづさゆみ》　八《や》つ手挟《たばさ》み　ひめ鏑《かぶら》　八つ手挟み　鹿《しし》待つと　わが居る時に　さを鹿の　来立ち嘆かく　頓《たちまち》に　われは死ぬべし　大君に　われは仕へむ　わが角は　御《み》笠《かさ》のはやし　わが耳は　御《み》墨《すみ》の坩《つぼ》　わが目らは　真《ま》澄《すみ》の鏡　わが爪は　御《み》弓《ゆみ》の弓《ゆ》弭《はず》　わが毛らは　御筆《みふみて》はやし　わが皮は　御箱の皮に　わが肉《しし》は　御鱠《みなます》はやし　わが肝も　御鱠はやし　わが胘《みげ》は　御塩のはやし　耆《お》いたる奴《やつこ》　わが身一つに　七重花咲く　八重花咲くと　申し賞《はや》さね　申し賞さね

右の歌一首は、鹿の為に痛《いたみ》を述べて作れり。

折口によれば、この歌には二人の人物が登場するという。一人は猟師の役を演ずる者で、その猟師は韓国の虎を生捕りにするほどの勇者である。それが大和の平群で、四月と五月のあいだに薬猟りをおこなう。薬猟りというのは鹿の若角を切り落してとるための猟のことであるが、猟師は櫟の木の根元に身を隠し、弓に鏑矢をあてて、鹿がでてくるのをいまや遅しと待ちかまえている。

そこへ、もう一人の者が演ずる牡鹿がでてきて、次のようにいう。わたしはあなたのために、いつでも死ぬつもりです。どうかわたしの角は笠をつくる材料にして下さい。わたしの耳は墨壺に、眼は鏡に、そして爪は弓弭の材料に使って下さい。わたしの毛は筆に、皮は箱の皮に、そしてわたしの肉や肝は鱠にして食べて下さい。胃は塩辛にできますよ。この老いぼれたわたしが、身を捨ててあなた方のために七重八重の花を咲かせることができれば大変嬉しいのです。そういうわたしを、どうか誉めてやって下さい。……

右の歌を文字通りに読めば、二人の人間が猟師と鹿を演ずるようにはなっていないが、しかし歌の流れは人間と鹿によるドラマ仕立てになっている。人間と鹿のかけ合いを歌の形にしたものといっていいだろう。最後のところに、「右の歌一首は、鹿の為に痛を述べて作れり」とあるけれども、それは表の意味であって、じつは鹿が人間に奉仕することをことほぐ寿歌だったのではないか、と折口は推定している。その祝言の儀礼的な所作を二人の人間が演じているのであって、「乞食者」（ホカヒビト）というのもその二人の演者のことをいっている。それが折口のいう「巡遊伶人」の原型であった。山の幸や海の幸を人間の幸福のために差し出すことを約束する祝福芸が、そのようにして成立することになったのである。

ところがこの巡遊伶人の系譜は、奈良時代にいたって神社に奉仕する神人、まじないの治療をつかさどる呪禁師《じゆごんし》、あるいは諸種の芸人、などへと分化をとげる。のみならず、聖武天皇のころには、托鉢生活によって遊行する行基集団が形成されたが、それらの得度しない道心者たちの階級もさきにのべた乞食者《ホカヒビト》の後裔にほかならなかった。そしてこれらの古代的な巡遊伶人や乞食者《ホカヒビト》の一群こそ後世の演劇や演芸を発達せしめる唯一の原動力だったのだ、と折口は主張するのである。

中世以降、この「ホカヒビト」は、業病を象徴する乞丐（かたい）と結びつき、またらい病やらい病の乞食を意味する物吉《ものよし》に接合され、いわゆる近世風の「乞食」概念に零落していく途をたどった。しかしながらそのことよりも折口がつよくひきつけられた論点は、この乞食者《ホカヒビト》が古くは、土地の精霊を代表する「山の神」と一体のものと表象されていたということだった。すなわち「ホカヒビト」は山の神の資格で寿詞を語り歩き、山の神の芸能と信仰を各地に宣伝して歩く漂泊の専門職能者であったという。

折口のいう山の神の観念の背後には、いうまでもなく「まれびと」の面影が揺曳していた。かれのいう「まれびと」は、常世の国から訪れる遊行漂泊の文化英雄《カルチャー・ヒーロー》であり、定着農耕民に祝福と繁栄をもたらす異世界からの来訪者（神）であった。その意味において折口の「乞食者《ホカヒビト》」論は、遠くわが国の神話世界にまで想像の翼をのばすことで、いわば宗教史と芸能史の交わる接点を浮き彫りにするものだった。

雑誌の掲載拒否

ところがこの折口信夫の観点を、柳田国男は最初から認めることがなかったのである。折口の学問の核心ともいうべき「まれびと」の論、すなわちここでの文脈でいえば乞食者＝まれびとの問題提起を拒否して譲ることがなかったということだ。そしてその二人の対立が、戦後の柳田の晩年までつづく。

それを象徴するような事件が、両者の出会いのきわめて早い段階ですでに発生していたことにあらためて注目しなければならないだろう。その事件とは、折口の最初の「まれびと」論である「常世及び『まれびと』」という文章が、当の柳田によって雑誌『民族』への掲載を拒否されたことにかかわる。その柳田による拒否の姿勢は、いまふれたように終生変ることがなかった。ところが折口にしてみれば、そのような柳田の拒否の態度をそのまま受け入れるわけにいかなかったことはいうまでもない。師・柳田にたいする恭順の態度はそのまま温存しつつも、自説を引っこめることなど思いもよらぬことだったからだ。その後、その師と弟子のあいだの確執は、いったいどのように進行していったのか。

折口の、その最初の「まれびと」論が書かれたのは大正十四年ごろとみられているが、それは昭和四年一月になって、とくに岡正雄のはからいによって『民族』第四巻第二号に掲載されることになった。そのころ柳田はこの雑誌への直接のかかわりをもたなくなっていたからだった。その上さらに、奇しくも同じ時期になるが、こんどは折口自身の著作『古代研究　国文学篇』の編集がすすめられており、それが同四年四月に刊行される。そのとき折口は問題の自作論文「常世及び『まれびと』」を「国文学の発生（第三稿）――まれびとの意義」と改題して、この自著の巻頭に据えたのである。

折口は、柳田国男に逆らってまで自著を出版することに、内心忸怩たるものがあったにちがいない。そのためいま刊行しようとしている『古代研究』は、「柳田国男先生に献るのが、順道」であるのだがと、その「追ひ書き」のなかでことわりつつ、しかし結局は柳田に捧げることは避け、叔母のえい子刀自に捧げているのである（西村亨「柳田国男と折口信夫——まれびと論研究の序に代えて」、慶應義塾大学国文学研究会編『折口信夫まれびと論研究——折口信夫没後三十年記念出版1』、桜楓社所収）。

柳田国男はいったいどうして、折口信夫の「まれびと」論を承認しなかったのか。両者の学問の違いということはもちろん、二人の人間的資質の違いまでがそこに濃厚に反映しているであろうことを予想させるのであるが、ここではもう一度、その折口の「まれびと」論の芯にある考え方をさらっておくことにしよう。むろん何よりも、折口自身による「定義」に耳を傾けることからはじめなければならない。さきにふれた問題の論文「国文学の発生（第三稿）——まれびとの意義」の冒頭に、その定義らしきものが姿をあらわす。

まれと言ふ語の溯れる限りの古い意義に於て、最少の度数の出現又は訪問を示すものであつた事は言はれる。ひとと言ふ語も、人間の意味に固定する前は、神及び継承者の義があつたらしい。其側から見れば、まれひとは来訪する神と言ふことになる。ひとに就て今一段推測し易い考へは、人にして神なるものを表すことがあつたとするのである。人の扮した神なるが故にひとと称したとするのである。

（『折口信夫全集』第一巻、古代研究〈国文学篇〉）

ところが、さきにもふれたように柳田国男は、この折口による「まれびと」の定義を真っ向から否定するのである。かりにまれびとという言葉遣いを認めるとしても、それを「来訪する神」と考える折口の立脚地をけっして承認することはなかった。なぜなら柳田は、折口のいう「まれびと」ないしは「カミ」のことを、来訪する神とはついに考えることがなかったからである。それらの「カミ」や「ヒト」はすべて柳田にあっては「先祖」であり、「祖霊」のヴァリエーションだったからである。やがてそのような考え方の全貌は、かれの晩年の作品『先祖の話』のなかで明らかにされることになる。

ここでとくにあらたな興味が生ずるのは、その折口の自信作である「国文学の発生」（第三稿）を収める『古代研究』のなかに、さきに紹介した論文「巡遊伶人の生活」が載せられていたということだ。ちなみにこれは、同じ主題の下に執筆されていた「国文学の発生」（第二稿）のなかに組みこまれ、そこにきちんと収められている（『折口信夫全集』第一巻）。

さて、事情がそういうことであったとすれば、当然のことながら、柳田国男は、その折口の論文をますます無視する態度に出るほかはなかったであろう。「まれびと」の論についてはもちろんのこと、かれの「巡遊伶人の生活」についても、一言半句口をさしはさむことはなかった。いや、口をはさむまいと思っていたにちがいない。

モノモラヒの話

それならかれは、折口があらたに提出した「乞食者《ホカヒビト》」の議論についても、同じように単純な無視の態度に出たのであろうか。『万葉集』にうたわれている「乞食」の世界に、そのまま無関心を装うことがはたしてできたのであろうか。おそらくそうではなかったのではないかと、私は思う。無関心を装うどころか、「乞食」のテーマはいつのまにか柳田の心中に食い入り、すこしずつ発酵しつづけていた気配があるからだ。たとえそれと口に出さなくとも、「乞食」「乞食者」の問題は、いずれ自分にとっても解き明かさなければならないテーマであると考えるようになったにちがいない。それはもしかすると年来とりくんでいた「巫女」や「毛坊主」、そして「賤民」や「俗聖」の課題とも切っても切れない重要課題となる、と考えるようになったのではないだろうか。そのかれの思いは、おそらく折口信夫の掲げる「巡遊伶人」のイメージとつかず離れずの関係を保ちつつ、むしろその「まれびと」の論と重層させ、もつれ合うような形で発酵しつづけていたように私には思われるからである。

やがて、柳田の思索の片鱗が外部に露頭し、ほとばしる。

昭和十年になってかれはようやくその重い腰を上げた。すくなくとも私の目にはそのように映る。この年、柳田国男は「モノモラヒの話」という控え目なタイトルの文章をさり気なく書きあげて、発表した。

これはのちに『食物と心臓』（創元社、昭和十五年）に収められたが、「モノモラヒ」という民俗語彙の用例、起源、意味を、例によって軽妙な語り口で簡潔に説き明かした文章であった。一般に「モノモラヒ」という言葉には、どのような種類の辞書をみてもわかるように、瞼にできる腫れもの、および家々の門戸に立つ物乞い、という二重の意味が含まれている。眼病と乞食行為、ということであるが、この二つの用法のあいだには関係があるのかないのか、あるとしてそれはどのような関係であるのか、というのが柳田国男の疑問の出発点であった。

柳田は、はじめから狙いを定めていたと思う。「乞食」もしくは「乞食者」の問題を解こうとしてひそかに周到な準備を重ねていたにちがいないからである。むろん照準を定めた狙いの向う側に折口信夫の存在が揺曳していたはずだ。「巡遊伶人の生活」という、問題意識にみちみちた野心的な論文がはるかにみえていたはずである。その文章が発表されたときから数えて、もう十年が経っている。

だが、もちろん柳田はそのことはおくびにも出さない。一切口を噤んでいた。折口の「ホカヒビト」論を、あたかもそれがかつて存在しなかったといわんばかりに完全に無視している。主題がまさに「乞食」そのものであるというのに、折口の野心的な先行論文については知らぬ顔の半兵衛をきめこんでいる。

まずは、その柳田の議論のあとを追ってみることにしよう。

瞼にできる腫れもの、すなわち眼疣《めいぼ》のことを標準的にはモノモラヒというけれども、しかしそのほか土地によってはいろんな風に表現している。たとえばメモラヒ（能登）、メボ（播州）、メボシ（東北）、メイカゴ（茨城）、メバチコ（関西）、ノメ（奥州）などの語彙が知られているからだ。ここではその個々の用例にふれている余裕はないが、それらのなかで柳田がとくに目をつけたのが「ホイト」（乞食）と「マロウト」（客人）の二つの民俗語彙だった。ホイトの用法はほぼ日本全国に及ぶのにたいして、マロウトは岡山地方など局地的に分布しているが、この二種の民俗語彙が柳田の「モノモラヒ」論を方向づける切り札になっている点は興味ぶかく、重要な点である。その要点をあげてみる。

まず第一に、モノモラヒ（眼病）の病を治す手段として、人の家の物を貰って食べる習慣があった。貰い物はふつうお茶や握飯、あるいは米や麦の粉や餅などであった。たとえば岐阜県東部では、近所の家のお茶を貰って飲むと治るのだという。長野県（諏訪、更級郡）では、他人の家に行き、障子の穴から手をさし入れて、握飯を貰って食べるとメコジキ（眼病）が治ると伝える。長崎郊外の漁村では、三夫婦がそろった家の仏さんの飯を貰って食べるのを一つのまじないにしている。秋田県雄勝郡では、ホエドを治すには三軒から物を貰うとよいという。

以上の事例からもわかるように、そこから眼疣はモノモラヒと呼ばれるようになった。まさに

「ホイト」として貰い歩く行為に、その用法の起源が求められたのである。物を貰い歩く方法には、右にふれたように三軒の家から貰うというのを含めていくつかのヴァリエーションがみられるが、七軒の家を巡って物を貰うという事例が比較的多い。「七軒乞食」という用法がある所以であるが（相州津久井地方、信州諏訪）、また貰ったものを乞食に施すとそれが治る、といった事例ものこされている。

第二は、物を貰う行為に対応して、そこには本来、物を分け与える行為がともなっていたであろうとする点である。それというのも分け与える者の側からすれば、物貰いにやってくる人間はたんなる「ホイト」（乞食）ではなくて、「マロウト」（客人）の性格を帯びているからである。その背後には、平生食物をともにしない人々といっしょに何かを食うことを通して、治病や家内安全などの効果をえようとする観念がよこたわっていた。つまりホイトはマロウトとして歓待され、ハレの宴につらなった、そういう親和な関係がかつてはあったのだ、という（『柳田國男全集』10、筑摩書房）。

柳田はこうして、ホイトがマロウトとして遇される類似の習俗をいくつも慎重に積み重ねていった。そしてそのような人々を「モラヒビト」とか、信心の「もらひ人」といっているのであるが、それが折口のいう古代的な「乞食（ほかひ人）」の後世の新たな発展であったと主張しているように、私の目には映る。とにかく彼は、乞食の社会的機能の重要性に注意を喚起しているのであり、その芸能史的側面については沈黙している。すなわち、前代の「乞食原理」は共同体のたんなる「飢餓対策」などではなかった。親子、兄弟、主従、眷属が、ホイト（乞食）とともに一つ鍋の物を食って家々の幸福を祈ったのであり、モノモラヒの側からすれば、「モラヒの生活」をつづけることが、すなわち「信心の業」であった。西国三十三番巡りという行脚の精進も四国の八十八札所巡りという宗教行為も、すべてこのような「乞食原理」に発するものであったとしたのである。

　柳田が折口の文章から十年の歳月をへだてて「モノモラヒの話」を書いた理由が、以上記したことからみえてくるだろう。十年の時間の発酵をへて、たしかな証拠をそろえて自説を展開した意図もまた明白である。折口のいう「巡遊伶人の生活」に「モラヒの生活」を対置し、その生活の中身を社会的な環境とともに提示しようとしている。そしてその議論の背後に隠されていたポイントが、折口のいう「ホカヒビト」の宗教・芸能史的な世界にたいして、「モノモラヒ」の社会的機能とその真実の姿を明らかにしてみせることだったのだと思う。

　しかしながら、柳田国男が西国三十三番巡りや四国八十八札所巡りにみられる遊行や行脚、いってみればそのような宗教的行為の世界の扉を叩くのは、せいぜいそこまでのことだった。その「信心の業」や「乞食原理」の扉を開けて、さらにその内側の世界に踏みこむことをかれはみずからに禁じていたからである。柳田はたしかに「民俗」の側から出発して「宗教」の世界に近づいたけれども、しかしその世界の所在を外側から指し示す理性の人にとどまったといっていいであろう。その眼差しには、折口のいうような「ホカヒビト」の内面へのつよい関心が宿ることはなかった。そしてそこに、折口の世界観の立脚点ともいうべき「マレビト」の存在可能性にたいする頑固なまでの拒否の感情がわだかまっていたのではないだろうか。

以上のべてきたことからわかるように、柳田国男はたしかに民俗の採集に情熱をかたむけた旅のフォークロリストであったが、しかしけっして乞食の旅人ではなかった。あえていえばその旅はホカヒビトの旅でもなかった。かれは旅の歴史や人生に深い理解を示したが、しかしどちらかというと旅の形態や変遷の方により多くの関心を寄せる、冷静な観察者であった。柳田がこのように「ホイト」の社会的な意義や機能をするどく洞察したことは、やはり認めないわけにはいかない。だが、「ホイト」の祖型に立ちもどってその心意の奥深い叢には入ろうとしなかった。モノモラヒの現象的な分析に他の追随をゆるさぬ手腕はみせたけれども、ホカヒビト（乞食者）の多面的な人間像を再構成することには消極的であった。そして、そのような柳田の視界から見落とされた「乞食」像に、柳田の研究よりも早い時期に気づき、その奥深い世界に新鮮な照明を与えたのが、ほかならぬ折口信夫だったということになる。

菅江真澄の歩き方

さて、柳田にとっては学問上の鬼子というほかはなかった折口信夫もまた、ひとりの孤独な旅人であった。旅のなかで民俗を考え、歌を作り、そして人間の宿命に想いをはせるタイプの人間だった。かれは青年期に熊野山中をさ迷って、危く生命を落とそうとした経験をもっている。のちに民俗学者として一家をなしてからも、たとえば信州新野の雪祭りを探訪したときのように、苦しくつらい体験に身をまかせている。もちろんその折口とても、本質的には旅のフォークロリストであったにはちがいない。けれどもかれは、その旅への没入の密度において明らかに柳田とは生き方を異にしていた。柳田の旅はいってみればすみずみまで計算された巡村調査の旅だったからである。それとくらべるとき折口のそれはそれぞれの地域の山の神や地霊と対話を交わす類の、憑かれたような巡村行脚の型に属するものだったといっていい。

とするならば、折口の視線が柳田のそれよりもはるかにするどく乞食の系譜とその境涯にそそがれていたとしても不思議ではないだろう。柳田の議論がモノモラヒ―ホイトの民俗的起源を追って、ついに中世以前にはさかのぼらなかったのにたいして、折口の想像と直観の翼がカタヰ(乞丐)の系譜をたどって古代世界の彼方にまで飛翔していったのも、まさにそのためである。すなわち「カタヰ」の古代的な祖型を「ホカヒビト」に求め、そこに独自の芸能者像(巡遊伶人)を浮かびあがらせようとしたのだった。

旅と「乞食」の問題について、もうすこしこだわって考えてみることにしよう。

古い時代――ということは探検家や調査者といった人種が発生する以前のことであるが、そのころ諸国の民俗に実際に肌でふれ、その豊かな情報に通じていたのは、旅から旅への生活を送る聖《ひじり》たちや上人たちであった。たとえば古く空也や一遍がそうであり、降っては円空や木喰がそうだった。旅の境涯にあえてこだわらずにいえば、これに芭蕉や良寛のような人間を加えてもいいだろう。遊行漂泊のうちににじみでてくる宗教の境涯は、土着と沈澱をくり返す民俗の世界ときびすを接し、そこに一種の親和な隣接領域が形成されていたのだ。

そのような隣接領域ですぐれた仕事をした一人に、たとえば近世末期の菅江真澄がいる。かれの旅は、かつての聖たちや芭蕉などのそれとはかなり趣きを異にしていた。というのもかれは、はてしなくつづく旅のなかで生涯を送ったが、しかし宗教の境涯とは無縁に生き抜いた人間だったからである。

菅江真澄は行くさきざきで、人事や風土や習慣を周到、微細に書きとめていく。それだけではない。絵を描き、歌を詠み、薬を作り、そして行きずりの病人を治療したりしながら民俗を採集していった。その意味でかれは宗教を第一義的に生きようとした人間ではなかった。むしろ民俗宗教の現象を忠実に記述しようとする観察者、であったといっていい。

そして、この菅江真澄を民俗学の先達としてたたえ、かれがのこした厖大な日記を民俗誌の労作として高く評価したのが柳田国男だった。その意味でこの二人の人間の出会いは運命的なものであったといえるが、「巫女考」や「毛坊主考」にみられるように柳田国男は、歴史の日蔭や裏街道に見え隠れする一群の遊行僧や漂泊者の生活を執拗に追跡しようとする人間であった。かれもまた旅を愛し、旅のなかにあって民俗の物深い意味を発見しようとする民俗学者であった。

身寄りのない旅人にとって、年の暮はわびしい想いをかみしめるときである。あわただしい師走のさざめきのなかで、余所者に意をとめる者はいない。寒い東北の冬、年の瀬にポツンと一人っきり囲炉裏端に坐っている菅江真澄のさびし気な姿を、柳田国男は『雪国の春』のなかに書きとめている。

雪国の春はもの珍しい正月風俗に彩られているが、菅江真澄の筆によって生き生きと蘇るそれらの情景に、柳田は心からの共感を寄せている。はげしい労働から祭りの季節へ、華やいだ祭りから忍従の冬籠りへ、という風に展開される北国の生活のリズムに、菅江真澄のからだはしだいに慣れ親しんでいったのであろう。

私が驚くのは、かれの疲れをしらぬ頑丈な脚である。かれはいろいろな歩き方をしている。わき目もふらず、さっさと歩いているときがある。比較的若いときの歩き方である。由緒ある寺社や古蹟を訪れるとき、かれは友人を訪ね、その家の客分となり、歌を詠み、そして最後は送別の宴をあとにして、ゆっくり歩いていく。中尊寺や松島を行くときの歩き方である。歌を詠み、土地の習俗を書きとめていくだけではない。絵筆をにぎって、目に新鮮にふれるものを描いていく。ゆっくりした足どり、重心の低い腰をのせた脚がそこにはあり、大地をふみしめるように行く草履ばきの足音までがきこえてくるようだ。

菅江真澄は天明八年（一七八八）の夏に、津軽海峡の西端を渡って松前に着岸した。三十五歳のときのことであり、そこははじめての蝦夷地だった。この地でも知人の紹介をたよりに歌を詠み、それが縁で松前藩の藩公の恩顧をうけ、藩内南部の西海岸と東海岸の旅に出ることができた。

凍りつくような風を頬にあて、はげしく吹雪く鉛色の空の下をかれは歩いていく。刺し子の着物を幾重にも身にまきつけ、かんじきを履いていたであろうか。こういうときの同行者は、きまって回国修行のために行脚している山伏や修験者たちだった。山林の抖擻《とそう》できたえあげた行者の足腰の動きにしたがって、かれは大地にねばりつくような足を運んでいく。

寛政九年（一七九七）、津軽に入っていた真澄は藩校の薬物掛となった。ときに四十四歳。この年から、南津軽郡の深山や津軽半島の山村を採薬しながら歩く。かれには医術の心得があり、薬草についての知識があった。それが、かれの旅を経済的にも助けることになったのである。

かれの足腰の動きに注意をむけて『真澄遊覧記』を読んでいくと、その独特の歩き方といったものに気づかされる。旅をするかれの歩き方のうちには、感傷的な味わいといったものが微塵もみられない。他国の人間や風景にたいして、過度な期待を抱かないし、さびし気に悲観したり孤独になったりもしない。目に見えるもの、そこにあるものを、そのままに受け入れ、ただ自然に呼吸をしながら歩いていくだけである。かれの文章はいつも激することがなく平静であり、そしてその分だけ平板で退屈である。

『真澄遊覧記』には、はじめての風土や人事にふれて詠まれた歌がうるさいくらいに出てくるが、そのいずれも情感に乏しく、読む者の心に訴えてくる強さもリズムもない。いってみれば、述志といったような要素が皆無なのだ。胸のうちに噴きあげてくるはげしい想いを、一気に放出するといったことがない。そこが、たとえばかれより一世紀ほど以前に「奥の細道」を歩いた芭蕉との大きな違いである。旅の詩人だった芭蕉と旅のフォークロリストだった菅江真澄との違いである。詩人の旅はいつも心身の不調和を道づれにし、不確かな緊張感にみたされているが、そのような旅の仕方はけっして長つづきするものではないだろう。それにたいして菅江真澄の場合は、歩き出すと年を越え、いつしかそれが何年にもなり、ついに半生を旅に送ってしまう、という行き方だった。そのような人間にとって、歩くということは、不断に呼吸しそれにもとづいて生活するということとほとんど同義であった。

柳田国男はさきにもいったようにこの菅江真澄を民俗学の先達としてとらえ、その『真澄遊覧記』を民俗誌の労作として高く評価した。私はかれの炯眼に脱帽し、真澄にかれが深く心を動かされていることに感銘するのであるが、しかし柳田国男自身の歩き方は、菅江真澄のそれとはまったく異なり、はじめから計算しつくされた歩き方だった。だから柳田は、真澄がそうであったようには旅のフォークロリストではなかったというほかはない。行くさきざきで絵を描き、歌を詠み、薬を作り、行きずりの病人を治療したりしながら民俗を採集していくやり方が、すくなくとも「民俗学」という生きた学問の本来の姿である、とかれが信じていたことはおそらく疑いがないであろう。かれは同じそのような旅の仕方を、真澄の場合とはまったく一変した社会的状況のなかでやろうとしたからだ。けれどもその柳田国男は、さきにのべたような菅江真澄の歩き方だけはどうしても真似することができなかったのではないか、と私は思う。

結局、いわゆる民俗探訪の旅には、短期的な巡村調査の積み重ねによって形成されるものと、長期的な行脚の生活によって生みおとされるものの二つがあると思う。その二つの旅にはいくら外見上に似ているところがあったとしても、そこに由来するであろう民俗学の内容とか性格にはおのずからなる相違が見出されるのではないであろうか。柳田国男は前者の型に属し、菅江真澄は後者の型に入るが、かれらは歩き方の効用や意味については異なった認識をもっていたように思われる。長期にわたる円環的な歩き方と、短期的にしめくくられる往復的な歩き方というように類別することができるが、ともかくも歩くという行為にこだわっていえば、菅江真澄と柳田国男はまったく資質の異なったフォークロリストであったというほかはない。

　私は柳田国男が描いているような、旅にあってときにさびし気で孤独な風情をたたえる菅江真澄の姿が好きであるが、しかし菅江真澄自身は、それほどにさびしくもなく、また孤独でもなかったのかもしれない。

　さて、旅といえばロマンの香りや感傷のひびきがともなうのを避けることができないが、しかし旅の真骨頂は何といっても乞食の境涯にこそあるだろう。そしてこの乞食の境涯をつきつめていくと、そこからはいつしかロマンの香りや感傷のひびきが消え失せていく。それを行脚僧や修行僧の覚悟に託して「乞食《こつじき》」と呼ぼうと、あるいは河原者や門付け芸人の心事に託して「乞食《こじき》」と呼ぼうと、そこにロマンや感傷の宿る余地はまったくないのである。

折口の乞食願望

折口信夫の旅は、どうだったのか。柳田国男の心臓部に鋭い直観の刃をつきつけていた折口は、いったいどのような旅のなかでその着想をえたのか。柳田の場合と対比するためにも、そのことにふれておかなければならない。

ふと思う、近代の詩人のなかで釈迢空・折口信夫ほど遍歴する乞食の姿に親愛と共感の情を示した人間はいなかったのではないか、と。かれはたんに乞食に親愛の情を示しただけではなかった。それどころか、わが身を乞食にやつす幻想のなかで、ひそかに心を昂らせるようなところがあったのである。それはもしかすると、若き日に書いた「三郷巷談」ともつながりのある心情だったのかもしれない。

第二次世界大戦中、かれは中国の蘇州に遊んだが、そのときつぎのような歌をつくっている。

乞食《コツジキ》の充ち来る町を歩き行き
　乞食の屁の音を聞くはや

街を行く乞食に出会い、その乞食が発した屁の音をきいて、それを心に留める。かれのからだと乞食のからだが、その音によって一直線につながった。このときの折口の顔にはたして苦笑の影が浮んでいたかどうかはわからないが、ともかくもその情景はかれの胸部の奥深くにたしかに響いたのである。この歌は、昭和十七年九月に日本評論社から発行された歌集『天地に宣る』のなかにおさめられている。

　戦争は、知られているように折口の手から愛する養嗣子、折口（藤井）春洋を奪った。昭和二十年三月、硫黄島守備隊が玉砕して春洋は戦死したが、そのころ折口の最初の詩集『古代感愛集』が成った。この詩集は戦後の二十二年になって、その後の作品をも加えて青磁社から公刊されるが、その増補分のなかに「乞丐相《コツガイサウ》」なる一篇がおさめられていた。国が敗れ、子の春洋が奪われ、そして「神やぶれたまふ」とうたっていたころのことだ。それはみずからに語りかけるような、長歌仕立ての長詩で書きつがれ、最後のおさえに短歌三首が並べられている。

　かつての幼き日、兄たちにその顔を嘲られた記憶が蘇る。薄い眉、垂れたまなじり、低い鼻すじ、そして張ったアゴと薄い受け唇《クチ》……。秀麗な父と端正な母に比して、われの「かくばかり何ぞ　卑しき――」と歎く。兄や姉もまた、その貌よき父母の血統につらなり、こぞってさげすみの視線を隠さないではないか。

うち顰《ヒソ》屈み悲しむ我の、
わが歎く顔を　をかしと、

其《そ》よそれぞ　乞丐《カタヰ》の相《サウ》と
兄たちの　あざみ笑ひし
そのかみも　遠くなりつゝ――、
乞食者《ホカヒゞト》の群れにも入らず
さきはひは　いまだ残りぬ。

自分の容貌への執拗なこだわりが、その額部にはりついていたアザにあったことを指摘する人もいるが、しかしそれ以上に、自己を流離の人に擬そうとする衝迫から、「アザ」を一種のスティグマとして肥大させていったのであろう。そう考えれば、ここにいう薄き眉も平らな鼻すじも、みんなそのあとにつづく「乞丐相」のテーマを導きだすための、かりそめの道具立てであるにすぎないことがみえてくる。事実かれは、「乞食者の群れ」に入ろうとして入りえない自分のつたなさを叙して、こう歌いついでいく。

いにしへの祝言者《ホカヒ》の如く
　国々を　流離《ウカ》れも行かず、
近き世の乞食《コジキ》さびして
漂泊《サスラヒ》の門には立たず、

寿《よ》きことばをもち運ぶ古代の「巡遊伶人」にもならず、戸口から戸口へとさすらう近世の乞食のまねごともできない——、そういう自分を悲傷し、やがて愛する子・春洋をいくさの庭に喪ったことが回想され、返す刃で「我や　明日《アス》　乞食《コツジキ》せむか」といい、ふたたび「乞食」の宿世へとのめりこむような激情を重ねて、この一篇は終結に向かっていく。

雲降《クダ》る磧のふしど——
梢鳴るみ山の小牀《ヲドコ》——
波しぶく磯の巌がね——
犬の子の鳴きよる軒端《バ》——
さめつゝも　夜毎　わが居む。
いにしへの　辺土《ヘンド》順礼
旅行きて旅に果てけむ
しづかなる心を　もりて
我が世は　をへむ

ここに、山野を臥床とし、風雲を友としようとする感傷が宿っていないわけではない。いかに折口といえども、いかに呪うような寂しさの奥底をのぞきこもうとした折口といえども、愛する者を喪い荒廃した国土を目前にしたとき、いつしか絶望のナルシシズムに傾いたとしても、それは非難するにはあたらない。「ホカヒビト」の世界にも同化できず、「乞食さび」ることもできない、と一度はつぶやいてはみても、終いは辺土順礼に託して、旅のなかで旅に果てようと歌いきろうとするほかはなかった。その長歌ならぬ長詩は、上下に波打つような蠕動をくり返しつつ、はるか彼方の岸辺にしぶきをあげて砕け散っている。

その「乞丐相」こそは、折口の浮いたり沈んだりする幾転変の相を一瞬にして写しだす心の鏡であった。それはあの室生犀星が「うらぶれて異土の乞食《かたゐ》となるとても」（『抒情小曲集』）と歌った感傷とは、はるかに位相を異にする心の風景であったといっていいだろう。

折口信夫はおそらく、古代の「ホカヒビト」と自分を同一化させたかったのである。あえていえば、かれの乞食願望はその古代願望ときびすを接していたと思う。というのも「古代」はかれにとってたんに遠い過去の出来事ではなかったからである。それはかれの心をいつでもたぎらせるイメージの溶鉱炉でもあったのだ。そのイメージの溶鉱炉のなかで、かれのいう「ホカヒビト」がほとんど「神」と同義の響きをもつ言葉になっていた。それは異界から異界へと漂泊して歩く来訪神であり、呪言と祝禱をたずさえてさまよう異人であったといっていい。折口が「我や明日　乞食せむか」というとき、そしてまた「いにしへの　辺土順礼　旅行きて旅に果てけむ」というとき、その「乞食」や「辺土順礼」は、ほとんどそういう古き世の往還に隈取られた来訪神や異人の面影を宿していたのである。

だが柳田国男はついに、このような折口信夫の考え方を認めることはなかった。そもそものような幻想も直観も理解することができなかったのではないだろうか。折口のいう「ホカヒビト」も「マレビト」も、そしてその生き方のなかに自分の人生を溶けこませようとした折口の直覚的な幻想世界も、柳田の学問的視野に入ってくることはなかったというほかはない。

ただここでは最後に、そのような柳田国男の人間としての座標軸を見定めるためにも、折口信夫のいう「古き世」すなわち古代的なるものの、さらにその外縁にひろがる世界の光景についても、ふれておくことにしよう。

唐突ないい方になるけれども、『聖書』にはどうしたわけか「乞食」という名称がほとんど登場しない。旧約はもちろんのこと新約にもその言葉は出てこない。『聖書』において「乞食」にかわって姿をみせるのが、むしろおびただしい数の「病人」である。「重い皮膚病」「口の利けない人」「足の不自由な人」「耳のきこえない人」、それに熱病、出血、水腫を病む者たちが加わる。さらに「悪霊つき」の事例が頻出するが、これは「てんかん」など、ときには精神障害を指していると考えられている。

そのような状況をみていると、『聖書』の世界に乞食は何の位置も与えられてはいないようにわれわれの目には映る。だがしかし、じっさいはそうではなかったであろう。乞食の名辞が喪われているからといって、乞食のメタファーまでが存在していないとはいえないからだ。そこでは、乞食はたんに隠されているだけ、つまり顕在化していないだけではないか。

たとえば「マタイ福音書」の第十章には、イエスが十二人の弟子を宣教の旅に送りだす場面がでてくる。「天国が近づいた」ということを宣べ伝え、病人を癒し、死人を蘇らせよ、そしてらい病を患っている人を清め、悪霊を追い出せ、とイエスは命じている。よく知られている情景であるが、それにつづけてイエスがつぎのようにいっているところは見逃すことができない。すなわち、その宣教の旅において何人も財布のなかに金銀や銭を入れていってはならぬ、旅のための袋も、二枚の下着も、そして靴も杖も一切もっていってはならぬ、と。どの土地に旅していても、平安を祈れば食物はおのずから得られるであろう……。

このイエスの言葉は、弟子たちにたいして乞食をせよ、といっているに等しいではないか。ほとんど裸身に近い形で遍歴、漂泊の旅に出よ、と勧告しているからだ。そこには乞食の名称はでてこないけれども、イエスが弟子たちに命じている生のかたちが、乞食の生き方をおいてほかにはなかったことがわかる。乞食のメタファーが原初的な素朴さと力強さで、そこに浮き彫りにされているのである。

そしてそのようなメタファーが、十二人の弟子たちによる宣教の旅の以前に、何よりもまずイエスその人のものであったことを忘れてはならないだろう。イエスの生活は差別された地の民の心を蘇らせ、らいをはじめとするさまざまな病気に苦しむ人びとを癒すための、乞食遍歴の旅に彩られていたからである。イエスはその遍歴の生活のなかでしだいに治癒神の地位を獲得していき、遊行神的な性格をつよめていったのである。

折口信夫はもしかすると、その若き日に「巡遊伶人の生活」を書いているとき、右のようなイエスの姿を脳裡に蘇らせていたのかもしれない。そしておそらく柳田国男もまた、折口信夫の場合以上に、「モノモラヒの話」の着想をえたとき、乞食遍歴の旅の中に生きていたイエスの生涯に思いをいたしていたように思われてならないのである。

第五章　二宮尊徳の思想

「維新」三つの選択

柳田国男はその自伝的な作品『故郷七十年』（のじぎく文庫、昭和三十四年）のなかで、「日本一小さい家」で生れたといっている。

もっともその家の小ささは、きっちりした形の小ささで、四畳半の座敷と納戸、三畳の玄関、台所兼用の茶の間三畳、から成っていた。

けれども長兄の鼎《かなえ》が二十歳で嫁をもらって、その小さな家に二夫婦が住むことになったとき、悲劇がおこった。兄嫁は実家へ逃げ帰り、兄はそのためヤケ酒を飲むようになり、家が治まらなくなったからだ。

私は、こうした兄の悲劇を思うとき、「私の家は日本一小さい家だ」ということを、しばしば人に説いてみようとするが、じつは、この家の小ささ、という運命から、私の民俗学への志も源を発したといってよいのである。

（『柳田國男全集』21、筑摩書房）

「日本一小さい家」に生れたという自覚が、のちの民俗学への志を育んだという述懐からは、ただ読みすごすことのできない柳田の思いが伝わってくる。明治という時代が一面で内省にいざなう時代であったとともに、外に向かうエネルギーに燃えようとしている時代でもあったことが、この柳田のさり気なさそうな言葉からも浮かびあがる。

やはり月並みないい方にはなるけれども、内憂外患が迫りくる危機の時代だったのだろう。明治維新と一口にいうけれども、その転換の時期が抱えていた明暗織りなす危機意識といったものまでが、かれのいう「民俗学への志」といういい方のなかににじみでているような気がするのである。

私はいつごろからか、このような柳田国男という人間の運命を考えるとき、わずか一世紀ほど以前の明治が抱えていたその明暗の問題について思索をめぐらすようになっていた。その柱となる問いの一つが、その「維新」の段階において国の進路を定める選択肢にすくなくとも三つの可能性が存在していたのではないか、ということだった。

福沢諭吉と内村鑑三と柳田国男のそれぞれの思想を軸にする進路であり、選択肢である。国の将来を占う三つの可能性、といってもいい。

結果は周知の通り、福沢諭吉に発する富国強兵、殖産興業の路線で勝負がついた。一万円札を手にするたびにお目にかかる肖像が、もうわれわれの脳裡に焼きついている。おそらくその選択がベターだったのだろう。日清、日露の戦いを危うくしのぐことができたのも、おそらくそのためだった。

しかし今日の目から眺めれば、その福沢の路線にももはや修復しがたいほころびが目立ちはじめていることも否定しがたい。それにたいして、内村鑑三と柳田国男の方に、意外と重要な可能性の種子がまかれていたことにハタと気づく。

当時、内村鑑三は、富国強兵と殖産興業にもとづく文明開化路線をまっこうから批判する論陣をはっていた。西欧文明の受容を説くのは結構だが、その土台をなすキリスト教を無視するならば、そんなものは要らない。精神原理を欠く軽薄な文明摂取につき進むだけで、本物の独立自尊を築きあげることなどできるものか、といったのである。

もう一つ、付け加えておきたいことがある。かれは、日本のキリスト教は武士道の理想を実現するものでなければならないといっている。キリスト教は「聖化された武士道」である、とまでいっているのである。その複眼思考と強靱な精神的二枚腰の構えには、本当に驚かされる。

もっとも当時、このような内村の声に耳を傾ける人間はごく少数にかぎられていた。が、そのときから数えて百年、今日の日本の現状をみるとき、かれの言葉が不思議なリアリティーをもって、われわれの胸元に迫ってくるではないか。かつての可能性の一つ、選択肢の一つだったものが、いままばゆい後光を放って浮上してきているのである。

柳田国男の場合はどうか。かれは明治から大正へかけて、自立農民の育成を志す新進官僚の道を歩きはじめた。地主と小作の旧弊を脱して、日本社会の改造をめざしたのだった。だが、まもなく挫折。以後は野に下って民間伝承の探索にすすみ、日本民俗学の新分野を開拓していく。伝統社会が蓄積した民衆の知慧に学ばずして、いったい何の社会改造ぞ、という意気ごみだったと思う。その柳田の考えも、明治以後百年のタイムスパンのなかでは大勢を占めるにはいたらなかった。わずかに敗戦後の農地解放によって、その志の半ばが達せられたということではないだろうか。そう考えるとき、戦後の柳田を中心とする民俗学の活動がじつに意気盛んであったことが納得される。

だが、その民俗学が今日、溶鉱炉の火が消えたように元気がない。かれが生きていたころの、民俗社会の活気も勢いもみられない。いろいろ原因は挙げられるだろうが、要は、農地解放が実現したとたん、日本列島が都市化の波に洗われ、民俗社会そのものが全面崩壊の淵に沈んでしまったということだ。その上、減反政策に端を発する農業の衰退、荒廃が、さらにその勢いを加速させてしまった。そして、もしもそうであるならば、食糧生産を確保する自立農業の立ち上げが問われはじめている今日、柳田国男によって構想された国づくりの路線があらためて見直される時代にきているともいえるのである。

もう一つ、かれが主張してやまなかった「固有信仰」の問題がある。その分野の記念碑的な作品『先祖の話』は、日本人の精神基盤に鋭い光をあてた貴重な仕事だった。今日の「靖国」問題が行方の定まらぬ漂流をつづけている状況をかえりみるとき、そのようなかれの発想からも学ぶべきことはけっして少なくないのである。

平成二十二年（二〇一〇）は、その柳田の手になる『遠野物語』が刊行されてから百年を迎える節目の年だった。それを祝う数々の行事が各地で開催されたことはすでにふれたが、もう一つ忘れてならないのは、かれの『時代ト農政』が刊行されて百年という年でもあったことだ。そのなかでかれは、二宮尊徳による報徳社の運動をとりあげ、中国において朱子が説いた「社倉《しやそう》」および西欧社会において発展した信用（産業）組合とを比較して論じていたのである。そこにもまた「和魂漢才」の複眼思考、「和魂洋才」の精神的二枚腰のバネがはたらいていたことを思わないわけにはいかないのである。

「民俗学への志」が発芽する前史、である。

中国と二宮尊徳

平成十六年九月のことだった。はじめて中国の大連を訪れ、まったく予想外のことを知らされて驚いたことを思い出す。それというのもそのとき、中国の日本研究者たちのあいだで、二宮尊徳（一七八七―一八五六）の生き方と思想につよい関心をもち、その研究活動をさらに発展させようとする動きのあることを教えられたからである。

そのことをポツリポツリ話してくれたのが大連民族学院大学教授の王秀文さんだった。氏は同大学の外国言語文化学部長をつとめ、国際言語文化研究センター所長の要職にあった。『桃の民俗誌――そのシンボリズム』という興味ある論文集を日本で出版し、それで学位を得ていた。

私は氏の案内で、あの郭沫若の日本人妻だった郭安娜（旧名、佐藤富子）さんの大連市内にある旧宅を訪れたり、旅順では観光地になっている二〇三高地に登ってきた。かつての「旅順港」を眼下に見下ろすことができたが、その一画に「乃木保典君の墓」と書いた碑が建っていた。王さんが二宮尊徳の話をはじめたのがその帰り途でのことだったと思う。日露戦争のころといえば、報徳思想がしだいに広まりはじめていた時代ではないか。内村鑑三もその『代表的日本人』のなかで二宮尊徳を取りあげている。

周知のように中国では一九七八年以降、鄧小平による改革開放がすさまじい勢いで進展した。

それにともなって中国人の生活レベルもいちじるしく向上していった。たとえば二〇〇五年の三月に開かれた第十期全国人民代表大会では、台湾の独立阻止をねらった「反国家分裂法案」が採択されるとともに、この年の経済成長率を八%とする温家宝首相の自信にあふれる活動報告がおこなわれるまでになった。だが、そこで気がついてみれば、経済的に進んだ東部地域と立ち遅れた西部地域の落差が広がり、少数の都会と広大な農村地域のあいだに、貧富の差がどんどん開いていた。

そのため中国の新しい幹部層は、農耕の奨励と農村の振興を重点政策に掲げるようになった。そしてそのような観点からするとき、日本の江戸末期に農村建て直しの指導者として成果をあげた二宮尊徳の人生と思想が大きなヒントになる、と考えられるようになったのではないだろうか。もっとも中国にも、焦裕禄という二宮尊徳と同じ考えをもつ農民の指導者がいなかったわけではない。しかしかれは農村の建て直しを軌道にのせることができなかった。尊徳流の勤労と倹約を広め、農民の生活習慣を変えることはできなかったといわれているのである。

思い返せば、太平洋戦争がはじまる直前の昭和十五年(一九四〇)、私は尋常小学校の四年生だった。そのころ覚えた文部省唱歌が「二宮金次郎」で、薪を背負い、歩きながら書物を読む金次郎少年の銅像が、校庭の片隅におかれていた。だが、敗戦とともに銅像は撤去され、「手本は二宮金次郎」とうたう少年は、どこにもみられなくなった。

いつごろからだろうか。学校の入り口や校庭に、ふたたび金次郎少年の像が建てられるようになった。尋常小学唱歌をうたう少年たちの姿こそどこにもみられなくなったが、薪を背負い読書をする銅像の方は明らかに復活のきざしをみせはじめていたのである。東京駅前の八重洲ブックセンター前にも、その大きな像がすえられている。

受験競争のあおりを食ったためであろうか。学力低下がやかましくいわれるようになったからか。少年犯罪の多発が過去の黄金の記憶をふたたび呼びもどそうとしているためか。そのへんのところはよくわからないが、かといってたんなる過去への郷愁といったようなものでもなさそうであった。

さきの王秀文さんとそんなことを話題にしながら旅をつづけていたのであるが、私が驚いたのは、そのときすでに「国際二宮尊徳思想学会」なるものができているという話だった。その第一回目のシンポジウムと創立大会が北京大学で開催され、つづいて平成十六年七月には、東京・神宮外苑の日本青年館で第二回学術大会「二宮尊徳研究の過去と未来」が開かれている。中国からは中国社会科学院、北京大学をはじめさまざまの研究機関からの研究者、大学院生二十六名が参加し、韓国、米国、英国、カナダなどからも会員が馳せ参じ、日本からのメンバーと合わせて二百名をこえる研究者が一堂に会したのだという。私がはじめて大連を訪れたのがその直後のことだった。

その後、この学会の会長をされている北京大学の劉金才教授に東京でお目にかかる機会があった。氏はかねて、敗戦までの日本における二宮尊徳研究をヘーゲル流のテーゼの段階であったとすると、戦後から冷戦終結までのそれは、尊徳の偶像化を止揚しようとする人民闘争史観的なアンチテーゼの研究にあたる。そしていまようやくにして、尊徳思想を学術的、客観的に研究すべきジンテーゼ、すなわち「総合」の時代がきているのだという。

当時中国では、さきにもふれたように都市と農村における経済格差の是正というスローガンを掲げて、「三農」運動を展開中であった。人民政府当局のあと押しがあるのかもしれないが、「金次郎少年」復活のきざしに加えて、「尊徳翁」再評価の動きが国際的に広がりつつあるようにもみえたのだ。

賢治、柳田、尊徳

私はかねて、今日における二宮尊徳の可能性を考えていく上で、二人の比較すべき人物がいるだろうと考えていた。一人は宮沢賢治、そしてもう一人が柳田国男である。宮沢賢治と柳田国男という二人のあいだに、尊徳という人間をおいて前後左右を展望してみるということだ。その二人との関連で二宮尊徳の思想と人生を考えてみたいという誘惑である。しかしここでは、賢治のことはおいて柳田国男を中心にして考えてみようと思う。

柳田国男は明治四十三年（一九一〇）に『時代ト農政』を刊行しているが、これは全国農事会の幹事としておこなった講演の主要なものを集録したものだ。さきにもふれたが、この同じ年に、かれが『遠野物語』を出版していることは注目すべき点である。その『時代ト農政』のなかに二宮尊徳を論じたものがいくつか出てくる。いずれも重要な論点を含む講演だった。なかでも明治三十九年に報徳会で講演した「報徳社と信用組合との比較」と、明治四十年に第二回産業組合講習会でおこなった「日本に於ける産業組合の思想」は逸することができない。

この時期、柳田国男は全国各地で、新進の農政官僚として講演をおこなっている。とりわけ「産業組合」の重要性について、その組織や運営の仕方をめぐって、くり返し啓蒙的な講演行脚をおこなっていた。右の『時代ト農政』に集録されていないそれらの講演記録が『全集』23(明治22年~明治43年)にのせられているが、とくに明治三十四年から同四十三年にかけて集中している。それらを読んでいて気がつくのは、柳田は二宮尊徳に言及するとき、とくに「二宮先生」と呼んで、他の先人たちと区別して尊敬の意をあらわしているという点である。ただ尊徳の没年は一八五六年(安政三)、それにたいして柳田の生年が一八七五年(明治八)であったから二人が相まみえることはなかった。

柳田国男は「時代ト農政」の問題を論ずるときは、いつも「二宮先生」の存在を身近に感じながらものを考えていたことがわかるが、ほとんどこれと同じ時期に、遠野の人「佐々木鏡石君」の語る物語を聞きながら『遠野物語』の世界を構想しつつ、執筆をはじめていたことになるだろう。柳田にとって、そのとき芽生えはじめていた「民俗学への志」をはたす上で、遠野の佐々木喜善(鏡石)との出会いがまさに千載一遇の機縁となったように、日本の農民の将来と農業の改良という問題を考えていく上で、二宮尊徳「先生」が何よりも重要なキーパーソンとして欠かすことのできない人物、と映っていたことが推測されるのである。

さて、今ふれた報徳会での講演「報徳社と信用組合との比較」と、産業組合講習会でおこなった「日本に於ける産業組合の思想」のなかで、柳田国男はどんなことを論じているか。その要点をかいつまんでいうと、以下の三点にまとめることができるのではないかと思う。

第一が、尊徳の報徳社の運動を、中国において朱子が説いた「社倉」、および西欧社会において発達した信用組合（産業組合）と比較して論じている点である。

中国では古くから、飢饉凶荒に備えて穀物を貯蔵しておく社倉の考え方があった。その政策を研究し実行したのが宋代の朱子だった。それが鎌倉時代に朱子学として伝えられ、「三倉」のキーワードを通して学問的にも大きな影響を与えた。朱子のいう「社倉」は町村を基礎としてつくられた「義倉《ぎそう》」（「大宝律令」に規定されている）にほかならないが、尊徳の報徳社は大社、小社および中央の本社という連携、連合のシステムをつくりあげたところに特色があり、その点で朱子のそれよりもはるかにすぐれていた。西欧社会の信用組合との比較でも、報徳社の本社機能が支社を監督し連絡をとっていた点でよりいっそうすぐれていたといっている。

第二に、二宮尊徳が生涯をかけた社会改良事業家としての仕事は、日本の歴史においては空前のものだった。同時代に大きな感化力をもった石田梅岩の「心学」にくらべてもその思想ははるかに「近代的」な性格をもっていた。「心学」の立場は知足安分（足るを知って分に安んずる）の観念的な考えにもとづくもので、実践的契機に欠けるところがあったが、尊徳のいう「報徳」思想には「徳を厚くするものは則ち富栄える」（『二宮翁夜話』）という、今日いうところの「有徳富国論」の萌芽がみられる。むろん尊徳のモットーの重要項目には「分度」「推譲」という理念が掲げられており、ここでも知足安分の考えが基礎になっている。かれが農村改良のためにおこなった事業（すなわち桜町プロジェクト、小田原藩プロジェクト、幕府の日光プロジェクトなど）の全体像を展望すればわかるように、そこには実践的な計画経済による財政再建の志がみられる。梅岩流の「心学」を上廻る可能性があったという評価である。それが柳田国男による尊徳論の第二のポイントであった。

第三が、尊徳の考え方の根本には、道理を説くよりもむしろ信仰に近いものが流れていると指摘している点だ。換言すれば、それは学問（研究）というよりも宗教に近い、という。尊徳は農民にむかってしばしば各自の生活態度《ライフスタイル》をきびしく律せよ、といましめて「旧約の神様」のように接したけれども、しかしその反面、報徳社全体の事業は「慈愛」にみちたものだったと評価することも忘れない。たとえば報徳社の定款には「神を敬はざる者又は国家に対して忠実でないものは入れぬ」の一文がみられるが、この条件は、それ以外の者はことごとく受け入れるというきわめて寛大なもので、これは西欧における産業組合などの場合とは決定的に異なっている。西欧社会の信用（産業）組合では人の道を説くことはない。その機能を代行するのは教会であるが、しかし報徳運動においては「敬神」の態度を第一において、道徳の訓練までおこなっていたところに固有の特徴があったといっている。以上が、柳田国男による尊徳論の第三のポイントであるが、ここではやはり、柳田自身の肉声に耳を傾け、その味わうべき言葉を記録にとどめておくことにしようと思う。

　二宮先生の社会改良事業家としての地位は、少なくも日本の歴史に於ては空前であります。かの同胞共済の説の如き、之を世に説く必要がありとしますれば、今日ほどその必要の急なる時は無いにも拘はらず、先生以後先生程の熱心を以て之を唱へた人の無いのは甚だ遺憾なる事であります。

　又「夜話」などに現はれて居る先生の教訓を以て、尋常心学者流の教訓と較べて見まするに、先生の説は遥に積極的であつて且つ近代的であると思はれます。是恐くは報徳教が弘く天下に徳沢を流し今日までも永続して居る所以であらうと思ひます。
　元来貧富と云ふ事は人間最大の問題でありますが、……若し今日の時勢で特権ある階級即ち金持とか貴族とかいふ人達が自ら之（知足安分の説―筆者注）を貧乏人に向つて説いたとしますれば、恐らくは社会主義と同様な反抗を招いたに違ありません。然るに二宮先生は曰く、世に貧富の差等あるは自《オノヅカ》ら因つて来る所がある、徳を厚くするものは則ち富栄えるのであると夜話などにも説いて居られます。是は勿論東洋風の因果説に基かれたもので、別に新らしい説ではないとも云ひ得ますが、然し余程面白い説き方だと思ひます。自分の思ふには二宮先生の教訓は道理といふよりも寧ろ信仰である、学問といふよりも寧ろ宗教であると云はねばなりません。然し道理でない、信仰であると云つたとて決して軽蔑したのでは無く、自分は却つて常にこの信仰ある人を羨む者であります。

先生の教訓は随分厳峻であつて恰も旧約の神様のやうな教であると感じて居りましたが、其後諸国の報徳社の立派なる事業を見ますれば、其が悉く先生の教に基いて居る事が判《ワカ》り、始めて一方には又こんな慈愛に満ちたる教化門《キョウゲモン》もあるのだと云ふことを覚つたのであります。

（『柳田國男全集』２、「報徳社と信用組合との比較」、筑摩書房）

右に紹介した文章からも、当時柳田国男がいかに二宮尊徳にたいし敬愛の念を抱いていたかがわかるが、この明治四十年前後の時期における柳田の尊徳論が、中国と西欧を視野に入れるきわめて独創的なものだったことが伝わってくる。かれは当時、ヨーロッパ発の近代的な経済思想の影響をうけた新進官僚として、自立農民の育成をめざして悪戦苦闘していた。さきにふれた『時代ト農政』に収められたかれの講演論文集が、何よりもそのことを示している。だが、明治国家はこのような柳田の立場を排し、尊徳の思想も柳田の発想も取りあげようとはしなかった。柳田は志半ばに挫折して下野し、民俗学の開拓という新しい分野に身をのりだしていったのである。

さて、二宮尊徳の経済思想とその実践的立場が、今日の私の目からみてとくに新鮮に映るのは、その天道―人道論においてである。尊徳の考えを要約するとおよそつぎのようなことになるであろう。

第一に、天道とは自然的な状態を指し、これをそのまま放置すると人間の諸関係や制度が破壊され、人間も動物状態に陥る。すべては無に帰し、悪がはびこる。これにたいして人道とは、社会を形成するための制度と組織をつくり、人の道としての倫理を生みだす。人間としてふむべき礼譲と徳がそこからはぐくまれ、善をわがものとすることができる。朱子学では天道とは五倫五常の道であり、人間の守るべき規範を意味したが、尊徳はその考えを逆転させている。天道の「無作為」を排し、人道の「作為」に価値をおいているからだ。そこから「釈迦も孔子も皆人である。経書、経文も人の書きたるもの」というよく知られた言葉も出てくる。西欧的な功利主義とは一味も二味も違う儒教的合理主義といってもいいものではないだろうか。このような尊徳の考え方は、もしかすると柳田国男のいう「生活第一、信仰第二」の聖《ひじり》たちの生き方に通ずるものだったのかもしれない。尊徳の思想には「道理」よりも「信仰」に近いものがあると柳田はいっているけれども、他面で、その信仰が人間の生活を重視するものであったことに共感を覚えていたのではないだろうか。

第二に印象的な点は、尊徳が勤倹と分度（職分をわきまえる）と推譲（他に譲る）という人の道を説きつつ、他方でさきにもふれた「敬神」の態度を重視していたということだ。かれは朱子学的な天道説をとることはなかったが、先祖を祀り身を慎んで生活することを大切に考えていた。人道もまた、多神教的な神々の見えざる手のはたらきによって軌道にのる、というのであろう。かれのいう社会改良事業が、つねに領主と農民の双方にたいしてそのライフスタイルの変更を迫るものであったことは、やはり看過しえない点であるといわなければならない。

ただこのような二宮尊徳の経済思想は、明治国家の近代化の過程で積極的に採用されることがなかった。維新後、尊徳のいう「報徳仕法」に関心をもちその実現のために助力を惜しまなかった人物のなかには松方正義や西郷隆盛がいた。渋沢栄一や大隈重信の理解をえて大蔵省にはたらきかける運動もすすめられたが、その努力が実ることはなかった。その尊徳流儀の農村改良の事業を展開しようとした柳田国男も、結局は挫折して方向転換せざるをえなかったことはさきにふれた通りである。そうなったことの背景には、むろんいろんな原因が考えられるであろう。そのなかで、二宮尊徳の思想的根幹にふれる問題が重要な原因の一つになっていたのではないだろうか。

それが「報徳」という考え方そのものだったのではないか、と私は思う。報徳、すなわち徳に報いるとは古来、恩に報ずる、恩に報いることとされてきた。その報徳すなわち報恩が、かれのいう人道を実現するための最重要の規範とされたのである。とすれば、かれの「報徳仕法」とは、この報恩の思想にもとづく計画経済であり、財政再建の事業だったことがわかる。

そして話がここまでくれば、そもそも恩に報ずる経済行為とはいったい何か、という問題が浮上してくるだろう。それは一見するに、二律背反を含む行動のようにもみえる。そのジレンマにみちた行為を説明したり解釈したりするのは容易な仕事ではない。私にもそんなことをする自信などまったくないのであるが、あえていってしまえば、その行為の背後には、他者から与えられる恩恵（もしくは利益）を最大限の感謝の気持をもって受け入れるという態度が強調されている。そしてここでいう最大限の感謝とは、自己が手にする利益は最小限にとどめておこうとする配慮のことだ。もちろんそこに、そのような態度を通して逆に経済行為による利益をえようとする功利主義的な意図がないわけではないだろう。けれども、できれば他者の恩を極大に、それにたいして自己の主張を極小に、という理念を表には掲げようとしている。いってみれば、債権、債務が均等に並び立つ契約の関係を抑制して、むしろ債務至上の感覚を研ぎすまそうとするライフスタイル、ということができるだろう。

このような債務至上主義にもとづく人間関係が、資本主義によって発達した双務契約にもとづく人間関係とは真っ向から対立するものであったことはいうまでもない。明治の社会が逢着した精神的ジレンマがまさにそこにあったのではないだろうか。日本近代の資本主義の発展につくした先駆者たちの苦労もまた、そのジレンマとどのように対決しどのように調和させるか、というところにあったのだと思わないわけにはいかない。そしてそのことの重要性についていち早く着眼し、西洋産業社会の仕組みを二宮尊徳の事業と重ね合せて比較し、自立農民の育成という課題にとりくもうとしていたのが柳田国男であった。

そういえば、柳田国男と同時代を生きた明治以降の代表的な企業家たちも、この「恩」という名の債務至上主義を温存させつつ、西欧直輸入の契約の精神とのあいだで何とか折り合いをつけようとしてきたのではないだろうか。いってみればそれぞれの事業経営で「二重帳簿」的な会計処理をおこなってきたのである。

では、こうした日本人の経済思想や企業活動を日本の経済学はどう考えてきたのか。私にも学生のころから、人並みにカール・マルクスかぶれ、マックス・ヴェーバーかぶれの時代があった。『資本論』の一部を聞きかじり、『プロテスタンティズムの倫理と資本主義の精神』をバイブルよろしくかつぎ回ったこともある。その理論を下敷きに書かれた日本の資本主義にかんする論文などに目を通したこともあった。

ふり返って気がつくのは、わが国における経済分析の手法の背後には、いつも一神教的な神の「見えざる手」がはたらいていたということだ。それに反していずれの場面でも、八百万教の神々の「見えざる手」に言及する視点や思考はほとんどみられなかった。もっとも私も宗教学の分野でまったく同じことをやってきたのであるから偉そうなことはいえない。マルクスかぶれの宗教学、ヴェーバーかぶれの宗教学でことをすませてきた。その上、宗教予測（予言ではない！）もままならないところも、およそ予測のきかない学問としての経済学と似た者同士であった。そしてそのような学問がいかに不毛であるかということを、すでに明治の段階で気づいていたのが柳田国男であったと思う。かれが民俗社会の核に横たわっているものを求めて、新しい学問、「民俗学」の世界に入っていったのも、そのような西欧直輸入の学問をどのようにのりこえるかという思いに駆られてのことだった。

これまでもいろんなレベルの国際会議なるものに、出かけることがあった。異文化・異民族の者が同じテーブルについて議論をはじめる。自己主張をぶつけ合う長い長い時間が流れて、最後になってたがいに見解が異なることを仲よく認め合っておひらきになる。何とも意気沮喪する光景であるが、そのなかでいつも気づかされるのが、その国際会議の土俵には一本の黄金の尺度しかおかれていないということだった。西欧社会の方からもち出されてきた普遍主義という名の黄金の尺度である。

もうそろそろ、われわれの側からももう一つの黄金の尺度があると声をあげてもいいのではないだろうか。「土俵は一つでも、尺度は二つ」という主張である。アングロサクソンのいう普遍的価値にたいしてアジアの側からさし出すもう一つの普遍的な価値尺度といってもいい。そしてそのような「二つの尺度」の議論を展開していく上で、さきにふれた「八百万教」の視点、すなわち多神教的な神々の「見えざる手」の感触が必要となってくるのではないだろうか。

そのような時代の状勢を見渡すとき、いぜんとして「柳田国男、今いずこ」と問わずにはいられないのである。

第六章　ジャーナリストの眼

民俗学は現在学

柳田国男の、ジャーナリストとしての目の確かさに気がついたのは、かれの「涕泣史談」という珍らしい文章を読んだときだった。ちなみに涕とは涙のこと、だから涕泣は涙を流して泣くことだ。

これを柳田が書いたのは昭和十六年（一九四一）のことだが、このごろの日本人は泣かなくなったという。子どもたちのあいだでも、泣虫や長泣きがみられなくなった。「泣く児《こ》は育つ」というたぐいの諺も、すでに死語になっているのではないか。「男は泣くものではない」という教訓があったが、それは裏からいえば、女なら大人でも泣くべしと承認していたことだった。けれどもそれがいつのまにか、男でも女でも一様にめったには泣くことがなくなった、泣いてはいけないことになった。——だいたい、そのような主旨の議論だった。

その文章が書かれた昭和十六年といえば、その二年前に欧州では第二次世界大戦が勃発し、ドイツ軍の侵略がはじまっていた。国内では、前年に津田左右吉の神代史などについての古代研究が発禁処分にあっている。そしてダンスホールの閉鎖。ついでにいえばこの年、田端義夫の「別れ船」がヒットしている。

「別れ船」では、出征兵士の見送りの光景に重ねて、肉親や夫人との悲しい別れがうたわれている。そのためか、発売後まもなく、国内、戦地で大ヒットを記録していた。が、それにもかかわらず、この歌は「厭戦的な亡国歌」であるとして歌唱禁止の憂き目にあっている。

時代はすこしずつ暗い雰囲気に覆われはじめていた。社会にはボツボツその動きを示す徴候があらわれはじめていた。柳田国男の目と耳がいち早くそれをとらえて、「涕泣史談」という、一見おだやかな、閑談めいたタイトルをつけて世相を批評しようとしたのか、とはじめは思っていた。しかし、読みすすめていくうちに、柳田の真意は、かならずしもそうした時局的な議論を展開しようとするのではないことが伝わってきたのである。

日本人は、なぜ泣かなくなったのか。それは現今の日本人の言語表現能力が向上したからである。国語教育の向上、というわけだった。そのことをかれは、民俗にかかわるさまざまな現象をとりあげて考察している。そして最後に、涙のような身体言語の使用頻度は、言語能力の向上によっておのずから減少するのだ、と結論づけていたのである。

いかにも、合理還元を身上とする柳田国男の水ぎわ立った推論というほかはない。かれの方法における固有の性格が、そこにも顔を出していたわけである。

現に進行している世間の変化を、心情のような深層の問題をもふくめてじっとみつめつづけている目と耳の確かさが、柳田の文章のはしばしににじみでている。世相観察者の精妙なアンテナが油断なく作動しているといっていいのだが、そのアンテナをさらに広くはりめぐらせて、明治大正期近代の現在学といった実験をおこなった仕事の一つが、『明治大正史　世相篇』だったと思う。

この作品は、昭和六年一月に朝日新聞社から出版されている。朝日新聞社が企画した「明治大正史」というシリーズの第四巻として執筆されたものだ。

これには「自序」（昭和五年十二月の日付）が付されているが、そのなかで執筆には非常に苦労したことが記されている。弟子の桜田勝徳はのちになって、「第三章までを書き終えると、著者は非常に疲労し、しばらく休養せねばならなかった」（講談社学術文庫版解説）と回想しているし、柳田自身ものちに「『明治大正史』の世相篇を書いた時は、ほんとにへこたれてしまつた」「その頃、私はリウマチで、少なからず神経衰弱になつてゐた」（『民間伝承』第十三巻一号、昭和二十四年一月）ともいっている。

その疲労困憊の様子が、「自序」の冒頭から出てくる。

明治大正史の編纂が、我朝日新聞によつて計画せられるよりもずつと以前から、実は斯ういふ風な書物を一度は書いて見たいといふことが、内々の自分の願ひであつた。其為には既に多少の準備をして居るやうな気持でもあつた。ところがさて愈々着手して見ると、新しい企てだけに案外な故障ばかり多かつた。日限は相応に取つてあつたにも拘らず、尚非常に印刷所を待たせて、しかも此様な不手際なものしか出来なかつた。病気その他の若干の申しわけは有るが、要するに自分にはまだ少し荷が重過ぎたのであつた。残念な話だと思ふ。

（『柳田國男全集』5、筑摩書房）

柳田国男にしては、かなり気弱な告白ではないだろうか。こんな、一歩も二歩も身を退いたような「自序」はどう考えても柳田らしくない、と思ったからである。かれの代表作として知られるものの序文に、こんな弁明調の言葉を見出すことはまずできないのである。

だが、一面からすればそれほどにこの作品にとりくむことに意欲を燃やしていたということなのだろう。その口惜しさのようなものが行間にまでにじみでていることがわかる。けれども、そのような気持の葛藤をなぜ序文の冒頭からあからさまに露出させたのか。

柳田の語る「民俗学」なる学問は要するに「過去」についての学問ではないか、という世間の認識がすでに流布していて、それに抗する気分がかれの内部に燃え上っていたためではないか、と思う。いや、わがフォークロアの学問は、「現実、現在」の学問である、という異議申し立ての気分である。

かれは、心のうちではたとえ「少し荷が重過ぎ」ると思ってはいても、また「此様な不手際なもの」と不満をのべつつも、そしてたとえ病気などの「故障」が進行にひびいたとしても、何が何でもやりとげなければならない仕事、と思い定めていたふしがある。

『明治大正史　世相篇』が、今読み返してみていぜんとして新鮮に映り、あらためて柳田国男の力作の一つであったことがわかるのも、おそらくそのためであるにちがいない。

その「自序」に、さらに目を近づけてみよう。このとき、転機を迎えているとの自覚が、かれの胸のうちに兆していたのではないか。その予感のようなものが行間にみちみちているからだ。

打明けて自分の遂げざりし野望を言ふならば、実は自分は現代生活の横断面、即ち毎日我々の眼前に出ては消える事実のみに拠つて、立派に歴史は書けるものだと思つて居るのである。それをたま／＼試みた自分が、失敗したのだから話にならぬが、自然史の方面ではこれは夙に立証せられたことで、少しでも問題にはなつて居ないのである。（前掲）

歴史というものは、現代生活の横断面をとりあげることだけで書ける、うたかたのように現われては消えていく事実だけを根拠にして立派に書くことができる、といっている。そしてそれが自分の「野望」だったのだが、しかしその試みは「失敗」してしまったと嘆いている。あまりにも率直な告白というほかはないが、それが自分の野望だったといっているところは、やはり見過すことができない。

が、ともかくそのうたかたのように消えては結ぶ「事実」を採集する場所はどこかといえば、それが各種新聞の大量の記事にほかならなかった。そのことが、右の引用文につづいて論じられている。

問題は然らばどうして其資料を集め、又標本を調製するかであつた。自分が新聞の有り余るほどの毎日の記事を、最も有望の採集地と認めたことは、決して新聞人の偏頗心からでは無かつた。新聞の記録ほど時世を映出するといふ唯一つの目的に、純にして又精確なものは古今共に無い。さうして其事実は数十万人の、一斉に知り且つ興味をもつものであつたのである。ちやうど一つのプレパラートを一つの鏡から、一時に覗くやうな共同の認識が得られる。是を基礎にすることが出来れば、結論は求めずとも得られると思つた。其為に約一年の間、全国各府県の新聞に眼を通して、莫大の切抜を造つたゞけで無く更に参考として過去六十年の、各地各時期の新聞をも渉猟して見たのである。（前掲）

ここで柳田は、自分が新聞人だからこんなことをいっているのではないとことわっている。エクスキューズの弁のようにもきこえるが、柳田国男は大正十一年（一九二二）四月から昭和五年十一月まで、客員の論説担当として東京朝日新聞社に勤めていた。その間、三八九編にのぼる無署名の論説を書いているが、「決して新聞人の偏頗心からでは無」いといっているのはそのためであった。

『世相篇』の「自序」を執筆した日付が昭和五年十二月であるところからすれば、それが辞任直後のことであったことがわかる。その点からみれば、新聞の記事の意義についての感慨には、新聞人としてのみずからの経験にたいする最後の総括、といった気持がこめられていたのかもしれない。その総括の核心はもちろん、歴史は新聞の記事に拠って書くことができる、ということだったにちがいない。自分の考える民俗学は、今日眼前に展開されるべき現在学にほかならない、そういう立場を補強する体験を一新聞人として積んできたのだということだったのだろう。その自負の気持が、「過去六十年の、各地各時期の新聞をも渉猟して見たのである」の言葉にあらわれている。

ジャーナリストとしての柳田国男の誕生、である。それがその後の柳田国男の人生にすくなからざる影響を与えた――そう私は思っているのである。

羽仁五郎、三木清、戸坂潤

戦後、全共闘の運動がこの日本列島に荒れ狂っているときだった。それはちょうど柳田の主唱する民俗学がしだいに社会的な評価を高めていく時期でもあったのだが、血気にはやる若者たち――もちろん私もその一人だった――のあいだで、羽仁五郎の行動と著作活動がにわかに人気の的になり、大きくとりあげられるようになっていた。

かれは当時も、戦前同様に人民闘争と人民史観を説きつづける思想家の立場をくずしていなかった。とりわけ『都市の論理』（昭和四十三年）という部厚い著書が若者たちのあいだで異常なベストセラーになっていた。いわば教祖にたいする崇拝者を大量に生みだしたのだが、私もその一冊を買い求めて高揚した気分になったことを思いおこす。

羽仁五郎が、その著『都市の論理』のなかにおいてであったか、われわれの現代の歴史は新聞を読むことだけで十二分に記述することができる、といっていたのである。そのころ、学問とか研究とかいうものは徹底して文献を読むことからはじまると教えられ、そう思いこんでいた私にとって、その羽仁五郎の言葉が鉄槌のごとくわが頭上に打ちおろされたように思ったことが忘れられない。

羽仁五郎は戦前、三木清らとともに『新興科学の旗のもとに』を創刊し、プロレタリア科学研究所の創立に参加したのが昭和三年から四年のことだった。『転形期の歴史学』(昭和四年)などの著作において、旧来の歴史学を批判し、唯物史観をささえる歴史学の方法論を説いていたのである。同じころ、マルクス主義の影響下に、学問や思想の歴史的、社会的批判を展開していたのが戸坂潤である。私もかれの鋭いイデオロギー論に魅了された一人だったが、その代表作である『日本イデオロギー論』(昭和十年)はいつも座右においていたものだ。

羽仁、三木、戸坂らのジャーナリズムにおける活動は人々の耳目をひきつけ、その肺腑をつらぬく反時代的考察もきわ立っていた。そのかれらの思想的な振舞いにたいして、同じジャーナリズムの中枢を占める東京朝日新聞社で、論説を担当していた柳田国男が関心をはらわなかったはずはない。明治大正史にあらわれる「世相」をこれから分析し解剖しようとするとき、その眼前にさまざまな恰好の問題群を提出していたのがかれらの言論であり活動だったからである。

その「自序」において、『世相篇』執筆の仕事が難航し、病気によって進行がせきとめられ、「少し荷が重過ぎた」と告白せざるをえなかったのは、もしかするとそのためだったのかもしれない。歴史というものを、新聞のうたかたのように現われては消えていく事実を唯一の根拠にして書く、その「野望」を何とか遂げたいと考えている柳田の思いもそういうところにあったのではないだろうか。

さて、その『明治大正史　世相篇』を書くにあたって、柳田はわれわれの「着物」の問題からはじめている。衣食住の「衣」の問題である。その仕事をはじめようと思ったとき、自然に浮んだ構想だったにちがいない。

なぜならかれはすでに大正十三年の段階で、「木綿以前の事」と題する衣にかんするエッセイを『女性』誌（第六巻第四号、プラトン社）に発表しているからである。以後、日本人の着物についての短いエッセイをいくつか書いている。だから『世相篇』の筆頭にそのテーマを立てようと思ったのも自然なことだったと思う。

本論はこの衣につづいて、食、住へとつづき、それらと関連する問題群を手さばきも鮮やかにくりだしていく。タイトルをみただけでその苦心の跡がうかがえるが、思わず関心をそそられる魅力的なものばかりだ。

第一章　眼に映ずる世相、第二章　食物の個人自由、第三章　家と住心地、第四章　風光推移、第五章　故郷異郷、第六章　新交通と文化輸送者、第七章　酒、第八章　恋愛技術の消長、第九章　家永続の願ひ、第十章　生産と商業、第十一章　労力の配賦、第十二章　貧と病、第十三章　伴を慕ふ心、第十四章　群を抜く力、第十五章　生活改善の目標。

これに加えて各章に配置された小節のタイトルを並べれば、その発想の魅力はさらに倍加されるであろうが、ここではふれないでおく。おそらくこのような問題提起のし方は、羽仁五郎や三木清の思考の枠組みからは逆立ちしてもでてはこないだろう。柳田国男の意気ごみがどのようなものであったか、そこからだけでもうかがうことができる。

まず、その第一章の「眼に映ずる世相」のタイトルそのものに注意をむけてほしい。「衣」の問題を立て、これからその内容に入っていくにあたって、「眼に映ずる」というところに着目しているからだ。

かれは衣服のことを考えるのに、いったいどうして「眼に映ずる世相」という観点から論をおこそうとしたのか。いうまでもなく、そこにこそまさにファッション感覚の核心をつく主題があったからではないか。

「眼に映ずる」もっとも鮮やかなものは「色」である、というところから柳田の議論ははじまる。そしてその色彩には二種類があるという。

まず、天然の色。秋の紅葉、春夏の若緑にみられる移りゆく色彩の美しさをみよ、蝶や小鳥の翼の中にきらめく人間の企て及ばざる色彩、海をわたる虹の架橋、夕焼の空の色調、曙の雲の「あや」――これらの色はすべて人間の手の及ぶところではない、聖なる「禁色」の領域に封印されてきた。

もう一つが、人工の色である。染色界の新展開によって、それが可能になった。南蛮貿易の刺激もあっただろう。葉藍耕作がはじまり、専門の紺屋が出現する。それらの諸勢力が寄りあい助けあって、「禁色」信仰をしだいに追放していった。

その天然の色と人工の色という、二つの色彩感覚の葛藤を通して生みだされたのが、「紺の香と木綿の肌ざはり」であった。つまり、紺を基調とする民間服飾の新傾向だったといっている。紺と木綿、木綿と紺――その両者の関係の変遷のなかに「眼に映ずる世相」がおのずからあらわれる。

その変遷のなかで、柳田は時代の動きをどうみていたのであろうか。ジャーナリスト、柳田国男はそのような民間服飾の変化をどのようにとらえ、分析しようとしていたのだろうか。それが、つぎの問題である。とりわけここでは、「働く人の着物」という観点にしぼってかれがどのようなことを考えていたのかをみてみよう。柳田国男における「世相」観の重要な特色がそこにみられると思うからだ。

西洋の真似でないモンペ、モモヒキ

『明治大正史　世相篇』（昭和六年）が刊行されてかなり経った後のことであるが、昭和十一年になって『旅と伝説』の七月号（通巻第一〇三号）に「働く人の着物」という文章が載せられた。ここでは労働着・仕事着のことが論じられているのであるが、それはかれが「木綿以前の事」というエッセイを大正十三年に書いて以来、一貫して追いつづけたテーマであったといっていいのである。この『旅と伝説』に発表された文章は放送用につくられたもので（昭和十一年五月二十日放送）、短いものであるが、それだけに長年の考えが煮つまったものとみられる。その結論ともいえる最終末尾の言葉を左に記してみよう。

今日では晴着の、儀式の時にしかはかぬもの丶やうに、多くの人は考へて居るやうだが、ハカマはもと労働の為に、最も欠くべからざる衣類の一つであつて、又さういふ意味に今でも此言葉を用ゐて居る土地は全国に多い。衣類の名前は僅かづ丶製し方が変るたびに、必ず新らしい言葉が出来た。それは多分以前のま丶のものもなほ用ゐられて居るので、それと区別する為に何か新らしい名が入用になつて来たのであらう。だからズボンと謂ひヤウフクと謂つても、それが日本の言葉であると同じやうに、その名を持つ着物もやはり日本のきものであつて、我々はそれを自分の労働に都合のよいやうに、自由にかへて使つて居る。決して西洋人の真似をして居るのでないのである。

(『柳田國男全集』9、「木綿以前の事」、筑摩書房)

「ハカマはもと労働着であった」という提言である。だがそれは、「はじめにロゴスありき」とか「元始、女性は太陽であった」といった提言とはわけが違う。われわれが現に生きていることの意味を問うことと、具体的な生活が何によって支えられてきたか、また支えられているかを問うこととの間ぐらいのひらきがある。

人間存在の意味を問うことは、悠遠の人類史に目を向けることから出発するだろう。しかし生活資料にたいする問いは、たとえたかだか数百年の伝承ではあっても、それが庶民の智慧と工夫をつみ重ねた結晶であってみれば、知らぬ顔で通りすぎるわけにはいかない実際的な設問である。

それがたんに記憶にとどまる古代伝承や言語資料の断片ではなく、現実の生産活動に直結しているとすれば、なおさらそういうことになる。

柳田国男はなぜ、「ハカマはもと労働着であった」といったのか。

かれは、仕事着の下の方の部分について、つぎのようなことをいっている。——かつては男も女もハンテン、前掛、前垂を使用していたが、さらに労働を自由闊達にするため、足にぴったりくっつくモモヒキやモンペを考案し、それが用途の変遷をへて細袴や儀式用の晴れの袴に発展したのである、と。つまりモンペもモモヒキもハカマの一種なのであり、すなわち今日いうところのズボンなのであった。だからズボンといい、ヨウフクといっても、それらはすべてわが日本人の年月をかけた創意工夫、庶民の側からのたえざる改良の努力の結果なのであって、「決して西洋人の真似をして居るのでない」というさきの結語にいきつくのである。

ここで柳田は、洋服の流行を否定するような排外主義を唱えているのではもちろんない。「袴は西の方では始から腰に巻くものであつたらしい」、といっているように、かれは広い視野から相対的にものをとらえようとしていたからだ。そもそも衣服を労働の契機で考えようとするかれの関心のなかには、排外ナショナリズムのしのびこむ余地はないのである。

ただ、労働着としてのハカマの実用性は、たとえば明治五年（一八七二）の官営製糸工場ではたらく一握りのエリート工女たちの着衣に示される例もあれば、紡績工場ではたらかされた『女工哀史』の主人公たちの仕事着に利用される場合も、現実にはあった。だから仕事着は、その労働の質を離れて、衣服一般の問題として扱うわけにはいかないだろう。
封建時代、木綿の晴着や野良着は、祭礼や生産の場では共同体の親和と労苦を象徴していた。だが支配層の着る麻や絹の式服にたいしては、それはひたすらな恭順と服従の、不変の外皮をあらわしてもいたのである。

柳田が労働と仕事着の相関にふかく想いをこらしていたことは、前述のとおり疑いない。けれども明治以降の洋服の流入採用によって、日本人の衣服に混乱が生じたことも争えない事実である。そのような事態に直面したかれは、たんに西洋人の真似をするのではなく、そしてまた古き実用的な美風を近代の「零落」の状態にまかせっきりにするのでもなく、そこに民俗の創意を加えていくべきだと主張したのだった。その点で、それは一種の改良論という性格をもっていたといえるかもしれない。

労働と仕事着の相関に着目している点はよいとしても、もう一つ資本と労働という契機がかれの視野には入っていない、という批判にさらされることになるのも、そのためだったと思う。たとえば、家永三郎の批判がその点を衝いている――「柳田史学」は日本近代主義思想の本筋を邁進しながらも、過去的契機を重んずるその民俗的志向のゆえに、結局は近代産業革命の意味と構造を総体的にとらえることができなかった……。

今日の目から眺めれば、あたらずといえども遠からずの公式論にみえるけれども、もともと柳田の「改良論」はどんな場合でも、民俗事象のふかい理解と「常民」の幸福という経世済民の熱意に支えられていたために、上からの並みの改良論とはきわ立った対照をみせていた。

昭和十年代、日中戦争の勃発を転機とした日本ファシズムの荒狂う波は、被服統制とその生産制限の面にも打ち寄せ、以下のような法令をつぎつぎと生みだすことになる。

十二年十二月——綿製品スフ等混用規則、十三年三月——綿糸配給統制規則、同年六月——内地白綿製品の製造・加工・販売制限等規則、十五年十一月——国民服令。そして十三年四月には、国家総動員法が公布されていた。

柳田国男の『木綿以前の事』が一書にまとめられて刊行されたのが、ちょうどこのような時期にあたっていたのである。

この書が、いわれているように常民の生活史研究の方法を示唆する珠玉篇であることはもちろん否定すべくもない。だが同時に、さきにもふれたように昭和五年まで東京朝日新聞社にあって論説を担当していたかれが、そこにジャーナリストとしての社会政策的関心を注ぎこんでいたこともみておかなければならないだろう。時代の要請が衣料品の逼迫をよび、一転して国家による国民服の統制におよんだとき、柳田は、幾星霜にわたる常民の貴重な経験に問いかけ、かつそれに学びつつ、国民服の制定にたいしてじゅんじゅんと反論を展開しているのである。

国民服前史

ここで、一息入れることにしよう。国民服の制定にいたるまでの前史を、ざっと眺めておきたいからだ。「ハカマはもと労働着であった」という声を柳田があげるにいたるまでの前史である。

さきにもすこしばかりふれたことだが、明治五年、群馬県富岡町に初の官営製糸工場が渋沢栄一を事務主任として産声を上げた。そこではたらく工女たちは、すべて全国から選ばれた士族の娘であり、労働着として男袴——木綿の縞袴——をはいていた。彼女たちはいわゆる「工女」というもののはしりであったが、しかし今日いうところの労働者の概念からはかけはなれた存在だった。一定期間、技術を習得したあとは、実務パイロットとして明治政府の殖産興業政策の一翼を担う女性エリートたちだったからだ。

ただ、近代的機械に当面したわが国女性の労働着が、洋服採用以前においては伝統的な「袴着」だったのははなはだ興味ぶかいことといわなければならない。

そしてまもなく鹿鳴館時代がやってくる。腰のうしろを高々ともりあげ、スカートをふくらませるバッスル・スタイルの貴婦人たちが登場してくる。文明開化によって挑発された、一種の衣裳異変である。

明治三十年代になると、上流の女学生たちが色気をそえるアンドン袴やエビ茶袴や緋袴を着用に及んで街頭に出はじめる。それも新時代の到来を思わせるユニフォームだった。いずれのファッションも、日本人の活動と肌に相応するキモノからはかけはなれた衣裳だった。

当時の職業婦人が、その職業のゆえにスカートを着用したのは、明治二十三年に誕生をみた日本赤十字社看護婦養成所が最初だったのではないか。これら「白衣の天使たち」は、その後「火筒の響き遠ざかる、跡には虫も声立てず……」(「婦人従軍歌」)の男性愛唱歌におくられて日清日露の大戦に勇躍挺身し、日本軍国主義のりりしい後衛についた。こうして活動服としてのスカートが赤十字インターナショナリズムの、日本における端緒になる。帝国主義戦争の副産物でもあり、日本における「近代」の誕生をつげる色鮮やかなしるしとなった。

第一次大戦後の大正九年、東京市街を走るバスの女車掌が、白エリのついた黒サージのツー・ピースに黒サージの帽子というういでたちで登場、市民の目を驚かせた。彼女たちの多くは教養ある美人ぞろいで、官吏の若い細君や元小学校教員もまじっていた。うつむいて手足を動かす労働者ではない。頭をあげて愛嬌をふりまくサービス業の花形だった。

やがて近代美容術の移入が、これにつづく。都市の中間層に洋髪洋装熱をあおり、映画女優が銀幕にはなばなしく登場する。服飾美容の流行は、映画の主題歌の波にのり、舞台には華やかなスポットライトを浴びるヅカガール、五色のネオンとジャズの狂奏にうずまくカフェの女給が、世間の好奇の目をひきつけるようになった。

こうして大正末から昭和初年にかけて街頭には、モボ・モガの一群があらわれ、手をかえ品をかえて、めまぐるしい衣裳交替のドラマが展開していった。明治の赤十字インターナショナリズムにはじまり、昭和初頭のエロ・グロ・ナンセンスへとすすむ日本産業革命の一つの軌跡であり、その結果、洋装消費服が都市中間層に浸透し定着していった。

目を転じて、もうすこしつづけよう。

明治四十四年のことだった。婦人解放の旗を高くかかげて『青鞜』が創刊された。十八世紀中葉、イギリスの「ブルー・ストッキング・ソサエティー」に端を発する婦人参政権運動の日本版である。

当時のさっそうとした同人たちをうつした写真がのこっている。平塚明《はる》（雷鳥）はひさし髪に羽織ハカマ、長沼（のち高村）智恵子は耳かくしに被布をはおっている。ブルー・ストッキングならぬわが「青鞜」派の活動着は、変換しつつある時代の衣裳にまだたゆたいの風情を示している。

だがふり返って、明治十五年の福島事件などに端を発し、同十七年に最高潮にたっする自由民権運動に目を向けてみよう。その後衛をつとめた当時の農村女房群のいでたちはどうだったのか。もちろん、渡米留学組生き残りの山川（大山）捨松や永井（瓜生）繁子が鹿鳴館でバッスル・スタイルに身を包んだのとは打って変って、いずれも昔からの野良着や労働着だった。筒袖、細袴に、ひっつめ髪、というようないでたちだったのだ。

大正七年には米騒動が発生し、それが女房一揆の形をとって世間を驚かせる。その背景には、彼女たちの野良着さえ米代になって引きはがされていく窮乏化の進行があった。一握りの職業婦人が洋髪にスカート姿でふえていく一方、紡績工場の女工たちは、都会風の衣裳の流行からは見放され、中小工場でなら木綿の着物にタスキがけ、大工場でもせいぜい布帽子と着物のうえに黒木綿のハカマをつけ、肩からエプロンをさげるていどだった。

景山（福田）英子。明治自由民権運動の女性闘士である。明治十八年の「大阪事件」に連座し、警察に検束されたときのことだ。持ちあわせの着物をありったけ着こんで、さながら芋虫のごとくふくれ上って警部巡査に拘引された、と自伝の『妾の半生涯』（岩波文庫）のなかでいっている。

そして大正十年、赤瀾会を結成した堺真柄、伊藤野枝、山川菊栄らは、この年の第二回メーデーにわが国で女性としてははじめて参加しているが、警官隊の怒号とサーベルの威嚇のなかで多くの会員が検束された。このとき赤瀾会の橋浦はる子は、あご紐をかけた、黒サージ金ボタンの警官に前後左右からとり囲まれながら、羽織を脱いだ着物姿で毅然として検束されていった。

この一瞬の光景をいまにとどめる写真が残されている。あご紐に黒サージ金ボタンの陰気で無表情な官服と、肌の躍動をそのまま映しだす着物の対照があざやかにとらえられている。あごをひいて沈着な覚悟を示す橋浦の表情は、胸の下に食いこむ真一文字の帯じめとともに、生ま生ましい迫力をとどめているのである。

婦人運動家たちだけの話ではなかった。その後、日の丸の小旗をふって出征兵士の軍服を送った無数の婦人たちも、工場に女工として売りわたされる農村の娘たちも、そして泣く泣くこれを手放すほかなかった母親たちも、おしなべて、ただひたすら、昔ながらの木綿の肌ざわりに満足し、軽装の仕事着に生活のいこいを求めつづけていたのだ。

時代は、急激に動きを早めていく。昭和十年前後、日本人の服装の手直しとして、改良服、国民服の問題が政治日程のなかに姿をあらわすようになった。軍部の横車による女学校の制服統一（＝紺色のセーラー服）を手はじめに、全国民各階層の服装統一政策が進行していく。「ハカマはもと労働着であった」という柳田国男の提言は、そのような情勢のなかで発せられたメッセージだったのだ。

そのときかれは、着衣の規格品化やユニフォーム化に疑問を感じていたのにちがいない。まず着目すべきは軍の官服や洋服、洋装や洋髪などではない、再認識の目をむけるべき対象は日本人古来の晴着、仕事着、不断着にこそあると警告を発したのだった。

その上からの国民服令の施行されたのがさきに記したように昭和十五年であるが、前年の昭和十四年の段階で柳田はその時代の趨勢をみこし、「国民服の問題」を『被服』（第十巻第四号、被服協会）という雑誌に発表している。これはのちに『木綿以前の事』のなかに収められることになるが、ちなみにそれは「ハカマはもと労働着であった」という主張の延長線上に、自然な形で出てくる見解だったということがわかる。

以前は国民服は制定しないでもきまつて居た。現在は是だけ大きな流行の力があるにも拘らず、見て居るうちに人が思ひ〳〵の姿をして、あるきまはるやうになつてしまふ。主たる原因は廃物の利用、即ちその廃物を際限も無く、作り出すやうな品だけが売弘められるからである。スフは買木綿と比べて又一段と持ちが悪いかよいか、試して見ないのだから何とも言へぬが、とにかく其様なものが勧められて居る御時世に、別になほ一枚の揃ひの衣裳を作つて置かせるといふことは、先づよつぽどむつかしい相談であらうと思ふ。

（『柳田國男全集』9、筑摩書房）

便宜的な廃物利用や、一時的な改良策で、日本人の衣食住がどうなるものでもないことをいっているのである。

「零落」史観

この柳田国男の考えを、もうすこし追ってみよう。

「全体洋服など〻称して西洋からの借物でもあるやうに、なさけながつて居る」のがいけないのである。自由に働こうと思えば、「筒袖に細袴、昔から是より以外の服制」があろうはずがなかった。衣料といえば「木綿」ときめてかかり、それが不足すればこんどはステープル・ファイバーと、智慧のない方にばかり頭が働き、結局、「麻の一千年間の便利なる経験を、丸々省みなかつた先覚とやらの誤謬」と同じテツを、当時の為政者もふんでいるのであった。

そのように考えるとき、柳田自身の「木綿以前の事」という発想がまさに反時代的考察として今日においても光っていることがわかるだろう。ここでいう「木綿以前」の時代とは、麻や絹の時代を指し、湿度の高い日本列島の常民が、汗の放散と自由な活動をそれに負うていた時代の生活を意味していたのである。

それはもちろん、たんに木綿に代って麻の使用を奨励するなどという時局便乗の論をはろうとしたのではない。木綿の不足——国民服の制定という、一見経済的にみえて、その実きわめて非経済的な政策の不心得を、嚙んでふくめるようにたしなめているのである。

柳田は、同じ文章のなかで、都会の婦人が、襷がけ、御尻まくり、モジリ鯉口上っ張り、あるいは当世流行の割烹着という、苦心惨憺なだけ殺風景な変形に身をやつして、もともと働かないための着物を、いつも着ていようと無理算段している姿をヤユしている。それが結局、西洋人の洋服ばかりを有難がる男子の風潮とあいまって、伝統の無視と服装の混乱をよびおこしたのだ。それもこれも、「都市の格別働かない人たちのいゝ加減な嗜好を、消費の標準にさせて気づかずに」いた結果なのである。

こうして、襷がけ、御尻まくり、モジリ鯉口上っ張り……は、柳田にあっては常民の労働着が、都市消費服へと「零落」していったあられもない、情けない姿と映ったのだ。

参考のため、柳田自身がしばしばいっていた「零落」現象について若干の例をあげておこう。まず、昔話では誰でも知っている一寸法師であるが、あれは要するに古代の水神の零落した小英雄である。またかれがしばしばとりあげる半僧半俗の毛坊主やヒジリたち、あれは末世無学の漂泊民がのちに零落して農村に住みついた異形の集団だったのだという。総じて柳田の眼界には、江戸近世の退行した爛熟文化は、中世以前からの零落した末裔たちの仕業と映っていたようだ。いってみれば、柳田国男における「零落」史観である。ややもすればかれの意識の底に、江戸近世の生活諸相、つまりは「世相」がそのような姿でみえてしまう。昭和十年前後の日本人の被服の現象も、そのようにかれの目には映ったはずである。

もちろん、たんに衣服の問題にかぎられる話ではなかった。日本人の労働と知恵の結晶である民俗をとりあげ、それを歴史的な尺度ではかるときはいつもそのような史観が浮かび上る。健康な自然成長の時代に光をあて、それにたいして末期の「零落」期に目をむけるときはきびしい批判をしないではいられない。人為的な遷移にともなって衰退したものを原型の姿にもどしたいという願望が、近世的な「零落形態」を前にして燃えあがる。

そのように考えるとき、かれのいう衣裳論としての「木綿」の問題も、桃太郎や一寸法師、ヒジリや毛坊主、祖先霊や怨霊、また山の人生や海の人生などの問題も、すべて同じ方法論的視覚から論じられていることを、われわれは知るのである。

ここであらためて思いおこすのであるが、昭和十一年、戸坂潤が『思想と風俗』を世に問うている。そのなかの「衣裳と文化」のなかで、まさに柳田が提起したのと同じ問題関心から改良服運動の末路をみきわめていた(『戸坂潤全集』第四巻、勁草書房所収)。それはまた、日本人の風俗的「衣裳」を、つぎのように労働の面から論じている点でも、柳田国男のそれにいちじるしく酷似しているのである。

婦人の洋服が決定的に流行しないのは、婦人の労働の大部分の場合が家庭内労働であり、而もこの労働職場が畳式に出来ているので、和服は或る程度まで労働服の役割りを果すのである。少なくとも外の近代的施設の下で働かないので、洋服を労働服として要求しないのだ。……男は街頭を勤労者として歩くが、女が街頭を歩く時は主に消費者として歩くからである。……とに角男の背広と女の和服の外出着とを較べると、一方が近代的労働服で他方は近代的消費服である。女は社会に於ける労働服についてまだ一定の制度を持っていない、その服装に迷っている。

この引用からもわかるように、「衣裳論」を労働着に即して展開するにあたって、柳田が農村の野良着から出発しているのにたいして戸坂は、都市の街頭着から論をすすめている。だからその基本的な観点がともに社会的生産を主軸においているわけで、両者の関係は奇しくも近似の位置によりそっている。けれども、その出発点のところにこだわれば、野良着の後景には農村プロレタリアートならぬ日本常民の姿が想定されているのにたいし、街頭着の後景には都市プロレタリアートが前提されているのではないか。

そしてその点において柳田と戸坂の「労働着」観のあいだには歴然たる相違がみられるだろう。ここに、日本民俗学と史的唯物論の接触と背反についての、ひとつの分岐点をうかがうことができるかもしれない。

柳田と戸坂が「衣裳論」を展開した昭和十年前後の時代をふり返ってみよう。それがいつしかしのび寄るファシズム時代の開幕を告げる時代だったことが思い浮かぶ。そしてその風圧に押されるような形で柳田国男は、それまで用いてきた「平民」概念に代ってあらたに「常民」概念を使用するようになる。その転機を示す著作が『郷土生活の研究法』(昭和十年)だった。右にのべた「接触と背反」に伏在する問題が、たんに通りいっぺんの意味以上のものだったことがわかるのである(神島二郎「柳田国男」、『日本の思想家　下』、朝日新聞社所収)。

柳田は都市婦人の便宜的一時しのぎをもって、常民仕事着の都市消費服への「零落」の風俗と見立てた。それにたいして戸坂は街頭で出会う女の服装をみて、「日本の風俗はまだ社会的労働の風俗から極端に遠い」と考える。前者の眼は過去の経験への反省をうながし、衣服の機能的側面を重視している。ところが後者の視線は未来の社会に注がれ、資本主義社会における衣服の階級的側面に注意を喚起している。

戸坂はさきにあげた『思想と風俗』のなかで、「礼服」にふれてこんなことをいっている。

大体同じであるだろう身体に、いくつもの階級的に異った着物を着けなければならぬというのが、現代文明の衣裳のよくない処だ。衣裳が悪いのではなくて区別を強制された衣裳が悪いのである。

思いおこそう。日本民俗学の確立に没頭する以前の柳田国男は、内閣法制局参事官としてしばしば大礼服に身をかためることがあった。さらに大正四年の大正天皇の即位式には、そば近く奉侍して王朝時代以来の衣冠束帯に威儀を正したこともあった。もちろんこの想い出は、官を退いてから急速に薄れていったであろう。やがて戦争がはじまり、家事をめぐるかれの仕事着はそれこそ筒袖、細袴のいでたちにもどっていったにちがいない。とりわけ大戦の末期には、文字通り筒袖、細袴の姿で自宅の庭に炭焼きの施設をつくり、敗戦のときまで炭つくりに没頭していた。

ただ、柳田国男が炭焼きをめぐる辛苦と失敗の記録をひたすら日記に書き綴っていたころ、戸坂潤は思想犯として下獄した長野の刑務所で、全身いちめんの疥癬に悩まされ、「衣服」の保護からすら見放されて獄死したのであった。

いずれにしろ、柳田と戸坂によって一九三〇年代に提起されたわが国最初の「衣裳哲学」が、「風俗」と「世相」に深いさぐりを入れる貴重な試みだったことは疑いないだろう。ともに、ジャーナリズムによる鋭い洞察に裏打ちされていたという点でも歴史にのこる議論だったといわなければならない。今日の眼からみても、時代遅れの議論になったとはとても思えない、新鮮なひびきをそれは伝えてくれているのである。

ガンディーとの共通点

柳田の日常は、ほとんどキモノの生活だった。セビロやヨウフクではなかった。だいいち、柳田の行動のなかからセビロやヨウフクの姿を拾いだすことはほとんどできないのではないだろうか。

ちなみに、『柳田國男全集』の各巻にそえられている口絵や文中の写真をみてみよう。セビロ姿やヨウフク姿の写真にお目にかかることはできない、そのことがただちに判明する。カラーの口絵写真はすべて刊行当時のデザインを伝える著作物だけにかぎられている。わずかに第20巻と21巻の冒頭にキモノ姿の写真がのせられている。前者が、三木茂によって撮影された「著者近影」。柳田好みの布の帽子をかぶったキモノ姿である。後者が、自伝「故郷七十年」のはじめに、竹馬の友とされる三木拙二翁といっしょに撮った写真である。これは帽子なしのキモノである。

手元にある柳田関連の著作物をみても、その生涯の節目になったような時期の写真がいくらもでてくるが、そのどの時代のものもキモノ姿であって、ヨウフクやセビロの写真にお目にかかることがまったくない。

ヨーロッパに出かけたときは、どうだったのか。調べれば、あるいはセビロ姿やヨウフク姿の柳田国男が登場してくるかもしれない。しかしたとえそうであるにしても、それは衣冠束帯や大礼服に身を包む儀式のなかの柳田国男と同じように、個性を失なったヨソ行きの人間が立っているだけ、という話になるだろう。

仕事着をキモノで通した柳田国男の一生をみていて、あるときふと思い出したひとりの人物がいる。筒袖、細袴に身を包んで炭焼きに励んでいる柳田の姿のかなたに、自然に蘇ってくるもうひとりの人間の姿が、それに重なった。インドのマハトマ・ガンディーである。

ガンディーは、イギリスの植民地だったインドを独立させるためにたたかった指導者だった。第二次大戦の時期、その反英独立運動はしだいに高まりをみせ、大戦の終結後にインドはその目的をついに達成することができた。ガンディーは独立の父、救国の英雄になったのである。

かれがみちびいた独立運動は非暴力、不服従の方法で知られるが、イギリスとのあいだでくり返されたさまざまな政治折衝の場面でもその方法がつらぬかれていた。

かれは若き日にイギリスに留学した時期や、南アフリカで従事した弁護士時代などをのぞき、その生涯を民族衣裳で通したことでも知られる。白い衣を細い裸のからだに巻きつけただけのキモノ、それにサンダルをはいただけで活動の最前線に立っていた。セビロやヨウフクを捨て去ることが、インドの自立的な産業を育成する象徴的な行為であると考えていたからだったが、同時にそれは自国民の誇りと自信をそれによって喚起するためでもあった。

裸身の政治指導者、ガンディーがこうして誕生したのである。

一九三一年（昭和六）のことだった。ガンディー指導の不服従運動は暗礁にのりあげていた。国民会議派を率いるガンディーと植民地行政の最高責任者であるインド総督のあいだでくり返し政治折衝がおこなわれていたが、なかなか前にすすまず難航していた。

が、紆余曲折をへて妥協の協定が結ばれ、その仕上げのための円卓会議に出席するため、ガンディーはロンドンに出発することになった。しかし会議は結局は党派的な利害の対立・衝突と、イギリス側の巧みな分断政策に踊らされて、みじめな失敗に終る。ガンディーは何物も手中にすることなく帰国したのである。その会議に出席するための旅においても、ガンディーは身にまとう白い布とサンダルの身だしなみを手放すことがなかった。

そのとき、のちに首相になってイギリスをはじめとする連合国を勝利にみちびくウィンストン・チャーチルは、会議にやぶれ敗者となって祖国に帰るガンディーにむかって、

「煽動的な半裸の托鉢僧！」

の言葉を投げつけ、嘲笑したのだという。

ガンディーがそのチャーチルの言葉を、心中どのような気持でうけとめたのか、それはわからない。けれどもかれは、インドの独立後に狂信的な宗派主義者によって暗殺されるそのときまで、愛用することをやめなかった仕事着としての民族衣裳を手放すことはなかったのである。

ガンディーが昭和六年に、ロンドンで屈辱の体験をしていた、そのちょうど同じ年に、この極東の地では柳田国男の『明治大正史　世相篇』が刊行されていたことが思い合わされる。そしてその前後の時期に、同じ著者の手になる「昔風と当世風」（昭和三年）、「働く人の着物」（昭和十一年）、「国民服の問題」（昭和十四年——いずれのエッセイも『木綿以前の事』に収められている）が発表されていたのである。

戦後十数年が経ったころだったと思う。たしか『20世紀の世界の知識人・5人』といったようなタイトルの本が、日本の出版社から刊行されたことがある。出版社の名も著者もしくは編集者

の名も、今はもう思い出せないでいるが、その五人のうちインドから「ガンディー」、日本から「柳田国男」の名が挙げられていたことを、私はいまだに鮮明に覚えている。そういう「戦後」という時代があったのである。

柳田国男の「民俗学」は、とっくの昔に国境を越えていたのかもしれない。

第七章 「翁さび」の世界

フィレンツェのひらめき

師弟の関係というのは、本来はライバルの関係である。いうまでもないことだ。ライバルでないような師弟に、いったいどんな意味があるのか。そんな師弟なら、はじめから無い方がいい。裏を返していえば、師は弟子に追い抜かれる運命を免れることはできない。弟子も師を追い抜いていくことなしに自己の立場を築くことなどできるはずがない。

柳田国男と折口信夫の関係も、まさにそのようなものだったと思う。その二人のあいだにはりめぐらされていた凄まじい葛藤の関係である。人間の上でも学問の上でも、そこで演じられていたねちこいライバルの関係である。それを思い浮かべるとき、師弟の宿命という言葉が口をついて出る。柳田は折口を第一の弟子として遇していたが、しかし自分の親密なサロンにかれを招き入れようとはしなかった。折口もまた柳田を唯一の師として敬うことを終生忘れなかったが、しかし自分の確かな目で見ようとしていたのは、いつでも柳田の頭ごしのはるか彼方の世界だった。

　そのことを知った柳田は、人知れず憤怒の激情にかられたのではないか。その師のいらだちを、弟子の折口は知らぬ顔の半兵衛でもてあそんでいたのではないか、とまで邪推したくもなる。

　発端は、「童子」と「翁」の問題だったと思う。私の視野に火花を散らして向き合う柳田と折口の姿がはじめて映ったのは、「童子」の世界に見入っている柳田と、それにたいして「翁」の系譜にのめりこんでいく折口の背中合せの映像だった。子どもと老人の問題、といってもいい。しかしその子どもと老人の問題が、やがて柳田と折口という師弟のあいだでは妥協のできない、のっぴきならぬそれぞれに固有のテーマであることがわかるようになった。

　この課題については以前にもふれたが、ここではもう一度焦点を定めて概略をのべておこう。さしあたり、柳田における「童子」偏愛の背景を探っておくことだ。子ども好きの柳田、ユニークな童子論を展開していく柳田を知っておくためにも、それは欠かせない。

　柳田は早い時期から、桃太郎や瓜子姫の物語につよい関心を示していた。小さい子どもの世界への関心である。そんな小さな子どもたちが、いったいどうして物語の主人公になり、やがて成長していって、どうして異常な力を発揮するようになるのか、という疑問をもっていたからだった。その疑問を追いかけた柳田は、ついにそれらの小さな子どもたちの誕生の秘密の現場に足を踏み入れていく。

かれが桃太郎や瓜子姫の誕生についてハッとするような暗示をえたのが、面白いことにイタリアのフィレンツェに滞在しているときだった。大正十一年（一九二二）、国際連盟委任統治委員会の委員としてジュネーブに赴いたが、その時期にたまたまフィレンツェの美術館を訪ねている。そして、あのよく知られたボッティチェリの「ヴィーナスの誕生」の絵の前に立つ。突然、ひらめくものがあった。桃太郎の誕生が水の神につらなるものであることを直覚したのだった。ヴィーナスは海辺の水の泡から誕生したという伝承をもつ女神であった。

お爺さんが山に柴刈りに、お婆さんが川に洗濯に、というあの話だ。柴を刈って帰ってくると、沼があった。その中に柴を投ずると、水底から美しい女性が姿をあらわす。みると、子どもを抱いているではないか。ところがどうしたわけか、その子が醜い顔をしている。美しい女性がいうには、その子を連れ帰り大事に育てると家が栄える。そういって水中に消えた。いわれた通り、お婆さんともども大事に育てたところ、家は栄え金持になった。

柳田は、そうした類似の昔話やいい伝えをつみ重ねていった。その結果、これらの小さ子伝承の源流がじつは山中の水神にたいする信仰にあったのではないかと考えたのである。しかもその水神が母神の面影を濃厚に示している。そこから、このようないい伝えの中心には母子神信仰があったのだろうと論をすすめていった。

あえていうと、それが柳田の童子論の骨格である。童子神というのは、むろん日本列島にだけみられる現象ではない。ローマ神話のキューピッドなど数えあげていけばいくらでもみつかるだろう。ただ柳田の場合は、かねてからわが国の御子神や若宮などの「小さ子神」をとりあげて、それらの神々がいずれも神霊を宿す巫女（＝母神）の子、という伝承をもつことに注目していたのである。

そのような柳田の議論を斜交《はすか》いに眺めて、そんなことオレは知らぬ、と白い眼をむいていたのが折口信夫だった。神の源流に母と子のイメージを探りだそうとする柳田の方法に、おそらくうとましさと違和感を抱いていたにちがいない。かれがさきにもいったように「翁」の領域にわき目もふらずにつき進んでいったのは、ひとえに自分の研究領分から柳田のいう母子神信仰の痕跡をふり払い、追放しようとしたからだったように私にはみえる。折口は幼年時代から、自分はもしかすると母の子ではないかもしれぬという不安を抱いていたという。それが母子神のようなイメージを白眼視するはるかな動機だったのかもしれない。

折口の翁、柳田の童子

柳田が桃太郎や母子神を話題にとりあげるのに並行して、折口が掘りだそうとしていたテーマが翁のテーマだった。師が「子ども」なら、弟子は「老人」だと、神経を逆立てていたのではないか。

その翁についての論を立てるための発端が、日本の「祭り」だった。折口はいう、日本の祭りの原型は秋祭りから冬祭りへのプロセスに隠されている、と。その着眼を文献調査とフィールド踏破を重ねてつきつめていった。秋祭りとは、稲の収穫を祝い、神に感謝を捧げる祭りである。つまり村の鎮守の祭りである。それにたいして冬祭りとは、山から神が降りてきて里人たちの幸せと長寿を祝福する祭りだった。神々と人びとの交流、交歓の関係がそういう形ででき上っていた。神人互酬の関係である。神人贈答の交わりといってもいい。その場合、山から降りてくる神は、「ご先祖さま」と意識されていた。祭りが終れば、ご先祖さまはふたたび山の中に帰っていく。

神が山から降りてきて、また山へ帰っていく季節が厳冬期の深夜だった。太陽が衰え、生命がみな枯渇する時節だ。だから山の神が山から降りてきて里人たちの魂を生き返らせる必要があった。死と再生の祭り、それが冬祭りの原義だったのである。冬至の祭りも正月の祭りもみなそうだった。寺院でおこなわれる修正会《しゅしょうえ》も修二会《しゅにえ》も例外ではない。

冬山の彼方からこの地上に忍び寄ってくる神、それが折口には異様な姿をした老人にみえたのだ。容貌魁偉な翁だった。それがいつしか柔和で優しい翁へと姿を変えていく。それはおそらく、山から訪れる神と里人たちの交流、交歓の結果であった。村祭りに欠かせない翁や嫗《おうな》の振舞いを思いおこせばいい。田楽や猿楽に登場する老人たちもそうだ。オカメやヒョットコといっしょに愛敬をふりまく柔和で優しい「老人」たちである。

なぜ、翁だったのか。くり返していえば、翁とは冬の季節に里人を祝福し、その魂＝生命をよみがえらせる奇跡の保証人だった、というのが折口の推論である。そこに、いわば折口の民俗学の出発点があった。それだけではない。その舞台にこそかれの芸能史のための跳躍台がしつらえられていた。その折口の議論のなかでとりわけ胸打たれるのは、かれがその「翁」の背後に山の神の身じろぎを感じ、さらにその彼方に「まれびと」という不可思議の存在を透視しようとしているところである。

折口学をめぐるキーワード中のキーワード、「まれびと」である。そもそもかれのいう山の神の正体も、よくよく考えてみれば曖昧模糊としているのだが、そこにさらにいっそう正体不明の「まれびと」を重ねていく思考とは、いったい何だったのか。すでにふれたことであるが、老人→山神→まれびとへと、どこまでも遡行していく、折口の不可思議還元の方法と呼ぶほかはない。むろん、そのような折口の魂胆を断固としてみとめようとしなかったのが柳田国男である。何しろ柳田の方法というのが、眼前の不可思議な現象をつねに合理的な説明のつく自然の文脈におきかえるところにあったからだ。桃太郎の誕生を母子神につなげて解釈した点にもその特徴があらわれている。これも前にいったことだけれども、柳田における自然還元の方法、といっていいだろう。

柳田は「童子」の伝承をたどって湖沼池辺の水神を発見した。それにたいして折口は「翁」の伝承をたずねて山中の山神に行きついた。そこまでは二人のあいだに共通の糸が張り渡されているようにもみえるが、そのさきがまるで違っていた。不可思議還元の方法と自然還元の方法の違いである。それが師と弟子を離反させる分岐点になった。師は弟子の「まれびと」を白眼視し、弟子は師の「自然」に反旗をひるがえした。おそらくそのためであろう。柳田は生涯「翁」のテーマにおもて向きは口をさしはさまず、折口は逆に「童子」についてほとんど沈黙を守った。むろん柳田と折口のあいだには、これまでもいろいろいわれてきたように相互影響と相互盗用といった関係がみられる。テーマの立て方や発想の質に、互いに許し合う影響や盗用が目立つ。そもそも師と弟子のあいだに、そのような関係がいつでもおこりうることはむしろ当り前の話ではないか。

二人三脚を組む柳田と折口の牧歌的な光景である。しかしそれも一皮むけば、ただちに呉越同舟の角突き合わせる対立へと様相を一変させる。ボディー・ブローの応酬もはじまる。相互影響と相互盗用が相互忌避と相互排除の暗闇へとスライドしていく。

そのようなことを背景において二人の人間のドラマをみていると、何がみえてくるか。あまりにも単純な、といわれそうであるが、柳田が八十七歳の天寿を全うしたのにたいし、折口の方は志半ばにして六十六歳で逝ったということだ。柳田はすでに生きているうちから柳田「翁」と呼ばれ、成熟した晩年を迎えることができた。ところが、これにたいしてついに成熟の季節を迎えることのないままに人生を閉じた折口。いや、かれはみずから成熟の人生を拒否する生き方を選びとろうとしていたのである。

八十七年を悠然と歩いていった師と、「翁」などにはなるものかと思いつづけて生きていた弟子——。しかしその弟子の胸中に終生宿りつづけたのが皮肉にもその「翁」というテーマであった。みずから柳田「翁」であることに自足した師が「童子」に執着し、たいしてみずから翁であることにあらがいつづけた折口が、その学問上の重要なテーマに選んだのが「翁」であった。この師と弟子のあいだに演じられた二重の逆説をわれわれはいったい何と呼んだらよいのだろうか。

若草は老いたる死の上に

これまで私は、柳田にとっての主題は「童子」、それにたいして折口の主要なテーマが「翁」だった、ということを前提に論をすすめてきたが、もちろん事柄はそれほど簡単に割りきれるものではない。なぜならその理由の一つに、柳田が「老い」とか「老人」の問題について早い時期から自覚的な問題意識をもっていたことがわかるからである。さらにいえば、その場合の「老い」とか「老人」のテーマが、その後に展開される柳田の「童子」論となだらかな円弧を描いて接続し、思わぬ変奏の音色をひびかせているからだ。

すでにふれたことだが、柳田国男が『遠野物語』を書いたのは明治四十三年（一九一〇）、かれが三十四歳のときだった。柳田民俗学の出発点と目されているこの作品は、その序文によって成立の事情をうかがうことができるが、じつはこの序文の最後尾でかれは、人間における「老い」のあり方にふれて、つぎのような述懐の文を短歌一首とともに書きつけているのである。

明神の山の木兎《みみずく》のごとくあまりにその耳を尖《とが》らしあまりにその眼を丸くし過ぎたりと責《せ》むる人あらば如何。はて是非もなし。この責任のみは自分が負わねばならぬなり。

おきなさび飛ばず鳴かざるをちかたの
　森のふくろふ笑ふらんかも

（『遠野物語・山の人生』、岩波文庫）

柳田はこの序文のなかで、いまここに提出する『遠野物語』はたんなる過去の物語ではなく、まさに「現在」の物語なのだといっているのであるが、しかしそのように声を大にして主張している自分の姿を、右の述懐では「明神の山の木兎」のごとくであるといって自嘲しているのである。耳を立て眼をまん丸くしている木兎は、「現在物語」に驚嘆して耳を傾け、眼を見開いて口演している自分の大げさな身振りの、まさしく戯画だというのであろう。それらの話が過去のたんなる妄誕ではなく、現在に生きる奇談であることを主張しているのであるが、しかしそれにもかかわらず、そのような自分の振舞いがみみずく的なパフォーマンスになりがちなことに、柳田はためらい、うしろめたさの気持を隠すことができないでいる。

だからこそかれは、そのためらいの気持を断ち切るようにして、「はて是非もなし。この責任のみは自分が負わねばならぬなり」というほかはない。歴史上の『今昔物語』にたいして自分のいう「現在物語」をここに対置した責任は、それとして負うといっている。そしてその思いをこめて、最後に和歌一首をそえているのである。

自分はみみずくのように耳を立て眼をまん丸くして「現在物語」の意味を一所懸命に説いているのだけれども、しかし遠くの森のなかで飛びもせず鳴きもしないでいるふくろうが、いかにも翁らしい慎み深さのなかで自分を笑っていることだろう、と反省してみせているのである。

みみずくもふくろうも、ともに森に住むフクロウ科の鳥であるが、みみずくは耳（羽角）を立てているのにたいして、ふくろうは耳（羽角）をもっていない。耳の有無というユーモラスな差異に着目して、柳田は「おきなさび……」の一首をここにもってきた。『遠野物語』の序文の末尾においてかれがひそかに心をくだいた工夫が、耳を尖らした木兎と翁さびたふくろう、という意表をつく対称であったことを、私は面白いと思う。このことについては前にも言及したが、ここではそれを補足しつつ、このさきの問題へとつなげてみたい。

これまで、柳田国男の『遠野物語』を論じて、その序文にふれなかったもののいないことは人のよく知るところである。この書物が世に出てから四半世紀後になって折口信夫や桑原武夫が解説を書いたが、それらを含めて、その「序文」に含まれているさまざまな含意に注目しない論者はいなかったといっていい。たとえば、遠野郷における無数の山神山人の伝説を語って、平地人を戦慄せしめよ、の一文のごときは、すでにわれわれの記憶に深く刻みこまれている。

しかしながらそれにもかかわらず、この「序文」の最後尾にそえられた和歌の一首に注意をむける者はいなかった。それはまことに不思議なことの成りゆきというしかないのである。

　もっとも、そのような情景のなかで、わずかに折口信夫のみが、序文の後半部に展開されている柳田の心情にかすかな反応もしくは共感を寄せている。すなわち「『遠野物語』前記に見えた、高雅な孤独を感ぜしめる反語は、二十何年前、私どもを極度に寂しがらしたものである」というのが、それである（角川文庫版『遠野物語』、新版）。

「高雅な孤独を感ぜしめる反語」という言い方はいかにも折口流で、かならずしもわかりやすくはないが、それがまず耳を尖らした木兎の孤独をいい、それにたいしてその孤独を笑うもう一匹の森のふくろうを指していることは、おそらく間違いないであろう。だがその折口にしても、序文後尾の「おきなさび……」の一首には、ほとんど目もくれてはいないのである。

　思い返せば、柳田国男がその「序文」を書いたのが先にも記したように明治四十三年、三十四歳のときだった。ときあたかも壮年の盛りにあり、「翁さびたふくろう」の境地に心からの同情と共感を寄せる年齢にあったとはいいがたいだろう。柳田がそのことを意識していたかどうかは別にして、翁さびた慎み深いふくろうの姿は、やはりかれには「反語」としての意味しかもたなかったのかもしれない。

　だが、そのときから二十数年後になって『遠野物語』のために解説を書いた折口の場合は、おそらくそうではなかった。かれはさきにもふれたように柳田のいう「翁さびたふくろう」に言及することはなかったけれども、しかしかれ自身の興味の方ははじめから「翁さび」の世界にむけられていたと思う。というのも折口は、その「解説」を書いたときから数えて七年前の昭和三年（一九二八）に、すでに「翁の発生」という、折口学の形成において画期的な位置をしめる論文を発表していたからだ。

そこでここではひとまず、明治四十三年に発想された「翁さびた森のふくろう」の背景、いわばその戯画化された老人のイメージが、柳田国男のその後の人生のどのような場面に蘇ってくるのか、その足跡をたどってみることにしよう。

とはいっても、どうしたわけか柳田には「翁」や「老人」にかんする論考がきわめて乏しい。その主題選択における偏向は、折口の場合とくらべていちじるしいのである。

その柳田が旅から旅の生活のなかで「民謡」を採集して歩いていたときのことだ。たまたま「老い」を主題とする俗謡や民謡に遭遇し、ふと気づくことがあってそれらの詞句の前に立ちどまっている。そのいきさつが昭和四年に地平社書房から刊行された『民謡の今と昔』のなかの文章「民謡雑記」にでてくる。

これは北野博美による口述筆記であるという。『民謡の今と昔』は昭和二年に公表されたものであるから、「民謡雑記」の口述もその前後の時期におこなわれたものであろう。「老い」がうたわれている俗謡とか民謡というのは、柳田によればつぎのようなものであった。

たとえば、江戸時代に芝居から流行りだし、文化四年（一八〇七）の冬から巷間でうたわれるようになった唄――。

わしがわかいときや
おかめといふたがのんころ
今は庄屋どのゝ子守りする
ねん〳〵ころ〳〵ねんころり（子守唄）

また、民謡からは、たとえば越後の三がい節――。

おらが若いときや
印籠巾着さげたが
今ぢや年より皺より
お寺の過去帳につくばかり（盆踊唄）

また、下総の踊歌に、

わしが若いときや
そでつまひかれ

今は孫子に手をひかれ

というのがあり、そのほか酒宴の席でうたわれたらしい岩手の奴歌《やっこうた》――。

我等も若い時には栗の毬さへ食ん呑んだ
今は年寄天と髭とに倒された
　イヤススノス弁慶ダンベーカヤイ

我等も若い時粉糠《こぬか》奴子もふつてみた
今は年寄、年寄天と倒された
　イヤスッスノス弁慶ダンベー

（『柳田國男全集』4、筑摩書房）

ここでは子守唄とともに盆踊唄、踊歌、あるいは酒席での奴歌をあげてみたが、どうしてこのような歌が酒の席でうたわれたのか。それらの歌はいずれも、いまは老いの身をかこってはいるが、かつては若い盛りと得意の時代があった、ということを述懐し、わが身をふり返って嘆いている。だが、もしもたんに老いを嘆くというだけであったら、それは人に嫌がられるはずであるのに、それがどうして本来楽しかるべき酒の席や踊りの場でうたいつづけられてきたのであろうか。柳田の疑問はそのことをめぐって増幅し、やがて「老い」の考察へとすすめられていった。

その考察の第一点は、日本の文学には老いを嘆く特殊な気持が流れているのではないかという指摘である。そしてそのような気持をうたった代表的な歌として『古今集』のつぎの一首をあげている。

いまこそあれ我もむかしは男山
　さかゆくときもありこしものを

日本の文学にはこうした歌が割合に多いとかれはいい、そういうのが「男山式」と呼びならわされてきたといっている。さきにみた民謡や俗謡の、かつての昔をなつかしむ老いのくりごとめいた歌の主題は、たんに民謡や俗謡だけの世界のものではなかった。それはそもそも『古今集』をはじめとする日本文学の伝統のなかで育まれ、受け継がれてきた「気持」にも通じていたのだというのである。

そして柳田の考察の第二点は、老いを嘆くこうした述懐歌は、もとをただせば青年男女のための、結婚媒介の意味をこめたものではなかったか、と想像をめぐらしているところにある。かれはかつて秋田から岩手へ山越えをしたことがあり、そのときに採集した歌がそのことを思いつく手がかりになったという。
まず湯瀬の山間部で採集した歌、――

おらも若いとき
山さもねたけ
かぬか《（草原）》錦に芝まくら

また、南秋田で耳にした同じような歌、――

おらも若いとき
山さもねたが
こだすまくらに
さはなりに

これらの歌を導きの糸にして、雪国の青年男女にとって、雪解けの後、青草の萌え出るころほど愉快な時期はなかったとかれはいい、そこに若い男女にたいする老人の結婚媒介という役割をさぐりあてたのである。そして『古今集』にでてくる「男山」風の詠歌にも、右のような民謡式の歌が下敷きとしてあったのではないかと推測したのであった。

昔は男女を媒介するとき、さうした老人をつれて来てこんな歌をうたはせたのではなかつたゞらうか。老人を尊敬する思想の少なかつた時代に、老人をそんなことに利用したのではないかと考へられるのである。

（前掲）

そういって、柳田は民謡を通しての「老い」の考察をしめくくっている。しかしそのしめくくりの語調には、心なしか寂しい影が宿ってはいないだろうか。かれがいっている「老人を尊敬する思想の少なかつた時代」が具体的にどのような時代を指しているのか、それは右の文章からはよくわからない。だが、若ものたちのために利用される消極的な老人の役割に、かれの注意がむけられていることははっきりしている。若い世代の踏み台にされていく人生晩期の影絵が、そこからは浮きあがるようにみえてくるのである。

老いを嘆く民謡の歌詞に触発された柳田は、一方で文学の過去をふりかえって『古今集』の一首を想い出しているのであるが、他方では異文化の流れを追ってシュクロブスキーの『北東サイベリア』という書物との出会いの想い出を書きとめている。

この書物によると、北東サイベリア（シベリア）というのは北緯七〇度よりもさらに北で、チユクチ人種などの住んでいるところであるが、その地も春になると野が一変する。春といってもほんの瞬間のことであるが、月がおぼろに照る五、六月の候になると、この地方にふさわしい年中行事として、若い男女が野中に集まって食事をし、歌をうたい舞踏をする。そのとき、ほとんど骨と皮ばかりになった盲目の婆さんがでてきて、これら若い男女の歌をききながら、やがて自分も歌いだす。

老いたる骨に
日の光りのうれしさよ。
おみ達と踊ることの
如何に楽しかるべきぞ。
さあれ、おみ達と踊るのも
私には今年が終りであらう。
再びかうした日がめぐり来ようとは思はれぬ。
やがて此骨には土が覆ふであらう。
塚の上には青草が生えるばかりである。
踊れ、若者達よ。
抱かれよ、若者達。

来る年には、
私の骨の上に生えた青草を踏んで、
また踊れ。
踊れ、踊れ、若者達よ。

（前掲）

この歌を引用して、柳田はいっている。要するに、この集りと踊りの目的は、かれらの短い人生に野に咲くのと同じ花を咲かせるためのものであった。種族の繁殖のための行為であった。そしてこの楽しい踊りの輪のなかに盲目の老婆が登場して歌をうたうのは、とりも直さず自分の老骨を見本にして、若者たちに結婚を急がせることにあったのだ、と。

老人たちの死んだあとに骨がのこり、その骨を土が覆ってやがて青草が生える。その青草の上で踊れ、若者たちよ。——この歌にはたしかに新生の喜びがうたわれてはいるけれども、それは死にゆく老人たちの骨によって耕された土壌のうえにはじめて可能となるものだ。再生の代償として老人の犠牲が簡明率直に語られているのである。老いを嘆く民謡の歌詞をたどりながら、若い男女のための結婚媒介の意味をかぎとったのと同じ感覚が、そこには流れているといえないだろうか。老いを嘆く行為は、とりも直さず若い世代を祝福するための身代り、犠牲の所作だったのではないか、——柳田はそのように思案をめぐらせているようにみえるのである。

明治四十三年に『遠野物語』を書き、その序文の末尾に翁さびたふくろうをうたう一首をそえたとき、その「飛ばず鳴かざる森のふくろふ」の翁さびたイメージは、柳田にとっては疑いもなく、ある種の慎しみ深さ、あるいは謙徳の象徴のように思われていた。そしてそのような脱俗の世界に悠然と遊ぶことのかなわぬ自分を、耳を尖らした木兎に擬して、ひそかに自嘲の反語としたのであった。そのとき翁さびた老体（ふくろう）は、柳田にとってはまだ手のとどかぬところに結ぶ非現実の像だったのではないだろうか。

そして、それから十数年がたつ。昭和の初年になってみずからもまた年を重ねたかれの目に映ったのが、もう一つの別個の老体のイメージであったことははなはだ興味ぶかいことといわなければならない。というのもそれは、民謡歌と北東サイベリアの舞踏歌にみられるように、若者のためにみずからを葬るほかない犠牲の象徴としての老翁のイメージだったからである。

私はこれまで、柳田国男の個人的な関心に映じた翁像とその民俗学的な問題意識に発する老人像について、ほんのわずかな資料を手がかりに語ってきた。それがはたして柳田の人生の全体、もしくはその民俗学総体に照らして妥当な輪郭線を引くものであったのかどうか、かならずしも確信があるわけではない。柳田自身そのことについて積極的にのべているわけでもない。

けれどもこの問題を考えていくのを難しくしている要因の一つとして、柳田自身が後年、柳田「翁」として各層各分野の人々から尊敬の対象とされていたということを挙げることができるかもしれない。翁さびた「森のふくろう」と「耳を尖らした木兎」と、そしてその両者を腹中にふくんで見事なというほかない人生を生きぬいた晩年の柳田「翁」が、みずからの老いの姿をどのようにみていたのか、それがかならずしも明らかではないからである。

要するに、柳田国男は『遠野物語』の序文に「翁さびたふくろう」の一首をそえたけれども、しかしその「翁さび」の彼方へとそれ以上の推理と想像の翼をひろげることをしなかった。同様に『古今集』の男山式の述懐歌にまで連想をさかのぼらせつつも、しかしその老いを嘆く気持のさきへと興味と関心を移動させることがなかった。そして、かれのそのような一種の心的嗜好を支えていたのが、「翁」というテーマにたいする執着の希薄さだったのではないだろうか。それに反しそのような「翁」のテーマへの執着をもちつづけたのが、さきにのべたように折口信夫だったのである。

老いの絶望と叡智

ここで、わたくしごとになるけれども、ささやかなわが後期青春時代の一エピソードをつけ加えておきたい。私のその後の「翁」像にたいするこだわりの、それが出発点になっているように思うからである。

忘れもしない。東京の吉祥寺駅前の居酒屋で吐血して倒れ、そのまま秀島病院に救急車で運ばれたときのことだ。昭和四十四年の二月二十五日、寒い夜だった。学生諸君と一合ドックリを七、八本あけたころ、全身がすくわれるようにグラッときたのだった。三十七歳のときである。

そのまま六月下旬まで入院していたが、そのあと一ヵ月ほど経って、アポロ11号が月面に到着した映像を病後のからだを床の上におこして眺めていたことを覚えている。そういえば、「東大闘争」で安田砦が陥落したのも、この年の一月のことだった。

吐血をしたのは、すでに二十五歳のときに十二指腸潰瘍をわずらい、それで患部切除の手術をしたときだったが、それが再発したのだった。不養生がたたったのである。手術をしたあとも若さにまかせて、不規則な生活をつづけていた。毎日のように安酒をのみ、煙草を手放さなかった。その報いが、当然の表情を浮かべてやってきたまでだった。すでにからだの老化がはじまっていたのであろう。

四ヵ月ほどの入院生活で、幸い胃腸の状態がやや安定してきた。ときどきは潜血反応がでていたけれども、それもやがて消え、もうそろそろいいだろうということで退院の許可をもらった。久しぶりにシャバの空気を吸うことができたのである。

そのときにえた解放感だけは、今でもよみがえる。だが一日、二日とたつうちに、からだ全体の調子がかならずしもままならないことに気づくようになった。胃腸のあたりに違和感がのこっていた。しこりになっているというほどではなかったが、それでもからだ全体がややギクシャクしている感じだった。変な喩えになるが、自動人形のピノキオになったような気分、といえばいえるような状態だった。

それでいつも浮かぬ顔をしていたのであろう。私にハリキュウをすすめてくれる人がいた。腕はたしかだ、と保証してくれたが、しかしそれよりも何よりも、からだの機能を回復するにはハリキュウが一番だと真顔でいってくれた。その熱意にほだされて、すすめてくれた針灸師さんのもとに定期的に通うことになったのである。

はじめは遅々とした歩みだった。ハリの治療に不安を抱いていなかったといったら、ウソになる。おキュウも子どものころ父親にすえられたことがあるけれども、それがどの程度効くものかどうか、半信半疑だった。そんな及び腰の状態が、しばらくのあいだつづいていた。

半年ほどもたったころだろうか。すこしずつ変化のきざしがみえはじめた。からだの動きがわずかながらもとのリズムを取りもどしていくのが実感できるようになった。遅々とした歩みではあっても、わずかにからだの機能が回復しつつあったのである。

そのころになって私は、いつも自分のからだの全体に向き合っているということを自覚するようになった。それはかならずしも、病変の中心部位である胃腸に向き合っているというのではなかった。つまり患部に向き合っているのではない。からだ全体の変化や動きに向き合おうとしている、そんな感じになっていることに気づくようになった。ちょっとおおげさにいうと、自分のからだを上の方から眺めるといったらいいであろうか。からだのあちらこちらのちょっとした動きに、じっと耳を傾けている気分、といったらいいであろうか。もしかすると、そろそろ本格的な老病の年代に足をふみ入れていたのかもしれない。

今にして思うのであるが、それが私における養生ということのはじまりであったのだろう。生を養い老を養うとはそもそもそういうことであったのか、とようやく得心がいくようになったのである。理屈をいえば、それはかならずしも病いと向き合ったり、病気とつき合ったりするというのではない。病いや病気の患部を包みこんでいる生命そのものの働きと向き合い、つき合うということではないか、——そんな感慨にとりつかれるようになったのだ。

西洋医学というのは、どちらかというと病源を発見してこれを除去し、健康なからだを回復させるというところに力点をおいているように私にはみえる。病源を発見するための合理的で科学的な診断ということが重視される。いわば、健康診断、病状診断といわれるような診断医学である。これにたいしてハリキュウ治療には、からだの全体的な機能の回復に注意深いまなざしを向ける養生医学、といってもいいようなところがあるのではないだろうか。私は西洋風の診断医学と東洋風の養生医学の両方のおかげで、今日におけるまあまあの「健康」状態を保つことができていると思っているのである。そして本来、柳田国男が重視している民俗伝承のなかでは、この養生医学の分野が含まれていたはずだと思うのであるが、しかしかれのその民俗学的な眼差しにはその方面への関心があまりみられない。柳田の学問的手法には、どこか西洋風の病源学的観点や診断医学的な分析がいつのまにか浮かびあがってくるからである。

そんなことを考えながら街を歩いていると、よく「養生」の見本のような存在に出会うことがある。民俗伝承のカタログの中から抜けでてきたような老人の姿である。いってみれば日常的に生を養っている人間のモデルであるが、たとえば痩身のわが身をいたわりながら、ゆっくり歩いている老人の姿だ。杖をついている場合もある。立ちどまり立ちどまりしながら、一歩一歩しずかに歩いていく。ところがよくみると、弱々しい足腰のわりには背筋がすっと伸びている。そんなとき、目を洗われるような気分になる。

生と老を養っている姿が、まさにそこに現前していると思わないわけにはいかないのである。そういう老体のからだの内部には、おそらくいろんな病いの患部が抱えこまれているのであろう。しかしながらゆっくり足を運んでいる姿をみていると、かならずしもその患部の一つ一つに向き合って歩いているようにはみえない。むしろ能舞台でシテを舞っている翁のような気品のある姿を思いおこさせることがないではない。

ずい分前のことになるが、たまたま御詠歌の全国大会というのに出席させてもらったことがある。参加者のほとんどは中高年の方々ばかりであったが、二、三十人ずつチームを組み、舞台にあがって自慢のノドを披露するという趣向であった。千人以上の方々がつめかけていたから、そのコンクール形式の競演はいつはてるともなくつづけられていた。

交替のとき、その二、三十人のグループが舞台にあがっていくのをみていて驚いた。列は乱れ、足腰が定まらず、いまにもよろけそうにしてあがっていく。はじめはどうなるかとハラハラしてみていた。舞台の中央にすすんで整列するのにも時間がかかる。ところがやっと勢揃いが終り、そこに敷かれている座蒲団に全員が坐ったとき、私はわが目を疑った。いつのまにか全員の背筋がすっと伸び、静かな視線を前方にそそいで、みごとな正座の姿になっていたのである。

ご老人たちの日常のたしなみが、そこに凝縮してにじみでているような気がしたのである。老いの病いを手なずけ、それと上手につき合ってきた生活の智恵がそこに輝きでているように思ったのだ。長い時間をかけて老いの生を養ってきた人々の誇り、といってもいい。それが、すっと伸びて微動だにしない背筋に顔をのぞかせている。やがて先導の調声とともに鈴が鳴り、御詠歌の斉唱がはじまる。一人一人の翁や嫗たちの声が、会場のすみずみに輪をひろげていったのである。

柳田のいう「森のふくろう」が、その静かな沈黙の姿勢において慎み深さと謙徳をあらわしていたとすれば、同じように和歌や民謡に登場する老いを嘆くリフレインは、むしろ犠牲の覚悟と後世への祝福を含むものであった。そのようなイメージは一見するに、長い歳月を中間にはさみこんでそれぞれの断面をみせているようにみえるが、実際には重層しているのであろう。いわばこの慎み深さと一種の諦観の意識は、翁さびた老人にあらわれる固有の特色としてもとらえることができるのではないだろうか。

老いにおける叡智と絶望の同時並存、といってもいい。そこには老年における危機の意識も根ざしている。さきにふれた、老人たちがうたう御詠歌の斉唱の調べのなかにも、それがこだましていたように思う。

人は死んで他界におもむいて、死霊となる。異郷の死霊は時をへて祖霊となるであろう。祖霊はやがてカミへの道をたどるが、そのうち親近なカミや祖霊がわれわれの現世に来訪神としてあらわれる。わが国の民間伝承や民間芸能では、そのような各種の来訪神がしばしば翁や嫗の姿をとって出現しているのである。

柳田国男のいう「翁さびた」世界の奥行きが、そのような回路を通して老年の智恵と諦念を浮かびあがらせている。やがてそのさきに、若い世代にのりこえられていく老いの運命をしずかに受けとめようとしている柳田の姿があらわれる。民俗世界における童子や子どもたちの生活への関心がしだいに枝をひろげ、豊かな花を咲かせるようになるのである。

終章　日本文化の源流

君、その話を僕に呉れ給へよ

不思議な予感がある。

世紀の転換期にさしかかって、ロマン主義への胎動のようなものを感ずる。たとえば感性や心情への渇きのようなものがますます拡大していく傾向、である。

時代の矢印が、いつのまにかそのような方向を指し示している。

柳田国男という存在も、そのような胎動のなかでその固有の表情を刻々と変えつつあるのではないか。ロマン主義の潮流のなかの柳田国男、である。

たとえば『遠野物語』。それはもはや、山人社会や狩猟社会を読み解くためだけのテキストではなくなっていくだろう。そうではなくて、むしろ人間的な感性の原風景にふれるための物語として、新しい衣裳をまとうことになるにちがいない。もともとそれは『遠野物語』という〈物語〉だったのだ。その根本のところを忘れた議論が、これまであまりに多すぎた。

たとえば『先祖の話』。この〈話〉もまた柳田流の「物語」の変奏の一つだったことを見失ってはなるまい。それがどうしたわけか、もっぱら先祖崇拝とか霊魂観といった乾燥した文脈のなかで語られてきた。しかし本当のところをいえば、そのことに足をとられる前にわれわれは、それが人間の心の動きや直観といったものに鋭敏な触覚をはたらかせてできあがった文章だったということに気がつくべきだったのである。

『遠野物語』も『先祖の話』も、柳田国男本人の感性や心情からはるかに離れたところで、要素還元的な分析のメスを加えられてきたのである。これまでものべてきたように、柳田自身そのことに責任がなかったわけではないが、その後の研究者たちによって『遠野物語』の「物語」の部分がほとんど顧られることなく、『先祖の話』の「話」の世界がまるで注意されなかったといっていい。

柳田国男は生前、自分の死後の魂の行方について語っていた。死後それは、四十九日のあいだは家の天井のあたり屋根のあたりをさ迷っている、自分はその魂の動きを実感することができると。とすればかれの『先祖の話』とは、まずもって自分の魂の行方を実感できる人間の「魂の物語」であったということになるだろう。

ロマン主義の第二に重要なキーワードは、おそらく旅のなかに見出すことができるのではないか。さきの第一のキーワードである「感性」や「心情」とそれが表裏の関係にあることはいうまでもない。単純ないい方にはなるが、リアルな現実生活をしばらく留守にして夢想の旅へ、というわけである。そういえば夢想もまたロマン主義の領域には欠かすことのできない観念の小道具だった。

たとえば『海南小記』、そして『雪国の春』。

柳田国男は旅好きだった。移動する人間への志向である。旅のなかで発想されたかれ独自の「物語」の群は数しれない。もっとも、その旅好きがときに周到に計画されたものであり、ときに観察と調査に明け暮れるものであったことも否定しがたい。調査好きではあっても、かならずしも旅好きではなかったのではないかといわれれば、あるいはそうかもしれない。しかしそれでも、ときに旅の空で子どもの時代からの夢想をふくらませ、異次元に吹く風に身をさらそうともしている。やはりかれの旅好きの姿勢からは、遊び呆ける子ども時代へのノスタルジーが匂ってくるのである。たとえば「昔話」の世界、そして「こども風土記」、あるいは「手毬歌」や「子守唄」の数々……。

第三に、ロマン主義の本来のパートナーがじつは女性であり、いまいった子どもたちだったことを挙げなければなるまい。そのような世界に視点を定めるとき、柳田の発想の根元がもともと稲作や農耕といった灰色のリアリズムのなかに由来するものではなく、むしろロマンの土壌のなかから生みだされたものであったことがわかるだろう。

たとえば『妹の力』。「妹《いも》」はたんに「母」でもなければ「娘」でもなかった。そのふところ深く「母」や「娘」を含むところの多義的な「イモ」であった。柳田国男が「イモの力」といっただけで、「妹」のイメージがにわかにふくらみ、母と女と娘という古びた額縁に収まるような言葉の環が断ち切られたのだ。そんな「力」がいったいどこから天降ってきたというのだろうか。

そしてたとえば『桃太郎の誕生』。これに『一目小僧』の話をつけ加えてもいい。いまいったこととの関連でいえば、これらは「妹の力」にたいする「童子の力」の話である。目に見えない「力」が新しいモノを生みだし、珍奇なモノガタリを誕生させる。童子の力が発動して桃太郎が誕生し、童子の力が凝集して一目小僧がこの世に躍りでるというわけだ。

一連の「桃太郎の誕生」論のなかで、柳田国男は母と童子＝子どもの結びつきの不思議についてふれている。そこから「母子神信仰」といったテーマを描きだしているが、要はイモの力とコドモの力の結合という問題だったといっていい。あらためて「力」とは摩訶不思議な言葉だと思わないわけにはいかない。その「力」をわれわれはいったいどこから授かったのか。おそらくその問いのなかから、「物語」というものが生れたのだろう。桃太郎のような英雄、一目小僧のような妖怪が誕生した。そこまでいけば、このような「力」の有為転変こそ、まさにわれわれの歴史をつらぬくロマンのタテ糸だったということになるのではないか。

最後に、現代神話の創造という企てを挙げることができないか。柳田国男における学問の、ロマン主義的総仕上げである。『海上の道』の執筆がそのことを象徴しているのではないだろうか。そのためにかれの感性と直観が総動員され、旅と夢想によってつむぎだされた一切の物語が投入され、かくして新しい民族誕生の神話と歴史が語られる。海をわたる無名の英雄たちの足跡が丹念にひろいあげられていく。柳田学におけるロマン主義のキーワードが、この作品の宇宙空間にくまなくちりばめられていることに注意すべきである。

柳田国男はその壮大な構想をあたため膨らませていくなかで、あの「ノアの方舟」の神話を胸中ひそかに思い描いていたのではないだろうか。はるか太古の詩人が人類の始祖の出現物語に魅入られたように、かれは現代日本人の先祖の起源神話を物語ろうと胸をはずませていたように思えてならないのである。

考えてみると、戦後の柳田国男の姿は、あたかも灰色のリアリズムのなかにいやいや立たされている、気むずかしい救世主のおもむきがないではなかった。ここで灰色のリアリズムとは、あえていってみれば戦争と科学技術の衝撃波をまともにかぶった柳田民俗学とか日本民俗学とか称するものだ。リクツの断片、イデオロギーの破片をそのからだ全身にはりつけられた、痩身枯木の柳田国男というイメージだった。

だが、あっというまに世紀の敷居をふみこえた今日、柳田国男はようやくその重苦しい、呪縛されたような「救世主」の仮面を脱ぎ捨てて、ヴィーナスたちや一寸法師たちが遊びたわむれる光まばゆい海辺へと歩みだすときがきているのではないだろうか。

『海上の道』の物語、である。この柳田の最後の作品は、どのような世界をめざして発想されたのか。それはどのような未来に向けて、誰のために語りだそうとしているのか。

いま私は、この世紀の転換点には、一種のロマン主義への胎動のようなものがみられるのではないか、そういうことをいった。感性や心情への渇きのようなものが、ほとんど閉塞してしまっている時代の喉元に、せきを切ってあふれでようとしている。抑圧された淀みがはじけて、その新しい渦のなかから柳田国男という存在が浮かび上ってくるかもしれない。そのような予感をさきに語ってみたのである。柳田最晩年の大仕事、いや大仮説として提起された『海上の道』の世界を、あらためて喚びもどそうとしたのもそのためだ。そこに語られている「物語」とはどのようなものだったのか。

柳田国男の「ロマン主義」を語るということになれば、さしあたりかれの過去にさかのぼってその青春時代の風景を再現してみることからはじめるほかはないだろう。とりわけかれが旅の空の下で出会った忘れがたい海辺の思い出、といったものだ。もとより結婚前の松岡青年は好奇心にあふれる旅好きの若者だった。

海が、やはりキーワードになる。海への関心が、早い時期からみずみずしく開花していたことに注目しないわけにはいかない。

明治二十五年（一八九二）、まだ十七歳だった松岡国男は、『文学評論しがらみ草紙』第三十号に、「海辺松風」と題したつぎの短歌を寄せている。

すみのえの渚のとほくなりしより
　松にぞなみのおとはのこれる

かれは、兄、井上通泰が属していた桂園派の歌に影響されて、歌をつくりはじめていたと自分でいっている。雑誌のこの号には、田山花袋も田山録弥の本名で歌を寄せていた。桂園派とは、香川景樹の優美な古今調で知られた一派だが、当時の松岡国男はやがて結婚して柳田国男となり、歌を詠み詩を憧憬する世界から足を洗う。

それから十年の歳月が過ぎ、驚くべき変貌のきざしが訪れる。松岡梁北の筆名で、「伊勢の海」という目の覚めるようなエッセイを書いているからだ。このとき国男、二十六歳。二年前には東京帝国大学法科大学政治科を卒業し、農商務省に勤務している。やがて法制局参事官に転ずる。柳田孝と結婚するのが、その二年後の明治三十七年である。

「伊勢の海」は、明治三十五年の『太陽』第八巻第八号の「海之日本」特集号に掲載された。内容は、明治三十一年に三河伊良湖岬に遊んだ折の紀行文である。読めばわかるように、「歌の別れ」をしたはずだった若き日の叙情詩人の面影が、行間にそこはかとなく匂い立っている。

このときの伊良湖岬への旅が後年の柳田にとっていかに印象深い、忘れがたい思い出になっていたか、たとえば自伝の『故郷七十年』でくり返しこのことにふれていることからもわかる。そこにはもちろん、例の島崎藤村の長詩「椰子の実」にまつわる話がからんでいる。まずはかれの語り口をきいてみよう。

私も二十四歳の時、三河の伊良湖岬に一ヵ月あまり滞在して、風の吹いた翌朝など椰子の実や藻玉を拾ったことがある。島崎藤村の長詩「椰子の実」は、その時の私の土産話を材料にして作ったものであることは前に話したが、あの辺から伊勢湾にかけては漂着物が大変に多いところである。伊勢湾の突きあたりの愛知郡は旧くは年魚市潟《あゆちがた》といって、楊貴妃や徐福が漂着したと伝えられるほど、遠くから種々のものが流れついたのであった。このアユも日本海側できくアユの風のアユと同じ意味であろうし、チは風のことで、つまりごちそうをもって来る風という意味であった。

このようにアイという言葉は日本海側だけでなく(アユをアイという例は多い―筆者注)、太平洋海岸でも有名なアイチの名を残しているほどで、この風がなかったら日本の本当の文化は進まなかったのではなかろうかとさえ思われる。昔は漂流物の拾得は、今よりはるかに大きな生産事業であったに違いない。外国の学問を手本にとるといっても海岸のない国の人間の考えていることを鵜のみにし、いっしょになって考えることは、海に住む国民として反省しなければならないことである。

(『柳田國男全集』21、筑摩書房)

この引用文の前半については、「故郷七十年拾遺」に柳田自身によるつぎのような証言がある。
——東京に帰ってから、伊良湖岬でのことを近所に住んでいた藤村に話したところ、「君、その話を僕に呉れ給へよ、誰にも云はずに呉れ給へ」といわれた。するとそれが、非常に吟じ易い歌になって、島崎君の新体詩というと、かならずそれが人の口の端に上るというようなことになってしまった（前掲、この項にはとくに、「藤村の詩『椰子の実』」、というタイトルがつけられている）。それにたいして後半に出てくる文章では、「海に住む国民として反省しなければならない」として、そのような国の学問の独自性について指摘しているところが目を惹く。このさき柳田国男が『海上の道』の構想をかためていく上で、きわめて重要な視点だったとあらためて思わないわけにはいかない。海岸をもつかもたないかの問題は、その国の文化を理解する上で重要なポイントだといっているわけである。そしてこの「海岸」のテーマが、やがてより広い視野の下に論じられるようになる。

さて、「伊勢の海」であるが、そこにどんなことが語られていたのか。冒頭に『万葉集』の歌が掲げられている。天武朝の皇族、麻続王《おみのおおきみ》がこの伊良湖の地に流されたとき、悲傷のうちに詠んだ歌だ（原文は万葉仮名）。

うつせみの命を惜しみ浪にぬれ

伊良虞の島の玉藻刈り食《お》す

都を離れた貴族の流離《さすらい》のうただ。それにつづけるかれの言葉に注意しよう。すなわち、「遠き代の物語の中に辿り入らんとならば、三河の伊良湖岬に増したる処は無かるべし」

この擬古文のリズムに、あの『遠野物語』を語り出すときの柳田の口調がすでに蘇っているからだ。その『遠野物語』が世に送り出されるのが、「伊勢の海」が書かれた八年後のことだった。もしかすると伊良湖岬に遊んだときの柳田の流離の気分は、みちのくの奥の遠野郷に旅するときまでひそかに持続していたのかもしれない。あるいは、こうもいえるか。辺境の海への郷愁がしだいに里へ、里から山へ、そして人里離れた山間の山人社会へとその関心を移動させていったのかと。

その旅で柳田は、渥美半島の最先端にたどりつく。その伊良湖岬の突端に立ち、そこから目の先にみえる神島に渡っている。島の寺に宿して、住職や村長の話をきき、島で尊敬されている「村隠居」を訪ね、貴重な伝承を採集している。

その神島のすぐ向う岸には、鳥羽・伊勢の地がすでに指呼の間に遠望できる。神島は、伊勢湾の海水が太平洋に流れ入る出口を、ちょうどはばむような形で海上に浮かんでいる。それは右からみても左からみても、伊良湖水道の真ん中に泡のように出現した、小さな点のような孤島だ。神島とはよくぞ名づけたとも思う。天界からこぼれ落ちた、神の住む古代の落とし子、といってもいい。

以前、三島由紀夫がその神の島を訪れ、名作『潮騒』を書きあげたことが思い浮かぶ。かれもまた柳田国男の『遠野物語』の魅力に惹きつけられ、その民俗世界に近づこうとした人間の一人だった。『潮騒』には、その柳田の「伊勢の海」に通い合う印象深い言葉が随所にちりばめられていることに気づく。

『潮騒』の舞台は、ほぼ丸ごとこの「神島」(小説では歌島)であるといっていいが、この島のもっとも美しい場所の一つが「燈台」で、それが伊良湖水道にのぞみ、伊勢海と太平洋をつなぐこの狭窄な海門をへだてて、対岸の渥美半島の端がすぐ眼前に迫ってみえる、とかれは書いている。その風景は、すでに柳田が「伊勢の海」で描写していたのと寸分の違いもない。

柳田が島に渡った夜に泊ったのが「御寺」の桂光院で、そこで同宿したのが芝居のために松阪から呼ばれてきていた白髪の翁(太夫)で、酒の酔いにまかせて談じこんでいる。この島に訪れるようになって四十年は経つといい、歯も落ち、ちょぼ語りの声もれがちではあるが、それでも島民に親しまれて、こうして通ってきているのだという。柳田は翌日、山僧の案内で島めぐりをして、ふたたび伊良湖にもどっている。

伊良湖では、戦国の世この地が海賊の基地であったことに思いを馳せ、流浪の果てにやってきて世を終えた芭蕉の門人、杜国をしのんでいる。荒磯や山間に伝わる歌や物語、その他自然児たちの人生にもふれつつ、空飛ぶ野鳥、山や海辺に生きる小動物たちの生態にも目をとめる。それらの多くの情報をえたのが与八という案内人の翁だった。あたかも記紀神話で、天から降った国つ神を案内し、数々の山や海の情報を語り伝えた古代の翁たちのように……。

与八は浜に寝る人なり、暑き夜は家の中《うち》は寝苦しとて、孫と共に蓙《ござ》を持ちて、沙の上に出でゝ寝るなり、此を浜寝と云ひて、昔より此海辺の習なり、今も浜寝をする人、此翁のみに非ず、月の明かに照る夜、立出でゝ見れば、彼方にも此方《こなた》にも、黒き物の横《よこた》はれるを、其舟の南に三人寝たるが、与八と其孫とならんなど、人のいふも面白し、明くる日此事を語りしに、夜露は蓙を透《とほ》りて、衣も濡るゝことありといふ、

(『柳田國男全集』23)

村の若者の多くも、自分らの家では寝なかった。二十歳前後になれば、村の有力者にうながされて、その長屋に行って寝ることになっていた。長屋の起き伏しには不文の掟があって「賤しき所行」をいましめ合う。また長屋の戸主夫婦も、かれらを監督して、過ちを犯さないようにしていた。ここで柳田がいう「賤しき所行」というのは、おそらく夜這いなどの慣行を指していったものであろう。

柳田はそのような長屋の隣を借りて、三月のあいだ滞在していたといっている。集まってきた質朴な青年たちが夜の更けるまで海の話をしてつきることがなかった。そのかれらの話に耳を傾

けながら、柳田もまた都のことを語ってきかせている。それをききながら青年たちが驚き、耳をそばだて、また笑って喜ぶさまをみて、身にしみるような嬉しさを感じたと記しているのである。

その若者たちの「浜寝」と「長屋」の生活が、「若者宿」の慣習を示すものであることはいうまでもない。柳田はここで「若者宿」とか「若衆組」などの言葉は用いていないけれども、かれがそのことを意識していなかったはずはない。さきにふれた「賤しき所行」といった間接的な物言いをしているところにもそのことがうかがえる。そしてその若者たちにまつわる「浜寝」と「長屋」の話のあとになって、かれははじめて例の「椰子の実」の体験を記しているのである。くり返しにはなるが、その初出の情景を柳田自身の言葉によって、ここに紹介しておこう。伊良湖岬の「荒磯」を伝い歩いているときのことだった。

此渚伝ひに歩めば、心の留まるもの多し、或時は釣竿の長きに、糸の半附きたるを拾ひぬ、又大なる豆のやうなるものを拾ひ上げて、里人に問へば、海草の実なりと答へぬ、嵐の次の日に行きしに椰子の実一つ漂ひ寄れり、打破りて見れば、梢を離れて久しからざるにや、白く生々《なま〱》としたるに、坐に南の島恋しくなりぬ、此荒磯の尽くる所、伊良湖の村の境なり、山は海に迫りて奇巌怪石数限も無し、其形によそへて牛の首といふ、……

（前掲、傍点筆者）

日本列島の沿岸は南海からくる「黒潮」に洗われていて、さまざまな漂流物があった。

名も知らぬ遠き島より
流れ寄る椰子の実一つ

さきにもふれたことだが、戦争中から国民歌謡として多くの人々に親しまれてきた島崎藤村の「椰子の実」である。

流れ寄るものの中には、日本にはない刳舟《くりぶね》、丸木舟があった。これが人気のない海岸に捨てられてあれば、海辺の民の想像力を刺激して、見知らぬ異国の人が、その舟で来て、人知れず上陸したと考えるのは、ごく自然であった。

今日のこととしていえば、危険なる共産スパイが上陸したとか、北朝鮮からの拉致工作隊の残したものとかと考えられるかもしれないが、すべてはのんびりしていた大昔では、それは異国の珍しい物資と技術を携えた人、あるいは「カミ」が上陸したのではないかと想像された。十六世紀に鉄砲をもって種子島に漂着したポルトガル人を、われわれの祖先は歓迎したのである。

もしも漂着物が瓢簞のような小さなもので、しかも海辺の民にとっては、カミの仕事としか思えないような加工物であれば、そこを棲み家とする小さな神が入っていたと想像することもできた。『古事記』に記録されている「スクナヒコナノミコト」である。柳田国男の研究の触手はこのようにして想像の翼をしだいに広げていくのであるが、それは少々さきの話になる。
かれがこの「伊勢の海」というエッセイを書いたのが明治三十五年、二十六歳のときであるが、それから八年後の明治四十三年になって『遠野物語』を刊行している。ときに三十四歳。その間にかれの関心が「海」から「山」へ焦点移動したということだろうか。海辺の民の生活から山人社会へと、しだいに移っていったということなのだろうか。その変化の中に時代の動きを重ねてみると、その中間地点に、日露戦争の勃発と日本海海戦の大勝利というビッグニュースが介在していたことに気づく。そのようなことを思いながら「伊勢の海」の最末尾、その結句のようなつぎの文章に目を落とすとき、当時の柳田が何を考え、どんなことを感じていたのかがうっすらとこちら側にも伝わってくる。

伊勢より来りし人の語に、此頃其海峡に砲台築かんの企ありて、神嶋二百余戸の漁民は、志州の国崎に移さるべしなどいへり、伊良湖も亦如何《いかゞ》あらん、願はしきものは平和なり。（前掲）

伊勢の海にも、国際情勢の余波がすでに押し寄せていたということなのだろう。「伊良湖も亦如何あらん、願はしきものは平和なり」と口ごもる柳田の言葉に、その懸念の思いがにじみでている。

大和人の源流

柳田国男の関心がふたたび海辺の世界へ、南海の生活空間へと集中的に向かうようになるのは、さきの「伊勢の海」を書いたときからほぼ二十年経ってからだった。

のちに『海南小記』としてまとめられることになる文章を、大正十年（一九二一）になって東京朝日新聞に断続的に発表するようになったときだ。この連載の文章は大正十四年になって大岡山書店から刊行された。このとき柳田はすでに四十九歳、「椰子の実」の記憶から数えて二十年以上の月日が経っていた。かれはその「椰子の実」をわれわれの島に運んできた潮流のあとをたずねて、ようやく本腰を入れて立ち上ることを決意する。その視線がはるか沖縄諸島のかなた、「海上の道」へと注がれていたことはいうまでもない。

くり返していうと、田山花袋、太田玉茗らと伊良湖岬に遊んだのが明治三十一年（このとき二十三歳）、帝大を卒業して法制局参事官に任官したのが明治三十五年（二十六歳）。二年後に結婚（明治三十七年）、その六年後の明治四十三年になって『遠野物語』、『時代ト農政』を刊行（三十五歳）。それから九年の歳月が流れ、貴族院書記官長を最後に官界に別れを告げ、大正九年八月から東京朝日新聞社客員となった（四十五歳）。月の手当は三百円で、旅費は社則によって別途支給されることになり、最初の三年間は国の内外を旅行することができるという好条件だった。

はじめの旅は、この年の八月からの東北地方への旅で、『雪国の春』として実る。ついで十月には中部地方に出かけ『秋風帖』が書かれた。三つ目が『海南小記』の旅だった。この三冊は昭和十五年（一九四〇）になって「創元選書」として復刻されたが、このとき中谷宇吉郎が東京朝日新聞に書いた印象深い文章を牧田茂が共感をこめて紹介している。

百年と言わず、もう三十年もしたら、現在出ている沢山の思想や哲学の大名著が皆消えて、この汚い紙に刷ってある三冊の安い本が残るのではないかという気がする。

（角川ソフィア文庫新版『海南小記』、二〇一三年、解説）

『海南小記』の旅は、大正九年の暮に近い十二月十三日に東京を発ち、十五日に神戸から春日丸に乗って別府に上陸。大分から臼杵までは汽車、そこからは「半分は汽船や小舟」を利用して九州東海岸を都井岬の突端まで下っている。都井岬から大隅半島を横断し、明けて大正十年、沖縄行きの宮古丸に乗船した。那覇に上陸したのが正月の五日、二週間ほど滞在している。その後、宮古島へは一昼夜で往復しただけだったが、石垣島には五日間とどまった。

二月二日になって宮古島経由で那覇に帰り、鹿児島にもどったのが十五日、最終的に東京に帰着したのが三月一日だった。全行程ほぼ二ヵ月半に及ぶ旅だったことがわかる。さきにふれた国際連盟委任統治委員会委員への就任を要請されてジュネーブに赴くのが、それから間もなくのころだった。

統治委員の職を辞すのが大正十二年、以後柳田国男は民俗学の研究に専念することになるが、そのまさに節目ともなる時期に、かれはこの『海南小記』を書いたということになるだろう。『海南小記』が刊行されたのは大正十四年だったが、この作品は昭和六年になってから改造社の『現代日本文学全集』に再録されることになる。そしてこのとき、あたらしく巻末に「年譜」が増補された。

この年譜の文が、柳田自身の個人的な思いまでが伝わってくるようで、とにかく面白い。そんな「年譜」のつくり方を、これまでの柳田国男はやったことがあるのだろうか。後にも先にもやってはいないのではないか。十年前、沖縄に旅したときの自分の仕事をふり返るような気分で、それを書いているのも珍らしい。執筆の動機が、そこには赤裸々に告白されているようにもみえるからだ。

かれにはすでに予感があったのかもしれない。やがて後年になってから『海上の道』を執筆するにいたる動機までが、そこにはこぼれ落ちている。けれども分量は、わずか『全集』の見開き二頁のみである（四〇四―四〇五頁）。自分の人生をふり返るということでいえば、かれには晩年に口述された『故郷七十年』があるけれども、それとも微妙に発想を異にしている。

『年譜』は、つぎのような語り口ではじまる。

明治八年七月三十一日夜、今の兵庫県神崎郡田原村、辻川といふ百戸余りの部落に生れた。家は生野銀山に通る国道に面し、二つの人力車立場の中間に在り。日夕新らしいものゝ往来を見て育つ。父は松岡約斎、本名は操、其頃は神職、壮年には姫路の町学校熊川舎の漢学師範、その前は医者。……

（『柳田國男全集』3）

兵庫のふるさとを離れてはじめて上京したのが十二歳のとき。長兄や三兄の家を転々と移動し、明治二十六年に第一高等中学校に入る。だが本当は、商船学校に入って船長になりたかったのだ、と本音をもらしている。これは兄の反対にあって断念。明治二十九年、両親を失なって計画を変更し、こんどは山林の技師になって山に住もうと企てるが、やがて農政の仕事に転じた。

ただ早くから旅行が好きで、明治三十一年には伊勢海に遊んでいる。学校を出て農務局に入り、それからは九州や四国を歩くようになる。その見聞が『後狩詞記《こうしゅしき》』や『遠野物語』となった。しかし大正八年、二十年間つづいた官界生活が「いやになって」打ち切り、思うさま旅行しようと思った。『海南小記』『雪国の春』はその「漫遊時代の日記」であるといって、この短かい「年譜」をしめくくっている。

放浪の旅をつづける中世夢幻能の主人公（ワキ）が、みずからを「諸国一見の僧だ」と名乗っている姿をどことなく彷彿させる。日本人民を上から俯瞰する官界を立ち去り、同朋の諸国人民がこの日本列島にどのように住みつき、どのような生活を送っているか、その現状を探りあてようとする意欲がすでに芽生えている。

『海南小記』は、九州から沖縄までのことと考えれば、本人がいうように大正九年十二月から翌年二月までの、わずか二ヵ月ほどに経験したことの旅日記だ。九州の東岸を大分から臼杵に汽車で移動し、汽船や小舟をつかって岬の突端まで下っている。そこから車で大隅半島を横断して鹿児島に出た。そして正月早々、沖縄行きの船で那覇へ。草鞋をはき、刳舟にのって見聞を広め、宮古、石垣、そして与那国などの先島諸島を訪ねてから鹿児島に帰着している。

旅日記の記述は、過去と現在のあいだを行きつ戻りつしながら、しだいに哀調を帯びていく。首里王朝のころから、役人がやってきて離島の人びと、女たちと交わり、やがて別れのときがやってくる。本土や島津藩と南島のあいだにくりひろげられていた支配と差別の歴史が、それに重ねられていく。陰影に富む伝承や悲話が語られていく。沖縄の歌や踊り、民話や民謡が点綴され、浮沈と離散をくり返す日常生活の断片が、淡々と記されていく。反乱と征服の物語もみのがさない。本土から流れついた伝承が島の内にひろがっていく。逆に、島の語りが島伝いに本土へと伝わっていく。歴史の年輪をうかがわせる漂流譚がくみこまれ、ミステリー仕立ての霊験譚があり、衣食住にまつわる民俗や奇習の紹介にもことかかない。

柳田の筆は、関心のおもむくまま自在に動いてとどまることがないが、その「小さな咏嘆の記録」は、しだいに暗い、憂愁の影を深めていく。

最西端の与那国島に渡ったときのことだ。この島は、目と鼻のさきに台湾をみることのできる激浪洗う孤島である。離島苦のなかで呻吟しつづける島の人びとの生活にふれて、柳田の筆は熱を帯びていく。かれらの先祖は、この苦悶のくびきから脱出するため島伝いに北上の旅をつづけ、ついに大和のような大きな島にたどりつくほかはなかったのではないか、と。

即ち大小数百の日本島の住民が、最初は一家一部落であつたとする場合に、与那国人の今日の風習が、小島に窄《すぼ》んだから斯うなつたと見るよりも、やまとの我々が大きな島に渡つた結果、今日の状態にまで発展したと見る方が、遥かに理由を説明しやすいやうに思はれる。北で溢れて押出されたとするには、平家の落人でも無い限は、こんな海の果までは来さうにも無いが、南の島に先づ上陸したとすれば、永くは居られぬからどうかして出て来たであらう。さうして取残された前の島の人を必ずしも屢々想ひ出すことは無かつたかも知れぬ。仮に此推測が当つて居たとすれば、我々は誠に偶然の機会に由つて、遠い昔の世の人の苦悶を、僅かながらも此あたりの島から、見出し得たことになるのである。

(『柳田國男全集』3、筑摩書房。『全集』には「与那国の女たち」として収録されているが、これはもと、「与那国噺」として、『太陽』第二十七巻第四号、大正十年四月に発表された。『海南小記』の本文を東京朝日新聞に連載していたのと同じ時期である。—筆者注)

いかにも苦し気な柳田国男の筆遣いである。人々の移動の流れは、北の方面から南に押し出されたのではない。むしろ南島人の方が島伝いに北上したのである。そしてそうであればこそ、われわれ大和人の文化や歴史の源流はこれら海南の島々にこそ残されているのだ、そのようにかれは考えていた。

後年の『海上の道』においてさらに練りあげられた構想が、すでにここに語られていたことに気づく。その切実な思いが、『海南小記』の「自序」にもやや昂揚した筆致で書きつけられていることにも注目しなければならない。すなわち沖縄諸島の運命を語るのに、わずかな世紀の間に作りあげた「歴史的差別」を標準にしてはならない。むしろ「南日本の大小遠近の島々に、普遍して居る生活の理法」を見つけだし、それを通して「人種平等の光明世界」を明らかにしなければならない、といっているからだ（前掲）。

さきにもいったように、『海南小記』のなかで洩らされた柳田の詠歎や苦悶が、三十五年余の歳月のなかでしだいに発酵し、そして実を結んだのが『海上の道』だった。だが、その仮説が刊行された翌年の昭和三十七年、柳田国男は心臓衰弱によってこの世を去る。

その後、この後世への遺書のような形でのこされた『海上の道』は、どのような運命を辿っていくのか。ということは、柳田の学問以後、この『海上の道』に展開された思考の核心がどのように受けつがれていったのかということだ。月並みないい方にはなるけれども、今日のアカデミズムやジャーナリズムの世界でどのようにそれが議論されてきたのか、かならずしも明確な像を結んではいない、そのように私の目には映る。

もっとも、そうはいっても例外がないわけではなかった。一人だけ、柳田の『海上の道』の構想に魅せられて、そこから新しい物語を描きだそうとした作家がいたからだ。司馬遼太郎、である。

司馬遼太郎は、日本の近代という舞台をエネルギッシュに横断していった独特の人間を描きつづけたことで知られる。なかでも薩摩の西郷隆盛、土佐の坂本竜馬、そして淡路島の高田屋嘉兵衛などは逸することができない。加えて、かれらの出自がいずれも黒潮に洗われる海辺にあり、その生活と行動様式が、遠く沖縄諸島をのぞむ「黒潮の道」を介してはるか南海地域の習俗と深い関係を結んでいた——、そのような構想をかれはくり返し論じていたことが思い返されるからだ。

少々寄り道していえば、司馬遼太郎は柳田の死後十年以上も経ってから、例の『街道をゆく』の企画の一環として沖縄に旅しているが、那覇空港から石垣島に飛ぶとき、つぎのような感想を書きつけている。

飛行機が那覇空港を飛び立って針路を南西の石垣島にとったとき、いかにも黒潮のふるさとへゆく思いがした。黒潮は本土にむかい、太古以来昼となく夜となく北上しつづけている。われわれはその流れにさからって南下している。

ただし窓に顔をくっつけて下を見ても、海は黒くは見えない。黒潮はこの飛行機の航路からいえば右の沖合を走っているらしい。時速三ないし五ノット、幅五、六〇キロといわれるこの巨大な流れは、われわれ日本列島の住民の歴史と生活を、もっとも基底において決定しつづけてきている。

（『街道をゆく6、沖縄・先島への道』朝日文庫）

空を飛んでいるとき、司馬遼太郎は柳田国男の『海上の道』を座右に置き、そこに展開されている柳田国男の構想をその胸の内にたたきこんでいたにちがいない。『海上の道』にたいする「黒潮の道」、である。それがはるか太古の昔に「南方の古俗」を日本列島にもたらした先祖たちの重要な精神的基盤だった、そのような仮説をひそかに立てていたのではないか。『海南小記』から『海上の道』へと柳田の大仕事がしだいに成熟していった、その構想力の後世における一つの果実が司馬遼太郎の仕事だったという気がしてならない。

南から北へ

『海上の道』には、はっとするような重要な杭が打ちこまれている。とくにその「まえがき」のなかに打ちこまれている。それを見定めておくことが、このあと柳田のかならずしも読みやすくはない文章を嚙みくだくためには欠かせない。

とりわけ、二つの鮮やかな杭打ちのあとが記憶に深く刻まれる。

その第一――いわゆる「海上の道」には、列島をめぐる西海岸沿いと東海岸沿いの二つのルートがあったが、よりいっそう重要なのは東海岸沿いのルートであり、それは古い起源と歴史をもっているという指摘である。さきにみた「椰子の実」の流れついた伊良湖岬こそ、その東海岸沿いにある、伊勢湾の突端に位置する海辺だった。柳田の『海上の道』への旅はすでに、若き日に書かれた「伊勢の海」（明治三十五年）からはじまっていた。

その第二――東海岸と西海岸はいくらもへだたってはいないけれども、文化発達の経路が違っていたために言葉や住民の構成がかなり異なっていた、という指摘である。沖縄といえば、われわれはその文化的、政治的中心が西海岸に近い首里、那覇地方にあったし、現にあると考えがちであるが、事実はそうではない。

日本人が主たる交通者であった時代、その那覇の港が開けるまでのあいだは、東海岸地帯の方が日本と共通するものが多かったと想像できる。言葉なども現在より日本に近かったはずだ。なぜなら東海岸の方が遠浅の砂浜が多く、短距離を航海しながら船を陸にあげて宿をとり、話がつけばあがったところにしばらく滞在する。

風が強く吹けば、その砂浜をねらって泊り、幾日でも碇泊することができた。要するに、古い航海では東海岸の方が便利だったというのだ。そのようなことを柳田は、「伊勢の海」を書いたときに気がついていたと思う。なぜならかれはそこで、「浜寝」をおこなっていた漁師たちの日常に目をとめ、その姿を印象的な文章で描いていたからだ。

　こうして、沖縄本島から宮古島、その宮古島から多良間島を通って八重山群島へ通う東海岸沿いのルートが浮かびあがる。沖永良部島や与論島の沿海なども東西二つの道があったけれども、沖縄本島の場合を含めて、西海岸沿いのルートは後世に発達したのだといっている。

　本文を読みすすめばただちにわかることだが、この「海上の道」に生きる人々にとって、「根の国」すなわち「ニライカナイ」(理想の国土)が、太陽(テダ)のぼる東方のかなたに存在するという信仰が、ほとんど生得のものとなっていた。さらに、その信仰にもとづく「西方浄土観」ならぬ「東方浄土観」が生みだされるにいたったのだ、という。

　その歴史的背景について柳田は、ほぼ確信に近い思いをこめて最後に主張する。「日本人の渡来を問題にするとき、東海岸の航路を取上げざるを得ない」のだ、と。神武天皇の東征にしても、潮のはげしく、風の強い関門海峡を通らずに、じかに東海岸からすっと瀬戸内に入っていったのもそのためだったのではないか、という。そのときかれは、九州の南部から四国の土佐、そして伊勢、駿河、遠江、さらに伊豆、房州をへて青森県の北端までを射程に入れて、こういっている。

　日本人の人種起源論は土地土地に残つてゐる昔の痕跡を考へのうちに入れて見て行かねばならない。今度集めた論文の中には空想を遥かに遠く、青森県の北端まで持つていつたものもある。

今までの日本人論をみると、太平洋の交通を考慮に入れることが少し不十分であつた。つまり伊勢とか、もう少し東に寄つて駿河とか遠江とかいふくらゐまでのところが、区切りになつてゐるやうな気がして、あのへんの歴史が等閑に附されてゐるやうである。房州の半島でも、それから伊豆の半島でも、みんな長い間かかつて回つて来たのではないかと考へてゐる。

（『柳田國男全集』21、筑摩書房）

見取図はすでに出来あがっていた。構想がはじける機がすでに熟していたといっていい。その夢のような見取図を、どこで、どのような形で発表するか、柳田国男はそのときがくるのを満を持して待っていたのではないかと思う。

が、この問題に入る前に、そのときまでの時間の流れを追っておかなければならないだろう。かれが『海南小記』を書いてジュネーブに旅立ったときから、戦争、敗戦の時期をへて、その民俗学の昂揚期のなかで『海上の道』の構想を語りだすときまでの時間の流れだ。柳田国男の後半生の学問を展望するためにも、その年代記的な経過を眺めておくことは、有効な手立てとなるだろう。

大正13――慶應義塾大学史学科で「民俗学」を講ず――

大正14	早稲田大学で「農民史」を講ず	『海南小記』
大正15		『うつぼ舟の話』『山の人生』
昭和3		『雪国の春』『青年と学問』
昭和5		『蝸牛考』
昭和6		『明治大正史　世相篇』『日本農民史』
昭和8		『桃太郎の誕生』
昭和9	全国山村生活調査を開始	『一目小僧その他』『民間伝承論』
昭和10		『国史と民俗学』
昭和11		『地名の研究』
昭和12	全国海村生活調査、東北帝大、京都帝大で「日本民俗学」を講義	『分類農村語彙』『葬送習俗語彙』
昭和13		『禁忌習俗語彙』『服装習俗語彙』
昭和14		『木綿以前の事』『国語の将来』
昭和15	日本方言学会創設	『食物と心臓』『民謡覚書』『妹の力』
昭和16	東京帝大で「日本の祭」を講義	
昭和17		『菅江真澄』『方言覚書』『日本の祭』
昭和18		『神道と民俗学』

昭和20		『村と学童』
昭和21	宮中で「国語問題」について講義 靖国神社で「氏神と氏子」について講義	『笑の本願』『先祖の話』『新国学談—祭日考』
昭和22	芸術院会員になる	『口承文芸史考』『新国学談—山宮考』『新国学談—氏神と氏子』
昭和23	神社本庁で「神社と信仰」を講演 学士院会員になる	『婚姻の話』
昭和24	御講書始めに「富士と筑波—常陸風土記」を御進講 NHKから折口信夫との対談「神道の原始形態」を放送 アメリカ人類学協会名誉会員となる	『年中行事』『標準語と方言』
昭和25	この年から三年計画で離島村落の調査をはじめる	
昭和26	文化勲章受章	『民俗学辞典』を監修
昭和27	九学会連合大会で「海上生活の話」	『なぞとことわざ』

	講演（5月）	
昭和28	国立国語研究所評議員会会長	『不幸なる芸術』
昭和29	九学会連合大会で「海上の移住」研究発表	『月曜通信』
昭和33		『炭焼日記』
昭和34		『故郷七十年』
昭和36		『海上の道』
昭和37	心臓衰弱のため永眠（八十七歳）	

柳田国男の、目まぐるしくも充実した後半生である。ここではかりに、著作活動（下段）と社会活動（上段）に分けて年代を追う形にしてみた。とても一覧表といえるようなものではないが、『海南小記』を書いてジュネーブに発ち、そのあと帰国してからの柳田の人生の断面を多少ともうかがうことはできるだろう。この時期、かれの主要な作品がつぎつぎと生産されていくさまを一望することもできる。その精力的な活動と並行するかのように、かれは大学で講義をし、全国の山村や海村や離島における民俗生活調査を組織し、指導している姿が浮かびあがる。新しい学会を創設し、宮中や神社本庁で講演を重ね、民俗学の啓蒙につとめている。その努力と成果が社会的認知をうけて、戦後になって芸術院会員、学士院会員となり、文化勲章の栄誉をうけている。

ジュネーブから大正十二年に帰国した直後の四十八歳から、永眠するまでのほぼ四十年である。これまで論じてきたテーマの主旨からすれば、『海南小記』を刊行した大正十四年（一九二五、五十歳）から、『海上の道』が刊行される昭和三十六年（一九六一、八十六歳）までの後半生だったとみることができる。

若き日、『海南小記』を構想するなかでえた着想を、戦後になってあらためて「日本人の人種起源論」として学会の前に提言すると同時に、日本人の前に披露しようとしたのだといっていいだろう。右に掲げた略年譜をみていただければわかるが、『海上の道』の基になった、学会を前にする講演と研究発表が、昭和二十七年と二十九年におこなわれていたことに注目してほしい。前者は「海上生活の話」と題した講演、後者は「海上の移住」とする研究発表だった。もう一つ、昭和二十七年の講演の前年に文化勲章を受章していたこともたんなる偶然ではなかったであろう。まさに機は熟していたというほかはない。

その柳田のやや昂揚した気分は、『海上の道』の冒頭に出る文章、すなわち「九学会連合」の年会で講演することになったテーマの意義について語るところににじみでている。ちなみに「九学会連合」とは、アメリカ式の地域研究をモデルにして、昭和二十二年、渋沢敬三の提唱によって組織された学術団体である。創立当初は人類学会、民族学協会、民間伝承の会（四十九年から民俗学会）、社会学会、考古学会、言語学会の六つの学会が参加する六学会連合と呼称されたが、のちに地理学会、宗教学会、心理学会が加わって九学会連合と呼ばれるようになった。九学会連合調査といわれる特定地域における八回の共同調査では、奄美諸島が二回、沖縄諸島が一回対象にされている。

やがて柳田国男は自分の構想を「九学会連合」という総合学会で披露することになるのだが、その講演のはじめで、この「九学会連合」創立の意義にふれるとともに、日本の民俗学会としても喜ばなければならないことが三つある、といってつぎのように語っている。

第一、隣接諸学との交流、連携のもと、その長所を借り自己の弱点を反省して、民俗学という学問を成長させる。

第二、ひたすら外国の学問に追随し、それを同胞のあいだに伝えることをもって学者の本分と心得るような、哀れな態度に終止符を打つ。

第三、古人が求めてきた真理をさらに先にすすめ、われわれの前方には未知の世界が広がることを知る。

この柳田国男の言葉を前にして、「九学会連合」に集う各分野の専門家たちがどのような感慨をもってそれを受けとめたか、今日のわが国の学問状況からすれば、想像することすら困難を覚える夢物語のような情景である。

さて、この『海上の道』で、柳田が冒頭から語りだすのが「風」の話である。われわれの海の生活に多大の感化と影響を与えたのが、海に陸に吹きつける風にほかならない、そう切りだしている。風の性質、風の方角を考えることなしに、われわれの運命を察することはできない。

万葉以来の「アユノカゼ」は東風として知られていたが、「アイ」の風は日本海岸だろうと太平洋岸だろうと朝に夕に吹きつけてやまなかった。その「アイ」は海岸にむかって吹いてくる風であり、数々の渡海の船を安らかに港入りさせ、くさぐさの珍らしい物を渚にむかって吹き寄せる風のことだった。海辺の地域に蓬萊の仙郷を夢想させ、徐福や楊貴妃などの貴人を招き寄せようとする伝承を生んだ。

尋常の貝石や玉藻の類、または流木や魚の群れなど、遠い常世の国をしのばせる珍奇な寄物を運んできたのも、大洋との交通を先導する風の力にほかならなかった。藤村の「椰子の実」の記憶を蘇らせながら、柳田の筆はしだいに熱を帯びていく。日本海側の能登のアイも、太平洋側の愛知《あいち》のアイも、もとは一つの宝の風をあらわす、五臓六腑にしみこむ二文字だった。

世界観の転換がおこる。先祖からもたらされた信仰の筋に心棒が入る。アユの風に吹き寄せられ南から移住してきた人間の目に、自然の光景が新たな輝きを点ずるようになったからだ。

東方にたいする憧憬、東の海のかなたにそそぐ熱いまなざし、である。

その東方憧憬は、すでに対岸の中国大陸において早くから形成されていた民間信仰だった、と柳田はいう。それは扶桑伝説ともいわれ、太陽が海の水平線を離れるときの光景の美しさ貴さを讃歎するところから生じた。だからこそ徐福が数百人の男女の未婚者を引き連れて、船出をしたということには深い意味があったのである。

たとへば東方の、旭日《あさひ》の昇つて来る方角に、目に見えぬ蓬萊又は常世といふ仙郷の有ると思ふ考へ方は、この大和島根を始めとして、遠くは西南の列島から、少なくとも台湾の蕃族の一部までに、今日も尚分布して居る。槎《いかだ》に乗つて東の海に遊ばんとか、又は東海を踏んで死すあらんのみとか、半ば無意識にも之を口にする人が多かつたのは、必ずしも東だけに海をもつた大陸の、経験とも言はれぬやうに思ふ。いはゆる徐福伝説の伝播と成長とには、少なくとも底に目に見えぬ力があつて、暗々裡に日本諸島の開発に、寄与して居たことは考へられる。

（『柳田國男全集』21、傍点筆者）

「東方浄土」の考え方の源流について指摘している。インド伝来の後期仏教がいう「西方浄土」とは別種の信仰の成り立ちに言及している。そしてこれは、柳田国男の意識の、そして同時に無意識にまで根づいていた重要な観念だったことに注目しなければならない。その観点は、かれのいう民俗学の根底を流れる、根生いの志向性だったようにも思う。

日本列島人のこのような太陽信仰、日の出信仰は、やがてかれのいう後期仏教の刺激にうながされて落日崇拝、夕焼信仰へと移行し、矛盾なく両立する関係をとり結ぶようになっていった。柳田国男にはこの東方浄土と西方浄土が対立していると考えていたふしがあるけれども、しかし実際にはその両者は時間の経過とともに融合の道を辿ったのではないか、と私は考える。

が、ともかくこのとき柳田の念頭には、黒潮を利用して遠洋を航海した古代の海民たちのイメージが蘇っていたにちがいない。かれらは南中国の大陸を離れ、稲作技術をたずさえて沖縄諸島に渡り、さらに島伝いに日本列島に足跡を刻む道筋をつくっていく。その民族移動のプロセスのなかで、沖縄のニライカナイ（根の国）思想もさきの東方浄土観も生みだされていったのだ、と。

こうしてかれの『海上の道』はつぎの主題、すなわち「宝貝」の魅力とその伝播の姿について語りだす。それが、今日いうところのたんなる珍らしき玩具などではなかったことを確かめるためにも、ここで柳田のやや昂揚した言葉と文章を直接きいてもらうことにしよう。

> 秦の始皇の世に、銅を通貨に鋳《い》るやうになつたまでは、中国の至宝は宝貝であり、其中でも二種のシプレア・モネタと称する黄に光る子安貝は、一切の利慾願望の中心であつた。今でもこの貝の産地は限られて居るが、極東の方面に至つては、我々の同胞種族が居住する群島周辺の珊瑚礁上より外には、近いあたりには、之を産する処は知られて居ない。殊に大陸の沿海の如きは、北は朝鮮の半島から馬来印度の果まで、稀にもこの貝の捕れるといふ例を聴かず、永い年代に亘つてすべて之を遠方の島に求めて居た。
>
> （『柳田國男全集』21）

太古の昔から、この宝貝こそが人間の経済にとって欠かすことのできない貴重な貨幣だったといっている。その交易の中心が、中国大陸、朝鮮半島から沖縄諸島にかけての海域だったという。

柳田は慎重な上にも慎重な言葉を重ねているが、その語調からは断固たる意志のようなものがにじみ出ていることに驚かされる。舟の旅（巡航）とともに海をめぐる潮流（黒潮）の枝分かれ、常に吹きつづける風の季節ごとの移動などを念頭におき、沖縄の糸満人はもとより瀬戸内の海部の活動まで視野に入れてその構想をふくらませていくのだ。

そして、最後に狙いを定めて注意を喚起するのが、沖縄諸島最南端の宮古島周辺の海域である。貝類採集地として年々多数の小舟《さばに》が集まってくる中心海域だった。沖縄本島への航路の要としても栄え、八重干瀬《やえびし》という広大な岩礁地域だったため、もっとも豊富な貝類の産地だった。いわゆる琉球三十六島のなかでも、そこは歴史の進化が異常にはげしかった。しかもたび重なる天災地変によって人々の悩みが深く、そのためか言語や文物の複雑な交錯がいちじるしい。

その海域で、唯一の珍重される貨幣である宝貝が流通していた。そしてじつは、稲作技術の移動ルートもその交易圏のなかに組みこまれていたのではないか。柳田国男がそっと差しだす、稲作伝播＝海上ルートの仮説である。そのいうところを聞いてみよう。

人が大陸から稲の種を携へて、この列島に渡つて来たのも、たつた一度の偶然では無かつたのかもしれぬが、結果は一つに帰するやうだから、私は考へやすい方を考へて見る。沖縄諸島の有識者たちは、曾ての金沢博士のイニシ北方説※に心服して、どうしても北から南の方へ渡つて行つたものと考へようとするが、それを何の為に何人が計画したかと尋ねて見ると、神の指定とでも答へるより他は無いやうである。結局は私の謂ふ海上の道、潮がどのやうに岐れ走り、風がどの方角へ強く吹くかを、もつと確実に突き留めてからで無いと断定し難いが、稲を最初からの大切な携帯品と見る限りに於ては、南から北へ、小さな低い平たい島から、大きな高い島の方へ進み近よつたといふ方が少しは考へやすい。ともかくも四百近くもある日本の島々が、一度に人を住ませたとは誰も思つて居らず、其うちの特に大きな大切な島へといふのも、地図が出来てから後の話である。

（『柳田國男全集』21）

※「金沢博士のイニシ北方説」というのは、日本語と朝鮮語の比較研究によって両言語の同系統を論じたもので、この学説はのちに、朝鮮半島の併合を理論的に正当化するための論拠とされた。論者の金沢庄三郎（一八七二―一九六七）は日本の言語学者、国語学者で、東京帝国大学卒。―筆者注。

古い南アジアの海の民は、珍奇な貝を求め、さらに稲を携えて南から北へ、小さな低い島からより大きな高い島の方へと困難な旅をつづけ、移動を重ねて日本列島へと辿りついたのだ、といっている。その構想がすでに三十六年前の『海南小記』に印象深く記されていたことを思いおこそう。宝貝の交易、交流と稲作伝播の交錯を、海上のルート（道）を通して結びつけたところに柳田国男の独自の着想があったとみることができるだろう。

このような仮説をもちだすうえで、柳田国男はかならずしも豊富な考古資料や文献史料をつみ重ねようとしているのではない。かれはむしろ、海に囲まれた周辺文明に固有の環境要因に最大限の注意を払おうとしている。風や潮の流れに注目し、舟や海民の生活様式や価値観をすくいあげ、さらに広々とした列島に展開する西海岸と東海岸の生態系の違いを、丹念に探りあてようとしている。いわばその総体としての歴史と伝承の独自性について、すなわち「海上の道」構想について実感をこめて語っているのである。

もっともこの構想がそのような形で出来あがるまでの、柳田国男自身における真の動機を明らかにするのはかならずしも容易なことではない。それでもあえて一言でいい切るとすれば、こうなるのではないだろうか。柳田国男の仮説は、この国の歴史学が長い時間を費やして築きあげてきた日本人の歴史を、根本的に相対化するためにこそ打ち立てられたものではないか、と。

しかしながら、海上の道をめぐる民族移動の流れが途絶えたのち、この日本列島には権力の形成、王朝の交替があいつぎ、支配と隷属の幾転変があり、経済の集中、管理された高度な芸術文化の繁栄時代がつづく。その文明の集積のほとんどは、中国大陸や朝鮮半島を栄養源とする西海岸沿いの陸上の王道に通じていたということができるだろう。

もう一つ、柳田国男の心の動きを探っていけば、諸学の王道を行く歴史学にたいして、日本列島人のもう一つの可能性、つまり南方に発する海民たちの、波瀾にみちた困難な移動のあとをたずねる民俗学の可能性をこそ、ひそかに求めつづけていたようにみえる。柳田の学問上の後半生を展望すれば、これまでみてきたように自然にそのような見取図が浮かびあがってくるからだ。

若き日の「伊勢の海」のエッセイにはじまり、のちに在野の学問を自覚的に目指そうと決意したときの『海南小記』執筆の動機を想像してみればいい。その熱い思いと志が、最晩年にいたるまですこしも衰えず持続していたことがわかる。その結果が、いわば遺言のような形でのこされた『海上の道』であったということができるだろう。

だがこの最後の作品をさらに彫琢する時間は、もはやかれにはのこされていなかった。柳田国男はその構想と仮説を未完成のまま、生来の形そのままに後世の者にいいのこして、突然、姿を消してしまったのである。

柳田国男、今いずこ。

本書は『考える人』二〇一二年冬号〜二〇一三年秋号に連載された
「柳田国男、今いずこ」を改題し加筆修正した。書名は『遠野物語』
の序文からとったが、「平地人」を「日本人」とした。

新潮選書

これを語《かた》りて日本人《にほんじん》を戦慄《せんりつ》せしめよ

―― 柳田国男《やなぎたくにお》が言《い》いたかったこと

著　者………………山折哲雄《やまおりてつお》

発　行………………2014年3月30日

発行者………………佐藤隆信
発行所………………株式会社新潮社
〒162-8711 東京都新宿区矢来町71
電話　編集部 03-3266-5411
読者係 03-3266-5111
http://www.shinchosha.co.jp
印刷所………………大日本印刷株式会社
製本所………………株式会社大進堂

乱丁・落丁本は、ご面倒ですが小社読者係宛お送り下さい。送料小社負担にてお取替えいたします。
価格はカバーに表示してあります。

ISBN978-4-10-603743-6 C0339